D1392544

MEDIAEVAL
LATIN

K. P. *Harrington*

THE UNIVERSITY OF CHICAGO PRESS

CHICAGO & LONDON

The University of Chicago Press, Chicago 60637
The University of Chicago Press, Ltd., London
Copyright 1925 by Allyn and Bacon
First University of Chicago Press Edition 1962
Sixth Impression 1975
Printed in the United States of America
International Standard Book Number: 0–226–31711–0
Library of Congress Catalog Card Number: 62–18114

PREFACE

THIS book is designed to introduce the reader to Mediaeval Latin, for more than a thousand years the universal language of church, state, school, society, and belles-lettres.

From the overwhelming mass of material that has lain hidden in musty tomes and quaint manuscripts the editor has selected examples in the various fields of mediaeval literature, except the didactic and homiletic works of the church fathers. This gives a conspectus of the whole subject by typical samples from different periods.

The selections represent history, anecdote, argument, the epistle, the drama, the essay, the dialogue, the novel, and epic, lyric, pastoral, didactic, and satiric verse. Teachers or students wishing to specialize in any of these forms will find the selections topically outlined at the end of the Table of Contents.

For the student of history, comparative literature, or civilization in general, these pages have a profound significance. To the student of the Latin language and literature, they show that Latin from Ennius to Erasmus, during a period of nearly a millennium and three quarters, is more homogeneous than is English from Chaucer to Tennyson, a matter of only five hundred years. The student of the Romance and other modern languages can here see important processes actually going on in the development of these languages. The selections are useful for schools, for colleges, or for the general reader, and have been chosen with a view to intrinsic interest.

Many of the passages are so simple in vocabulary,

sentence construction, and word-order, that they are admirably adapted for sight reading in secondary schools, even in the second year, as well as in colleges. Teachers preferring to begin at once with a group of such simple, narrative selections can turn to pages 417-538, where the annotation has been made fuller for the purpose of facilitating reading at sight or by relatively immature students. As a rule the notes translate all words not found in Lewis's *Elementary Latin Dictionary* except such as are obvious after a little thought or intelligent conjecture.

The form and spelling, but not the punctuation of the various texts, have been followed; but *J* is not used and *U* and *V* are differentiated.

The many illustrations are particularly interesting. Some of them have been taken from standard and familiar non-copyright works, under circumstances which seem to call for no special acknowledgments. The editor wishes to acknowledge in particular the courtesy of the Syndics of the Cambridge University Press in permitting the use of the portrait of Lipsius taken from Sandys's *History of Classical Scholarship*, that of Messrs. Foster and Kent and their publishers, Charles Scribner's Sons, in granting the privilege of reproducing from their *History of the Hebrew Commonwealth* the picture of Mt. Sinai and the monastery, and that of Dodd, Mead and Company in allowing the reproduction of the picture of Petrarch from *The New International Encyclopædia*.

Finally the editor desires to express his grateful appreciation of the help afforded him by various librarians and friends, and especially the innumerable valuable suggestions given by Professor Rolfe, the supervising editor of this series of Latin textbooks.

KARL POMEROY HARRINGTON

SELECTIONS

SELECTIONS

XV

Teachers or readers interested in following the development of some particular subject, or kind of literature, can make various groupings for reading or study, like the following : —

EUROPEAN HISTORY: Iordanes, Eugippius, Gregory of Tours, Frédégaire, Baeda, Paulus Diaconus, Liutprand, Widukind, Richer, Adam of Bremen, William of Malmesbury, Matthew Paris, Geoffrey of Monmouth.

THE FIRST CRUSADE: William of Tyre, Raymund of Agiles, Foucher.

TRAVEL AND ANECDOTE: Aetheria, Ekkehart of St. Gall, Isidore, Walter Map, Ekkehart of Aura, Aeneas Silvius.

EPIC POETRY: Avitus, Ermoldus Nigellus, the *Waltharius* of Ekkehart, the *Africa* of Petrarch.

PASTORAL POETRY: Dante, Baptista Mantuanus, Sannazaro.

LYRIC POETRY: Venantius Fortunatus, Paulus Diaconus, Sedulius Scotus, the *Cambridge Songs*, the songs of the wandering students, the Christian hymns, and the classical imitations of Bembo, Castiglione, Flaminio, Balde, Ioannes Secundus and the sixteenth-century Germans, Milton.

CHRISTIAN HYMNS: Venantius Fortunatus, Baeda, Notker Balbulus, Robert of Gaul, St. Bernard, Bonaventura, Thomas of Celano, Jacopone.

FABLES: Paulus Diaconus, the narratives of the Seven Sages, Petrus Alphonsus, Wright's Latin Stories, Jacques de Vitry, Odo of Cerinton, Étienne de Bourbon, the *Gesta Romanorum*.

ILLUSTRATIONS

INTRODUCTION

WHEN the Western Roman Empire came to an end in the latter part of the fifth century, Latin was already the official language of church and state throughout Europe and northwestern Africa. In the state it maintained for many centuries its position as the formal and international medium of expression, being displaced in time by the vernacular tongues of the several nations. In the Roman Catholic church it has continued even up to the present day as the official vehicle of ecclesiastical expression.

The church was the greatest cohesive force in Europe for a millennium after Romulus Augustulus was dethroned in 476; and in the babel of barbarian tongues that broke on every side it was the language of the church that persevered. The evangelization of paganism called forth a huge mass of ecclesiastical literature in prose and poetry, which kept Latin as a living language before the masses of the people, as well as in the institutions of the church itself. Education was for a long time chiefly religious. The monastic establishments had libraries of secular, as well as religious, writings. Charlemagne, the head of the Holy Roman Empire, made the beginning of founding the great European schools.

In the course of the centuries histories were written to describe the victorious progress of the faith, as for example in France, in England, and in the great movement of the Crusades. Great poems were produced describing the story of creation and of redemption. Hymns were written for use in the highly developed ritual of the church. Religious drama came into vogue.

But churchmen did not confine themselves always to religious writing, nor to that connected with the story of the progress and triumph of Christianity; and as the centuries passed, literature was not restricted to the church, nor even to the school. Popular tales, folk songs, fables, partly European and partly Oriental in their origin, appeared in many forms from all sorts of sources. The primitive and universal tastes and appetites of mankind found expression in prose and verse, and the follies and weaknesses of humanity, whether in church or society, were often the object of keen satire.

The great movement commonly called the Revival of Learning, and the rediscovery, it might almost be said, of the ancient classics, produced a new and brilliant Latin literature of every kind, closely imitative of classical Latin models. This continued in active growth until the new vernacular literatures in the various European nations, — literature inspired by the Latin writings of the Renaissance, — displaced it, hardly more than three hundred years ago.

It is a remarkable proof of the vitality of the Latin language that thus for more than a thousand years after it ceased to be the current speech of any people it continued to be the literary language of civilization. More than that, during those many centuries the form of the language changed less than the forms of its vernacular contemporary tongues. There is far greater uniformity in the Latin of the whole period than between old French and modern French, or between early English and the English of the present. Yet it is not strange that, considering the multiplicity of elements involved, the Roman, the Greek, the Hebrew, the Arabic, the Persian, the German, and Scandinavian sources of the literature itself, and considering also the constant contact of the Latin with the popular speech of various nations, there should be wide divergence not only between the literature professedly imitative of classical models and that less careful of its form, but also between that which is more serious, and that which is more popular in tone.

Furthermore, it must not be forgotten that even in the days of Cicero and Vergil there were two distinct kinds of Latin in everyday use, the highly artistic product of the literary aristocracy, and the so-called Vulgar Latin, or speech of the masses. These two streams of Latin, like two branches of a mountain torrent, sometimes uniting, sometimes rushing apart, continued to flow down the ages, each having an influence on the other varying with the time. When the speech of the common people strayed far enough from the literary language to lose its identity, it merged with the barbarian tongues and became the Romance languages of Italy, France, and Spain. When these popular tongues again came in contact with the more formal Latin of the church or the school, a more popular form of Latin was the result.

In making any attempt, therefore, to characterize or describe Mediaeval Latin more minutely, it must be remembered that we are speaking not of a Muretus, a Petrarch, a Balde, or a Milton, who wrote Ciceronian, Vergilian, or Horatian Latin, but of the mass of authors whose style was more or less affected by the corrupting influences of time. Even here a further caution is necessary. In many cases the texts which we have are clearly the work of copyists much more illiterate than the original writers, and the apparent variations from more orthodox Latin standards are thus often due to the ignorance of those who prepared the copy which has come down to us. In other cases scholars have attempted, not always accurately, to restore the form which they, perhaps erroneously, suppose to have been the original one. And, it must be added, sometimes wilful changes have been made, to better the meaning, to avoid coarseness, or to incorporate glosses previously inscribed upon the margin.

The following paragraphs give a clue to the most common and obvious variations from classical Latin standards. Examples could be greatly multiplied. Frequent reference to these paragraphs is made in the notes.

1. Vocabulary

A. New words and new uses of words came from various sources, e.g. :

(1) Greek : *pyxis, gynaeceum, logotheta, theristratus, hypodoricus.*

(2) Hebrew : *Moyses, Syon, Hierusalem.*

(3) Other nations (e.g. Gallic) : *caracalla, cambota, scilpor.*

(4) Ecclesiastical terms (new either in form or in connotation) : *ecclesia, praesul, antistes, presbyter, abbas, salus, mysterium, refectorarius, coenobita.*

(5) New Latin formations : *mansionarii, asso, regyro, corio, lustrivagus, semotim, dorsiloquor, fossatum* (= *fossa*).

B. New meanings arose, or variations in meaning were accepted as standard forms, some from pedantry, others from the substitution of Vulgar Latin equivalents, e.g. :

(1) Abstracts for concretes : *hostilitas* = *bellum, nativitas* = *dies natalis.*

(2) Adjectives for nouns : *hibernum* (sc. *tempus*) = *hiems.*

(3) Vagaries in compounds : *apparuisse, comparuisse,* and *paruisse* (e.g. *in somnis*) used alike.

(4) Technical terms : *comes,* 'count' ; *dux,* 'duke.'

(5) Vulgar Latin uses were substituted for the classical terms : *serum* = *vesper, civitas* = *urbs, caballus* = *equus.*

(6) Many new or Vulgar Latin uses of particles; and new particle formations: *si* for *an, ne*, or *utrum; qualiter, quatenus*, or *quo modo*, for *ut* in purpose clauses; *circa* or *circiter* for *de; secus*, 'beside'; *quod* for *quando; namque*, 'namely', 'certainly'; *nam*, 'at all'; *verumtamen, nullatenus: tamen*, 'at least'; *siquidem*, 'accordingly'; *amodo* (or *ammodo*), 'henceforth'; *econtra*, 'on the contrary.'

C. Popular confusions, e.g.:

> *suus* for *eius;*
> *sui* for *is;*
> *ipse* for *is* or *ille;*
> *quid* for *aliquid;*
> *qualis* for *quis.*

2. Forms

Changes in form are due to the ordinary processes of phonetic change and decay, to illiteracy (e.g. in confusion of declensions, particularly the 2d and 4th), or to arbitrary substitution (sometimes reverting to archaisms, which survive long in vulgar speech), e.g.:

(1) Vowels: *hec* for *haec, cepi* for *coepi, mee* for *meae, feretas* for *feritas, missurium* for *missorium, effatu* for *affatu, clericus* for *clericos, mittemus* for *mittimus, accensu* for *accenso, consecrator* for *consecratur, victuria* for *victoria, dyabolus* for *diabolus.*

(2) Consonants:

> *karissimus* for *carissimus;*
> *reddered* for *redderet;*
> *Favius* for *Fabius;*
> *faretram* for *pharetram;*
> *fugo* for *fuco;*
> *scribturus* for *scripturus;*
> *conius* for *coniux;*
> *c* for *qu*, or *qu* for *c.*

(3) Palatalization caused endless confusion: *nunciavit, temptacio, abieccio, satisfaccio, eciam; michi* for *mihi.*

(4) Incorrect use of aspirates: *heremita; omines* for *homines, habiit* for *abiit, hostium* for *ostium.*

(5) Syncope : *domnus.*

(6) Parasitic consonant or its omission : *columpna, contemtor.*

(7) Apocope : *addebat confidentia* (for *confidentiam*).

(8) Assimilation and dissimilation : *ammirabantur, obpraessus, pelegrinis, russus.*

(9) Confusions in declension, conjugation, or gender, and between active and deponent verbs : *quae* (Plur.) *fuit; murus* for *muros, grave* for *gravi, exempli* for *exempla.*

(10) Archaisms : *tis* for *tui, hiis* for *his.*

(11) Confusions in the use of single or double consonants : *intollerabilis,* but *imo* (for *immo*).

(12) *x* for *xs: exurgens.*

3. Syntax

Some common peculiarities are the following :

A. Nouns :

(1) Carelessness in case construction appears in many forms :
>
> *in eo loco venitur;*
> *milia passos;*
> *in fastigia nidificant;*
> *clamabat populus viro ac mulierum;*
> *idus Maias accepit* (time when).

(2) Nominative Absolute ; Accusative Absolute :
>
> *omnia genera tormentorum adhibita;*
> *quem peremptum.*

(3) Ablative of Extent of Time is vastly more common than in classical Latin :
>
> *tribus diebus equum sibi commodaret.*

(4) Dative of Place-to-which is common : *ripae relati sunt.*

B. Pronouns :

Vague lack of agreement : *his diebus quod.*

C. Adjectives and Adverbs :

(1) Carelessness in agreement : *quam dixi ingens.*

(2) Adverbs used as adjectives : *de foris parvitati.*

(3) Vagaries in comparison : *quam citius* for *quam citissime.*

D. Prepositions:

Increasing freedom in their use, e.g.:

    de or *ex* with Abl.: instead of a modifying Gen.: *voltum de Luca;*

    ex for *de: ex his omnibus percontatus;*

    super: much wider use: *misericordia super eum;*

    penes: poenes laquear = ad laquear;

    foris: foris criptam;

    circiter with Acc. becomes common: *circiter illud tempus;*

    contra for *ad: contra eum perrexit* (= *dixit*)*;*

    double prepositions, or preposition and adverb or conjunction: *de contra; extunc.*

E. Verbs:

(1) Impersonal use extended: *venitur; effoditur.*

(2) Frequent use of *fore* for *esse.*

(3) Infinitive:

    (*a*) with new verbs:

      traversare habebamus (for *nobis traversandum erat*)*;*

      fecit poni (result);

    (*b*) with *quia: ferebatur quia Honoria Attilam invitasse;*

    (*c*) of purpose: *vade igitur probare omnes;*

    (*d*) with the relative pronoun: *digna persona est quae tenere regnum.*

(4) Participles:

    (*a*) present participle for indicative: *inquiens* for *inquit;*

    (*b*) substantive use: *praepositus loci;*

    (*c*) used for finite forms in the past with *habere* and in the present with *esse: causas pauperum exosas habebat; est pollens;*

    (*d*) gerund in Ablative for present participle: *ita dicendo perrexit;*

    (*e*) used with various forms of *esse* to make compound tense-forms: *praeceptum fuerat.*

(5) Subjunctive:

    (*a*) with *dum: dum hortaretur;*

    (*b*) with *postquam, quamquam*, etc.: *postquam bibit ac poculum redderet;*

    (*c*) in *quod*-clauses: *accidit quod ante eum staret;*

    (*d*) frequent violation of the sequence of tenses : *habebamus,*
       ut possimus;

    (*e*) with *iubeo: opperiar iubes.*

  (6) Indicative :

    (*a*) common in indirect questions : *quid de eo viderat retulit;*

    (*b*) result : *tam ausus fuisti quod nominasti;*
       nimis pulchra ita quod eius pulchritudo omnes excellebat;

    (*c*) restrictive : *numquam illum nequam vidimus, quod scimus.*

    (*d*) causal with *dum: dum non intellegebat;*

    (*e*) frequent use of the pluperfect tense instead of the per-
       fect : *quantum . . . nossent extenderant.*

  (7) Indirect Discourse is introduced commonly by *quod, quia* or
quoniam, and either indicative or subjunctive may be used :

    scio quod non moriar;

    videns Darius quia multi cecidere;

    audivimus quia pugnare vis;

    ferunt quidam quod ista flumina evacuentur;

    confido quoniam hoc fieri permisit Deus;

also by *ut :*

    clamor factus est communis, ut filiam vestram in uxorem habebit.

F. Sentence Form :

The periodic form often entirely disappears, and a most simple
arrangement frequently appears, in the English order of words ; and
short sentences are much in favor, especially in narrative.

4. Metric

The great poetry of the classical Roman period was
quantitative, modeled on the versification of Greece.
Throughout the centuries scholars imitated, often with
consummate skill, this highly artistic product.

But before quantitative verse developed at Rome there
was the native accentual poetry, and traces of it can be
noted from time to time, from early Republican days
down to late Imperial times. Carefully studied rhyme is
a feature of the best Augustan elegiacs.

With the breakdown of the classical literature came also a relapse into accentual forms of verse, and before many centuries had passed, the hymns of the church, as well as less studied poetry, had regularly become accentual, with a remarkable development of all sorts of rhymes, culminating in the wonderful product of Bernard of Cluny. Iambic and Trochaic forms prevail, with a constant sprinkling of other varieties, and new combinations were constantly being tried, often with striking success. The mediaeval sequences especially brought out a strange new sort of verse, a kind of rhythmic prose, which may perhaps be considered a forerunner of the " free verse " of the present age. Thus an astounding variety of types, classical and non-classical, runs side by side throughout the whole period of mediaeval Latin.

Mediaeval Latin

MEDIAEVAL LATIN

SILVIAE VEL POTIUS AETHERIAE
PEREGRINATIO AD LOCA SANCTA

This fragment, preserved in a manuscript written at Monte
Cassino in the eleventh century, describes a pilgrimage to the
Holy Land and adjacent regions, undertaken about 380 A.D. by
a holy woman of the western church. The author, long sup-
posed to be Silvia Aquitana, of distinguished connections in
Gaul, is now generally believed to be rather the Spanish nun
Etheria (Aetheria).

The document is of surpassing interest to historians and lin-
guists. That a woman should have undertaken such a journey
in those times is in itself sufficiently remarkable. That she
should have been able to visit so wide a circle of sacred places,
and should have been so delightfully credulous as to sites like
the home of Job, the burning bush, the pillar of salt that represented Lot's wife, the well where Jacob watered the flocks for
Rachel, and similar localities, adds fascination for the reader.

The Latin, presumably representing the speech of a compara-
tively uneducated provincial towards the close of the fourth
century, exhibits already in diction, signification of words, syntax,
and style, numerous features of the decadence of the language
and its progress towards the Romance dialects which were its
heirs. Note e.g. in the following passage the words, *deductores,*
traversare, plecaremus; the expressions, *esse appellabant, his
diebus quod, traversare habebamus;* the constructions, *in eo loco
cum venitur, quam dixi ingens, usque in hodie, per giro;* the form,
passos; the repetitions, confusions, vacillation between words
or constructions; and yet the extreme simplicity of sentence

1

structure, in which as a rule a succession of short clauses shows
also an approximation to the word order of modern languages.
The charm of the simple narrative is enhanced by the naïveté,
enthusiasm and deeply religious spirit of the writer.

The text edition of Wilhelm Heraeus (Heidelberg, 1908) con-
tains a valuable bibliography. E. A. Bechtel (Chicago, 1907)
has published an edition (in Vol. 4 of the *Chicago Studies in
Classical Philology*) with an exhaustive analysis of the language
and style. Cf. also Glover: *Life and Letters in the Fourth
Century*, pp. 133 sqq.; and Einar Löfstedt: *Philologischer
Kommentar zur Peregrinatio Aetheriae* (Upsala, 1911); also a
German translation, published at Essen in 1911, by Hermann
Richter, with introduction, bibliography, illustrations and ap-
pendices.

A SPANISH NUN MAKES A PILGRIMAGE TO REGIONS FAMOUS IN SACRED HISTORY

In eo ergo loco cum venitur, ut tamen commonuerunt
deductores sancti illi qui nobiscum erant, dicentes : "Consuetudo est ut fiat hic oratio ab his qui veniunt, quando
de eo loco primitus videtur mons Dei"; sicut et nos feci-
5 mus.   Habebat autem de eo loco ad montem Dei forsitan
quattuor milia totum per valle illa quam dixi ingens.

Vallis autem ipsa ingens est valde, iacens subter latus
montis Dei, quae habet forsitan, quantum potuimus videntes estimare aut ipsi dicebant, in longo milia passos
10 forsitan sedecim, in lato autem quattuor milia esse appellabant.   Ipsam ergo vallem nos traversare habebamus,.

[In the notes the numbers, except initial line references, refer to,
sections of the Introduction.]

1. **In eo** . . . **loco**: 3A (1). — 3. **oratio**: 'prayer.' — 4. **sicut et**:
the sentence ends with an anacoluthon. — 5. **habebat** . . . **milia**: 3E
(1). — **montem Dei**: i.e. Sinai. — 6. **totum**: used adverbially (=
omnino). — **per valle illa**: 3A (1). — **quam dixi ingens**: 3C (1). —
9. **milia passos**: 2(9); 3A (1). — 10. **appellabant** = *dicebant*. —
11. **traversare habebamus**: 3E (3) (*a*).

ut possimus montem ingredi. Haec est autem vallis ingens et planissima, in qua filii Israhel commorati sunt his diebus quod sanctus Moyses ascendit in montem Domini et fuit ibi quadraginta diebus et quadraginta noctibus. Haec est autem vallis in qua factus est vitulus, 5

qui locus usque in hodie ostenditur; nam lapis grandis ibi fixus stat in ipso loco.

Haec ergo vallis ipsa 10 est in cuius capite ille locus est, ubi sanctus Moyses cum pasceret pecora soceri sui, iterum locutus est ei 15 Deus de rubo in igne. Et quoniam nobis ita erat iter ut prius montem Dei ascenderemus,

Mᴛ. Sɪɴᴀɪ ᴀɴᴅ Mᴏɴᴀꜱᴛᴇʀʏ ᴏꜰ Sᴛ. Cᴀᴛʜᴇʀ-
ɪɴᴇ, ᴏɴ ᴛʜᴇ Sɪᴛᴇ ᴏꜰ ᴛʜᴇ Bᴜʀɴɪɴɢ Bᴜꜱʜ

qui hinc paret, quia 20 unde veniebamus melior ascensus erat, et illinc denuo ad illud caput vallis descenderemus, id est ubi rubus erat, quia melior descensus montis Dei erat inde; itaque ergo hoc placuit, ut, visis omnibus quae desiderabamus, descendentes a monte Dei, ubi est rubus veniremus, et 25 inde totum per mediam vallem ipsam, qua iacet in longo, rediremus ad iter cum hominibus Dei, qui nobis singula

---

2. **Israhel**: indeclinable; 1A (2). — 3. **his diebus quod**: 3B. — 4. **quadraginta diebus**: 3A (3). — 6. **hodie**: here used as an indeclinable noun. — 17. **ita erat iter**: the use of the adverb *ita* instead of the adjective *tale* belongs to colloquial Latin. — 20. **paret**: 1B (3). — 23. **itaque ergo**: in this pleonastic expression the first word, which practically repeats the thought of *et quoniam* at the beginning of the sentence, rather hinders than helps clearness.

loca quae scripta sunt per ipsam vallem ostendebant, sicut
factum est. Nobis ergo euntibus ab eo loco, ubi venientes a Faran feceramus orationem, iter sic fuit ut per
medium transversaremus caput ipsius vallis et sic pleca-
5 remus nos ad montem Dei.

Mons autem ipse per giro quidem unus esse videtur;
intus autem quod ingrederis, plures sunt, sed totum mons
Dei appellatur, specialis autem ille in cuius summitate est
hic locus ubi descendit maiestas Dei, sicut scriptum est,
10 in medio illorum omnium est. Et cum hi omnes, qui per
girum sunt, tam excelsi sint quam nunquam me puto
vidisse, tamen ipse ille medianus, in quo descendit maiestas
Dei, tanto altior est omnibus illis ut, cum subissemus in
illo, prorsus toti illi montes quos excelsos videramus ita
15 infra nos essent ac si colliculi permodici essent. Illud sane
satis admirabile est, et sine Dei gratia puto non esse ut,
cum omnibus altior sit ille medianus qui specialis Syna
dicitur, id est in quo descendit maiestas Domini, tamen
videri non possit, nisi ad propriam radicem illius veneris,
20 ante tamen quam eum subeas; nam posteaquam, completo
desiderio, descenderis, inde et de contra illum vides, quod
antequam subeas facere non potest. Hoc autem antequam perveniremus ad montem Dei, iam referentibus
fratribus, cognoveram, et postquam ibi perveni ita esse
25 manifeste cognovi. — *Chaps. I. 2–II. 7.*

---

4. **transversaremus**: 'went across'; 1A (5). — **plecaremus** = *pli-caremus;* 2 (1). — 6. **per giro**: 3A (1); the correct usage, how-ever, occurs below. — 7. **intus autem quod ingrederis**: 1B (6). — 8. **summitate**: 'summit'; 1A (5). — 12. **tamen**: 1B (6). — 15. **col-liculi**: little hills; **permodici**: 'very small.' — 21. **de contra**: 3D.

SULPICII SEVERI VITA S. MARTINI

Saint Martin of Tours was born in Pannonia, but went early in life to Gaul, where under the guidance of leading churchmen, especially Saint Hilary, he gave himself after a time to the service of the church. After a sojourn in Italy again, where he embraced the monastic life, he returned to Gaul, became prominent in instituting the monastic principle in that province, and was in due time elevated to the bishopric of Tours. His reputed miraculous power was widely famed even in his own day, and the miracles attributed to him are interesting as exemplifying the lines of development, even in so early a period, of the literature of this variety which played so large a part in the writing and reading of succeeding centuries. Living himself the monastic life even after he became bishop, up to the very time of his death at the beginning of the fifth century, he was tireless in his efforts to establish monastic institutions.

The admiration for Saint Martin of the young Aquitanian priest, Sulpicius Severus, who was born of good social station in 365, led him to write an account of the saint's life. This work, phrased in relatively good classical Latin, like his other, more genuinely historical works, such as the *Chronicles*, is essentially a romance, whose fascinating narrative appeals to almost any reader. Severus had lost his young wife early in life, and after making St. Martin his spiritual father, accepted his manner of monastic life. He died in 425, without reaching a higher station than that of presbyter, although his excellent education and connections might easily have led him to more exalted honors.

A comparison of the style and the Latinity of this piece of narrative with that of the contemporary Etheria will give some idea of the gulf between the educated and the uneducated provincial, and will suggest some of the causes for the breakdown of the lan-

guage and its metamorphosis into the various Romance languages
that succeeded it.

The standard edition of the *Vita* is that of Karl von Halm, in
the Vienna *Corpus Scriptorum Ecclesiasticorum.*

ST. MARTIN SURPRISES HIS ENEMIES BY AN EXHIBITION OF MIRACULOUS POWER

Item, cum in vico quodam templum antiquissimum
diruisset et arborem pinum, quae fano erat proxima, esset
adgressus excidere, tum vero antistes loci illius ceteraque
gentilium turba coepit obsistere. Et cum idem illi dum
5 templum evertitur, imperante domino, quievissent, succidi
arborem non patiebantur. Ille eos sedulo commonere
nihil esse religionis in stipite : Deum potius, cui serviret
ipse, sequerentur; arborem illam succidi oportere, quia
esset daemoni dedicata. Tum unus ex illis, qui erat
10 audacior ceteris : "Si habes," inquit, "aliquam de Deo
tuo, quem dicis te colere, fiduciam, nosmet ipsi succidemus
hanc arborem, tu ruentem excipe; et si tecum est tuus,
ut dicis, Dominus, evades." Tum ille intrepide confisus
in Domino, facturum se pollicetur. Hic vero ad istius
15 modi condicionem omnis illa gentilium turba consensit,
facilemque arboris suae habuere iacturam, si inimicum
sacrorum suorum casu illius obruissent. Itaque cum
unam in partem pinus illa esset adclinis, ut non esset
dubium quam in partem succisa corrueret, eo loci vinctus
20 statuitur pro arbitrio rusticorum quo arborem esse casuram
nemo dubitabat.

Succidere igitur ipsi suam pinum cum ingenti gaudio
laetitiaque coeperunt. Aderat eminus turba mirantium.
Iamque paulatim nutare pinus et ruinam suam casura
25 minitari. Pallebant eminus monachi et periculo iam

---

2. **fano**: 'a pagan temple.' — 3. **antistes**: 1A (4). — 24. **suam** =
eius; 1C.

propiore conterriti spem omnem fidemque perdiderant, solam Martini mortem expectantes. At ille confisus in Domino intrepidus opperiens, cum iam fragorem sui pinus concidens edidisset, iam cadenti, iam super se ruenti, elevata obviam manu, signum salutis opponit. Tum 5 vero — velut turbinis modo retro actam putares —

General View of Tours

diversam in partem ruit, adeo ut rusticos, qui tuto in loco steterant, paene prostraverit. Tum vero, in caelum clamore sublato, gentiles stupere miraculo, monachi flere prae gaudio, Christi nomen in commune ab omnibus prae- 10 dicari ; satisque constitit eo die salutem illi venisse regioni.

— *Chap. XIII.*

---

3. **sui** = *suum.* — 5. **signum salutis** = *signum crucis;* 1A (4).

IORDANIS GETICA (DE) ORIGINE ACTIBUSQUE GETARUM

Cassiodorus Senator (c. 487–583), a man prominent both in letters and in the political life of his time, was secretary to Theodoric and to his grandson Athalaric. At the behest of his great master Theodoric, he wrote a monumental work on the origin and history of the Goths, in twelve books. This work is irretrievably lost; but we have an abridgment made by Iordanes, a much less learned man, himself a secretary and ultimately probably a bishop, and, it is believed, a Goth. The work of Iordanes was probably written in Constantinople, in 551 A.D., under the reign of the great Justinian, in the hope that it might contribute to the better amalgamation of the Roman and Gothic races. Iordanes wrote also a sort of universal history commonly known as the *Romana*.

Although Iordanes frequently refers to various authorities for his statements, it is probable that he knew nothing of most of these, except as they were cited by Cassiodorus Senator. While the work is not always trustworthy as history, it is invaluable as our only important early source of information about the Goths and Huns. It is, moreover, written in an interesting style, so far as the subject matter is concerned. In its Latin we see the handiwork of a barbarian who has never become master of his new language. In spelling, syntax, sentence structure, forms and inflections, and diction, we see how in the east, as well as in the west, the language was already definitely abandoning classical models.

The best edition of the *Getica* is that of Mommsen, published at Berlin in 1882. An English version by Charles Christopher Mierow, published by the Princeton University Press in 1915, contains also an account of the historian, his sources, and his style, as well as a bibliography.

ATTILA, KING OF THE HUNS

Is namque Attila patre genitus Mundzuco, cuius fuere germani Octar et Roas, qui ante Attilam regnum tenuisse narrantur, quamvis non omnino cunctorum quorum ipse. Post quorum obitum cum Bleda germano Hunnorum successit in regno, et, ut ante expeditionis quam parabat par 5 foret, augmentum virium parricidio quaerit, tendens ad discrimen omnium nece suorum. Sed, librante iustitia, detestabili remedio crescens, deformes exitus suae crudelitatis invenit. Bleda enim fratre fraudibus interempto, qui magnae parti regnabat Hunnorum, universum 10 sibi populum adunavit, aliarumque gentium quas tunc in dicione tenebat numerositate collecta, primas mundi gentes Romanos Vesegothasque subdere praeoptabat. Cuius exercitus quingentorum milium esse numero ferebatur. Vir in concussione gentium natus in mundo, 15 terrarum omnium metus, qui, nescio qua sorte, terrebat cuncta formidabili de se opinione vulgata. Erat namque superbus incessu, huc atque illuc circumferens oculos, ut elati potentia ipso quoque moto corporis appareret; bellorum quidem amator, sed ipse manu temperans, consilio 20 validissimus, supplicantium exorabilis, propitius autem in fide semel susceptis; forma brevis, lato pectore, capite

---

1. **genitus** = *genitus est.* — 3. **cunctorum**: sc. *regnum tenuerunt.* — **ipse**: sc. *tenuit.* — 5. **expeditionis . . . par**: i.e. able to cope with its difficulties. — 7. **librante iustitia**: causal. — 8. **detestabili . . . crescens**: concessive. — 10. **magnae parti**: 3A (1). —11. **adunavit**: 'united.' — 12. **numerositate**: abstract for concrete; 1B (1). — 15. **in concussione**: Acc.; 2 (7). — 19. **elati**: sc. *spiritus.* — 20. **manu**: Dat. — 21. **supplicantium**: instead of Dat.; 3A(1).

grandiore, minutis oculis, rarus barba, canis aspersus,
semo nasu, teter colore, origenis suae signa restituens.

Qui quamvis huius esset naturae ut semper magna confideret, addebat ei tamen confidentia gladius Martis in-
5 ventus, sacer apud Scytharum reges semper habitus, quem
Priscus istoricus tali refert occasione detectum: "Cum
pastor," inquiens, "quidam gregis unam boculam conspiceret claudicantem nec causam tanti vulneris inveniret,
sollicitus vestigia cruoris insequitur tandemque venit ad
10 gladium, quem depascens herbas incauta calcaverat,
effossumque protinus ad Attilam defert. Quo ille munere
gratulatus, ut erat magnanimis, arbitratur se mundi totius
principem constitutum et per Martis gladium potestatem
sibi concessam esse bellorum." — *Chap. XXXV.*

ATTILA INVADES ITALY, BUT IS HALTED BY
POPE LEO (A.D. 452)

15 Attila vero, nancta occasione de secessu Vesegotharum,
et, quod saepe optaverat, cernens hostium solutione per
partes, mox iam securus ad oppressionem Romanorum
movit procinctum, primaque adgressione Aquileiensem
obsidet civitatem, quae est metropolis Venetiarum, in
20 mucrone vel lingua Atriatici posita sinus, cuius ab oriente
muros Natissa amnis fluens a monte Piccis elambit.

Ibique cum diu multumque obsidens nihil paenitus
praevaleret, fortissimis intrinsecus Romanorum militibus
resistentibus, exercitu iam murmurante et discedere cupi-
25 ente, Attila deambulans circa muros, dum utrum solveret

---

2. **semo** = *simo;* 2 (1). — **teter** = *taeter;* 2 (1). — **origenis**: 2 (1).
— 4. **confidentia** = *confidentiam;* 2 (7). — 6. **istoricus** = *historicus;*
2 (4). — 7. **inquiens**: for *inquit;* 3E (4) (*a*). — **boculam** = *buculam.*
— 12. **magnanimis** = *magnanimus* (the classical form of the adj.).
— 16. **solutione**: for *solutionem;* 2 (7). — 21. **murus**: for *muros;*
2 (9). — **elambit**: 'licks away '. — 22. **paenitus** = *penitus;* 2 (1).

castra an adhuc remoraretur deliberat, animadvertit
candidas aves, id est ciconias, qui in fastigia domorum
nidificant, de civitate foetos suos trahere atque contra
morem per rura forinsecus conportare. Et, ut erat saga-
cissimus inquisitor, presensit et ad suos: "Respicite," 5
inquid, "aves futurarum rerum providas perituram relinquere civitatem casurasque arces periculo imminente
deserere. Non hoc vacuum, non hoc credatur incertum;
rebus presciis consuetudinem mutat ventura formido."
Quid plura? Animos suorum rursus ad oppugnandam 10
Aquileiam inflammat. Qui machinis constructis omniaque genera tormentorum adhibita, nec mora et invadunt
civitatem, spoliant, dividunt vastantque crudeliter, ita
ut vix eius vestigia ut appareat reliquerunt.

Exhinc iam audaciores et necdum Romanorum sanguine 15
satiati, per reliquas Venetorum civitates Hunni bacchantur.
Mediolanum quoque, Liguriae metropolim et quondam
regiam urbem, pari tenore devastant nec non et Ticinum
aequali sorte deiciunt vicinaque loca saevientes allidunt
demoliuntque pene totam Italiam. Cumque ad Romam 20
animus fuisset eius adtentus accedere, sui eum, ut Priscus
istoricus refert, removerunt, non urbi, cui inimici erant,
consulentes, sed Alarici quondam Vesegotharum regis
obicientes exemplo, veriti regis sui fortunam, quia ille post
fractam Romam non diu supervixerit, sed protinus rebus 25
humanis excessit.

Igitur dum eius animus ancipiti negotio inter ire et non

---

2. **fastigia**: for *fastigiis*; 3A (1). — 3. **nidificant** · 'nest.' — foe-
tos: for *fetus*; 2 (1) & 2 (9). — 4. **forinsecus**: 'outside.' — 6. **inquid**:
2 (2). — 11. **omniaque . . . adhibita**: 3A (2). — 12. **nec mora** :
sc. *est.* — 14. **appareat**: for *appareant.* — 15. **Exhinc**: 'then.' —
24. **obicientes**: sc. *sibi*, i.e. ' remembering.' — **exemplo**: for *exemplum.* — 26. **excessit**: consistency would demand *excesserit* —
27. **inter ire**: Infin. used as a noun in Acc. with prep.

ire fluctuaret secumque deliberans tardaret, placida ei
legatio a Roma advenit. Nam Leo papa per se ad eum
accedens in agro Venetum Ambuleio, ubi Mincius amnis
commeantium frequentatione transitur. Qui mox de-
5 posuit exercitatu furore et rediens quo venerat, iter ultra
Danubium promissa pace discessit, illud pre omnibus
denuntians atque interminando decernens, graviora se in
Italia inlaturum, nisi ad se Honoriam Valentiniani principis germanam, filiam Placidiae Augustae, cum portione
10 sibi regalium opum debita mitterent. Ferebatur enim
quia haec Honoria, dum propter aulae decus ad castitatem
teneretur nutu fratris inclusa, clam eunucho misso Attilam
invitasse, ut contra fratris potentiam eius patrociniis
uteretur, prorsus indignum facinus, ut licentiam libidinis
15 malo publico conpararet. — *Chap. XLII.*

THE DEATH OF ATTILA (A.D. 453)

Qui, ut Priscus istoricus refert, exitus sui tempore puellam Ildico nomine decoram valde sibi in matrimonio post
innumerabiles uxores, ut mos erat gentis illius, socians
eiusque in nuptiis hilaritate nimia resolutus, vino somno-
20 que gravatus resupinus iaceret, redundans sanguis, qui
ei solite de naribus effluebat, dum consuetis meatibus
impeditur, itinere ferali faucibus illapsus extinxit. Ita
glorioso per bella regi temulentia pudendos exitos dedit.
Sequenti vero luce cum magna pars diei fuisset exempta,

---

1. **placida**: i.e. *causa pacis petendae.* — 2. **Leo**: Leo the Great.
— 3. **accedens**: for *accedit;* 3E (4) (*a*). — 5. **exercitatu furore**:
Acc.; 2 (7). — **exercitatu**, 'customary.' — 6. **pre = prae**; 2 (1).
— 8. **Italia**: 2 (7). — 11. **quia**: commonly used in mediaeval Latin
to introduce an indirect quotation, as in English, in the sense of
'that,' but not usually with the Infinitive; 3E (3) (*b*). — 13. **eius**:
Attila's, modifying *patrociniis.* — 20. **iaceret**: sc. *cum.* — 21. **solite**:
'usually.' — 23. **exitos**: 2 (9).

ministri regii triste aliquid suspicantes post clamores
maximos fores effringunt inveniuntque Attilae sine ullo
vulnere necem sanguinis effusione peractam puellamque
demisso vultu sub velamine lacrimantem. Tunc, ut gentis
illius mos est, crinium parte truncata, informes facies 5
cavis turpavere vulneribus, ut proeliator eximius non
femineis lamentationibus et lacrimis sed sanguine lugeretur
virile. De quo id accessit mirabile, ut Marciano principi
Orientis de tam feroci hoste sollicito in somnis divinitas
adsistens arcum Attilae in eadem nocte fractum ostenderet, 10
quasi quod gens ipsa eo telo multum praesumat. Hoc
Priscus istoricus vera se dicit adtestatione probare. Nam
in tantum magnis imperiis Attila terribilis habitus est
ut eius mortem in locum muneris superna regnantibus
indicarent. — *Chap. XLIX.*   15

---

8. **virile**: Abl.; 2 (1). — 9. **divinitas**: ' a divine form '; 1B (1).
— 11. **multum**: sc. *posset.* — **praesumat**: 3E (5) (*d*). — 12. **adtestatione**: 'witness.' — 14. **superna**: i.e. *superi.*

MAGNI FELICIS ENNODI
PANEGYRICUS DICTUS CLEMENTISSIMO
REGI THEODERICO

Magnus Felix Ennodius, born in Gaul, perhaps at Arles, in 473, became Bishop of Pavia, where he died in 521. Although he achieved considerable reputation as a rhetorician, and wrote poetry also, the most interesting, and probably the most important historically of his works, is the panegyric on King Theodoric, which illustrates at once the temper of the times and the forms of rhetorical expression then in vogue, besides giving many interesting sidelights on the career of that famous monarch. The panegyric was delivered about 507.

The collected works of Ennodius are edited by Wilhelm Hartel in the Vienna *Corpus Scriptorum Ecclesiasticorum*.

THE PANEGYRIST COMPARES THEODORIC AND
ALEXANDER THE GREAT

Eat nunc et coturnatis relationibus Alexandrum iactet antiquitas, cui famae opulentiam peperit dos loquentum, ut per adiutricem facundiam videatur crescere rebus mendica laudatio. Regis nostri merita solacium non postulant 5 adserentis; minora sunt eius veris actibus, quamvis aucta sint veterum gesta mendaciis. Simulastis, poetae, grandia, sed fateri vos convenit praesentem dominum gessisse potiora. Pellaeus ductor praeconiorum suorum summam Choerili voluit constare beneficio, ne fallendi

---

4. **Regis nostri**: Theodoric. — 8. **Pellaeus** = Alexander, who was born at Pella. — 9. **Choerili**: the unworthy poetaster who aspired to write the praises of Alexander the Great.

votum multitudo deprehenderet et fieret testis inpuden-
tiae qui adsciscebatur in adstipulatione victoriae. Nihil
detraho senioribus, quos praecipuos habuisse⁺ antiquitas,
nisi Romani nominis erectio te dedisset. Illum verae
religionis ignarum obtinuit erroris mater inscitia; te 5
summi Dei cultorem ab ipso lucis limine instructio vitalis
instituit. Numquam applicas laboribus tuis quod eventus

TOMB OF THEODORIC IN RAVENNA

dexter obtulerit; scis in te curam, penes Deum per-
fectionis esse substantiam; agis ut prospera merearis
adipisci, sed potitus universa adscribis Auctori; exhibes 10
robore, vigilantia, prosperitate principem, mansuetudine
sacerdotem. Quid frustra maiores nostri divos et pontifices vocarunt quibus sceptra conlata sunt? Singulare

---

2. **adstipulatione**: 'additional information.' — 4. **erectio**: 'exal-
tation.' — **verae religionis**: Christianity. — 6. **lucis limine**: 'birth.'

est actibus implere sanctissimum et veneranda nomina
non habere. Rex meus sit iure Alamannicus, dicatur
alienus, ut divus vitam agat ex fructu conscientiae nec
requirat pomposae vocabula nuda iactantiae, in cuius
5 moribus veritati militant blandimenta maiorum.

— Pan. ad finem.

---

1. **actibus implere** : 'successfully to act the part of.' — 2. **Ala-**
mannicus : referring to Theodoric's Germanic origin. — 3. **ut** intro-
duces a proviso.

EUGIPPII VITA SANCTI SEVERINI

Eugippius was a monastic abbot, who moved from Noricum to Naples, when the community that gathered about St. Severinus migrated thither about the year 492. Previously he had lived in Noricum, near the Danube, in the close intimacy with that saint which is indicated by the details given in the biography. St. Severinus died in 482 at Favianis. Eugippius wrote the *Vita* in 511. In simple language he gives pictures of civil and religious life at the end of the fifth century, which are of high historical worth.

The best edition is that of the Vienna *Corpus Scriptorum Ecclesiasticorum* (1885).

FOOD-HOARDING IN THE FIFTH CENTURY

Eodem tempore civitatem nomine Favianis saeva fames oppresserat, cuius habitatores unicum sibi remedium affore crediderunt si ex supra dicto oppido Comagenis hominem Dei religiosis precibus invitarent. Quos ille ad se venire praenoscens, a Domino ut cum eis pergeret commonetur. 5 Quo cum venisset, coepit civibus suadere dicens: "Paenitentiae fructibus poteritis a tanta famis pernicie liberari." Qui cum talibus proficerent institutis, beatissumus Severinus divina revelatione cognovit quandam viduam nomine Proculam fruges plurimas occultasse. Quam productam 10 in medium arguit vehementer: "Cur," inquit, "nobilissimis orta natalibus cupiditatis te praebes ancillam et extas avaritiae mancipium, quae est docente apostolo servitus

---

4. **Quos . . . praenoscens . . . commonetur**: cf. Acts 10, 19–20. —
12. **extas** = *exstas.*

idolorum? Ecce Domino famulis suis misericordia con-
sulente, tu quid de male paratis facias non habebis, nisi
forte frumenta dure negata in Danuvii fluenta proiciens
humanitatem piscibus exhibeas quam hominibus denegasti.
5 Quam ob rem subveni tibi potius quam pauperibus ex his
quae adhuc te aestimas, Christo esuriente, reservare."
Quibus auditis, magno mulier pavore perterrita coepit
servata libenter erogare pauperibus. Igitur non multo
post rates plurimae de partibus Raetiarum mercibus
10 onustae quam plurimis insperatae videntur in litore
Danuvii, quae multis diebus crassa Heni fluminis glacie
fuerant colligatae; qua Dei imperio mox soluta, ciborum
copias fame laborantibus detulerunt. Tunc coeperunt
omnes Deum insperati remedii largitorem continuata de-
15 votione laudare, qui se tabe diuturna famis interire cre-
diderant, fatentes evidentius rates extra tempus glaciali
solutas frigore servi Dei precibus advenisse. — *Chap. III.*

A SACRISTAN'S ADVENTURE WITH THE BARBARIANS

Quidam vero, nomine Maurus, basilicae monasterii
fuit aedituus, quem beatus Severinus redemerat de mani-
20 bus barbarorum. Huic quadam die praecepit dicens:
"Cave, ne hodie digrediaris alicubi; alioquin ab imminenti
periculo non cavebis." Hic ergo contra praeceptum tanti
patris saecularis cuiusdam hominis persuasu meridie ad
colligenda poma in secundo a Favianis miliario egressus
25 mox a barbaris Danuvio transvectus cum suo persuasore
captivus. In illa hora vir Dei dum in cella legeret, clauso
repente codice: "Maurum," ait, "cito requirite." Quo
nusquam reperto, ipse quantocius Histri fluenta praetermeans latrones properanter insequitur, quos vulgus

6. **Christo esuriente:** concessive: cf. Matt. 25, 37 & 40. —
18. **basilicae:** 1A (4). — 28. **quantocius:** 'as quickly as possible.'
— **praetermeans:** 'crossing.'

"scamaras" appellabat. Cuius venerandam praesentiam non ferentes supplices quos ceperant reddidere captivos.

Dum adhuc Norici Ripensis oppida superiora constarent et paene nullum castellum barbarorum vitaret incursus, tam celeberrima sancti Severini flagrabat opinio ut certatim eum ad se castella singula pro suis munitionibus invitarent, credentes quod eius praesentia nihil eis eveniret adversi. — *Chaps. X., XI. init.*

OLD CHURCH AT VIENNE

ALCIMI ECDICII AVITI POEMATUM DE MOSAICAE HISTORIAE GESTIS LIBRI V

Alcimus Ecdicius Avitus was apparently a relative (perhaps a nephew) of the Emperor Avitus, and was prominent in both church and state in Gaul in the latter part of the fifth and the early part of the sixth centuries. He became Bishop of Vienne in 470 and Archbishop in 490, continuing in office till 523, or possibly a little later, his death being set by some authorities as late as 526. He was an active protagonist of orthodoxy in those days troublous with Arianism, and wrote letters, homilies, and poems. The most important of the poems is the group dealing with Mosaic history which treats respectively of (1) The Creation, (2) Original Sin, (3) The Judgment of God and the Expulsion from Paradise, (4) The Deluge, (5) The Passage of the Red Sea.

The style of Avitus is singularly classical, for so ecclesiastical a subject, and his debt to classical predecessors is frequently obvious. His meter also is carefully constructed, although there is some tendency to indulge in such embellishments as Leonine and end rhymes. Even in his own times he was regarded as a notable poet.

For us, however, Avitus is peculiarly interesting as having so early attempted with some success the same themes which Milton treated masterfully in his epic of *Paradise Lost;* and various striking parallels have been pointed out. Of course it is not at all impossible that Milton in his wide reading had found certain suggestions and inspirations in the work of Saint Avitus, of which he, whether consciously or unconsciously, made use in the English poem.

The text may be found in Migne's *Patrologia*, Vol. LIX; and there is an edition by Rudolph Peiper.

21

PARADISE

Ergo ubi transmissis mundi caput incipit Indis,
Quo perhibent terram confinia iungere coelo,
Lucus inaccessa cunctis mortalibus arce
215 Permanet, aeterno conclusus limite, postquam
Decidit expulsus primaevi criminis auctor,
Proque reis digne felici ab sede revulsis,
Coelestes haec sancta capit nunc terra ministros.
  Non hic alterni succedit temporis unquam
220 Bruma, nec aestivi redeunt post frigora soles,
Excelsus calidum quum reddit circulus annum,
Vel densante gelu canescunt arva pruinis.
Hic ver assiduum coeli clementia servat;
Turbidus auster abest, semperque sub aëre sudo
225 Nubila diffugiunt iugi cessura sereno.
Nec poscit natura loci quos non habet imbres;
Sed contenta suo dotantur germina rore.
Perpetuo viret omne solum, terraeque tepentis
Blanda nitet facies; stant semper collibus herbae,
230 Arboribusque comae; quae quum se flore frequenti
Diffundunt, celeri solidant sua germina succo.
Nam quidquid nobis toto tunc nascitur anno,
Menstrua maturo dant illic tempora fructu.
Lilia perlucent nullo flaccentia sole,
235 Nec tactus violat violas roseumque ruborem
Servans perpetuo suffundit gratia vultu.
Sic quum desit hiems, nec torrida ferveat aestas,
Fructibus autumnus, ver floribus occupat annum.
Hic, quae donari mentitur fama Sabaeis,
240 Cinnama nascuntur, vivax quae colligit ales,
Natali quum fine perit, nidoque perusta
Succedens sibimet quaesita morte resurgit;

---

240. ales: the Phoenix

Nec contenta suo tantum semel ordine nasci,
Longa veternosi renovatur corporis aetas,
Incensamque levant exordia crebra senectam.   245
  Illic desudans fragrantia balsama ramus
Perpetuum premit pingui de stipite fluxum.
Tum si forte levis movit spiramina ventus,
Flatibus exiguis lenique impulsa susurro
Dives silva tremit foliis et flore salubri,   250
Qui sparsus late suaves dispensat odores.
Hic fons perspicuo resplendens gurgite surgit;
Talis in argento non fulget gratia, tantam
Nec crystalla trahunt nitido de frigore lucem.
Negligit hic virides riparum margo lapillos;   255
Et quas miratur mundi iactantia gemmas,
Illic saxa iacent; varios dant arva colores,
Et naturali campos diademate pingunt.

— Bk. I. 212–258.

THE JEALOUSY OF THE SERPENT

Vidit ut iste novos homines in sede quieta
Ducere felicem nullo discrimine vitam,
Et lege accepta Domino famularier orbis,
Subiectisque frui placida inter gaudia rebus,   80
Commovit subitum zeli scintilla vaporem,
Excrevitque calens in saeva incendia livor.
Vicinum tunc forte fuit quum decidit alto
Tempus, et innexam traxit per prona catervam.
Hoc recolens, casumque premens in corde recentem   85
Plus doluit periisse sibi quod possidet alter.
Tunc mixtus cum felle pudor sic pectore questus
Explicat, et tali suspiria voce relaxat:
  "Proh dolor! hoc nobis subitum consurgere plasma,

---

246 sqq.: Cf. Milton, *Par. Lost*, iv. 155 sqq. — 248. **movit spira-**
mina: 'blows.' — 81. **zeli:** 'jealousy.' — 89. **plasma:** 'creature.'

90 Invisumque genus nostra crevisse ruina!
Me celsum virtus habuit, nunc ecce neglectus
Pellor et angelico limus succedit honori!
Coelum terra tenet, vili conpage levata
Regnat humus, nobisque perit translata potestas!
95 Nec tamen in totum periit; pars magna retentat
Vim propriam, summaque cluit virtute nocendi.
Nil differre iuvat; iam nunc certamine blando
Congrediar, dum prima salus, experta nec ullos
Simplicitas ignara dolos ad tela patebit.
100 Et melius soli capientur fraude, priusquam
Fecundam mittant aeterna in saecula prolem.
Immortale nihil terra prodire sinendum est.
Fons generis pereat; capitis defectio membris
Semen mortis erit; pariat discrimina lethi
105 Vitae principium; cuncti feriantur in uno.
Non faciet vivum radix occisa cacumen.
Haec mihi deiecto tantum solatia restant.
Si nequeo clusos iterum conscendere coelos,
His quoque claudantur; levius cecidisse putandum est,
110 Si nova perdatur simili substantia casu,
Si comes excidii subeat consortia poenae,
Et quos praevideo nobiscum dividat ignes.
Sed ne difficilis fallendi causa putetur,
Haec monstranda via est, dudum quam sponte cucurri
115 In pronum lapsus; quae me iactantia coelo
Expulit, haec hominem paradisi e limine pellat."
Sic ait, et gemitus vocem clausere dolentis.

— II. 77–117

---

96. **cluit**: ' is reputed to be.' — 104. **lethi** = *leti;* 2 (4).

GREGORII TURONENSIS EPISCOPI
HISTORIA FRANCORUM

St. Gregory, Bishop of Tours, was a commanding figure of the sixth century in central Gaul, spending the larger part of his life at a place of such strategic importance, geographically and religiously, as Tours, and having a wide acquaintance with kings, princes, churchmen, and common people. Born at Clermont in Auvergne in 538, of a family illustrious in both church and state, he enjoyed only the limited educational opportunities available in that age. Although he seems to have read half of Vergil's *Aeneid*, and Sallust's *Catiline*, his studies were mostly religious; he shunned the 'lying fables' of pagan literature, yet applied no such judgment to the reputed miracles of his own times. At the age of twenty-five serious illness took him to the famous shrine of St. Martin at Tours, and thenceforth his faith in the powers of that Saint was unlimited. From 573 until his death in 594 he was Bishop of Tours, a period when, both in the courts of the Frankish kings and in everyday civil and religious life, ideals were none too exalted.

First of all a churchman, and not free from superstitious credulity, he wrote seven books on *Miracles*, and one on *Lives of the Fathers*, besides minor ecclesiastical works. His chief production, however, is *The History of the Franks*, in ten books, which has been called "a landmark in European culture," and its author, "the Herodotus of the barbarians." Written from the ecclesiastical standpoint, it abounds in naïve confidence in the church and in even nominal churchmen, and presents a most interesting picture of the ideas and the life of an age otherwise meagerly represented in literature. The first two books are based on earlier histories; the latter part of the work, on personal experience.

Gregory's Latin justifies his own frank admission that he had not been instructed in the grammatic art, and abounds in bad spelling and bad syntax, some of which, however, may be justly credited to a stupid scribe. Yet he seems to have inclined towards the language of scholars rather than that of the masses in his own day.

The text used is that of Omont-Collon, edited by René Poupardin (Paris, 1913). Parts of the History have been translated by Ernest Brehout in the *Records of Civilization* series (New York, 1916). For the Latin, cf. Max Bonnet, *Le latin de Grégoire de Tours* (Paris, 1890).

GREGORY EXPLAINS WHY HE UNDERTAKES TO WRITE HISTORY

Decedente atque immo potius pereunte in urbibus Gallicanis liberalium cultura litterarum, cum nonnullae res gererentur vel recte vel inprobae, ac feretas gentium desaeviret, regum furor acueretur, aeclesiae inpugnarentur 5 ab hereticis, a catholicis tegerentur, ferveret Christi fides in plurimis, tepisceret in nonnullis, ipsae quoque aeclesiae vel ditarentur a devotis vel nudarentur a perfidis, nec repperire possit quisquam peritus dialectica in arte grammaticus, qui haec aut stilo prosaico aut metrico depingeret 10 versu, ingemiscebant saepius plerique, dicentes: "Vae diebus nostris, quia periit studium litterarum a nobis, nec repperitur in populis, qui gesta praesencia promulgare possit in paginis!" Ista etenim atque et his similia iugiter intuens, dixi pro commemoracione praeteritorum, ut 15 noticiam adtingerent venientum; etsi inculto effatu,

---

3. **inprobae** = *improbe*; 2 (1). — **feretas** = *feritas*. — 4. **aeclesiae**: 2 (1); 2 (11). — 8. **repperire** = *repperiri*. — 12. **repperitur**: instead of *repertus est*. — **praesencia**: 2 (3). — 13. **possit** for *posset*. — **et** is superfluous. — **iugiter**: 'constantly.' — 14. **dixi**: sc. *res gestas.* — 15. **incultu** = *inculto;* 2 (1). — **effatu** = *affatu.*

nequevi tamen obtegere vel certamena flagiciosorum recte
viventium; et praesertim his inlicitus stimulis, quod a
nostris fari plerumque miratus sum, quia philosophantem
rhetorem intellegunt pauci, loquentem rusticum multi.
Libuit etiam animo, ut pro suppotatione annorum ab ipso 5
mundi principio libri primi poniretur initium, cuius capitula
deursum subieci. — *Praefatio.*

GREGORY CONFESSES HIS FAITH AND DEPLORES HIS IGNORANCE

Scribturus bella regum cum gentibus adversis, martyrum cum paganis, eclesiarum cum hereticis, prius fidem
meam proferre cupio, ut qui legerit me non dubitet esse 10
catholicum. Illud etiam placuit propter eos, qui adpro-
pinquantem finem mundi disperant, ut, collectam per
chronicas vel historias anteriorum summa, explanetur
aperte quanti ab exordio mundi sint anni. Sed prius veniam legentibus praecor, si aut in litteris aut in syllabis 15
grammaticam artem excessero, de qua adpaene non sum
inbutus; illud tantum studens, ut quod in eclesia credi
praedicatur sine aliquo fugo aut cordis haesitatione rete-
neam, quia scio peccatis obnoxium per credulitatem puram
obtinere posse veniam apud Deum. — *Bk. I., Praef.* 20

THE FOUNDING OF LYONS

Post hos imperium primus Iulius Caesar fuit, qui totius
imperii obtenuit monarchiam; secundus Octavianus,
Iulii Caesaris nepus, quem Augustum vocant, a quo et

---

1. flagiciosorum: 2 (3). — recte viventium: sc. *et.* — 2. inlicitus:
sc. *sum.* — 3. quia . . . intellegunt: 3E(7). — 6. mundo instead of
mundi. — poniretur: 2 (1). — 8. scribturus: 2 (2). — 12. collectam
instead of *collecta.* — 16. adpaene instead of *adplene:* 'completely.' —
18. fugo = *fuco.* — 19. credulitatem = *fidem.* — 21. imperium instead of *imperator.* — 23. nepus: 2 (1).

mensis Augustus est vocitatus. Cuius nono decimo imperii anno Lugdunum Galliarum conditam manifestissime
repperimus ; quae postea, inlustrata martirum sanguine,
nobilissima nuncopatur. — *I. 18.*

ATTILA AND THE HUNS, INVADING GAUL, ARE CHECKED AT
    ORLEANS, AND DEFEATED NEAR CHÂLONS-SUR-MARNE
    (A.D. 451) BY AËTIUS

5   Attela vero Chunorum rex egrediens, cum multas Galliarum civitates obpraemeret, Aurilianis adgreditur eamque
maximo arietum inpulsu nititur expugnare. Erat autem
eo tempore beatissimus Anianus in supradicta urbe episcopus, vir eximiae prudentiae ac laudabilis sanctitate,
10 cuius virtutum gesta nobiscum fideliter retenentur. Cumque inclusi populi suo pontefeci quid agerent adclamarent,
ille fidus in Deo monet omnes in oratione prosterni et cum
lacrimis praesentem semper in necessitatibus Domini
auxilium inplorare. Denique his ut praeciperat deprae-
15 cantibus, ait sacerdos : "Aspicite de muro civitatis, si
Dei miseratio iam succurrat." Suspicabatur enim per
Dei misericordiam Aëtium advenire, ad quem et Arelate
abierat prius suspectus futuri. Aspicientes autem de muro,
neminem viderunt. Et ille : "Orate," inquit, "fideliter,
20 Dominus enim liberabit vos hodie!" Et cum aspexissent,
neminem viderunt qui ferret auxilium. Ait eis tertio :
"Si fideliter petitis, Dominus velociter adest." At ille
cum fletu et heiulato magno Domini misericordiam in-
plorabant.

---

    2. **conditam** agrees with the implied *civitatem* (*urbem*). — 3. **marti-
rum :** 2 (1). — 4. **nuncopatur :** 2 (1). — 5. **Chunorum** = Hun-
norum ; 2 (3). — 6. **Aurilianis :** Orleans. Like most names of
places, usually indeclinable. — 11. **agerent :** instead of *sibi agendum
esset.* — 12. **fidus** for *fidens.* — 13. **praesentem** for *praesens ;* 3C (1).
— 17. **Arelate :** locative. — 22. **ille** = *illi ;* 2 (1).

Exacta quoque oratione, tertio iuxta senis imperium
aspicientes de muro, viderunt a longe quasi nebolam de
terra consurgere. Quod renunciantes, ait sacerdos:
"Domini auxilium est." Interea iam trementibus ab
impetum arietum muris iamque ruituris, ecce Aëtius venit 5
et Theodorus Gothorum rex ac Thursemodus, filius eius,
cum exercitibus suis ad civitatem adcurrunt adversumque
hostem eiciunt repelluntque. Itaque liberatam obtentu
beati antestitis civitatem, Attelanem fugant. Qui Mauri-
acum campus adiens, se praecingit ad bellum. Quod 10
hii audientes, se contra eum viriliter praeparant.

Igitur Aëtius cum Gothis Francisque coniunctis adversus Attelanem confligit. At ille ad internicionem vastari
suum cernens exercitum, fuga delabitur. Thedor vero
Gothorum rex huic certamini subcubuit. Nam nullus 15
ambigat Chunorum exercitum obtentu memorati antestitis fuisse fugatum. Verum tamen Aëtius patricius cum
Thursimodo victuriam obtenuit hostesque delevit.

Expletoque bello, ait Aëtius Thursimodo: "Festina
velociter redire in patriam, ne insistenti germano patris 20
regno priveris." Haec ille audiens, cum velocitate discessit, quasi antecipaturus fratrem et prior patris cathe-
dram adepturus. Simile et Francorum regem dolo fuga-
vit. Illis autem recedentibus, Aëtius, spoliato campo,
victor in patriam cum grande est reversus spolia. Attila 25
vero cum paucis reversus est, nec multo post Aquileia a
Chunis capta, incensa atque diruta, Italia pervagata
atque subversa est. Thursimodus, cui supra meminimus,

---

2. **nebolam**: 2 (1). — 3. **renunciantes**: 3A (2). — 8. **liberatam**
. . . **civitatem**: 3A (2). — **obtentu**: 'persistence.' — 9. **Attelanem** =
Attilam; 2 (9).—11. **hii**: 2 (10). — 20. **insistenti germano**: Dat. of
Agt. — 22. **antecipaturus**: 'get the start of.' — 23. **Simile**: adverb.
— 25. **cum grande** . . . **spolia**: 3A (1), 3C (1). — 28. **cui** . . . **meminimus**: instead of *quem memoratus sum.*

Alanos bello edomuit, ipse deinceps post multas lites et
bella a fratribus obpraessus ac iugulatus interiit. — *II. 7*.

CLOVIS, KING OF THE FRANKS, DEFEATS THE ALAMANNI AND ACCEPTS CHRISTIANITY, THE FAITH OF HIS QUEEN, CLOTILDA (A.D. 496)

Regina vero non cessabat praedicare, ut Deum verum
cognosceret et idola neglegeret. Sed nullo modo ad haec
5 credenda poterat commoveri, donec tandem aliquando
bellum contra Alamannos commoveretur, in quo conpulsus est confiteri necessitate, quod prius volontate
negaverat. Factum est autem, ut, confligenti utroque
exercitu vehementer, cederentur, atque exercitus Chlodo-
10 vechi valde ad internicionem ruere coepit. Quod ille
videns, elevatis ad caelum oculis, conpunctus corde, commotus in lacrimis, ait : "Iesu Christe, quem Chrotchildis
praedicat esse filium Dei vivi, qui dare auxilium laborantibus victuriamque in te sperantibus tribuere dignaris, tuae
15 opis gloriam devotus efflagito, ut, si mihi victuriam super
hos hostes indulseris, et expertus fuero illam virtutem
quam de te populos tuo nomine dicatus probasse praedicat,
credam tibi et in nomine tuo baptizer. Invocavi enim
deos meos, sed, ut experior, elongati sunt ab auxilio meo ;
20 unde credo eos nullius esse potestatis praeditos, qui sibi
oboedientibus non occurrunt. Te nunc invoco, tibi
credere desidero, tantum ut eruar ab adversariis meis."
Cumque haec diceret, Alamanni terga vertentes in fugam
labi coeperunt. Cumque regem suum cernerent inter-
25 emptum, Chlodovechi se diccionibus subdunt, dicentes :

---

2. **obpraessus** : 2 (8). — **interiit** : A.D. 453. — 3. **praedicare** :
'preach,' 'pray'; 1A (4). — 9. **cederentur** = *caederentur*. — **Chlodovechi** : Clovis; cf. Ludwig and Louis. — 12. **lacrimis** : 3A (1). —
Chrotchildis : Clotilda. — 17. **dicatus** = *dicatos*. — 19. **elongati sunt·**
'are far removed.'— 25. **diccionibus** : 2 (11).

"Ne amplius, quaesomus, pereat populus, iam tui sumus."
At ille, prohibito bello, cohortato populo, cum pace
regressus narravit reginae qualiter per invocationem nomi-

CLOVIS AND CLOTILDA
At entrance to Church of Notre
Dame at Corbeil

nis Christi victuriam meruit
obtenere. Actum anno quinto 5
decimo regni sui.

Tunc regina arcessire clam
sanctum Remigium Remensis
urbis episcopum iubet, et dipraecans ut regi verbum salu- 10
tis insinuaret. Quem sacerdos
arcessitum secretius coepit ei
insinuare, ut Deum verum,
factorem caeli ac terrae crederet, idola neglegeret, quae 15
neque sibi neque aliis prodesse
possunt. At ille ait: "Libenter
te, sanctissime pater, audie-
bam; sed restat unum, quod
populus qui me sequitur non 20
patitur relinquere deos suos;
sed vado et loquar eis iuxta
verbum tuum." Conveniens
autem cum suis, priusquam
ille loqueretur, praecurrente 25
potentia Dei, omnis populus pariter adclamavit: "Mortales deos abigemus, pie rex, et Deum quem Remigius
praedicat inmortalem sequi parati sumus."

Nunciantur haec antestite, qui gaudio magno repletus,
iussit lavacrum praeparare. Velis depictis adumbrantur 30
plateae, ecclesiae curtinis albentibus adornantur, baptiste-

---

3. **qualiter**: for *quo modo*. — 8. **Remensis**: ' of Rheims.'— 9. **et**:
superfluous. —**dipraecans**: 2 (1). — 16. **sibi**: for *ei*; 1C. —29. **antestite**: Dat.; 2 (1). —30. **lavacrum**: 'font.' — 31. **curtinis** = *corti-*

rium conponitur, balsama difunduntur, micant flagrantes
odore cerei, totumque templum baptisterii divino resper-
gitur ab odore, talemque sibi gratiam adstantibus Dominus
tribuit, ut aestimarent se paradysi odoribus collocari.
5 Rex ergo prior poposcit se a pontefeci baptizare. Procedit novus Constantinus ad lavacrum, deleturus leprae
veteris morbum sordentesque maculas gestas antiquitus
recenti latice deleturus. Cui ingresso ad baptismum sanctus Dei sic infert ore facundo : "Mitis depone colla, Sig-
10 amber; adora quod incendisti, incende quod adorasti."
Erat autem sanctus Remigius episcopus egregiae scientiae
et rhethoricis adprimum inbutus studiis, sed et sanctitate
ita praelatus, ut sancti Silvestri virtutibus aequaretur.
Est enim nunc liber vitae eius, qui eum narrat mortuum
15 suscitasse. Igitur rex omnipotentem Deum in Trinitatem
confessus, baptizatus in nomine Patri et Filii et Spiritus
Sancti delibutusque sacro crismatae cum signaculo crucis
Christi. De exercitu vero baptizati sunt amplius tria
milia. — *II. 30, 31.*

CLOVIS DEFEATS ALARIC II AND THE VISIGOTHS
AT VOUILLÉ (507 A.D.)

20   Igitur Chlodovechus rex ait suis : "Valde molestum
fero, quod hii Arriani partem teneant Galliarum. Eamus
cum Dei adiutorium, et superatis redigamus terram in
dicione nostra." Cumque placuisset omnibus hic sermo,

---

nis: 'curtains.' — 3. **ab odore**: a superfluous preposition. — **sibi**:
1C. — 5. **baptizare**: Pass.; 2 (1). — 6. **leprae**: 'leprosy.' — 14. **liber**
vitae eius: probably the ' Life ' attributed to Fortunatus. — 15. **in**
Trinitatem: 3A (1). — 17. **crismatae** = *chrismatis*, 2 (4), 2 (9):
'unction.' — 21. **Arriani**: an important schismatic element in the
early church. Alaric II, as well as his more famous predecessor of
the same name, was an Arian. — 22. **cum adiutorium**: 3A (1). —
superatis: Dat. of Ref.

commoto exercitu, Pectavus diregit. Ibi tunc Alaricus commorabatur.

Sed quoniam pars hostium per territurium Toronicum transiebat, pro reverentia beati Martini dedit edictum ut nullus de regione illa aliud quam herbarum alimenta 5 aquamque praesumeret. Quidam autem de exercitu, invento cuiusque pauperis fenum, ait : "Nonne rex herba tantum praesumi mandavit, nihil aliud? Et hoc," inquit, "herba est. Non enim erimus transgressores praecepti eius, si eam praesumimus." Cumque vim faciens 10 pauperi faenum virtute tullisset, factum pervenit ad regem. Quem dicto citius gladio peremptum, ait : "Et ubi erit spes victuriae, si beato Martino offendimus?" Satisque fuit exercitu nihil ulterius ab hac regione praesumere. 15

Ipse vero rex direxit nuntios ad beati basilecam, dicens : "Ite et forsitan aliquod victuriae auspicium ab aede sancta suscipites." Tunc datis muneribus, quod loco sancto exhiberent, ait : "Si tu, Domine, adiutor mihi es et gentem hanc incredulam semperque aemulam tibi meis 20 manibus tradere decrevisti, in ingressu basileci sancti Martini dignare propicius revelare, ut cognoscam quia propicius dignaberis esse famulo tuo." Iterantibus autem pueris et ad locum accedentibus iuxta imperium regis, dum sanctam ingrederentur basilecam, hanc antefanam 25 ex inprovisu primicerius qui erat inposuit : "*Praecinxti me, Domine, virtutem ad bellum, supplantasti insurgentes in me subtus me et inimicorum meorum dedisti mihi dorsum*

---

1. **Pectavus**: Poitiers; see note on *Aurilianis*, p. 28. — 3. **territurium Toronicum**: Touraine. — 7. **cuiusque**: instead of *cuiusdam*. — **fenum**: instead of *faeno*. — **herba**: 2 (7). — 12. **Quem . . . peremptum**: 3A (2). — 18. **suscipites**: for *suscipies*.— 23. **Iterantibus**: 'proceeding.' — 25. **antefanam**: instead of **antiphonam**. — 26. **primicerius**: 'head singer.' — 28. *subtus*: here a preposition.

et odientes me disperdidisti."   Quod psallentium audientes, Domino gratias agentes et voto beato confessore promittentes, laeti nunciaverunt regi.

Porro ille cum ad fluvium Vincennam cum exercitu
5 advenisset, in quo loco eum transire deberet paenitus ignorabat. Intumuerat enim ab inundatione pluviarum. Cumque illa nocte dominum dipraecatus fuisset, ut ei vadum quo transire possit dignaretur ostendere, mane facto cerva mirae magnitudinis ante eos nutu Dei flumine
10 ingreditur, illaque vadante, populos quo transire possit agnovit. Veniente autem regi apud Pectavus, dum in tenturiis commoraret, pharus ignea de basileca sancti Hilarii egressa, visa est ei tamquam super se advenire, scilicet ut lumine beati confessoris adiutus Hilarii liberius
15 hereticas acies, contra quas saepe isdem sacerdos pro fide conflixerat, debellaret.   Contestatus est autem omni exercitui, ut neque ibi quidem aut in via aliquem expoliarent aut res cuiusquam deriperent. * * * *

Interea Chlodovechus rex cum Alarico regi Gothorum
20 in campo Vogladensi decimo ab urbe Pectava miliario convenit, et confligentibus his eminus, resistunt comminus illi.   Cumque secundum consuitudinem Gothi terga vertissent, ipse rex Chlodovechus victuriam, Domino adiuvante, obtenuit.   Habebat autem in adiutorium suum
25 filium Sigiberti Claudi, nomine Chlodericum. — *II. 37.*

CLOVIS BY SCHEMING ADDS THE KINGDOM OF
SIGIBERT TO HIS OWN (c. 510)

Cum autem Chlodovechus rex apud Parisius moraretur, misit clam ad filium Sigiberti, dicens : "Ecce pater tuus

---

1. **psallentium**: 'singing.' — 2. **confessore**: Dat.;   2 (1). — 9. **flumine**: instead of *flumen.* — 10. **vadante**: 'wading.' — **populos**: 2 (1). — 11. **regi**: 2 (1). — 12. **pharus**: 'a guiding light.' — 20. **Vogladensi**: 'of Vouillé.' — 25. **Claudi**: 'the Lame.'

senuit et pede debile claudicat. Si ille," inquit, "moreretur, recte tibi cum amicicia nostra regnum illius reddebatur." Qua ille cupiditate seductus, patrem molitur occidere. Cumque ille egressus de Colonia civitate, transacto Rheno, per Buconiam silvam ambulare disponeret, meridie in tenturia sua obdormiens, inmissis super eum filius percussoribus eum ibidem interfecit, tamquam regnum illius possessurus. Sed iudicio Dei in foveam quam patri hostiliter fodit incessit.

Misit igitur nuncius ad Chlodovechum regem de patris obitu nunciantes atque dicentes : "Pater meus mortuus est, et ego thesauros cum regno eius penes me habeo. Dirigite vos ad me, ut ea quae tibi de thesauris illius placent bona volontate transmittam." Et ille : "Gratias," inquit, "tuae volontate ago et rogo ut venientibus nostris patefacias cuncta, ipse possessurus." Quibus venientibus iste patri thesauros pandit. Qui dum diversa respicerent, ait : "In hanc arcellulam solitus erat pater meus numismata auri congerere." "Inmitte," inquiunt illi, "manum tuam usque ad fundum et cuncta reperias." Quod cum fecisset et esset valde declinus, unus elevata manu bipennem caerebrum eius inlisit, et sic quod in patrem egerat indignus incurrit.

Quod audiens Chlodovechus, quod scilicet interfectus esset Sigibertus vel filius eius, in eodem loco adveniens, convocat omnem populum, dicens : "Audite quid contigerit. Dum ego," inquit, "per Scaldem fluvium navigarem, Chlodericus, filius parentis mei, patrem suum insequebatur, verbo ferens, quod ego eum interfecere vellim.

---

2. **reddebatur**: instead of *redderetur*. — 4. **civitate**: 1B (5). —
6. **tenturia sua**: 3A (1). — 10. **nuncius** = *nuntios*. — 17. **patri**: 2
(9).— 18. **arcellulam**: 'little chest.' — 25. **vel**: instead of *et*. —
27. **Scaldem**: 'Scheldt.' — 28. **parentis**: 'kinsman.' — 29. **vellim**:
for *vellem*.

Cumque ille per Bugoniam silvam fugiret, inmissis super
eum latruncolis, morti tradidit et occidit. Ipsi quoque
dum thesauros eius aperit, a nescio quo percussus interiit.
Sed in his nequaquam conscius sum ; nec enim possum
5 sanguinem parentum meorum effundere, quod fieri nefas
est. Sed quia haec evenerunt, consilium vobis praebeo,
si videtur acceptum ; convertimini ad me, ut sub meam
sitis defensionem.'' At ille ista audientes, plaudentes tam
parmis quam vocibus, eum clepeo evectum super se regem
10 constituunt. Regnumque Sigiberti acceptum cum thesauris, ipsos quoque suae dicioni adscivit. Prosternebat
enim cotidie Deus hostes eius sub manu ipsius et augebat
regnum eius, eo quod ambularet recto corde coram eo et
faceret quae placita erant in oculis eius. — *II. 40.*

CHILPERIC'S LEGATES RETURN FROM THE EAST (581)

15   Interea legati Chilperici regis, qui ante triennium ad
Tyberium imperatorem abierant, regressi sunt non sine
grave damno atque labore. Nam cum Massiliensem portum propter regum discordias adire ausi non essent,
Agathae urbem, quae in Gothorum regno sita est, adven-
20 erunt. Sed priusquam litus attingerent, naves acta vento,
inpulsa terris in frusta minuitur. Legati vero cum pueris
se in periculo cernentes, arreptis tabulis, vix ripae relati
sunt, multis puerorum amissis ; sed plurimi evaserunt.
Res autem quas unda litoris invexerat, incolae rapuerunt ;
25 ex quibus quod melius fuit recipientes, ad Chilpericum
regem tulerunt. Multa tamen ex his Agatenses secum
retenuerunt.
    Tunc ego Novigentum villa ad occursum regis abieram ;

---

2. **Ipsi**: for *ipse.* — 8. **ille** = *illi.* — 9. **clepeo**: 2 (1). — 17. **grave**:
2 (9). — 19. **Agathae**: Agde, west of Marseilles. — 20. **naves** =
navis. — 22. **ripae**: 3A (4). — 24. **litoris**: instead of *litoribus;* 2 (9).
— 25. **melius**: 2 (9). — **fuit**: 2 (9). — 28. **villa**: 2 (7).

ibique nobis rex missurium magnum, quod ex auro gem-
misque fabrecaverat in quinquagenta librarum pondere,
ostendit, dicens: "Ego haec ad exornandam atque
nobilitandam Francorum gentem feci. Sed et plurima
adhuc, si vita comes fuerit, faciam." Aureos etiam 5
singularum librarum pondere, quos imperator misit,
ostendit, habentes ab una parte hiconam imperatoris
pictam, et scribtum in circulo: TYBERII CONSTAN-
TINI PERPETUI AUGUSTI; ab alia vero parte
habentes quadrigam et ascensorem, contenentesque scrib- 10
tum: GLORIA ROMANORUM. Multa enim orna-
menta, quae a legatis sunt exhibita, ostendit. — *VI. 2.*

DEATH OF KING CHILPERIC (584); HIS CHARACTER

His itaque cum haec praeda pergentibus, Chilpericus,
Nero nostri temporis et Herodis, ad villam Calensem,
quae distat ab urbe Parisiaca quasi centum stadiis, ac- 15
cedit; ibique venationes exercit. Quadam vero die
regressus de venatione iam subobscura nocte, dum de equo
susciperetur, et una manu super scapulam pueri reteneret,
adveniens quidam eum cultro percutit sub ascellam itera-
tuque ictu ventrem eius perforat; statimque profluente 20
copia sanguinis tam per os quam per aditum vulneris,
iniquum fudit spiritum.

Quam vero malitiam gesserit superior lectio docet.
Nam regiones plurimas saepius devastavit atque succendit;
de quibus nihil doloris sed laetitia magis habebat, sicut 25
quondam Nero, cum inter incendia palatii tragoedas
decantaret. Saepe homines pro facultatibus eorum iniuste punivit. In cuius tempore pauci quodammodo epis-

---

1. **missurium**: 2 (1); 'dish.'— 5. **vita comes fuerit**: ' if I live.'
— 7. **hiconam**: instead of *iconem;* 2 (9); 'likeness.' — 10. **ascensorem**: ' charioteer.' — 19. **ascellam** = *axillam:* 'armpit.' — 25. **laetitia**: 2 (7).

copatum clerici meruerunt. Erat enim golae deditus, cuius deus venter fuit; nullumque sibi adserebat esse prudentiorem. Conficitque duos libros, quasi Sidulium meditatus, quorum versiculi debiles nullis pedibus sub-
5 sistere possunt; in quibus, dum non intellegebat, pro longis sillabis breves posuit et pro breves longas statuebat; et alia opuscula vel hymnos sive missas edidit, quae nulla ratione suscipi possunt.

Causas pauperum exosas habebat. Sacerdotes Domini
10 assidue blasphemabat nec aliunde magis, dum secretius esset, exercebat ridicola vel iocos quam de eclesiarum episcopis. Illum ferebat levem, alium superbum, illum habundantem, istum luxoriosum; illum adserebat elatum, hunc tumidum, nullum plus odio quam eclesias habens.
15 Agebat enim plerumque: "Ecce pauper remansit fiscus noster, ecce divitiae nostrae ad eclesias translatae; nulli paenitus nisi soli episcopi regnant; periit honor noster et translatus est ad episcopos civitatum." Haec agens, assiduae testamenta, quae in eclesias conscribta erant,
20 plerumque disrupit ipsasque patris sui preceptiones, putans quod non remaneret qui voluntatem eius servaret, saepe calcavit. Iam de libidini atque luxoria non potest repperi in cogitatione quod non perpetrasset in opere, novaque semper ad laedandum populum ingenia per-
25 quaeribat; nam, si quos hoc tempore culpabiles repperisset, oculos eis iubebat erui. Et in praeceptionibus quas ad iudices pro suis utilitatibus diregebat, haec addebat: "Si quis praecepta nostra contempserit, oculorum evulsione multetur."

---

2. **sibi**: 3A (1). — 4. **nullis pedibus**: the original " free verse "! — 5. **dum non intellegebat**: 3E (6) (*d*). — 6. **pro breves**: 3A (1). — 7. **missas**: ' masses.' — 9. **exosas habebat**: 3E (4) (*c*). — 10. **secretius**: instead of *secretior;* 2 (9). — 13. **habundantem**: 2 (4). — 19. **assiduae** = *assidue.* — 21. **remaneret**: 3E (5) (*c*). — 25. **hoc**

Nullum umquam purae dilexit, a nullo dilectus est;
ideoque, cum spiritum exalasset, omnes eum reliquerunt.
Mallulfus autem, Silvanectensis episcopus, qui iam tertia
die in tentorio residebat et ipsum videre non poterat, ut
eum interemptum audivit, advenit; ablutumque vesti- 5
mentis melioribus induit, noctem in hymnis deductam, in
nave levavit et in basilica sancti Vincenti, quae est Parisius, sepelivit, Fredegundae regina in eclesia derelicta.

— *VI. 46.*

BEGINNING OF A FEUD BETWEEN TWO FAMILIES OF TOURS

Gravia tunc inter Toronicos cives bella civilia surrex-
erunt. Nam Sicharius, Iohannis quondam filius, dum ad 10
natalis Dominici solemnia apud Montalomagensem vicum
cum Austrighysilo reliquosque pagensis celebraret, presbiter loci misit puerum ad aliquorum hominum invita-
cionem, ut ad domum eius bibendi gracia venire deberint.
Veniente vero puero, unus ex his qui invitabantur, extracto 15
gladio, eum ferire non metuit. Qui statim cecidit et mortuos est. Quod cum Sicharius audisset, qui amicitias cum
presbitero retinebat, quod scilicet puer eius fuerit interfectus, arrepta arma, ad eclesiam petit, Austrighyselum
opperiens. Ille autem hec audiens, adprehenso armorum 20
aparatu, contra eum diregit. Mixtisque omnibus, cum
se pars utraque conliderit, Sicharius inter clericus ereptus,
ad villam suam effugit, relictis in domo presbiteri cum
argento et vestimentis quatuor pueris sauciatis. Quo
fugiente, Austrighiselus iterum inruens, interfectis pueris, 25
aurum argentumque cum reliquis rebus abstulit.

---

tempore: 'recently.' — 1. **purae** = *pure.* — 6. **noctem** . . . **deductam:** 3A (2). — 7. **levavit:** 'carried.' — **Parisius:** Locative. —
12. **reliquosque pagensis:** 'the rest of the people in the district';
3A (1). — 14. **gracia:** 2 (3). — 19. **arrepta arma:** 3A (2). — **petit:**
intrans. — 21. **diregit:** 2 (1). — 22. **clericus:** 2 (9).

Dehinc cum in iudicio civium convenissent, et preceptum esset ut Austrighiselus, qui homicida erat et, interfectis pueris, res sine audienciam diripuerat, censura legali condempnaretur. Inito placito, paucis infra diebus Sicha-
5 rius audiens quod res quas Austrighiselus deripuerat cum Aunone et filio adque eius fratre Eberulfo retinerentur, postposito placito, coniunctus Audino, mota sedicione, cum armatis viris inruit super eos nocte, elisumque hospicium, in quo dormiebant, patrem cum fratre et filio intere-
10 mit resque eorum cum pecoribus interfectisque servis abduxit.

Quod nos audientes, vehimenter ex hoc molesti, adiuncto iudice, legacionem ad eos mittemus, ut in nostri presencia venientes, accepta racione, cum pace discenderent, ne
15 iurgium in amplius pulularet. Quibus venientibus coniunctisque civibus, ego aio: "Nolite, o viri, in sceleribus proficere, ne malum longius extendatur. Perdedimus enim eclesie filius; metuemus nunc, ne et alius in hac intencione careamus. Estote, queso, pacifici; et qui
20 malum gessit, stante caritate, conponat, ut sitis filii pacifici, qui digni sitis regno Dei, ipso Domino tribuente percipere. Sic enim ipsi ait: '*Beati pacifici, quoniam filii Dei vocabuntur.*' Ecce enim, etsi illi, qui noxe subditur, minor est facultas, argento eclesie redemitur; interim anima viri
25 non pereat." Et hec dicens, optuli argentum eclesie; sed pars Chramnesindi, qui mortem patris fratresque et patrui requerebat, accepere noluit.

His discedentibus, Sicharius iter, ut ad regem ambularet,

---

3. **audienciam**: instead of *audientia;* 3A (1). — 4. **placito**: 'decree.' — 13. **mittemus** = *mittimus.* — 14. **racione** = *ratione;* 2 (3). — **discenderent**: instead of *discederent.* — 15. **pulularet**: 2 (11). — 16. **sceleribus**: instead of *scelera.* — 18. **filius** = *filios;* 2 (1). — **alius**: for *alios;* 3A (1). — 21. **regno**: instead of *regnum.* — 22. **ipsi**: 2 (1). — 26. **fratresque** = *fratrisque.* — 27. **noluit**: i.e. Chramsind.

preparat, et ob hoc Pectavum ad uxorem cernendam proficiscitur. Cumque servum ut exerceret opera commo-
neret, elevatamque virgam, ictibus verberaret, ille, extracto
baltei gladio, dominum sauciare non metuit. Quod in
terram ruente, currentes amici adprehensus servum 5
crudeliter cesum, truncatis manibus et pedibus, patibolo
damnaverunt.

Interim sonus in Toronicum exiit Sicharium esse defunc-
tum. Cum autem hec Chramnesindus audisset, com-
monitis parentibus et amicis, ad domum eius properat. 10
Qui expoliatis, interemptis nonnullis servorum, domus
omnes tam Sicharii quam reliquorum qui participes huius
ville erant incendio concremavit, abducens secum pecora
vel quecumque moveri potuit. Tunc partes a iudice ad
civitatem deducte, causas proprias prolucuntur; inven- 15
tumque est a iudicibus ut qui nollens accepere prius con-
posicionem domus incendiis tradedit medietatem precii
quod ei fuerat iudicatum amitteret — et hoc contra legis
actum, ut tantum pacifici redderentur — alia verio medietatem conposiciones Sicharius reddered. Tunc datum 20
ab eclesia argentum, que iudicaverunt accepta securitate
conposuit, datis sibi partes invicem sacramentis, ut nullo
umquam tempore contra alterum pars alia musitaret. Et
sic altercacio terminum fecit. — *VII. 47.*

---

3. **elevatamque virgam**: 3A (2). — 4. **baltei**: instead of Dat.
— **Quod**: archaic form of *quo*. — 5. **adprehensus**: instead of Acc. —
8. **sonus**: 'rumor.' — 11. **Qui expoliatis**: instead of *Quo exspoliato*.
— 14. **partes . . . deducte**: 3A (2). — 15. **prolucuntur** = *prolo-
quuntur.* — 17. **medietatem**: 'half.' — 19. **alia**: 2 (9). — **verio**: instead of *vero*. — 20. **conposiciones** = *compositionis*. — **reddered**:
2 (2). — **datum . . . argentum**: 3A (2). — 21. **iudicaverunt**: instead
of the Plup. — 22. **conposuit**: instead of the Plur. — 23. **musitaret**: 2 (11).

THE BURNING OF PARIS (585)

Extetit igitur in his diebus aput urbem Parisiacam
mulier, que dicerit incolis : "Fugite, O! ab urbe et scitote
eam incendio concremandam." Que cum a multis inride-
retur quod hec aut sorcium praesagio dicerit, aut qualiqua
5 somniasset, aut certe demonii meridiani hec instinctu proferret, respondit : "Nequaquam est ita ut dicitis, nam in
veritate loquor, quia vidi per somnium ad basilica sancti
Vincenti veniente virum inluminatum, tenente manum
caereum et domus necutiantum ex ordine succendentem."
10 Denique post terciam noctem quod hec mulier est effata,
inchoante crepuscolo, quidam e civibus, accensu lumine,
in prumptuario est ingressus, adsumptoque oleo hac
ceteris que necessaria erant, abscessit, lumine secus cupella
olei derelicto.   Erat enim domus hec prima secus portam,
15 que ad mediam diem pandit egressum.   Ex quo lumine
adprehensa domus incendio concrematur, de qua et alia
adpraehendi ceperunt.   Tunc eruente igne super vinctus
carceres, aparuit eis beatus Germanus, et cumminuens
trabem atque catenis quibus vincti tenebantur, reserato
20 carceres osteo, vinctus habire permisit incolomis.   Ille
vero egressi, se ad basilicam sancti Vincenti, in qua sepulchrum habetur beati antestitis, contulerunt.

Igitur cum per totam civitatem, huc adque illuc flante
vento, flamma feritur, totisque viribus regnaret incendium,
25 adpropinquare ad aliam portam coepit, in qua beati

---

4. **qualiqua** = *qualiqualia.* — 8. **veniente**: 2 (7). — **tenente**: 2
(7). — **manum**: instead of *manu.* — 9. **caereum**: 2 (1). — **necutiantum** = *negotiantium.* — 10. **quod**: 3B. — 11. **accensu**: 2 (1). —
12. **prumptuario**: instead of *promptuarium;* 'storehouse.' — **hac**:
for *ac;* 2 (4). — 13. **cupella**: 2 (7); 'little barrel.' — 14. **secus**:
prep., 'beside.' — 15. **mediam diem**: 'the south.' — 17. **vinctus**:
'bounds.' — 18. **carceres**: for Gen. — **beatus Germanus**: 'Saint
Germain.' — 19. **catenis**: instead of Acc. — 24. **feritur**: for *fertur.*

Martini oraturium habebatur, qui ob hoc aliquando factum
fuerat, eo quod ibi lepram maculosi homines osculo de-
pulisset. Vir autem, qui eum intextis vircultis in sublime
construxerat, confisus in Domino nec de beati Martini
virtute diffisus, se resque suas infra eius parietis, ambiit, 5
dicens : "Credo enim, et fides mea est, quod repellat ab
hoc loco incendium qui sepius incendiis imperavit, et in
loco leprosi hominis cutem, osculum medente, purgavit."
Adpropinquante enim illuc incendium, ferebantur valedi
globi flammarum, qui percucientes parietem oraturii, 10
protenus tepiscebant. Clamabat autem populus viro ac
mulierum : "Fugite, miseri, ut evadere possetis. Ecce
iam igneum pondus super vos diruit ; ecce favelle incendii
cum carbonibus tamquam validus imber ad vos usque
distenditur. Egrediemini ab oraturio, ne cum eodem 15
incendio concremimini." Ad illi oracionem fundentes,
numquam ab his vocibus movebantur. Sed nec mulier
se umquam a fenestra, per quam interdum flamma in-
grediebantur, amovet, que erat spe firmissima de virtute
beati antestitis premunita. Tantaque fuit virtus beati 20
pontificis, ut non solum hoc oraturium cum alumni proprii
domo salvaret, verum etiam nec aliis domibus, qui in circuitu erant, nocere flammas dominantibus permissiset.
Ibique cecidit incendium, quod ab una parte pontes
ceperat desevire. 25

Ab alia vero parte tam valide cuncta conflagravit, ut
amnis finem inponerit. Verumtamen eclesia cum domibus

---

1. **qui**: 3B. — 2. **eo** repeats the idea of *ob hoc.* — **homines**: 2
(1). — 5. **se . . . suas**: 3A (2). — 8. **osculum**: instead of Abl.
— 9. **incendium**: instead of Abl. — 12. **mulierum**: instead of *mulieri.* — **possetis**: 3E (5) (*d*). — 16. **Ad** = *At.* — **illi . . . fundentes**:
3A (2). — 18. **flamma**: instead of *flammae.* — 23. **dominantibus**:
instead of *dominantes.* — 24. **pontes** = *pontis.* — 27. **eclesia**: instead of *ecclesiae.*

suis non sunt aduste. Aiebant enim hac urbem quasi
consecratam fuisse antiquitus, ut non ibi incendium pre-
valeret, non serpens, non glerus aparuisset. Nuber autem,
cum cuniculum pontis emundaretur, et coenum de qua
5 repletum fuerat auferetur, serpentem cleremque aereum
reperererunt. Quibus ablatis, et cleres ibi deinceps extra
numero et serpentes aparuerunt, et postea incendia preferre coepit. — *VIII. 33.*

TEMPTATIONS OF RECLUSES

Et quia princeps tenebrarum mille habit artes nocendi,
10 quid de reclausis a Deo devotis nuper gestum fuerit pandam. Vennocus Britto presbiterii honore preditus, cui
in alio libro meminimus, tante se abstinencie dedicavit,
ut, indumentum de pellibus tantum uteritur, cybum de
erbis agrestibus incoctis sumerit, vinum vero tantum vas
15 ad hos poneret, quod magis potaretur libare osculo quam
aurire. Sed cum eidem devotorum largitas frequenter
exiberet vasa hoc plena licore, dedicit, quod peius est, extra modum aurire et in tantum dissolvi pocione ut plerumque ebrius cerneretur. Unde factum est, ut invalescente
20 temulencia, tempore procedente, a demonio correptus,
per inerciam vexaretur in tantum ut, accepto cultro, vel
quodcumque genus tele sive lapidem aut fustem potuisset
arepere, post homines insano furore discurrerit. Unde
necessitas exigit ut catenis vinctus costodiretur in cella.

---

1. **hac**: instead of Acc. — 3. **glerus**: instead of *glis.* — **Nuber** =
nuper; 2 (2). — 4. **emundaretur**: 'was being cleaned out.' —
5. **cleremque** = *gliremque.* — 7. **preferre** = *praeferri.* — 10. **reclausis . . . devotis**: 'recluses.' — 11. **Britto**: 'a Breton.' — **presbiterii**: the 'eldership.' — 12. **alio libro**: viz. in V. 21. — 13. **uteritur**
= *uteretur.* — 14. **vinum**: instead of *vini.* — 15. **hos** = *os;* 2 (4). —
quod = *quo;* 2 (10). — **potaretur** = *putaretur.* — 16. **aurire**: 2 (4).
— 17. **exiberet**: 2 (4). — **licore**: 2 (2). — 22. **tele** = *teli.*

In hac quoque damnacione per duorum annorum spacia debachans, spiritum exalavit.

Alius quoque Anatholius, Burdegalensis puer, ut ferunt, annorum duodecem, cum esset famulus cuiusdam neguciatores, petiit sibi ad reclausionem licencia tribui. Sed, 5 resistente diu domino, potans eum in hoc tepiscere adque implere non posse in etate quod nitebatur adpetere, tandem victus precibus famoli, facultatem tribuit ut id quod flagitabant impleret. Erat autem ibi cripta ab antiquis transvolutum eleganteque opere exposita, in cuius angulo 10 erat cellula parva de quadratis lapidibus clasa, in qua vix unus stans homo recipe possit. In hac cellola puer ingreditur, in hac per octo aut eo amplius annus commoratus, tenui cybo potuque contentus, vigiliis oracionibusque vagabat. Post hec pavorem validum perpessus, clamare 15 cepit intrinsecus se torqueri. Unde factum est ut, adiuvante ei, ut credo, diabolici partis milicia, amotis quadris quibus conclusis tenebatur, eliderit parietem in terram, conlidens palmas et clamans se a sanctis Dei peruri. Cumque diutissime in hac insania teneretur et sancti Martini 20 saepius confiteretur nomina, ac dicerit se pocius ab eo quam a sanctis aliis cruciare, Thoronus adducetur. Sed malus spiritus, credo, ob virtutem adque magnitudinem sancti conpressus, nequaquam hominem mutelavit. Nam in loco ipso per anni circulum degens, cum nihil malae 25 pateretur, regressus est, sed rursus que caruerat incurrit.

— *VIII. 34.*

2. **exalavit** = *exhalavit*. — 3. **Burdegalensis**: 'of Bordeaux.' — 4. **neguciatores** = *negotiatoris*. — 5. **reclausionem** : 'becoming a recluse.' — **licencia**: instead of Acc. — 6. **potans** = *putans*. — **tepiscere**: with Fut. meaning. — 9. **flagitabant**: instead of Sing. — **cripta** = *crypta*. — 10. **transvolutum**: instead of *transvoluta*: 'vaulted.' — 11. **clasa** = *clausa*. — 12. **recipe** = *recipi*. — 15. **vagabat** = *vacabat*. — 16. **cepit** = *coepit*. — 18. **conclusis**: for *conclusus*. — 22. **Thoronus**: 'to Tours.' — 24. **conpressus**: 'restrained.'

OUTCOME OF THE FEUD AT TOURS (VII. 47):
DEATH OF SICHAR

Bellum vero illud, quod inter cives Toronicus superius
diximus terminatum, in rediviva rursum insania surgit.
Nam Sicharius cum post interfectionem parentum Cram-
sindi magnam cum eo amiciciam patravissed, et in tantum
5 se caritate mutua diligerent ut plerumque simul cibum
caperent ac in uno pariter stratu recumberent, quandam
die cenam sub nocturno tempore preparat Chramsindus,
invitans Sicharium ad epulum suum. Quo veniente,
resident pariter ad convivium. Cumque Sicharius crapu-
10 latus a vino multa iactaret in Cramsindo, ad extremum
dixisse fertur: "Magnas debes referre grates, o dulcissime
frater, eo quod interficerem parentes tuos, de quibus accepta composicione, aurum argentumque superabundat in
domum tuam, et nunc nudus essis et egens, nisi hec te
15 causa paululum roborassit." Hec ille audiens, amare
suscepit animo dicta Sichari, dixitque in corde suo: "Nisi
ulciscar interitu parentum meorum, amitteri nomen viri
debeo et mulier infirma vocare." Et statim extinctis
luminaribus, caput Sichari seca dividit. Qui parvolam
20 in ipso vitae terminum vocem emittens, cecidit et mortuus
est. Pueri vero, qui cum eo venerant, dilabuntur.

Cramsindus exanimum corpus nudatum vestimentis
adpendit in sepis stipite, ascensisque aequitibus eius, ad
regem petiit; ingressusque aeclesia, ad pedes prosternetur
25 regis, dicens: "Vitam peto, o gloriose rex, eo quod oc-
ciderim omines qui, parentes meus chlam interfectis, res

---

3. **parentum**: 'kinsmen.' — 6. **stratu**: 'couch.' — **quandam**: instead of *quadam*. — 9. **crapulatus**: 'drunk.' — 14. **essis** = *esses*. —
17. **amitteri**: instead of *amitti*. — 18. **vocare** = *vocari*. — 19. **seca**
= *sica*. — 20. **terminum**: instead of Abl. — 23. **ascensisque aequitibus**: instead of *ascenso equo*. — 26. **omines**: 2 (4). — **parentes
meus**: instead of *parentibus meis*. — **chlam**: 2 (4).

omnes diripuerunt." Cumque, expositis per ordinem causis, regina Brunechildis graviter accipisset, eo quod in eius verbo Sicharius positus taliter fuerat interfectus, frendere in eum coepit. Et ille, com vidissed eam adversam sibi, Vosagensim teriturii Biturgi pagum expetiit, in 5 co et eius parentes degebant, eo quod in regno Guntheramno regis haberetur. Tranquilla quoque, conius Sicharii, relictis filiis et rebus viri sui in Toronico sive in Pectavo, ad parentes suos Mauriopes vicum expetiit; ibique matremunio copulata est. Obiit autem Sicharius quasi 10 annorum xx. Fuit autem in vita sua levis, ebriosus, homicida, qui nonnullis per ebrietatem iniuriam intullit.

Chramsindus vero iterum ad regem abiit; iudicatum est ei, ut convincerat super se eum interfecisse. Quod ita fecit. Sed quod, ut diximus, regina Brunechildis in verbo 15 suo posuerat Sicharium, ideoque res huius confischari precepit; sed in posterum a Flaviano domestico reddite sunt. Sed et ad Aginum properans, epistolam elicuit, ut a nulo contingeretur. Ipse enim res eius a regina concessum fuerat. — *IX. 19.*   20

POPE GREGORY CHOSEN (590)

Anno igitur quinto decimo Childeberthi regis, diaconos noster ab urbe Roma sanctorum cum pigneribus veniens, sic retulit, quod anno superiore, mense nono, tanta inundacio Tibris fluvius Romam urbem obtexerit, ut aedes anti-

---

2. **in eius verbo**: 'under her protection.' — 6. **co** = quo; 2 (2). — **Guntheramno**: instead of the Gen. — 7. **conius**: for *coniux*. — 14. **convincerat**: instead of *convinceret*. — **super se**: 'on his family.' — **eum**: i.e. Sicharius. — 16. **ideoque**: the enclitic is superfluous. — **confischari**: 2 (4). — 17. **domestico**: 'house-master.' — 19. **nulo**: 2 (11). — **Ipse** = *Ipsi*, i.e. Flavian. — **eius**: i.e. Chramsind's. — **concessum**: 2 (9). — 21. **diaconos noster**: Agiulfus by name. — 23. **mense nono**: really in November, 589.

quae deruerent, horrea etiam ecclesiae subversa sint, in
quibus nonnulla milia modiorum tritici periere. Multitudo etiam serpencium cum magno dracone in modo trabis
validae per huius fluvii alveum in mare descendit; sed
5 suffocate bestiae inter salsos maris turbidi fluctus et litori
eiectae sunt. Subsecuta est de vestigio cladis quam inguinariam vocant. Nam medio mense XI adveniens,
primum omnium, iuxta illud quod in Ezechihel propheta
legitur: "*A sanctoario meo incipite*," Pelagium papam
10 perculit et sine mora extinxit. Quo defuncto, magna
strages populi de hoc morbo facta est.

Sed quia eclesia Dei sine rectorem esse non poterat,
Gregorium diaconum plebs omnes elegit. Hic enim de
senatoribus primis, ab adulescencia devotus Deo, in rebus
15 propriis sex in Sicilia monasteria congregavit, septimum
infra urbis Romae muros instituit; quibus tantum diligans
terrarum cupiam quantum ad victum cotidianum pre-
bendum sufficeret, reliqua vindedit cum omne presidio
domus ac pauperibus erogavit; et qui ante syrico con-
20 textus ac gemmis migantibus solitus erat per urbem procedere trabeatus, nunc vili contextus vestitu, ad altaris
Dominici ministerium consecratur, septimusque Levita ad
adiutorium papae adsciscitur. Tantaque ei abstinencia
in cibis, vigilancia in oracionibus, strenuetas in ieiuniis
25 erat ut, infirmato stomacho, vix consistere possit. Litteris grammatecis dealeticisque ac rethoricis ita est institutus, ut nulli in Urbe ipsa putaretur esse secundus; hoc

---

5. **litori**: 3A (4). — 6. **de vestigio**: 'on the heels of this.' —
cladis = *clades*, 'plague.' — **inguinariam**: 'of the groin,' the
"bubonic plague" of today. — 14. **in rebus propriis**: 'out of his
own funds.' — 16. **tantum**: 3C (1). — **diligans** = *delegans*. — 17. **cupiam** = *copiam*. — 18. **presidio**: 'furniture.' — 19. **syrico** = *serico*.
— **contextus**: instead of *contectus*. — 20. **migantibus** = *micantibus*.
— 27. **hoc**: 3C (1).

apicem adtencius fugire timptans, ne, quod prius abicerat, rursum ei in seculo de adepto honore iactancia quaedam subriperit. Unde factum est ut epistolam ad imperatorem Mauricium dirigeret, cuius filium ex lavacro sancto susciperat, coniurans et multa prece deposcens, ne umquam 5 consensum praeberet populis, ut hunc huius honoris gloria

POPE GREGORY THE GREAT ON HIS THRONE

sublimaret. Sed praefectus urbis Romae, Germanus, eius anticipavit nuncium, et con- 10 prehensum, disruptis epistolis, consensum quod populus fecerat imperatore direxit. Ad ille gratias Deo agens 15 pro amicicia diaconi, quod reperisset locum honoris eius, data preceptione, ipsum iussit institui. • Cumque in 20 hoc restaret ut benediceretur, et lues populum devastaret, verbum ad plebem pro agenda penitentia in hoc modo exhorsus est: "Oportet, 25 fratres dilectissimi, ut flagella Dei, que metuere ventura debuemus, saltim presentia et experta timeamus. Conversionis nobis aditum dolor aperiat, et cordis nostri duriciam ipsam quam patimur poena dessolvat." * * * *

---

1. **apicem**: i.e. the papacy. — **adtencius**: 2 (3). — **fugire** = *fugere*. — **timptans** = *temptans*, instead of *temptavit*. — **abicerat**: instead of *abiecerat*. — 2. **seculo**: 'worldliness.' — 7. **sublimaret**: 'exalt.' — 12. **consensum**: 'unanimous choice.' — 14. **imperatore** = *imperatori*; 3A (4). — **Ad** = *At*.

Hec eo dicente, congregatis clericorum catervis, psallere iussit per triduum ac deprecare Domini misericordiam. De ora quoque tercia veniebant utrique chori psallentium ad ecclesiam, clamantes per plateas urbis *Kyrie eleison.*
5 Asserebat autem diaconus noster, qui aderat, in unius hora spacium, dum vocis plebis ad Dominum supplicationis emisit, octoaginta homines in terram conruisse et spiritum exalasse. Sed non distitit sacerdos predicare populo ne ab oratione cessarent. Ab hoc etiam diaconos noster re-
10 liquias sanctorum, ut diximus, sumpsit, dum adhuc in diaconato dirigeret. Cumque latibula fugae prepararet, capitur, trahitur et ad beati Petri apostoli basilica deducitur, ibique ad pontificalis gratia officium consecrator, papa Urbis datus est. Sed nec distetit diaconus noster,
15 nisi ad episcopatum eius de Porto rediret, et qualiter ordinatus fuerit presenti contemplatione susciperet. — *X. 1.*

---

3. **quoque**: instead of *quaque;* 3C (1). — 5. **hora**: instead of *horae.* — 6. **spacium**: instead of *spatio.* — **vocis** = *voces.* — **plebis**: instead of *plebs.* — 9. **Ab hoc**: i.e. from Gregory. — 13. **gratia**: instead of *gratiae.* — **consecrator** = *consecratur.* — 14. **distetit** = *destitit:* 'leave.' — 15. **nisi**: 'until.' — 16. **presenti . . . susciperet**: 'saw with his own eyes.'

S. GREGORII EPISCOPI TURONENSIS
DE MIRACULIS S. MARTINI

AMMONIUS FALLS FROM A HEIGHT OVER A PRECIPICE

Et quia bis aut tertio de sola gloriosi nominis invocatione, et virtutes factas, et pericula sedata narravimus, qualiter cuidam pereunti in ipso mortis praecipitio beatus Pontifex invocatus sustentaculum praebuisset evolvam. Ammonius quidam agens sanctae basilicae, dum de coena 5 madefactus vino veniret, de rupe excelsa, quae viae coniungitur, inimico impingente, praecipitatur. Erat autem profundum loci illius fere ducentorum pedum. Cumque per profunditatem praecipitii illius rotaretur, et deorsum sine alarum remigio volitaret, sancti Martini auxilium 10 per singula descensionis suae momenta clamabat. Tunc quasi manibus aliorum de iumento suo excussus, super arbores quae valli inerant, deiicitur. Et sic paulatim per singulos ramos descendens, sine mortis periculo ad terram usque pervenit. Tamen, ut opus insidiatoris non usque- 15 quaque videretur cassatum quod fuerat inchoatum, unum pedem eius leviter laedit. Sed veniens ad gloriosi domni Martini templum, orationi incumbens, omnem vim doloris amisit. — *I. 20.*

---

3. **praecipitio**: 'moment.' — 5. **agens**: 'official,' or 'servant.' — 7. — **inimico**: i.e. the devil. — 10. **alarum remigio**: cf. Verg. *Aen.* 1, 301.— 15. **insidiatoris**: i.e. the devil. — 17. **domni**: 2 (5).

A THIEF, HANGED, BUT SAVED BY SAINT MARTIN

Non credo haberi superfluum, si inseratur lectioni qualiter invocatio nominis eius vitam praestiterit morituro.
Quodam loco unus, propter furti scelera comprehensus
atque gravibus verberibus actus, ductus est ad patibulum,
5 ut condemnaretur suspendio. Cumque in hunc exitum,
morte iam appropinquante, venisset, orandi spatium petiit.
Tunc sicut erat, ligatis post tergum manibus, iactavit se
pronus in terram, et coepit cum lachrymis invocare nomen
beati Martini, ut etsi in hac necessitate ei non succurreret,
10 vel a culpis eum in posterum excusaret. Cumque, completa oratione, suspensus fuisset, recesserunt milites a loco
illo; ipse autem ore semi-aperto parumper labia movens,
sancti Martini semper nitebatur auxilium implorare.
Discedentibus tamen illis, statim solutae sunt manus et
15 pedes eius. Et sic per biduum pendente eo, revelatum est
cuidam religiosae ut eum tolleret. Quae veniens invenit
eum adhuc viventem. Tunc adiutorio beati Martini de
patibulo depositum, incolumem adduxit ad ecclesiam;
ibique eum videntes stupescebant, et admirabantur,
20 dicentes: "Quomodo vivit?" Et interrogabant eum
qualiter liberatus esset. Ille autem dicebat: "Beatus
Martinus me de praesenti morte liberavit, et hucusque
perduxit. Vere hanc ego virtutem in hoc homine osten-
sam, iuxta sensus mei intelligentiam, non inferiorem censeo
25 quam mortuum suscitatum; quem sic beatus Confessor,
confracto, ut ita dicam, mortis hiatu, et eius ab ore re-
tractum vitae restituit. Qui usque hodie ad testimonium
virtutis beati viri vivus habetur in saeculo. — *I. 21.*

---

2. **nominis eius**: i.e. St. Martin's. — 8. **pronus**: 3C (1). —
10. **vel**: ' at least.'

THE BOY AND THE GRAPES

Et quia Florentiani maioris memoriam fecimus, quid ab eo didicerim nefas puto taceri. Tempore quodam causa legationis Galliciam adiit, atque ad Mironis regis praesentiam accedens, negotia patefecit iniuncta. Erat enim eo tempore Miro rex in civitate illa, in qua decessor eius 5 basilicam sancti Martini aedificaverat, sicut in libro primo huius operis exposuimus. Ante huius aedis porticum, vitium camera extensa per traduces, dependentibus uvis, quasi picta vernabat. Sub hac enim erat semita, quae ad sacrae aedis valvas peditem deducebat. Cumque rex 10 sub hac praeteriens orationis gratia hoc templum adiret, dixit suis: "Cavete ne contingatis unum ex his botrionibus, ne forsitan offensam sancti Antistitis incurratis. Omnia enim quae in hoc habentur atrio ipsi sacrata sunt."

Hoc audiens, unus puerorum ait intra se: "Utrum sint 15 haec huic Sancto sacrata an non ignoro. Unum scio quod deliberatio animi mei est ab his vesci." Et statim, iniecta manu, caudam botrionis coepit incidere, protinusque dextera eius adhaerens camerae, arente lacerto, diriguit. Erat enim mimus regis, qui ei per verba iocularia laetitiam 20 erat solitus excitare. Sed non eum adiuvit cachinnus aliquis, neque praestigium artis suae; sed cogente dolore, voces dare coepit ac dicere: "Succurrite viri misero, subvenite oppresso, ferte levamen appenso, et sancti antistitis Martini virtutem pro me deprecamini, qui tali 25 exitu crucior, tali plaga affligor, tali incisione disiungor." Egressus quoque rex, cum rem quae acta fuerat didicisset, tanto furore contra puerum est accensus, ut eius manus vellet abscidere, si a suis prohibitus non fuisset. Dicentibus tamen praeterea famulis, "Noli, o rex, iudicio dei 30

---

1. **Et**: superfluous. — 8. **camera**: 'arbor.' — 12. **botrionibus**: 'clusters.' — 22. **praestigium**: 'tricks.'

tuam adiungere ultionem, ne forte iniuriam quam minaris
puero in te retorqueas," tunc ille compunctus corde, ingressus basilicam, prostratus coram sancto altari, cum
lacrymis preces fudit ad Dominum; nec ante a pavimento
5 surrexit quam flumen oculorum huius paginam delicti
deleret. Quo a vinculo quo nexus fuerat absoluto, ac in
basilicam ingresso, rex elevatur a solo, et sic recipiens
incolumem famulum palatium repetivit. Testabatur autem maior, praefatus haec se ab ipsius regis relatione,
10 sicut actum narravimus, cognovisse. Sic enim gloriosus
Pontifex suam illustrat urbem miraculis, ut deesse non
sentiatur alienis. — *IV. 7.*

A BEESWAX STORY

In Ausiensi quoque territorio erat homo, Coelestis nomine, cui multa erant apum alvearia; ex quibus cum exa-
15 men egressum alta conscendens longe competeret, et ille
sequens nullum prorsus suscipiendi obtineret effectum,
prostratus solo sancti Martini invocat nomen dicens:
"Si virtus tua, beatissime Confessor, hoc examen retinere
voluerit eumque ditioni meae reddiderit, quae in poste-
20 rum ex eo procreata fuerint, mel usibus meis sumam,
ceram vero ad luminaria basilicae tuae cum omni soliditate
dirigam." Haec effatus, cum adhuc terrae decumberet,
statim examen apum super unam arbusculam, quae viro
erat proxima, decidit et insedit, collectumque et in alveare
25 reconditum domi detulit; de quo infra duos aut tres
annos multa congregavit.

Ex quibus cum iam amplius quam ducentas cerae
libras aggregatas haberet, rumor hostilitatis obortus est.
At ille ne votum suum perire cerneret, ceram fossa humo

---

6. **Quo**: i.e. the *puer.* — 9. **maior**: Florentian. — 22. **Haec effatus**: instead of Abl. Abs.; an anacoluthon. — 28. **hostilitatis** = *belli.*

operuit. Pace quoque reddita, diaconum nostrum, ut
eam peteret, accersivit. Erat tunc cum eo puer, qui
renum gravissimum perferebat dolorem. Qui accedens
ad virum, et cognoscens ab ore eius quae gesta fuerant,
ceram quae in terra latebat detegi iubet. Puer vero qui 5
dolorem, quem diximus, patiebatur, accepto sarculo ut
terram foderet, ait : "Si tu propitius es, sancte Martine,
ad hoc munus hominis huius aspiciendum, contingat virtus tua renes meos, et sit mihi salus cum hanc detexero
ceram." Cumque percussisset sarculo terram, sonuit 10
ossiculum renum eius, et statim omnis dolor ablatus est ;
sicque incolumis cum hac cera beatae basilicae praesenta-
tus est. — *IV. 15.*

VENANTII HONORII CLEMENTIANI
FORTUNATI MISCELLANEA

Venantius Fortunatus (530–609), born in northern Italy, and educated at Milan and Ravenna, was the most facile poet of his age. Having the gifts and temper of a courtier, he found his way about 565 to the court of Sigibert, King of the Franks, where he won favor by his *epithalamium* on the marriage of that prince with Brunhilda, beginning,

> Felicem, sol, pande diem, radiisque serenis
> Sparge comas, thalamos sincero lumine complens:
> Sigebertus ovans ad gaudia nostra creatus
> Vota facit, qui nunc alieno liber amore,
> Vincula chara subit, —

and by various other laudatory verses.

The habit of composing poetry on persons and places, especially churches, bishops, and royalty, already acquired before Fortunatus left Italy, was amply exercised during the next succeeding years, as he wandered through France. At Poitiers, an episcopal see, he made the acquaintance of several famous personages, particularly of Radegunda, a Thuringian princess who through the fortunes of war had been forced to marry king Clotaire, but had escaped from him and taken religious vows, becoming the founder of a convent in that city. Fortunatus's ardent attachment to her as his patroness detained him permanently at Poitiers, where in 599 he became bishop. His devotion to St. Radegunda and her sister St. Agnes, abbess of another religious institution in Poitiers, found expression in many poems, many of which are entirely secular in tone; but no breath of scandal has ever attached to this unique friendship.

56

Although Fortunatus wrote a poetical life of St. Martin, and other biographical works in prose, his occasional poems are the foundation of his fame. They are collected in eleven books of *Miscellanea*, and exhibit the most diverse moods, from extreme self-indulgence to rapturous religious mysticism. The elegy on the death of Gelesvintha, sister of Radegunda, and but recently bride of Chilperic, is full of tender sympathy. Two of the hymns speedily became notable among the best possessions of the church, the *Pange, lingua, gloriosi,* and the *Vexilla regis prodeunt.* Both of them illustrate in most interesting fashion the gradual change to accentual form which was coming over Latin lyric verse. The earliest hymns of the church are quantitative; these of Fortunatus are both quantitative and accentual, with incipient rhyme; while before long the wholly accentual and brilliantly rhymed forms triumph. The text may be found in Migne's *Patrologia Latina,* Vol. LXXXVIII, and, edited by Fr. Leo, in the *Monumenta Germaniae Historica.* For English versions of the hymns, cf. *Christian Life in Song,* pp. 131, 133.

FORTUNATUS SENDS FLOWERS TO RADEGUNDA

O regina potens, cui aurum et purpura vile est,
    Floribus ex parvis te veneratur amans.
Et si non res est color, attamen ipse per herbas,
    Purpura per violas, aurea forma, crocus.
Dives amore Dei, vitasti praemia mundi,   5
    Illas contemnens, has retinebis opes.
Suscipe missa tibi variorum munera florum,
    Ad quos te potius vita beata vocat.
Quae modo te crucias, recreanda in luce futura,
    Aspicis hinc, qualis te retinebit ager.   10
Per ramos fragiles, quos nunc praebemus olentes,
    Perpende hinc, quantus te refovebit odor.

---

1 sqq. These elegiac verses are quantitative. — 3. **non res est color**: 'color is not an entity.' — **ipse**: sc. *color apparet.*

CHURCH OF ST. RADEGUNDA AT POITIERS

Haec cui debentur, precor ut cum veneris illuc,
　　Meque tuis meritis dextera blanda trahat.
Quamvis te spectet paradisi gratia florum,   15
　　Istae vos cupiunt iam revidere fores;
Et licet egregio videantur odore placere,
　　Plus ornant proprias, te redeunte, comas.

— Misc. VIII. 8.

HE SENDS A BASKET OF CHESTNUTS

Ista meis manibus fiscella est vimine texta,
　　Credite mi, charae mater et alma soror.
Et quae rura ferunt, haec rustica dona ministro,
　　Castaneas molles, quas dedit arbor agris.

— Misc. XI. 13.

FORTUNATUS SENDS THANKS TO ST. AGNES AND
RADEGUNDA FOR DAINTIES

Hinc me deliciis, illinc me pascitis herbis,
　　Hinc ova occurrunt, hinc mihi pruna datur.
Candida dona simul praebentur et inde nigella,
　　Ventri utinam pax sit, sic variante cibo.
Me geminis ovis iussistis sero cibari,   5
　　Vobis vera loquor, quatuor ipse bibi.
Atque utinam merear cunctis parere diebus
　　Sic animo, ceu nunc hoc gula iussa facit.

— Misc. XI. 20.

---

13. **illuc**: i.e. *ad eum* (antecedent of the preceding *cui*). —
14. **Meque**: 'me too.'— 16. **Istae . . . fores**: Radegunda seems at
the time to have been in a religious " retreat."

1. **fiscella**: weaving baskets was a common occupation in monastic institutions.

1. **Hinc . . . illinc**: one of the ladies had sent him eggs, the
other, plums. —2. **pruna**: instead of *prunum*. —5. **sero**: 'in the
evening.' — **cibari**: 'to be fed.' — 6. **bibi**: ' sucked.'

VERSES PENNED TO SAINT AGNES AND RADEGUNDA
TOWARDS THE END OF A BANQUET

Inter delicias varias mixtumque saporem,
    Dum dormitarem, dumque cibarer ego,
Os aperiebam, claudebam rursus ocellos,
    Et manducabam, omnia iura videns.
5 Confusos animos habui, mihi credite, charae,
    Nec valui facile libera verba dare.
Nec digitis poteram, calamo neque pingere versus,
    Fecerat incertas ebria musa manus.
Nam mihi vel reliquis sic vina bibentibus apta
10   Ipsa videbatur mensa natare mero.
Nunc tamen, ut potui, matri pariterque sorori
    Alloquio dulci carmina parva dedi.
Et si me somnus multis impugnat habenis,
    Haec, dubitante manu, scribere traxit amor.

                        — *Misc. XI. 23.*

THE TRIUMPH OF THE CROSS

    Vexilla regis prodeunt,
    Fulget crucis mysterium,
    Quo carne carnis Conditor
    Suspensus est patibulo.

5   Confixa clavis viscera
    Tendens, manus, vestigia,
    Redemptionis gratia
    Hic immolata est hostia.

---

    3. **aperiēbam** : note quantity. — 4. **iura**: 'dainty dishes.' —
11. **matri** . . **sorori**: Radegunda and Agnes. — 14. **scribere:** 3E
(3) (c).

    1. These iambic dimeters are accentual. — 2. **mysterium**:
sacred symbol.' — 3. **Quo**: 'on which.'

Quo vulneratus insuper
Mucrone diro lanceae,   10
Ut nos lavaret crimine,
Manavit unda et sanguine.

Impleta sunt, quae concinit
David fideli carmine
Dicendo nationibus: 15
Regnavit a ligno Deus.

Arbor decora et fulgida,
Ornata regis purpura,
Electa digno stipite
Tam sancta membra tangere.   20

Beata, cuius brachiis
Pretium pependit saeculi,
Statera facta est corporis
Praedam tulitque tartari.

Fundis aroma cortice,   25
Vincis sapore nectare,
Iucunda fructu fertili
Plaudis triumpho nobili.

Salve, ara, salve, victima,
De passionis gloria,   30
Qua vita mortem pertulit
Et morte vitam reddidit.

              — *Misc. II. 6.*

---

14. David . . . nationibus: referring to *Psalm* 96, 10. — **18. purpura**: i.e. *sanguine.* — **23. statera**: 'ransom.' — **26. Vincis**: intrans. — **sapore**: Abl. of specification. — **nectare**: Abl. of means. — **28. triumpho**: Dat. — **30. De . . . gloria**: causal. — **31. vita**: cf. "I am the Way, the Truth, and the Life."

THE SACRED TREE

Pange, lingua, gloriosi proelium certaminis
Et super crucis tropaeo dic triumphum nobilem,
Qualiter redemptor orbis immolatus vicerit.

De parentis protoplasti fraude factor condolens,
5 Quando pomi noxialis morte morsu corruit,
Ipse lignum tunc notavit, damna ligni ut solveret.

Hoc opus nostrae salutis ordo depoposcerat,
Multiformis perditoris arte ut artem falleret
Et medelam ferret inde, hostis unde laeserat.

10 Quando venit ergo sacri plenitudo temporis,
Missus est ab arce patris natus orbis conditor
Atque ventre virginali caro factus prodiit.

Vagit infans inter arta conditus praesaepia,
Membra pannis involuta virgo mater adligat,
15 Et pedes manusque crura stricta cingit fascia.

Lustra sex qui iam peracta tempus implens corporis,
Se volente natus ad hoc, passioni deditus,
Agnus in crucis levatur immolandus stipite.

Hic acetum, fel, arundo, sputa, clavi, lancea,
20 Mite corpus perforatur, sanguis, unda profluit,
Terra, pontus, astra, mundus quo lavantur flumine.

---

1 sqq. The trochaic septenarii are accentual. 4. **protoplasti** : ' first-
formed,' i.e. Adam. — **factor** : 'Creator.' — 6. **lignum . . . notavit**
(cf. *unde laeserat*, infra) : a mediaeval legend traced the tree from
which the cross was made to a sprout from the tree with the forbidden fruit in Paradise. — 17. **Se volente** : referring to the subject of
the clause, a non-classical construction. — 19. **Hic acetum . . .
lancea** : sc. *sunt*.

Crux fidelis, inter omnes arbor una nobilis,
Nulla talem silva profert flore, fronde, germine,
Dulce lignum dulci clavo dulce pondus sustinens.

Flecte ramos, arbor alta, tensa laxa viscera,   25
Et rigor lentescat ille, quem dedit nativitas,
Ut superni membra regis mite tendas stipite.

Sola digna tu fuisti ferre pretium saeculi
Atque portum praeparare nauta mundo naufrago,
Quem sacer cruor perunxit fusus agni corpore.   30

— *Misc. II. 2.*

26. **nativitas** = *natura.*

FREDEGARII SCHOLASTICI CHRONICUM

Fredegarius, or Frédégaire, is the name of the unknown chronicler who continued into the seventh century the history of Gregory of Tours.   His history covers the period from 581 to 642 A.D., while several supplements by unknown hands bring the records passing under this name down to the year 768, i.e. to the period of Charlemagne.

Fredegarius is invaluable for the facts of this otherwise obscure period, and his chronicle is not a mere series of annals, but often exhibits a human interest that is fascinating.   His Latin is characterized by idle repetitions, frequent examples of non-classical diction, by many inconsistencies of various kinds, and by constructions, such as the Nominative Absolute, which cannot be called really Latin at all.

The text may be found in Vol. LXXI of Migne's *Patrologia Latina.*

HERACLIUS, HIS RISE TO POWER, HIS METHODS, HIS CHARACTER

Heraclius cum esset patricius universas Africae provincias et Focas, qui tyrannico ordine Mauricium imperatorem interfecerat, imperiumque rapuerat, nequissime regeret, et modo amentiae thesauros in mare proiiceret,
5 dicens quod Neptuno munera daret; senatores cernentes

---

1. **Heraclĭus**: the "Patrician" Heraclius was governor of the African provinces when (602 A.D.) the centurion Phocas usurped the Eastern Empire. — **provincias**: perhaps the object of another *regeret* to be supplied. — 2. **ordine** = *modo.* — 5. **senatores cernentes**: Nom. Abs.

64

quod vellet imperium per stultitiam destruere, factione
Heraclii Focatem apprehensum senatus, manibus et pedibus truncatis, lapide ad collum ligato, in mare proiiciunt.
Heraclius consensu senatus in imperium sublimatur, cum
infestatione Persarum imperium temporibus Mauricii 5
et Focatis imperatorum multae provinciae fuissent
vastatae.

More solito denuo contra Heraclium imperator Persarum
cum exercitu surgens, Chalcedonam civitatem nec procul
a Constantinopoli, vastantes Persae provinciae *Forsan,* 10
provincias reipublicae, pervenissent, eamque erumpentes
incendio concremaverunt. Post haec Constantinopolim
sedem imperii propinquantes destruere conabantur.
Egrediens cum exercitu Heraclius obviam, legatis discurrentibus, Heraclius imperatorem Persarum, nomine 15
Cosdroe, petiit ut hi duo imperatores singulari certamine
coniungerentur, suspensa procul utriusque exercitus multitudine, et cui victoria praestaretur ab Altissimo, imperium eius qui vincebatur et populum illaesum reciperet.
Imperator Persarum hac convenientia se egressurum ad 20
praelium singulari certamine spopondit. Heraclius imperator arma sumens telam praelii et phalangem a suis
post tergum praeparatam relinquens, singulari certamine,
ut novus David, procedit ad bellum. Imperator Persarum Cosdroes patricium quemdam ex suis, quem fortissi- 25
mum in praelio cernere potuerat, huius convenientiae ad
instar pro se contra Heraclium ad praeliandum direxit.

Cumque uterque cum equis hi duo congressione praelii
in invicem propinquarent, Heraclius ait ad patricium,
quem imperatorem Persarum Cosdroem aestimabat, 30

---

4. **Heraclius**: the son of the provincial governor. He was born
in Cappadocia about 575, and died in 641; Emperor from 610. —
10. **vastantes** = *vastatores.* — 16. **Cosdroe**: the proper form is Cosdroes. — 22. **telam**: 'a plan.' — 29. **in invicem**: post-classical.

dicens: "Sic convenerat ut singulare certamen praeliandum debuissemus confligere, quare post tergum tuum alii sequuntur?" Patricius ille gyrans caput, ut conspiceret qui post tergum eius venirent, Heraclius equum calcaneo 5 vehementer urgens, extrahens uxum caput patricii Persarum truncavit. Cosdroes imperator cum Persis devictus et confusus, terga vertens a suis propriis tyrannico ordine interficitur. Persae terga vertentes ad sedes remeant proprias. Heraclius evectu navali cum exercitu Persas 10 ingreditur, totamque Persidam suae ditioni redigit, captis exinde multis thesauris, et septem Aeltiarnitis; tribus annis circiter Persida vastata eius ditioni subiicitur. Post haec denuo Persae imperatorem super se creant.

Heraclius imperator erat speciosus conspectu, pulchra 15 facie, status forma dignae mensurae, fortissimus caeteris, pugnator egregius. Nam et saepe leones in arena, et inermis plures singulus interfecit. Cum esset litteris nimium eruditus, astrologus efficitur, per quod cernens a circumcisis gentibus divino nutu imperium esse vas- 20 tandum, ad Dagobertum regem Francorum dirigens, petit ut omnes Iudaeos regni sui ad fidem catholicam baptizandos praeciperet, quod protinus Dagobertus implevit. Heraclius per omnes provincias imperii talem idemque facere decrevit; ignorabat enim unde haec calamitas 25 contra imperium surgeret. — *Chaps. LXIII.–LXV.*

THE SARACENS AND THEIR CONQUESTS

Agareni, qui et Sarraceni, sicut Orosii liber testatur, gens circumcisa a latere montis Caucasi, super mare

---

1. **Sic** = *si.* — **certamen praeliandum . . . confligere** = *certamen pugnare.* — 4. **calcaneo**: 'heel,' i.e. 'spur.' — 5. **uxum** = *ensem.* — 10. **ditioni** = *dicioni;* 2 (2). — 11. **Aeltiarnitis**: the text is in doubt. — 15. **status** = *statura.* — **caeteris** = *ceteris;* 2 (1). — 23. **talem**: redundant.

Caspium, terram Ercoliae cognomento iam olim con-
sedentes, cum in nimia multitudine crevissent, tandem
arma sumentes provincias Heraclii imperatoris advastan-
dum irruunt; contra quos Heraclius milites ad resistendum
direxit. Cumque praeliari coepissent, Sarraceni milites 5
superant, eosque gladio graviter trucidant. Fertur in eo
praelio centum quinquaginta millia militum a Sarracenis
fuisse interfecta. Spolia eorum Sarraceni per legatos
Heraclio recipienda offerunt. Heraclius cupiens super
Sarracenos vindictam, nihil ab his recipere voluit. Con- 10
gregata undique de universis provinciis imperii nimia
multitudine militum, transmittens Heraclius legationem
ad Portas Caspias, quas Alexander Magnus Macedo super
mare Caspium aereas fieri et serrare iusserat, propter in-
undationem gentium saevissimarum, quae ultra montem 15
Caucasi culminis habitabant, easdem portas Heraclius
aperire praecepit, indeque centum quinquaginta millia
pugnatorum auroque locatorum auxilio suo contra Sarracenos ad praeliandum mittit. Sarraceni, duos habentes
principes, ducenta fere millia erant. 20

Cumque castra nec procul inter se exercitus uterque
posuissent, ita ut in crastinum bellum inirent confligentes,
eadem nocte gladio Dei Heraclii exercitus percutitur. In
castris quinquaginta et duo millia ex millibus Heraclii in
stratu mortui sunt; cumque in crastino deberent ad 25
praelium egredi, cernentes eorum exercitus milites partem
maximam divino iudicio interfectam, adversus Sarracenos
nec ausi sunt inire praelium. Regressus omnis exercitus
Heraclii ad proprias sedes. Sarraceni more quo coeperant
provincias Heraclii imperatoris assidue vastare pergebant. 30
Cum iam Hierosolymam propinquassent, Heraclius videns

---

13. **Portas Caspias**: Pliny calls them *Caucasias Portas* (*N. H.* 6,
30), the narrow pass between the Caucasus and the sea. — 14. **serrare**: for *serari*, 'to be barred.' — 18. **locatorum**: i.e. 'hired.'

quod eorum violentiae non potuisset resistere, nimia
amaritudine et moerore arreptus, infelix Eutycianam
haeresim iam sectans, Christi cultum relinquens, habens
uxorem filiam sororis suae, a febre vexatus crudeliter vitam
5 finivit. Cui successit in imperii gradum Constantinus
filius eius, cuius tempore pars publica a Sarracenis nimium
vastatur.

*   *   *   *   *   *   *

Eo anno Constantinus imperator moritur. Constans
filius eius sub tenera aetate consilio senatus in imperio
10 sublimatur. Idem eius tempore gravissime a Sarracenis
vastatur imperium. Hierosolyma a Sarracenis capta
caeteraeque civitates eversae, Aegyptus superior et inferior
a Sarracenis pervaditur. Alexandria capitur et praedatur.
Africa tota vastatur, et a Sarracenis possidetur. Paulu-
15 lum, ibique Gregorius patricius a Sarracenis est interfectus. Constantinopolis tantum cum Thraciana provincia et paucis insulis, etiam et Romana provincia imperii
ditioni remanserat. Nam maxime totum imperium a
Sarracenis graviter fuit attritum; etiam et in postremo
20 imperator Constans, constrictus atque compulsus, effectus
est Sarracenorum tributarius, ut vel Constantinopolis
cum paucis provinciis et insulis suae ditioni reservaretur.
Tribus annis circiter, et fertur adhuc amplius per unumquemque diem ille mille solidos auri aerariis Sarracenorum
25 Constans implebat. Tandem resumptis viribus Constans
imperium aliquantisper recuperans, tributa Sarracenis
implenda refutat. * * * * — *Chaps. LXVI.; LXXXI.*

---

2. **Eutycianam haeresim**: the heretical doctrine of Eutyches. —
8. **Eo anno**: 641 A.D.; Constantinus III reigned only 103 days. —
9. **imperio**: i.e. *imperium.* — 14. **Paululum, ibique**: cf. the Gospel
of John 16, 16: " a little while, and ye shall not see me."— 27. **refutat**: ' refuses.'

SANCTI GREGORII MAGNI EPISTOLAE

Gregory the Great, born in Rome c. 540, of illustrious parentage, was the first of the long line of Gregories in the papal chair, which he occupied from 590 till his death in 604. Well educated, and prepared for public life, he was at one time prefect; but the religious life attracted him more, and he became monk, deacon, papal ambassador, abbot, and, against his own will, ultimately pope. He magnified the office, did much to establish the temporal power of the popes, and was diplomatic in his relations with sovereigns always and everywhere. He carried out reforms in the rules for monks and for clergy, and insisted on the supremacy of Rome in matters ecclesiastical. He was full of missionary spirit, and wished himself to undertake the mission to Britain, as recorded in the famous incident told in the history of Bede. His zeal for converting the nations kept him from being too particular what methods were used to bring about that result. He was vigorous in rooting out heresy. His theology was based largely on that of St. Augustine. In due time he was canonized, as his mother Silvia had been before him.

Gregory's writings include fourteen books of letters, homilies, dialogues, *Moralia, Regula Pastoralis*, etc. Many other writings were attributed to him, some of them pretty certainly on insufficient grounds. What was his real connection, if any, with "Gregorian" music is in dispute. The Epistles are found in the *Monumenta Germaniae Historica*, and in Migne's *Patrologia*, Vol. LXXVII.

TO THE EMPRESS CONSTANTINA AUGUSTA, WITH
REFERENCE TO RELICS

Serenitas vestrae pietatis, religionis studio et sanctitatis
amore conspicua, propter eam quae in honorem sancti
Pauli apostoli in palatio aedificatur ecclesiam, caput
eiusdem sancti Pauli, aut aliud quid de corpore ipsius,
5 suis ad se iussionibus a me praecepit debere transmitti.
Et dum illa mihi desiderarem imperari, de quibus facil-
limam oboedientiam exhibens vestram erga me amplius
potuissem gratiam provocare, maior me moestitia tenuit,
quod illa praecipitis quae facere nec possum, nec audeo.
10 Nam corpora sanctorum Petri et Pauli apostolorum tantis
in Ecclesiis suis coruscant miraculis atque terroribus, ut
neque ad orandum sine magno illuc timore possit accedi.
Denique dum beatae recordationis decessor meus, quia
argentum, quod supra sacratissimum corpus beati Petri
15 apostoli erat, longe tamen ab eodem corpore fere quindecim pedibus mutare voluit, signum ei non parvi terroris
apparuit. Sed et ego aliquid similiter ad sacratissimum
corpus sancti Pauli apostoli meliorare volui; et quia necesse erat ut iuxta sepulcrum eius effodi altius debuisset,
20 praepositus loci ipsius ossa aliqua non quidem eidem sepulcro coniuncta reperit. Quae quoniam levare praesumpsit,
atque in alium locum transponere, apparentibus quibusdam tristibus signis, subita morte defunctus est.

Praeter haec autem sanctae memoriae decessor meus,
25 itidem ad corpus sancti Laurentii martyris quaedam
meliorare desiderans, dum nescitur ubi venerabile corpus

1. **Serenitas** (a reverential term) = Constantina Augusta, the
daughter of Tiberius Constantine, and the wife of Mauricius,
Byzantine Emperor from 582 to 602 A.D. — 5. **suis** . . . **se**: referring to *Serenitas*. — **iussionibus**: 'orders.' — 13. **decessor** = *praede-
cessor*, as commonly. — 18. **meliorare**: 'to make improvements.' —
20. **praepositus**: here used as a noun. — 21. **quoniam** = *cum*.

esset collocatum, effoditur exquirendo, et subito sepulcrum ipsius ignoranter apertum est; et ii qui praesentes
erant atque laborabant, monachi et mansionarii, qui
corpus eiusdem martyris viderunt, quod quidem minime
tangere praesumpserunt, omnes intra decem dies defuncti 5
sunt, ita ut nullus vitae superesse potuisset, qui sanctum
iusti corpus illius viderat.

CARRYING RELICS IN PROCESSION
(Drawn by Matthew Paris, 13th Century)

Cognoscat autem tranquillissima domina quia Romanis
consuetudo non est, quando sanctorum reliquias dant,
ut quidquam tangere praesumant de corpore, sed tantum- 10
modo in pyxide brandeum mittitur, atque ad sacratissima
corpora sanctorum ponitur. Quod levatum in ecclesia
quae est dedicanda debita cum veneratione reconditur,

1. **effoditur**: impersonal. — 3. **mansionarii**: 'house-servants,' or
'attendants.' — 11. **pyxide**: 'box.' — **brandeum**: the cloth, perhaps
of silk, which had touched some part of the martyrs' remains and
was then used as a sacred relic.

et tantae per hoc ibidem virtutes fiunt, ac si illuc specialiter
eorum corpora deferantur. Unde contigit ut beatae recordationis Leonis papae temporibus, sicut a maioribus
traditur, dum quidam Graeci de talibus reliquiis dubi-
5 tarent, praedictus pontifex hoc ipsum brandeum allatis
forficibus inciderit, et ex ipsa incisione sanguis effluxerit.
In Romanis namque vel totius Occidentis partibus omnino
intolerabile est sacrilegium, si sanctorum corpora tangere
quisquam fortasse voluerit. Quod si praesumpserit,
10 certum est quia haec temeritas impunita nullo modo remanebit. Pro qua re de Graecorum consuetudine, qui
ossa levare sanctorum se asserunt, vehementer miramur,
et vix credimus. Nam quidam monachi Graeci, huc ante
biennium venientes nocturno silentio iuxta ecclesiam
15 sancti Pauli, corpora mortuorum in campo iacentia effodi-
ebant, atque eorum ossa recondebant, servantes sibi, dum
recederent. Qui cum tenti et cur hoc facerent diligenter
fuissent discussi, confessi sunt quod illa ossa ad Graeciam
essent tanquam sanctorum reliquias portaturi. Ex quo-
20 rum exemplo, sicut praedictum est, maior nobis dubietas
nata est, utrum verum sit quod levare veraciter ossa sanctorum dicuntur.

De corporibus vero beatorum apostolorum quid ego
dicturus sum, dum constet quia eo tempore quo passi sunt
25 ex Oriente fideles venerunt, qui eorum corpora sicut civium
suorum repeterent? Quae ducta usque ad secundum urbis
milliarium in loco qui dicitur Catacumbas collocata sunt.
Sed dum ea exinde levare omnis eorum multitudo conveniens niteretur, ita eos vis tonitrui atque fulguris nimio metu
30 terruit atque dispersit, ut talia denuo nullatenus attentare
praesumerent. Tunc autem exeuntes Romani eorum corpora, qui hoc ex Domini pietate meruerunt, levaverunt, et
in locis quibus nunc sunt condita posuerunt.

---

6. **forficibus**: 'scissors.' — 20. **dubietas**: 'doubt.'

Quis ergo, serenissima domina, tam temerarius possit existere, ut haec sciens, eorum corpora non dico tangere, sed vel aliquatenus praesumat inspicere? Dum igitur talia mihi a vobis praecepta sunt, de quibus parere nullatenus potuissem, quantum invenio, non vestrum est; sed 5 quidam homines contra me pietatem vestram excitare voluerunt, ut mihi, quod absit, voluntatis vestrae gratiam subtraherent, et propterea quaesiverunt capitulum de quo vobis quasi inobediens invenirer. Sed in omnipotente Domino confido quia nullo modo benignissimae voluntati 10 subripitur, et sanctorum apostolorum virtutem, quos toto corde et mente diligitis, non ex corporali praesentia, sed ex protectione semper habebitis.

Sudarium vero, quod similiter transmitti iussistis, cum corpore eius est, quod ita tangi non potest, sicut nec 15 ad corpus illius accedi. Sed quia serenissimae dominae tam religiosum desiderium esse vacuum non debet, de catenis quas ipse sanctus Paulus apostolus in collo et in manibus gestavit, ex quibus multa miracula in populo demonstrantur, partem aliquam vobis transmittere festinabo, si tamen 20 hanc tollere limando praevaluero; quia dum frequenter ex catenis eisdem multi venientes benedictionem petunt, ut parvum quid ex limatura accipiant, assistit sacerdos cum lima, et aliquibus petentibus ita concite aliquid de catenis ipsis excutitur ut mora nulla sit. Quibusdam vero petenti- 25 bus, diu per catenas ipsas ducitur lima, et tamen ut aliquid exinde exeat, non obtinetur. Mense Iunio, indictione XII. — *Bk. IV. Epist. 30.*

---

5. **non vestrum est**: 'it is not your fault.' — 6. **pietatem vestram**: 'Your Reverence.' — 8. **capitulum**: 'a section of the law.' — 11. **subripitur**: impersonal. — 17. **vacuum**: 'fruitless.' — 23. **quid** = *aliquid*. — **limatura**: 'filings.' — 24. **concite**: 'quickly.' — 27. **indictione**: 'indiction,' a pontifical reckoning; see *Century Dictionary.*

ISIDORI HISPALENSIS EPISCOPI
ETYMOLOGIARUM SIVE ORIGINUM LIBRI
XX

Isidore of Seville (c. 560–636) was a famous and influential
scholar and churchman. Educated in a monastery, he showed
unusual zeal for scholarship at an early age, distinguishing him-

CATHEDRAL AT SEVILLE

self first in theological controversy. Becoming archbishop of
Seville in 599, he gained great fame and honor by his excellent
management of the office for many years, and was most influential in ecclesiastical affairs in Spain.

Meanwhile Isidore's insatiable thirst for knowledge, something
like that of the elder Pliny, caused him to read widely and to

74

reproduce in digests or encyclopedias various historical, scientific, and theological works. Of these the most important is the *Etymologiae sive Origines*, written in the ripeness of his powers. Professing to give information on a great variety of subjects, it became one of the most important reference books of the Middle Ages. Starting the treatment of each subject etymologically, it continues in each case with a wealth of historical, descriptive, and anecdotal matter, illustrated by frequent quotations from classic writers. Isidore is persistently interesting, if not scientifically reliable. His Latin is essentially classical, though his language is often necessarily technical, and his style frequently scrappy.

The most convenient modern edition is the Oxford text edited by W. M. Lindsay.

NIGHT

De Nocte. Nox a nocendo dicta, eo quod oculis noceat Quae idcirco lunae ac siderum lucem habet, ne indecora esset, et ut consolaretur omnes nocte operantes, et ut quibusdam animantibus, quae lucem solis ferre non possunt, ad sufficientiam temperaretur. Noctis autem et 5 diei alternatio propter vicissitudinem dormiendi vigilandique effecta est, et ut operis diurni laborem noctis requies temperet. Noctem autem fieri, aut quia longo itinere lassatur sol, et cum ad ultimum caeli spatium pervenit, elanguescit ac tabefactus efflat suos ignes ; aut quia eadem 10 vi sub terras cogitur qua super terras pertulit lumen, et sic umbra terrae noctem facit. Unde et Vergilius :

ruit Oceano nox,
involvens umbra magna terramque polumque.

Noctis partes septem sunt, id est vesper, crepusculum, 15 conticinium, intempestum, gallicinium, matutinum, diluculum. Vesperum ab stella occidentali vocatum, quae

---

16. **conticinium** : 'silence.' — **gallicinium** : 'cock-crow.'

solem occiduum sequitur et tenebras sequentes praecedit.
De qua Vergilius :

> Ante diem clauso conponet vesper Olympo.

Tenebras autem dictas, quod teneant umbras. Cre-
5 pusculum est dubia lux.   Nam creperum dubium dicimus,
hoc est inter lucem et tenebras.   Conticinium est quando
omnes silent.   Conticescere enim silere est.   Intempestum
est medium et inactuosum noctis tempus, quando agi
nihil potest et omnia sopore quieta sunt.   Nam tempus
10 per se non intelligitur, nisi per actus humanos.   Medium
autem noctis actum caret.   Ergo intempesta inactuosa,
quasi sine tempore, hoc est sine actu, per quem dino-
scitur tempus; unde est : "Intempestive venisti."   Ergo
intempesta dicitur quia caret tempora, id est actum.   Gal-
15 licinium propter gallos lucis praenuntios dictum.   Matutinum est inter abscessum tenebrarum et aurorae adventum ; et dictum matutinum quod hoc tempus inchoante
mane sit.   Diluculum quasi iam incipiens parva diei lux.
Haec et aurora, quae solem praecedit.   Est autem aurora
20 diei clarescentis exordium et primus splendor aeris, qui
Graece ἠώς dicitur ; quam nos per derivationem auroram
vocamus, quasi eororam.   Unde est illud :

> et laetus Eois
> Eurus equis ;

25 et :

> Eoasque acies.   — *Ety. V. 31.*

De Vitro.   Vitrum dictum quod visui perspicuitate
transluceat.   In aliis enim metallis quidquid intrinsecus
continetur absconditur ; in vitro vero quilibet liquor vel
30 species qualis est interius talis exterius declaratur, et

---

5. **creperum** : 'darkness.'— 8. **inactuosum** : 'inactive.'— 14. **caret** :
the verb is transitive here. — 23. *Aen.* 2, 417. — 26. *Aen.* 1, 489.

quodammodo clausus patet. Cuius origo haec fuit. In
parte Syriae, quae Phoenice vocatur, finitima Iudaeae
circa radices montis Carmeli palus est, ex qua nascitur
Belus amnis, quinque milium passuum spatio in mare
fluens iuxta Ptolomaidem, cuius arenae de torrente fluctu 5
sordibus eluuntur. Hic fama est pulsa nave mercatorum
nitri, cum sparsim per litus epulas pararent, nec essent pro
adtollendis vasis lapides, glebas nitri e nave subdiderunt;
quibus accensis, permixta arena litoris, translucentes novi
liquoris fluxisse rivos : et hanc fuisse originem vitri. Mox, 10
ut est ingeniosa sollertia, non fuit contenta solo nitro, sed
et aliis mixturis hanc artem condire studuit. Levibus enim
aridisque lignis coquitur, adiecto cypro ac nitro continu-
isque fornacibus ut aes liquatur, massaeque fiunt. Postea
ex massis rursus funditur in officinis, et aliud flatu figura- 15
tur, aliud torno teritur, aliud argenti modo caelatur.

Tinguitur etiam multis modis, ita ut iacinthos sapphi-
rosque et virides imitetur et onyches vel aliarum gemmarum colores; neque est alia speculis aptior materia
vel picturae adcommodatior. Maximus tamen honor in 20
candido vitro, proximoque in crystalli similitudine; unde
et ad potandum argenti metalla et auri pepulit vitrum.
Olim fiebat et in Italia, et per Gallias et Hispaniam arena
alba mollissima pila molaque terebatur. Dehinc misce-
batur tribus partibus nitri, pondere vel mensura, ac 25
liquata in alias fornaces transfundebatur, quae massa
vocabatur ammonitrum; atque haec recocta fiebat vitrum
purum et candidum.

In genere vitri et obsianus lapis adnumeratur. Est
autem virens interdum et niger aliquando et translucidus, 30
crassiore visu et in speculis parietum pro imagine umbras
reddente; gemmas multi ex eo faciunt. Hunc lapidem et

----

7. **sparsim**: ' here and there.' — 29. **obsianus**: so called from its
discoverer, Obsius.

PAGE FROM AN OLD MANUSCRIPT OF ISIDORE'S *ORIGINES*

in India et in Italia et ad Oceanum in Hispania nasci
tradunt.

Ferunt autem sub Tiberio Caesare quendam artificem
excogitasse vitri temperamentum, ut flexibile esset et
ductile. Qui dum admissus fuisset ad Caesarem, porrexit 5
phialam Caesari, quam ille indignatus in pavimentum
proiecit. Artifex autem sustulit phialam de pavimento,
quae conplicaverat se tamquam vas aeneum; deinde
marculum de sinu protulit et phialam correxit. Hoc facto
Caesar dixit artifici: "Numquid alius scit hanc condi- 10
turam vitrorum?" Postquam ille iurans negavit alterum
hoc scire, iussit illum Caesar decollari, ne dum hoc cognitum fieret, aurum pro luto haberetur et omnium metallorum pretia abstraherentur; et revera, quia si vasa vitrea
non frangerentur. melius essent quam aurum et argentum. 15

— *Ety. XVI. 16.*

---

9. **marculum**: 'a little hammer.' — 10. **condituram**: 'prepara-
tion.' — 12. **decollari**: 'to be beheaded.'

BAEDAE HISTORIA ECCLESIASTICA
GENTIS ANGLORUM

At Wearmouth and Jarrow, but a few miles apart in Northumbria, were founded in the latter part of the seventh century two monastic institutions dedicated to SS. Peter and Paul, and so closely connected in their management as to be thought of as essentially one. Somewhere in the immediate vicinity was

CHURCH AT JARROW

born in 672 or 673 a boy who was destined to spend most of his life in the service of these institutions, and to be known to posterity as the "Venerable Bede" (or Beda, or Baeda). At the age of seven he entered the monastic school, and from that time till his death in 735 was closely associated with this joint institution, spending most of his time in Jarrow. He was early recognized as having the instincts and abilities of a scholar, and was likewise preëminently a holy man of the highest type. In his thirtieth year he was ordained a priest, and from that time devoted a considerable part of his life to writing.

His works are scientific, theological, and historical, the most important and famous being *The Ecclesiastical History of the English Nation*. In it we see the author as a gentle man of God, an accomplished scholar, with command of Latin of a relatively high quality for that age, and a historical writer possessed of the instincts of the true historian. Not only is his history held in the highest regard, but his influence as a scholar was incalculable upon his own and the immediately succeeding generations. It was his pupil, Egbert, who founded the great school at York, from which emanated such well-known learning, and from which Alcuin went to the court of Charlemagne to establish the system of mediaeval education fostered by that great prince.

The best edition of Bede's *History* is that of Charles Plummer, published at Oxford in 1896.

The many-sided literary activity of Bede included also verse in both Anglo-Saxon and Latin. Of the few Latin hymns of his which have survived to us, one is appended to the selections from his history.

THE MARTYRDOM OF SAINT ALBAN

Siquidem in ea passus est sanctus Albanus, de quo presbyter Fortunatus in Laude virginum, cum beatorum martyrum qui de toto orbe ad Dominum venirent mentionem faceret, ait:

"Albanum egregium fecunda Britannia profert." 5

Qui videlicet Albanus, paganus adhuc, cum perfidorum principum mandata adversum Christianos saevirent, clericum quendam persecutores fugientem hospitio recepit;

---

1. **ea**: i.e. *Britannia.* — 2. **Fortunatus**: the Gallic poet (see p. 56). — 6. **perfidorum**: 'unbelieving.'

quem dum orationibus continuis ac vigiliis die noctuque
studere conspiceret, subito divina gratia respectus, exemplum fidei ac pietatis illius coepit aemulari, ac salutaribus
eius exhortationibus paulatim edoctus, relictis idolatriae
5 tenebris, Christianus integro ex corde factus est. Cumque
praefatus clericus aliquot diebus apud eum hospitaretur,
pervenit ad aures nefandi principis confessorem Christi,
cui necdum fuerat locus martyrii deputatus, penes Albanum latere. Unde statim iussit milites eum diligentius
10 inquirere. Qui cum ad tugurium martyris pervenissent,
mox se sanctus Albanus pro hospite ac magistro suo,
ipsius habitu, id est caracalla qua vestiebatur indutus,
militibus exhibuit, atque ad iudicem vinctus perductus
est.

15   Contigit autem iudicem ea hora, qua ad eum Albanus
adducebatur, aris adsistere, ac daemonibus hostias offerre.
Cumque vidisset Albanum, mox ira succensus nimia,
quod se ultro pro hospite quem susceperat militibus offerre
ac discrimini dare praesumisset, ad simulacra daemonum
20 quibus adsistebat eum iussit pertrahi : "Quia rebellem,"
inquiens, "ac sacrilegum celare quam militibus reddere
maluisti, ut contemtor divum meritam blasphemiae suae
poenam lueret, quaecumque illi debebantur supplicia tu
solvere habes, si a cultu nostrae religionis discedere tem-
25 tas."   At sanctus Albanus, qui se ultro persecutoribus
fidei Christianum esse prodiderat, nequaquam minas
principis metuit ; sed accinctus armis militiae spiritalis,
palam se iussis illius parere nolle pronuntiabat.   Tum
iudex : "Cuius," inquit, "familiae vel generis es?"
30 Albanus respondit : "Quid ad te pertinet, qua sim stirpe
genitus?   Sed si veritatem religionis audire desideras,

---

12. **caracalla** : his monkish habit. — 21. **inquiens** : for *inquit;*
3E (4) (*a*). — 22. **contemtor** = *contemptor ;* 2 (6). — 24. **solvere**
habes : 3E (3) (*a*).

Christianum iam me esse, Christianisque officiis vacare
cognosce." Ait iudex: "Nomen tuum quaero, quod sine
mora mihi insinua." At ille: "Albanus," inquit, "a
parentibus vocor, et Deum verum ac vivum, qui universa
creavit, adoro semper et colo." Tum iudex repletus 5
iracundia dixit: "Si vis perennis vitae felicitate perfrui,
diis magnis sacrificare ne differas." Albanus respondit:
"Sacrificia haec, quae a vobis redduntur daemonibus, nec
auxiliari subiectis possunt, nec supplicantium sibi desideria
vel vota conplere. Quin immo, quicunque his sacrificia 10
simulacris obtulerit aeternas inferni poenas pro mercede
recipiet."

His auditis, iudex nimio furore commotus, caedi sanctum Dei confessorem a tortoribus praecepit, autumans se
verberibus, quam verbis non poterat, cordis eius emollire 15
constantiam. Qui cum tormentis afficeretur acerrimis,
patienter haec pro Domino, immo gaudenter ferebat.
At ubi iudex illum tormentis superari, vel a cultu Christianae religionis revocari non posse persensit, capite eum
plecti iussit. 20

Cumque ad mortem duceretur, pervenit ad flumen,
quod muro et harena, ubi feriendus erat, meatu rapidissimo
dividebatur; viditque ibi non parvam hominum multitudinem utriusque sexus, condicionis diversae et aetatis,
quae sine dubio divinitatis instinctu ad obsequium bea- 25
tissimi confessoris ac martyris vocabatur, et ita fluminis
ipsius occupabat pontem ut intra vesperam transire vix
posset. Denique cunctis pene egressis, iudex sine obsequio in civitate substiterat. Igitur sanctus Albanus
cui ardens inerat devotio mentis ad martyrium ocius 30
pervenire, accessit ad torrentem, et dirigens ad caelum
oculos, illico siccato alveo, vidit undam suis cessisse ac
viam dedisse vestigiis. Quod cum inter alios etiam ipse

---

3. **insinua**: 'inform.' — 25. **obsequium**: 'train.'

carnifex qui eum percussurus erat vidisset, festinavit ei,
ubi ad locum destinatum morti venerat, occurrere, divino
nimirum admonitus instinctu, proiectoque ense, quem
strictum tenuerat, pedibus eius advolvitur, multum
5 desiderans ut cum martyre, vel pro martyre, quem percutere iubebatur, ipse potius mereretur percuti.

Dum ergo is ex persecutore factus esset collega veritatis
et fidei, ac iacente ferro esset inter carnifices iusta cunc-
tatio, montem cum turbis reverentissimus Dei confessor
10 ascendit; qui oportune laetus, gratia decentissima,
quingentis fere passibus ab harena situs est, variis herbarum floribus depictus, immo usque quaque vestitus;
in quo nihil repente arduum, nihil praeceps, nihil abrup-
tum, quem lateribus longe lateque deductum in modum
15 aequoris natura conplanat, dignum videlicet eum, pro
insita sibi specie venustatis, iam olim reddens qui beati
martyris cruore dicaretur.   In huius ergo vertice sanctus
Albanus dari sibi a Deo aquam rogavit, statimque, in-
cluso meatu, ante pedes eius fons perennis exortus est, ut
20 omnes agnoscerent etiam torrentem martyri obsequium
detulisse; neque enim fieri poterat ut in arduo montis
cacumine martyr aquam, quam in fluvio non reliquerat,
peteret, si hoc oportunum esse non videret.   Qui videlicet
fluvius, ministerio persoluto, devotione conpleta, officii
25 testimonium relinquens, reversus est ad naturam.   Decollatus itaque martyr fortissimus ibidem accepit coronam
vitae, quam repromisit Deus diligentibus se.   Sed ille,
qui piis cervicibus impias intulit manus, gaudere super
mortuum non est permissus; namque oculi eius in terram
30 una cum beati martyris capite deciderunt.

Decollatus est ibi etiam tum miles ille, qui antea superno
nutu correptus, sanctum Dei confessorem ferire recusavit;
de quo nimirum constat quia, etsi fonte baptismatis non

---

10. **qui**: i.e. *mons.* — 31. **superno**: i.e. *divino.*

est ablutus, sui tamen est sanguinis lavacro mundatus, ac regni caelestis dignus factus ingressu. Tum iudex, tanta miraculorum caelestium novitate perculsus, cessari mox a persecutione praecepit, honorem referre incipiens caedi sanctorum, per quam eos opinabatur prius a Chris-5 tianae fidei posse devotione cessare. — *Hist. Eccl. I. 7.*

HOW CHRISTIAN MISSIONARIES CAME TO BE SENT TO BRITAIN

Nec silentio praetereunda opinio, quae de beato Gregorio traditione maiorum ad nos usque perlata est ; qua videlicet ex causa admonitus tam sedulam erga salutem nostrae gentis curam gesserit. Dicunt quia die quadam cum, 10 advenientibus nuper mercatoribus, multa venalia in forum fuissent conlata, multi ad emendum confluxissent, et ipsum Gregorium inter alios advenisse, ac vidisse inter alia pueros venales positos candidi corporis, ac venusti vultus, capillorum quoque forma egregia. Quos cum aspiceret, in-15 terrogavit, ut aiunt, de qua regione vel terra essent adlati. Dictumque est quia de Brittania insula, cuius incolae talis essent aspectus. Rursus interrogavit utrum idem insulani Christiani, an paganis adhuc erroribus essent inplicati. Dictum est quod essent pagani. At ille, intimo 20 ex corde longa trahens suspiria: "Heu, pro dolor!" inquit, "quod tam lucidi vultus homines tenebrarum auctor possidet, tantaque gratia frontispicii mentem ab interna gratia vacuam gestat!" Rursus ergo interrogavit quod esset vocabulum gentis illius. Responsum 25 est, quod Angli vocarentur. At ille: "Bene," inquit; "nam et angelicam habent faciem, et tales angelorum in caelis decet esse coheredes. Quod habet nomen ipsa provincia, de qua isti sunt adlati?" Responsum est, quod Deiri vocarentur idem provinciales. At ille: 30

5. **caedi**: 'martyrdom.'

"Bene," inquit, "Deiri; de ira eruti, et ad misericordiam
Christi vocati. Rex provinciae illius quomodo appellatur?" Responsum est quod Aelli diceretur. At ille
adludens ad nomen ait: "Alleluia, laudem Dei Creatoris
5 illis in partibus oportet cantari."

Accedensque ad pontificem Romanae et apostolicae
sedis, nondum enim erat ipse pontifex factus, rogavit
ut genti Anglorum in Brittaniam aliquos verbi ministros,
per quos ad Christum converteretur, mitteret; se ipsum
10 paratum esse in hoc opus Domino cooperante perficiendum,
si tamen apostolico papae hoc ut fieret placeret. Quod
dum perficere non posset, quia, etsi pontifex concedere
illi quod petierat voluit, non tamen cives Romani ut tam
longe ab urbe secederet potuere permittere; mox ut ipse
15 pontificatus officio functus est, perfecit opus diu desideratum; alios quidem praedicatores mittens, sed ipse praedicationem ut fructificaret suis exhortationibus ac precibus
adiuvans. Haec iuxta opinionem, quam ab antiquis
accepimus, historiae nostrae ecclesiasticae inserere opor-
20 tunum duximus. — *Hist. Eccl. II. 1.*

CAEDMON AND HIS GIFT OF POESY

In huius monasterio abbatissae fuit frater quidam
divina gratia specialiter insignis, quia carmina religioni et
pietati apta facere solebat; ita ut, quicquid ex divinis
litteris per interpretes disceret, hoc ipse post pusillum
25 verbis poeticis maxima suavitate et conpunctione con-
positis, in sua, id est Anglorum, lingua proferret. Cuius
carminibus multorum saepe animi ad contemtum saeculi
et appetitum sunt vitae caelestis accensi. Et quidem
et alii post illum in gente Anglorum religiosa poemata
30 facere temtabant; sed nullus eum aequiperare potuit.

---

21. **huius . . . abbatissae:** Hilda, abbess of Whitby. — 24. **pusillum:** sc. *tempus.*

Namque ipse non ab hominibus, neque per hominem institutus, canendi artem didicit, sed divinitus adiutus gratis canendi donum accepit. Unde nil umquam frivoli et supervacui poematis facere potuit, sed ea tantum modo quae ad religionem pertinent religiosam eius linguam dece- 5 bant. Siquidem in habitu saeculari usque ad tempora provectioris aetatis constitutus, nil carminum aliquando didicerat. Unde nonnumquam in convivio, cum esset laetitiae causa decretum ut omnes per ordinem cantare deberent, ille, ubi adpropinquare sibi citharam cernebat, 10 surgebat a media caena, et egressus ad suam domum repedabat.

Quod dum tempore quodam faceret, et relicta domu convivii egressus esset ad stabula iumentorum, quorum ei custodia nocte illa erat delegata, ibique hora conpetenti 15 membra dedisset sopori, adstitit ei quidam per somnium, eumque salutans ac suo appellans nomine : "Caedmon," inquit, "canta mihi aliquid." At ille respondens : "Nescio," inquit, "cantare ; nam et ideo de convivio egressus huc secessi, quia cantare non poteram." Rursum 20 ille qui cum eo loquebatur, "Attamen," ait, "mihi cantare habes." "Quid," inquit, "debeo cantare?" Et ille, "Canta," inquit, "principium creaturarum." Quo accepto responso, statim ipse coepit cantare in laudem Dei conditoris versus, quos numquam audierat, quorum iste 25 est sensus : "Nunc laudare debemus auctorem regni caelestis, potentiam Creatoris et consilium illius, facta Patris gloriae. Quomodo ille, cum sit aeternus Deus, omnium miraculorum auctor extitit, qui primo filiis hominum caelum pro culmine tecti, dehinc terram custos 30 humani generis omnipotens creavit." Hic est sensus, non autem ordo ipse verborum, quae dormiens ille canebat ;

---

12. **repedabat :** ' would slink away.' — 23. **creaturarum :** ' of creation.'

neque enim possunt carmina, quamvis optime conposita,
ex alia in aliam linguam ad verbum sine detrimento sui
decoris ac dignitatis transferri. Exsurgens autem a
somno, cuncta quae dormiens cantaverat memoriter
5 retinuit, et eis mox plura in eundem modum verba Deo
digni carminis adiunxit.

Veniensque mane ad vilicum qui sibi praeerat, quid
doni percepisset indicavit, atque ad abbatissam perductus,
iussus est, multis doctioribus viris praesentibus, indicare
10 somnium, et dicere carmen, ut universorum iudicio, quid
vel unde esset quod referebat, probaretur. Visumque
est omnibus caelestem ei a domino concessam esse gratiam.
Exponebantque illi quendam sacrae historiae sive doctrinae
sermonem, praecipientes eum, si posset, hunc in modula-
15 tionem carminis transferre. At ille suscepto negotio abiit,
et mane rediens, optimo carmine quod iubebatur conposi-
tum reddidit. — *Hist. Eccl. IV. 22.*

AN EXAMPLE OF MONASTIC ASCETICISM

Accepit autem in eodem monasterio locum mansionis
secretiorem, ubi liberius continuis in orationibus famulatui
20 sui conditoris vacaret. Et quia locus ipse super ripam
fluminis erat situs, solebat hoc creber ob magnum casti-
gandi corporis affectum ingredi, ac saepius in eo super-
meantibus undis inmergi; sicque ibidem quamdiu sustinere posse videbatur, psalmis vel precibus insistere,
25 fixusque manere, ascendente aqua fluminis usque ad
lumbos aliquando et usque ad collum; atque inde egrediens
ad terram, numquam ipsa vestimenta uda atque algida
deponere curabat, donec ex suo corpore calefierent et
siccarentur. Cumque tempore hiemali defluentibus circa
30 eum semifractarum crustis glacierum, quas et ipse ali-

---

14. **modulationem**: ' rhythmical form.' — 18. **eodem monasterio**: Melrose. — 20. **sui**: i.e. Drythelm's. — **conditoris** = *Dei.*

quando contriverat, quo haberet locum standi sive in-
mergendi in fluvio, dicerent qui videbant: "Mirum,
frater Drycthelme" (hoc enim erat viro nomen), "quod
tantam frigoris asperitatem ulla ratione tolerare prae-
vales," respondebat ille simpliciter, erat namque homo 5
simplicis ingenii ac moderatae naturae: "Frigidiora ego
vidi." Et cum dicerent: "Mirum, quod tam austeram
tenere continentiam velis," respondebat: "Austeriora
ego vivi." Sicque usque ad diem suae vocationis in-
fatigabili caelestium bonorum desiderio corpus senile inter 10
cotidiana ieiunia domabat, multisque et verbo et conversatione saluti fuit. — *Hist. Eccl. V. 12.*

THE MARTYRDOM OF THE HOLY INNOCENTS

Hymnum canentes martyrum
Dicamus innocentium,
Quos terra flentes perdidit,
Gaudens sed aethra suscipit.
Vultum patris per saecula   5
Quorum tuentur angeli,
Eiusque laudant gratiam,
Hymnum canentes martyrum.

Quos rex peremit impius,
Pius sed auctor colligit,   10
Secum beatos collocans,
In luce regni perpetis.
Qui mansiones singulis
Largitus in domo patris,

---

1 sqq. The meter is iambic dimeter, with epanalepsis consisting of the repetition of the first verse of each stanza at the end.
There are several references to well-known Scripture passages, e.g.
in vv. 5–6 to Matt. 18, 10. Sometimes these are direct quotations,
as in the instance noted. — 12. **perpetis**: 'eternal.'

15
Donat supernis sedibus
Quos rex peremit impius.

Vox in Rama percrebuit,
Lamenta luctus maximi,
Rachel suos cum lacrimis
20
Perfusa flevit filios.
Gaudent triumpho perpeti
Tormenta quique vicerant,
Quorum gemens ob verbera
Vox in Rama percrebuit.

25
Ne, grex pusille, formides
Dentes leonis perfidos,
Pastor bonus nam pascua
Vobis dabit caelestia.
Agnum Dei qui candidum
30
Mundo sequeris tramite,
Manus latronis impias
Ne, grex pusille, formides.

Absterget omnem lacrimam
Vestris pater de vultibus;
35
Mors vobis ultra non nocet,
Vitae receptis moenibus.
Qui seminent in lacrimis
Longo metent in gaudio;
Genis lugentum conditor
40
Absterget omnem lacrimam.

O quam beata civitas
In qua redemptor venitur,
Natoque primae martyrum
In qua dicantur hostiae.

---

42. **venitur** = *venit;* 3E (1).

Nunquam vocaris parvula   45
In civitatum millibus,
Ex qua novus dux ortus est,
O quam beata civitas!

Adstant nitentes fulgidis
Eius throno nunc vestibus,   50
Stolas suas qui laverant
Agni rubentes sanguine.
Qui perpetis pro patriae
Regno gementes fleverant,
Laeti Deo cum laudibus   55
Adstant nitentes fulgidis.

EINHARDI VITA KAROLI MAGNI

Einhard was a son of a noble family in the eastern part of the realm of the Franks. He went to school in the monastery of Fulda, till, showing special ability, he was transferred, not earlier than 791 nor later than 796, to the palace school of Charlemagne, that remarkable center of educational reform and policy which was already under the guidance of the famous English scholar, Alcuin. Einhard, gifted not only in literary lines, but also in artistic ability, soon became a favored friend of the emperor, with whom he had great influence. After the death of Charlemagne he continued in favor at court, but, wearying at length of the factions and intrigues about him, retired in the year 830 to Mulinheim (the modern Seligenstadt), where he died on March 14, 840.

Among his various writings the most interesting and important is his *Life of Charlemagne*, which shows the most intimate knowledge of his master. Himself well acquainted with the monuments of classical Latin literature, he chose Suetonius as his model, and gives us a most interesting, if sometimes prejudiced, picture of the career of his royal hero.

A convenient edition with introduction and English notes, by H. W. Garrod and R. B. Mowatt, is published by the Clarendon Press (Oxford, 1915).

CHARLEMAGNE DISCOVERS THE CHARACTER OF THE GERMANS

Post cuius finem Saxonicum, quod quasi intermissum videbatur, repetitum est. Quo nullum neque prolixius neque atrocius Francorumque populo laboriosius sus-

---

1. **cuius**: the war in Lombardy. — **Saxonicum**: sc. *bellum*.

ceptum est; quia Saxones, sicut omnes fere Germaniam incolentes nationes, et natura feroces et cultui daemonum dediti nostraeque religioni contrarii neque divina neque hu-

mana iura vel polluere vel transgredi inho- 5 nestum arbitrabantur. Suberant et causae quae cotidie pacem conturbare poterant, termini videlicet nostri 10 et illorum paene ubi- que in plano contigui, praeter pauca loca in quibus vel silvae ma- iores vel montium iuga 15 interiecta utrorumque agros certo limite dis- terminant, in quibus caedes et rapinae et incendia vicissim fieri 20 non cessabant. Qui- bus adeo Franci sunt irritati ut non iam vi- cissitudinem reddere, sed apertum contra 25 eos bellum suscipere dignum iudicarent. Susceptum est igitur adversus eos bellum,

CHARLEMAGNE (Albrecht Dürer)

quod magna utrimque animositate, tamen maiore Saxo- 30 num quam Francorum damno, per continuos triginta tres

---

1. **Saxones**: the term stands roughly for all the Germans in the northern part of Germany, from the Rhine to the Elbe.

annos gerebatur. Poterat siquidem citius finiri, si Saxonum
hoc perfidia pateretur. Difficile dictu est quoties superati
ac supplices regi se dediderunt, imperata facturos polli-
citi sunt, obsides qui imperabantur absque dilatione de-
5 derunt, legatos qui mittebantur susceperunt, aliquoties
ita domiti et emolliti ut etiam cultum daemonum dimittere
et Christianae religioni se subdere velle promitterent.
Sed sicut ad haec facienda aliquoties proni, sic ad eadem
pervertenda semper fuere praecipites, ut non sit satis
10 aestimare ad utrum horum faciliores verius dici possint;
quippe cum post inchoatum cum eis bellum vix ullus annus
exactus sit quo non ab eis huiuscemodi facta sit permuta-
tio. Sed magnanimitas regis ac perpetua tam in adversis
quam in prosperis mentis constantia nulla eorum muta-
15 bilitate vel vinci poterat vel ab his quae agere coeperat
defatigari. Nam numquam eos huiuscemodi aliquid
perpetrantes inpune ferre passus est, quin aut ipse per
se ducto aut per comites suos misso exercitu perfidiam
ulcisceretur et dignam ab eis poenam exigeret, usque dum,
20 omnibus qui resistere solebant profligatis et in suam potestatem redactis, decem milia hominum ex his qui utrasque
ripas Albis fluminis incolebant cum uxoribus et parvulis
sublatos transtulit et huc atque illuc per Galliam et
Germaniam multimoda divisione distribuit. Eaque condi-
25 tione a rege proposita et ab illis suscepta, tractum per tot
annos bellum constat esse finitum, ut, abiecto daemonum
cultu et relictis patriis caerimoniis, Christianae fidei atque
religionis sacramenta susciperent et Francis adunati unus
cum eis populus efficerentur. — *Vita Karoli, Chap. 7.*

HOW CHARLEMAGNE BROUGHT UP HIS CHILDREN

30 Liberos suos ita censuit instituendos ut tam filii quam
filiae primo liberalibus studiis, quibus et ipse operam

1. **siquidem:** 1B (6).

dabat, erudirentur ; tum filios, cum primum aetas patiebatur, more Francorum equitare, armis ac venatibus exerceri
fecit, filias vero lanificio adsuescere coloque ac fuso, ne
per otium torperent, operam impendere atque ad omnem
honestatem erudiri iussit. 5

Ex his omnibus duos tantum filios et unam filiam,
priusquam moreretur, amisit, Karolum, qui natu maior
erat, et Pippinum, quem regem Italiae praefecerat, et
Hruotrudem, quae filiarum eius primogenita et a Constantino Grecorum imperatore desponsata erat. Quorum 10
Pippinus unum filium suum Bernhardum, filias autem
quinque, Adalhaidem, Atulam, Gundradam, Berthaidem
ac Theoderadam, superstites reliquit. In quibus rex
pietatis suae praecipuum documentum ostendit, cum
filio defuncto nepotem patri succedere et neptes inter 15
filias suas educari fecisset. Mortes filiorum ac filiae pro
magnanimitate, qua excellebat, minus patienter tulit,
pietate videlicet, qua non minus insignis erat, conpulsus ad
lacrimas. Nuntiato etiam sibi Hadriani Romani pontificis
obitu, quem in amicis praecipuum habebat, sic flevit ac 20
si fratrem aut karissimum filium amisset. Erat enim in
amicitiis optime temperatus, ut eas et facile admitteret
et constantissime retineret, colebatque sanctissime quos-
cumque hac adfinitate sibi coniunxerat. Filiorum ac
filiarum tantam in educando curam habuit, ut numquam 25
domi positus sine ipsis cenaret, numquam iter sine illis
faceret. Adequitabant ei filii, filiae vero pone sequebantur, quarum agmen extremum ex satellitum numero ad
hoc ordinati tuebantur. Quae cum pulcherrimae essent
et ab eo plurimum diligerentur, mirum dictu quod nullam 30
earum cuiquam aut suorum aut exterorum nuptum dare
voluit, sed omnes secum usque ad obitum suum in domo

---

2. **equitare** . . . **fecit:** 3E (3) (*a*). —3. **lanificio:** 'spinning.' —
10. **desponsata:** 'espoused.'

sua retinuit, dicens se earum contubernio carere non
posse. — *Vita Karoli, Chap. 19.*

CHARLEMAGNE'S PHYSIQUE, EXERCISE, BATHING

Corpore fuit amplo atque robusto, statura eminenti,
quae tamen iustam non excederet, — nam septem suorum
5 pedum proceritatem eius constat habuisse mensuram, —
apice capitis rotundo, oculis praegrandibus ac vegetis,
naso paululum mediocritatem excedenti, canitie pulchra,
facie laeta et hilari; unde formae auctoritas ac dignitas
tam stanti quam sedenti plurima adquirebatur; quam-
10 quam cervix obesa et brevior venterque proiectior videretur, tamen haec ceterorum membrorum celabat aequalitas;
incessu firmo totaque corporis habitudine virili; voce
clara quidem, sed quae minus corporis formae conveniret;
valitudine prospera, praeter quod, antequam decederet,
15 per quatuor annos crebro febribus corripiebatur, ad extremum etiam uno pede claudicaret. Et tunc quidem
plura suo arbitratu quam medicorum consilio faciebat,
quos paene exosos habebat, quod ei in cibis assa, quibus
assuetus erat, dimittere et elixis adsuescere suadebant.
20   Exercebatur assidue equitando ac venando; quod illi
gentilicium erat, quia vix ulla in terris natio invenitur
quae in hac arte Francis possit aequari. Delectabatur
etiam vaporibus aquarum naturaliter calentium, frequenti
natatu corpus exercens; cuius adeo peritus fuit ut nullus
25 ei iuste valeat anteferri. Ob hoc etiam Aquisgrani
regiam exstruxit ibique extremis vitae annis usque ad
obitum perpetim habitavit. Et non solum filios ad

---

9. **quamquam** . . . **videretur**: 3E (5) (*b*). — 16. **claudicaret**: the
mood is inconsistent. — 24. **natatu**: 'swimming.' — 25. **Aquisgrani**:
Aix, where the waters were good for his gout. — 27. **perpetim**:
'constantly.'

balneum, verum optimates et amicos, aliquando etiam
satellitum et custodum corporis turbam invitavit, ita ut
nonnumquam centum vel eo amplius homines una lavaren-
tur. — *Vita Karoli, Chap. 22.*

HIS HABITS IN DAILY LIFE

In cibo et potu temperans, sed in potu temperantior, 5
quippe qui ebrietatem in qualicumque homine, nedum in
se ac suis, plurimum abominabatur.   Cibo enim non adeo
abstinere poterat, ut saepe quereretur noxia corpori suo
esse ieiunia.   Convivabatur rarissime, et hoc praecipuis
tantum festivitatibus, tunc tamen cum magno hominum 10
numero.   Cena cotidiana quaternis tantum ferculis prae-
bebatur, praeter assam, quam venatores veribus inferre
solebant, qua ille libentius quam ullo alio cibo vescebatur.
Inter cenandum aut aliquod acroama aut lectorem audie-
bat.   Legebantur ei historiae et antiquorum res gestae. 15
Delectabatur et libris sancti Augustini, praecipueque his
qui *De Civitate Dei* praetitulati sunt.

Vini et omnis potus adeo parcus in bibendo erat ut
super cenam raro plus quam ter biberet.   Aestate post
cibum meridianum pomorum aliquid sumens ac semel 20
bibens, depositis vestibus et calciamentis velut noctu
solitus erat, duabus aut tribus horis quiescebat.   Noctibus
sic dormiebat ut somnum quater aut quinquies non solum
expergiscendo, sed etiam desurgendo interrumperet.   Cum
calciaretur et amiciretur, non tantum amicos admittebat, 25
verum etiam, si comes palatii litem aliquam esse diceret,
quae sine eius iussu definiri non posset, statim litigantes
introducere iussit et, velut pro tribunali sederet, lite

---

10. **festivitatibus**: 'festal occasions'; 1B (1). — 26. **comes palatii**: the 'Count Palatine,' or judicial prime minister of early
German kings.

cognita sententiam dixit; nec hoc tantum eo tempore,
sed etiam quicquid ea die cuiuslibet officii agendum aut
cuiquam ministrorum iniungendum erat expediebat.
— *Vita Karoli, Chap. 24.*

HIS STUDIES AND EDUCATIONAL AMBITIONS

Erat eloquentia copiosus et exuberans poteratque
5 quicquid vellet apertissime exprimere. Nec patrio tantum
sermone contentus, etiam peregrinis linguis ediscendis
operam impendit; in quibus Latinam ita didicit ut aeque
illa ac patria lingua orare sit solitus, Graecam vero melius
intellegere quam pronuntiare poterat. Adeo quidem
10 facundus erat ut etiam dicaculus appareret. Artes
liberales studiosissime coluit, earumque doctores plurimum
veneratus magnis adficiebat honoribus. In discenda
grammatica Petrum Pisanum diaconem senem audivit,
in ceteris disciplinis Albinum cognomento Alcoinum, item
15 diaconem, de Brittania Saxonici generis hominem, virum
undecumque doctissimum, praeceptorem habuit, apud
quem et rhetoricae et dialecticae, praecipue tamen astrono-
miae ediscendae plurimum et temporis et laboris inpertivit.
Discebat artem conputandi et intentione sagaci siderum
20 cursum curiosissime rimabatur. Temptabat et scribere
tabulasque et codicillos ad hoc in lecto sub cervicalibus
circumferre solebat, ut, cum vacuum tempus esset manum
litteris effigiendis adsuesceret, sed parum successit labor
praeposterus ac sero inchoatus. — *Vita Karoli, Chap. 25.*

HIS DEVOTION TO THE CHURCH

25 Religionem Christianam, qua ab infantia fuerat inbutus,
sanctissime et cum summa pietate coluit, ac propter hoc

---

8. **sit solitus :** 3E (5) (*d*). — 10. **dicaculus :** 'loquacious.' —
16. **undecumque :** ' of all from whatsoever source.'

plurimae pulchritudinis basilicam Aquisgrani exstruxit auroque et argento et luminaribus atque ex aere solido cancellis et ianuis adornavit. Ad cuius structuram cum

AIX LA-CHAPELLE (AACHEN): THE FAMOUS CHURCH FOUNDED BY CHARLEMAGNE, AS IT APPEARS TODAY

columnas et marmora aliunde habere non posset, Roma atque Ravenna devehenda curavit. Ecclesiam et mane 5 et vespere, item nocturnis horis et sacrificii tempore, quoad

---

1. **basilicam**: the origin of the last part of the name *Aix-la-Chapelle*. — 2. **luminaribus**: 'lamps.'

eum valitudo permiserat, inpigre frequentabat curabatque
magnopere ut omnia quae in ea gerebantur cum quam
maxima fierent honestate, aedituos creberrime commonens
ne quid indecens aut sordidum aut inferri aut in ea
5 remanere permitterent. Sacrorum vasorum ex auro et
argento vestimentorumque sacerdotalium tantam in ea
copiam procuravit, ut in sacrificiis celebrandis ne ianitoribus quidem, qui ultimi ecclesiastici ordinis sunt, privato
habitu ministrare necesse fuisset. Legendi atque psallendi
10 disciplinam diligentissime emendavit. Erat enim utriusque admodum eruditus, quamquam ipse nec publice
legeret nec nisi submissum et in commune cantaret.

— *Vita Karoli, Chap. 26.*

PAULUS DIACONUS

Paulus Diaconus (Paul Warnefried), a Lombard, born in the extreme northeastern corner of Italy, was, roughly speaking, contemporaneous with the last three quarters of the eighth century, although the exact dates of his birth and death are probably indeterminable. He received an unusually good education, and was in favor in the circles of the Lombard court before Charlemagne came to Italy. He became a Benedictine monk some time prior to 782, and was a member of the great monastic establishment at Monte Cassino, where he met Charlemagne, and before the end of that year went to his court, primarily to intercede for the release of his brother Arichis from captivity. Successful in this plea, he remained several years in the group of scholars who made the court of Charlemagne notable for what is styled "the first renaissance," his own presence being particularly valued for his (rather meager) knowledge of Greek. In 787, however, he returned to his beloved Monte Cassino, and there ended his life work, probably not far from the end of the century.

His greatest work is the *History of the Langobards* (Lombards), which he composed with affectionate interest, and with a commendably historic temper, for those times. He also wrote a continuation of the *Breviarium* of Eutropius (called *Historia Romana*), a history of the bishops of Metz, an abridgment of Festus's Epitome of the *De Verborum Significatu*, originally by Verrius Flaccus, and various letters, sermons, and poems.

Although we note the credulity and some of the barbarisms of the period, the matter and the manner of Paulus are remarkably good for the times. Some barbaric spellings and constructions, and a strange vacillation between the metrical standards of

101

THE MONASTERY OF MONTE CASSINO (Destroyed in 1944; since rebuilt)

the classical days and the careless ones of his own day, are worthy of mention.

The best edition of the *Historia Langobardorum* is that edited by G. Waitz, in the *Monumenta Germaniae Historica* (Hannover, 1878). An English translation of merit is that of William Dudley Foulke (New York, 1907). The poems have been edited by Karl Neff (Muenchen, 1908). (See also Duemmler's *Poetae Latini Aevi Carolini*.)

THE SEVEN SLEEPERS

Haut ab re esse arbitror, paulisper narrandi ordinem postponere, et quia adhuc stilus in Germania vertitur, miraculum quod illic apud omnes celebre habetur, seu et quaedam alia breviter intimare. In extremis circium versus Germaniae finibus, in ipso oceani littore, antrum 5 sub eminenti rupe conspicitur, ubi septem viri, incertum ex quo tempore, longo sopiti sopore quiescunt, ita inlaesis non solum corporibus, sed etiam vestimentis, ut ex hoc ipso, quod sine ulla per tot annorum curricula corruptione perdurant, apud indociles easdem et barbaras nationes 10 veneratione habeantur. Hi denique, quantum ad habitum spectat, Romani esse cernuntur. E quibus dum unum quidam cupiditate stimulatus vellet exuere, mox eius, ut dicatur, brachia aruerunt, poenaque sua ceteros perterruit ne quis eos ulterius contingere auderet. Videres ad 15 quod eos profectum per tot tempora providentia divina conservet. Fortasse horum quandoque, quia non aliter nisi Christiani putantur, gentes illae praedicatione salvandae sunt. — *Hist. Lang. I. 4.*

This is but one of the various versions of the myth. **3. seu et** = *sive placet, etiam.* — 4. **intimare** : 'to make known.' — **circium** : ' west-northwest.' — **16. quod** = *quem,* an example of Paul's slips in gender.

THE MAELSTROM

Nec satis procul ab hoc de quo praemisimus litore,
contra occidentalem partem, qua sine fine oceanum pelagus
patet, profundissima aquarum illa vorago est, quam usitato
nomine maris umbilicum vocamus. Quae bis in die
5 fluctus absorbere et rursum evomere dicitur, sicut per
universa illa litora accedentibus et recedentibus fluctibus
celeritate nimia fieri conprobatur. Huiusmodi vorago
sive vertigo a poeta Virgilio Caribdis appellatur ; quam
ille in freto Siculo esse suo in carmine loquitur, hoc modo
10 dicens :

> Dextrum Scilla latus, laevum inplacata Caribdis
> Obsidet, atque imo baratri ter gurgite vastos
> Sorbet in abruptum fluctus, rursusque sub auras
> Erigit alternos, et sidera verberat unda.

15 Ab hac sane de qua diximus vertigine saepe naves raptim
cursimque adtrahi adfirmantur tanta celeritate, ut sagit-
tarum per aera lapsus imitari videantur ; et nunnumquam
in illo baratro horrendo nimis exitu pereunt. Saepe cum
iam iamque mergendae sint, subitis undarum molibus
20 retroactae, tanta rursus agilitate exinde elongantur quanta
prius adtracta sunt.

Adfirmant esse et aliam huiusmodi voraginem inter
Brittaniam insulam Galliciamque provinciam ; cui etiam
rei adstipulantur Sequanicae Aquitaniaeque litora ; quae
25 bis in die tam subitis inundationibus opplentur, ut, qui
fortasse aliquantulum introrsus a litore repertus fuerit,
evadere vix possit. Videas earum regionum flumina
fontem versus cursu velocissimo relabi ac per multorum
milium spatia dulces fluminum limphas in amaritudinem

---

2. **oceanum pelagus** : a redundant expression. — 20. **retroactae** :
' driven back.' — **elongantur** : ' are withdrawn.' — 29. **limphas** :
2 (1).

verti. Triginta ferme a Sequanico litore Evodia insula milibus distat. In qua, sicut ab illius incolis adseveratur, vergentium in eandem Caribdin aquarum garrulitas auditur.

Audivi quendam nobilissimum Gallorum referentem 5 quod aliquantae naves, prius tempestate convulsae, postmodum ab hac eadem Caribdi voratae sunt. Unus autem solummodo ex omnibus viris qui in navibus illis fuerant, morientibus ceteris, dum adhuc spirans fluctibus supernataret, vi aquarum labentium abductus, ad oram usque 10 inmanissimi illius baratri pervenit. Qui cum iam profundissimum et sine fine patens chaos adspiceret, ipsoque pavore praemortuus se illuc ruiturum exspectaret, subito, quod sperare non poterat, saxo quodam superiectus insedit. Decursis siquidem iam omnibus quae sorbendae 15 erant aquis, orae illius fuerant margines denudati; dumque ibi inter tot angustias anxius vix ob metum palpitans resederet, dilatamque ad modicum mortem nihilominus operiret, conspicit ecce subito quasi magnos aquarum montes de profundo resilire navesque quae absorptae 20 fuerant primas emergere. Cumque una ex illis ei contigua fieret, ad eam se nisu quo potuit adprehendit; nec mora, celeri volatu prope litus advectus, metuendae necis casus evasit, proprii postmodum periculi relator existens. Nostrum quoque, id est Adriaticum, mare, quod licet 25 minus, similiter tamen Venetiarum Histriaeque litora pervadit, credibile est parvos huiusmodi occultosque habere meatus, quibus et recedentes aquae sorbeantur et rursum invasurae litora revomantur. — *Hist. Lang. I. 6.*

KING ALBOIN MAKES ALLIANCE WITH THE HUNS
AND DEFEATS THE GEPIDAE (c. 565)

Igitur Audoin, de quo praemiseramus, Langobardorum 30 rex Rodelindam in matrimonio habuit; quae ei Alboin,

virum bellis aptum et per omnia strenuum, peperit.
Mortuus itaque est Audoin, ac deinde regum iam decimus
Alboin ad regendam patriam cunctorum votis accessit.
Qui cum famosissimum et viribus clarum ubique nomen
5 haberet, Chlotarius rex Francorum Chlotsuindam ei suam
filiam in matrimonio sociavit. De qua unam tantum
filiam Alpsuindam nomine genuit. Obiit interea Turisin-
dus rex Gepidorum; cui successit Cunimundus in regno.
Qui vindicare veteres Gepidorum iniurias cupiens, inrupto
10 cum Langobardis foedere, bellum potius quam pacem
elegit. Alboin vero cum Avaribus, qui primum Hunni,
postea de regis proprii nomine Avares appellati sunt, foedus
perpetuum iniit. Dehinc ad praeparatum a Gepidis
bellum profectus est. Qui cum adversus eum e diverso
15 properarent, Avares, ut cum Alboin statuerant, eorum
patriam invaserunt. Tristis ad Cunimundum nuntius
veniens, invasisse Avares eius terminos edicit. Qui
prostratus animo et utrimque in angustiis positus, hortatur
tamen suos primum cum Langobardis confligere; quos
20 si superare valerent, demum Hunnorum exercitum e
patria pellerent. Committitur ergo proelium. Pugnatum est totis viribus. Langobardi victores effecti sunt,
tanta in Gepidos ira saevientes, ut eos ad internitionem
usque delerent atque ex copiosa multitudine vix nuntius
25 superesset.

In eo proelio Alboin Cunimundum occidit, caputque
illius sublatum, ad bibendum ex eo poculum fecit. Quod
genus poculi apud eos 'scala' dicitur, lingua vero Latina
patera vocitatur. Cuius filiam nomine Rosimundam cum
30 magna simul multitudine diversi sexus et aetatis duxit
captivam; quam, quia Chlotsuinda obierat, in suam, ut
post patuit, perniciem, duxit uxorem. Tunc Langobardi

---

23. **internitionem** = *internecionem;* 2 (1); 2 (3). — 32. **patuit:**
'was evident.'

tantam adepti sunt praedam, ut iam ad amplissimas pervenirent divitias. Gepidorum vero ita genus est deminutum, ut ex illo iam tempore ultra non habuerint regem. Sed universi qui superesse bello poterant aut Langobardis subiecti sunt, aut usque hodie, Hunnis eorum 5 patriam possidentibus, duro imperio subiecti gemunt. Alboin vero ita praeclarum longe lateque nomen percrebuit, ut hactenus etiam tam aput Baioariorum gentem quamque et Saxonum, sed et alios eiusdem linguae homines, eius liberalitas et gloria bellorumque felicitas et 10 virtus in eorum carminibus celebretur. Arma quoque praecipua sub eo fabricata fuisse a multis hucusque narratur. — *Hist. Lang. I. 27.*

HOW THE LANGOBARDS WERE INVITED TO SETTLE IN ITALY

Igitur deleta, ut dictum est, vel superata Narsis omni Gothorum gente, his quoque de quibus diximus pari modo 15 devictis, dum multum auri sive argenti seu ceterarum specierum divitias adquisisset, magnam a Romanis, pro quibus multa contra eorum hostes laboraverat, invidiam pertulit. Qui contra eum Iustiniano Augusto et eius coniugi Sophiae in haec verba suggesserunt, dicentes quia : 20 "Expedierat Romanis Gothis potius servire quam Grecis, ubi Narsis eunuchus imperat et nos servitio premit; et haec noster piissimus princeps ignorat. Aut libera nos de manu eius aut certe et civitatem Romanam et nosmet ipsos gentibus tradimus." 25

Cumque hoc Narsis audisset, haec breviter retulit verba : "Si male feci cum Romanis, male inveniam." Tunc· Augustus in tantum adversus Narsetem commotus est ut statim in Italiam Longinum praefectum mitteret,

---

14. **Narsis**: subject of *pertulit.* Narses was a famous general of Justinian.

qui Narsetis locum obtineret. Narsis vero, his cognitis,
valde pertimuit; et in tantum maxime ab eadem Sophia
Augusta territus est ut regredi ultra Constantinopolim
non auderet. Cui illa inter cetera, quia eunuchus erat,
5 haec fertur mandasse, ut eum puellis in genicio lanarum
faceret pensa dividere. Ad quae verba Narsis dicitur
haec responsa dedisse: talem se eidem telam orditurum
qualem ipsa, dum viveret, deponere non possit. Itaque
odio metuque exagitatus in Neapolim Campaniae civi-
10 tatem secedens, legatos mox ad Langobardorum gentem
dirigit, mandans ut paupertina Pannoniae rura desererent
et ad Italiam cunctis refertam divitiis possidendam venirent. Simulque multimoda pomorum genera aliarumque
rerum species quarum Italia ferax est, mittit, quatenus
15 eorum ad veniendum animos possit inlicere. Langobardi
laeta nuntia et quae ipsi praeobtabant gratanter susci-
piunt deque futuris commodis animos adtollunt. Continuo aput Italiam terribilia noctu signa visa sunt, hoc est
igneae acies in caelo apparuerunt, eum scilicet qui postea
20 effusus est sanguinem coruscantes. — *Hist. Lang. II. 5.*

A FATAL JEST

Qui rex postquam in Italia tres annos et sex menses
regnavit, insidiis suae coniugis interemptus est. Causa
autem interfectionis eius haec fuit. Cum in convivio
ultra quam oportuerat aput Veronam laetus resederet,
25 cum poculo quod de capite Cunimundi regis sui soceris
fecerat reginae ad bibendum vinum dari praecipit atque
eam ut cum patre suo laetanter biberet invitavit. Hoc
ne cui videatur inpossibile, veritatem in Christo loquor;

---

5. **genicio** = *gynaeceo.* — 6. **faceret** . . . **dividere:** 3 E (3) (*a*). —
9. **civitatem:** 1B (5). — 11. **paupertina** = *paupera.* — 14. **quatenus**
= *ut;* 1B (6). — 21. **Qui:** Alboin. — 22. The event took place in
May, 572. — 25. **poculo:** cf. I. 27, *supra.* — **soceris:** for *soceri.*

ego hoc poculum vidi in quodam die festo Ratchis principem ut illut convivis ostentaret manu tenentem. Igitur Rosemunda ubi rem animadvertit, altum concipiens in corde dolorem, quem conpescere non valens, mox in mariti necem patris funus vindicatura exarsit, consiliumque 5 mox cum Helmechis, qui regis scilpor, hoc est armiger, et conlactaneus erat, ut regem interficeret, iniit. . . .

Tunc Rosemunda, dum se Alboin in meridie sopori dedisset, magno in palatio silentium fieri praecipiens, omnia alia arma subtrahens, spatham illius ad lectuli 10 caput, ne tolli aut evaginari possit, fortiter conligavit, et iuxta consilium Peredeo Helmechis interfectorem omni bestia crudelior introduxit. Alboin subito de sopore experrectus, malum quod imminebat intellegens, manum citius ad spatham porrexit ; quam strictius religatam 15 abstrahere non valens, adprehenso tamen scabello subpedaneo, se cum eo per aliquod spatium defendit. Sed heu pro dolor ! vir bellicosissimus et summae audaciae nihil contra hostem praevalens, quasi unus de inertibus interfectus est, uniusque mulierculae consilio periit, qui 20 per tot hostium strages bello famosissimus extitit.

— Hist. Lang. II. 28.

TIBERIUS CONSTANTINUS BECOMES FIFTIETH EMPEROR OF ROME AND FINDS THE TREASURE OF NARSES (578)

Mortuo igitur Iustino, Tiberius Constantinus, Romanorum regum quinquagesimus, sumpsit imperium. Hic cum, ut superius diximus, sub Iustino adhuc Caesar palatium regeret et multas cottidie elimosinas faceret, magnam ei 25

---

7. **conlactaneus**: 'foster-brother.' — 11. **evaginari**: 'unsheathed.' — 16. **scabello subpedaneo**: 'footstool.' — 17. **cum eo**: the use of the *cum* is, of course, not classical. — 24. **Caesar**: the word has already become generic, like the modern *Kaiser.* — 25. **elimosinas** = *eleemosynas:* 'alms.'

Dominus auri copiam subministravit. Nam deambulans
per palatium vidit in pavimento domus tabulam marmoream, in qua erat crux dominica sculpta, et ait: "Crucem Domini, qua frontem nostram et pectora munire
5 debemus, et ecce eam sub pedibus conculcamus." Et
dicto citius iussit eandem tabulam auferri. Defossamque
tabulam atque erectam, inveniunt subter et aliam hoc
signum habentem. Qui et ipsam iussit auferri. Qua
amota, repperiunt et tertiam. Iussumque eius cum et
10 haec fuisset ablata, inveniunt magnum thesaurum habentem supra mille auri centenaria. Sublatumque aurum, pauperibus adhuc habundantius quam consueverat largitur.

Narsis quoque patricius Italiae cum in quadam civitate
intra Italiam domum magnam haberet, cum multis
15 thesauris ad supra memoratam urbem advenit; ibique
in domo sua occulte cisternam magnam fodit, in qua multa
milia centenariorum auri argentique reposuit. Interfectisque omnibus consciis, uni tantummodo seni haec per
iuramentum ab eo exigens commendavit. Defuncto vero
20 Narsete, supradictus senex ad Caesarem Tiberium veniens,
dixit: "Si," inquid, "mihi aliquid prodest, magnam rem
tibi, Caesarem, dicam." Cui ille: "Dic," ait, "quod vis;
proderit enim tibi, si quid nobis profuturum esse nar-
raveris." "Thesaurum," inquid, "Narsis reconditum
25 habeo, quod in extremo vitae positus celare non possum."
Tunc Caesar Tiberius gavisus mittit usque ad locum
pueros suos. Recedente vero sene, hi secuntur attoniti;
pervenientesque ad cisternam, deopertamque ingrediuntur.
In qua tantum auri vel argenti repertum est, ut per multos

---

9. **Iussumque**: for *iussuque.* — 11. **centenaria**: of a hundred
pounds weight; an amount equal to $20,000,000 is here indicated.
— **Sublatumque aurum**: possibly the Nom. absolute construction.
— 12. **habundantius**: 2 (4). — 22. **Caesarem**: used for the Voc. —
28. **deopertamque**: 'disclosed.'

dies vix a deportantibus potuisset evacuari. Quae ille
pene omnia secundum suum morem erogatione largiflua
dispensavit egenis. — *Hist. Lang. III. 12.*

A ROYAL WOOING (588)

Flavius vero rex Authari legatos post haec ad Baioariam
misit, qui Garibaldi eorum regis filiam sibi in matrimonium 5
peterent. Quos ille benigne suscipiens, Theudelindam
suam filiam Authari se daturum promisit. Qui legati
revertentes cum haec Authari nuntiassent, ille per semet
ipsum suam sponsam videre cupiens, paucis secum sed
expeditis ex Langobardis adhibitis, unumque sibi fidelis- 10
simum et quasi seniorem secum ducens, sine mora ad
Baioariam perrexit. Qui cum in conspectum Garibaldi
regis iuxta morem legatorum introducti essent, et his qui
cum Authari quasi senior venerat post salutationem verba,
ut moris, intulisset, Authari, cum a nullo illius gentis 15
cognosceretur, ad regem Garibaldum propinquius accedens ait : "Dominus meus Authari rex me proprie ob hoc
direxit, ut vestram filiam, ipsius sponsam, quae nostra
domina futura est, debeam conspicere, ut qualis forma sit
meo valeam domino certius nuntiare."   20
Cumque rex haec audiens filiam venire iussisset, eamque
Authari, ut erat satis eleganti forma, tacito nutu contemplatus esset eique satis per omnia complacuisset, ait
ad regem : "Quia talem filiae vestrae personam cernimus
ut eam merito nostram reginam fieri optemus, si placet 25
vestrae potestati, de eius manu, sicut nobis postea factura
est, vini poculum sumere praeoptamus." Cumque rex
id, ut fieri deberet, annuisset, illa, accepto vini poculo, ei
prius qui senior esse videbatur propinavit. Deinde cum
Authari, quem suum esse sponsum nesciebat, porrexisset, 30

ille, postquam bibit ac poculum redderet, eius manu,
nemine animadvertente, digito tetigit dexteramque suam
sibi a fronte per nasum ac faciem produxit. Illa hoc
suae nutrici rubore perfusa nuntiavit. Cui nutrix sua
5 ait : "Iste nisi ipse rex et sponsus tuus esset, te omnino
tangere non auderet. Sed interim sileamus, ne hoc patri
tuo fiat cognitum. Re enim vera digna persona est quae
tenere regnum et tuo sociari coniugio."

Erat autem tunc Authari iuvenali aetate floridus, statura
10 decens, candido crine perfusus est satis decorus aspectu.
Qui mox, a rege comeatu accepto, iter patriam reversuri
arripiunt deque Noricorum finibus festinanter abscedunt.
Noricorum siquidem provincia, quam Baioariorum populus inhabitat, habet ab oriente Pannoniam, ab occidente
15 Suaviam, a meridie Italiam, ab aquilonis vero parte
Danuvii fluenta. Igitur Authari cum iam prope Italiae
fines venisset secumque adhuc qui eum deducebant
Baioarios haberet, erexit se quantum super equum cui
praesidebat potuit et toto adnisu securiculam, qua manu
20 gestabat, in arborem quae proximior aderat fixit eamque
reliquit, adiciens haec insuper verbis : "Talem Authari
feritam facere solet." Cumque haec dixisset, tunc in-
tellexerunt Baioarii qui cum eo comitabantur, eum ipsum
Authari esse. Denique post aliquod tempus, cum propter
25 Francorum adventum perturbatio Garibaldo regi advenisset, Theudelinda, eius filia, cum suo germano nomine
Gundoald ad Italiam confugit seque adventare Authari suo
sponso nuntiavit. Cui statim ille obviam cum magno
apparatu nuptias celebraturus in Campum Sardis, qui
30 super Veronam est, occurrens, eandem cunctis laetantibus
in coniugium Idus Maias accepit. — *Hist. Lang. III. 30.*

---

1. **manu** : for *manum;* 2 (7). — 8. **tenere** : 3E (3) (*d*). — 19. **qua** :
for *quam.* — 31. **Idus Maias** : Acc. instead of Abl. ; 3A (1).

PAULUS DIGRESSES FROM HISTORY TO RELATE A
REMARKABLE TALE

Interea Authari rex legationem verbis pacificis ad
Gunthramnum regem Francorum, patruum scilicet Childe-
perti regis, direxit. A quo legati idem iocunde suscepti,
sed ad Childepertum, qui ei nepus ex fratre erat, directi
sunt, ut per eius notum pax cum gente Langobardorum 5
firmaretur. Erat autem Gunthramnus iste, de quo
diximus, rex pacificus et omni bonitate conspicuus. Cuius
unum factum satis ammirabile libet nos huic nostrae
historiae breviter inserere, praesertim cum hoc Francorum
historia noverimus minime contineri. Is cum venatum 10
quodam tempore in silvam isset, et, ut adsolet fieri, hac
illacque discurrentibus sociis, ipse cum uno fidelissimo
tantum suo remansisset, gravissimo somno depressus,
caput in genibus eiusdem fidelis sui reclinans, obdormivit.
De cuius ore parvum animal in modum reptilis egressum, 15
tenuem rivulum, qui propter discurrebat, ut transire possit,
satagere coepit. Tunc isdem in cuius gremio quiescebat
spatham suam vagina exemptam super eundem rivulum
posuit; super quam illud reptile, de quo diximus, ad
partem aliam transmeavit. Quod cum non longe exinde 20
in quoddam foramen montis ingressum fuisset, et post
aliquantum spatii regressum super eandem spatham
praefatum rivulum transmeasset, rursum in os Gun-
thramni, de quo exierat, introivit.

Gunthramnus post haec de somno expergefactus, mirifi- 25
cam se visionem vidisse narravit. Retulit enim paruisse
sibi in somnis quod fluvium quendam per pontem ferreum
transisset et sub montem quoddam introisset, ubi multos
auri pondus aspexisset. Is vero in cuius gremio caput

---

4. **nepus**: 2 (2). — 17. **satagere**: 'to run about.' — 28. **multos
. . . pondus**: mediaeval syntax.

PAGE FROM AN OLD EDITION OF PAULUS DIACONUS, SHOWING VARIOUS
NOTED PERSONS, SUCH AS BEDE, HILARY, ISIDORE, AND LEO X

tenuerat, cum dormisset, quid de eo viderat ei per ordinem
retulit. Quid plura? Effosus est locus ille, et inaesti-
mabiles thesauri, qui ibidem antiquitus positi fuerant,
sunt reperti. De quo auro ipse rex postimodum cyborium
solidum mirae magnitudinis et magni ponderis fecit, 5
multisque illud preciosissimis gemmis decoratum ad
sepulchrum Domini Hierosolimam transmittere voluit.
Sed cum minime potuisset, eodem supra corpus beati
Marcelli martyris, quod in civitate Cavallono sepultum
est, ubi sedes regni illius erat, poni fecit; et est ibi usque 10
in praesentem diem. Nec est usquam ullum opus ex auro
effectum quod ei valeat conparari. Sed nos, his breviter
quae relatu digna erant contactis, ad historiam revertamur.

— *Hist. Lang. III. 34.*

PAULUS DISCUSSES HIS OWN GENEALOGY

Exigit vero nunc locus, postposita generali historia,
pauca etiam privatim de mea, qui haec scribo, genealogia 15
retexere, et quia res ita postolat, paulo superius narrationis
ordinem replicare. Eo denique tempore quo Langobardorum gens de Pannoniis ad Italiam venit Leupchis meus
abavus ex eodem Langobardorum genere cum eis pariter
adventavit. Qui postquam aliquod annos in Italia vixit, 20
diem claudens extremum, quinque ex se genitos filios adhuc
parvulos reliquit; quos tempestas ista captivitatis, de
qua nunc diximus, conprehendens, omnes ex castro Foroiu-
lensi in Avarorum patriam exsoles deduxit. Qui cum per
multos annos in eadem regione captivitatis miseriam 25
sustinuissent et iam ad virilem pervenissent aetatem,
ceteris quattuor, quorum nomina non retinemus, in captivi-

---

4. **postimodum** = *postmodum.* — 8. **eodem** : for *idem.* — 9. **Cavallono** : Chalon-sur-Saône, Gunthram's capital, founded by himself. —
16. **postolat** = *postulat.* — 20. **aliquod** = *aliquot.* — 24. **exsoles** :
2 (2).

tatis angustia persistentibus, quintus eorum germanus
nomine Lopichis, qui noster postea proavus extitit, in-
spirante sibi, ut credimus, misericordiae auctore, captivitatis iugum abicere statuit et ad Italiam, quo gentem
5 Langobardorum residere meminerat, tendere atque ad
libertatis iura studuit reppedare. Qui cum adgressus
fugam adripuisset, faretram tantum et arcum et aliquantulum cibi propter viaticum gerens, nesciretque omnino
quo pergeret, ei lupus adveniens comes itineris et ductor
10 effectus est. Qui cum ante eum pergeret et frequenter
post se respiceret et cum stante subsisteret atque cum
pergente praeiret, intellexit sibi eum divinitus datum esse,
ut ei iter, quod nesciebat, ostenderet. Cum per aliquod
dies per montium solitudines hoc modo pergerent, panis
15 eidem viatori, quem exiguum habuerat, omnino defecit.
Qui cum ieiunans iter carperet et iam fame tabefactus
defecisset, tetendit arcum suum et eundem lupum, ut eum
in cibum sumere possit, sagitta interficere voluit. Sed
lupus idem ictum praecavens, sic ab eius visione elapsus
20 est. Ipse autem, recedente eodem lupo, nesciens quo
pergeret, insuper famis penuria nimium debilis effectus,
cum iam de vita desperaret, sese in terram proiciens
obdormivit; viditque quendam virum in somnis talia
sibi verba dicentem: "Surge! Quid dormis? Arripe viam
25 in hanc partem contra quam pedes tenes; illac etenim est
Italia, ad quam tendis." Qui statim surgens in illam
partem quam in somnis audierat pergere coepit; nec
mora, ad habitaculum hominum pervenit. Erat enim
Sclavorum habitatio in illis locis. Quem cum una mulier
30 iam vetula vidisset, statim intellexit eum fugitivum esse
et famis penuria laborare. Ducta autem misericordia

---

3. **misericordiae auctore**: i.e. *Deo.* — 6. **reppedare** = *repedare:*
'return.' — 16. **ieiunans**: 'fasting.' — **tabefactus**: 'fainting.' —
28. **habitaculum**: 'habitation.'

super eum, abscondit eum in domo sua et secreto paulatim
ei victum ministravit, ne, si ei usque ad saturitatem alimoniam praeberet, eius vitam funditus extingueret.
Denique sic conpetenter ei pastum praebuit, quousque
ipse recuperatus vires accipere potuisset. Cumque eum 5
iam validum ad iter faciundum vidisset, datis ei cibariis, ad
quam partem tendere deberet admonuit.

Qui post aliquod dies Italiam ingressus, ad domum in
qua ortus fuerat pervenit; quae ita deserta erat, ut non
solum tectum non haberet, sed etiam rubis et sentibus 10
plena esset. Quibus ille succisis intra eosdem parietes
vastam hornum repperiens, in ea sua faretra suspendit.
Qui postea, consanguineorum et amicorum suorum muneribus dotatus, et domum reaedificavit et uxorem duxit;
sed nihil de rebus quas genitor suus habuerat, exclusus 15
iam ab his qui eas invaserant longa et diuturna possessione,
conquirere potuit. Iste, ut iam superius praemisi, extitit
meus proavus. Hic etenim genuit avum meum Arichis,
Arichis vero patrem meum Warnefrit, Warnefrit autem ex
Theudelinda coniuge genuit me Paulum meumque ger- 20
manum Arichis, qui nostrum avum cognomine retulit.
His paucis de propriae genealogiae serie delibatis, nunc
generalis historiae revertamur ad tramitem.

— Hist. Lang. IV. 37.

A TYRANNOUS DUKE AND HOW A JOKE WAS PLAYED
ON HIM

Denique cum die quadam solidos super mensam nu-
meraret, unus ei tremisses de eadem mensa cecidit, quem 25
filius Aldonis adhuc puerulus de terra colligens eidem

---

12. **hornum** = *ornum;* 2 (4). — **faretra**: for *pharetram;* 2 (7). —
24. **solidos**: sc. *aureos;* cf. the modern coin name, *soldo.* — **nume-**
raret: sc. *Alahis.* — 25. **tremisses**: for *tremis*, the coin of the value
of a third of the *aureus.*

Alahis reddidit. Ad quem Alahis, sperans puerulum
parum intellegere, ita locutus est : "Multos ex his genitor
tuus habet, quos mihi in proximo, si deus voluerit, daturus
est." Qui puer cum vespere domum ad patrem regressus
5 esset, eum suus genitor requisivit si quid ei illo die rex
locutus fuisset, ille patri omnia ut facta fuerant et quid
sibi rex dixerat nuntiavit. Audiens haec Aldo vehementer pertimuit, fratremque suum Grausonem adscitum, ei
omnia quae rex maligne locutus fuerat nuntiavit. Qui
10 mox cum amicis et his quibus credere poterant consilium
ineunt qualiter Alahis tyrannum regno privarent, priusquam ipse eis aliquam laesionem facere possit. Qui
maturius ad palatium profecti, ita Alahis dixerunt : "Quid
dignaris in civitate residere? Ecce omnis civitas et
15 universus populus tibi fidelis existit, et ebriosus ille Cunincpert ita dissolutus est, ut iam ultra nullas possit habere
vires. Egredere et vade in venationem et exerce te cum iuvenibus tuis, nos autem cum reliquis fidelibus tuis defendi-
mus tibi hanc civitatem. Sed et ita tibi repromittimus, ut
20 in proximo inimici tui Cunincperti caput adferamus." Qui
eorum verbis persuasus, civitatem egressus atque ad
urbem vastissimam silvam profectus est ibique se iocis
et venationibus exercere coepit.

Aldo vero et Grauso euntes ad lacum Comacinum in-
25 gressique navem, ad Cunincpertum profecti sunt. Ad
quem venientes, eius pedibus provoluti, se contra eum
nequiter egisse professi sunt, eique quid Alahis malitiose
contra eos locutus fuerit, vel quale ipsi ad eius perditionem

---

1. Alahis, duke of Trent, had usurped the kingdom and driven
king Cunincpert to a fortress on Lake Como, while the usurper
ruled in the royal palace at Ticinum (Pavia). Aldo and Grauso
plot to restore the king (they were leading citizens of Ticinum). — 8. fratremque . . . adscitum : Acc. abs. — 22. silvam : terminal Acc. without a preposition. — 24. Comacinum : Lake Como.

consilium dederint nuntiarunt. Quid plura? Fleverunt
pariter et inter se sacramenta dederunt, diem statuentes
in quo Cunincpert veniret, ut ipsi ei civitatem Ticinensem
contraderent. Quod et factum est, nam die statuto
Cunincpert Ticinum adveniens, ab eis libentissime sus- 5
ceptus palatium suum ingressus est. Tunc omnes cives,
et praecipue episcopus, sacerdotes quoque et clerus,
iuvenes et senes, certatim ad eum concurrentes, omnesque
eum cum lacrimis amplexantes, Deo gratias de eius re-
versione, inaestimabili gaudio repleti, conclamabant; 10
quos ille omnes prout potuit osculatus est. Nuntius
subito ad Alahis pervenit, adimplesse Aldonem et Grausonem quod ei promiserant et caput Cunincperti attulisse,
et non solum caput, sed et totum corpus, eumque adfirmans
in palatio consedere. Quod ille audiens, animo con- 15
sternatus est. — *Hist. Lang. V. 39.*

IN PRAISE OF LAKE COMO

Ordiar unde tuas laudes, O maxime Lari?
  Munificas dotes ordiar unde tuas?
Cornua panda tibi sunt instar vertice tauri;
  Dant quoque sic nomen cornua panda tibi.
Munera magna vehis divinis, dives, asilis,   5
  Regificis mensis munera magna vehis.
Ver tibi semper inest, viridi dum cespite polles;
  Frigora dum superas, ver tibi semper inest.
Cinctus oliviferis utroque es margine silvis;
  Numquam fronde cares cinctus oliviferis.   10
Punica mala rubent laetos hinc inde per hortos;
  Mixta simul lauris Punica mala rubent.

---

4. **contraderent**: ' deliver over.'

1–2 sqq. The meter is the epanaleptic distich (*versus serpentini*);
cf. Martial, 9, 97. — 4. **cornua**: the two southern branches of the
lake. — 5. **asilis**: churches and cloisters in the vicinity.

Lake Como, looking towards Bellagio from Cadenabbia

Mirtea virga suis redolet de more corimbis,
  Apta est et foliis mirtea virga suis.
Vincit odore suo delatum Perside malum;   15
  Citreon has omnes vincit odore suo.
Cedat et ipse tibi me iudice furvus Avernus,
  Epirique lacus cedat et ipse tibi.
Cedat et ipse tibi vitrea cui Fucinus unda est,
  Lucrinusque potens cedat et ipse tibi.   20
Vinceres omne fretum, si te calcasset Iesus,
  Si Galilaeus eras, vinceres omne fretum.
Fluctibus ergo cave tremulis submergere lintres;
  Ne perdas homines fluctibus ergo cave.
Si scelus hoc fugias, semper laudabere cunctis;   25
  Semper amandus eris, si scelus hoc fugias.
Sit tibi laus et honor, Trinitas inmensa, per aevum;
  Quae tam mira facis, sit tibi laus et honor.
Qui legis ista, precor, "Paulo" dic "parce, Redemptor,"
  Spernere neve velis, qui legis ista, precor.   30

PAULUS DISCLAIMS PROFOUND LINGUISTIC LEARNING,
BUT KNOWS A LITTLE GREEK

Sensi, cuius verba cepi exarata paginis,

---

13. **Mirtea** = *myrtea*. — 15. **delatum Perside malum**: the peach.
— 16. **Citreon**: ' the citrus tree.' — 17. cf. Verg. *Georg.* II. 159 sqq.
— 18. **Epirique lacus**: there was in Epirus a lake comparable with
Avernus for its supposed connection with Acheron. — 21. **Vinceres**:
cf. *Trinitas* in v. 27.

1. **cuius**: Charlemagne had sent a letter (really written by the
scholar, Petrus Pisanus) to Paulus, expressing his gratitude that
Paulus had been added to the famous group of scholars now being
gathered at the imperial court, and flattering his knowledge of
Greek. Paulus here replies in modest vein, but affixes a Latin
translation of a Greek epigram. Time, about 783. Meter, fif-
teen-syllable (accentual) trochaics (septenarii); ending with quantitative elegiac couplets.

Nam a magno sunt directa, quae pusillus detulit.
Fortes me lacerti pulsant, non inbellis pueri.

Magnus dicor poetarum vatumque doctissimus
5   Omniumque praeminere gentium eloquio
Cordis et replere rura fecundis seminibus.

Totum hoc in meam cerno prolatum miseriam,
Totum hoc in meum caput dictum per hyroniam.
Heu, laudibus deridor et cacinnis obprimor.

10 Dicor similis Homero, Flacco et Vergilio,
Similor Tertullo seu Philoni Memphitico,
Tibi quoque, Veronensis o Tibulle, conferor.

Peream, si quenquam horum imitari cupio,
Avia qui sunt sequuti pergentes per invium;
15 Potius sed istos ego conparabo canibus.

Graiam nescio loquellam, ignoro Hebraicam.
Tres aut quattuor in scolis quas didici syllabas,
Ex his mihi est ferendus maniplus ad aream.

Nulla mihi aut flaventis est metalli copia
20 Aut argenti sive opum, desunt et marsuppia.
Vitam litteris ni emam, nihil est, quod tribuam.

Pretiosa quaeque vobis dona ferant divites,
Alii conportent gemmas Indicosque lapides:
Meo pura tribuetur voluntas in munere.

25 Anchora me sola vestri hic amoris detinet,
Nectar omne quod praecellit quodque flagrat optime.
Non de litteris captamus vanae laudem gloriae.

---

2. **magno**: Charlemagne; **pusillus** and **pueri** refer to the messenger.
— 8. **hyroniam** = *ironiam*. — 9. **Heu**: like **seu** in v. 11, dissyllabic.
— 11. **Tertullo**: perhaps the orator of Acts 24. — **Philoni**: the
Jewish philosopher. — **Memphitico**: 'Egyptian'; he was born at
Alexandria. — 12. **Veronensis**: he is thinking of Catullus! —
20. **marsuppia**: 'purse.' — 26. **flagrat**: perhaps he meant *fragrat*.

Nec me latet, sed exulto, quod pergat trans maria
Vestra, rector, et capessat sceptrum pulchra filia,
Ut per natam regni vires tendantur in Asiam. 30

THE CHOIR IN CHARLEMAGNE'S CHURCH AT AIX-LA-CHAPELLE (AACHEN)

Si non amplius in illa regione clerici
Graecae proferent loquellae, quam a me didicerint,
Vestri, mutis similati derridentur statuis.

29. Charlemagne's daughter Rothrud had been recently betrothed
to the young Constantine VI of Byzantium; but the wedding never
took place.

Sed omnino ne linguarum dicar esse nescius,
35 Pauca, mihi quae fuerunt tradita puerulo,
Dicam; cetera fugerunt iam gravante senio:

DE PUERO QUI IN GLACIE EXTINCTUS EST

Trax puer adstricto glacie dum ludit in Hebro,
 Frigore concretas pondere rupit aquas.
Dumque imae partes rapido traherentur ab amni,
40 Praesecuit tenerum lubrica testa caput.
Orba quod inventum mater dum conderet urna,
 "Hoc peperi flammis, cetera," dixit, "aquis."

AN EPITAPH FOR THE TOMB OF THE POET
FORTUNATUS

Ingenio clarus, sensu celer, ore suavis,
 Cuius dulce melos pagina multa canit,
Fortunatus, apex vatum, venerabilis actu,
 Ausonia genitus hac tumulatur humo.
5 Cuius ab ore sacro sanctorum gesta priorum
 Discimus. Haec monstrant carpere lucis iter.
Felix, quae tantis decoraris, Gallia, gemmis,
 Lumine de quarum nox tibi tetra fugit.
Hos modicus prompsi plebeio carmine versus,
10 Ne tuus in populis, sancte, lateret honor.
Redde vicem misero. Ne iudice spernar ab aequo,
 Eximiis meritis posce, beate, precor.

---

37. The epigram at the end of the poem is a version of the Greek
original, *Anth. Pal. VII. 542*, not necessarily by Paulus himself (cf.
12); it has even been attributed to Julius Caesar. — 40. **Praesecuit**: 'cut off.' — **testa**: 'ice.'

3. **Fortunatus**: the poem was composed in quantitative elegiacs
for the tomb of Fortunatus at the request of Aper, abbot of the
monastery of St. Hilary in Poitiers, about 782–786. — 11. **Redde
vicem**: i.e. grateful for this epitaph, intercede for me.

THE FABLE OF THE SICK LION

Aegrum fama fuit quondam iacuisse leonem
  Paeneque supremos iam tenuisse dies.
Iste feras dum rumor adit maestissimus omnes,
  Regem namque suum intoleranda pati,
Concurrunt flentes cunctae medicosque vocantes,   5
  Ne careant tanto principis auxilio.
Hic aderant bubali, magni quoque corporis uri,
  Asper adest taurus, affuerantque boves,
Discolor et pardus necnon pariter platocervus,
  Hic sonipes pariter hoc comitatus iter.   10
His nec defuerant monstrantes cornua cervi
  Capreolique simul caprigenumque pecus.
Dentibus hic aper est fulgentibus, asper et ursus
  Unguibus haud sectis, hic lepus atque lupus.
Huc veniunt linces, huc confluxere bidentes   15
  Iungunturque canes atque simul catuli.
Vulpis sola tamen turmis non affuit istis
  Nec dignata suum visere nam dominum.
Has tunc ante alios voces emittere fertur
  Ursus et has iterum sic iterare minas: 20
"O rex magne, potens, princeps invicte ferarum,
  Auribus haec placidis suscipe verba tuis,
Audiat atque cohors tota haec, quae subdita magno,
  O rex iuste, tuo noscitur imperio.

---

1. **fama**: The authorship of this and the following fables is uncertain. They are found among the poems of Paulus Diaconus, but exhibit some characteristics not common to his writings. If they were not written by him, they doubtless belong to the number of those current among the group to which he belonged. They are all in quantitative elegiacs. — 4. **namque**: 1B (6).— 7. **bubali**: 'buffaloes.' — 9. **platocervus**: a mistaken transliteration for *platyceros*, 'broad-horned.' — 18. **nam**: 1B (6).

25 Quae tam dira fuit vulpi dementia quaeve
   Tantillam potuit ira subisse feram,
   Ut regem, quem cuncta sibi plebs subdita visit,
   Hunc haec sola quidem non adiisse velit?
   Magna est ista quidem vulpis protervia mentis
30   Atque decet magnis subdier illa malis."
   Haec dum dicta refert ursus, rex omnibus inquit:
   "Iam moritura cito dilacerata cadat!"
   Tunc pleps tota simul voces ad sidera tollit:
   "Iustum iudicium principis atque bonum!"
35 Hoc vulpi innotuit seseque in plurima vertit
   Atque diu notos praeparat ipsa dolos:
   Indumenta pedum multa et conscissa requirit
   Inponensque humeris regia castra petit.
   Quam rex dum vidit, placato pectore risit
40   Expectatque diu quid malefida velit.
   Cumque ante ora ducum constaret, rex prior inquit:
   "Quid moritura feres, quae lanianda venis?"
   Illa trepidans timidoque in pectore versans
   Haec subiecta refert praecogitata cito:
45 "Rex pie, rex clemens, rex invictissime noster,
   Accipe nunc animo quae tibi dicta fero.
   Haec, dum namque vias terrarum lustro per omnes,
   Indumenta scidi ob studium medici
   Qui posset regis magno succurrere morbo
50   Atque tuis magnam demere maestitiam.
   Tandem praecipuum medicum vix inveniebam,
   Sed tibi, rex, vereor dicere quae docuit."
   Rex quoque ait: "Si vera refers, dulcissima vulpis,
   Dic mihi quid citius dixerit hic medicus."
55 Vulpis ad haec ursi non immemor improba dixit:

---

29. **protervia** = *protervitas.* — 37. **Indumenta pedum**: i.e. 'shoes.'
— 48. Note hiatus. — 53. **quoque** = *tum,* an expression not common
in Paulus.

"Cautius haec famulae suscipe verba tuae.
Ursino si te possum circumdare tergo,
  Non mora, languor abit sanaque vita redit."
Continuo iussu domini distenditur ursus
  A sociis propriis detrahiturque cutis.   60
Qua dum gestirent obducere pelle leonem,
  Aufugit penitus languidus ille dolor.
At cum post ursum vulpis sic corpore nudum
  Viderat, haec laetis dicta refert animis:
"Quis dedit, urse pater, capite hanc gestare tyaram   65
  Et manicas vestris quis dedit has manibus?"
Servulus ecce tuus depromit hos tibi versus.
  Fabula quid possit ista, require valens.

THE CALF AND THE STORK

Quaerebat merens matrem per prata vitellus;
  Cruribus huic longis obvia venit avis,
Dicit: "Io frater, cur tristis pectore mugis,
  Vel cur turbatus florida rura teris?"
Cui sic respondit: "Soror, est nam tertia nunc lux   5
  Quod lac non tetigi et famulentus eo."
Verba refert ales: "Ne cures talia, demens;
  Nam quia non suxi tertius annus abit."
Ad quam indignatus fertur dixisse vitellus:
  "Quo sis pasta cibo, en tua crura docent."   10

THE GOUT AND THE FLEA

Temporibus priscis pulix lacerasse potentes
  Dicitur atque inopes dita podagra viros.

---

65. **Quis dedit**: the repetition of this phrase implies the triumphant answer, *vulpes.* — **tyaram Et manicas**: the skin left on the
head and paws of the bear in flaying it produced this effect.
  6. **famulentus**: 'starving.'
  2. **dita**: instead of *dives.*

Sed pulix noctu ditis dum carperet artus,
    Protinus adlato lumine captus erat.
5 Altera dum plantis sese occultaret egeni,
    Stare nequibat egens, fessa erat illa satis.
Sic quoque consumpti fatis agebantur amaris,
    Ille timore necis, illa labore viae.
Convenere simul, referunt sua damna vicissim
10   Et placet alterne has agitare vices.
Divitis interea gressus lacerare podagra,
    At pulix stratum coepit, egene, tuum;
Hinc vacat et recubat.   Requies tibi magna, podagra, est.
    Tu, pulix, tutus viscera fessa comes.

ALCUINI CARMINA

Alcuin was born at York, England, in 735, and after his education in his native town was invited by Charlemagne on account of his learning to come to the Continent and take charge of the

YORK CATHEDRAL

palace school. This position gave him great prominence in church and state, and enabled him to leave his stamp on what was known as the "first renaissance," fostered by Charlemagne. He wrote on theological and other subjects, and composed much creditable poetry. Occasional lapses from classical quantities

129

occur in his hexameters. He was abbot of Tours, and died there in 804.

The text may be found in Duemmler's *Poetae Latini Aevi Karolini*, Vol. I, Berlin, 1881.

CONFLICTUS VERIS ET HIEMIS

Conveniunt subito cuncti de montibus altis
Pastores pecudum vernali luce sub umbra
Arborea, pariter laetas celebrare Camenas.
Adfuit et iuvenis Dafnis seniorque Palemon;
5   Omnes hi cuculo laudes cantare parabant.
Ver quoque florigero succinctus stemmate venit,
Frigida venit Hiems, rigidis hirsuta capillis.
His certamen erat cuculi de carmine grande.
Ver prior adlusit ternos modulamine versus:

Ver

10   "Opto meus veniat cuculus, carissimus ales.
Omnibus iste solet fieri gratissimus hospes
In tectis, modulans rutilo bona carmina rostro."

Hiems

Tum glacialis hiems respondit voce severa:
"Non veniat cuculus, nigris sed dormiat antris.
15   Iste famem secum semper portare suescit."

Ver

"Opto meus veniat cuculus cum germine laeto,
Frigora depellat, Phoebo comes almus in aevum.
Phoebus amat cuculum crescenti luce serena."

---

5. **cucŭlo**: 'the cuckoo'; note shortening, as elsewhere. —
9. **modulamine**: 'melody.' — 11. **iste**: for *ille*.

Hiems

"Non veniat cuculus, generat quia forte labores,
Proelia congeminat, requiem disiungit amatam,   20
Omnia disturbat; pelagi terraeque laborant."

Ver

"Quid tu, tarda Hiems, cuculo convitia cantas?
Qui torpore gravi tenebrosis tectus in antris
Post epulas Veneris, post stulti pocula Bacchi."

Hiems

"Sunt mihi divitiae, sunt et convivia laeta,   25
Est requies dulcis, calidus est ignis in aede.
Haec cuculus nescit, sed perfidus ille laborat."

Ver

"Ore feret flores cuculus et mella ministrat,
Aedificatque domus, placidas et navigat undas,
Et generat soboles, laetos et vestiet agros."   30

Hiems

"Haec inimica mihi sunt, quae tibi laeta videntur.
Sed placet optatas gazas numerare per arcas
Et gaudere cibis simul et requiescere semper."

Ver

"Quis tibi, tarda Hiems, semper dormire parata,
Divitias cumulat, gazas vel congregat ullas,   35
Si ver vel aestas ante tibi nulla laborant?"

Hiems

"Vera refers; illi, quoniam mihi multa laborant,
Sunt etiam servi nostra ditione subacti,
Iam mihi servantes domino, quaecumque laborant."

---

26. **calidūs**: note lengthening of syllable. So *cuculūs* in **vv.** 28
and 42.

Ver

40 "Non illis dominus, sed pauper inopsque superbus,
      Nec te iam poteris per te tu pascere tantum,
      Ni tibi qui veniet cuculus alimonia praestet."

Palemon

      Tum respondit ovans sublimi e sede Palemon
      Et Dafnis pariter, pastorum et turba piorum :
45 "Desine plura, Hiems ; rerum tu prodigus, atrox.
      Et veniat cuculus, pastorum dulcis amicus.
      Collibus in nostris erumpant germina laeta,
      Pascua sint pecori, requies et dulcis in arvis,
      Et virides rami praestent umbracula fessis,
50 Uberibus plenis veniantque ad mulctra capellae,
      Et volucres varia Phoebum sub voce salutent.
      Quapropter citius cuculus nunc ecce venito !
      Tu iam dulcis amor, cunctis gratissimus hospes :
      Omnia te expectant, pelagus tellusque polusque,
55 Salve, dulce decus, cuculus, per saecula salve !"

---

40. sc. *es.*

THEODULFI CARMINA

Theodulf lived in the ninth century, a Goth, but so well naturalized as to become the chief poet of the court of Charlemagne. His learning and his poetry go hand in hand. His descriptions of the learning of his time and of the men of letters are interesting. In them people are designated by pseudonyms, such as Flaccus (Alcuin), Homerus (Angilbert), etc.

The text is found in Traube's *Poetae Latini Aevi Karolini*, Vol. I.

DE LIBRIS QUOS LEGERE SOLEBAM ET QUALITER FABULAE POETARUM A PHILOSOPHIS MYSTICE PERTRACTENTUR

Namque ego suetus eram hos libros legisse frequenter,
    Extitit ille mihi nocte dieque labor.
Saepe et Gregorium, Augustinum perlego saepe,
    Et dicta Hilarii seu tua, papa Leo.
Hieronymum, Ambrosium, Isidorum, fulvo ore Iohannem, 5
    Inclyte seu martyr, te, Cypriane pater.
Sive alios, quorum describere nomina longum est,
    Quos bene doctrinae vexit ad alta decus.
Legimus et crebro gentilia scripta sophorum,
    Rebus qui in variis eminuere satis. 10
Cura decens patrum nec erat postrema piorum,
    Quorum sunt subter nomina scripta, vide:
Sedulius rutilus, Paulinus, Arator, Avitus,
    Et Fortunatus, tuque, Iuvence tonans;
Diversoque potens prudenter promere plura 15
    Metro, o Prudenti, noster et ipse parens.

CHARLEMAGNE'S CHURCH AT AIX-LA CHAPELLE (AACHEN), SHOWING THE
OLD POLYGONAL PART IN ITS PRESENT CONDITION

Et modo Pompeium, modo te, Donate, legebam,
  Et modo Virgilium, te modo, Naso loquax.
In quorum dictis quamquam sint frivola multa,
  Plurima sub falso tegmine vera latent.   20
Falsa poetarum stilus affert, vera sophorum,
  Falsa horum in verum vertere saepe solent.
Sic Proteus verum, sic iustum Virgo repingit,
  Virtutem Alcides, furtaque Cacus inops.
Verum ut fallatur, mendacia mille patescunt,   25
  Firmiter hoc stricto pristina forma redit,
Virginis in morem vis iusti inlaesa renidet,
  Quam nequit iniusti commaculare lues.
Gressibus it furum fallentum insania versis,
  Ore vomunt fumum probra negando tetrum.   30
Vis sed eos mentis retegit, perimitque, quatitque,
  Nequitia illorum sic manifesta patet.
Fingitur alatus, nudus, puer esse Cupido,
  Ferre arcum et pharetram, toxica, tela, facem.
Quod levis, alatus, quod aperto est crimine, nudus, 35
  Sollertique caret quod ratione, puer.
Mens prava in pharetra, insidiae signantur in arcu,
  Tela, puer, virus, fax tuus ardor, Amor.
Mobilius, levius quod enim vel amantibus esse
  Quit, vaga mens quorum seu leve corpus inest?   40
Quis facinus celare potest quod Amor gerit acer,
  Cuius semper erunt gesta retecta mala?
Quis rationis eum spiris vincire valebit,
  Qui est puer effrenis et ratione carens?

---

23. **repingit**: 'paints again.' — 44. **effrenis**: for *effrenus;* 1 A (5).

ERMOLDI NIGELLI
IN HONOREM HLUDOWICI
CHRISTIANISSIMI CAESARIS AUGUSTI

ANCIENT CROWNING THRONE IN CHARLE-
MAGNE'S CHURCH AT AIX-LA-CHAPELLE
(AACHEN)

Ermoldus Nigellus was a courtier of Pippin of Aquitaine. About 827 he wrote his long poem in four books to regain the favor of Pippin's father, Louis the Pious. Though written in the elegiac form of verse, the poem has much epic flavor, with all its beauty and fascination. It is full of Vergilian phrases and reminiscences. The quantities are sometimes non-classical.

The text may be found in Vol. II of Traube's *Poetae Latini Aevi Karolini*.

THE SIEGE OF BARCELONA

105   Tempore vernali cum rus tepefacta virescit,
      Brumaque sidereo rore fugante fugit,

Barcelona was a Moorish city in this period, besieged by the French. — 105. **tepefacta**: 3C (1).

Pristinus ablatos remeans fert annus odores,
  Atque humore novo fluctuat herba recens,
Regni iura movent, renovantque solentia reges,
  Quisque suos fines ut tueantur adit.   110
Nec minus accitu Francorum more vetusto
  Iam satus a Carolo agmina nota vocat,
Scilicet electos populi, seu culmina regni,
  Quorum consiliis res peragenda manet.
Occurrunt celeres primi, parentque volendo,   115
  Quos sequitur propius vulgus inorme satis.
Considunt moniti. Solium rex scandit avitum;
  Caetera turba foris congrua dona parat.
Incipiunt fari, cepit tunc sic Carolides,
  Haec quoque de proprio pectore verba dedit: 120
"Magnanimi proceres, meritis pro munere digni,
  Limina quos patriae praeposuit Carolus,
Ob hoc cunctipotens apicem concessit honoris
  Nobis, ut populo rite feramus opem.
Annuus ordo redit, cum gentes gentibus instant,   125
  Et vice partita Martis in arma ruunt.
Vobis nota satis res haec, incognita nobis;
  Dicite consilium quo peragamus iter."

*   *   *   *   *   *   *

Datus ut agnovit propriam matremque domumque   217
  Direptam, varium pectore versat onus.
Prorsus equum faleris ornans, se nec minus armis,
  Coniunctis sociis adparat ire sequax.   220
Forte fuit castrum vallo seu marmore firmum,
  Quo reduces Mauri cum spoliis remeant.

---

109. **solentia**: for *solemnia*. — 112. **satus a Carolo**: Louis was a
son of Charlemagne; cf. v. 119.—115. **volendo**: instead of *volentes;*
3E (4) (*d*). — 116. **inorme** = *enorme*. — 118. **congrua**: 'suitable
for.' — 119. **cepit** = *coepit*. — 123. **cunctipotens** = *omnipotens*. —
217. **Datus**: one of the heroes of the adventure.

Huc celer et socii Datus cunctusque popellus
  Certatim coeunt, frangere claustra parant ;
225 Ac velut accipiter pennis per nubila lapsus
  Ungue rapit volucrem, notaque ad antra fugit ;
At sociae crocitant, raucasque per aethera voces
  Nequicquam recinunt, atque sequuntur avem ;
Ipse sedens tutus, praedam stringitque feritque,
230 Versat et in partes quas sibi cumque placet ;
Non aliter Mauri, vallo praedaque potiti,
  Dati bella timent, spicula, sive minas.
Tum iuvenem muri quidam conpellat ab arce,
  Voce cacinnosa dicta nefanda dabat :
235 "Date sagax, nostras modo quae res vexit ad arces
  Te sociosque tuos dicito namque precor.
Si modo, quo resides, tali pro munere nobis
  Dedere mavis equum, quo faleratus abis,
Nunc tibi mater eat sospes seu caetera praeda ;
240 Sin autem, ante oculos funera matris habes."
Reddidit orsa sibi Datus non digna relatu :
  "Funera matris age ; nec mihi cura satis.
Nam quem poscis equum non unquam dedere dignor ;
  Inprobe, haud equidem ad tua frena decet."
245 Nec mora, crudelis matrem consistit in arce,
  Et nato coram dilaceravit eam.

  *   *   *   *   *   *   *

433 Ille quidem frendens vestem conscindit, et atros
  Disrumpit crines dilaceratque oculos.
Et sequitur verbis, iterumque iterumque profana
  Cordoba voce vocat inlacrimatque diu :

---

227. crocitant: 'croak loudly.' — **234. cacinnosa:** 'of loud laughter';
2 (4). — **235. vexit:** 3E (6) (a). — **236. namque:** 1B (6); the loose use
of *namque* has become a mannerism. — **242. agē:** note lengthening. —
433. Ille: the hero seeks to break through the lines to get help from
Corduba.

"O Mauri celeres, quo nunc fiducia cessit?
Promite nunc vires nunc solitas, socii.
Unum, per si quid nostri iam cura remansit,
Deprecor; hoc uno munere laetus ero. 440
Ipse ego conspexi muro qua castra remittunt
Densa locum, constant raraque linteola;
Me potero insidias inlaesus ferre per illas;
Fors, socii, nota currere ad auxilia.
Vos tantum portas summo servate labore, 445
Haud timidi, fratres, huc ego dum redeam.
Nulla quidem fortuna arces vos linquere cogat,
Nec campis, hortor, pergere in arma foras."
Multa etiam mandata suis dans, cessit ab urbe,
Et latitans furtim praeterit agmen ovans. 450
Iamque tenebat iter per laeta silentia noctis;
Infelix nimium protinus hinnit equus.
Quo clamore movent custodes agmina castris
Vocis ad hinnitum moxque sequuntur eum.
Ille pavore viam linquens, vertitque cavallum, 455
Sese praecipitem in agmina densa dedit.
Conspicit invisas haud laeta fronte catervas,
Infelix nec habet quo eruat ingenio.
Mox capitur; merito vincitur, haud mora, loris,
Ducitur ad regis lintea tecta tremens. 460
Fama volans totam turbat terroribus urbem,
Et regem captum nuntiat ore suo.
Ingeminant luctum matresque patresque iuvencli,
Hoc puer exiguus, hocque puella gemit.
Nec minor in castris passim sonus aethera pulsat, 465
Laetitiaque fremit unanimi populus.

---

442. **linteola**: 'tents.' — 444. **Fors**: sc. *est eos.* — **notā**: note
quantity. — 455. **cavallum**: for *caballum;* 2 (2). — 458. **eruat**: instead of *erumpat.* — 463. **iuvencli**: 'young men'; 2 (5); sc. *et.* —
466. **unanimi** = *constructio ad sensum.*

Interea, nox atra cadens, Aurora reportat
    Alma diem ; Franci regia castra petunt.
Tum Caroli soboles pacato pectore fatur,
470   Atque suis famulis dicta benigna dedit.
"Zadun ad Hispanas cupiens properare catervas,
    Auxilium poscens, armaque sive pares,
Captus adest nolens, vinctusque tenetur inermis
    Ante fores, nostros non fugit ante oculos.
475 Fac, Vilhelme, suos possit quo cernere muros,
    Et iubeat nobis pandere claustra celer."
Nec mora, Zado manum sequitur religatus habenis,
    Et procul expansam sustulit arte manum.
Nam prius abscedens sociis praedixerat ipse :
480   "Seu fortuna nequam, prospera sive cadat,
Nescio ; si casu Francorum incurrero turmis,
    Vos tamen, ut dixi, castra tenete, precor."
Tum manus ad muros tendens vocitabat amicos :
    "Pandite iam, socii, claustra vetata diu."
485 Ingeniosus item digitos curvabat, et ungues
    Figebat palmis, haec simulanter agens,
Hoc autem inditio signabat castra tenenda,
    Sed tamen invitus "pandite" voce vocat.
Hoc vero agnoscens Vilhelmus concitus illum
490   Percussit pugno, non simulanter agens ;
Dentibus infrendens versat sub pectore curas,
    Miratur Maurum, sed magis ingenium.

---

467. **nox atra cadens**: 3A (2). — 471. **Zadun**: the Moorish chieftain of the city. — 475. **Fac**: sc. *ducatur*. — 485. **digitos curvabat**: in token that the gates were really to be kept closed, in spite of what he said aloud. — 487. **inditio**: 2 (3).

HRABANI MAURI CARMINA

Hrabanus Maurus, like his great predecessor, Alcuin, was devoted chiefly to teaching, especially at Fulda. Born at Mainz in 776, or thereabouts, he lived for eighty years, and had many famous pupils, such as Walafrid, Lupus, and Otfrid. In these rude hexameters the rules of quantity are often neglected.

The text of his poems may be found in Traube's *Poetae Latini Aevi Karolini*, Vol. II.

A PRAYER

O deus aeterne, mundi sanctissime rector,
Te mea mens ambit, animaeque ac vivida virtus,
Laus, amor atque decus, cordis tu lumen honestum,
Membrorum gestum, tu oculorum reddis et usum,
Auribus auditum, manibus opus indis amatum.　　　5
Quicquid tellus habet, pontus atque aethera claudunt,
Et quicquid sentit, sapit, est, et vivit ubique,
Omnia nempe tua sapientia condita fulcit,
Vivificat, servat, valido et regit omnia nutu.
Fac me, summe pius, toto te corde fateri,　　　10
Te sermone loqui, te discere dogmate recto,
Quaerere te manibus, pura te et mente precari.
Tu via, tu virtus, tu vita et ianua vitae,
Tu merces operis, tu factor, tu quoque doctor.
Da mihi nunc veniam misero, et mea crimina laxa;　　　15
Fac me velle bonum, scire actu, et rite probare,
Sicque tuum laetum tribuas tunc cernere vultum,
Perpetuo, et vera me gaudia carpere fructu.

WALAHFRIDI STRABI CARMINA

Walafrid Strabo was a pupil of Hrabanus Maurus, and himself taught at Reichenau. He belongs to the ninth-century group who produced so easily and held aloft the torch of learning in this period of the "first renaissance."

The text may be found in Traube's *Poetae Latini Aevi Karolini*, Vol. II.

ON HORTICULTURE

Denique vernali interdum conspergitur imbre
Parva seges, tenuesque fovet praeblanda vicissim
155 Luna comas; rursus si quando sicca negabant
Tempora roris opem, culturae impulsus amore,
Quippe siti metuens graciles torpescere fibras,
Flumina pura cadis inferre capacibus acri
Curavi studio, et propriis infundere palmis
160 Guttatim, ne forte ferocior impetus undas
Ingereret nimias, et semina iacta moveret.
Nec mora, germinibus vestitur tota tenellis
Areola et quamquam illius pars ista sub alto
Arescat tecto, pluviarum et muneris expers
165 Squaleat aerii, pars illa perennibus umbris
Diffugiat solem, paries cui celsior ignei
Sideris accessum lateris negat obice duri,
Non tamen ulla sibi fuerant quae credita pridem
Spe sine crementi pigro sub cespite clausit.
170 Quin potius quae sicca fere et translata subactis

---

163. **Areola**: 'little garden.' — 169. **crementi**: 'increase.'

Suscepit scrobibus, redivivo plena virore
Restituit, reparans numeroso semina fructu.
Nunc opus ingeniis, docili nunc pectore et ore,
Nomina quo possim viresque attingere tantae
Messis, ut ingenti res parvae ornentur honore.   175

*   *   *   *   *   *   *

LILIES

Lilia quo versu candentia, carmine quove
Ieiunae macies satis efferat aride Musae?
Quorum candor habet nivei simulacra nitoris,   250
Dulcis odor silvas imitatur flore Sabeas.
Non Parius candore lapis, non nardus odore
Lilia nostra premit, necnon si perfidus anguis
Ingenitis collecta dolis serit ore venena
Pestifero, caecum per vulnus ad intima mortem   255
Corda feram mittens, pistillo lilia praestat
Commacerare gravi sucosque haurire Falerno.
Si quod contusum est summo liventis in ore
Ponatur puncti, tum iam dinoscere vires
Magnificas huiusce datur medicaminis ultro.   260
Haec etiam laxis prodest contusio membris.

---

171. **scrobibus**: 'trenches.' — **virore**: 'verdure.' — 256. **pistillo**: 'pestle.' — 261. **contusio**: = *quod contusum est* (v. 258).

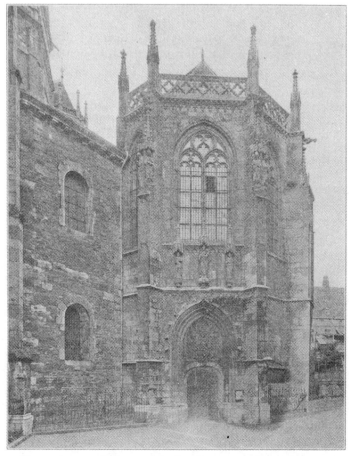

NORTH SIDE OF CHARLEMAGNE'S OLD CHURCH AT AIX-LA-CHAPELLE
(AACHEN)

IOANNIS SCOTI DE DIVISIONE NATURAE LIBRI QUINQUE

Johannes Scotus Erigena, or John the Scot, has been called "the most interesting figure among the middle-age writers," because of his originality and independence, in an age of authority in philosophy. Little is known of his life, even his birthplace being obscure. The name Erigena seems to imply Irish extraction, but is not conclusive. According to some authorities he traveled widely in what was in those days the east, and studied various languages. It is also said that Charlemagne invited him to come over to France, and that he helped found the university of Paris. Whether these legends are true or not, we may be certain that he was invited to the court of Charles the Bald about 843 to assume charge of the school carried on under the patronage of that king. Under the Scot's supervision the school became more famous. The date of his death is in doubt, some authorities fixing it about 877.

From the first Erigena's writings seem to have been calculated to arouse controversy, his earlier writings on the eucharist and on predestination being more advanced in their thought than the traditional positions of the church. His translation of the works of the Pseudo-Dionysius the Areopagite confirmed his position as an independent thinker, and prepared the way for his chief work, *De Divisione Naturae,* in which reason is the determining factor in shaping a logical explanation of the universe. "*Natura*" is the universe; but theism is assumed from the start, with a Creator and his creatures, animate and inanimate.

The work is written in dialogue form, and in an easy syllogistic manner. It has been adjudged heretical more than once by the leaders of the Roman church; at any rate, to contain many seeds of heresy. The text may be found in Migne's *Patrologia,* Vol. CXXII.

THE DIVISIONS OF NATURE

MAGISTER. Saepe mihi cogitanti, diligentiusque quantum vires suppetunt inquirenti, rerum omnium quae vel animo percipi possunt vel intentionem eius superant, primam summamque divisionem esse in ea quae sunt et
5 in ea quae non sunt, horum omnium generale vocabulum occurrit, quod Graece φύσις, Latine vero *natura* vocitatur. An tibi aliter videtur?

DISCIPULUS. Imo, consentio; nam et ego dum ratiocinandi viam ingredior, haec ita fieri reperio.
10 MAG. Est igitur natura generale nomen, ut diximus, omnium quae sunt et quae non sunt.

DISC. Est quidem; nihil enim in universo cogitationibus nostris potest occurrere quod tali vocabulo valeat carere.
15 MAG. Quoniam igitur inter nos convenit de hoc vocabulo generale esse, velim dicas divisionis eius per differentias in species rationem; aut sicubi libet, prius conabor dividere, tuum vero erit divisa iudicare.

DISC. Ingredere, quaeso; impatiens enim sum, de his
20 veram rationem a te audire volens.

MAG. Videtur mihi divisio naturae per quattuor differentias quattuor species recipere: quarum prima est in eam quae creat et non creatur; secunda in eam quae creatur et creat; tertia in eam quae creatur et non creat; quarta,
25 quae nec creat nec creatur. Harum vero quattuor binae sibi invicem opponuntur; nam tertia opponitur primae, quarta vero secundae; sed quarta inter impossibilia ponitur, cuius differentia est non posse esse. Rectane tibi talis divisio videtur, an non?
30 DISC. Recta quidem; sed velim repetas, ut praedictarum formarum oppositio clarius elucescat.

---

8. **Imo**: 2 (11).

MAG. Vides, ni fallor, tertiae speciei primae oppositio-
nem. Prima namque creat et non creatur; cui e contrario
opponitur illa quae creatur et non creat. Secunda vero
quartae; siquidem secunda et creatur et creat, cui
universaliter quarta contradicit, quae nec creat neque 5
creatur.

DISC. Clare video. Sed multum me movet quarta
species, quae a te addita est. Nam de aliis tribus nullo
modo haesitare ausim, cum prima, ut arbitror, in causa
omnium quae sunt et quae non sunt intelligatur; secunda 10
vero in primordialibus causis; tertia in his, quae in
generatione temporibusque et locis cognoscuntur. Atque
ideo de singulis disputari subtilius necessarium, ut video.

MAG. Recte aestimas. Sed quo ordine ratiocinationis
via tenenda sit, hoc est, de qua specie naturae primo 15
discutiendum, tuo arbitrio committo.

DISC. Ratum mihi videtur, ante alias de prima, quicquid
lux mentium largita fuerit, dicere. — *De Divis. Nat. I. 1.*

AN ELUSIVE CATEGORY

MAG. Clare, quid velis, perspicio. Ac per hoc ad
habitudinis categoriam transeundum esse video. Quae 20
omnium categoriarum propter nimiam sui amplitudinem
obscurissima esse videtur. Non enim est ulla categoria
fere in qua habitus quidam inveniri non possit; nam et
essentiae seu substantiae habitu quodam ad se invicem
respiciunt. Dicimus enim rationabilis essentia irrationa- 25
bilisque qua proportione, id est quo habitu, ad se invicem
respiciunt. Non enim irrationabilis diceretur, nisi ab
habitu absentiae rationis; quomodo non aliunde rationabilis vocatur, nisi habitu praesentiae rationis. Omnis
enim proportio habitus est, quamvis non omnis habitus 30

---

20. **habitudinis**: ' state,' or ' relation.'

proportio. Proprie namque proportio non minus quam in duobus potest inveniri; habitus vero etiam in singulis rebus perspicitur. Verbi gratia, habitus rationabilis animae virtus est. Est igitur proportio species quaedam 5 habitudinis. Si autem exemplo vis declarari quomodo habitus proportionalis in essentia invenitur, ex numeris elige exemplar. Numeri enim, ut aestimo, essentialiter in omnibus intelliguntur; in numeris namque omnium rerum subsistit essentia. Vides igitur qualis proportio 10 est in duobus et tribus.

DISC. Video plane; sesqualteram esse arbitror, et hoc uno exemplo aliorum omnium substantialium numerorum, inter se invicem collatorum, varias proportionis species possum cognoscere.

15 MAG. Intende itaque ad reliqua, et cognosce nullas quantitatis species esse, seu qualitatis, seu ipsius, quae dicitur ad aliquid, seu situs, locive, temporisve, agendi, vel patiendi, in quibus quaedam species habitudinis non reperiatur.

20 DISC. Saepe talia quaesivi, et ita reperi. Nam, ut paucis exemplis utar, in quantitatibus magna et parva et media inter se comparata, multa pollent habitudine. Item in quantitatibus numerorum, linearum, temporum, aliorumque similium habitudines proportionum perspicue reperies. 25 Similiter in qualitate. Verbi gratia, in coloribus album, et nigrum, mediusque, qualiscunque sit, color habitu sibimet iunguntur. Album siquidem et nigrum, quae extremos colorum locos obtinent, habitu extremitatis ad se invicem respiciunt. Color autem ad extrema sui, 30 album dico nigrumque, habitu medietatis respicit. In ea quoque categoria, quae dicitur πρός τι, id est ad aliquid, clare apparet qualis habitus sit patris ad filium, seu filii

---

11. **sesqualteram**: for *sesquialteram*.

ad patrem, amici amico, dupli ad simplum, ceteraque
huiusmodi.

De situ quoque facile patet quomodo stare et iacere
habitudinem quandam inter se invicem possideant. Haec
enim ex diametro sibi e regione respondent. Nequaquam 5
enim intellectum standi absolutum ab intellectu iacendi
cogitabis; sed semper simul occurrent, quamvis in re
aliqua non simul appareant.

Quid dicendum est de loco? Quando superiora, inferiora, et media considerantur, nunquid habitudine 10
carent? Nullo modo. Non enim haec omnia ex natura
rerum proveniunt, sed ex respectu quodam intuentis eas
per partes. Sursum siquidem et deorsum in universo
non est, atque ideo neque superiora, neque inferiora,
neque media in universo sunt; nam universitatis con- 15
sideratio haec respuit, partium vero introducit intentio.

Eadem ratio est de maiori et minori. Nullum enim
in suo genere parvum aut magnum esse potest, ex cogitatione tamen comparantium diversas quantitates talia
inventa sunt. Ideoque locorum seu partium contemplatio 20
habitum in talibus gignit. Nulla enim natura maior aut
minor alia natura sit, sicut neque superior neque inferior,
cum una omnium subsistat natura, ex uno Deo condita.

DISC. Quid de tempore? Nonne in ipsis, dum inter se
invicem conferuntur, luculenter habitus arridet? Verbi 25
gratia, diei ad horas, horae ad punctos, puncti ad
momentum, momenti ad atoma. Similiter in superioribus
temporum commensurationibus, si quis ascenderit, re-
periet. In his enim omnibus habitus totius ad partes,
partiumque ad totum perspicitur.   30

---

5. **ex diametro . . . respondent**: ' are diametrically opposed.'
— 12. **respectu**: 'point of view.' — 16. **partium . . . intentio**: 'con-
sideration of its parts.' — 24. **ipsis**: i.e. *temporibus.* — 26. **diei**: sc.
tempus conferatur.

MAG. Profecto non aliter.

DISC. Quid in diversis agendi et patiendi motibus? Nonne habitus ubique relucet? Nam amare et amari habitudines sunt amantis et amati siquidem inter
5 se invicem respiciunt; sive in una persona sint, quod a Graecis dicitur αὐτοπάθεια, id est, cum actio et passio in eademque inspicitur persona, ut meipsum amo; sive inter duas personas, quod a Graecis dicitur ἑτεροπάθεια, id est, cum alia persona amantis, et alia amati sit, ut amo te.
10 MAG. Et haec vera esse decerno.

DISC. Quaero igitur a te quare ista categoria habitudinis, cum ceteris categoriis naturaliter inesse videatur, per se specialiter, veluti suis propriis rationibus subnixa, suum in denaria categoriarum quantitate locum obtineat.
15 MAG. An forte, quia in omnibus invenitur, propterea in seipsa absistit? Nam quod omnium est, nullius proprie est sed ita est in omnibus ut in seipsa subsistat. Eadem enim ratio etiam in categoria essentiae inspicienda est. Quid enim? Nunquid, cum decem categoriae sint,
20 una earum essentia seu substantia dicitur, novem vero accidentia sunt, et in subsistentia subsistunt? Per se enim subsistere non possunt. Essentia in omnibus esse videtur, sine qua esse non possunt, et tamen per se locum suum obtinet. Quod enim omnium est, nullius proprie
25 est, sed omnium commune; et dum in omnibus subsistat, per seipsum propria sua ratione esse non desinit.

De quantitate similiter dicendum. Dicimus enim quanta essentia, quanta qualitas, quanta relatio, quantus situs, quantus habitus, quam magnus locus, quam parvum
30 vel spatiosum tempus, quanta actio, quanta passio? Videsne, quam late patent per ceteras categorias quantitas? Non tamen suum proprium deserit statum. Quid

---

19. **Nunquid**: 'is it true?'—21. **subsistentia**: 'reality.'

de qualitate? Nonne et ipsa de omnibus aliis categoriis frequenter praedicari dolet? Dicimus enim, qualis οὐσία, qualis magnitudo, qualis relatio, situs, habitus, locus, tempus, agere, pati? Haec enim omnia, qualia sunt interrogamus; non tamen qualitas sui proprii generis 5 rationem deserit. Quid ergo mirum, si categoria habitudinis, dum in omnibus inspicitur, propriam suam rationem possidere dicatur?

DISC. Nullo modo mirandum; nam vera ratio suadet, non aliter esse posse. 10

MAG. Nonne igitur vides divinam essentiam nullius habitudinis participem esse, de ea tamen non incongrue, quoniam ipsius est causa, praedicari posse? Si enim proprie de ipsa habitus praedicaretur, nequaquam suimet, sed alterius esset. Omnis quippe habitus in aliquo subiecto 15 intelligitur, et alicuius accidens est, quod de Deo, cui nullum accidit, et qui accidit nulli, in nulloque intelligitur, et nullum in ipso, impium est credere.

DISC. Satis de hac categoria disputatum est, ut arbitror.

— *De Divis. Nat. I. 17–20.*

REINARDUS VULPES

The beast epic is a curiously interesting kind of literature, which appears in various forms in different ages. Reynard the Fox has from time immemorial played an important part in such literature. Sometimes it is the wolf (Isengrim) of whom he gets the better by his wiles; at other times, as in our own southern country, it is the rabbit whose welfare is constantly threatened by Reynard. In the mediaeval period there were many forms of the beast epic, some of them quite definitely identifying the beasts with various types in the church and in society.

The old epic from which these selections are taken comes from the ninth and the twelfth centuries, and has been edited by F. J. Mone (Stuttgart, 1832). The elegiac strophe, so common for all sorts of poetry in the Middle Ages, is employed. In W. W. Lawrence's *Mediaeval Story*, New York, 1911, is an interesting chapter on *Reynard the Fox*, with modern parallels.

The *Ecbasis Captivi*, called the oldest beast-epic of the period, was edited by Ernst Voigt in Strassburg, in 1875.

REYNARD TAKES ISENGRIM FISHING

Venerat ergo dies vindictae lectus, uterque
   Hostis agens hosti non temere actus obit.
Venerat ergo dies, hostem qui contulit hosti;
   Reinardus viso fit memor hoste mali.
535   Visa vulpe senex hilaris concinnat inanes
   Blanditias, blaesa calliditate loquens:
"Tempore felici venias, cognate; quid affers?
   Nunc, si quid dederis, partior absque dolo."

---

535. **senex**: i.e. Isengrim, the wolf, called *monachus* further down.

Cui vulpes : "Refer ergo fidem, quae, patrue, primam
   Divisit, tibi si perna secunda placet ;   540

*   *   *   *   *   *   *

Et nunc divideres socialiter? immo videtur,   557
   Ne pecces iterum, res facienda secus.
Non prohibet pisces tibi regula, tuque fuisti
   Monachus, et non est semper edenda caro.   560
Fac dapibus licitis insanum assuescere ventrem,
   Cuius ob ingluvien noxia nulla times.

*   *   *   *   *   *   *

Omne malum vice nemo mala nisi pessimus aequat,   601
   Ergo, ne pereas, consiliabor item.
Piscibus innumeris vivaria subdita novi,
   Emoritur stricto plurima turba vado,

*   *   *   *   *   *   *

Nec potior quisquam quam tu mihi crederis esse,   607
   Tot pressum monstris evacuare locum.
Sit quamvis in ventre tuo tam creber et amplus
   Angulus, es nunquam vel satiandus ibi."   610
Ille reclamat ovans : "Furimus, Reinarde? quid istic
   Figitur? accelera ! mors, nisi piscer, adest.
Vis vivam, in pisces age me, carnem abdico prorsus,
   Tu prisci sceleris ne meminisse velis ;

*   *   *   *   *   *   *

Et veterem patruum capiendis piscibus induc."   619
   Praecedit vulpes subsequiturque lupus.

*   *   *   *   *   *   *

Moverat algorem Februi violentia, quantus   669
   Stringere Danubias sufficiebat aquas.
Nacta locum vulpes dixit : "Sta, patrue dulcis,
   (Hiscebat glacies rupta recenter ibi),

---

540. **perna** : which figured in the first *Fabula*. — 559. **regula** : i.e.
the monastic ' rule.' — 562. **ingluvien** : for *ingluviem*. — 612. **Figitur** :
used impersonally, instead of *figeris*.

Hic impinge tuam, carissime patrue, caudam;
    Rete aliud nullum, quo potiaris, habes.
675   Utere more meo, quotiens ego piscor, eundem
      Piscandi quovis sector in amne modum.
Utque experta loquar, si multum linea claudant
    Retia, ter tantum cauda tenere solet.
Quod si consilium non exaudire recusas,
680   Hortor ut hic sapiat dupla cupido semel.
Salmones rhombosque et magnos prendere lupos,
    Mole super nimia ne teneare, cave;
Anguillas percasque tene, piscesque minores,
    Qui tibi sint, quamvis plurima turba, leves.
685   Viribus aequa solet non frangere sarcina collum,
    Obviat immodicis ausibus usque labor.
Lucratur temere, qui perdit seque lucrumque,
    Interdum lucris proxima damna latent.
Ne capiens capiare, modum captura capescat,
690   Virtutum custos est modus atque dator."
Retifer econtra: "Ne quid mihi consule, frater,
    Da tibi consilium, consule memet agor.
    *   *   *   *   *   *   *
705   Pauper ovat modico, sum dives, multa capesco;
    Tangit parva super paupere cura deum.
Divitibus fecit deus omnia, servat et offert.
    Dives qui sapiant scit bona, nescit inops.
Scit dives scitasque cupit, quaeritque cupitas,
710   Quas sibi quaerendas praemeditatur opes,
Quaesitas reperit, fruitur parcitque repertis
    Ordine, proventu, tempore, lege, loco.
Colligit ac spargit, colitur, laudatur, amatur,
    Cominus et longe cognitus atque placens.

---

674. **potiaris**: for *possis*. — 686. **Obviat**: 'hinders.' — 691. **econtra**: 3D. — 706. **super paupere cura**: 3D. — 708. **qui**: archaic for *quo*.

Infelix, qui nulla sapit bona, nulla requirit,   715
 Vivat et absque bono, vivat honore carens;
Nullus amet talem, nullus dignetur adire,
 Ergo ego piscabor qua mihi lege placet.
Proximitas quaedam est inter cupidumque deumque,
 Cuncta cupit cupidus, praebet habetque deus."   720
"Patrue," dux inquit, "moneo, non quaero docere,
 Perfectus sapiens absque docente sapit.
At timeo tibi, debet amans hoc omnis amanti,
 Vincula praeterea nos propiora ligant.
Huc me igitur duce ductus ades, lucrumque locumque   725
 Indice me nosti, temet agenda doce.
Sic studeas lucris, ne damnum lucra sequatur;
 Quid valeas pensa; ne vide quanta velis.
Perfeci quaecumque mihi facienda fuerunt,
 Ire mihi restat, cetera mando tibi.   730
Quid, vel ubi faceres dixi; facienda subisti;
 Securus dixi, tu facis, esto pavens.
Fac bene, dum piscaris, eo conquirere gallum,
 Sunto tui pisces, sufficit ille mihi.
Dico iterum, si temet amas, piscare perite,   735
 Consulo, si cuius consiliantis eges.
Improperanda puto commissa voraginis amplae,
 Cum steteris fixus pondera magna super."
Emergente die Reinardus, ut arte ferocem
 Eliciat turbam, proxima rura subit;   740
Iamque sacerdotis stantis secus atria gallum,
 Ecclesiam populo circueunte, rapit,
Intenditque fugae.   Non laudat facta sacerdos,
 Nec laudanda putat, nec patienda ioco.
"Salve, festa dies," cantabat ut usque solebat   745
 In primis feriis, et "Kyri" vulgus "ole."

---

737. **Improperanda**: 'must be undertaken rapidly.' — 741. **secus**:
1B (6). — 746. **Kyri . . . ole**: the transliteration of the Greek equiv-

"Salve, festa dies," animo defecit et ori,
　　Et dolor ingeminat : "Vae tibi moesta dies !
Vae tibi moesta dies, toto miserabilis aevo,
750　　Qua laetus spolio raptor ad antra redit ;
Cum mihi festa dies, vel maximus hospes adesset,
　　Abstinui gallo, quem tulit iste Satan."

　*　　*　　*　　*　　*　　*　　*

757　Protinus inceptum, populo comitante, relinquens
　　Clamitat : "O proceres, accelerate probi !
Me quicunque volunt pro se meruisse precari,
760　　Et qui fida mihi corda deoque gerunt."
Arma omnes rapiunt, arma omnia visa putantur,
　　"Hai ! hai !" continuant, "hai !" sine fine fremunt.
Per iuga, per valles, per plana, per hirta sequuntur,
　　Post hostem profugum millia mille rotant
765　Clerus vasa, crucum baculos, candelabra, capsas,
　　Aedituus calicem, presbyter ipse librum,
Sacras deinde cruces, saxorum millia vulgus,
　　Presbyter ante omnes voce manuque furit.
Pertigerat gnarus, quo vellet tendere, raptor,
770　　Qua piscaturum liquerat ante senem ;
Et procul increpitans, ut vix clamaret ad illum,
　　Turbat, ut ad furcam tractus anhela loquens :
"Ibimus ? esne paratus adhuc ? rue, patrue, cursim,
　　Si cupis hinc mecum currere, curre celer !
775　Non equidem veni cum libertate morandi,
　　Si venies, agili strennuitate veni !"
Talia clamanti succlamans ille reclamat :
　　"Audio, quid clamas ? non ego surdus adhuc ;
Desine bacchari, nos nulla tonitrua terrent,
780　　Nec tremor est terrae, iudiciive dies.

---

alent to *Salve, Domine.* — 765. **Clerus**: 'the clergy.' — **candelabra**: scanned as if spelled *candelăbĕră!* — 771. **procul**: i.e. *tam procul.*

Adquid praecipitur via tam rapienda repente?
  Colligo nunc primum, captio coepta fere est.
Dic tamen an fuerit, si scis, mihi pluris abisse
  Quam tenuisse moram." Turbidus ille refert:
"Nescio suspendisse viam tibi prosit an obsit,   785
  Dicturi veniunt post mea terga tibi;
Non mihi dignaris, dignabere forsitan illis
  Credere, sed prodest accelerare mihi.
Collige constanter, siquidem lucrabere, persta."
  Hic pavidus paulum replicat usque precans: 790
"Ecce celer tecum venio, subsiste parumper!"
  Respondet patruo taliter ille suo:
"Non ego pro septem solidis tria puncta morarer,
  Ad tua sedisti lucra, morare satis."
"Quod capere optabam, fors obtulit, haeret in unco,"   795
  (Serio formidans ille precatur item:)
"Fige gradum sodes; et quos fugis eminus absunt;
  Dux meus huc fueras, esto reductor abhinc;
Ne dicare dolo duxisse, merere reducens;
  Pondus amicitiae tristia sola probant.   800
Pura fides etiam personam pauperis ornat,
  At fraus purpuream privat honore togam.
Non rebar captos, quantos fore sentio plures,
  Sarcina me praedae detinet, affer opem!
Auxiliare seni patruo! scelerate, quid haeres?"   805
  Clamat ovans vulpes: "Ista profecto velim,
Subvenientis eges, non castigantis egebas,
  Venit ad hoc, vivum linquere velle nihil?
Dedecus et damnum piscatus es atque dolorem,
  Qui queritur de te, perpetiatur idem.   810
Quid iuvit clamare, modum servare memento?
  Incidis aerumnam transitione modi.

---

781. Adquid = *Ad quid,* i.e. *quare.* — 782. captio: sc. *piscium.* —
790. replicat: 'replies.' — 793. solidis: sc. *aureis.*

Captus es a captis, periit modus, hincque peristi,
Et nunc opperiar, subveniamque iubes,

815 Scilicet exspectem, mundo in mea terga ruente
Cum canibus, gladiis, fustibus atque tubis.
Fortunam misero non vult coniungere felix,
Differimus multum, stans ego tuque iacens.

*   *   *   *   *   *   *

829 Leniter ergo cuba, donec pausaris, ego ibo,
Solus habe pisces, sat mihi gallus agit."
"Ergo," inquit, "redies patruo, Reinarde, relicto?
Tam consanguineae nil pietatis habes?
Si pietate cares, saltem cogente pudore
Ibimus hinc pariter, me mihi redde prius;

835 Nulla mei mihi cura, tuo fac server honori."
Galliger econtra: "Patrue, nolo mori."

*   *   *   *   *   *   *

875 Dixit et absiliens iterum simulabat abire,
Piscator revocat: "Quo, scelerate, ruis?
Quo sine me properas?" subsistens ille reclamat:
"Patrue, vis aliquid? praecipe, nolo roges.
Sed quod multa soles dominorum more iubere

880 Atque ego proposui singula iussa sequi,
Una dies spatium iussis non aequat et actis,
Tu iubeas hodie, cras ego iussa geram."
"Perfide," respondit, "iubeo nihil, obsecro solvi."
Galliger obstrepuit: "Patrue, nonne furis?

885 Tu piscaris adhuc et velle recedere iuras,
Esse nimis captum dicis, et usque capis?
Absolvique petis? simulas, per sidera caeli,
Mens aliter versat, quam tua lingua sonat;

---

814. opperiar, subveniamque . . . exspectem: 3E (5) (e). —
829. donec pausaris: 'while you linger.' — 831. redies: for *redibis.* — 836. Galliger: a new poetic compound; cf. v. 830. —
econtra: 1B (6); 3D.

*   *   *   *   *   *   *

Quid defixus iners haeres, velut inter Ianum   891
    Februus et Martem, si tibi cura fugae est?
Emolire loco, piscosaque retia subduc,
    Et, nisi non egeas, auxiliabor ego."
Captus ad haec captor: "Nescis quid, perfide, dicas,   895
    Clunibus inpendet Scotia tota meis;
Undecies solvi tentans immobilis haesi,
    Alligor immota firmius Alpe sedens."

*   *   *   *   *   *   *

Galliger iratum cernens incumbere vulgus   937
    Maioresque moras posse nocere, salit.

*   *   *   *   *   *   *

Serio festinat, iam non discedere fingit,   943
    Tam laetus caudae quam levitate pedum.

                          — *Fab. II.*

---

893. **Emolire**: 'pack yourself off.' — 896. **Scotia**: i.e. he was as fast as if Scotland weighed him down. — 898. **Alligor**: 2 (8). Isengrim was frozen in, as Reynard had planned it.

SEDULII SCOTI CARMINA

Sedulius Scotus was an Irish-Scotch grammarian and poet of the ninth century. Probably he may be ranked chief among the poets of his time. His poems are in good form, and have a personal ring which appeals to the reader. They are on various occasional subjects.

The text may be found in Traube's *Poetae Latini Aevi Karolini,* Vol. III.

HOW TO BE A JUST JUDGE

Qui cupit rector probus esse iudex,
Lance qui iusti trutinaque gaudet
Inhians pulchri terebrare falsa
    Cuspide veri,

5   Luminum patrem rutili creantem
Solis ac lunae nitidique cosmi
Poscat, ut sensis niteat coruscis
    Luce sophiae;

Vota cognoscat Salemonis aequi,
10   Quae volaverunt subito per aetram
Ac penetrarunt Domini sabaoth
    Aurea tecta.

Ipse percepit docillemne sensum
Mente lustratus? sapiensne factus
15   Insuper regni columen gubernat
    Gentis Hebraeae?

The meter is the Sapphic strophe. — 3. **Inhians:** 'eager.' — 6. **cosmi:** 'the world.' — 7. **coruscis:** used proleptically. — 8. **sophiae:** 'wisdom.' — 9. **Salemonis:** for *Solomonis.* — 10. **aetram:** 2 (4). — 14. **lustratus:** deponent form.

Quid valet flavi nitor omnis auri?
Ostra quid prosunt rosei decoris?
Gloriae quid sunt Scithicaeque gemmae?
      Quid diadema?   20
Orba si mentis acies hebescat,
Lumen ut verum nequeat tueri,
Unde discernat bona prava iusta
      Fasque nefasque, —
Ergo rectori decus est amare   25
Te patris verbum sapiensque lumen,
Christe, qui sceptris dominaris orbem
      Celsaque regna;
Cuius in dextra requies beata
Constat, in leva locuplesque gaza: 30
Gloriae princeps humiles coronas,
      Tollis opimos.
         — *De Rectoribus Christianis VI.*

NOTKER BALBULUS

Of several Notkers mentioned often in the Middle Ages, Notker Balbulus ("the stammerer ") is perhaps best known. He lived between 840 and 912 in Switzerland, much of the time at the famous monastery of St. Gall, and was formally enrolled among the Saints the year after his death. He played an important part in the development of Latin hymnody, particularly by the invention of the "sequence," a species of more or less rhythmical composition following the "Alleluia" in the services of the church. He also wrote a *Martyrologium*, the materials of which were drawn from various sources. His Latin is quaintly simple, but remote from classical standards.

The text may be found in Migne's *Patrologia*, Vol. CXXXI. The sequences appear also in collections of hymns.

A SEQUENCE ON THE BIRTHDAY OF THE MARTYR
ST. LAURENCE

Laurenti, David magni
  Martyr milesque fortis,
Tu imperatoris tribunal,
Tu manus tortorum cruentas
5 Sprevisti, secutus desiderabilem
  Atque manu fortem
Qui solus potuit regna
  Superare tyranni crudelis;
Cuiusque sanctus sanguinis prodigos
10   Facit amor milites eius,
Dummodo illum liceat cernere
  Dispendio vitae praesentis.

162

ST. LAURENCE AND HIS GRIDIRON
(He suffered martyrdom by being roasted alive.)   From an old manuscript

Caesaris tu fasces contemnis
Et iudicis minas derides.
Carnifex ungulas et ustor   15
Craticulam vane consumunt.

15. **ungulas** ('claws') and **craticulam** ('gridiron'): instruments
of torture used on St. Laurence.

Dolet impius Urbis praefectus
   Victus a pisce assato, Christi cibo.
Gaudet Domini conviva favo
20   Conresurgendi cum ipso saturatus.
O Laurenti, militum David
   Invictissime regis aeterni,
Apud illum servulis ipsius,
   Deprecare veniam semper,
25   Martyr, milesque fortis.

THE STORY OF THE MARTYRDOM OF SAINT LAURENCE

IV. ID. AUG. — Romae, via Tiburtina, nativitas sancti
Laurentii archidiaconi et martyris sub Decio imperatore.
Cui beatus Sixtus omnes facultates et thesauros Ecclesiae,
pergens ad coronam martyrii, reliquit. Quos ille muni-
5 fica liberalitate debilibus et aliis pauperibus, viduisque et
indigentibus erogare curavit. Quo audito Decius Caesar
fecit eum sibi praesentari; et auditum tradidit eum
Valeriano Urbis praefecto, qui et ipse dedit eum in custodiam cuidam Hippolyto, at Hippolytus reclusit eum cum
10 multis. Ibidem beatus Laurentius post sanationem Cyriacae viduae, et illuminationem Crescentionis, Lucillum
caecum in nomine Iesu Christi videntem reddidit. Hoc
factum audientes, multi caeci veniebant ad beatum
Laurentium, et illuminabantur. Quod videns Hippolytus
15 credidit, et catechizatus atque baptizatus est.
    Completis autem tribus diebus, in quibus ex permissu
Hippolyti, iam Christiani, omnes facultates Ecclesiae

---

18. **pisce**: the fish was a well-known symbol of a Christian in
the early church. — **assato**: 'roasted'; referring to the death of St.
Laurence on the gridiron.
   1. **nativitas**: 'natal day, as a saint'; 1B (1). — 3. **Sixtus**: see
note on *Sixti*, p. 168. — 7. **fecit . . . praesentari**: 3E (3) (*a*). —
11. **illuminationem**: 'giving sight.'

beatus Laurentius pauperibus expendit, praesentavit se ipse in palatio Sallustiano. Decius, iratus, iussit eum exspoliari et caedi scorpionibus; postea vinctus catenis ductus est beatus Laurentius in palatium Tiberii ut ibi audiretur: et iracundia plenus Decius iussit eum nudum 5 caedi. Qui cum caederetur clamabat ad Caesarem: "Ecce, miser, vel modo cognosce quia non sentio tormenta tua." Tunc Decius fustes augeri darique ad latera eius laminas ferreas ardentes iussit. Beatus vero Laurentius dixit: "Domine Iesu Christe, Deus de Deo, miserere mihi servo 10 tuo, quia accusatus non negavi; interrogatus, te Dominum Iesum Christum confessus sum." Et cum diutissime plumbatis caederetur, dixit: "Domine Iesu Christe, qui pro salute nostra dignatus es formam servi accipere ut nos a servitio daemonum liberares, accipe spiritum meum." 15 Et audita est vox: "Adhuc multa certamina tibi debentur." Tunc extensus in catasta, et scorpionibus gravissime caesus, subridens et gratias agens, dicebat: "Benedictus es, Domine Deus Pater Domini nostri Iesu Christi, qui nobis donasti misericordiam, quam meriti 20 non sumus; sed tu, Domine, propter tuam pietatem, da nobis gratiam, ut cognoscant omnes circumstantes quia tu consolaris servos tuos." Tunc unus de militibus, nomine Romanus, credidit Domino Iesu Christo, et dixit beato Laurentio: "Video ante te hominem pulcherri- 25 mum, stantem cum linteo, et extergentem tua vulnera. Adiuro te per Christum, qui tibi misit angelum suum, ne me derelinquas."

Levatus igitur beatus martyr de catasta et solutus, redditus est Hippolyto, tantum in palatio. Veniens au- 30 tem Romanus cum urceo, misit se ad pedes beati Laurentii ut baptizaretur; et mox baptizatus, ac se Christianum

---

10. **miserere mihi**: 3A (1). — 13. **plumbatis**: 'whips loaded with lead.' — 26. **extergentem**: 'wiping.'

publica voce professus, eductus foras muros portae Sala-
riae, decollatus est. Decius autem Caesar pergit noctu
ad thermas iuxta palatium Sallustii; et exhibito ei
sancto Laurentio, allata sunt omnia genera tormentorum :
5 plumbatae, fustes, laminae, ungues, lecti, baculi. Et
dixit Decius beato martyri : "Iam depone perfidiam artis
magicae, et dic nobis generositatem tuam." Cui beatus
Laurentius dixit : "Quantum ad genus, Hispanus sum
eruditus vel nutritus Romanus, et a cunabulis Christianus,
10 eruditus omni lege sancta et divina." Et Decius :
"Sacrifica," inquit, "diis, nam nisi sacrificaveris, nox ista
in te expendetur cum suppliciis." "Mea," inquit, "illa
nox obscurum non habet, sed omnis in luce clarescit."
Et cum caederetur lapidibus os eius, ridebat, et conforta-
15 batur ac dicebat : "Gratias tibi ago, Domine, quia tu es
Dominus omnium rerum."

Allatus est autem lectus cum tribus costis, et exspoliatus
beatus Laurentius vestimentis suis extentus est in cratem
ferream, et cum furcis ferreis coriatus desuper dixit Decio :
20 "Ego me obtuli sacrificium Deo in odorem suavitatis,
quia sacrificium est Deo spiritus contribulatus." Carnifices tamen urgenter ministrabant carbones, mittentes
sub cratem, et desuper eum comprimentes furcis ferreis.
Sanctus Laurentius dixit : "Disce, miser, quanta est virtus
25 Domini Iesu Christi Dei mei, nam carbones tui mihi
refrigerium praestant, tibi autem supplicium sempiternum.
Quia ipse Dominus novit quia accusatus non negavi, interrogatus Christum confessus sum, assatus gratias ago." Et
vultu pulcherrimo dicebat : "Gratias tibi ago, Domine Iesu
30 Christe, quia me confortare dignatus es." Et elevans oculos

---

1. **foras** : used as a preposition ; 3D. — 7. **generositatem** : 'birth,'
i.e. 'position.' — 19. **coriatus** : 'covered.' — 21. **contribulatus** :
'afflicted.' — 26. **refrigerium** : 'coolness.' — 28. **assatus** · · · **assasti** :
from *assare*, 'to roast.'

CHURCH OF SAN LORENZO (ST. LAURENCE) AT ROME
Built on the burial place of St. Laurence and St. Cyriaca

suos in Decium, ait: "Ecce, miser, assasti unam partem,
regyra aliam, et manduca eam." Gratias igitur agens
et glorificans Deum, dixit: "Gratias tibi ago, Domine
Iesu Christe, quia merui ianuas tuas ingredi," et emisit
5 spiritum.

Mane autem primo, adhuc crepusculo, rapuit corpus
eius Hippolytus, èt condivit cum linteis et aromatibus, et
hoc factum mandavit Iustino presbytero.   Tunc beatus
Iustinus et Hippolytus, plorantes et multum tristes, tu-
10 lerunt corpus beati Laurentii martyris, et venerunt in via
Tiburtina in praedium matronae viduae, nomine Cyriacae,
in agro Verano, ad quam ipse beatus martyr fuerat noctu,
cui et linteum dedit, unde sanctorum pedes exterserat,
et ibi iam hora vespertina sepeliverunt quarto Idus
15 Augusti.   Et ieiunaverunt, agentes vigilias noctis triduo
cum multitudine Christianorum; beatus vero Iustinus
presbyter obtulit sacrificium laudis, et participati sunt
omnes.   Tunc passi sunt Claudius, Severus, Crescentius
et Romanus, ipso die quo beatus Laurentius, post tertium
20 diem sancti Sixti martyris.   Eodem die Romae militum
centum et quadraginta quinque.

---

1. **partem**: 'side.'   2. **regyra**: transitive; 'turn,' as on a gridiron. — **manduca**: 'eat.' — 20. **Sixti**: Pope Sixtus II, martyred
three days before St. Laurence. — 21. **centum . . . quinque**: sc.
passi sunt.

LIUTPRANDI EPISCOPI CREMONENSIS ANTAPODOSIS

Liutprand, or Liudprand, was a Lombard, born about 922. In boyhood he became a page to King Hugo, of Italy, and afterwards as a courtier of Berengar rose to high place and favor, serving as chancellor and as a special envoy to the court at Constantinople, where he dealt with the Emperor Constantine Porphyrogenitus. But later, after a serious falling out with Berengar and his queen Willa, Liutprand transferred his allegiance to the Emperor Otto I, with whom he entered Italy in 961, and by whom he was made bishop of Cremona the next year.

He was sent on several missions to the pope, and in 968 was dispatched to Constantinople to ask of the Emperor Nicephorus Phocas his daughter Theophano as bride for Otto's son, a task in which for the time being he had little success.

Liutprand wrote three historical works in a most graphic and entertaining style. His mischievous and often malicious descriptions, and his rash use of epithets, as well as his curious habit of using Greek expressions and following them with their Latin translation, give an entirely unique character to his works. The *Antapodosis*, a history of European affairs between 887 and 949, had for its special purpose, as its quite unepiscopal title intimates, revenge upon his former patrons Berengar and Willa for their alleged later unfair treatment of him. The *Historia Ottonis* deals with the affairs of state under Otto I from 960 to 964. The *Relatio de Legatione Constantinopolitana* gives an amusing and vivid picture of the Constantinople of that day and its emperor as seen by a foreigner who suffered insult and long delay on his mission.

The text may be found in Pertz's *Monumenta Historicorum*

Germanorum, or in Migne's *Patrologia,* Vol. CXXXVI. An interesting edition of the *Antapodosis* was published in Paris in 1514.

A JOKING EMPEROR AND A SHREWD SOLDIER

Alium quem ipse egit ludum, silentio tegi absurdum esse diiudico. Constantinopolitanum palatium ob imperatoris salutem multorum praesidiis militum custoditur. Custodientibus vero victus censusque cottidianus non 5 parvus inpenditur. Contigit itaque XII. post corporis refectionem in ipso diei fervore una in domo quiescere. Mos denique imperatoris erat, cunctis quiescentibus totum perreptare palatium. Qui cum eodem, die quadam quo XII. memorati loethoeo sese dederant, pervenisset, ligno 10 modico, ut non incallidus, ostii pessulo proiecto, ingrediendi sibi aditum proebuit. Undecim vero dormientibus, ut ars artem falleret duodecimus pervigil stertere ceu dormiens ceperat, contractisque in faciem brachiis, totum quod imperator faceret diligentissime considerabat. In-15 gressus igitur imperator, dum obdormire cunctos perspiceret, aureorum numismatorum libram pectori uniuscuiusque apposuit; moxque clam regressus, ostium, ut prius fuerat, clausit. Eo autem hoc egit, quatinus exitati et de lucro gratularentur, ac qualiter hoc accideret non medio-20 criter mirarentur. Denique discedente imperatore, qui vigil solus extiterat surrexit, dormientiumque nummos aureos sibi adsumpsit atque reposuit; postea vero quieti sese dedit.

Imperator igitur pro hoc ludo sollicitus, post nonam 25 horam XII. hos quos nominavimus ad se venire praecepit,

---

7. **imperatoris**: Leo VI, Emperor of the Byzantine Empire, 886–911. — 9. **XII**: sc. *milites.* — **loethoeo** = *letheo:* 'land of Nod.' — 11. **proebuit** = *praebuit;* 2 (1). — 16. **numismatorum**: 'coins.' — 18. **quatinus**: 1B (6). — **exitati**: for *excitati.*

eosque ita convenit: "Si forte vestrum quempiam somnii
visio deterruit aut hilarem reddidit, ut in medium proferat
mea iubet auctoritas; nec minus etiam si quid novitatis
expergefactus quisquam vidit, ut detegat imperat." Hi
itaque, quem ad modum nihil viderant, nil se vidisse re- 5
sponderant. Magis autem super hoc admirati,

Conticuere . . . intentique ora tenebant.

Sperans igitur imperator hos non rei inscitia sed calliditate
aliqua reticere, suscensus est ut qui magis, cepitque nonnulla terribilia reticentibus comminari. Quod qui omnium 10
conscius erat ut audivit, huiusmodi humillima et supplici
voce imperatorem convenit: "Φιλάνθρωπε βασιλεῦ, filan-
thrope vasileu, id est humanissime imperator, hi quid
viderint nescio; ego tamen delectabile, atque utinam
quod persaepe mihi contingeret, somnium vidi. Undecim 15
his conservis meis hodie vere sed non oportune dormientibus, visus sum, quasi non dormiens, vigilare. Ecce autem
magnitudo imperii tui quasi occulte ostium reserans,
clanculumque ingressa, libram auri adposuit supra pectus
omnium nostrum. Cumque imperium tuum quasi re- 20
pedare, sotiosque hac in visione cernerem dormitare,
continuo ceu letus exurgens, undecim dormientium aureorum numismatorum libras tuli, meoque in marsupio, in
quo una erat, apposui, quatinus ob transgressionem
decalogi, ne solum essent XI., verum ad memoriam 25
apostolorum mea una adhibita essent et ipse XII. Visio
haec, imperator auguste, bonum sit, usque modo me non
deterruit, sed hilarem reddidit. O utinam interpretatio
alia imperio tuo non placeat. Nam et me μάντιν καὶ

---

8. **Sperans**: 'suspecting.' — 9. **suscensus . . . magis**: i.e. he pre-
tended to be angrier than he really was. — 18. **imperii**: 'imperial
highness.' — 21. **sotiosque**: 2 (3). — 22. **letus**: 2 (1). — **exurgens**:
2 (12). — 23. **marsupio**: 'purse.' — 26. **ipse** = *ipsae*; 2 (1).

ὀνιρόπολον mantin ke oniropolon, id est divinum et somnii
venditorem, esse liquido patet."

His auditis, magno est imperator cachinno inflatus;
verum prudentiam huius atque sollicitudinem plus admira-
5 tus, protinus infit: "Antehac σὲ οὐτὲ μάντιν οὐτὲ ὀνιρόπολον,
se ute mantin ute oniropolon, id est te neque divinum
neque somnii venditorem esse audivi. Hanc vero rem
nunc ita aperte dixti, ut nihil circuitionis usus esses. Sed
quia vigilandi facultatem sive auspicandi scientiam habere
10 non posses, nisi divino tibi esset munere datum, seu verum
sit, ut speramus, immo credimus, seu falsum, καθὼς ὁ
Λουκιανός, cathos o Lukianos, id est sicut Lucianus de
quodam dicit, quod dormiens multa reppererit, atque a
gallo exitatus nihil invenerit, tu tamen quicquid videris,
15 quicquid senseris, quicquid etiam inveneris, tuum sit."
His auditis, quanta caeteri sint confusione repleti quantoque hic sit gaudio plenus, eorum quisque in se personas
suscipiens, animadvertere poterit. — *Antap. I. 12.*

CONRAD I DIES AND ORDERS THE SUCCESSION

Septimo denique regni sui anno vocationis suae ad Deum
20 tempus agnovit. Cumque memoratos principes se adire
fecisset, Heinrico solummodo non praesente, ita convenit: "Ex corruptione ad incorruptionem, ex mortalitate
ad immortalitatem vocationis meae tempus, ut cernitis,
praesto est; proin pacem vos concordiamque sectari etiam
25 atque etiam rogo. Me hominem exeunte, nulla vos reg-
nandi cupiditas titillet, nulla praesidendi ambitio in-
flammet. Heinricum, Saxonum et Turingiorum ducem
prudentissimum, regem eligite, dominum constituite.

---

20. **memoratos**: ' before-mentioned.' — 25. **hominem exeunte**:
'shuffling off this mortal coil.' — 27. **Heinricum**: Henry I of Germany, who succeeded Conrad in 918.

Is enim est et scientia pollens, et iustae severitatis censura habundans."

His ita prolatis, propriam coronam non auro, quo poene cuiuscumque ordinis principes pollent, verum gemmis praeciosissimis, non solum, inquam, ornatam, sed gravatam, 5 sceptrum etiam cunctaque regalia indumenta, in medium venire praecepit, ac prout valuit huiusmodi verba effudit: "Heredem regiaeque dignitatis vicarium regalibus his ornamentis Heinricum constituo; cui ut obediatis, non solum consulo, sed exoro." Quam iussionem interitus, et 10 ihteritum mox est oboedientia prosecuta. Ipso namque mortem obeunte, memorati principes coronam cunctaque regalia indumenta Heinrico duci contulerunt; atque ut rex Chuonradus dixerat, cuncta per ordinem enarrarunt. Qui regiae dignitatis culmen et prius humiliter declinavit, 15 ac paulo post non ambitiose suscepit. Verum nisi pallida mors, quae "pauperum tabernas regumque turres aequo pulsat pede," Chuonradum regem tam citissime raperet, is esset cuius nomen multis mundi nationibus imperaret.

— *Antap. II. 20.*

THE ASSASSINATION OF KING BERENGARIUS I (924)

Igitur post Rodulfi regis abscessum, malo Veronenses 20 accepto consilio, vitae insidiari Berengarii moliuntur; quod Berengarium non latuit. Tam saevi autem auctor ac repertor facinoris Flambertus quidam erat, quem sibi, quoniam ex sacrosancto fonte filium eius susceperat, compatrem rex effecerat. Pridie vero quam pateretur, 25 eundem ad se Flambertum venire praecepit. Cui et ait:

"Si mihi tecum hactenus non et multae et iustae causae amoris essent, quoquo modo quae de te dicuntur credi possent. Insidiari te vitae meae aiunt; sed non ego

---

1. est . . . pollens: 3E (4) (*c*). — 3. poene: *paene*; 2 (1). — 25. compatrem: ' godfather.' — pateretur: i.e. like a martyr.

credulus illis. Meminisse autem te volo, quantecumque
tibi accessiones et fortunae et dignitatis fuerint, eas te
non potuisse nisi meis beneficiis consequi. Unde et hoc
animo in nos esse debes, ut dignitas mea in amore atque
5 in fidelitate tua conquiescat. Neque vero cuiquam salutem ac fortunas suas tantae curae fuisse unquam puto,
quanti mihi fuit honos tuus. In quo mea omnia studia,
omnem operam, curam, industriam, cogitationem huius
civitatis omnem fixi. Unum hoc sic habeto : si a te mihi
10 servatam fidem intellexero, non mihi tam mea salus cara,
quam pietas erit in referenda gratia iucunda.''

His expletis, aureum non parvi ponderis poculum rex
ei porrexit, atque subiunxit : "Amoris salutisque mei
causa quod continetur, bibito ; quod continet, habeto.''
15 Vere quippe et absque ambiguitate post potum introivit
in illum Sathanas ; quemadmodum et de Iuda proditore
Domini nostri Iesu Christi scriptum est : "Quia post
bucellam tunc introivit in illum Sathanas.''

Beneficii quippe praeteriti et praesentis immemor,
20 insomnem illam regis in necem populos instigando pertulit
noctem. Rex nocte illa, quemadmodum et solitus erat,
iuxta aeclesiam, non in domo quae defendi posset, sed in
tuguriolo quodam manebat amoenissimo. Sed et custodes
nocte eadem non posuerat, nichil suspicans etiam mali.

1   Se primum quatiens strepit
              Gallus, cum vigiles facit
              Mortales, solito sonat
              Et pulsata Deo canit

---

18. **bucellam** : 'morsel,' i.e. 'supper.' — 22. **aeclesiam** = *ecclesiam* ; 2 (1) ; 2 (11). — 23. **tuguriolo** : 'a little cottage.' —
24. **nichil** : 2 (3).

1. **Se primum,** etc : Liutprand breaks into Glyconics. — **strepit
Gallus** : the plot is carried out in the early morning.

Iam tunc aenea machina, 5
Invitatque docens bene
Loetheum grave spernere,
Laudes huic modo reddere,
Qui vitam tribuit, dedit
Et nobis superam bene 10
Sanctam querere patriam;
Hic rex ecclesiam petit,
Ac laudes Domino canit.
Flambertus properans volat,
Quocum multa simul manus, 15
Ut regem perhimat bonum.
Rex horum vigil inscius,
Audit dum strepitum, nichil
Formidans, properat citus,
Hoc quid visere sit; videt 20
Armatas militum manus.
Flambertum vocat eminus.
"Quid turbe est," ait, "en bone
Vir? quid nunc populus cupit
Armatas referens manus?" 25
Respondit: "Vereare nil.
Te non ut perhimat ruit,
Sed pugnare libens cupit
Hac cum parte, tuum petit
Mox quae tollere spiritum." 30
Deceptus properat fide
Rex hac, in medios simul
Tum captus male ducitur;
A tergo hunc ferit impius
Romphea; cadit heu pius, 35

5. **aenea machina**: the church bell. — 7. **Loetheum**: 'sleep,' symbolized by the place of perpetual sleep. — 16. **perhimat**: 2 (4). — 23. **turbe** = *turbae.* — 35. **Romphea**: a barbaric 'spear.'

Felicemque suum Deo
Commendat pie spiritum!

Denique quam innocentem sanguinem fuderint quan-
tumque perversi perverse egerint, nobis reticentibus, lapis
ante cuiusdam aeclesiae ianuam positus, sanguinem eius
transeuntibus cunctis ostendens insinuat. Nullo quippe
5 delibutus aspersusque liquore discedit. —*Antap. II. 68–72.*

THE IMPERIAL PALACE AT CONSTANTINOPLE AND WHAT HAPPENED THERE TO THE EMPEROR ROMANUS I

Constantinopoli-
tanum palatium non
pulcritudine solum,
verum etiam fortitu-
10 dine omnibus, quas
unquam perspexerim,
munitionibus prae-
stat, quod etiam iugi
militum stipatione
15 non minima observa-
tur. Moris itaque est,
hoc post matutinum
crepusculum omnibus
mox patere, post
20 tertiam diei horam
emissis omnibus, dato
signo, quod est mis,
usque in horam no-
nam cunctis aditum
25 prohibere.

'Horse Square' in Constantinople,
on the site of an old Hippodrome built by
early Roman Emperors. In the foreground
is seen the "Snake Column," in the back-
ground, the mosque of Ahmed I. The imperial palaces have always been in this
vicinity.

In hoc igitur Romanus *to chrysostoclino*, id est
aureo triclinio, quae praestantior pars est, potentissime

---

4. **Nullo . . . discedit**: i.e. the stain is ineffaceable. — 22. **mis** =
meis. — 26. **potentissime degens**: i.e. spending his time right royally.

degens, caeteras palatii partes genero Constantino filiisque
suis Stephano et Constantino distribuerat. Hi duo denique, ut praediximus, non ferentes patris iustam severitatem, in eorum cubiculis multis copiis congregatis, diem
constituerunt quando patrem deiicere solique ipsi possent 5
regnare. Cumque dies adveniret optata, cunctis de
palatio iuxta morem egressis, Stephanus et Constantinus
facta congressione super patrem irruunt, eumque de
palatio civibus ignorantibus deponunt, et ad vicinam insulam, in qua coenobitarum multitudo phylosophabatur, 10
tonso ei, ut moris est, capite, phylosophandum transmit-
tunt. — *Antap. V. 21.*

LIUTPRAND AS ENVOY OF BERENGARIUS II IS RECEIVED IN THE PALATIAL "MAGNAURA" AT CONSTANTINOPLE

Est Constantinopoli domus palatio contigua, mirae
magnitudinis seu pulchritudinis, quae a Grecis, ρ loco
λ posita, Magnaura, quasi magna aula dicitur. Hanc 15
itaque Constantinus, cum ob Hispanorum nuntios, qui
tunc eo noviter venerant, tum ob me et Liutefredum hoc
modo praeparari iussit. Aerea sed deaurata quaedam
arbor ante imperatoris sedile stabat, cuius ramos itidem
aereae diversi generis deaurataeque aves replebant, quae 20
secundum species suas diversarum avium voces emittebant. Imperatoris vero solium huiusmodi erat arte
compositum, ut in momento humile, excelsius modo,
quam mox videretur sublime; quod inmensae magnitudinis, incertum utrum aerei an lignei, verum auro tecti 25
leones quasi custodiebant, qui cauda terram percutientes,
aperto ore, linguisque mobilibus rugitum emittebant.

---

10. **coenobitarum**: 'monks.' — 15. **posita**: sc. *littera.* — 18. **deaurata**: 'gilded over.' — 24. **quam mox**: 'almost instantly' (antici-
pating a modern barber's chair!). — 27. **rugitum**: 'roaring.'

In hac igitur duorum eunuchorum humeris incumbens,
ante imperatoris praesentiam sum deductus. Cumque
in adventu meo rugitum leones emitterent, aves secundum
species suas perstreperent, nullo sum terrore, nulla ad-
5 miratione commotus, quoniam quidem ex his omnibus
eos qui bene noverant fueram percontatus. Tercio itaque
pronus imperatorem adorans, caput sustuli, et quem
prius moderata mensura a terra elevatum sedere vidi,
mox aliis indutum vestibus poenes domus laquear sedere
10 prospexi; quod qualiter fieret cogitare non potui, nisi
forte eo sit, subvectus argalio, quo torcularium arbores
subvehuntur. Per se autem nunc nihil locutus, quoniam
et si vellet, intercapedo maxima indecorum faceret, de
vita Berengarii et sospitate per logothetam est perconta-
15 tus. Cui cum consequenter respondissem, interpraete
sum innuente egressus, et in datum mihi hospitium mox
receptus. — *Antap. VI. 5.*

---

5. **ex his omnibus**: 3D. — 6. **Tercio**: 2 (3). — 9. **poenes** . . .
laquear: ' within reach of the ceiling.' — 11. **argalio**: ' hydraulic
pressure.' — **torcularium**: Gen. plur.: ' wine-presses.' — **arbores**:
' press-beams.' — 14. **sospitate**: ' health.' — **logothetam**: ' chancellor.'

LIUTPRANDI EPISCOPI CREMONENSIS RELATIO DE LEGATIONE CONSTANTINOPOLITANA

LIUTPRAND'S RECEPTION IN CONSTANTINOPLE AND TREATMENT BY NICEPHORUS

Ottones Romanorum invictissimos Imperatores Augustos, gloriosisimamque Adelheidem Imperatricem Augustam, Liudprandus sanctae Cremonensis ecclesiae episcopus, semper valere, prosperari, triumphare, anhelat, desiderat, optat. 5

Quid causae fuerit quod prius litteras sive nuntium meum non susceperitis, ratio subsequens declarabit. Pridie Nonas Iunii Constantinopolim venimus, et ad contumeliam vestram turpiter suscepti, graviter turpiterque sumus tractati; palatio quidem satis magno et aperto, 10 quod nec frigus arceret, sicut nec calorem repelleret, inclusi sumus; armati milites appositi sunt custodes, qui meis omnibus exitum, caeteris prohiberent ingressum. Domus ipsa solis nobis inclusis pervia, a palatio adeo sequestrata, ut eo nobis non equitantibus, sed ambulanti- 15 bus, anhelitus truncaretur. Accessit ad calamitatem nostram, quod Graecorum vinum ob picis, taedae, gypsi commixtionem nobis impotabile fuit. Domus ipsa erat

---

2. **Adelheidem**: St. Adelaide, wife of Otto (Otho) I. — 16. **anhelitus truncaretur**: Liutprand may have been asthmatic, to have his breath taken away by the walk. — 17. **picis, taedae, gypsi**: used in sealing the jars, or possibly intentionally to flavor the wine, as in Greece today.

inaquosa, nec sitim saltem aqua exstinguere quivimus,
quam data pecunia emeremus. Huic magno vae vae aliud
appositum est, homo scilicet domorum custos, qui cotidianos sumptus praeberet, cui similem si requiras, non terra
5 sed infernus forsan dabit; is enim quicquid calamitatis,
quicquid rapinae, quicquid dispendii, quicquid luctus,
quicquid miseriae excogitare potuit, quasi torrens inundans
in nos effudit. Nec in centum viginti diebus una saltem
praeteriit quae non gemitus nobis praeberet et luctus.

10   Pridie Nonas Iunii, ut superius scripsimus, Constantinopolim ante portam Caream venimus, et usque ad un-
decimam horam cum equis, non modica pluvia, expectavi-
mus. Undecima vero hora non ratus Nicephorus nos
dignos esse tam ornatos vestra misericordia equitare,
15 venire iussit, et usque in praefatam domum marmoream,
invisam, inaquosam, patulam, sumus deducti; octavo
autem Idus sabbatho primo dierum pentecostes ante
fratris eius Leonis coropalati et logothetae praesentiam
sum deductus, ubi de imperiali vestro nomine magna
20 sumus contentione fatigati. Ipse enim vos non imperatorem, id est βασιλέα, sua lingua, sed ob indignationem
ῥῆγα, id est regem, nostra vocabat. Cui cum dicerem quod
significaretur idem esse, quamvis quod significat diversum,
me, ait, non pacis sed contentionis causa venisse; sicque
25 iratus surgens, vestras litteras, vere indignans, non per se
sed per interpretem suscepit, homo ipse ad personam satis
procerus, falso humilis, cui si innisus homo fuerit, manum
eius perforabit.

Septimo autem Idus, ipso videlicet sancto die pente-
30 costes, in domo quae dicitur Στεφάνα, id est Coronaria,

---

2. **vae**: used here as an indeclinable noun, the first time in the
Dat., the second, in the Nom. case. — 17. **pentecostes**: the festival
of Pentecost. — 18. **coropalati**: i.e. *curapalatii*, the master of the
palace. — 28. **eius**: instead of *suam*.

ante Nicephorum sum deductus, hominem satis monstru-
osum, pygmaeum, capite pinguem, atque oculorum parvitate talpinum, barba curta, lata, spissa et semicana
foedatum, cervice digitali turpatum, prolixitate et densi-
tate comarum satis hyopum, colore Aethiopem, cui per 5
mediam nolis occurrere noctem, ventre extensum, natibus
siccum, coxis ad mensuram ipsam brevem longissimum,
cruribus parvum, calcaneis pedibusque aequalem, villino
sed nimis veternoso vel diuturnitate ipsa foetido et pallido
ornamento indutum; Sicioniis calceamentis calceatum, 10
lingua procacem, ingenio vulpem, periurio seu mendacio
Ulyxem. Semper mihi, domini mei Imperatores Augusti,
formosi, quanto hinc formosiores visi estis? Semper
ornati, quanto hinc ornatiores? Semper potentes, quanto
hinc potentiores? Semper mites, quanto hinc mitiores? 15
Semper virtutibus pleni, quanto hinc pleniores? Sedebant ad sinistram, non in eadem linea, sed longe deorsum
duo parvuli imperatores, eius quondam domini nunc
subiecti, cuius narrationis initium hoc fuit:

"Debueramus, immo volueramus, te benigne magni- 20
ficeque suscipere; sed domini tui impietas non permittit,
qui tam inimica invasione Romam sibi vindicavit, Beren-
gario et Adelberto contra ius fasque vitam abstulit, Romanorum alios gladio, alios suspendio interemit, oculis
alios privavit, exilio alios relegavit, et imperii nostri in- 25
super civitates homicidio aut incendio sibi subdere temptavit; et quia affectus eius pravus effectum habere non

---

3. **talpinum**: 'mole-like.' — 4. **digitali**: 'no bigger than your
finger.' — **prolixitate**: 'length.' — 5. **hyopum**: 'pig-faced.' — **cui
. . . noctem**: from Juvenal 5, 54. — 7. **ad mensuram**: 'in pro-
portion to the size.' — 8. **calcaneis . . . aequalem**: i.e. flat-footed.
— **villino**: 'woolen,' if this is the correct reading; others read *bys-
sino*. — 9. **veternoso** = *vetusto*. — **diuturnitate**: i.e. since it had been
changed! — 18. **parvuli imperatores**: Basilius and Constantinus,
sons of the Roman Emperor.

potuit, nunc te malitiae huius suggestorem atque impul-
sorem, simulata pace, quasi ἄσκοπον, id est exploratorem,
ad nos direxit."

Cui inquam ego : "Romanam civitatem dominus meus
5 non vi aut tyrannice invasit, sed a tyranni, immo tyranno-
rum iugo liberavit. Nonne effeminati dominabantur
eius? et quod gravius sive turpius, nonne meretrices?
Dormiebat, ut puto, tunc potestas tua, immo decessorum
tuorum, qui nomine solo, non autem re ipsa, imperatores
10 Romanorum vocantur.   Si potentes, si imperatores Romanorum erant, cur Romam in meretricum potestate
sinebant?   Nonne sanctissimorum paparum alii sunt
relegati, alii a te aflicti, ut neque cotidianos sumptus nec
elemosinam habere quirent?   Nonne Adelbertus con-
15 tumeliosas litteras Romano et Constantino, decessoribus
tuis, imperatoribus misit?   Nonne sanctissimorum apostolorum ecclesias rapinis expoliavit?   Quis ex vobis imperatoribus, zelo Dei ductus, tam indignum facinus vindicare
et sanctam ecclesiam in statum proprium reformare
20 curavit?   Neglexistis vos, non neglexit dominus meus,
qui a finibus terrae surgens Romamque veniens, impios
abstulit, et sanctorum apostolorum vicariis potestatem
et honorem omnem contradidit.   Postmodum vero insurgentes contra se et domnum apostolicum, quasi
25 iurisiurandi violatores, sacrilegos, dominorum suorum
apostolicorum tortores, raptores, secundum decreta imperatorum Romanorum, Justiniani, Valentiniani, Theo-
dosii et caeterorum, cecidit, iugulavit, suspendit, et exilio
relegavit ; quae si non faceret, impius, iniustus, crudelis,
30 tyrannus esset.   Palam est quod Berengarius et Adel-

---

14. **elemosinam** = *eleemosynam*, 'alms.' — 17. **expoliavit**: 2 (12).
— 22. **vicariis**: i.e. the popes. — 23. **contradidit**: 'delivered over.'
— 24. **domnum**: 2 (5). — 30. **Palam**: used instead of a predicate
adjective.

bertus, sui milites effecti, regnum Italicum sceptro aureo ex eius manu susceperant, et praesentibus servis tuis, qui nunc usque supersunt et hac in civitate degunt, iureiurando fidem promiserunt. Et quia, suggerente diabolo, hanc perfide violarunt, iuste illos, quasi desertores sibique 5 rebelles, regno privavit; quod ita subditis tibi et postmodum rebellibus faceres." — *Legat. Const. 1–5.*

SHODDY IMPERIALISM

"Secunda," inquit Nicephorus, "hora iam transiit; προέλευσις, id est processio, nobis est celebranda. Quod nunc instat agamus. 10 Contra haec, cum oportunum fuerit, respondebimus."

Non pigeat me προέλευσιν ipsam de- 15 scribere, et dominos meos audire. Negotiatorum multitudo copiosa ignobiliumque personarum, 20 ea sollempnitate, collecta ad susceptionem et laudem Nicephori, a palatio usque ad sanctam Sophiam, 25 quasi pro muris, viae margines tenuit,

OLD HIPPODROME SQUARE AT CONSTANTINOPLE, WITH 'COLOSSUS,' AND (AT THE LEFT) OBELISK OF THEODOSIUS I

clypeolis tenuibus satis et spiculis vilibus dedecorata. Acessit et ad dedecoris huius augmentum, quod vulgi

---

15. προέλευσιν: the scornful repetition of the word is very effective. — 21. **sollempnitate**: 'celebration'; 2 (6). — 25. **sanctam Sophiam**: the famous church. — 28. **clypeolis**: 'little shields.'

ipsius potior pars ad laudem ipsius nudis processerat
pedibus. Credo sic eos putasse sanctam ipsam potius
exornare προέλευσιν. Sed et optimates sui, qui cum
ipso per plebeiam et discalceatam multitudinem ipsam
5 transierant, magnis et nimia vetustate rimatis tunicis
erant induti. Satis decentius cotidiana veste induti
procederent. Nullus est cuius atavus hanc novam haberet. Nemo ibi auro, nemo gemmis ornatus erat, nisi
ipse solus Nicephorus, quem imperialia ornamenta, ad
10 maiorum personas sumpta et composita, foediorem red-
diderant. Per salutem vestram, quae mihi mea carior
exstat, una vestrorum pretiosa vestis procerum centum
horum et eo amplius pretiosior est! Ductus ego ad
προέλευσιν ipsam, in eminentiori loco iuxta psaltas, id est
15 cantores, sum constitutus.

Cumque quasi reptans monstrum illud procederet,
clamabant adulatores psaltae: "Ecce venit stella matutina, surgit Eous, reverberat obtutu solis radios, pallida
Saracenorum mors, Nicephorus μέδων, id est princeps!"
20 Unde et cantabatur: "μέδοντι, id est principi, Nicephoro,
πολλὰ ἔτη, id est plures anni sint! Gentes, hunc adorate,
hunc colite, huic tanto colla subdite!" Quanto tunc
verius canerent: "Carbo exstincte veni, μέλλε, anus
incessu, Sylvanus vultu, rustice, lustrivage, capripes,
25 cornute, bimembris, setiger, indocilis, agrestis, barbare,
dure, villose, rebellis, Cappadox!" Igitur falsidicis illis
inflatus naeniis sanctam Sophiam ingreditur, dominis
suis imperatoribus se a longe sequentibus et in pacis osculo
ad terram usque adorantibus. Armiger huius, sagitta
30 calamo immissa, aeram in ecclesia ponit, quae prose-

---

4. discalceatam: 'with their shoes off.' — 23. μέλλε: 'hang
back.' — 24. lustrivage: 'hobo'; ἅπαξ λεγ. — 29. sagitta calamo
immissa: 'making a pen out of an arrow.' — 30. aeram: 'the
date.'

quitur, quo nimirum tempore imperare coeperit, et sic
aeram, qui id non viderunt, intelligunt.

Hac eadem die convivam me sibi esse iussit. Non ratus
autem me dignum esse cuipiam suorum praeponi procerum,
quintus decimus ab eo absque gausape sedi; meorum 5
nemo comitum, non dico solum mensae non assedit, sed
neque domum in qua conviva eram vidit. Qua in coena
temporis satis, et obscena, ebriorum more, oleo delibuta,
alioque quodam deterrimo piscium liquore aspersa, multa
super potentia vestra, multa super regnis et militibus, me 10
rogavit. Cui cum consequenter et vero responderem,
"Mentiris!" ait, "domini tui milites equitandi ignari,
pedestris pugnae sunt inscii, scutorum magnitudo, lorica-
rum gravitudo, ensium longitudo, galearumque pondus
neutra parte eos pugnare sinit," ac subridens: "Impedit," 15
inquit, "eos et gastrimargia, hoc est ventris ingluvies;
quorum deus venter est; quorum audacia, crapula; fortitudo, ebrietas; ieiunium, dissolutio; pavor, sobrietas. Nec
est in mari domino tuo classium numerus. Navigantium
fortitudo mihi soli inest, qui eum classibus aggrediar, bello 20
maritimas eius civitates demoliar, et quae fluminibus sunt
vicinae redigam in favillam. Quis, cedo, mihi etiam in
terra copiarum paucitate resistere poterit? Filius non
abfuit, uxor non defuit; Saxones, Suevi, Bagoarii, Italici
omnes cum eo adfuerunt, et cum civitatulam unam sibi 25
resistentem capere nescirent, immo nequirent, quomodo
mihi resistent venienti, quem tot copiae prosequentur,

Gargara quot segetes, quot habet Methymna racemos,
Quot coelum stellas, quot mare in flatibus undas!"
—Legat. Const. 8–11.

---

1. **quo nimirum tempore** : i.e. *ex quo tempore;* cf. one of our Presi-
dential proclamations today. — 5. **gausape** : 'napkin,' probably. —
10. **super potentia** : 3D. — 28. **Gargara**, etc. : cf. Ovid, *Ars Am.*
I., 57 ff.

SOME PROPHECIES AND THEIR INTERPRETATIONS

Sed cur exercitum nunc in Assyrios duxerit, quaeso,
advertite. Habent Graeci et Saraceni libros, quos ὁράσεις,
sive visiones, Danielis vocant, ego autem Sibyllanos;
in quibus scriptum reperitur quot annis imperator quisque
5 vivat; quae sint futura, eo imperitante, tempora; pax,
an simultas; secundae Saracenorum res, an adversae.
Legitur itaque huius Nicephori temporibus Assyrios
Graecis non posse resistere, huncque septennio tantum
vivere; post cuius obitum imperatorem isto deteriorem
10 — sed timeo quod inveniri non possit — et magis imbellem
debere surgere; cuius temporibus praevalere debent adeo
Assyrii, ut in Chalcedoniam usque, quae distat Constantinopoli haud longe, potestative cuncta debeant obtinere.
Considerant enim utrique tempora; una eademque re
15 Graeci animati insequentur, Saraceni desperati non resistunt; tempus expectantes, cum et ipsi insequantur,
Graeci interim non resistant.

Sed Hippolytus quidam Siciliensis episcopus eadem
scripsit et de imperio vestro et gente nostra — nostram
20 nunc dico omnem, quae sub vestro imperio est, gentem — ;
atque utinam verum sit quod de praesentibus scripsit iste
temporibus. Caetera, ut scripsit, sunt usque huc completa, quemadmodum per ipsos, qui horum librorum
scientiam habent, audivi. Et ex multis eius dictis unum
25 id proferamus in medium. Ait enim nunc completum iri
scripturam, quae dicit λέων καὶ σκίμνος ὁμοδιώξουσιν ὄναγρον.
Graece ita. Latinum autem sic: "Leo et catulus simul
exterminabunt onagrum." Cuius interpretatio secundum
Graecos: "Leo, id est Romanorum sive Graecorum im-
30 perator, et catulus Francorum scilicet rex, simul his

8. **septennio**: 'seven years'; 3A (3). — 13. **potestative**: 'bv
violence.'

praesentibus temporibus exterminabunt onagrum, id est
Saracenorum regem Africanum." Quae interpretatio eo
mihi vera non videtur, quoniam leo et catulus, quamvis
disparis magnitudinis, unius tamen sunt naturae et speciei
seu moris; atque ut mihi mea scientia suggerit, si leo 5
Graecorum imperator, inconveniens est ut catulus sit
Francorum rex. Quamvis enim utrique homines sint, sicut
leo et catulus uterque animalia, distant tamen moribus
tantum, non dico solum quantum species speciebus, sed
quantum sensibilia insensibilibus. Catulus a leone nil nisi 10
tempore distat, forma eadem, rabies una, rugitus idem.
Graecorum rex crinitus, tunicatus, manicatus, teristratus,
mendax, dolosus, immisericors, vulpinus, superbus, falso
humilis, parcus, cupidus, allio cepe et porris vescens,
balnea bibens; Francorum rex contra pulchre tonsus, a 15
muliebri vestitu veste diversus, pileatus, verax, nil doli
habens, satis ubi competit misericors, severus ubi oportet,
semper vere humilis, numquam parcus, non allio, cepis,
porris vescens, ut possit animalibus eo parcere, quatinus
non manducatis, sed venundatis pecuniam congreget. 20
Audistis differentiam; nolite hanc interpretationem
suscipere; aut enim futura est, aut haec vera non est.
Impossibile est enim ut Nicephorus, sicut ipsi mentiuntur,
sit leo, et Otto sit catulus, qui simul exterminent aliquem.

"Ante" enim "pererratis amborum finibus, exul   25
   Aut Ararim Parthus bibet, aut Germania Tygrim,"

quam Nicephorus et Otto amicitia coeant et foedera
iungant.

   Audistis Graecorum, audite nunc Liudprandi Cremonensis episcopi interpretationem. Dico autem, et non 30

---

   12. **teristratus**: i.e. *theristratus*, 'wearing a woman's wrap.' —
13. **vulpinus**: 'fox-like.' — 25. "**Ante**" **enim**, etc.: cf. Verg. *Ec.* I.,
62–63.

solum dico sed affirmo, si scriptura haec praesentibus est
implenda temporibus, "Leo et catulus, pater et filius,
Otto et Otto, in nullo dispares, tempore distantes tantum,
simul hoc praesenti tempore exterminabunt onagrum, id
5 est sylvestrem asinum Nicephorum"; qui non incongrue
sylvestri asino comparatur, ob vanam et inanem gloriam,
incestumque dominae et commatris suae coniugium.
— *Legat. Const. 39–41.*

LIUTPRAND'S FAREWELL TO CONSTANTINOPLE

Hanc cum accepissem, vale mihi dicentes, dimiserunt,
ocula praebentes satis iucunda, satis amabilia. Sed dum
10 recederem, legationem mihi non me, sed illis satis dirigunt
dignam; scilicet quod mihi soli meisque equos darent,
sarcinis nullum; sicque nimis, ut res poscebat, turbatus,
διασώστῃ, id est ductori meo, quinquaginta aureorum res
pretio dedi. Et cum non haberem quod pro malefactis
15 Nicephoro tunc redderem, hos in pariete invisae domus
meae et in mensa lignea versiculos scripsi:

Argolicum non tuta fides; procul esto, Latine,
Credere, nec mentem verbis adhibere memento!
Vincere dum possit, quam sancte peierat Argos!
20   Marmore quae vario magnis patet alta fenestris
Haec inaquosa domus, concluso pervia soli,
Frigora suscipiens aestum nec saeva repellens;
Praesul ab Ausonia Liudprandus in urbe Cremona,
Constantinopolim pacis profectus amore,
25   Quattuor aestivis concludor mensibus istic.
Induperator enim Bareas conscenderat Otto,
Caede simul flammisque sibi loca subdere temptans,

---

7. **commatris**: 'godmother.' — 8. **Hanc**: a formal letter from
Nicephorus. — 17. **Argolicum**: Gen. ; 'the Greeks.' — 23. **Praesul**:
' bishop.'

Sed precibus remeat Romanas victor ad urbes
Inde meis. Nurum promisit Graecia mendax,
Quae nec nata foret, nec me venisse doleret,
Nec rabiem, Nicephore, tuam perpendere quirem,
Privignam prohibes qui nato iungere herili.   5
Imminet ecce dies, Furiis compulsus acerbis
Ni Deus avertat, toto Mars saeviet orbe,
Crimine paxque tuo cunctis optanda silebit!

— Legat. Const. 57.

3. **foret**: 3E (2). — 5. **nato** . . . **herili**: Otto II.

WALTHARII POESIS

Among the literary activities of the first Ekkehart of St. Gall, who wrote the sequences and other Christian poems, was the composition of a Latin version of the legend of Walther, the Aquitanian hostage, whom Attila the Hun took back to Pannonia. The story was evidently a popular one in Germany. Ekkehart used it, we are told, for a subject of a Latin school exercise, and it was somewhat revised by Ekkehart IV. Ekkehart I must have been born about the beginning of the 10th century, was prominent in the monastery of St. Gall for many years, and died in 973 beloved of all the brothers.

The poem, of 1456 sometimes rather rude hexameters, strikes the truly epic tone, and exhibits on the part of the author a wide knowledge of Vergil and other classical writers. It is quite Homeric in its emphasis on single combat and the triumph of the hero. The story may be briefly told. Attila, after his western expedition, carried home, as hostages of royal blood, Hagen from the Franks, Walther from the Aquitanians, and the princess Hildegund from the Burgundians. Walther and Hildegund had been betrothed in childhood by their parents. Hagen escapes first. Then Walther and Hildegund plan and execute cleverly a combined flight, carrying with them much treasure formerly belonging to the western peoples from whom they had come. On arriving in the Vosges mountains they are discovered by Hagen's brother, who demands back the treasure which had belonged to his family. On Walther's refusal to give it up, a series of fierce single combats takes place between Walther and the various noble warriors sent to defeat him. The hero kills them all, and then Hagen and his brother come against him together. In the resulting mêlée all three are wounded,

190

and then make friends, thus leaving the hero and his bride free
to return home finally and live happy ever afterward.

An excellent edition, with copious German notes and introductory matter, is that of Hermann Althof, Leipzig, 1899.

WALTHER AND HILDEGUND COME TO AN UNDER-
STANDING AND PLAN FLIGHT

Ecce palatini decurrunt arce ministri   215
Illius aspectu hilares equitemque tenebant,
Donec vir sella descenderet inclitus alta.
Si bene res vergant tum demum forte requirunt.
Ille aliquid modicum narrans intraverat aulam,
Lassus enim fuerat regisque cubile petebat.   220
Illic Hiltgundem solam offendit residentem,
Cui post amplexus atque oscula dulcia dixit :
"Ocius huc potum ferto, quia fessus anhelo."
Illa mero tallum complevit mox pretiosum
Porrexitque viro, qui signans accipiebat   225
Virgineamque manum propria constrinxit.   At illa
Astitit et vultum reticens intendit herilem,
Walthariusque bibens vacuum vas reddidit olli ;
Ambo etenim norant de se sponsalia facta.
Provocat et tali caram sermone puellam :   230
"Exilium pariter patimur iam tempore tanto,
Non ignorantes quid nostri forte parentes
Inter se nostra de re fecere futura.
Quamne diu tacito premimus haec ipsa palato?"
Virgo per hyroniam meditans hoc dicere sponsum   235

---

215. Waltharius has just returned from battle. — 216. **equitem** =
equum. — 220. **cubile** : probably the same as Pliny's *cubile salu-*
tatorium (15, 11, 10, 38), i.e. an ' audience chamber.' — 222. **oscula** :
only the courtly kiss of custom. — 224. **tallum** : ' goblet.' —
225. **signans** : i.e. making the sign of the cross. — 234. **Quamne**
= *quam.* — 235. **hyroniam** = *ironiam.*

Paulum conticuit, sed postea talia reddit:
"Quid lingua simulas quod ab imo pectore dampnas,
Oreque persuades toto quod corde refutas?
Sit veluti talem pudor ingens ducere nuptam!"
240 Vir sapiens contra respondit et intulit ista:
"Absit quod memoras! Dextrorsum porrige sensum.
Noris me nihilum simulata mente locutum,
Nec quicquam nebulae vel falsi interfore crede.
Nullus adest nobis exceptis namque duobus:
245 Si nossem temet mihi promptam impendere mentem
Atque fidem votis servare per omnia cautis,
Pandere cuncta tibi cordis mysteria vellem."
    Tandem virgo viri genibus curvata profatur:
"Ad quaecumque vocas, mi domne, sequar studiose
250 Nec quicquam placitis malim praeponere iussis."
Ille dehinc: "Piget exilii me denique nostri,
Et patriae fines reminiscor saepe relictos;
Idcircoque fugam cupio celerare latentem.
Quod iam praemultis potuissem forte diebus,
255 Si non Hiltgundem solam remanere dolerem."
Addidit has imo virguncula corde loquelas:
"Vestrum velle meum, solis his aestuo rebus.
Praecipiat dominus, seu dextera sive sinistra,
Eius amore pati toto sum pectore praesto."
260   Waltharius tandem sic virginis inquit in aurem:
"Publica custodem rebus te nempe potestas
Fecerat, idcirco memor haec mea verba notato:
Inprimis galeam regis tunicamque, trilicem
Assero loricam fabrorum insigne ferentem,

---

237. **dampnas:** 2 (6). — 243. **interfore:** 3E (2). — 257. **Vestrum velle:** ' your desire '; sc. *est* with *meum*. — **aestuo:** 'I am eager.' — 261. **Publica:** i.e. *regia ;* the king had so ordered it. — 264. **Assero:** 'I mean.' — **fabrorum insigne:** 'distinctive mark,' probably hammer and tongs.

Diripe, bina dehinc mediocria scrinia tolle. 265
His armillarum tantum da Pannonicarum,
Donec vix unum releves ad pectoris imum.
Inde quater binum mihi fac de more coturnum,
Tantumdemque tibi patrans imponito vasis,
Sic fors ad summum complentur scrinia labrum. 270
Insuper a fabris hamos clam posce retortos.
Nostra viatica sint pisces simul atque volucres,
Ipse ego piscator, sed et auceps esse coartor.
Haec intra ebdomadam caute per singula comple.
Audisti quod habere vianti forte necesse est. 275
  Nunc quo more fugam valeamus inire recludo :
Postquam septenos Phoebus remeaverit orbes,
Regi ac reginae, satrapis, ducibus famulisque
Sumptu permagno convivia laeta parabo
Atque omni ingenio potu sepelire studebo, 280
Donec nullus erit, qui sentiat hoc quod agendum est.
Tu tamen interea mediocriter utere vino
Atque sitim vix ad mensam restringere cura.
Cum reliqui surgant, ad opuscula nota recurre.
Ast ubi iam cunctos superat violentia potus, 285
Tum simul occiduas properemus quaerere partes."
  Virgo memor praecepta viri complevit. Et ecce
Praefinita dies epularum venit, et ipse
Waltharius magnis instruxit sumptibus escas.
Luxuria in media residebat denique mensa, 290
Ingrediturque aulam velis rex undique septam,
Heros magnanimus solito quem more salutans
Duxerat ad solium, quod bissus compsit et ostrum.

---

266. **armillarum** : of gold, perhaps paid by the Aquitanians to the
Huns. — 268. **binum** : the sing. form is non-classical. — 269. **patrans** :
in the perfect sense. — 273. **coartor** : ' I shall have to be.' —
274. **ebdomadam** : 2 (4). — 283. **ad mensam** : i.e. to the first part of
the banquet, the eating part. — **restringere** : ' check.' — 293. **bissus**

Consedit laterique duces hinc indeque binos
295   Assedisse iubet ; reliquos locat ipse minister.
Centenos simul accubitus iniere sodales,
Diversasque dapes libans conviva resudat ;
His et sublatis, aliae referuntur edendae,
Atque exquisitum fervebat migma per auram.
300   Aurea bissina tantum stant gausape vasa,
Et pigmentatus crateras Bacchus adornat.
Illicit ad haustum species dulcedoque potus,
Waltharius cunctos ad vinum hortatur et escam.

— *vv. 215–303.*

ATTILA DISCOVERS THE FLIGHT OF THE HOSTAGES

Ast urbis populus somno vinoque solutus
Ad medium lucis siluit recubando sequentis.
360   Sed postquam surgunt, ductorem quique requirunt,
Ut grates reddant ac festa laude salutent.
Attila nempe manu caput amplexatus utraque
Egreditur thalamo rex Walthariumque dolendo
Advocat, ut proprium quereretur forte dolorem.
365   Respondent ipsi se non potuisse ministri
Invenisse virum, sed princeps sperat eundem
Hactenus in somno tentum recubare quietum,
Occultumque locum sibi delegisse sopori.
Ospirin Hiltgundem postquam cognovit abesse
370   Nec iuxta morem vestes deferre suetum,
Tristior immensis satrapae clamoribus inquit :
" O detestandas, quas heri sumpsimus, escas!
O vinum, quod Pannonias destruxerat omnes !

= *byssus* ; 'linen.' — 296. **accubitus** : 'their places at table '; the v.
is taken bodily from Prudentius, *Apoth.* 713. — 299. **migma** : ' odor
of mixed drink.' — 300. **bissina . . . gausape** : 'linen cloth.' —
301. **pigmentatus** : 'highly colored.' — 362. This is "the-morning-
after " condition. — 369. **Ospirin** : the queen.

Quod domino regi iam dudum praescia dixi,
Approbat iste dies quem nos superare nequimus.   375
En hodie imperii vestri cecidisse columnam
Noscitur, en robur procul ivit et inclita virtus;
Waltharius, lux Pannoniae, discesserat inde,
Hiltgundem quoque mi caram deduxit alumnam!"
                    — *vv. 358–379.*

WALTHER DISPATCHES THE THIRD OF HIS OPPONENTS IN THE VOSGES

Tertius en Werinhardus abit bellumque lacessit,   725
Quamlibet ex longa generatus stirpe nepotum,
O vir clare, tuus cognatus et artis amator,
Pandare, qui quondam iussus confundere foedus
In medios telum torsisti primus Achivos.
Hic, spernens hastam, pharetram gestavit et arcum,   730
Eminus emissis haud aequo Marte sagittis
Waltharium turbans.   Contra tamen ille virilis
Constitit opponens clipei septemplicis orbem,
Saepius eludens venientes providus ictus.
Nam modo dissiluit, parmam modo vergit in austrum 735
Telaque discussit, nullum tamen attigit illum.
Postquam Pandarides se consumpsisse sagittas
In cassum videt, iratus mox exerit ensem
Et demum advolitans has iactitat ore loquelas:
"O si ventosos lusisti callide iactus,   740
Forsan vibrantis dextrae iam percipis ictum."
  Olli Waltharius ridenti pectore adorsus:

---

725. This passage is so full of quotations and imitations of Vergil and Prudentius that it has been called a " cento." Cf. e.g. the contests in *Aen.* V. — 733. **septemplicis**: a traditional shield form was one covered with seven thicknesses of bull's hide. — 735. **austrum**: ' the air,' i.e. to meet the attack of the arrows. — 738. **exerit** = *exserit:* 2 (12).

"Iamque diu satis exspecto certamina iusto
Pondere agi. Festina, in me mora non erit ulla."
745 Dixerat et toto connixus corpore ferrum
Conicit. Hasta volans pectus reseravit equinum;
Tollit se arrectum quadrupes et calcibus auras
Verberat effundensque equitem cecidit super illum.
Accurrit iuvenis et ei vi diripit ensem,
750 Casside discussa crines complectitur albos
Multiplicesque preces nectenti dixerat heros:
"Talia non dudum iactabas dicta per auras."
Haec ait et truncum secta cervice reliquit.

—vv. 725–753.

THE BATTLE CONTINUES: THE HERO IS COMPARED TO A BEAR AMID DOGS

Nec mora nec requies; bellum instauratur amarum,
Incurrunt hominem nunc ambo nuncque vicissim;
1335 Et dum progresso se impenderet acrius uni,
En de parte alia subit alter et impedit ictum:
Haud aliter Numidus quam dum venabitur ursus
Et canibus circumdatus astat et artubus horret
Et caput occultans submurmurat ac propiantes
1340 Amplexans Umbros miserum muttire coartat;
Tum rabidi circumlatrant hinc inde Molossi
Comminus ac dirae metuunt accedere beluae.
Taliter in nonam conflictus fluxerat horam.
Et triplex cunctis inerat maceratio: leti
1345 Terror et ipse labor bellandi solis et ardor.

— vv. 1333–1345.

1334. **ambo**: Hagen and Gunther.— 1339. **submurmurat**: 'growls a little.' — **propiantes**: 'approaching.' — 1340. **Umbros**: especially good hunting dogs; cf. *Aen.* 12, 753: *vividus Umber.* — **miserum**: adverbial. — **muttire**: 'whine.'— 1342. **beluae**: here a dissyllable. — 1344. **maceratio**: 'cause of exhaustion.'

WIDUKINDI CORBEIENSIS MONACHI
RES GESTAE SAXONICAE

Widukind, the historian of the Saxons, lived during the latter part of the 10th century, and died about 1004. He was a Benedictine monk, of Corvey. An admirer of Otto the Great, and perhaps at times an inmate of his court, his history was written during the lifetime of the emperor, and deals to a considerable extent with his affairs. He goes back, however, at the start, to the early days of the Saxons, and gives us much of the mixture of history and legend that passed current concerning those times. Being proud of his race, he treats his theme fondly, and adds many an interesting anecdote.

Widukind had evidently read somewhat widely, and his work shows traces of a classical style at times, though often lacking in finish.

The text may be found in Migne's *Patrologia*, Vol. CXXXVII. It has been also separately edited by Waitz, in 1882.

TOMBSTONE OF
WIDUKIND

A BRAVE SAXON LEADS HIS COUNTRYMEN TO VICTORY

Erat autem tunc in castris quidam de veteranis militibus iam senior, sed viridi senectute adhuc vigens, qui merito bonarum virtutum pater patrum dicebatur, nomine Hathagat. Hic arripiens signum quod apud eos habe-

197

batur sacrum, leonis atque draconis et desuper aquilae
volantis insignitum effigie, quo ostentaret fortitudinis
atque prudentiae et earum rerum efficatiam, et motu
corporis animi constantiam declarans, ait : "Huc usque
5 inter optimos Saxones vixi, et ad hanc fere ultimam senectutem aetas me perduxit, et nunquam Saxones meos fugere
vidi ; et quomodo nunc cogor agere quod numquam
didici ? Certare scio, fugere ignoro nec valeo ; si fata non
sinunt ultra vivere, liceat saltem, quod michi dulcissimum
10 est, cum amicis occumbere. Exempli michi paternae
virtutis sunt amicorum corpora circa nos prostrata, qui
maluerunt mori quam vinci, impigras animas amittere
quam coram inimicis loco cedere. Sed quid necesse
habeo exhortationem protrahere tantisper de contemptu
15 mortis ? Ecce ad securos ibimus, ad caedem tantum, non
ad pugnam ; nam de promissa pace ac nostro gravi vulnere
nichil suspicantur adversi ; hodierno quoque praelio fatigati, quemadmodum sunt sine metu, sine vigiliis et solita
custodia manent. Irruamus igitur super improvisos et
20 somno sepultos ; parum laboris est ! Sequimini me
ducem, et hoc canum caput meum vobis trado, si non
evenerit quod dico."

Illius igitur optimis verbis erecti, quod supererat diei in
reficiendis suis corporibus expendebant ; deinde prima
25 vigilia noctis dato signo, qua solet sopor gravior occupare
mortales, sumptis armis, praecedente duce, irruunt super
muros, invenientesque sine vigiliis ac custodiis, ingressi
sunt urbem cum clamore valido. Quo excitati adversarii,
alii fuga salutem quaesierunt, alii per plateas et muros
30 urbis ut ebrii erraverunt, alii in Saxones, cives suos putantes, inciderunt. Illi vero omnes perfectae aetatis

---

3. **earum**: i.e. *talium virtutum.* — **efficatiam**: 'efficiency'; 2 (3).
— 9. **michi**: 2 (3). — 10. **Exempli**: for *exempla;* 2 (9).

morti tradiderunt, impuberes praedae servaverunt. Erat-
que nox illa plena clamoribus, caede atque rapina, nullusque locus in omni urbe quietus, donec aurora rutilans
surgit, et incruentam declarat victoriam. Cumque penes
regem, videlicet Irminfridum, summa victoria esset, 5
requisitus, cum uxore ac filiis ac raro comitatu evasisse
repertus est. — *I. 11.*

SHREWD METHODS OF PETTY WARFARE

Sciens autem comitem Isilberthi versutum et callidum
nimis, nomine Immonem, artibus illius melius arbitratus
est pugnare quam armis. Ille vero, ut erat astutissimus, 10
meliori ac maiori se subdens, arma sumit contra ducem ;
quod ipse dux omnium labórum gravissime tulit, quia
eum sibi adversum sustinere debuisset cuius consilio ac
fidei hactenus se maxime credebat. Augebat quoque
indignationem ducis grex porcorum ab Immone callide 15
captus. Nam subulci ducis cum contra portas urbis
transirent, Immo porcellum pro porta agitari fecit, et omnem gregem porcorum apertis portis intra urbem recepit.
Quam iniuriam dux ferre non valens, coacto exercitu,
obsedit Immonem. Ille autem plurima apum examina 20
habuisse fertur, quae frangens proiecit contra equites.
Apes autem aculeis equos stimulantes, in insaniam verte-
bant ita ut equites periclitari coepissent. Quo viso Immo
prospiciens de muro, eruptionem cum sociis minitavit.
Huiuscemodi igitur artibus saepius dux ab Immone 25
delusus, solvit obsidionem. Discedens vero fertur dixisse :
"Immone mecum sentiente, omnes Lotharios facile captos
tenui, modo ipsum solum cum omnibus Lothariis capere
nequeo." — *II. 23.*

---

4. **incruentam** : i.e. for the victorious Saxons. — **penes** : ' centered
around.' — 8. **comitem** : ' Count,' originally ' companion.'

A FIRE TEST CONVINCES THE DANES

Dani antiquitus erant Christiani, sed nichilominus idolis ritu gentili servientes. Contigit autem altercationem super cultura deorum fieri in quodam convivio rege praesente, Danis affirmantibus Christum quidem
5 esse deum, sed alios eo fore maiores deos, quippe qui potiora mortalibus signa et prodigia per se ostenderent. Contra haec clericus quidam, nunc vero religiosam vitam ducens, episcopus, nomine Poppa, unum verum Deum Patrem cum Filio unigenito Domino nostro Iesu Christo
10 et Spiritu Sancto, simulacra vero daemonia esse et non deos, testatus est. Haraldus autem rex, utpote qui velox traditur fore ad audiendum, tardus ad loquendum, interrogat si hanc fidem per semetipsum declarare velit. Ille incunctanter velle respondit. Rex vero custodire cleri-
15 cum usque in crastinum iubet.

Mane facto, ingentis ponderis ferrum igne succendi iubet, clericumque ob fidem catholicam candens ferrum portare iussit. Confessor Christi indubitanter ferrum rapit, tamdiuque deportat quo ipse rex decernit; manum
20 incolumen cunctis ostendit, fidem catholicam omnibus probabilem reddit. Ad haec rex conversus, Christum Deum solum colendum decrevit, idola respuenda subiectis gentibus imperat, Dei sacerdotibus et ministris honorem debitum deinde praestitit. Sed et haec virtutibus merito
25 patris tui adscribuntur, cuius industria in illis regionibus ecclesiae sacerdotumque ordines in tantum fulsere.

— *III. 65.*

---

1. **nichilominus**: 2 (3). — 5. **fore** = *esse.* — 19. **quo**: instead of *quamdiu.* — 25. **tui**: i.e. Matilda's. She was the daughter of Otto the Great, and to her Widukind dedicates his history.

RICHERI S. REMIGII MONACHI
HISTORIARUM LIBRI QUATUOR

Richer was a monk of St. Remy at Rheims, a student particularly of medicine, as well as of the more ordinary sciences of the day. Living in the latter years of the 10th century, he wrote a valuable history of the revolutionary events of his own time, and of the years leading up to them. He is our chief authority for the story of the coming of the Capets to the throne of France in 987, though his statements are not to be always trusted, and his manner of speech is often odd.

The text may be found in Migne's *Patrologia*, Vol. CXXXVIII.

VERDUN IN THE TENTH CENTURY

Virduni expugnatio. Quae civitas eo situ posita est, ut a fronte, planitie pervia meantibus accessum praebeat; a tergo inacessibilis sit. Ibi enim a summo in posteriora profundo hiatu circumquaque distenditur. Ab inferioribus vero ad summum rupibus praeruptis artatur. Quae 5 non solum scatens fontibus puteisque, incolis accommoda, sed et fluxio Mosa eam a praerupta parte abluente, nemorosa. Ubi ergo a fronte planitien praefert, pugnaturi machinas bellicas generis diversi aptavere. Nec minus qui in urbe erant ad resistendum sese expediebant. 10 Pugnatum est tandem octo ferme continuis diebus. At cives cum viderent nulla a suis extrinsecus suffragia mitti, nec iugis praeliis pondus se tolerare posse, consilio inito

---

4. **circumquaque**: 'all around.' — 6. **scatens**: 3E (4) (*a*). —
7. **fluxio** = *fluvio.* — 12. **suffragia** = *auxilia.*

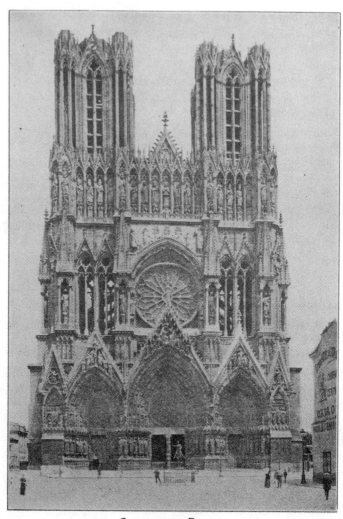

CATHEDRAL AT RHEIMS

indempnes et intacti hostibus cessere. Urbem aperu-
erunt, et sese Lothario victi obtulerunt.

Quibus peractis, rex ad urbem tuendam reginam Em-
mam in ea reliquit. Ipse cum exercitu Laudunum rediit,
suos etiam ad sua redire permisit. Tantae benivolentiae 5
favore apud eos usus, ut repetito itinere se ulterius ituros
si iuberet pollicerentur; et neglectis pro tempore domibus
et natis, cum hoste comminus dimicaturos. Lotharius
interea apud suos deliberabat, utrum potius foret sese
ulterius ire, armisque et viribus totam Belgicam sibi 10
subiugare, an residendo Virduni, per legatos habitis
suasionibus, mores hostium ad suum animum informare.
Si enim eos ferro vinceret, cum id sine multo sanguine fieri
non posset, cogitabat in posterum minus eis credendum,
eo quod amicorum labem eis intulerit. Si vero per beni- 15
volentiam reversuros expectaret, cavendum putabat ne
in tanto otio hostes insolentiores redderentur.

Virduni invasio a Belgis. Dum haec multa consulta-
tione ventilaret, Belgicae dux Teodericus, necnon et vir
nobilis ac strenuus Godefridus, Sigefridus quoque vir 20
illustris, Bardo etiam et Gozilo fratres clarissimi et nomi-
natissimi, aliique principes nonnulli, latenter pertemptant
Virdunum irrumpere, eamque a Gallis evacuare. Factis-
que insidiis, negotiatorum claustrum, muro instar oppidi
exstructum, ab urbe quidem Mosa interfluente seiunctum, 25
sed pontibus duobus interstratis ei annexum, cum electis
militum copiis ingressi sunt. Annonam omnem circumquaque milites palantes advectare fecerunt. Negotiatorum quoque victus in usum bellicum acceperunt.
Lignorum trabes ex Argonna aggregari iusserunt, ut si ab 30
hostibus extra machinae muris applicarentur, ipsi quoque

---

1. **indempnes** = *indemnes;* 2 (6). — 2. **Lothario**: Lothair, King
of France 954–986; son of Louis IV. — 26. **interstratis**: 'laid
between.'

interius obtinentibus machinis obstare molirentur. Crates
quoque viminibus et arborum frondibus validas intexu-
erunt, machinis erectis, si res exposceret, supersternendos.
Sudes ferro acuminatos, et igne subustos, ad hostes trans-
5 fodiendos quam plures aptaverunt. Missilia varii generis
per fabros expediere. Funium millena volumina ad usus
diversos convexerunt. Clipeos quoque habendae testu-
dini ordinandos instituerant. Preterea centena mortis
tormenta non defuere. — *Hist. III. 101–103.*

A HARD JOURNEY (FROM RHEIMS TO CHARTRES) IN PURSUIT OF LEARNING

10 *De difficultate sui itineris ab urbe Remorum Carnotum.*
Ante horum captionem, diebus ferme XIV, cum aviditate
discendi logicam Yppocratis Choi, de studiis liberalibus
saepe et multum cogitarem, quadam die equidem Carnotinum in urbe Remorum positus offendi. Qui a me
15 interrogatus quis et cuius esset, cur et unde venisset,
Heribrandi clerici Carnotensis legatum sese, et Richero
sancti Remigii monacho se velle loqui respondit. Ego
mox amici nomen et legationis causam advertens, me
quem querebat indicavi, datoque osculo semotim secessi-
20 mus. Ille mox epistolam protulit, hortatoriam ad aphoris-
morum lectionem. Unde et ergo admodum laetatus,
assumpto quodam puero cum Carnotino equite, iter
Carnotum arripere disposui. Digressus autem, ab abbate
meo unius tantum parvaredi solatium accepi. Nummis

---

3. **supersternendos**: 'spread over'; 3C (1). — 4. **subustos**:
'partly burned.' — 5. **quam plures**: instead of *quam plurimos.* —
6. **millena**: 'thousands.' — 11. **horum captionem**: the capture of
Charles of Lorraine and Archbishop Arnulf of Rheims by Adalberon.
— 13. **Carnotinum**: 'a citizen of Chartres.' — 19. **semotim**: ' aside.'
— 20. **hortatoriam**: 'encouraging.' — 24. **parvaredi** = *paraveredi:*
'extra saddle-horse.'

etiam, mutatoriis, ceterisque necessariis vacuus, Orbatium
perveni, locum multa caritate inclitum. Ibique domni
abbatis D. colloquio recreatus, simulque et munificentia
sustentatus, in crastino iter usque Meldim peragendum
arripui. Ingressus vero cum duobus comitibus lucorum 5
anfractus, non defuere infortunii casus. Nam fallentibus
biviis, sex leugarum superfluitate exorbitavimus. Trans-
misso vero Teodorici castello, parvaredus ante visus Bucephalus, fieri coepit asello tardiusculus. Iam sol a mesembrino discesserat, totoque aere in pluvias dissoluto, in 10
occasum vergebat, cum fortis ille bucefalus supremo labore
victus, inter femora insidentis pueri deficiens corruit, et
velut fulgure traiectus, sexto miliario ab urbe exspiravit.

Quanta tunc fuit perturbatio, quanta anxietas, illi
perpendere valent qui casus similes aliquando perpessi 15
sunt, et ex similibus similia colligant. Puer inexpertus
tanti itineris difficultatem, fessus toto corpore, equo amisso,
iacebat. Impedimenta sine vectore aderant. Imbres
nimia infusione ruebant. Coelum nubila praetendebat.
Sol iam in occasu minabatur tenebras. Inter haec omnia 20
dubitanti consilium a Deo non defuit. Puerum namque
cum impedimentis ibi reliqui; dictatoque ei quid interrogatus a transeuntibus responderet, et ut somno imminenti resisteret, solo equite Carnotino comitatus, Meldim
perveni. Pontem quoque vix de luce videns, ingredior. 25
Et dum diligentius contemplarer, novis iterum infortuniis
angebar. Tantis enim et tot hiatibus patebat, ut vix
civium necessarii die eadem per eum transierint. Carnoti-

---

1. **mutatoriis**: 'change of clothes.' — 3. **abbatis**: 'abbot.' —
7. **leugarum**: 'leagues.' — **exorbitavimus**: 'we went out of the
way.' — 8. **Teodorici castello**: Château Thierry. — **Bucephalus**: Bucephalus was the name of the famous horse of Alexander the Great.
— 9. **mesembrino**: 'mid-day.' — 25. **de luce**: i.e. 'for the poor
light.'

nus inpiger, et in peragendo itinere satis providus, naviculam circunquaque inquirens et nullam inveniens, ad
pontis pericula rediit, et ut equi incolumes transmitte-
rentur e coelo emeruit. Nam in locis iantibus equorum
5 pedibus aliquando clipeum subdens, aliquando tabulas
abiectas adiungens, modo incurvatus, modo erectus, modo
accedens, modo recurrens, efficaciter cum equis me
comitante pertransiit.

Nox inhorruerat mundumque tetra caligine obduxerat,
10 cum basilicam sancti Pharonis introii, fratribus adhuc
parantibus potum caritatis. Qua die sollempniter prans-
erant, recitato capitulo de cellarario monasterii, quod fuit
causa tam serae potationis. A quibus ut frater exceptus,
dulcibus alloquiis, cibisque sufficientibus recreatus sum.
15 Carnotinum equitem cum equis vitata pontis pericula
iterum attemptaturum, puero relicto, remisi. Arte
praemissa pertransiit ; et ad puerum secunda noctis
vigilia errabundus pervenit. Vixque eum saepius in-
clamatum repperit. Quo assumpto cum ad urbem
20 devenisset, suspectus pontis pericula, quae pernitioso
experimento didicerat, cum puero et equis in cuiusdam
tugurium declinavit ; ibique per totam diem incibati,
nocte illa ad quiescendum non ad cenandum collecti sunt.
Quam noctem ut insomnem duxerim, et quanto in ea
25 cruciatu tortus sim, perpendere possunt qui cura carorum
aliquando vigilasse coacti sunt.

Post vero optata luce reddita, nimia esurie confecti,
maturius affuerunt. Eis etiam cibi illati ; annona quoque

---

4. iantibus = *hiantibus.* — 7. efficaciter : 'successfully.' — 11. potum caritatis : 'loving-cup.' — sollempniter : 2 (6). — 12. capitulo :
'chapter' (of the rules). — cellarario : 'steward.' — 14. alloquiis :
'conversation.' — 16. Arte praemissa : 'way previously described.'
— 20. pernitioso : 2 (3). — 22. incibati : 'without food.' — 27. esurie :
'hunger.'

CATHEDRAL AT CHARTRES

cum paleis equis anteposita est.   Dimittensque abbati
Augustino puerum peditem, solo Carnotino comitatus
Carnotum raptim deveni.   Unde mox equis remissis, ab
urbe Meldensi puerum revocavi.   Quo redacto et omni
5 sollicitudine amota, in aphorismis Yppocratis vigilanter
studui apud domnum Herbrandum, magnae liberalitatis
atque scientiae virum.   In quibus cum tantum prognostica
morborum accepissem, et simplex egritudinum cognitio
cupienti non sufficeret, petii etiam ab eo lectionem eius
10 libri, qui inscribitur *De Concordia Yppocratis, Galieni,
et Surani*.   Quod et obtinui; cum eum, in arte peritissi-
mum, dinamidia farmaceutica, butanica, atque cirurgica
non laterent. — *Hist. IV. 50*.

---

8. **egritudinum** : 2 (1). — 12. **dinamidia** = *medicamenta*. — **butanica** = *botanica*. — **cirurgica** = *chirurgica:* ' of surgery ' ; 2 (4).

HROTHSVITHAE DRAMATICA SERIES

Hrothsvitha (Hrotsuit) was a nun in the institution at Ganders-heim during the second half of the tenth century, and enjoyed the special patronage of the young abbess of the nunnery, Gerberga, niece of Otto I. Her literary product included several hexameter poems on Scriptural subjects, and the lives of saints, and historical accounts, likewise in verse, of the great Otto and of the convent at Gandersheim.

More important, however, from a literary point of view, was her attempt to supply the pure minds of the nuns with samples of a religious drama, which, as she avowed, should supplant the pagan drama of Terence by substituting for the gay narratives of that classical author dramatic accounts of the triumph of Christianity over paganism, and of chastity over lust. In each case we have a highly moral and religious lesson clothed in brief and often vivid dramatic form, with frequent appeal to the miraculous to solve the plot. They are written in prose, with some traces of rhythm, and even of rhyme. For the most part there is little of the element of real comedy; but this appears very broadly in parts of the play dealing with the martyrdom of the three saintly maidens, Agape, Chionia, and Irene, and the discomfiture of their would-be lover, Dulcitius.

These plays of Hrothsvitha are quite unique in our extant product of the Middle Ages, and thus fill a gap between the Roman classical drama and the miracle and mystery plays of the church, a gap which even so is notably wide and empty. Hrothsvitha evidently had a rare dramatic gift, and these six plays are justly famous, and have contributed to the literature of later centuries, not excepting that of our own Shakespeare.

The text edition of Karl Strecker in the Teubner series is reliable. There are various editions with commentaries or prole-

THE ABBEY AND CHURCH AT GANDERSHEIM

gomena, among which may be especially mentioned that of Winterfeld (Berlin, 1902). The plays have been translated into English by Christopher St. John (London, 1923).

DULCITIUS
sive
PASSIO SANCTARUM VIRGINUM AGAPIS CHIONIAE ET HIRENAE

quas sub nocturno silentio Dulcitius praeses clam adiit, cupiens earum amplexibus saturari; sed, mox ut intravit, mente captus ollas et sartagines pro virginibus amplectendo osculabatur, donec facies et vestes horribili nigredine inficiebantur. Deinde Sisinnio comiti ius super 5 puniendas virgines cessit; qui, etiam miris modis illusus, tandem Ag. et Chion. concremari et Hir. iussit perfodi.

DIOCLETIANUS, AGAPES, CHIONIA, HIRENA, DULCITIUS, MILITES

I. DIOCLETIANUS. Parentelae claritas ingenuitatis vestrumque serenitas pulchritudinis exigit, vos nuptiali lege primis in palatio copulari; quod nostri iussio annuerit 1c fieri, si Christum negare nostrisque diis sacrificia velitis ferre.

AGAPES. Esto securus curarum, nec te gravet nostrum praeparatio nuptiarum, quia nec ad negationem confitendi nominis, nec ad corruptionem integritatis ullis rebus 15 compelli poterimus.

DIOCLETIANUS. Quid sibi vult ista quae vos agitat fatuitas?

AGAPES. Quod signum fatuitatis nobis inesse deprehendis? 20

---

4. **nigredine** · ' griminess.' — 8. **Parentelae** : ' relationship.' — 10. **iussio** : ' command.'

DIOCLETIANUS. Evidens magnumque.

AGAPES. In quo?

DIOCLETIANUS. In hoc praecipue, quod, relicta vetustae observantia religionis, inutilem Christianae novitatem
5 sequimini superstitionis.

AGAPES. Temere calumpniaris statum Dei omnipotentis. Periculum.

DIOCLETIANUS. Cuius?

AGAPES. Tui reique publicae, quam gubernas.

10 DIOCLETIANUS. Ista insanit; amoveatur.

CHIONIA. Mea germana non insanit, sed tui stultitiam iuste reprehendit.

DIOCLETIANUS. Ista inclementius bachatur; unde nostris conspectibus aeque subtrahatur, et tertia discutiatur.

15 HIRENA. Tertiam rebellem tibique penitus probabis renitentem.

DIOCLETIANUS. Hirena, cum sis minor aetate, fito maior dignitate.

HIRENA. Ostende, quaeso, quo pacto!

20 DIOCLETIANUS. Flecte cervicem diis et esto sororibus exemplum correctionis et causa liberationis.

HIRENA. Conquiniscant idolis qui velint incurrere iram Celsitonantis; ego quidem caput regali unguento delibutum non dehonestabo pedibus simulachrorum sub-
25 mittendo.

DIOCLETIANUS. Cultura deorum non adducit inhonestatem, sed praecipuum honorem.

HIRENA. Et quae inhonestas turpior, quae turpitudo maior, quam ut servus veneretur ut dominus?

30 DIOCLETIANUS. Non suadeo tibi venerari servos, sed dominos principumque deos.

---

14. **discutiatur**: ' examined.' — 22. **Conquiniscant**: ' let them cower before.' — 23. **Celsitonantis**: ' High thunderer,' a pagan designation for the God of the Christians.

HIRENA. Nonne is est cuiusvis servus qui ab artifice pretio comparatur ut empticius?

DIOCLETIANUS. Huius praesumptio verbositatis tollenda est suppliciis.

HIRENA. Hoc optamus, hoc amplectimur, ut pro Christi 5 amore suppliciis laceremur.

DIOCLETIANUS. Istae contumaces nostrisque decretis contraluctantes catenis inretiantur et ad examen Dulcitii praesidis sub carcerali squalore serventur.

II. DULCITIUS. Producite, milites, producite quas tene- 10 tis in carcere!

MILITES. Ecce, quas vocasti :

DULCITIUS. Papae! quam pulchrae, quam venustae, quam egregiae puellulae!

MILITES. Perfecte decorae. 15

DULCITIUS. Captus sum illarum specie.

MILITES. Credibile.

DULCITIUS. Exaestuo illas ad mei amorem trahere.

MILITES. Diffidimus te praevalere.

DULCITIUS. Quare? 20

MILITES. Quia stabiles fide.

DULCITIUS. Quid, si suadeam blandimentis?

MILITES. Contempnunt.

DULCITIUS. Quid, si terream suppliciis?

MILITES. Parvi pendunt. 25

DULCITIUS. Et quid fiet?

MILITES. Praecogita.

DULCITIUS. Ponite illas in custodiam in interiorem officinae aedem, in cuius proaulio ministrorum servantur vasa. 30

---

2. **empticius**: 'purchased.' — 8. **contraluctantes**: 'obstinately resisting.' — **inretiantur**: 'let them be thrown into chains.' — 18. **Exaestuo**: 'ardently desire.' — 29. **proaulio**: 'vestibule.'

MILITES. Ut quid eo loci?

DULCITIUS. Quo a me saepiuscule possint visitari.

MILITES. Ut iubes.

III. DULCITIUS. Quid agant captivae sub hoc noctis
5 tempore?

MILITES. Vacant hymnis.

DULCITIUS. Accedamus propius.

MILITES. Tinnulae sonitum vocis a longe audiemus.

DULCITIUS. Observate pro foribus cum lucernis, ego
10 autem intrabo et vel optatis amplexibus me saturabo.

MILITES. Intra, praestolabimur.

IV. AGAPES. Quid strepat pro foribus?

HIRENA. Infelix Dulcitius ingreditur.

CHIONIA. Deus nos tueatur!

15 AGAPES. Amen.

CHIONIA. Quid sibi vult collisio ollarum, caccaborum et
sartaginum?

HIRENA. Lustrabo. Accedite, quaeso, per rimulas per-
spicite!

20 AGAPES. Quid est?

HIRENA. Ecce, iste stultus, mente alienatus, aestimat
se nostris uti amplexibus.

AGAPES. Quid facit?

HIRENA. Nunc ollas molli fovet gremio, nunc sar-
25 tagines et caccabos amplectitur, mitia libans oscula.

CHIONIA. Ridiculum.

HIRENA. Nam facies, manus ac vestimenta adeo sor-
didata, adeo coinquinata, ut nigredo quae inhaesit
similitudinem Aethiopis exprimit.

---

1. **Ut quid** : 'why?' — 16. **caccaborum** : 'cooking pots.' —
18. **Lustrabo** : ' I'll look and see.' — **rimulas** : 'little cracks.'

AGAPES. Decet ut talis appareat corpore, qualis a diabolo possidetur in mente.

HIRENA. En, parat regredi. Intendamus quid illo egrediente agant milites pro foribus expectantes.

V. MILITES. Quis hic egreditur? Daemoniacus. Vel 5 magis ipse diabolus. Fugiamus!

DULCITIUS. Milites, quo fugitis? state, expectate; ducite me cum lucernis ad cubile.

MILITES. Vox senioris nostri, sed imago diaboli. Non subsistamus, sed fugam maturemus; fantasma vult nos 10 pessumdare.

DULCITIUS. Ad palatium ibo et, quam abiectionem patior principibus vulgabo.

VI. Hostiarii, introducite me in palatium, quia ad imperatorem habeo secretum.   15

OSTIARII. Quid hoc vile ac detestabile monstrum, scissis et nigellis panniculis obsitum? Pugnis tundamus, de gradu praecipitemus, nec ultra huc detur liber accessus.

DULCITIUS. Vae, vae! quid contigit? Nonne splendidissimis vestibus indutus totoque corpore videor nitidus? 20 et quicumque me aspicit, velut horribile monstrum fastidit! Ad coniugem revertar, quo ab illa quid erga me actum sit experiar. En, solutis crinibus egreditur, omnisque domus lacrimis prosequitur!

VII. CONIUX. Heu, heu! mi senior Dulciti, quid 25 pateris? Non es sanae mentis. Factus es in derisum Christicolis.

DULCITIUS. Nunc tandem sentio me illusum illarum maleficiis.

---

10. **fantasma** = *phantasma:* 'apparition.' — 14. **Hostiarii**: 'door-keepers'; 2(4). — 27. **Christicolis**: 'Christians.'

coniux. Hoc me vehementer confudit, hoc praecipue contristavit, quod quid patiebaris ignorasti.

dulcitius. Mando ut lascivae praesententur puellae et abstractis vestibus publice denudentur, quo, versa vice, 5 quid nostra possint ludibria experiantur.

VIII. milites. Frustra sudamus, in vanum laboramus; ecce, vestimenta virgineis corporibus inhaerent velut coria: sed et ipse, qui nos ad expoliandum urgebat, praeses stertet sedendo nec ullatenus excitari potest a somno. Ad im-10peratorem adeamus ipsique rerum quae geruntur seriem propalemus.

IX. diocletianus. Dolet nimium, quod praesidem Dulcitium audio adeo illusum, adeo exprobratum, adeo calumniatum. Sed, ne viles mulierculae iactent se impune 15 nostris diis deorumque cultoribus illudere, Sisinnium comitem dirigam ad ultionem exercendam.

X. sisinnius. O milites, ubi sunt lascivae, quae torqueri debent, puellae?

milites. Affliguntur in carcere.

20 sisinnius. Hirenam reservate et reliquas producite.

milites. Cur unam excipis?

sisinnius. Parcens infantiae. Forte facilius convertetur, si sororum praesentia non terrebitur.

milites. Ita.

25 XI. Praesto sunt, quas iussisti.

sisinnius. Praebete assensum, Agapes et Chionia, meis consiliis.

agapes. Si praebebimus?

---

11. propalemus: ' disclose.' — 28. Si praebebimus: sc. *quid faciendum erit?*

SISINNIUS. Ferte libamina diis.

CHIONIA. Vero et aeterno Patri eiusque coaeterno Filio sanctoque amborum Paraclyto sacrificium laudis sine intermissione libamus.

SISINNIUS. Hoc vobis non suadeo, sed poenis prohibeo. 5

AGAPES. Non prohibebis, nec umquam sacrificabimus daemoniis.

SISINNIUS. Deponite duritiam cordis et sacrificate. Sin autem, faciam vos interfectum iri iuxta praeceptum imperatoris Diocletiani.   10

CHIONIA. Decet ut in nostri necem obtemperes iussis tui imperatoris, cuius nos decreta contempnere noscis; si autem parcendo moram feceris, aequum est ut tu interficiaris.

SISINNIUS. Non tardetis, milites, non tardetis; capite 15 blasphemas has et in ignem proicite vivas!

MILITES. Instemus construendis rogis et tradamus illas bachantibus flammis, quo finem demus conviciis.

AGAPES. Non tibi, Domine, non tibi haec potentia insolita, ut ignis vim virtutis suae obliviscatur, tibi ob- 20 temperando. Sed taedet nos morarum; ideo rogamus solvi retinacula animarum, quo extinctis corporibus tecum plaudant in aethre nostri spiritus.

MILITES. O novum, o stupendum miraculum! Ecce, animae egressae sunt corpora, et nulla laesionis repperi- 25 untur vestigia? Sed nec capilli, nec vestimenta ab igne sunt ambusta, quo minus corpora.

SISINNIUS. Proferte Hirenam.

XII. MILITES. Eccam.

SISINNIUS. Pertimesce, Hirena, necem sororum et cave 30 perire exemplo illarum.

HIRENA. Opto exemplum earum moriendo sequi, quo merear cum his aeternaliter laetari.

SISINNIUS. Cede, cede meae suasioni.

HIRENA. Haut cedam facinus suadenti.

SISINNIUS. Si non cesseris, non citum tibi exitum praestabo, sed differam et nova in dies supplicia multi-
5 plicabo.

HIRENA. Quanto acrius torqueor, tanto gloriosius exaltabor.

SISINNIUS. Supplicia non metuis; admovebo, quod horrescis.

10 HIRENA. Quicquid irrogabis adversi, evadam iuvamine Christi.

SISINNIUS. Faciam te ad lupanar duci corpusque tuum turpiter coinquinari.

HIRENA. Melius est, ut corpus quibuscumque iniuriis
15 maculetur, quam anima idolis polluatur.

SISINNIUS. Si socia eris meretricum, non poteris polluta intra contubernium computari virginum.

HIRENA. Voluptas parat poenam, necessitas autem coronam; nec dicitur reatus, nisi quod consentit animus.

20 SISINNIUS. Frustra parcebam, frustra miserebar huius infantiae.

MILITES. Praescivimus; nullatenus ad deorum culturam potest flecti, nec terrore umquam potest frangi.

SISINNIUS. Non ultra parcam.

25 MILITES. Rectum.

SISINNIUS. Capite illam sine miseratione et, trahentes cum crudelitate, ducite ad lupanar sine honore.

HIRENA. Non perducent.

SISINNIUS. Quis prohibere poterit?

30 HIRENA. Qui mundum sui providentia regit.

SISINNIUS. Probabo.

HIRENA. Ac citius libito.

---

10. **iuvamine**: ' aid.' — 19. **reatus**: ' guilt.' — 32. **libito** = *libeto;*
2 (1).

sɪsɪɴɴɪᴜs. Ne terreamini, milites, fallacibus huius blasphemae praesagiis.

ᴍɪʟɪᴛᴇs. Non terremur, sed tuis praeceptis parere nitimur.

XIII. sɪsɪɴɴɪᴜs. Qui sunt hi qui nos invadunt? Quam 5 similes sunt militibus quibus Hirenam tradidimus! Ipsi sunt. Cur tam cito revertimini? Quo tenditis tam anheli?

ᴍɪʟɪᴛᴇs. Te ipsum quaerimus.

sɪsɪɴɴɪᴜs. Ubi est quam traxistis?   10

ᴍɪʟɪᴛᴇs. In supercilio montis.

sɪsɪɴɴɪᴜs. Cuius?

ᴍɪʟɪᴛᴇs. Proximi.

sɪsɪɴɴɪᴜs. O insensati et hebetes totiusque rationis incapaces.   15

ᴍɪʟɪᴛᴇs. Cur causaris? Cur voce et vultu nobis minaris?

sɪsɪɴɴɪᴜs. Di vos perdant!

ᴍɪʟɪᴛᴇs. Quid in te commisimus? Quam tibi iniuriam fecimus? Quae tua iussa transgressi sumus?   20

sɪsɪɴɴɪᴜs. Nonne praecepi, ut rebellem deorum traheretis ad turpitudinis locum?

ᴍɪʟɪᴛᴇs. Praecepisti, nosque tuis praeceptis operam dedimus implendis, sed supervenere duo ignoti iuvenes, asserentes se ad hoc ex te missos, ut Hirenam ad cacumen 25 montis perducerent.

sɪsɪɴɴɪᴜs. Ignorabam.

ᴍɪʟɪᴛᴇs. Agnoscimus.

sɪsɪɴɴɪᴜs. Quales fuerunt?

ᴍɪʟɪᴛᴇs. Amictu splendidi, vultu admodum reverendi. 30

sɪsɪɴɴɪᴜs. Num sequebamini illos?

ᴍɪʟɪᴛᴇs. Sequebamur.

sɪsɪɴɴɪᴜs. Quid fecerunt?

MILITES. A dextra laevaque Hirenae se locaverunt et nos huc direxerunt, quo te exitus rei non lateret.

SISINNIUS. Restat ut, ascenso equo, pergam et qui fuerint qui nos tam libere illuserunt perquiram.

5 MILITES. Properemus pariter.

XIV. SISINNIUS. Hem! Ignoro quid agam; pessumdatus sum maleficiis Christicolarum: en, montem circueo, et, semitam aliquoties repperiens, nec ascensum comprehendere nec reditum queo repetere.

10 MILITES. Miris modis omnes illudimur nimiaque lassitudine fatigamur; et si insanum caput diutius vivere sustines, te ipsum et nos perdes.

SISINNIUS. Quisquis es meorum, strenue extende arcum, iace sagittam, perfode hanc maleficam.

15 MILITES. Decet.

HIRENA. Infelix, erubesce, Sisinni, erubesce, teque turpiter victum ingemisce, quia tenellae infantiam virgunculae absque armorum apparatu nequivisti superare.

SISINNIUS. Quicquid dedecoris accedit, levius tolero, 20 quia te morituram haut dubito.

HIRENA. Hinc mihi quam maxime gaudendum, tibi vero dolendum, quia pro tui severitate malignitatis in tartara dampnaberis; ego autem, martirii palmam virginitatisque receptura coronam, intrabo aethereum aeterni 25 regis thalamum; cui est honor et gloria in saecula.

THE MEDIAEVAL RELIGIOUS DRAMA

Notwithstanding the acerbity of the attack upon the stage so promptly launched by Tertullian, the church began quite early in the Byzantine epoch to use simple dramatizations of Scripture or other narratives to enforce its teachings. In the Middle Ages, especially about the twelfth century, there were in vogue various types of such plays in Latin. We may distinguish three general varieties, *Mysteries*, *Miracles*, and *Moralities*, based respectively on the Gospels, ecclesiastical tradition, and general ethical principles.

Such Mystery plays as the following example were acted in churches as well as elsewhere, but fell after a while into condemnation by the ecclesiastical authorities. This *Mystery of the Resurrection* is mainly based quite directly on the Gospel narratives, though ecclesiastical form and tradition emerge slightly towards the close. It is written in rather rude rhymes, with numerous stage directions.

In the field of the Miracle drama St. Nicholas had a prominent part, different plays representing him as raising the dead, giving gold to the impoverished, and recovering plunder from thieves for the owners.

Several examples may be found in du Méril's *Les origines latines du théâtre moderne*, Leipzig and Paris, 1897.

A number of these plays have been collected by Thomas Wright in *Early Mysteries and Other Latin Poems of the Twelfth and Thirteenth Centuries*, London, 1844.

A MYSTERY PLAY OF THE RESURRECTION

Mysterium Resurrectionis D. N. Ihesu Christi

Ad faciendam similitudinem Dominici sepulchri, primum
procedant tres Fratres praeparati et vestiti in similitudinem
trium Mariarum, pedetentim et quasi tristes alternantes, hos
5 *versus cantantes:*

PRIMA *earum dicat*

Heu! Pius pastor occidit,
Quem culpa nulla infecit!
O res plangenda!

10   SECUNDA

Heu! Verus pastor obiit,
Qui vitam sanctis contulit!
O mors lugenda!

TERTIA

15   Heu! nequam gens Iudaica!
Quam dira frendens vesania!
Plebs execranda!

PRIMA

Cur nece pium impia
20   Damnasti, saeva, invida?
Ira nefanda!

SECUNDA

Quid iustus hic promeruit
Quod crucifigi debuit?
25   O gens damnanda!

---

1. **D. N.**: i.e. *Domini Nostri.*

TERTIA

Heu! Quid agamus, miserae,
Dulci magistro orbatae?
   Sors lacrymanda

PRIMA   5

Eamus ergo propere;
Quod solum quimus facere,
   Mente devota.

SECUNDA

Condimentis aromatum   10
Ungamus corpus sanctissimum
   Quo pretiosa

TERTIA

Nardi vetet commixtio
Ne putrescat in tumulo   15
   Caro beata.

*Cum autem venerunt in chorum, eant ad monumentum
quasi quaerentes, et cantantes omnes simul hunc versum:*

Sed nequimus hoc patere sine adiutorio;
Quisnam saxum hoc revolvet ab monumenti ostio?   20

Quibus respondeat ANGELUS *sedens foris, ad caput sepulcri,
vestitus alba deaurata, mitra tectus caput, etsi deinfulatus,
palmam in sinistra, ramum candelarum plenum tenens in
manu dextra, et dicat moderata et admodum gravi voce:*

Quem quaeritis in sepulcro,   25
   O Christicolae!

---

19. **patere**: here used transitively. — 22. *mitra* . . . *deinfulatus:*
the mitre and the fillets of a priest are attributed to the angel.

Ihesum Nazarenum crucifixum,
O coelicola!

Quibus respondeat ANGELUS:

5   Quid, Christicolae, viventem quaeritis cum mortuis?
Non est hic, sed surrexit, prout dixit discipulis.
Mementote quid iam vobis locutus est in Galilea,
Quod Christum oportebat pati, atque die tertia
Resurgere cum gloria.

10   MULIERES *conversae ad populum cantent:*

Ad monumentum Domini venimus
Gementes; angelum Dei sedentem vidimus
Et dicentem quod surrexit a morte.

Post haec MARIA MAGDALENE, *relictis duabus aliis, accedat*
15 *ad sepulcrum, in quod saepe aspiciens, dicat:*

Heu dolor! heu! quam dira doloris angustia!
Quod dilecti sum orbata magistri praesentia;
Heu! quis corpus tam dilectum sustulit e tumulo?

Deinde pergat velociter ad illos qui in similitudine Petri et
20 *Iohannis praestare debent erecti, stansque ante eos quasi*
tristis, dicat:

Tulerunt Dominum meum,
Et nescio ubi posuerunt eum,
Et monumentum vacuum est inventum,
25   Et sudarium cum sindone repositum.

Illi autem hoc audientes velociter pergent ad sepulcrum
ac si currentes; sed iunior, S. Iohannes, perveniens stet
extra sepulcrum, senior vero, S. Petrus, sequens eum, statim

---

25. **sindone**: 'cloth.'

intret, postquam et Iohannes intret; cum inde exierint,
IOHANNES *dicat:*

> Miranda sunt quae vidimus!
> An furtim sublatus est Dominus?

5

Cui PETRUS

> Imo, ut praedixit vivus,
> Surrexit, credo, Dominus.

IOHANNES

> Sed cur liquit in sepulcro
> Sudarium cum linteo?

10

PETRUS

> Ista quia resurgenti
> Non erant necessaria,
> Imo resurrectionis
> Restant haec indicia.

15

Illis autem abeuntibus, accedat MARIA *ad sepulcrum, et prius
dicat:*

> Heu! dolor! heu! quam dira doloris angustia,
> Quod dilecti sum orbata magistri praesentia!
> Heu! quis corpus tam dilectum sustulit e tumulo?

20

Quam alloquantur DUO ANGELI *sedentes infra sepulcrum,
dicentes:*

> Mulier, quid ploras?

MARIA

> Quia tulerunt Dominum meum,
> Et nescio ubi posuerunt eum.

25

---

6. **Imo** = *immo.*

ANGELUS

Noli flere, Maria; resurrexit Dominus.
Alleluia!

MARIA

5   Ardens est cor meum desiderio
Videre Dominum meum;
Quaero et non invenio
Ubi posuerunt eum.
Alleluia!

10 *Interitu veniat quidam praeparatus in similitudinem*
hortulani, stansque ad caput sepulcri, dicat:

Mulier, quid ploras? quem quaeris?

MARIA

Domine, si tu sustulisti eum, dicito michi ubi posuisti
15 eum, et ego eum tollam.

Et ILLE:

Maria!

Atque procidens ad pedes eius, MARIA *dicat:*

Rabboni!

20   *At ille subtrahat se, et quasi tactum eius devitans dicat:*

Noli me tangere, nondum enim ascendi ad Patrem
meum et Patrem vestrum, Dominum meum et Dominum
vestrum.

Sic discedat Hortulanus, MARIA *vero, conversa ad popu-*
25 *lum, dicat:*

Congratulamini michi omnes qui diligitis Dominum,
quia quem quaerebam apparuit michi, et dum flerem ad
monumentum, vidi Dominum meum. Alleluia!

---

10. *Interitu* = *interea.* — 11. *hortulani:* ' gardener.'

Tunc DUO ANGELI *exeant ad ostium sepulcri, ita ut appareant foris, et dicant:*

Venite et videte locum ubi positus erat Dominus.
　Alleluia !
　Nolite t mere vos ;　　　　　　　　　　　　　　5
　Vultum tristem iam mutate :
　Ihesum vivum nunciate :
　Galileam iam adite :
　Si placet videre, festinate :
Cito euntes dicite discipulis quod surrexit Dominus. 10
　Alleluia !

Tunc Mulieres discedentes a sepulcro dicant ad plebem:

Surrexit Dominus de sepulcro,
Qui pro nobis pependit in ligno.
　Alleluia !　　　　　　　　　　　　　　　　15

Hoc facto, expandant sindonem, dicentes ad plebem:

Cernite vos, socii, sunt corporis ista beati
Lintea, quae vacuo iacuere relicta sepulcro.

Postea ponant sindonem super altare, atque revertentes alternent hos versus:　　　　　　　　　　　　　20

PRIMA *dicat:*

Resurrexit hodie Deus Deorum.

SECUNDA

Frustra signas lapidem, plebs Iudaeorum.

TERTIA　　　　　　　　　　　　　　25

Iungere iam populo Christianorum.

Item PRIMA *dicat:*

Resurrexit hodie Rex angelorum.

Ducitur de tenebris turba piorum.

Reseratur aditus regni coelorum.

5 *Interea is qui ante fuit Hortulanus, in similitudinem*
DOMINI *veniat, dalmaticatus candida dalmatica, candida*
infula infulatus, phylacteria pretiosa in capite, crucem
cum labaro in dextra, textum auro paratorium in sinistra
habens, et dicat mulieribus:

10   Nolite timere vos, ite, nunciate fratribus meis ut eant
in Galileam, ibi me videbunt sicut praedixi eis.

Alleluia!
Resurrexit hodie Dominus.

15   *Quo finito, dicant* OMNES *insimul:*

Leo fortis, Christus filius Dei.

Et CHORUS *dicat:*

Te Deum laudamus, etc.
        Explicit.

A MIRACLE PLAY, INTRODUCING SAINT NICHOLAS

Miraculum Sancti Nicholai

1   Nos quos causa discendi literas
        Apud gentes transmisit exteras,

---

6. **dalmaticatus:** ' in a priestly garment.' — 8. **labaro:** a bejew-
eled staff, or standard, terminating in a crucifix. —**paratorium:** the
covering of the sacred chalice.

Dum sol adhuc extendit radium,
Perquiramus nobis hospitium.

SECUNDUS CLERICUS

Iam sol equos tenet in littore,   5
Quos ad praesens merget sub aequore;
Nec est nota nobis haec patria:
Ergo quaeri debent hospitia.

TERTIUS CLERICUS

Senem quemdam maturum moribus
Hic habemus coram luminibus;   10
Forsan, nostris compulsus precibus,
Erit hospes nobis hospitibus.

Insimul CLERICI *ad Senem dicant:*

Hospes care, quaerendo studia
Huc relicta venimus patria;
Nobis ergo praestes hospitium,   15
Dum durabit hoc noctis spatium.

SENEX

Hospitetur vos Factor omnium!
Nam non dabo vobis hospitium;
Nam nec mea in hoc utilitas,
Nec est ad hoc nunc opportunitas.   20

CLERICI *ad Vetulam:*

Per te, cara, sit impetrabile
Quod rogamus, etsi non utile;
Forsan, propter hoc beneficium,
Vobis Deus donabit puerum.

MULIER *ad Senem:*

25   Nos his dare, coniux, hospitium,
Qui sic vagant quaerendo studium,
Sola saltem compellat caritas;
Nec est damnum, nec est utilitas.

SENEX *ad Uxorem:*

Acquiescam tuo consilio,
30   Et dignabor istos hospitio.

Ad Clericos:

Accedatis, scolares, igitur;
Quod rogastis vobis conceditur.

SENEX *ad Uxorem, Clericis dormientibus:*

Nonne vides quanta marsupia?
Est in illis argenti copia;
35   Haec a nobis absque infamia
Possideri posset pecunia.

VETULA

Paupertatis onus sustulimus,
Mi marite, quamdiu viximus;
Hos si morti donare volumus,
40   Paupertatem vitare possumus.
Evagines ergo iam gladium;
Namque potes, morte iacentium,
Esse dives quamdiu vixeris;
Atque sciet nemo quod feceris.

NICOLAUS

45   Peregrinus, fessus itinere,
Ultra modo non possum tendere;

---

33. **marsupia**: ' purses.'

Huius ergo per noctis spatium
Mihi praestes, precor, hospitium.

SENEX *ad Mulierem:*

An dignabor istum hospitio,
Cara coniux, tuo consilio? 50

VETULA

Hunc persona commendat nimium,
Et est dignum ut des hospitium.

SENEX

Peregrine, accede propius;
Vir videris nimis egregius:
Si vis, dabo tibi comedere; 55
Quidquam voles tentabo quaerere.

NICOLAUS *ad mensam:*

Nihil ex his possum comedere;
Carnem vellem recentem edere.

SENEX

Dabo tibi carnem quam habeo,
Namque carne recente careo. 60

NICOLAUS

Nunc dixisti plane mendacium;
Carnem habes recentem nimium,
Et hanc habes magna nequitia,
Quam mactari fecit pecunia.

SENEX *et* MULIER *simul:*

Misereri nostri te petimus; 65
Nam te sanctum Dei cognovimus:

Nostrum scelus abominabile,
Non est tamen incondonabile.

NICOLAUS

Mortuorum afferte corpora,
Et contrita sint vestra pectora!
Hi resurgent per Dei gratiam;
Et vos flendo quaeratis veniam!

Oratio SANCTI NICOLAI :

Pie Deus, cuius sunt omnia,
Coelum, tellus, aer et maria,
Ut resurgant isti praecipias,
Et hos ad te clamantes audias!

Et post OMNIS CHORUS *dicat:*

Te Deum laudamus.

---

68. **incondonabile** : ' unpardonable.'

ROBERTUS, GALLIAE REX

Robert II, king of France 996–1031, was the son of Hugh Capet, and was born about 970. He was a man of military and diplomatic ability, but struggled throughout his reign against the feudal magnates of the kingdom. In spite of his grave domestic troubles and a notable Gallic quality in his marital relations, he possessed many Christian graces; and, though excommunicated for a term of years, he has permanently attached to his name the epithet of "the Pious."

The famous hymn attributed to him is ranked among the few greatest products of Christian hymnodists. It is found in most collections, and often translated, e.g. by Ray Palmer, in the familiar English hymn,

> "Come, Holy Ghost, in love,
> Shed on us from above
> Thine own bright ray!"

Robert was a composer of music, as well as a writer of hymns.

The stanza is composed of six verses, in (mostly) accentual trochaic dimeters, catalectic, with end rhyme between 1 and 2, 3 and 6, and 4 and 5.

The text is found in Mone's *Hymni Latini Medii Aevi*, Trench's *Sacred Latin Poetry*, etc.

COME, HOLY SPIRIT

Veni, Sancte Spiritus,
Et emitte coelitus
Lucis tuae radium!

---

2. **coelitus**: 'from heaven.'

The date of the earliest manuscript copies of the poem makes it impossible to assign it to King Robert or to any writer of so early a period. Present-day attribution wavers between Stephen Langton, archbishop of Canterbury (1207–28), and his friend and patron, Pope Innocent III (1198–1216), to both of whom contemporary evidence credits it. The doubt has been resolved by supposing that Langton composed the poem and sent a copy to the Pope, whose admiration and sponsorship of it led to the belief that he himself had written it. See F. J. E. Raby, *A History of Christian-Latin Poetry from the Beginnings to the Close of the Middle Ages* (Oxford, 1927; 2nd ed., 1953) 343 f.; also Raby's *Oxford Book of Medieval Latin Verse* (Oxford, 1959) No. 249 and p. 496 (with the article of Dom A. Wilmart there cited). Standard edition of the text: *Analecta hymnica medii aevi* 54 No. 153 (pp. 234 ff). Assigned to Pentecost, the poem is one of the five Sequences included in the Roman missal; see J. Connelly, *Hymns of the Roman Liturgy* (Westminster, Md., 1957) 110–13.

Veni, pater pauperum,
5　　Veni, dator munerum,
Veni, lumen cordium !

KING ROBERT II COMPOSING SEQUENCES IN LATIN

Consolator optime,
Dulcis hospes animae,
Dulce refrigerium;

9. **refrigerium**: 'consolation.'

In labore requies,   10
In aestu temperies,
In fletu solatium.

O lux beatissima,
Reple cordis intima
Tuorum fidelium !   15
Sine tuo numine
Nihil est in homine,
Nihil est innoxium.

Lava, quod est sordidum,
Riga, quod est aridum,   20
Rege, quod est devium,
Fove, quod est languidum,
Flecte, quod est rigidum,
Sana, quod est saucium.

Da tuis fidelibus   25
In te confidentibus
Sacrum septenarium ;
Da virtutis meritum,
Da salutis exitum,
Da perenne gaudium.   30

---

27. **septenarium** : the seven fruits of the Spirit, as found by the church fathers in Isa. 11, 1–2, were *sapientia, intellectus, consilium, fortitudo, scientia, pietas, timor Domini.*

EKKEHARDI IV CASUS SANCTI GALLI

Of the famous family of the Ekkeharts, the fourth was born about 980, and died after the middle of the 11th century. Most of his life was spent in the monastery of St. Gall, though he was

'CHARLEMAGNE'S GATE' AT THE MONASTERY OF ST. GALL

for a time in charge of a school in Mainz. He is known chiefly for his continuation of the chronicles of the monastery of St. Gall which had been begun by Ratpert, who himself figures in Ekkehart's account. Ekkehart's intimate knowledge of the affairs of the monastery, and his inimitable anecdotal style of narrative, make his contribution to the history of the Middle Ages quite unique and fascinating. His colloquial Latin manner is reminiscent here and there of the German vernacular of the author. Well-known characters who appear in these chronicles are, among others, Notker the Stammerer, Hadwig, Duchess of Swabia, and the first Ekkehart, author of the epic *Waltharius*, and of many sequences for the use of the church services.

236

An excellent edition of Ekkehart is by G. Meyer von Knonau, published in the series of *Mittheilungen zur Vaterländischen Geschichte*, at St. Gall in 1877, with copious annotations.

THREE FRIENDS AND A TELLTALE

De Notkero, Ratperto, Tuotilone, discipulis eius et Marcelli, quoniam quidem cor et anima una erant mixtim, qualia tres unus fecerint, quantum a patribus audivimus, narrare incipimus. Hi quidem ab Hisone cum in divinis non mediocriter essent praelibati, Marcello, ut iam dixi- 5 mus, sunt coniuncti. Qui, in divinis eque potens et humanis, septem liberales eos duxit ad artes, maxime autem ad musicam. Quae cum ceteris naturalior et, quamvis difficilius apprehensa, usu quidem sit iucundior, tantum in ea tandem valuerant quantum in operibus singulorum, 10 quae iam ante quiddam tetigimus, apparet. Enimvero hi tres, quamvis votis essent unicordes, natura tamen, ut fit, erant dissimiles. Notker corpore non animo gracilis, voce non spiritu balbulus, in divinis erectus, in adversis patiens, ad omnia mitis, in nostratium acer erat exactor 15 disciplinis, ad repentina timidulus et inopinata, praeter demones infestantes, erat, quibus se audenter opponere solebat, in orando, legendo, dictando creberrimus, et, ut omnis sanctitatis eius in brevi conplectar dotes, sancti spiritus erat vasculum, quo suo tempore habundantius 20 nullum.

At Tuotilo longe aliter bonus erat et utilis, homo lacertis et omnibus membris, sicut Favius athletas eligere docet. Erat eloquens, voce clarus, celaturae elegans et picturae artifex, musicus, sicut et sotii eius, sed in omnium genere 25

---

1. **eius:** i.e. of Iso (Hiso), the preceptor. — 2. **mixtim**: 'when together.' — 5. **praelibati**: 'tested.' — 6. **eque** = *aeque;* 2 (1). — 23. **Favius**: M. Fabius Quintilianus; 2 (2); cf. *Inst. Orat.* X. 1, 33. — 24. **celaturae**: 'carving in bas-relief.' — 25. **sotii** = *socii;* 2 (3).

fidium et fistularum prae omnibus; nam et filios nobilium in loco ab abbate destinato fidibus edocuit. Nuntius procul et prope sollers, in structuris et ceteris artibus suis efficax, concinnandi in utraque lingua potens et promtus 5 natura, serio et ioco festivus, adeo ut Karolus noster ali- quando ei maledixerit qui talis naturae hominem mona- chum fecerit. Sed inter haec omnia, quod prae aliis est, in choro strenuus, in latebris lacrimosus, versus et melodias facere praepotens, castus, ut Marcelli discipulus, qui femi- 10 nis oculos clausit. Ratpertus autem inter ambos quos diximus medius incedebat, scolarum ab adolescentia magister, doctor planus et benevolus, disciplinis asperior, raro praeter fratres pedem claustro promovens, duos calceos annum habens, excursus mortem nominans, sepe 15 Tuotilonem itinerarium, ut se caveret, amplexibus monens. In scolis sedulus plerumque cursus et missas negligebat: "Bonas," inquiens, "missas audimus, cum eas agi doce- mus." Qui cum labem maximam claustri impunitatem nominasset, ad capitulum tamen nonnisi vocatus venit, 20 cum sibi officium capitulandi et puniendi gravissimum, ut ait, sit traditum.

Tales cum essent tres isti nostrae rei publicae senatores, quod semper doctorum est et utilium, ab otio vacantibus et in levitate ambulantibus detractiones et dorsiloquia 25 patiuntur assidua, sed maxime, quia minus refellere sole- bat, sanctus, ut vere asseram, domnus Notkerus. Tuo- tilo quidem et Ratpertus acriores talibus minusque ad

---

4. **promtus** = *promptus.* — 5. **Karolus**: Karl III. — 13. **claustro**: 'cloister.' — 14. **sepe** = *saepe.* — 15. **itinerarium**: 'when starting on a journey.' — **se caveret**: a Germanism. — 16. **cursus**: the daily routine of services, prayers, psalms, hymns, etc., prescribed. — **missas**: 'masses.' — 18. **impunitatem**: 'lack of discipline.' — 19. **ca- pitulum**: a meeting of all the brothers for serious counsel. — 20. **capitulandi**: 'reproving.' — 24. **dorsiloquia**: 'backbiting.' — 26. **domnus**: 2 (5).

contumelias habiles rarius ab eis ledebantur. Notkerus
autem, hominum mitissimus, quid iniurie essent, in semet
ipso didicit. De quibus pluribus unum aliquem, ut
quantum satanas in talibus praesumat ab uno discas
omnes, introducere volumus. Erat hic quidem refectora- 5
rius, nomine Sindolfus, postremo autem fictis obsequelis,
cum alias in nullo esset utilis, accusans fratres criminibus
coniectis, a Salomone operariorum positus est decanus.
Enimvero cum esset refectorarius, pro commodis incommoda quibus ausus erat exhibebat, prae ceteris autem 10
Notkero. Salomone autem in plurimis occupato nec
adtendere ad singula sufficienti, alimonia interdum fratribus cum aut detraheretur, aut depravaretur, clamabant
plures pro iniusticia, inter quos aliquando aetiam tres,
quos dicimus, isti aliqua locuti parebant. At Sindolfus 15
discordiae semper fomes, sciens antiquam condiscipulorum
odii facem et causam, accommodat se auribus Salomonis,
quasi pro suo honore rem sibi sit dicturus. Ille vero etsi
nihil nocivius scisset praelatis a subditis quam susurros
audire, quod novi afferret quesivit. Ille vero tres illos 20
semper super se verba iacere solitos, hesterno quae Deo
importabilia sint mentitur locutos. Credidit ille sermoni
et nihil mali opinantibus rancorem portavit, tandem et
ostendit. At illi cum nihil ab eo reatus sui exsculpere
possent, Sindolfi se tegnis ariolantur fuisse circumventos. 25
Re tandem coram fratribus discussa, cum ipsi, testantibus
cunctis nihil omnino se contra episcopum dixisse, cum

---

1. **ledebantur** = *laedebantur.* — 2. **iniurie** = *iniuriae.* — 5. **refectorarius**: ' steward.' — 6. **obsequelis**: ' obsequiousness.' — 8. **Salomone**: Salomon was both abbot of St. Gall and bishop of
Constance. — **decanus**: ' chief.' — 12. **alimonia**: ' sustenance.' —
14. **aetiam**: 2 (1). — 15. **parebant**: 1B (3). — 19. **nocivius**: ' more
harmful.' — **praelatis**: ' prelates.' — 21. **super se**: a Germanism. —
22. **importabilia**: ' intolerable.' — 24. **reatus**: ' guilt.' — 25. **tegnis**
= *technis.*

ceteris eum vincerent, vindictam super falsidicum quisque sibi rogant. Quod ille cum dissimulasset, taciti quieverant.

Erat tribus illis inseparabilibus consuetudo, permisso
5 quidem prioris, in intervallo laudum nocturno convenire in scriptorio collationesque tali horae aptissimas de scripturis facere. At Sindolfus, sciens horam et colloquia, quadam nocte fenestrae vitreae, cui Tuotilo assederat, clandestinus foris appropiat aureque vitro affixa, si quid
10 rapere posset quod depravatum episcopo traderet aus-·cultabat. Senserat illum Tuotilo, homo pervicax lacertisque confisus, Latialiterque, quo illum, qui nihil intellegeret, lateret, compares alloquitur: "Adest ille," inquit, "et aurem fenestrae affixit. Sed tu, Notker, quia
15 timidulus es, cede in aecclesiam; Ratperte autem mi, rapto flagello fratrum, quod pendet in pyrali, deforis accurre! Ego enim illum, cum appropinquare te sensero, vitreo citissime redaperto captum capillis ad meque pertractum violenter tenebo. Tu autem, anime mi, confor-
20 tare et esto robustus, flagelloque illum totis viribus increpita et Deum in illo ulciscere!"

Ille vero, sicut semper erat ad disciplinas acutissimus, modeste exiens rapto flagello cucurrit celerrimus hominemque intro capite tractum totis viribus a dorso ingrandinat.
25 Et ecce ille manibus pedibusque renisus flagellum incussum capiens tenuit; at ille virgam propius aspectam rapiens ictus ei validissimos infregit. Cum autem parci

---

5. prioris: i.e. the abbot. — **laudum:** 'lauds,' an ecclesiastical term for a period of prayer. — **6. scriptorio:** 'writing-room.' — **7. colloquia:** 'custom of talking together.' — **9. appropiat:** 'approaches.' — **12. Latialiter:** 'in Latin.' — **18. vitreo:** i.e. 'the window.' — **24. ingrandinat:** 'pelts with blows.'

sibi male mulctatus incassum petisset: "Voce," inquit,
"opus est," et exclamans vociferavit. At fratrum pars,
voce audita tali tempore insolita, stupens accurrit luminibus, et quidnam esset quesivit. Tuotilo autem diabolum
se cepisse creber ingeminans lumen adhiberi rogat, ut in 5
cuius illum imagine teneret certius inspiceret. Capite
autem invíti hac et illac ad inspicientes versato, si Sindolf
esset, quasi nescius, interrogat. Omnibus autem vere
ipsum esse clamitantibus et, ut illum dimitteret, roganti-
bus, relicto eo: "Me miserum," ait, "in auricularem 10
et intimum episcopi manus misisse!" Ratpertus vero
fratribus accurrentibus in partem cedens clam se sub-
duxit. Neque enim ipse, qui passus est, a quo cederetur
scire poterat. Querentibus autem aliquibus, ubinam
domnus Notkerus Ratpertusque abissent: "Ambo," inquit, 15
"ad opus Dei diabolum sentientes abierunt meque cum
illo in negotio perambulante in tenebris dimiserunt. Vere
autem omnes scitote, angelum Domini ictus ei manu sua
incussisse."

Discedentibus tandem fratribus a partium sectatoribus 20
surgunt, ut fit, multiloquia. Alii Dei iudicio, ut auscul-
tatores clandestini publicarentur, factum dicebant; alii
autem tali viro, nisi quod angelum Domini praetendit,
tale opus non decuisse. Occultabat autem se confractus
ille corporis pariter et mentis dolore. Interrogatque 25
tandem episcopus post aliquos dies, ubinam tamdiu
moraretur suus famidicus; sic enim hominem nominare
erat solitus nova semper aliqua sibi clam adportantem.
Re, ut erat, veraciter comperta, quoniam tantae auctori-
tati pro tam turpiter reo nihil imputare volebat, conso- 30
latur accitum: "Quoniam illi," inquit, "a pueritia mei

5. **adhiberi** : 3E (3) (*c*).— 10. **auricularem** : 'confidant.' —
13. **cederetur** = *caederetur;* 2 (1).—21. **multiloquia** : 'much discussion.' — 27. **famidicus** : 'telltale.'

semper invidi male tibi fecerant, ego quidem, si vixero,
melius tibi facere habebo." Data est post non multum
temporis occasio, et plerisque omnibus, ne rem loci tam
praeclaram in tali homine deiceret, contradicentibus, ut
5 supra praelibavimus, operariorum factus est ab ipso
decanus. — *Chaps. 33–36.*

NOTKER'S ENCOUNTER WITH THE DEVIL

Notkerus autem spiritualiter, ut diximus, fortis, quantum Tuotilo in homines, tantum ipse valuit in demones,
alias autem corpore, ut ieiunans et vigilans, tener, ut
10 diximus, et macer. Accidit autem, ut quadam nocte in
aecclesia praeveniens in maturitate altariaque circuiens,
ut solebat, clamaret. In criptam vero veniens duodecim
apostolorum sanctique Columbani, acriores de post aram
oculi eius cum deducerent lacrimas, quasi canem audierat
15 mussitantem. Cumque interea suis vocem grunnientis
mixtam sentiret, intellexit temptatorem. "Esne tu,"
inquit, "iterum ibi? Quam bene tibi, miser! contigit
nunc mussitanti et grunnienti post gloriosas voces illas,
quas in caelis habueras?" Accensoque lumine, quo angulo
20 lateret quaesivit. Ille vero sinistro angulo appropiantem
tanquam canis rabidus vestibus lacerat. "Eia," inquit
ille, "servitium tuum foris criptam satagere habeo;
neque enim penae illae valent, quas, ut aiunt, iam pateris:
acrius tibi aliquid paraturus sum. Praecipio tibi autem
25 in nomine istorum sanctorum et Domini mei, ut me in
eodem, quo nunc indutus es, canino corpore exspectes."
Et ille: "Faciam," inquit, "si volo." Et Notkerus

---

2. **facere habebo**: 3E (3) (*a*). — 5. **praelibavimus**: 'have explained before.' — 9. **ieiunans**: 'fasting.' — 11. **in maturitate**:
'early.' — 12. **clamaret** = *oraret.* — **criptam** = *cryptam.* — 13. **de post**:
3D. — 20. **appropiantem** = *appropinquantem.* — 22. **foris**: used as
a preposition. — 23. **penae** = *poenae:* 2 (1).

velocius abiens : "Confido," ait, "in Domino quia, velis
nolis, me exspectabis." Festinato autem aram sancti
Galli adiens, cambotam suam et magistri eius, multarum
virtutum operatricem, cum spera illa sanctae crucis no-
tissima rapuit et in introitu criptae dextero spera posita 5
cum baculo sinistrorsum caninum illum agressus est
diabolum. Cum autem illum baculo sancto cedere coepisset, voces suas anteriores altius gannitu edidit et
grunnitu. Tandem vero cum ad speram sanctissimam
cedendo cedentem fugiens venisset, ultra iam progredi 10
non valens constitit, et tot iam ictus et incussiones ferre
non sustinens barbarice clamans : "*Au we! Mir we!*"
vociferavit.

At interea edituus cum basilicam intrasset vocesque
horridas audisset, lumen velox in manibus sumpsit et ad 15
criptam acceleravit. At ille cum ei ictum ultimum
fecisset, baculum sanctum in locis confregit. Et nisi
edituus speram videns allevasset canemque sic abire
permisisset, adhuc eum cedere habuisset. Edituus vero
baculo inspecto attonitus : "Baculumne sanctum, domne 20
mi, in cane fedasti?" Illo conticente, addidit : "Quisnam
ille erat," inquit, "qui '*A we!*' vociferavit?" Putans-
que illum pro pietate furem aliquem celare, ivit in pedes
per totam aecclesiam, furem comprehendere cupiens.
Sed cum neque furem inveniret, neque canem, graditur 25
secum mirans, quia aecclesiam post se introiens clauserat,

---

3. **cambotam** : a word of various forms, e.g. *cambuca, cambutta,*
etc., and equivalent in meaning to *baculus.* — 4. **virtutum** = *mira-*
culorum. — **spera** = *sphaera:* the little globe into which the cross
was fitted. — 6. **baculo** : the 'staff' of a spiritual shepherd is here
meant. — 7. **cedere** = *caedere.* — 8. **gannitu** : 'snarling.' — 12. "*Au*
we! Mir we!": German outcries of pain. — 14. **edituus** : 2 (1). —
18. **allevasset** : 'had taken up.' — 19. **adhuc** : 'still.' — **cedere ha-**
buisset : a Germanism. — 21. **fedasti** = *foedasti ;* 2 (1). — **conti-**
cente : 'holding his peace.'

quidnam esse posset quod contigerat. Virum denique
regularem iam semel sibi tacitum amplius alloqui non
ausus est praesumere. Et ille, secundum quod humilis
erat et prudens, edituo foras ire significans in partem
5 eum sumpsit, benedictioneque praelata : "Quoniam baculum," inquit, "fili mi, confregi, nisi tu iuveris, secreta
mea habent efferri. Sed quoniam meum non est ambulare
in magnis et in mirabilibus super me, silentio fidei tuae
quod factum est committo." Sicque ei rem, ut facta
10 est, enucleavit. At ille, baculo per fabrum latenter
reparato, quod factum est ad tempus occultavit. In
temporis autem processu res, ut erat, in medium venit.

— *Chap. 41.*

HERIBALD AND THE HUNGARIAN INVASION

Ibant exploratores per nota sibi loca nocte dieque,
adventum hostium fratribus Sanctum Gallum unquam a
15 barbaris invadi nimis incredulis, ut ad castellum fugerent,
praedicturi. Engilbertus enim et ipse talibus assentiens
pene sero carissimas Sancti Galli res castello intulit, unde
et ciborium Otmari relictum est hostibus. Nam hostes
non simul ibant; sed turmatim, quia nemo restiterat,
20 urbes villasque invaserant et spoliatas cremaverant,
ideoque improvisi, qua vellent, imparatos insiliebant.
Silvis quoque centeni vel minus interdum latentes erupe-
rant; fumus tamen et coelum ignibus rubens ubi essent
turmae quaeque innotuit. Erat autem tunc inter nos-
25 trates frater quidam simplicissimus et fatuus, cuius dicta
et facta sepe ridebantur, nomine Heribaldus. Huic cum

---

2. **regularem**: one who keeps the rules of the order, i.e. a monk.
— 3. **secundum quod**: 1B (6). — 4. **in partem eum sumpsit**: ' took
him into his confidence.' — 7. **habent efferri** = *efferenda sunt.* —
15. **barbaris**: the Hungarians who invaded the region of St. Gall
in 915. — 16. **Engilbertus**: elected Abbot of St. Gall about 914.

ad castellum fratres primo pergerent, ut et ipse fugeret
cum terrore quidam dicerent: "Enimvero," ait ille,
"fugiat, qui velit; ego quidem, quoniam corium meum
ad calceos camerarius hoc anno non dedit, nusquam
fugiam." Cum autem illum fratres, ut secum pergeret, 5
in novissimo articulo vi cogere vellent, multa reluctatus,
nisi annotinum corium sibi ad manus daretur, nusquam
se iuravit iturum. Sicque Ungros ingruentes imperterri-
tus exspectabat. Fugiunt tandem pene sero fratres cum
aliis incredulis horridicis vocibus, hostes instanter irruere, 10
perculsi; sed ipse intrepidus in sententia permanens
otiose deambulabat.

Ingruunt tandem pharetrati illi, pilis minantibus et
spiculis asperi. Locum omnem perscrutantur solliciti;
nulli sexui vel aetati certum est misereri. Inveniunt 15
solum illum in medio stantem intrepidum. Quid velit
curque non fugerit mirati, ferro interim parcere necatoribus
iussis, primipilares per interpretes interrogantes, fatuitatis
monstrum ubi sentiunt, omnes illi risibiles parcunt. Aram
lapideam Sancti Galli, quod prius crebro talibus frustrati 20
nihil intus nisi ossa vel cineres cum invenissent, nec tangere
curant. Requirunt tandem a fatuo suo ubi thesaurus loci
sit conditus. Quos cum ille alacer ad gazophilatii duceret
occultum ostiolum, effracto illo nihil ibi nisi candelabra
et coronas deauratas reperientes, quas in fugam festinantes 25
reliquerant, deceptori suo alapas dare palmis intentant.
Duo ex illis ascendunt campanarium, cuius cacuminis
gallum aureum putantes deumque loci, sic vocatum non

---

4. **camerarius**: a monastic functionary, whose duties varied somewhat, — perhaps a general provider. — 15. **sexui** . . . **aetati**: 3A
(1). — 17. **necatoribus**: 'murderers.' — 19. **risibiles**: 'laughing.' —
23. **gazophilatii** = *gazophylacii* = *aerarii*. — 27. **campanarium**: ' bell
tower.' — 28. **gallum**: said to be the first literary reference to a
' weathercock ' on a church tower. The word *gallus* is to be con-

esse nisi carioris metalli materia fusum, lancea dum unus,
ut eum revellat, se validus protendit, in atrium de alto
cecidit et periit. * * *

Erant autem in cellario fratrum communi duo vasa
5 vinaria usque ad sigillos adhuc plena. Quae quia in
articulo illo nemo boves iungere aut minare est ausus,
ita sunt relicta. Haec vero, nescio quo loci fortunio,
nisi quod talibus in vehiculis praedarum habundaverant,
hostium nullus aperuit. Nam cum quidam illorum ascia
10 vibrata unum retinaculorum succideret, Heribaldus inter
eos iam domestice versatus: "Sine," inquit, "vir bone!
Quid vis vero ut nos, postquam abieritis, bibamus?"
Quod ille per interpretem audiens et cachinnans, socios
ne fatui sui vascula tangerent rogavit. Sicque usque ad
15 abbatis conspectum, Ungris locum deserentibus, sunt
servata.

Exploratores autem, qui silvas et quaeque latentia solli-
citissime scrutarentur, certatim illi mittunt; eos, si quid
novi referant, operiuntur. Sparguntur tandem, Wiborada
20 iam passa, per atrium et prata ad prandia copiosa. Cyborium quoque Sancti Otmari argento vestitum nudant,
quod repente invasi fugientes asportare non poterant.
Primipilares quidem claustri planitiem tenentes omni
copia convivantur. Heribaldus aetiam coram illis plus
25 quam unquam, ut ipse postea dicebat, saturatus est.
Cumque more suo super viride foenum singuli ad pranden-
dum absque sedilibus recumberent, ipse sibi et clerico cui-

---

sidered a jesting comparison to St. Gallus, whose character the
Hungarians mistook thus. — 1. **fusum**: 'alloyed.' — 4. **cellario**:
'pantry.' — 5. **sigillos**: 2 (9). — 8. **habundaverant**: 2 (4). — 11. **domestice versatus**: 'quite at home.' — 14. **ad abbatis conspectum**:
cf. Chap. 55, end. — 19. **Wiborada**: a virgin martyr, who had
prophesied this invasion, in which she lost her life. The event occurred on May 1, 915.

dam praeda capto sellulas posuit.   Ipsi vero cum armos et
caeteras victimarum portiones semicrudas absque cultellis
dentibus laniando vorassent, ossa obaesa inter se unus
quidem in alterum ludicro iecerant.   Vinum quoque plenis
cubbis in medio positum sine discretione, quantum quem- 5
que libuerat hausit.

Postquam vero mero incaluerant, horridissime diis
suis omnes vociferabant.   Clericum vero et fatuum suum
id ipsum facere coegerant.   Clericus autem linguae bene
eorum sciolus, propter quod aetiam eum vitae servaverant, 10
cum eis valenter clamabat.   Cumque iam satis lingua
illorum insanisset, antiphonam de sancta cruce, cuius
postera die inventio erat, "Sanctifica nos," lacrimans in-
coeperat, quam Heribaldus cum eo, quamvis voce raucosus,
et ipse decantabat.   Conveniunt omnes qui aderant ad 15
insolitum captivorum cantum, et effusa laetitia saltant
coram principibus et luctantur.   Quidam aetiam armis
concurrentes, quantum disciplinae bellicae nossent ostenderant.   Interea clericus ille pro relaxatione sua rogandi
tempus oportunum in tali alacritate arbitratus, sanctae 20
crucis implorans adiutorium, provolvitur miser principum
cum lacrimis pedibus.   At illi nimis effero spiritu sibilis
et quasi grunnitu horrido satellitibus quid velint insinuant,
illique rabidi advolant, hominem dicto cicius corripiunt,
cultellos, ut ludicrum, quod Teutones "*pichin*" vocant, in 25
coronam eius facerent, antequam capite illum plecterent,
exigunt.

---

3. **obaesa**: 2 (1). — 5. **cubbis** = *cupis*. — **discretione** = 'discrim-
ination.' — 10. **sciolus**: 'who had a smattering acquaintance with.'
— 12. **antiphonam**: 'hymn.' — 13. **inventio**: i.e. the anniversary
of its 'discovery.' — 18. **ostenderant**: 3E (6) (*e*). — 24. **cicius** =
citius; 2 (3). — 25. "*pichin*": Middle High German for *bicken* =
stechen. — 26. **coronam**: the tonsure of the monastic. — 27. **exigunt** = *extrahunt.*

Interim dum talia parant, exploratores in silva, quae
castellum vergit, subitanea tubarum et vocum signifi-
catione accelerant. Castellum cum armatis legionibus
obfirmatum in proximo sibimet asserunt, clerico ibi et
5 Heribaldo relictis solis in claustro, celeres pro se quisque
viri foras festinant et, ut assueti erant, priusquam quis
credat, parati in acie stabant. Audita autem castelli
natura, quod obsideri non possit, locum autem longo collo
et artissimo impugnantibus maximo damno certoque peri-
10 culo adibilem, tutores eius suae multitudini, dum victualia
habeant, modo viri sint, nunquam cessuros, monasterio,
eo quod Gallus deus eius ignipotens sit, tandem omisso,
villae domos, ut videre possint, — nam nox proxima erat
— aliquas incendunt et, silentio tubis et vocibus indicto,
15 via quae Constanciam ducit abeunt.

Castellani autem cum monasterium ardere putassent,
abitu eorum comperto, per compendia eos insecuti exploratores de longe multitudinem prosecutos in faciem aggressi,
quosdam occidunt; unum autem vulneratum captum
20 aveunt; ceteri vix fuga lapsi multitudini tubis ut caveant
significant. At illi campos et planitiem, quam citissime
poterant, optinentes aciemque, prout copia esset, alacriter instruentes vehiculis et caeteris impedimentis
circumpositis, noctem vigiliis partiuntur fusique per
25 herbas vino et somno taciti indulgent. Mane autem prima
villas proximas incurrentes, si quid fugientes reliquerint
investigant et rapiunt cunctaque quae praetereunt aedificia
exurunt. At Engilvertus hostium invasionis primicerius
castellum repetere, caeteris dimissis, cum paucis eque
30 audacibus monasterium vitabundus inambulat, si aliqui

---

10. **adibilem**: 'approachable.' — 16. **Castellani**: the occupants,
for the time-being, of the castle. — 20. **aveunt** = *avehunt;* 2 (4). —
28. **Engilvertus**: 2 (2). — **hostium** = *ostium;* 2 (4). — **primicerius**:
'abbot.'

ad insidias relicti sint explorat. Heribaldi fratris fatui-
tatem bene quidem nati miserans, si vel corpus eius ad
sepeliendum inveniant sollicite investigant. Illo quidem
nusquam reperto — nam cacumen proximi montis, vix a
clerico persuasus, cum ipso occupans inter arbusta et 5
frutecta latuit — miserabatur adhuc, si tantae simpli-
citatis mancipium hostes quidem secum abegerint. Miratus aetiam vini vasa ab hostibus nimium bibulis vitata,
gratias Deo egit. — *Chaps. 52–55.*

THE DUCHESS HADWIG AT HER MORNING LESSON
WITH EKKEHARD

Altera dein die, cum diluculo, ut ibi solebant, silentium 10
regulae, cuius et ipsa exactrix erat sollicita, de more per-
solvisset — nam iam monasterium in monte statuere
coeperat — magistrum lectura adiit. Et cum sedisset,
ad quid puer ille venerit, ipso astante, inter caetera
quesivit. "Propter Grecismum," ille ait, "domina mi ! 15
Ut ab ore vestro aliquid raperet, alias sciolum vobis illum
attuli." Puer autem ipse pulcher aspectu, metro cum
esset paratissimus, sic intulit :

"Esse velim Grecus, cum sim vix, domna, Latinus."

In quo illa, sicut novarum rerum cupida, adeo est delectata, 20
ut ad se tractum osculata scabello pedum proximius loca-
ret. A quo, ut repentinos sibi adhuc versus faceret,

---

5. **ipso** = *illo:* 1C. — 6. **frutecta** : 'bushes.' — 11. **regulae** : the
monastic requirement of silence in study hours. — **ipsa** : the widow
Hadwig, Duchess of Swabia, whom Ekkehart II was permitted to
instruct at the castle of Hohentwiel (the *monasterium* here mentioned). — **exactrix** : 'stickler.' — 13. **magistrum** : Ekkehart II,
nephew of Ekkehart I, the distinguished author. — 14. **ad quid** =
quid. — **puer** : the young Purchard, the second of that name, abbot
1001–1022. — 21. **pedum** : redundant.

curiosa exegerat. Puer vero magistros intuitus, quasi talis osculi insuetus, haec intulit :

> "Non possum prorsus dignos componere versus ;
> nam nimis expavi, duce me libante suavi."

5 Illa vero extra solitam severitatem in chachinnos versa, tandem puerum coram se statuit et eum antiphonam, "Maria et flumina," quam ipsa in Grecum transtulit, canere docuit ita :

> "Thalassi ke potami, eulogiton kyrion ;
10   ymnite pigonton kyrion alleluia."

Crebroque illum postea, cum vacasset, ad se vocatum, repentinis ab eo versibus exactis, grecissare docuit et unice dilexit. Tandem quoque abeuntem *Oratio* et quibusdam aliis quos hodie armarium nostrum habet 15 donavit libris. — *Chap. 94.*

---

5. **chachinnos**: 2 (4). — 7. " **Maria et flumina** " : for this antiphon cf. Daniel 3:78. — **ipsa in Grecum transtulit:** Hadwig as a princess had been educated in Greek, because of her matrimonial prospects, when bethrothed to the king of Greece. — 12. **grecissare:** 'to play the Greek.' — 14. **armarium:** 'library.'

ADAMI GESTA HAMMABURGENSIS ECCLESIAE PONTIFICUM

Adam of Bremen was born in upper Saxony some time during the first half of the 11th century, came to Bremen about 1068, by 1069 was master of a cathedral school conducted there under the control of Archbishop Adalbert, visited the king of Denmark, and on his return, after the death of his patron Adalbert, wrote the history of the diocese of Hamburg. His death occurred about 1076.

MASTER AND PUPIL: DICTATION EXERCISE

Adam's history did not confine itself to the church and the diocese of Hamburg, by any means, but rather included much concerning all the countries around the Baltic, particularly the Scandinavian peoples and their colonies. He was especially interested in geography and tells the story of Leif Ericsson's voyage of discovery to America, as well as other interesting accounts of persons, places and travels, trade and markets. The fourth book of his history, indeed, has the separate title, *Descriptio Insularum Aquilonis*. He is considered among the best and most important historical writers of the mediaeval period.

Adam's Latin is somewhat repetitious, and exhibits some of the common faults of the time, such as carelessness about prepositions and the use of moods, confusion of genders, the use of compound for simple verbs, and the erratic spelling of his contemporaries; but it presents no striking difficulties.

Among the various editions should be mentioned the one by Lappenberg in the series *Scriptores Rerum Germanicarum*, Hannover, 1846 (issued again in 1876).

THE NORSEMEN DISCOVER AMERICA

Praeterea unam adhuc insulam recitavit a multis in eo repertam occeano, quae dicitur Winland, eo quod ibi vites sponte nascantur vinum optimum ferentes. Nam et fruges ibi non seminatas habundare non fabulosa opinione 5 sed certa comperimus relatione Danorum.

Item nobis retulit beatae memoriae pontifex Adalbertus, in diebus antedecessoris sui quosdam nobiles de Fresia viros causa pervagandi maris in boream vela tetendisse, eo quod ab incolis eius populi dicitur ab ostio Wirrahae 10 fluminis directo cursu in aquilonem nullam terram occurrere praeter infinitum occeanum. Cuius rei novitate pro vestiganda coniurati sodales a litore Fresonum laeto celeumate progressi sunt. Deinde relinquentes hinc Daniam, inde Britanniam, pervenerunt ad Orchadas. 15 Quibus a laeva dimissis, cum Nordmanniam in dextris haberent, longo traiectu glacialem Island collegerunt. A quo loco maria sulcantes in ultimum septentrionis axem, postquam retro se omnes de quibus supra dictum est

---

1. **recitavit**: sc. *rex Danorum.* — 2. **occeano**: 2 (11). — **Winland** = Vinland, i.e. ' Vineland,' the term used by the Norsemen for that part of North America which they discovered at this time, i.e. early in the 11th century. — 4. **fruges**: 'grain.' — 7. **antedecessoris**: ' predecessor.' — **Fresia**: 'Friesland.' — 9. **Wirrahae**: ' the Weser.' — 12. **Fresonum**: ' the Frieslanders.' — 13. **celeumate**: the cry of the stroke oarsman. — 14. **Daniam**: ' Denmark.' — 15. **Nordmanniam**: ' Norway.' — 16. **Island**: ' Iceland.' — **collegerunt** = *legerunt;* ' skirted along.'

insulas viderunt, omnipotenti Deo et sancto confessori
Willehado suam commendantes viam et audatiam, subito
collapsi sunt in illam tenebrosam rigentis occeani caligi-
nem quae vix oculis penetrari valeret. Et ecce instabilis
occeani euripus ad initia quaedam fontis sui archana 5
recurrens, infelices nautas iam desperatos, immo de morte
sola cogitantes, vehementissimo impetu traxit ad chaos
illud profundum in quo fama est omnes recursus maris,
qui decrescere videntur, absorberi et denuo revomi, quod
fluctuatio crescens dici solet. Tunc illis solam Dei miseri- 10
cordiam implorantibus ut animas eorum susciperet, impetus ille recurrens pelagi quasdam sociorum abripuit,
ceteras autem revomens excursio longe ab alteris post
terga reppulit. Ita illi ab instanti periculo quod oculis
viderant oportuno Dei auxilio liberati, toto nisu remorum 15
fluctus adiuvarunt.

Et iam periculum caliginis et provintiam frigoris
evadentes, insperate appulerunt ad quandam insulam
altissimis in circuitu scopulis ritu oppidi munitam. Huc
visendorum gratia locorum egressi, reppererunt homines 20
in antris subterraneis meridiano tempore latitantes; pro
quorum foribus infinita iacebat copia vasorum aureorum
et eiusmodi metallorum, quae rara mortalibus et preciosa
putantur. Itaque sumpta parte gazarum quam sub-
levare poterant, laeti remiges festine remeant ad naves, 25
cum subito retro se venientes contemplati sunt homines

---

7. **chaos**: 'abyss.' — 9. **decrescere**: 'disappear.' — **absorberi**
. . . **revomi**: cf. Paulus Diaconus on the Maelstrom, p. 104. —
17. **provintiam**: 2 (3). — 18. **insulam**: the description of the country and its inhabitants has doubtless much that is fabulous in
detail, and probably it was not an 'island' which Leif Ericsson and
his adventurous followers discovered. The locality has been vari-
ously put between Rhode Island and the Arctic regions, one group
of scholars supporting the claims of Boston to be the spot.

mirae altitudinis, quos nostri appellant Cyclops; eos ante-
cedebant canes magnitudinem solitam excedentes eorum
quadrupedum.   Quorum incursu raptus est unus de sociis,
et in momento laniatus est coram eis; reliqui vere suscepti
5 ad naves, evaserunt periculum, gygantibus, ut referebant,
pene in altum vociferando sequentibus.   Tali fortuna
comitati Fresones Bremam perveniunt, ubi Alebrando
pontifici ex ordine cuncta narrantes pio Christo et confessori eius Willehado reversionis et salutis suae hostias
10 immolarunt. — *Descrip. Ins. Aquil. 38–40.*

---

5. **gygantibus**: 2 (1). — 6. **vociferando**: 3E (4) (*d*). — 7. **Bremam**: 'Bremen.'

EKKEHARDI URAUGIENSIS CHRONICON UNIVERSALE

Several writers by the name of Ekkehart flourished in the Middle Ages, and they are not always easily distinguishable. One of them, Ekkehart of Aura, so called from his having become abbot of the monastery at that place, was earlier, about the end of the 11th century, a monk at Bamberg, where he began the compilation of a universal history, or set of chronicles. The various parts of these chronicles reached from the time of Moses to his own day, often being but the barest annals. The sources were likewise various, and the compiler can be credited with but little originality.

One of the most interesting sections deals with the history of the life and deeds of Alexander the Great. The form in which the story appears in Ekkehart is the extremely romantic and fanciful one which had long before become current, from the time of the Pseudo-Callisthenes. This highly imaginative narrative was diffused all over Europe and the adjacent continents, and interesting versions are extant in English, Arabic, and other languages, as well as in Greek and Latin.

The style of Latin employed is extremely simple, the word-order, for example, being practically that of our own language.

The text may be found in Migne's *Patrologia*, Vol. CLIV. Interesting for comparison will be found the *Prose Life of Alexander*, published by the Early English Text Society in 1913 (edited by J. S. Westlake), and the Syriac version of the same story, edited by Ernest A. Wallis Budge, with an English translation, in 1889.

SELECTIONS FROM THE LIFE OF ALEXANDER THE GREAT

Post paucos vero dies, cum Philippus sederet solus,
parva quaedam avis ascendit in eius gremium peperitque
ovum. Quod cadens de sinu eius in terram divisum est,
et exiit inde parvissimus serpens, qui gyrans ovum voluit
5 intrare in illud, sed antequam intromisisset caput, defunctus est. Turbatus autem rex vocavit ariolum, et
recitavit ei factum. Qui ait: "Rex Phylippe, nascetur
tibi filius, qui debet regnare et circuire totum mundum
subiugando omnes, et antequam revertatur in terram
10 suam, morietur." * * *

Deinde movens exercitum, venit in Mediam et Arme-
niam magnam, et subiugavit eas, deinde ambulavit dies
multos, et ingressus est locum aridum et cavernosum, in
quo non inveniebatur aqua, et transiens per locum qui
15 dictus est Andriacus, venit ad fluvium Eufraten. Ponens
ergo castra, iussit afferri ligna, et praeparavit pontem
super ipsum fluvium cum tabulis et catenis ferreis, iussitque militibus suis ut transirent. Qui cum dubitarent,
precepit custodibus animalium ut transirent cum omni
20 apparatu et cibariis, et post haec iussit milites transire.
Quibus adhuc dubitantibus et validum fluvii cursum
metuentibus, ipse transivit, sicque omnes secuti sunt.

Fluvius autem Tygris et Eufrates vadunt per mediam
Mesopotamiam et Babyloniam, et intrant Nilum. Ferunt
25 autem quidam quod ista flumina evacuentur, quando
Nilus inundat Aegyptum, et quando subtraxerit se, ista
superabundent. Cum autem transisset omnis exercitus,
rediit retro Alexander et fecit incidi pontem. Videntes
· hoc milites coeperunt murmurare et dicere: "Si acciderit
30 nobis ut fugiamus de proelio, non erit transitus nobis."

---

4. **gyrans**: 'circling around.' — 11. **movens**: i.e. Alexander. —
25. **ista**: for *illa;* 1C. — **evacuentur**: 'are emptied.'

Quibus dixit Alexander : "Bene me confortastis, quando
talia cogitastis, et ego proinde feci dissolvi pontem istum,
ut aut pugnetis viriliter et vincatis, aut si vultis fugere,
pereatis, quia victoria non erit his qui fugiunt, sed illis qui
insecuntur. Unde quia nullo modo iam videbitis Mace- 5
doniam nisi prius vicero cunctos barbaros, confortetur
mens vestra, et fortitudo pugnae estimetur vobis iocus."
Quibus ita confortatis, ecce multitudo militum Darii
applicuisse nunciatur super fluvium Tigrin. * * *

Mater autem Darii cum audisset quod ille se iterum 10
prepararet ad praeliandum cum Alexandro, direxit illi
epistolam hanc : "Dario regi mater sua gaudium. Audivimus quia congregas alias gentes et pugnare vis cum
Alexandro. Quod si totum mundum adunare potueris,
quid exinde eveniat nescis, quia victoriae illi concessae 15
sunt. Dimitte sensum altitudinis tuae, et reclina paululum, et ne presumas multum, quia perdes vitam. De
nobis autem scias quia in maximo honore sumus apud eum,
sed inducis malum super nos, et facis nos amittere gratiam
quam habemus. Fili mi, noli preparare matri tuae 20
angustiam, quia fiducia michi est, si volueris, te in bono
ordine futurum cum Alexandro." Perlecta Darius hac
epistola turbatus est valde, et flevit.

Inter haec Alexander movit exercitum suum, et coepit
ingredi terram Darii, et appropinquans ei, ita ut Mace- 25
dones viderent sublimissimum locum ex civitate Darii,
iussit milites suos evellere herbas et ramos arborum et
ligare in pedibus equorum ad excitandum pulverem, ita
ut viderent Persae et mirarentur. Distabant enim a
civitate itinere dierum quinque. Cum autem venissent 30
propius, dixit Alexander suis sapientibus : "Inveniamus

---

10. **quod . . . prepararet** : 3E (7) ; cf. *quod . . . congregas*, and
quia . . . sumus, below. — 14. **adunare** : ' to unite,' i.e. under
your banner. — 26. **ex civitate** : 3D.

hominem quem dirigamus Dario, ut prepararet se et exeat
ad nos in pugnam. Dormiens autem ibi, vidit in somno
Hammonem deum in forma Hermi, portantem dominicalem clamidem et Macedonicam vestem, sibique dicentem:
5 "Fili Alexander, quando necesse est, adiutorium paratus
sum nunciare tibi. Vide quem missum dirigere volueris.
Sed dico tibi ut induas formam meam, et tu vadas illuc.
Periculosa quidem res est, ire regem per missaticum,
sed quia deus est in adiutorium tibi, nullam sustinebis
10 angustiam." Evigilans autem repletus est gaudio, recita-
vitque somnium amicis suis, qui dederunt ei consilium ut
ita faceret. Vocans autem fidelissimum satrapam, cui
nomen Eumilio, tulit secum tres velocissimos equos; unum
insidebat ipse, alium princeps ille, tercius pergebat. Per-
15 gentes igitur ambo, venerunt ad fluvium qui dicitur
Stragan. Hic fluvius pre nimio frigore congelatur noctu,
prebetque iter tota nocte transeuntibus; mane, cum
incaluerit sol, dissolvitur et perfundissimus efficitur et
ingredientes absorbet. Veniens itaque Alexander, invenit
20 eum congelatum, induensque se figuram quam viderat in
somno, dimisit ibi principem illum cum duobus caballis,
et ipse cum suo transivit. Erat autem fluvius in latitudine
stadii unius.

Abiens itaque Alexander, cum venisset ad portam civi-
25 tatis Darii videntes eum Persae mirati sunt in figura vultus
eius, estimantes illum deum. Interrogatus autem ab eis
quis esset, respondit, se apocrisiarium esse regis Alexandri.
Et duxerunt eum ad Darium. Qui videns eum adoravit
ut deum, cogitans illum esse Mithram deum descendentem
30 de coelis. Interrogavit ergo eum: "Quis es tu?" Cui

---

3. **Hermi**: 2 (9). — **dominicalem**: 'linen,' an ecclesiastical word
commonly used of the head dress of women entering a church. —
5. **adiutorium**: 'help.' — 8. **per missaticum**: 'as a messenger.' —
27. **apocrisiarium**: 'deputy.'

ille: "Apocrisiarius sum regis Alexandri, missus nunciare
tibi quia moram facit in campo exspectans te. Unde, si
tibi placet, constitue diem praeliandi." Cui Darius:
"Forsitan tu es Alexander, qui cum tanta loqueris audacia;
non enim loqueris sicut nuncius, sed sicut ipse Alexander. 5
Scias tamen pro certo quia audacia tua nullo modo con-
turbat me. Sed manduca hodie mecum, quia et Alexander
sedit ad coenam cum missis meis." Et extendens manum,
apprehendit eum per dexteram, introduxitque in palatium
suum. Alexander vero pro signo tenuit in corde suo hoc, 10
quod induxit eum per dexteram, quasi iam teneret palatium inimici sui, ingressusque triclinium, in quo erat
convivium praeparatum, sedit cum rege, sederunt et
principes Darii facie ad faciem. Persae itaque sedentes
in convivio despexerunt vultum Alexandri, eo quod esset 15
parvus, nescientes qualis virtus et qualis audacia erat in
vasculo tali. Pincernae vero ferebant sepius pocula.
Mediante vero convivio, cum allatum fuisset Alexandro
poculum aureo et bibisset, misit illud in sinum suum,
fecitque hoc secundo et tercio. Quod cum vidissent 20
pincernae, nunciaverunt Dario. Erexit se Darius, et
dixit: "O vir fortissime, quid est hoc quod agis?" Cui
Alexander: "Dominus meus sedens in convivio donat
militibus suis vascula illa in quibus bibunt. Quod si talis
consuetudo non est inter vos, reddo vobis omnia." In 25
hoc omnes tacuerunt, cogitantes quod talis consuetudo
esset apud illos.

Unus autem ex principibus militiae, cui nomen Anepo-
lis, quondam missus ad Phylippum exigere ab eo censum,
vidit tunc Alexandrum, sedensque nunc in convivio cum 30
eo facie ad faciem, intuitus est faciem eius, coepit cogitare

---

7. **manduca**: 'eat.' — 8. **missis**: ' messengers.' — 15. **vultum**:
'appearance.' — 17. **Pincernae**: 'cup-bearers.' — 18. **Mediante**: 'in
the midst of.'

in corde suo, "Nonne iste est Alexander?" Intellegens
enim vocem et signa illius, accessit ad Darium, et dixit:
"Domine, iste missus quem vides ipse est Alexander."
Cognoscens autem Alexander quia loquebantur de illo et
5 de cognitione eius, exiliit de sede sua, tollensque faculam
de manu cuiusdam Persae tenentis eam, ante mensam
percussit eum, et ascendens equum abiit. Persae vero
insequebantur eum armati cum omni velocitate, sed ipse
ferens in manu faculam ardentem, tenuit iter rectum,
10 insequentes autem cedebant in foveas; erat enim obscura
nox. Darius autem sedens in solio suo vidit signum
infaustum, quia cecidit domus Xersis regis et statua eius,
et doluit. Alexander itaque veniens ad fluvium Stragan
transiit, statimque dissolutus est fluvius, mortuusque est
15 caballus eius antequam exiret, et tulit eum fluvius; Alexander vero exiliit in ripam, iunctusque principi quem reliquerat, reversus est ad suos; congregataque omni militia
sua, ascendit in locum eminentiorem, et confortavit milites
suos, dicens: "Multitudo nostra non aequatur multi-
20 tudini Persarum, sed non conturbet nos multitudo illorum,
etiam si centumpliciter augerentur, quia non prevalet
multitudo muscarum parvitati vesparum." Qui audientes
haec laudaverunt eum.

Darius itaque movit exercitum suum valde magnum,
25 transiitque fluvium Stragan, ut pugnaret cum exercitu
Alexandri. Habebat autem currus falcatos. Cum autem
venisset uterque exercitus in campum, ascendit Alexander
equum cui nomen Bucefalus, et stetit in medio ante omnes
Persas. Videntes autem eum Persae, timuerunt ire super
30 eum, quia divinitas quaedam cooperiebat eum. Mixtis
autem utrisque partibus, pugnabant acriter, multique
cadebant; sed ex parte Darii plurimi. Videns itaque

---

18. **confortavit**: 'inspired courage in.' — 22. **vesparum**: 'wasps.'
— 29. **super eum**: 3D.

Darius quia multi cecidere de suis, fugam iniit; fugerunt
et Persae, multitudo vero curruum falcatorum fugientes
occidebant suos, iacebantque sicut messis in campo.
Veniens autem Darius ad fluvium, et inveniens eum adhuc
congelatum, transiit; sed sequenti multitudine ingredi- 5
ente, dissoluta est glacies, et plurimi mortui sunt; qui vero
ingredi non poterant, eos insequentes Macedones occidebant. Fugit autem Darius, et ingressus palatium suum,
prostravit se super faciem suam in terram, ex altoque pectore dura trahens suspiria, dixit: "Heu me, quanta 10
tribulatio apprehendit Persidam, quia humiliatus Darius,
qui subiugavitque in potestatem suam redegit multas
gentes! In puncto articuli unius diei evenit quod humiles
exaltentur super nubes, et sublimes humilientur usque
deorsum." * * * 15

SOME OF THE MARVELS SAID TO HAVE BEEN SEEN
BY ALEXANDER

Abinde venientes ad mare Rubrum, invenerunt montem
nimis altum, in quem ascendentes, visi sunt sibi quasi
essent in coelo. Cogitavit autem Alexander cum amicis
suis, ut instrueret aliquid tale quo posset ascendere coelum, ut probaret si esset hoc coelum quod videmus. Fecit 20
ergo sibi sedem excogitatam, et apprehendens griphes
duos, colligavit eos catenis, et posuit vectes ante eos, et
in summitate eorum cibaria illorum. Coeperunt igitur
sursum ascendere, donec terra tota sibi videbatur sub se
quasi area et mare sicut draco gyrans eam. Divina vero 25
virtus obumbrans griphes deiecit eos in terram in loco
campestri longe ab exercitu itinere dierum decem; nullam tamen lesionem sustinuit Alexander in cancellis illis,

---

12. **subiugavitque**: the enclitic is misplaced. — 21. **griphes** =
grypes; 2 (1); 2 (4). — 23. **summitate**: 'top.' — 28. **lesionem**:
2 (1).

cum forti vero angustia iunctus est militibus suis.   Quem
videntes laetati sunt, collaudantes eum.   * * *

Inde moventes, venerunt in alium campum, ubi ab
hora diei prima exiebant arbores de terra et crescebant
5 usque in horam sextam, ab hora sexta usque ad occasum
solis descendebant in terram; ferebant autem fructus
valde odoriferos.   Precepit autem Alexander militibus
quibusdam, ut tollerent de fructibus ipsis; sed mox ut
accedebant propius, exiebant daemones et flagellabant
10 eos; audierunt quoque omnes vocem de coelo sibi pre-
cipientem ut nullus aliquid incideret ex ipsis arboribus,
quia qui faceret moriretur.   Erant ibi et volatilia mitis-
sima, sed quicumque volebant ea tangere, exiebant ignis
et incendebat eos.   * * *

15   Deinde venerunt ad montem quendam, sub quo erat
ripa, in qua pendebat catena aurea, et ipse mons habebat
gradus bis mille et quingentos ex saphiro.   Ascendit
autem Alexander montem ipsum cum aliquantis militibus,
et invenit ibi palatium, in quo erat templum totum au-
20 reum, et in eo tympana et cimbala ex auro, et lectus cum
preciosissimis lectisterniis in quo iacebat homo magnifi-
centissimus et clarissimus, indutus alba veste bombicea,
ornata ex auro et lapidibus preciosis, et circa eum vinca
aurea, ferens botros ex lapidibus preciosis.   Adoravit
25 itaque Alexander hominem ipsum et descendit.   * * *

---

1. **forti . . . angustia**: 'tight places requiring courage.' —
22. **bombicea**: 'of silk.' — 23. **vinca**: 'periwinkle.' — 24. **botros**:
'clusters of grapes.'

THE CAMBRIDGE SONGS

The concluding portion of a mediaeval manuscript in the library of the University of Cambridge consists of a transcription of forty-seven poems or fragments of poems, which seem to have been originally collected in a sort of commonplace book by some "goliard" on the continent of Europe, and either secured or copied about the middle of the eleventh century by some traveling Englishman, who carried them home to England. Some are copies of classical poems, but most of them belong to the early part of the eleventh century. They are historical, narrative, and idyllic, with some that may be classed as religious, or didactic. They illustrate in a most interesting manner the progress of poesy in the Rhine region in the period immediately succeeding the year 1000. In form they exhibit the popular rhyming meters of the day, and also to a considerable extent the use of the so-called "sequence" for secular, as well as religious, themes. In some cases the same poems are found in whole, or in part, in other manuscripts; but many of them are preserved only in this single codex.

An excellent edition of *The Cambridge Songs*, with photographic reproduction of the original text, introduction and notes, has been brought out by Karl Breul (Cambridge University Press, 1915). Versions of some of these poems are found also in du Méril's *Poésies populaires latines antérieures au xiie siècle*, Paris, 1843.

For the meter of the sequences, see Bartsch, *Die Lateinischen Sequenzen des Mittelalters*, Rostock, 1838.

MODUS OTTINC ('THE OTTO MELODY')

1. Magnus Cesar Otto,
   Quem hic modus refert in nomine,
   Ottinc dictus, quadam nocte
   Membra sua dum collocat,
5   Palatium casu subito inflammatur.
   Stant ministri, tremunt,
   Timent dormientem attingere,
   Et chordarum pulsu facto
   Excitatum salvificant,
10   Et domini nomen carmini inponebant.

2. Excitatus spes suis surrexit,
   Timor magnus adversis mox venturus;
   Nam tum fama volitat
   Ungarios signa in eum extulisse.
15   Iuxta litus sedebant armati,
   Urbes, agros, villas vastant late;

A famous historical poem, which takes its name from the popular
German melody (unfortunately now lost to us) sung by the minstrels
to wake the first Otto when the palace was discovered to be on fire.
To this tune was to be sung this artistic " sequence," in which iambic
and trochaic elements are skillfully alternated at irregular intervals.
It celebrates the praises of the three Ottos (Otto I and his two
successors with the same name), and is thought to have been written
between 992 and 996. The earlier part of the poem, up to v. 42, is
especially concerned with the rout, by Otto the Great, of the Hungarians at the historic battle on the river Lech. Otto II gets briefer
notice in vv. 48–52. Otto III is then lauded, with a delicate reference to his generosity in vv. 61, 62, indicating the hope of the singer
for some substantial reward for his laudation. There are various
classical reminiscences.

1. **Cesar**: appropriately given Otto I, as he was the first proper
" Kaiser," or " Holy Roman " German Emperor. — 9. **salvificant**:
' save.'

Matres plorant filios
Et filii matres undique exulari.

3. "Ecquis ego," dixerat
   Otto, "videor Parthis?   20
   Diu diu milites
   Tardos moneo frustra.

ROYAL MINSTREL AT A COURT BANQUET

Dum ego demoror, crescit clades semper ;
Ergo moras rumpite
Et Parthicis mecum hostibus obviate."   25
Dux Cuonrât intrepidus,
Quo non fortior alter,
"Miles," inquit, "pereat
Quem hoc terreat bellum.
Arma induite ; armis instant hostes.   30

---

24. **moras rumpite**: cf. Verg. *Aen.* 4, 569. — 26. **Dux Cuonrât**:
the hero of the battle was Conrad, the Duke of Franconia.

Ipse ego signifer
Effudero primus sanguinem inimicum."

4. His incensi bella fremunt,
   Arma poscunt, hostes vocant,
35 Signa secuntur, tubis canunt;
   Clamor passim oritur,
   Et milibus centum Teutones inmiscentur.
   Pauci cedunt, plures cadunt;
   Francus instat, Parthus fugit;
40 Vulgus exangue undis obstat;
   Licus rubens sanguine
   Danubio cladem Parthicam ostendebat.

5. Parva manu cesis Parthis,
   Ante et post sepe victor,
45 Conmunem cunctis movens luctum,
   Nomen, regnum, optimos
   Hereditans mores filio obdormivit.
   Adolescens post hunc Otto
   Imperabat annis multis,
50 Cesar iustus, clemens, fortis.
   Unum modo defuit;
   Nam inclitis raro preliis triumphabat.
   Eius autem clara proles,
   Otto decus iuventutis
55 Ut fortis ita felix erat;
   Arma quos nunquam militum
   Domuerant, fama nominis satis vicit.
   Bello fortis, pace potens,

---

33. **bella fremunt**: with this transitive use of the verb cf. Verg. *Aen.* 11, 453: *fremit arma iuventus.* — 41. **Licus** = *Lycus.* — 47. **Hereditans**: 'bequeathing.' — 55. Cf. Cic. *Pro. Mur.* 38: *ipse cum fortis tum etiam felix.*

In utroque tamen mitis,
Inter triumphos, bella, pacem   60
Semper suos pauperes
Respexerat; inde pauperum pater fertur.

6. Finem modo demus,
   Ne forte notemur
   Ingenii culpa   65
   Tantorum virtutes
   Ultra quicquam deterere,
   Quas denique Maro inclitus vix equaret.

LAMENT FOR THE DEATH OF HENRY II (A.D. 1024)

Lamentemur nostra, socii, peccata;
Lamentemur et ploremus; quare tacemus?
Pro iniquitate corruimus late;
Scimus celi hinc offensum regem inmensum.
Heinrico requiem, rex Christe, dona perhennem!   5

Non fuimus digni munere insigni.
Munus dico sive donum Heinricum bonum,
Qui ex iuventute magne fuit vite.
Procreatus regum stirpe rexit et ipse.
Heinrico requiem, rex Christe, dona perhennem!   10

Orbis erat pignus, regno fuit dignus;
Imperator Romanorum, rector Francorum,

65–67. Cf. Hor. *Car.* 1, 6, 11–12. — 68. **Maro**: i.e. these deeds
are worthy of epic treatment by even a Vergil.

1 sqq. A sequence of attractive rhythmical form and unusual
regularity, with much rhyme, and a refrain consisting of a leonine
dactylic hexameter verse. The requiem was evidently composed
soon after the death of the emperor, who was the great-grandson of
the first Otto, and was a particular patron of the clergy. It may
have been written by Wipo, the historian. — 5. **perhennem**: 2
(4). — 8. **magne ... vite**: 2 (1).

Imperabat Suevis, Saxonibus cunctis,
Bauvaro truces Sclavos fecit pacatos.
15 Heinrico requiem, rex Christe, dona perhennem!

Possumus mirari de domino tali :
Res tractando laicatus fit litteratus,
Prudens in sermone, providus opere,
Viduarum tutor bonus, orphanis pius.
20 Heinrico requiem, rex Christe, dona perhennem!

HENRY II AND SUBJECT LANDS DOING HIM REVERENCE
(From a manuscript miniature)

Heinricus secundus — plangat illum mundus —
Fines servans Christianos pellit paganos ;
Stravit adversantes pacem persequentes ;
Voluptati contradixit, sobrie vixit.
25 Heinrico requiem, rex Christe, dona perhennem!

Quis Cesar tam largus fuit pauperibus?
Quis tam laute sublimavit atque ditavit

---

14. **Bauvaro**: Nom.; Henry was the head of the Bavarian stem of the reigning family. — 17. **laicatus**: 'the laity.' — 27. **sublimavit**: 'exalted.'

Atria sanctorum ubere bonorum?
Ex propriis fecit magnum episcopatum.
Heinrico requiem, rex Christe, dona perhennem!   30

Ploret hunc Europa iam decapitata.
Advocatum Roma ploret; Christum exoret,
Ut sibi fidelem prestet seniorem;
Recognoscat grave dampnum ecclesiarum.
Heinrico requiem, rex Christe, dona perhennem!   35

Dicamus Heinrico, Domini amico:
Ut quiescat post obitum semper in evum.
Dicat omnis clerus anime illius:
'In pace Christi quiescat; gaudia noscat.'
Heinrico requiem, rex Christe, dona perhennem!   40

A CLEVER LIAR

1. Mendosam quam cantilenam ago
   Puerulis commentatam dabo,
   Quo modulos per mendaces risum
   Auditoribus ingentem ferant.

2. Liberalis et decora   5
   Cuidam regi erat nata,
   Quam sub lege huius modi
   Procis obponit querendam:

---

29. **magnum episcopatum**: the bishopric of Bamberg, founded and endowed by Henry. He was buried there also. — 32. **Advocatum**: the head of the Holy Roman Empire was called its 'Protector.' — 33. **seniorem**: 'seigneur,' 'lord.'

1 sqq. A poem in the form of a sequence of uncertain scheme, with scant traces of rhyme, and so as old as about 1000 A.D. It is believed to be the earliest, of German origin, of this type of tale of famous liars. 8. **querendam**: 2 (1).

3. "Si quis mentiendi gnarus
10   Usque adeo instet fallendo,
      Dum Caesaris ore fallax
      Predicitur, is ducat filiam."

4. Quo audito Suevus
   Nil moratus inquit:
15   "Raptis armis ego
      Cum venatum solus irem,
      Lepusculus inter feras
      Telo tactus occumbebat.
      Mox, effusis intestinis,
20   Caput avulsum cum cute cedo.

5. Cumque cesum manu
   Levaretur caput,
   Aure leva effunduntur
   Mellis modii centeni,
25   Sotiaque auris tacta
      Totidem pisarum fudit.
      Quibus intra pellem strictis,
      Lepus ipse dum secatur,
      Crepidine summe caude
30   Kartam regiam latentem cepi,

6. Que servum te firmat esse meum."
   "Mentitur," rex clamat, "karta et tu!"

7. Sic rege deluso Suevus
   Arte regius est gener factus.

---

13. **Suevus**: the Swabians apparently had something of a reputation as sharpers. — 20. **cedo** = *caedo*. — 23. **leva**: 2 (1). — 25. **Sotiaque**: 2 (3). — 26. **pisarum**: late Latin for *pisorum*, 'peas.' —
30. **Kartam** = *Chartam*; 2 (2); 2 (4). — 31. **Que** = *Quae*.

THE BISHOP AND THE BRAGGART

1. Herigêr, urbis
   Maguntiensis
   Antistes, quendam
   Vidit prophetam
5 Qui ad infernum
   Se dixit raptum.

2. Inde cum multas
   Referret causas,
   Subiunxit totum
10 Esse infernum
   Accinctum densis
   Undique silvis.

3. Herigêr illi
   Ridens respondit:
15 "Meum subulcum
   Illuc ad pastum
   Volo cum macris
   Mittere porcis."

4. Vir ait falsus:
20 "Fui translatus
   In templum celi
   Christumque vidi
   Letum sedentem
   Et comedentem.

5. Ioannes baptista   25
   Erat pincerna
   Atque preclari
   Pocula vini
   Porrexit cunctis
   Vocatis sanctis."   30

6.   *   *   *   *   *

7. Herigêr ait:
   "Prudenter egit
   Christus Iohannem
   Ponens pincernam,
   Quoniam vinum   35
   Non bibit umquam.

8. Mendax probaris
   Cum Petrum dicis
   Illic magistrum
   Esse cocorum,   40
   Est quia summi
   Ianitor celi.

9. Honore quali
   Te deus celi
   Habuit ibi?   45
   Ubi sedisti?
   Volo ut narres
   Quid manducasses."

1. Herigêr was bishop of Mainz from 913 to 927; but the poem is probably of somewhat later date, and is believed to be a Latin version of an original in the vernacular German. The probable loss of a stanza after No. 5, in which Peter was referred to as *magister cocorum*, was first noticed by Thomas Wright. It is written in rhyming Adonics. 5. **infernum**: 'the after-world.' — 26. **pincerna**: 'cupbearer.' — 48. **manducasses**: 'had to eat.'

10. Respondit homo:
50 "Angulo uno
Partem pulmonis
Furabar cocis;
Hoc manducavi
Atque recessi."

55 11. Herigêr illum
Iussit ad palum
Loris ligari

Scopisque cedi,
Sermone duro
Hunc arguendo: 60

12. "Si te ad suum
Invitet pastum
Christus, ut secum
Capias cibum,
Cave ne furtum 65
Facias (spurcum)."

THE LAZY ABBOT

In vitis patrum veterum
Quiddam legi ridiculum,
Exemplo tamen habile;
Quod vobis dico rithmice.

5 Iohannes abba, parvulus
Statura, non virtutibus,
Ita maiori socio,
Quicum erat in heremo:

"Volo," dicebat, "vivere
10 Secure sicut angelus,
Nec veste nec cibo frui,
Qui laboretur manibus."

Respondit frater: "Moneo
Ne sis incepti properus,
15 Frater, quod tibi post modum
Sit non cepisse satius."

---

58. **cedi** = *caedi;* 2 (1). — 60. **arguendo**: 3E (4) (*d*).
1 sqq. Iambic dimeters, often reckless of quantity. — 8. **heremo**:
'desert place'; 2 (4). — 16. **cepisse** = *coepisse:* 2 (1).

At ille: "Qui non dimicat,
Non cadit neque superat."
Ait, et nudus heremum
Inferiorem penetrat.   20

Septem dies gramineo
Vix ibi durat pabulo;
Octava fames imperat,
Ut ad sodalem redeat.

Qui sero, clausa ianua,   25
Tutus sedet in cellula,
Cum minor voce debili
Appellat: "Frater, aperi;

Iohannes opis indigus
Notis assistit foribus;   30
Nec spernat tua pietas,
Quem redigit necessitas."

Respondit ille deintus:
"Iohannes, factus angelus,
Miratur celi cardines;   35
Ultra non curat homines."

Foris Iohannes excubat
Malamque noctem tolerat,
Et preter voluntariam
Hanc agit penitentiam.   40

Facto mane recipitur
Satisque verbis uritur;
Sed intentus ad crustula
Fert patienter omnia.

Refocillatus Domino   45
Grates agit et socio;

---

45. **Refocillatus**: 'revived.'

Dehinc rastellum brachiis
Temptat movere languidis.

Castigatus angustia
50   De levitate nimia,
Cum angelus non potuit,
Vir bonus esse didicit.

THE PRIEST AND THE WOLF

Quibus ludus est animo
Et iocularis cantio,
Hoc advertant ridiculum;
Narrabo non ficticium.

5   Sacerdos iam ruricola
Etate sub decrepita
Vivebat amans pecudis;
Hic enim mos est rusticis.

Ad cuius tale studium
10   Omne pateret commodum,
Nisi foret tam proxima
Luporum altrix silvula.

Hi minuentes numerum
Per eius summam generum
15   Dant impares ex paribus
Et pares ex imparibus.

Qui dolens sibi fieri
Detrimentum peculii,
Quia diffidit viribus,
20   Vindictam querit artibus.

---

1 sqq. Iambic dimeters much like the preceding stanzas. — 2.
cantio: 'song.' — 15. **impares . . . imparibus**: i.e. by taking one
at a time the wolf makes the number alternately odd and even.

Fossam cavat non modicam
Intus ponens agniculam
Et, ne pateret hostibus,
Superne tegit frondibus.

Humano datum commodo 25
Nil maius est ingenio;
Lupus dum nocte circuit,
Spe prede captus incidit.

Accurrit mane presbiter,
Gaudet vicisse taliter. 30
Intus protento baculo
Lupi minatur oculo.

"Iam," inquit, "fera pessima,
Tibi rependam debita;
Aut hic frangetur baculus 35
Aut hic crepabit oculus."

Hoc dicto simul impulit,
Verbo sed factum defuit;
Nam lupus servans oculum
Morsu retentat baculum. 40

At ille miser vetulus,
Dum sese trahit firmius,
Ripa cedente corruit
Et lupo comes incidit.

Hinc stat lupus, hinc presbiter, 45
Timent sed dispariliter;
Nam ut fidenter arbitror
Lupus stabat securior.

***

22. **agniculam**: 'lambkin.'

Sacerdos secum mussitat
50 Et septem psalmos ruminat,
Sed revolvit frequentius
"Miserere mei, deus."

"Hoc," inquit, "infortunii
Dant mihi vota populi,
55 Quorum neglexi animas,
Quorum comedi victimas."

Pro defunctorum merito
Cantat "Placebo Domino,"
Et pro votis viventium
60 Totum cantat psalterium.

Post completum psalterium
Commune prestat commodum
Sacerdotis timiditas
Atque lupi calliditas.

65 Nam cum acclivis presbiter
Perfiniret "Pater Noster"
Atque clamaret Domino
"Sed libera nos a malo !",

Hic dorsum eius insilit
70 Et saltu liber effugit;
Et cuius arte captus est,
Illo pro scala usus est.

At ille letus nimium
Cantat "Laudate Dominum,"
75 Et promisit pro populo
Se oraturum a modo.

---

60. **psalterium** : ' the psalms,' ' the psalter.' — 76. **a modo** : 1B (6).

Hinc a vicinis queritur
Et inventus extrahitur,
Sed non unquam devotius
Oravit nec fidelius.   80

A SONG FOR SUMMER

Vestiunt silve tenera merorem
Virgulta, suis onerata pomis;
Canunt de celsis sedibus palumbes
    Carmina cunctis.

Hic turtur gemit, resonat hic turdus,   5
Pangit hic priscos merula sonores;
Passer hic tacet, arridens garritu
    Alta sub ulmo.

Hic leta canit philomela frondis,
Longas effundit sibilum per auras   10
Sollempne; milvus tremulaque voce
    Ethera pulsat.

Ad astra volat aquila; in auris
Alauda canit, modulos resolvit,
De sursum vergit dissimili modo,   15
    Dum terram tangit.

Velox impellit rugitus hirundo,
Clangit coturnix, graculus fringultit;
Aves sic cuncte celebrant estivum
    Undique carmen.   20

---

1 sqq. An example of the accentual Sapphic stanza of mediaeval
type. — **merorem** = *maerorem:* 'dark shadows.' — 7. **garritu**: 'chat-
ter.' — 9. **frondis**: Gen. with **leta** (*laeta*). — 15. **De sursum**: 3D.
— 17. **rugitus**: 'rumbling.' — 18. **Clangit**: 'drums.' — **fringultit**:
'chirps.'

Nulla inter aves similis est api,
Que talem tipum gerit castitatis
Nisi que Christum baiulavit alvo
Inviolata.

THE NIGHTINGALE

Aurea personet lira clara modulamina!
Simplex chorda sit extensa voce quindenaria;
Primum sonum mese reddat lege ipodorica.
Philomele demus laudes in voce organica,
5   Dulce melos decantantes, sicut docet musica,
Sine cuius arte vera nulla valent cantica.
    Cum telluris vere nova producuntur germina
Nemorosa circumcirca frondescunt et brachia,
Flagrat odor quam suävis florida per gramina,
10   Hilarescit philomela, dulcis vocis conscia;
Et extendens modulando gutturis spiramina,
Reddit voces, ac estivi temporis ad otia
Instat nocti et diei voce sub dulcisona;
Soporatis dans quietem cantus per discrimina,
15   Nec non pulchra viatori laboris solatia.

---

22. **tipum . . . castitatis**: this idea was constantly associated with
the bee in ancient times and especially in the Middle Ages. Cf. Verg.
Georg. 4, 197–202; and the various references to mediaeval literature
cited by Breul *in loc.* Of course the comparison with the Virgin
Mary naturally followed. — 23. **baiulavit alvo**: 'bore.'— 24. **Inviolata**: 'immaculate.'

    1 sqq. A variant and somewhat abbreviated form of this beauti-
ful song is found in a French manuscript (du Méril, p. 278), and Symonds dates the original as far back as the 7th century. Amarcius (I.
442) refers to a mime singing of a nightingale before a nobleman.
— **modulamina**: 'melodies.' — 2. **quindenaria**: this fifteen-syllabled
trochaic verse. — 3. **mese**: 'middle note.' — **ipodorica**: the 'hypo-
dorian' musical mode. — 4. **organica**: 'musical.'— 8. **circumcirca**:
3D. — 11. **spiramina**: 'breathings.'

Vocis eius pulchritudo, clarior quam cithara,
Vincit omnes cantitando volucrum catervulas,
Implens silvas atque cunctis modulis arbustula.
Volitando scandit alta arborum cacumina,
Gloriosa valde facta — veris pro letitia —   20
Ac festiva satis gliscit sibilare carmina.
    Felix tempus, cui resultat talis consonantia!
Utinam per duodena mensium curricula
Dulcis philomela daret sue vocis organa!
—Sonos tuos vox non valet imitari lirica,   25
Quibus nescit consentire fistula clarisona;
Mira quia modularis melorum tripudia.
O tu parva, numquam cessa canere, avicula!
Tuam decet simphoniam monocordi musica,
Que tuas remittit voces voce diatonica.   30
    Nolo, nolo, ut quiescas temporis ad otia,
Sed ut letos det concentus tua volo ligula,
Cuius laudem memoreris in regum palatia.
    Cedit auceps ad frondosa resonans umbracula,
Cedit cignus et suävis ipsius melodia,   35
Cedit tibi timpanista et sonora tibia.
Quamvis enim videaris corpore permodica,
Tamen cuncti te auscultant.   Nemo dat iuvamina
Nisi solus rex celestis, qui gubernat omnia.
    Iam preclara tibi satis dedimus obsequia,   40
Que in voce sunt iucunda et in verbis rithmica,
Ad scolares et ad ludos digne congruentia.
    Tempus adest, ut solvatur nostra vox armonica,

---

17. **catervulas**: if the text is correct, this is the only exception
to the uniform ending of the verses in -*a*. — 29. **monocordi** (Gen.):
'the monochord.'— 32. **ligula**: 'little tongue.'— 34. **Cedit auceps**:
he is abashed to ply his art on this wonderful singer. — 36. **timpanista**: 'player on the timbrel.' — 38. **iuvamina**: 'help.' — 43. **ar-
monica**: 2 (4).

Ne fatigent plectrum lingue cantionum tedia,
45   Ne pigrescat auris prompta fidium ad crusmata.
   Trinus deus in personis, unus in essentia,
   Nos gubernet et conservet sua sub clementia
   Regnareque nos concedat cum ipso in gloria.

---

45. **crusmata**: 'string music.' — 46. The benediction is the characteristic sign of orthodoxy rather than a proper part of the poem.

PETRI ABAELARDI ET HELOISSAE
CONIUGIS EIUS EPISTOLAE

Peter Abelard (1079–1142) was born a noble Breton near Nantes. Instead of following a knightly career, he very early became interested in philosophy, and before he was twenty years old had studied in various schools and reached the cathedral school of Notre-Dame at Paris. There he soon became the leading lecturer, and after teaching in various other places for a few years was made canon of Notre-Dame in 1115. His fame grew rapidly, and for a time he was regarded as the leading exponent of the Aristotelian dialectic and of its application to theology, his lectures being attended by admiring crowds of eager students.

At the height of his glory he fell in love with a young girl named Héloïse, niece of canon Fulbert, a maiden possessing not merely physical beauty, but also a remarkable intellect and scholarly training. In the pursuit of this passion he committed a series of mistakes. He became the tutor of Héloïse. Frequent intellectual converse led to a most devoted love on her part for her gifted and famous teacher. Philosophy was soon neglected for the sweets of love. In due time a secret marriage was effected, in spite of the vehement protests of Héloïse, who foresaw all too clearly the inevitable ruin of Abelard's reputation, happiness, and influence, as well as that of her own ineffable joy. His disgrace followed soon, and at his insistent demand she took the veil of a nun, ultimately becoming head of a convent at the site of what had been called the "Paraclete." Abelard, meanwhile, as a monk, had many bitter experiences, with occasional oases of satisfaction as a popular teacher.

A letter of the unhappy man to a friend, detailing his sad history, came into the hands of Héloïse, who thereupon poured out her soul in sympathy and love and earnest petition at least to write to her. The correspondence thus extended includes several long and formal letters, written in elegant scholastic Latin, and exhibiting the intense and unique devotion of the unfortunate woman to her former lover, and her ultimate Christian resignation. The novel *Peter Abelard* (New York, 1933) is based on this.

Abelard's works are collected in the large edition of Victor Cousin, Paris, 1849–1859.

ABELARD RELATES THE STORY OF HIS PASSION AND THE
SELF-SACRIFICING DEVOTION OF HÉLOÏSE

Erat quippe in ipsa civitate Parisius adolescentula quaedam nomine Heloissa, neptis canonici cuiusdam, qui Fulbertus vocabatur, qui eam quanto amplius diligebat, tanto diligentius in omnem quam poterat scientiam littera-
5 rum promoveri studuerat. Quae quum per faciem non esset infima, per abundantiam litterarum erat suprema. Nam quo bonum hoc, litteratoriae scilicet scientiae, in mulieribus est rarius, eo amplius puellam commendabat, et in toto regno nominatissimam fecerat. Hanc igitur,
10 omnibus circumspectis quae amantes allicere solent, commodiorem censui in amorem mihi copulare, et me id facillime credidi posse. Tanti quippe tunc nominis eram, et iuventutis et formae gratia praeeminebam, ut quamcunque feminarum nostro dignarer amore, nullam vererer
15 repulsam. Tanto autem facilius hanc mihi puellam consensuram credidi, quanto amplius eam litterarum scientiam et habere et diligere noveram, nosque etiam absentes scriptis internuntiis invicem liceret praesentare, et pleraque audacius scribere quam colloqui, et sic semper iucundis
20 interesse colloquiis.

In huius itaque adolescentulae amorem totus in-

---

1. **Paridus:** treated by Abelard as an indeclinable noun; see Einar Löfstedt, *Late Latin* (Oslo, 1959), pp. 136-37. — 7. **litteratoriae:** 'grammatical.'

flammatus, occasionem quaesivi qua eam mihi domestica
et quotidiana conversatione familiarem efficerem, et
facilius ad consensum traherem. Quod quidem ut fieret,
egi cum praedicto puellae avunculo, quibusdam ipsius
amicis intervenientibus, quatenus me in domum suam, 5
quae scholis nostris proxima erat, sub quocunque pro-
curationis pretio susciperet; hanc videlicet occasionem
praetendens quod studium nostrum domestica nostrae
familiae cura plurimum praepediret et impensa nimia
nimium me gravaret. Erat autem cupidus ille valde, 10
atque erga neptim suam, ut amplius semper in doctrinam
proficeret litteratoriam, plurimum studiosus. Quibus
duobus facile assensum assecutus sum, et quod optabam
obtinui, quum ille videlicet et ad pecuniam totus inhiaret,
et neptim suam ex doctrina nostra aliquid percepturam 15
crederet. Super quo vehementer me deprecatus supra
quam sperare praesumerem votis meis accessit, et amori
consuluit, eam videlicet totam nostro magisterio committens, ut quoties mihi a scholis reverso vacaret, tam in die
quam in nocte, ei docendae operam darem, et eam si 20
negligentem sentirem, vehementer constringerem. In
qua re quidem quanta eius simplicitas esset vehementer
admiratus, non minus apud me obstupui, quam si agnam
teneram famelico lupo committeret. Qui quum eam
mihi non solum docendam, verum etiam vehementer 25
constringendam traderet, quid aliud agebat quam ut votis
meis licentiam penitus daret, et occasionem, etiam si
nollemus, offerret, ut quam videlicet blanditiis non possem,
minis et verberibus facilius flecterem? Sed duo erant,
quae eum maxime a turpi suspicione revocabant, amor 30
videlicet neptis, et continentiae meae fama praeterita.
Quid plura? Primum domo una coniungimur, postmodum animo. Sub occasione itaque disciplinae amori
penitus vacabamus, et secretos recessus, quos amor opta-

bat, studium lectionis offerebat. Apertis itaque libris, plura de amore quam de lectione verba se ingerebant, plura erant oscula quam sententiae. * * *

Et quo me amplius haec voluptas occupaverat, minus
5 philosophiae vacare poteram, et scholis operam dare. Taediosum mihi vehementer erat ad scholas procedere, vel in eis morari; pariter et laboriosum, quum nocturnas amori vigilias, et diurnas studio conservarem. Quem etiam ita negligentem et tepidum lectio tunc habebat, ut
10 iam nihil ex ingenio, sed ex usu cuncta proferrem; nec iam nisi recitator pristinorum essem inventorum, et si qua invenire liceret carmina, essent amatoria, non philoso-phiae secreta. Quorum etiam carminum pleraque adhuc in multis, sicut et ipse nosti, frequentantur et decantan-
15 tur regionibus, ab his maxime quos vita simul oblectat. Quantam autem moestitiam, quos gemitus, quae lamenta nostri super hoc scholares assumerent, ubi videlicet hanc animi mei occupationem, imo perturbationem praesen-serunt, non est facile vel cogitare. Paucos enim iam res
20 tam manifesta decipere poterat, ac neminem (credo) praeter eum, ad cuius ignominiam maxime id spectabat, ipsum videlicet puellae avunculum. Cui quidem hoc quum a nonnullis nonnumquam suggestum fuisset, credere non poterat, tum, ut supra memini, propter immoderatam
25 suae neptis amicitiam, tum etiam propter anteactae vitae meae continentiam cognitam. Non enim facile de his quos plurimum diligimus turpitudinem suspicamur. Nec in vehementi dilectione turpis suspicionis labes potest inesse. Unde et illud est beati Hieronymi in epistola
30 *ad Sabinianum:* "Solemus mala domus nostrae scire novissimi, ac liberorum ac coniugum vitia, vicinis canenti-bus, ignorare."

Sed quod novissime scitur, utique sciri quandoque contingit, et quod omnes deprehendunt, non est facile

unum latere. Sic itaque pluribus evolutis mensibus et de
nobis accidit. O quantus in hoc cognoscendo dolor
avunculi! Quantus in separatione amantium dolor ipsorum! Quanta sum erubescentia confusus! Quanta
contritione super afflictione puellae sum afflictus! Quan-5
tos moeroris ipsa de verecundia mea substinuit aestus!
Neuter quod sibi, sed quod alteri contigerat querebatur.
Neuter sua, sed alterius plangebat incommoda. Separatio
autem haec corporum maxima erat copulatio animorum,
et negata sui copia amplius amorem accendebat. * * * 10

Illico ego ad patriam meam reversus amicam reduxi,
ut uxorem facerem, illa tamen hoc minime approbante,
imo penitus duabus de causis dissuadente, tam scilicet
pro periculo, quam pro dedecore meo. Iurabat illum
nulla unquam satisfactione super hoc placari posse, sicut 15
postmodum cognitum est. Quaerebat etiam quam de me
gloriam habitura esset, quum me ingloriosum efficeret,
et se et me pariter humiliaret. Quantas ab ea mundus
poenas exigere deberet, si tantam ei lucernam auferret;
quantae maledictiones, quanta damna ecclesiae, quantae 20
philosophorum lacrymae hoc matrimonium essent secu-
turae. Quam indecens, quam lamentabile esset, ut quem
omnibus natura creaverat, uni me feminae dicarem, et
turpitudini tantae subiicerem. Detestabatur vehementer
hoc matrimonium, quod mihi per omnia probrosum esset 25
atque onerosum. Praetendebat infamiam mei pariter
et difficultates matrimonii, ad quas quidem vitandas nos
exhortans apostolus ait: "Solutus es ab uxore? noli
quaerere uxorem. Si autem acceperis uxorem, non peccasti. Et si nupserit virgo, non peccabit. Tribulationem 30
tamen carnis habebunt huiusmodi. Ego autem parco
vobis." Et iterum: "Volo autem vos sine sollicitudine

---

11. **reversus**: i.e. from Brittany, where Abelard and Héloïse had
fled for a time.

esse." Quod si nec apostoli consilium, nec sanctorum
exhortationes de tanto matrimonii iugo susciperem, saltem,
inquit, philosophos consulerem, et quae super hoc ab eis
vel de eis scripta sunt, attenderem. "Quod plerunque
5 etiam sancti ad increpationem nostram diligenter faciunt.
Quale illud est beati Hieronymi in primo *Contra Iovinianum*, ubi scilicet commemorat Theophrastum intolera-
bilibus nuptiarum molestiis, assiduisque inquietudinibus
ex magna parte diligenter expositis, uxorem sapienti non
10 esse ducendam evidentissimis rationibus adstrinxisse, ubi
et ipse illas exhortationis philosophicae rationes tali fine
concludens: 'Hoc,' inquit, 'et huiusmodi Theophrastus
disserens, quem non suffundat Christianorum?' Idem
in eodem: 'Cicero,' inquit, 'rogatus ab Hircio ut post
15 repudium Terentiae, sororem eius duceret; omnino facere
supersedit, dicens non posse se et uxori et philosophiae
operam pariter dare. Non ait "operam dare," sed adiunxit pariter, "volens quicquam agere quod studio aequaretur philosophiae.'"
20 " Ut autem hoc philosophici studii nunc omittam impedimentum, ipsum consule honestae conversationis statum.
Quae enim conventio scholarium ad pedissequas, scrip-
toriorum ad cunabula, librorum sive tabularum ad colos,
stilorum sive calamorum ad fusos? Quis denique sacris
25 vel philosophicis meditationibus intentus, pueriles vagi-
tus, nutricum quae hos mitigant naenias, tumultuosam
familiae tam in viris quam in feminis turbam sustinere
poterit? Quis etiam inhonestas illas parvulorum sordes
assiduas tolerare valebit? Id, inquies, divites possunt,
30 quorum palatia vel domus amplae diversoria habent,
quorum opulentia non sentit expensas, nec quotidianis
sollicitudinibus cruciatur. Sed non est, inquam, haec
conditio philosophorum quae divitum, nec qui opibus

---

5. **increpationem**: 'rebuke.'

student vel saecularibus implicantur curis, divinis seu
philosophicis vacabunt officiis. Unde et insignes olim
philosophi mundum maxime contemnentes, nec tam
relinquentes saeculum quam fugientes, omnes sibi voluptates interdixerunt, ut in unius philosophiae requiscerent 5
amplexibus. Quorum unus et maximus Seneca Lucilium
instruens ait : 'Non quum vacaveris philosophandum
est; omnia negligenda sunt, ut huic assideamus, cui
nullum tempus satis magnum est. Non multum refert
utrum omittas philosophiam an intermittas. Non enim 10
ubi interrupta est, manet. Resistendum est occupationi-
bus, nec explicandae sunt, sed submovendae.' Quod
nunc igitur apud nos amore Dei sustinent qui vere monachi
dicuntur, hoc desiderio philosophiae qui nobiles in gentibus
extiterunt philosophi. In omni namque populo tam 15
gentili scilicet quam Iudaico, sive Christiano, aliqui semper
extiterunt fide seu morum honestate caeteris praeeminentes,
et se a populo aliqua continentiae vel abstinentiae singu-
laritate segregantes. Apud Iudeos quidem antiquitus
Nazaraei, qui se Domino secundum legem consecrabant, 20
sive filii prophetarum Eliae vel Elisaei sectatores, quos,
beato attestante Hieronymo, monachos legimus in Veteri
Testamento; novissime autem tres illae philosophiae
sectae, quas Iosephus in libro *Antiquitatum* XVIII dis-
tinguens, alios Pharisaeos, alios Saducaeos, alios nominat 25
Essaeos. Apud nos vero monachi, qui videlicet aut communem apostolorum vitam, aut priorem illam et soli-
tariam Ioannis imitantur. Apud gentiles autem, ut dictum
est, philosophi. Non enim sapientiae vel philosophiae
nomen tam ad scientiae perceptionem, quam ad vitae 30
religionem referebant, sicut ab ipso etiam huius nominis
ortu didicimus, ipsorum quoque testimonio sanctorum.
Unde et illud est beati Augustini VIII *de Civitate Dei*
libro, genera quidem philosophorum distinguentis :

'Italicum genus auctorem habuit Pythagoram Samium,
a quo et fertur ipsum philosophiae nomen exortum.
Nam quum antea sapientes appellarentur qui modo
quodam laudabilis vitae aliis praestare videbantur,
5 iste interrogatus quid profiteretur, philosophum se esse
respondit, id est studiosum vel amatorem sapientiae,
quoniam sapientem profiteri arrogantissimum videbatur.'
Hoc itaque loco quum dicitur : 'Qui modo quodam laudabilis vitae aliis praestare videbantur,' aperte monstratur
10 sapientes gentium, id est philosophos, ex laude vitae
potius quam scientiae sic esse nominatos.   Quam sobrie
autem atque continenter ipsi vixerint non est nostrum
modo exemplis colligere, ne Minervam ipsam videar
docere.   Si autem sic laici gentilesque vixerunt, nulla
15 scilicet professione religionis adstricti, quid te clericum
atque canonicum facere oportet, ne divinis officiis turpes
praeferas voluptates, ne te praecipitem haec Charibdis
absorbeat, ne obscenitatibus istis te impudenter atque
irrevocabiliter immergas?   Qui si clerici prerogativam
20 non curas, philosophi saltem defende dignitatem.   Si
reverentia Dei contemnitur, amor saltem honestatis
impudentiam temperet.   Memento Socratem uxoratum
fuisse, et quam foedo casu hanc philosophiae labem ipse
primo luerit, ut deinceps caeteri exemplo eius cautiores
25 efficerentur.   Quod nec ipse praeterit Hieronymus ita
in primo *Contra Iovinianum* de ipso scribens Socrate :
'Quodam autem tempore quum infinita convicia ex
superiore loco ingerenti Xanthippae restitisset aqua
profusus immunda, nihil respondit amplius, quam capite
30 deterso : "Sciebam," inquit, "futurum ut ista tonitrua
imber sequeretur." ' "
Addebat denique ipsa et quam periculosum mihi esset

---

13. **Minervam** . . . **docere**: for this proverb cf. Cic. *Ac.* I. 18. —
22. **uxoratum** : ' married.' — 32. **ipsa** : i.e. Héloïse.

eam reducere, et quam sibi carius existeret, mihique
honestius amicam dici quam uxorem, ut me ei sola gratia
conservaret, non vis aliqua vinculi nuptialis constringeret;
tantoque nos ipsos ad tempus separatos gratiora de con-
ventu nostro percipere gaudia, quanto rariora. Haec et 5
similia persuadens seu dissuadens, quum meam deflectere
non posset stultitiam, nec me sustineret offendere, suspirans vehementer et lacrymans perorationem suam tali
fine terminavit: "Unum," inquit, "ad ultimum restat,
ut in perditione duorum minor non succedat dolor quam 10
praecessit amor." Nec in hoc ei, sicut universus agnovit
mundus, prophetiae defuit spiritus. — *Ep. I.*

Missam ad amicum pro consolatione epistolam, dilectissime, vestram ad me forte quidam nuper attulit. Quam
ex ipsa statim tituli fronte vestram esse considerans, tanto 15
ardentius eam coepi legere, quanto scriptorem ipsum
charius amplector, ut cuius rem perdidi, verbis saltem
tanquam eius quadam imagine recreer. Erant, memini,
huius epistolae verba fere omnia felle et absinthio plena,
quae scilicet nostrae conversionis miserabilem historiam, 20
et tuas, unice, cruces assiduas referebant. Complesti
revera in epistola illa quod in exordio eius amico promisisti,
ut videlicet in comparatione tuarum suas molestias nullas
vel parvas reputaret. Ubi quidem expositis prius magistrorum tuorum in te persecutionibus, deinde in corpus 25
tuum summae proditionis iniuria, ad condiscipulorum
quoque tuorum, Alberici videlicet Rhemensis et Lotulfi
Lombardi execrabilem invidiam, et infestationem nimiam
stylum contulisti. Quorum quidem suggestionibus quid

---

1. **existeret** = *esset.* — 28. **infestationem**: ' bitter attack.'

de glorioso illo theologiae tuae opere, quid de te ipso quasi in carcere damnato actum sit non praetermisisti. Inde ad abbatis tui fratrumque falsorum machinationem accessisti, et detractiones illas tibi gravissimas duorum illorum 5 pseudoapostolorum a praedictis aemulis in te commotas, atque ad scandalum plerisque subortum de nomine Paracleti oratorio praeter consuetudinem imposito; denique ad intolerabilis illas et adhuc continuas in te persecutiones, crudelissimi scilicet illius exactoris, et pessimorum, quos 10 filios nominas, monachorum profectus, miserabilem historiam consummasti. Quae cum siccis oculis neminem vel legere vel audire posse aestimem, tanto dolores meos amplius renovarunt, quanto diligentius singula expresserunt et eo magis auxerunt, quo in te adhuc pericula 15 crescere retulisti; ut omnes pariter de vita tua desperare cogamur, et quotidie ultimos illos de nece tua rumores trepidantia nostra corda et palpitantia pectora expectent.

Per ipsum itaque, qui te sibi adhuc quoquo modo protegit, Christum obsecramus quatenus ancillulas ipsius et 20 tuas crebris litteris de his in quibus adhuc fluctuas naufragiis certificare digneris; ut nos saltem quae tibi solae remansimus, doloris vel gaudii participes habeas. Solent etenim dolenti nonnullam afferre consolationem qui condolent, et quodlibet onus pluribus impositum levius 25 sustinetur, sive defertur. Quod si paululum haec tempestas quieverit, tanto amplius maturandae sunt litterae, quanto sunt iucundiores futurae. De quibuscunque autem nobis scribas, non parvum nobis remedium conferes; hoc saltem uno quod te nostri memorem esse 30 monstrabis. Quam iucundae vero sint absentium litterae amicorum, ipse nos exemplo proprio Seneca docet, ad

---

6. **scandalum**: ' stumbling-block.' — **Paracleti**: the name of the oratory, near Nogent-sur-Seine, built for Abelard by his enthusiastic students. — 19. **ancillulas**: Héloïse and her sister nuns.

amicum Lucilium quodam loco sic scribens: "Quod
frequenter mihi scribis, gratias ago. Nam quo uno modo
potes te mihi ostendis. Nunquam epistolam tuam acci-
pio, quin protinus una simus. Si imagines nobis amicorum
absentium iucundae sunt, quae memoriam renovant et 5
desiderium absentiae falso atque inani solatio levant,
quanto iucundiores sunt litterae, quae amici absentis
veras notas afferunt?" Deo autem gratias, quod hoc
saltem modo praesentiam tuam nobis reddere nulla in-
vidia prohiberis, nulla difficultate praepediris, nulla, 10
obsecro, negligentia retarderis.

Scripsisti ad amicum prolixae consolationem epistolae,
et pro adversitatibus quidem suis, sed de tuis. Quas
videlicet tuas diligenter commemorans, quum eius in-
tenderes consolationi, nostrae plurimum addidisti desola- 15
tioni, et dum eius mederi vulneribus cuperes, nova quaedam nobis vulnera doloris inflixisti, et priora auxisti.
Sana, obsecro, ipse quae fecisti, qui quae alii fecerunt
curare satagis. Morem quidem amico et socio gessisti,
et tam amicitiae quam societatis debitum persolvisti; 20
sed maiore te debito nobis astrinxisti, quas non tam amicas
quam amicissimas, non tam socias quam filias convenit
nominari, vel si quod dulcius et sanctius vocabulum potest
excogitari. Quanto autem debito te erga eas obligaveris,
non argumentis, non testimoniis indiget, ut quasi dubium 25
comprobetur; et si omnes taceant, res ipsa clamat. Huius
quippe loci tu post Deum solus es fundator, solus huius
oratorii constructor, solus huius congregationis aedificator.
Nihil hic super alienum aedificasti fundamentum.

Totum quod hic est, tua creatio est. Solitudo haec 30
feris tantum sive latronibus vacans, nullam hominum
habitationem noverat, nullam domum habuerat. In ipsis
cubilibus ferarum, in ipsis latibulis latronum, ubi nec

---

25. **quasi dubium**: sc. *sit.*

nominari Deus solet, divinum erexisti tabernaculum, et
Spiritus sancti proprium dedicasti templum. Nihil ad
hoc aedificandum ex regum vel principum opibus intulisti,
quum plurima posses et maxima, ut quidquid fieret, tibi
5 soli posset ascribi. Clerici sive scholares huc certatim ad
disciplinam tuam confluentes omnia ministrabant necessaria; et qui de beneficiis vivebant ecclesiasticis, nec
oblationes facere noverant, sed suscipere, et qui manus ad
suscipiendum non ad dandum habuerant, hic in oblationi-
10 bus faciendis prodigi atque importuni fiebant. Tua
itaque, vere tua, haec est proprie in sancto proposito
novella plantatio, cuius adhuc teneris maxime plantis
frequens, ut proficiant, necessaria est irrigatio. Satis ex
ipsa feminei sexus natura debilis est haec plantatio, et est
15 infirma, etiamsi non esset nova. Unde diligentiorem
culturam exigit et frequentiorem, iuxta illud apostoli:
"Ego plantavi, Apollo rigavit, Deus autem incrementum
dedit." Plantaverat apostolus atque fundaverat in fide
per praedicationis suae doctrinam Corinthios, quibus
20 scribebat. Rigaverat postmodum eos ipsius apostoli
discipulus Apollo sacris exhortationibus, et sic eis incrementum virtutum divina largita est gratia. Vitis
alienae vineam, quam non plantasti, in amaritudinem tibi
conversam, admonitionibus saepe cassis, et sacris frustra
25 sermonibus excolis.

Quid tuae debeas attende, qui sic curam impendis
alienae. Doces et admones rebelles, nec proficis. Frustra ante porcos divini eloquii margaritas spargis. Qui
obstinatis tanta impendis, quid obedientibus debeas
30 considera. Qui tanta hostibus largiris, quid filiabus debeas
meditare. Atque ut caeteras omittam, quanto erga me te
obligaveris debito, pensa; ut quod devotis communiter
debes feminis, unicae tuae devotius solvas. Quot autem
et quantos tractatus in doctrina, vel exhortatione, seu

etiam consolatione sanctarum feminarum sancti patres con-
summaverint, et quanta eos diligentia composuerint, tua
melius excellentia quam nostra parvitas novit. Unde
non mediocri admiratione nostrae tenera conversionis
initia tua iam dudum oblivio movit, quod nec reverentia 5
Dei, nec amore nostri, nec sanctorum patrum exemplis
admonitus, fluctuantem me et iam diutino moerore con-
fectam, vel sermone praesentem, vel epistola absentem
consolari tentaveris. Cui quidem tanto te maiore debito
noveris obligatum, quanto te amplius nuptialis foedere 10
sacramenti constat esse astrictum; et eo te magis mihi
obnoxium, quo te semper, ut omnibus patet, immoderáto
amore complexa sum. Nosti, charissime, noverunt omnes,
quanta in te amiserim, et quam miserabili casu summa
et ubique nota proditio me ipsam quoque mihi tecum 15
abstulerit, et incomparabiliter maior sit dolor ex amis-
sionis modo quam ex damno. Quo vero maior est dolendi
causa, maiora sunt consolationis adhibenda remedia, non
utique ab alio, sed a teipso, ut qui solus es in causa dolendi,
solus sis in gratia consolandi. Solus quippe es qui me 20
contristare, qui me laetificare seu consolari valeas. Et
solus es qui plurimum id mihi debeas, et tunc maxime
quum universa quae iusseris in tantum impleverim, ut
quum te in aliquo offendere non possem, meipsam pro
iussu tuo perdere sustinerem. Et quod maius est, dictu- 25
que mirabile, in tantam versus est amor insaniam, ut quod
solum appetebat, hoc ipse sibi sine spe recuperationis
auferret, quum ad tuam statim iussionem tam habitum
ipsa quam animum immutarem; ut te tam corporis mei
quam animi unicum possessorem ostenderem. Nihil 30
unquam (Deus scit) in te nisi te requisivi, te pure, non tua
concupiscens. Non matrimonii foedera, non dotes aliquas
expectavi, non denique meas voluptates aut voluntates,
sed tuas, sicut ipse nosti, adimplere studui.

*   *   *   *   *   *   *

Attende, obsecro, quae requiro; et parva haec videbis
et tibi facillima. Dum tui praesentia fraudor, verborum
saltem votis, quorum tibi copia est, tuae mihi imaginis
praesenta dulcedinem. Frustra te in rebus dapsilem
5 expecto, si in verbis avarum sustineo. Nunc vero plurimum a te me promereri credideram, quum omnia propter
te compleverim, nunc in tuo maxime perseverans obsequio.
Quam quidem iuvenculam ad monasticae conversationis
asperitatem non religionis devotio, sed tua tantum per-
10 traxit iussio; ubi si nihil a te promerear, quam frustra
laborem diiudica. Nulla mihi super hoc merces expec-
tanda est a Deo, cuius adhuc amore nihil me constat
egisse. Properantem te ad Deum secuta sum habitu, imo
praecessi. Quasi enim memor uxoris Loth retro conversae,
15 prius me sacris vestibus et professione monastica quam
teipsum Deo mancipasti. In quo, fateor, uno minus te
de me confidere vehementer dolui atque erubui. Ego
autem (Deus scit) ad Vulcania loca te properantem prae-
cedere vel sequi pro iussu tuo minime dubitarem. Non
20 enim mecum animus meus, sed tecum erat. Sed et nunc
maxime si tecum non est, nusquam est. Esse vero sine
te nequaquam potest. Sed ut tecum bene sit, age, obsecro.
Bene autem tecum fuerit, si te propitium invenerit, si
gratiam referas pro gratia, modica pro magnis, verba
25 pro rebus. Utinam, dilecte, tua de me dilectio minus
confideret, ut sollicitior esset! Sed quo te amplius nunc
securum reddidi, negligentiorem sustineo. Memento obsecro quae fecerim, et quanta debeas attende. — *Ep. II.*

---

4. **praesenta**: ' offer.' — **dapsilem**: ' bountiful.' — 8. **iuvenculam**: ' a young girl.' — 18. **Vulcania loca**: i.e. Gehenna.

WILLELMI MALMESBIRIENSIS MONACHI DE GESTIS REGUM ANGLORUM LIBRI QUINQUE

William of Malmesbury was born about 1080, and lived rather quietly all his life in England, most of it as a monk at Malmesbury. Developing literary tastes early in life, his ambition to write a history of England that should have popular qualities was realized in the *Gesta Regum*, which covers the period from 449 to 1127. He was the most successful historian of his time, and wrote in an anecdotal style calculated to attract the reader, yet using relatively good Latin throughout. He wrote also *Gesta Pontificum*, a *Historia Novella* as a supplementary work, lives of saints, theological and exegetical treatises, etc.

The *Gesta Regum*, edited by William Stubbs, was published in London in two volumes, 1887–1889.

THE MAGNANIMITY OF WILLIAM RUFUS

Egressus rex tabernaculo, vidensque eminus hostes superbum inequitantes, solus in multos irruit, alacritate virtutis impatiens, simulque confidens nullum sibi ausurum obsistere; moxque occiso sub feminibus deturbatus equo, quem eo die quindecim marcis argenti emerat, etiam 5 per pedem diu tractus est; sed fides loricae obstitit ne laederetur. Iamque miles, qui deiecerat, manum ad capulum aptabat ut feriret, cum ille, periculo extremo territus, exclamat, "Tolle, nebulo! rex Angliae sum!" Tremuit,

---

2. **superbum**: adverbial. — **inequitantes**: 'riding up.' — 5. **marcis**: a mark was 26 *soldi*. — 9. **Tolle**: 'Hands up!'

MALMESBURY ABBEY

nota voce iacentis, vulgus militum; statimque reverenter
de terra levato equum alterum adducunt. Ille, non ex-
pectato ascensorio, sonipedem insiliens, omnesque circumstantes vivido perstringens oculo, "Quis," inquit, "me
deiecit?" Mussitantibus cunctis, miles audacis facti con- 5
scius non defuit patrocinio suo, dicens: "Ego, qui te non
putarem esse regem, sed militem." Tum vero rex placidus,
vultuque serenus, "Per vultum," ait, "de Luca," sic enim
iurabat, "meus a modo eris, et meo albo insertus laudabilis
militiae praemia reportabis." Macte animi, amplissime 10
rex, quod tibi praeconium super hoc dicto rependam?
A magni quondam Alexandri non degener gloria, qui
Persam militem se a tergo ferire conatum, sed pro perfidia
ensis spe sua frustratum, incolumem pro admiratione fortitudinis conservavit.—*Gesta Reg. Ang. IV. 309.* 15

OTHER EXAMPLES OF THE KING'S MAGNANIMITY

Veruntamen sunt quaedam de rege praeclarae magnani-
mitatis exempla, quae posteris non invidebo. Venationi
in quadam silva intentum nuntius detinuit ex transmarinis
partibus, obsessam esse civitatem Cenomannis, quam
nuper fratre profecto suae potestati adiecerat. Statim 20
ergo ut expeditus erat retorsit equum, iter ad mare convertens. Admonentibus ducibus exercitum advocandum,
paratos componendos, "Videbo," ait, "quis me sequetur;
putatis me non habiturum homines? si cognovi iuventu-
tem meam, etiam naufragio ad me venisse volet." Hoc 25
igitur modo pene solus ad mare pervenit. Erat tunc
nubilus aer et ventus contrarius; flatus violentia terga
maris verrebat. Illum statim transfretare volentem nau-

---

3. **ascensorio:** 'stirrup.' — 9. **a modo:** 'henceforth'; 3D. — **albo:**
'album,' or list of worthies. — 18. **intentum:** sc. *regem.* — **ex transmarinis:** take this with *nuntius.* — 26. **pene** — *paene.*

tae exorant ut pacem pelagi et ventorum clementiam operi-
atur. "Atqui," inquit rex, "nunquam audivi regem naufragio interiisse. Quin potius solvite retinacula navium,
videbitis elementa iam conspirata in meum obsequium."
5　Ponto transito obsessores, eius audita fama, dissiliunt.
Auctor turbarum, Helias quidam, capitur; cui ante se
adducto rex ludibundus, "Habeo te, magister!" dixit.
At vero illius alta nobilitas, quae nesciret in tanto etiam
periculo humilia sapere, humilia loqui : "Fortuitu," inquit,
10 "me cepisti; sed si possem evadere, novi quid facerem."
Tum Willelmus, prae furore fere extra se positus, et obuncans Heliam, "Tu," inquit, "nebulo! tu, quid faceres?
Discede, abi, fuge! concedo tibi ut facias quicquid poteris;
et, per vultum de Luca! nihil, si me viceris, pro hac venia
15 tecum paciscar." Nec inferius factum verbo fuit, sed
continuo dimisit evadere, miratus potius quam insectatus
fugientem. Quis talia de illitterato homine crederet?
Et fortassis erit aliquis qui, Lucanum legens, falso opinetur
Willelmum haec exempla de Iulio Caesare mutuatum esse;
20 sed non erat ei tantum studii vel otii ut litteras unquam
audiret; immo calor mentis ingenitus et conscia virtus
eum talia exprimere cogebant. Et profecto, si Christiani-
tas nostra pateretur, sicut olim anima Euforbii transisse
dicta est in Pythagoram Samium, ita possit dici quod
25 anima Iulii Caesaris transierit in regem Willelmum.
　　　　　　　　　　　　　　　— *Gest. Reg. Ang. IV. 320.*

---

11. **obuncans**: ' shaking his fist at.' — 16. **dimisit evadere**: 3E
(3) (*a*). — 22. **talia exprimere**: ' to express himself thus.'

GALFREDI MONUMETENSIS HISTORIA
REGUM BRITANNIAE

Geoffrey of Monmouth (c. 1100–1154), whose popularity yielded him the patronage of earls and bishops, and finally led to his becoming Bishop of St. Asaph in the latter part of his life, was a most successful romancing historian, whose historical value is of

MONMOUTH

something the same grade as Defoe's in *Robinson Crusoe*. Geoffrey claimed that his work, written in twelve books, was a translation of an early historical work in the vernacular, the very existence of which may be entirely of the nature of romance. There was, to be sure, an early *Historia Britonum* written by Nennius in the

299

ninth century, which contained some material for parts of his
work; but it seems to have been largely due to Geoffrey's imagination that the interesting tale of early English history which he
has left us was put together. The part of it dealing with King
Arthur served especially as a source book for many famous writers
on the supposed deeds of that worthy.

Geoffrey's Latin is reasonably simple, and his narrative so
direct and anecdotal as to charm the reader.

The work was published at Halle in 1854, edited by A. Schulz.
There is a translation by Sebastian Evans in *Everyman's Library*.

THE BEGINNING OF "WASSAIL" IN ENGLAND

Interea reversi sunt nuncii ex Germania, conduxeruntque
decem et octo naves electis militibus plenas. Conduxerunt
etiam Hengisti filiam nomine Rowen; cuius pulchritudo
nulli secunda videbatur. Postquam autem venerunt,
5 invitavit Hengistus Vortegirnum regem in domum suam,
ut et novum aedificium et milites novos qui applicuerant
videret. Venit ilico rex privatim, tamque subitum laudavit opus, et milites invitatos retinuit. Ut vero regiis epulis
refectus fuit, egressa est puella de thalamo, aureum scy-
10 phum vino plenum ferens; accedens deinde propius, regi
flexis genibus dixit: "Lauerd King, wacht heil." At ille,
puellae visa facie, admiratus est tantum eius decorem, et
incaluit. Deinde interpretem suum interrogavit quid
puella dixerat, et quid ei respondere debeat. Cui interpres
15 dixit: "Vocavit te dominum regem, et vocabulo saluta-
tionis honoravit. Quod autem respondere debes, est:
'Drinc heil.'" Respondens deinde Vortegirnus, "Drinc
heil!", iussit puellam potare; cepitque de manu ipsius

---

2. **electis militibus**: the Jutes, invited by Vortigern to come over
and help him against the Picts, in the fifth century. — 3. **Hengisti**:
Hengist was a prince of the Jutes, who came too. — 6. **applicuerant**:
sc. *se*. — 13. **incaluit**: sc. *amore*. — 15. **regem**: Vortigern was king
of the Britons at the time.

scyphum, et eam osculatus est, et potavit : ab illo die usque
in hodiernum mansit consuetudo illa in Britannia, quod in
conviviis qui potat ad alium dicit : "Wacht heil!", qui
vero post ipsum recipit potum respondet : "Drinc heil."

Vortegirnus autem diverso genere potus inebriatus, in-5
trante Satana in cor eius, puellam amavit, eamque a patre
eius postulavit.   Intraverat inquam Satanas in cor eius
quia, cum Christianus esset, cum pagana coire desiderabat.
Hengistus ilico, ut prudens erat, animi regis comperta
levitate, fratrem suum Horsum consuluit, caeterosque 10
maiores natu qui secum aderant, quid de regis petitione
faceret.   Sed omnibus unum consilium fuit, ut puella regi
daretur ; et ut pro ea ab illo Cantiae provinciam peterent.
Nec mora ; data fuit puella Vortegirno, et provincia Cantiae Hengisto, nesciente Gorangano Comite, qui in eadem 15
regnabat.   Nupsit itaque rex in eadem nocte paganae ;
quae ei ultra modum placuit.   Unde in inimicitiam procerum et filiorum suorum citissime incidit.   Generaverat
namque filios primitus, quibus erant nomina : Vortimer,
Katigernus et Pascentius. — *VI. 12.*
                                                          20

THE CORONATION OF KING ARTHUR

Omnibus denique in urbe congregatis, solennitate instante, archipraesules ad palatium ducuntur, ut regem
diademate regali coronarent.   Dubricius ergo, quoniam
in sua dioecesi curia tenebatur, paratus ad celebrandum
obsequium, huius rei curam suscepit.   Rege tandem insig-25
nito, ad templum Metropolitanae sedis ornate conducitur ;
a dextro enim et a laevo latere duo Archipontifices ipsum
tenebant.   Quatuor autem reges, Albaniae videlicet atque

---

13. **Cantiae** : 'Kent.' — 21. **solennitate** : 'formalities.' — 22. **archipraesules** : 'archbishops.' — 25. **obsequium** : 'service.' — 26. **sedis** :
'see.' — 28. **Albaniae**, etc. : Albany, Cornwall, North and South
Wales.

Cornubiae, Demetiae et Venedociae, quorum illud ius fuerat, quatuor aureos gladios ante ipsum ferentes, praeibant.
Conventus quoque multimodorum ordinatorum, miris modulationibus praecinebat. Ex alia autem parte reginam
5 suis insignibus laureatam archipraesules atque pontifices
ad templum Deo dicatarum puellarum conducebant.
Quatuor quoque praedictorum regum reginae quatuor
albas columbas de more praeferebant. Mulieres autem
quae aderant illam cum maximo gaudio sequebantur.
10   Postremo peracta processione, tot organa, tot cantus in
utrisque fiunt templis, ita ut prae nimia dulcedine milites
qui aderant nescirent quod templorum prius peterent.
Catervatim ergo nunc ad hoc, nunc ad illud ruebant; nec
si totus dies celebrationi deditus esset, taedium aliquod
15 ipsis generaret. Divinis tandem obsequiis in utroque cele-
bratis, rex et regina diademata sua deponunt; assumptis-
que levioribus ornamentis, ille ad suum palatium cum viris,
haec ad aliud cum mulieribus epulatum incedunt. Antiquam namque consuetudinem Troiae servantes Britones,
20 consueverant mares cum maribus, mulieres cum mulieribus
festivos dies separatim celebrare. Collocatis postmodum
cunctis, ut singulorum dignitas expetebat, Caius dapifer
Herminio ornatus, mille vero nobilissimis iuvenibus comitatus est; quo omnes Herminio induti fercula cum ipso
25 ministrabant. Ex alia vero parte Beduerum pincernam
totidem vario amicti sequuntur, qui in scyphis diverso-
rum generum multimoda pocula cum ipso distribuebant.
    In palatio quoque reginae innumerabiles ministri diver-
sis ornamentis induti, obsequium suum praestabant,
30 morem suum exercentes; quem si omnino describere per-

---

3. **modulationibus**: 'singing.' — 6. **dicatarum puellarum**: 'the
virgins consecrated.' — 12. **quod**: for *quid.* — 21. **Collocatis**: i.e. at
table. — 22. **dapifer**: 'head-waiter.' — 24. **Herminio**: 'ermine.' —
25. **Beduerum**: Bedevere. — **pincernam**: 'butler.'

gerem nimiam historiae prolixitatem generarem. Ad tantum etenim statum dignitatis Britannia tunc provecta erat quod copia divitiarum, luxu ornamentorum, facetia incolarum, caetera regna excellebat. Quicunque ergo famosus probitate miles in eadem erat, unius coloris vesti- 5 bus atque armis utebatur. Facetae etiam mulieres con-

JOUSTING KNIGHTS

similia indumenta habentes, nullius amorem habere dignabantur, nisi tertio in militia approbatus esset. Efficiebantur ergo castae mulieres, et milites amore illarum meliores.
— *IX. 13.*

THE CORONATION GAMES AND SPORTS

Refecti tandem epulis, diversi diversos ludos composituri 10 campos extra civitatem adeunt. Mox milites simulacrum

---

1. **prolixitatem**: 'long-windedness.' — 3. **facetia**: the non-classical singular. — 4. **excellebat**: 3E (6) (*b*).

praelii ciendo equestrem ludum componunt; mulieres in edito murorum aspicientes, in curiales amoris flammas amore ioci irritant. Alii telis, alii hasta, alii ponderosorum lapidum iactu, alii saxis, alii aleis caeter-
5 orumque iocorum diversitate contendentes, quod diei restabat, postposita lite, praetereunt. Quicunque vero ludi sui victoriam adeptus erat ab Arturo largis muneribus ditabatur. Consumptis ergo primis in hunc modum diebus tribus, instante quarto vocantur cuncti qui ipsi
10 propter honores obsequium praestabant, et singuli singulis possessionibus, civitatibus videlicet atque castellis, archiepiscopatibus, episcopatibus, abbatiis, caeterisque honoribus donantur. — *IX. 14.*

___

2. **curiales:** ' courtiers.' — 12. **abbatiis:** ' abbotships.'

GUILLELMI TYRENSIS ARCHIEPISCOPI HISTORIA RERUM IN PARTIBUS TRANSMARINIS GESTARUM

William of Tyre (c. 1130–1183) was born in Palestine, but educated in Europe. On his return to the east he won the esteem of Amalric I, King of Jerusalem, and rose rapidly in ecclesiastical preferment, ultimately becoming Archbishop of Tyre. Meanwhile he was close to the reigning family in other ways, was long Chancellor of the kingdom, and had an intimate knowledge of politics and of both oriental and occidental courts.

Being well educated in various languages (including Greek and Arabic), as well as in history and affairs, he was particularly well adapted to write history, and was asked by Amalric, his patron, to write a history of the Crusades. His work reached the extent of twenty-two books, and a fragment of another; and, although it breaks off abruptly at this point, it was continued later by various hands.

As a scholar and well-informed student of affairs present and past, William composed the work which for many centuries was considered the leading authority for the first century of the Crusades. Although his use of authorities and his willingness to include the legendary are not altogether in harmony with modern historical standards, he was worthy of the eminence which he so long enjoyed. He well exemplifies the rhetorical style of his age, and includes the most interesting matter available from whatever sources.

His account of the speech of Pope Urban II urging his hearers to embark upon the First Crusade, although reported at second-hand, is one of the chief records of that remarkable effort.

The text may be found in Migne's *Patrologia*, Vol. CCI.

POPE URBAN II EXHORTS THE COUNCIL OF CLERMONT
(1095) TO THE CRUSADE (I)

"Nostis, fratres dilectissimi, et vestram nosse id expedit
charitatem, quomodo humani generis Reparator, pro nostra
omnium salute carnem assumens, et homo inter homines
conversatus, terram promissionis quam pridem patribus
5 promiserat, propria illustravit praesentia; et assumptae
dispensationis operibus, et crebra simul miraculorum exhi-
bitione reddidit specialiter insignem. Id enim et Veteris et
Novi, pene in omnibus syllabis, docet series Testamenti.
Quadam sane dilectionis praerogativa certum est eam di-
10 lexisse, illa, quod eam orbis partem, imo particulam, haereditatem suam dignatus est appellare, cum 'eius sit omnis
terra et plenitudo eius.' Unde per Isaiam ait: 'Haeredi-
tas mea Israel'; et item: 'Vinea Domini Sabaoth domus
Israel est.' Et licet totam, in partem praecipuam, sibi
15 dedicaverit ab initio, peculiariam tamen Urbem sanctam
sibi adoptavit in propriam, testante Propheta, qui ait:
'Diligit Dominus portas Sion super omnia tabernacula
Jacob.' De qua gloriosa dicuntur, videlicet quod in ea
docens, passus, et resurgens Salvator salutem operatus est
20 in medio terrae; ad hoc a saeculis praeelecta, ut tantorum esset conscia, et cella familiaris mysteriorum. Electa
nimirum; quod ipse qui elegit, testatur, dicens: 'Et de
Hierusalem civitate quam elegi veniet vobis Salvator.'

"Quam etsi peccatis inhabitantium id exigentibus, iusto
25 iudicio suo in manus impiorum saepius tradi permiserit
Deus, et durae iugum servititis ad tempus eam sustinere
passus sit, non tamen arbitrandum est quod eam quasi a
se repudiatam abiecerit. Cum scriptum sit: 'Flagellat
Deus omnem filium quem' recipit; illi vero thesaurizat

---

7. reddidit . . . insignem: 'made glorious.' — 29. thesaurizat:
'treasures up.'

iram, cui dicit : 'Recessit zelus meus a te, iam amplius non irascar tibi.' Diligit ergo eam, nec intepuit erga eam dilectionis fervor, cui dicit : 'Eris corona gloriae in manu Domini, et diadema regni in manu Dei tui ; et non vocaberis amplius desolata, sed vocaberis voluntas mea in ea, 5

quia complacuit Domino in te.'

"Haec igitur salutis nostrae incunabula, Domini patriam, reli- 10 gionis matrem, populus absque Deo, ancillae filius Aegyptiae, possidet violenter ; captivatis liberae filiis 15 extremas imponit conditiones, quibus versa vice merito servire tenebatur. Sed quid scriptum est ? 'Eiice 20 ancillam et filium eius.' Sarracenorum enim gens impia, et mundanarum sectatrix traditionum, loca sancta, in 25 quibus steterunt pedes

POPE URBAN II PREACHING THE FIRST CRUSADE

Domini, iam a multis retro temporibus violentia premit tyrannide, subactis fidelibus et in servitutem damnatis. Ingressi sunt canes in sancta, profanatum est sanctuarium ; humiliatus est cultor Dei populus ; angarias patitur 30 indignas genus electum ; servit in luto et latere regale

1. zelus : 'jealousy.' — 3. **Eris corona gloriae**, etc. : Isa. 62, 3–4. — 12. **ancillae filius** : Gal. 4, 22, sqq. — 14. **captivatis** : 'when in captivity.' — 28. **tyrannide** = *tyrannica*. — 30. **angarias** : 'servitude.'

sacerdotium; princeps provinciarum facta est sub tri-
buto, civitas Dei. Cuius non liquefiat anima? cuius non
tabescant praecordia, his ad animum recurrentibus?
Quis haec siccis oculis audire potest, fratres charissimi?
5 Templum Domini, de quo zelans Dominus vendentes
eiecit et ementes, ne domus Patris eius fieret spelunca
latronum, factum est sedes daemoniorum. Id ipsum
enim et Mathathiam sacerdotem magnum sanctorum
progenitorem Machabaeorum ad zelum accendit com-
10 mendabilem, sicut ipse testatur, dicens: 'Templum Domini quasi vir ignobilis, vasa gloriae eius abducta sunt
captiva.' Civitas Regis regum omnium, quae aliis regulas
intemeratae tradidit fidei, gentium superstitionibus cogitur
invita deservire. Sanctae Resurrectionis ecclesia, requies
15 dormientis Domini, eorum sustinet imperia, faedatur
spurcitiis, qui resurrectionis non habebunt participium,
sed stipula ignis aeterni, perennibus deputabuntur incendiis. Loca venerabilia divinis deputata mysteriis, quae
Dominum in carne susceperunt hospitem, signa viderunt,
20 senserunt beneficia, quorum omnium in se plena fide
praetendunt argumenta, facta sunt gregum praesepia,
stabula iumentorum. Laudabilis populus, cui benedixit
Dominus exercituum, sub angariarum et sordidarum praestationum pondere gemit fatigatus; rapiuntur eorum filii,
25 matris Ecclesiae chara pignora, ut gentium immunditiis
deserviant, et nomen Dei vivi abnegent vel ore blasphe-
ment sacrilego, compelluntur; aut impia detestantes
imperia, caeduntur gladiis more bidentium, sanctis marty-
ribus sociandi. Non est sacrilegis locorum differentia,
30 non est personarum respectus; in sanctuariis occidun-
tur sacerdotes et Levitae; coguntur virgines fornicari,

---

5. **zelans** = *zelus.* — 16. **spurcitiis**: 'uncleanness.' — **participium**:
'participation.' — 23. **praestationum**: 'payments.' — 25. **immunditiis**: 'offscourings.'

aut per tormenta perire: nec matronis aetas maturior
suffragatur.

"Vae nobis, qui in hanc tam periculosi temporis descen-
dimus miseriam, quam in spiritu praevidens electus a
Domino David rex fidelis deplorat dicens: 'Deus, vene- 5
runt gentes in haereditatem tuam, polluerunt templum
sanctum tuum.' Et item: 'Populum tuum humiliave-
runt, et haereditatem tuam vexaverunt. Utquid, Domine,
irasceris in finem, accendetur velut ignis ira tua? Ubi
sunt misericordiae tuae antïquae, Domine?' Verumne 10
est quod dicitur: 'Non obliviscetur misereri Deus, non
continebit in ira sua misericordias suas? Recordare quid
acciderit nobis; intuere, et vide opprobrium nostrum. Vae
nobis, ut quid nati sumus videre corruptionem populi nostri et contritionem civitatis sanctae, et sedere, illic cum 15
dantur in manibus inimicorum sancta?'

"Vos igitur, delectissimi, armamini zelo Dei. Accingimini unusquisque gladio suo super femur suum potentissime. Accingimini, et estote filii Potentis. Melius est enim
mori in bello, quam videre mala gentis nostrae et sanctorum. 20
Si quis zelum legis Dei habet, adiungat se nobis. Sub-
veniamus fratribus nostris, 'Disrumpamus vincula eorum,
et proiiciamus a nobis iugum ipsorum.' Egredimini, et
Dominus erit vobiscum. Arma quae caede mutua illicite
cruentastis, in hostes fidei et nominis Christiani convertite. 25
Furta, incendia, rapinas, homicidia, et caetera qualia qui
agunt, regnum Dei non possidebunt; hoc Deo beneplacito
redimite obsequio, ut delictorum, quibus Dominum ad ira-
cundiam provocastis, celerem indulgentiam pro vobis obtineant haec pietatis opera, et deprecatio collata sanctorum. 30

"Monemus igitur et exhortamur in Domino, et in remis-
sionem peccatorum iniungimus, ut fratribus nostris, et
caelestis regni cohaeredibus (omnes enim sumus invicem

8. Utquid: 1B (6).— 14. quid nati sumus: 'were ever born at all.'

membra, 'haeredes quidem Dei, cohaeredes autem
Christi') qui Hierosolymis et in finibus eius habitant,
afflictione et laboribus compatientes, infidelium insolen-
tiam (qui sibi regna, principatus et potestates subiicere
5 contendunt) debita compescatis animadversione; et illis
totis viribus occurratis, quibus est propositum nomen
delere Christianum. Alioquin futurum est ut in proximo
Ecclesia Dei iugum indebitae perferens servitutis, fidei
sentiat dispendium, praevalente gentilium superstitione.
10 In quanta enim positi sint afflictione noverunt ex vobis
nonnulli, qui haec quae loquimur oculata conspexerunt
fide, et praesens illorum per manum Petri, viri venerabilis,
qui praesens est, ad nos delata docet epistola.

"Nos autem, de misericordia Domini et beatorum Petri
15 et Pauli apostolorum auctoritate confisi, fidelibus Christianis, qui contra eos arma susceperint et onus sibi huius
peregrinationis assumpserint, iniunctas sibi pro suis delictis paenitentias relaxamus. Qui autem ibi in vera paeni-
tentia decesserint, et peccatorum indulgentiam et fructum
20 aeternae mercedis se non dubitent habituros. Interim
vero eos qui ardore fidei ad expugnandos illos laborem
istum assumpserint, sub Ecclesiae defensione, et beatorum
Petri et Pauli protectione, tanquam verae obedientiae
filios recipimus; et ab universis inquietationibus, tam in
25 rebus quam in personis statuimus manere securos. Si
vero quisquam molestare eos interim ausu temerario
praesumpserit, per episcopum loci excommunicatione
feriatur; et tandiu sententia ab omnibus observetur,
donec et ablata reddantur, et de illatis damnis congrue
30 satisfiat. Episcopi vero et presbyteri, qui talibus fortiter
non restiterint, officii suspensione multentur, donec misericordiam sedis apostolicae obtineant." — *I. 15.*

---

11. **ocuiata fide**: 'the eye of faith.' — 18. **paenitentias**: ' pen-
ances.' — 29. **congrue** = *congruenter*.

SANCTI BERNARDI CLARAVALLENSIS HYMNUS

Bernard of Clairvaux (1090–1153) was one of the greatest of mediaeval churchmen. Born at Fontaine, and destined by his mother for the church with ambitious hopes of ecclesiastical eminence, Bernard himself leaned rather to ascetic piety, and against her will joined the incipient and still languishing order of Cistercian monks at the establishment of Citeaux. The advent of this young enthusiast with several of his young friends gave new life to the order, and when in a couple of years it was proposed to found another monastery of the Cistercians in a rough and uninviting valley, he became its abbot, though as yet but twenty-four years of age. The industry and character of the new group of monks so transformed the place that it was renamed Clara Vallis (Clairvaux), and the preaching and reputation of Bernard caused a great expansion of the Cistercian order. His fame grew so widely that pilgrims came from far and near to Clairvaux, and many sought his healing aid for disease. Through sheer goodness he became one of the most influential

St. Bernard in His Cell

The long maintained attribution to St. Bernard can find no support in the relevant documents and is now universally discarded. It is, however, another Cistercian who in fact composed this selection, Arnulf of Louvain, Abbot of Villers-en-Brabant, 1240–48. The first half-strophe as given here is later work substituted for the verses of the original poem: "Salve, Iesu reverende, Mihi semper inquirende, Me astantem hic attende, Accedentem me accende Praecordiali gratia." See F. J. E. Raby, *Christian-Latin Poetry*, 329 f., 440 f., and G. M. Dreves, *Ein Jahrtausend lateinischer Hymnendichtung* (Leipzig, 1909), I, 323–27 (evidence for authorship and a reliable text of the entire poem, "Ad singula membra Christi patientis rhythmus").

ecclesiastics in Europe, travelled widely, settled disputes, and had a hand in making and unmaking popes.

His writings are voluminous, including letters, treatises of various kinds, sermons, and hymns. Several of the latter have been culled from a long poem addressed to different parts of the body of Christ on the cross. The one here chosen as an illustration was translated into German by Paul Gerhardt, and our familiar version, beginning, "O Sacred Head, now wounded," came from the German version by the hand of J. W. Alexander.

The hymn may be found in the complete works of Bernard, e.g. in Migne's *Patrologia*, and in various collections of Latin hymns.

The ten-verse stanzas are accentual trochaic dimeters, with double end rhyme in pairs, except verses 5 and 10, which are iambic dimeters with double rhyme.

"O SACRED HEAD, NOW WOUNDED"

Salve, caput cruentatum,
Totum spinis coronatum,
Conquassatum, vulneratum,
Arundine sic verberatum,
5 Facie sputis illita.
Salve, cuius dulcis vultus,
Immutatus et incultus,
Immutavit suum florem,
Totus versus in pallorem,
10 Quem caeli tremit curia.

Omnis vigor atque viror
Hinc recessit, non admiror,
Mors apparet in aspectu,
Totus pendens in defectu,
15 Attritus aegra macie.

Sic affectus, sic despectus,
Propter me sic interfectus,
Peccatori tam indigno
Cum amoris intersigno
Appare clara facie.   20

In hac tua passione
Me agnosce, pastor bone,
Cuius sumpsi mel ex ore,
Haustum lactis ex dulcore
Prae omnibus deliciis.   25
Non me reum asperneris,
Nec indignum dedigneris,
Morte tibi iam vicina
Tuum caput hic acclina,
In meis pausa brachiis.   30

11. **viror**: 'freshness.' — 19. **intersigno**: 'proof.' — 24. **dulcore**: 'sweetness.'

Tuae sanctae passioni
Me gauderem interponi,
In hac cruce tecum mori
Praesta crucis amatori,
35 Sub cruce tua moriar.
Morti tuae tam amarae
Grates ago, Iesu care,
Qui es clemens, pie Deus,
Fac quod petit tuus reus,
40 Ut absque te non finiar.

Dum me mori est necesse,
Noli mihi tunc deesse;
In tremenda mortis hora
Veni, Iesu, absque mora,
Tuere me et libera. 45
Cum me iubes emigrare,
Iesu care, tunc appare;
O amator amplectende,
Temetipsum tunc ostende
In cruce salutifera. 50

CISTERCIAN MONK

BERNARDI MORLANENSIS DE CONTEMPTU MUNDI

Under Peter the Venerable, himself a notable hymn writer, the monastery at Cluny became in the twelfth century a famous center of sacred poetry. Among the monks under his supervision there was a Breton from Morlaix, who had thus made his way across France to enter this institution. Little is known of his life except that under the inspiration of his surroundings he composed the long poem *De Contemptu Mundi* of about three thousand verses in three books. Deeply impressed, like so many of his contemporaries, by the failings and corruptions of the ecclesiastical institutions of his time, he devoted a large part of the poem to bitter satire or invective against them and the general depravity of the world about him. In so doing he is repetitious and tends to go round and round in a circle, making the poem as a whole rather tiresome reading. But the contemplation of the faults of this present world leads him from time to time to joyous anticipation of the perfections of the better, the heavenly, country, in the description of which he soars to ecstatic heights, and perhaps better than anybody else has expressed the ideas of the Christian's hope of the lovely and blessed New Jerusalem.

The most striking feature of the poem is its remarkable metrical form, a dactylic hexameter in which both leonine and end rhyme is maintained in every verse. In his dedication of the poem to his superior, Peter, he expresses the belief that only by special divine inspiration has he been able to carry this form throughout, under the difficult limitations which it imposed upon the writer.

Several translators have imitated this form, e.g. Moultrie in *Lyra Mystica* (edited by Orby Shipley), sample verses of whose version read:

O Sion glorious, City victorious, tower of Salvation,
Thee I seek and desire; to thee I aye aspire in contemplation.

Selections from the poem by different authors, e.g. Archbishop
Trench and Dr. J. M. Neale, are used in familiar hymns like
" For thee, O dear, dear country," and " Jerusalem the golden."

Bernard of Cluny's poem may be found complete in Volume II
of *The Anglo-Latin Satirical Poets and Epigrammatists of the
Twelfth Century*, edited by Thomas Wright, London, 1872. A
later carefully collated edition is by H. C. Hoskier, London, 1929.

THIS FLEETING WORLD, THE JUDGMENT, HEAVEN, HELL, WARNINGS, AND EXHORTATIONS

Hora novissima, tempora pessima sunt, vigilemus.
Ecce minaciter imminet arbiter ille supremus;
Imminet, imminet, ut mala terminet, aequa coronet;
Recta remuneret, anxia liberet, aethera donet;
Auferet aspera duraque pondera mentis onustae;   5
Sobria muniat, improba puniat, utraque iuste.

   *   *   *   *   *   *   *

Tunc erit omnibus inspicientibus ora tonantis
Summa potentia, plena scientia, pax rata sanctis.
Pax erit omnibus illa fidelibus, illa beata;
Irresolubilis, invariabilis, intemerata.   10
Pax sine crimine, pax sine turbine, pax sine rixa,
Meta laboribus atque tumultibus, anchora fixa.
Pax erit omnibus unica, sed quibus? immaculatis,
Pectore mitibus, ordine stantibus, ore sacratis.
Pax ea pax rata, pax superis data, danda modestis;   15
Plenaque vocibus atque canoribus atria festis.
Hortus odoribus affluet omnibus hic Paradisus;
Plenaque gratia, plenaque gaudia, cantica, risus.
Plena redemptio, plena refectio, gloria plena,

---

7. **tonantis**: a pagan name for the Christian's God. — 16. **canoribus**: 'songs.' — 19. **refectio**: 'recovery.'

Vi, lue, luctibus aufugientibus, exule poena.
Nil ibi debile, nil ibi flebile, nil ibi scissum;
Res ibi publica, pax erit unica, pax in id ipsum.
Hic furor, hic mala schismata, scandala, pax sine pace;
5 Pax sine litibus, et sine luctibus, in Syon arce.
O sacra potio, sacra refectio, visio pacis,
Mentis et unctio, non recreatio ventris edacis.

    *   *   *   *   *   *   *

Hic breve vivitur, hic breve plangitur, hic breve fletur;
Non breve vivere, non breve plangere, retribuetur.
10 O retributio, stat brevis actio, vita perennis,
O retributio, coelica mansio stat lue plenis.
Quid datur? et quibus? aether egentibus et cruce dignis,
Sidera vermibus, optima sontibus, astra malignis.

    *   *   *   *   *   *   *

O bona patria, lumina sobria te speculantur;
15 Ad tua nomina sobria lumina collacrimantur.
Est tua mentio pectoris unctio, cura doloris;
Concipientibus aethera mentibus, ignis amoris.
Tu locus unicus illeque coelicus es Paradisus;
Non tibi lacrima, sed placidissima gaudia, risus.
20 Est ibi consita laurus, et insita cedrus hysopo;
Sunt radiantia iaspide moenia, clara pyropo.
Hinc tibi sardius, inde topazius, hinc amethystus.
Est tua fabrica contio coelica, gemmaque Christus.
Lux tua, mors crucis, atque caro ducis est crucifixi;
25 Laus, benedictio, coniubilatio personat ipsi.

    *   *   *   *   *   *   *

Urbs Syon aurea, patria lactea, cive decora,
Omne cor obruis, omnibus obstruis, et cor et ora.
Nescio, nescio, quae iubilatio, lux tibi qualis,
Quam socialia gaudia, gloria quam specialis.

---

2. **scissum** = *schisma*, 'schism.' — 10. **actio**: 'toil,' i.e. on earth.
— 13. **vermibus**: 'worms'

Laude studens ea tollere, mens mea victa fatiscit.
O bona gloria, vincor, in omnia laus tua vicit.
Sunt Syon atria coniubilantia, martyre plena;
Cive micantia, principe stantia, luce serena.
Sunt ibi pascua mitibus afflua, praestita sanctis; 5
Regis ibi thronus, agminis et sonus est epulantis.
Gens duce splendida, contio candida vestibus albis;
Sunt sine fletibus in Syon aedibus, aedibus almis.
Sunt sine crimine, sunt sine turbine, sunt sine lite
In Syon arcibus aeditioribus Israelitae. 10
Pax ibi florida, pascua vivida, viva medulla;
Nulla molestia, nulla tragaedia, lacrima nulla.
O sacra potio, sacra refectio, pax animarum;
O pius, O bonus, O placidus sonus, hymnus earum.
Sufficiens cibus est Deus omnibus ipse redemptis; 15
Plena refectio, propria visio Cunctipotentis.
Eius habent satis, his tamen est sitis eius anhela,
Absque doloribus, absque laboribus, absque querela.

       *   *   *   *   *   *   *

Rex ibi praesidet et tua possidet atria magnus;
Qui Patris unicus est leo mysticus, et tamen agnus. 20
Rex ibi, Filius unicus illius ille Mariae;
Stirps sacra virginis, auctor originis, osque sophiae.
Hic sapientia linguaque patria, patria dextra;
Continet arbiter omnia, sub, super, intus, et extra.
Astra regit Deus, astra cinis meus audet in illo, 25
Qui quasi propria continet omnia facta pugillo.
Cum Patre Filius, atque Paracletus aequus utrique,
Omnia continet, omnibus eminet, omnis ubique.
Hunc bene quaerimus, ergo videbimus, immo videmus;

---

3. **coniubilantia**: 'the song of jubilant triumph.' — 5. **mitibus afflua**: 'abounding in tender pasturage.' — 10. **aeditioribus**: i.e. *editioribus*. — 25. **audet**: 'ventures to hope for.' — 26. **pugillo**: 'hollow of His hand.'

Hunc speculabimur, hunc satiabimur, hunc sitiemus.
Cernere iugiter atque perenniter ora tonantis,
Dat lucra iugia, perpetualia dat lucra sanctis.
O sine luxibus, O sine luctibus, O sine lite,
5 Splendida curia, florida patria, patria vitae.
Urbs Syon inclita, patria condita littore tuto,
Te peto, te colo, te flagro, te volo, canto, saluto.

     *   *   *   *   *   *   *

Gens pia vocibus, impia gressibus, invida morum,
Cur male vivitis, et bona perditis illa bonorum?
10 Gens adamantina, saxea germina, germina dura;
Quid bona spernitis, atque requiritis interitura?
Gens male provida, turbaque turbida, turbine mortis;
Gens foris actibus, introque cordibus orba retortis.
Quid retroceditis, illaque spernitis intima dona?
15 Manna relinquitis, atque recurritis ad Pharaona?
Cur ea quaeritis unde peribitis, unde ruetis?
Cur pereuntia fine, ruentia morte tenetis?
Turba theatrica, turba phrenetica, quo properatis?
Quo rea pectora, quo rea corpora praecipitatis?
20 Quid, rogo, spernitis ante, requiritis ire retrorsum?
Perdita gens satis, ad scelus os datis, ad bona dorsum.
Fluxa manentibus, obruta stantibus, ultima primis,
Cur, homo, praeficis? altaque despicis omnis in imis?

     *   *   *   *   *   *   *

Nox simul omnibus est habitantibus in regione
25 Mortis; homo, geme, plange, dole, treme, terrea pone.
Ignea vincula denique singula membra catenant;
Corpora lubrica membraque scenica vincula frenant.
Stant cruce triplice gens rea, vertice mersa deorsum;
Ora tenent sua, dorsa simul sua versa retrorsum.

---

2. **iugiter** : 'constantly.' — 19. **rea** : 'guilty.' — 26. **catenant** :
'bind.' — 27. **scenica**: i.e. *obscenica* = *obscena*.

Sunt superhorrida, nam lue sordida crura pedesque,
Inferius caput, haec mala sunt apud infera certe.

* * * * * * *

Pars habet aethera, perditur altera strata ruinae.
Corpora lubrica, corda tyrannica percruciantur;
Frigore grandinis haec, face fulminis illa cremantur. 5
Arctat, arat, terit, angit, agit, ferit illa Gehenna,
Vi, cruce, pondere, frigore, verbere, perpete poena.
Est ibi, credite, crux sine stipite, mors sine morte,
Vox sine carmine, lux sine lumine, nox sine nocte.
Non ibi publicus arbiter Aeacus, aut Rhadamanthus; 10
Non ibi Cerberus, at furor inferus, ultio, planctus.
Non ibi navita cymbaque praedita voce Maronis;
Sed quid? adustio, nox, cruciatio, mors Babylonis.
Non tenet Orphea lex data, Typhea, fortia lora;
Non lapis hic gravis, aut lacerans avis interiora. 15
Poena nigerrima, poena gravissima, poena malorum;
Mens male conscia cordaque noxia, vermis eorum.

* * * * * * *

Ignea flumina, nigra volumina flamma retorquet;
Brumaque torrida flammaque frigida pectora torquet.
Vermis edax scatet, et puteus latet altus abyssi; 20
Sunt ibi pectore, sunt ibi corpore quique remissi.
Ludite, vivite, foenere divite gens aliena;
Vos caro decipit hic, ibi suscipit illa Gehenna.
Non ibi visio, non ibi mansio luce repleta;
Non locus ordinis, aulaque luminis, arvaque laeta. 25
O Maro, falleris hic, ubi conseris arva piorum;
Elysios ibi non repperis tibi, scriptor eorum,
Musa poetica, lingua scholastica, vox theatralis;

---

1. **superhorrida**: 'exceedingly dreadful.' — 3. **strata**: cf. Matt.
7, 13. — 4. **percruciantur**: 'are grievously tormented.' — 7. **perpete** = *perpetua.* — 13. **adustio**: 'burning.' — **cruciatio** = *cruciatus.*
— 14. **lora**: sc. *non habent.* — 20. **scatet**: 'abounds.'

Haec quia disseris, et male falleris, et male fallis.
Fulgurat ignibus haud radiantibus illa Gehenna,
Plena nigredine, plenaque turbine, plenaque poena.

 *   *   *   *   *   *   *

Cur homo nascitur? aut puer editur? ut moriatur.
5 Exit in aëra, sustinet aspera, migrat, humatur.
Glarea labilis, aura volatilis est homo natus;
Mane stat aggere, nec mora, vespere fertur humatus.
Qui modo flos fuit, in spatio ruit unius horae;
Mox rapitur, licet ingenio micet atque decore.
10 Fit cinis infimus, ille probissimus et preciosus,
Irreparabilis, irrevocabilis, officiosus.
Gleba reconditur, atque recluditur hospite tumba;
Laus stat imaginis, umbraque nominis, immo nec umbra.

 *   *   *   *   *   *   *

Est ubi gloria nunc Babylonia? nunc ubi dirus
15 Nabugodonosor? et Darii vigor? illeque Cyrus?
Qualiter orbita viribus incita praeterierunt,
Fama relinquitur illaque figitur, hi putruerunt!
Nunc ubi curia pompaque Iulia? Caesar, obisti;
Tu truculentior, orbe potentior ipse fuisti.

 *   *   *   *   *   *   *

20 Nunc ubi Marius atque Fabricius inscius auri?
Mors ubi nobilis et memorabilis actio Pauli?
Diva Philippica, vox ubi coelica nunc Ciceronis?
Pax ubi civibus atque rebellibus ira Catonis?
Nunc ubi Regulus? aut ubi Romulus? aut ubi Remus?
25 Stat rosa pristina nomine, nomina nuda tenemus.

 *   *   *   *   *   *   *

Gens temeraria, dum licet impia facta fleamus;
Ille minaciter advenit arbiter, expaveamus.

---

3. **nigredine :** 'black darkness.' — 6. **labilis :** 'slippery.' —
12. **tumba :** 'tomb.'

Nemo capessere ius, mala plangere nemo relinquat;
Gaudia flentibus, irreverentibus ira propinquat.
Iam tuba septima, plaga novissima, lux pia dira,
Intonat, ingruit, enitet, irruit, et venit ira.
Gens male conscia, quae fugientia sunt, fugiamus;   5
Gens male conscia lubrica gaudia flendo tegamus.
Stare refugimus, ad mala fluximus, ad bona stemus;
Hora novissima, tempora pessima sunt, vigilemus.

                              — *De Cont. Mund. I.*

THE GOLDEN AGE HAS PASSED AWAY

Secula lactea, gens erat aurea, gens bona, de qua
Audeo paupere carmine dicere, gens fuit aequa.   10
Aurea gens fuit, aurea gens ruit, orba subivit;
Quae cupit afflua menteque mortua vivere, vivit;
Afflua censibus, indiga sensibus, orba patronis,
Se dat in impia, raptat in invia perditionis.
Mundus origine non nisi nomine mundus habetur;   15
Mundiciam spuit, in Veneres ruit, hisque repletur.
Ille prior ruit, alter inhorruit, alter at idem;
Non modo tempora sunt, neque pectora qualia pridem.
Tempora florida, pectora vivida primo fuerunt;
Tempora florida, pectora vivida praeterierunt.   20
Aurea transiit, horrida prodiit orbis imago.
Plaga novissima, veraque lacrima, vera vorago.
Haec neque nomine digna, nec ordine recta stat aetas;
Haec vitiis perit, haec animas gerit irrequietas.
Cumque ruens eat, haec populum creat ad mala stantem, 25
Rebus, honoribus, ebrietatibus invigilanten.
Haec bona perdidit; haec genus edidit ore dolosum,
Pectore mobile, re variabile, mente probrosum.

---

15. **Mundus** . . . **mundus**: noun and adjective; a pun. —
nomine = *numine;* paranomasia.

Ista novissima, dicitur infima fex aliarum;
Ista novissima, prodiit intima mors animarum.
Recta perhorruit, ordine corruit, eminet astu,
Sollicitudine, fraude, libidine, crimine, fastu.
5 Est sine nomine, nam sine numine, nam sine iure;
Perdita cladibus est, quia fraudibus, hae sibi curae.
Istius omnia flenda, nefaria, flere, profari;
Cuncta minus queo, credite, flens eo paucula fari.
Ut breve claruit, ille peraruit aureus orbis,
10 Convenientibus undique mortibus, undique morbis.

      *   *   *   *   *   *   *

Quis modo dux bonus, excipiens onus omne suorum,
Qui bona clamitet, et bene militet in lucra morum?
Quis gemit impia? quis mala stantia iusque relictum?
Quis gladium librat oris, et hinc vibrat in scelus ictum?
15 Quis docet otia pellere noxia, flendaque flere?
Quis probra spernere, spretaque tergere, tersa cavere?
Omnis ad omnia nititur impia gens, gradus, ordo;
Et male vivitur, et male psallitur in decachordo.
Omnis ad omnia nititur impia mundus oberrans;
20 Est senior gravis, est iuvenis levis, est puer errans.

                                      — *De Cont. Mund. II.*

---

9. **peraruit**: 'dried up.' — 18. **decachordo**: 'instrument of ten strings'; 1 A (4).

RAIMUNDI DE AGILES HISTORIA FRANCORUM QUI CEPERUNT IERUSALEM

Raymund of Agiles, a clerk in the Provençal army of Raymund of Toulouse, one of the leaders of the First Crusade, wrote an account of the campaigns of this Crusade for his master, naturally emphasizing the part which the Count of Toulouse played in the war, and looking at the events from a Provençal standpoint. As an ecclesiastic, he lays much stress also on the religious side of the struggle, dwelling, for example, at great length on the story of the discovery of the sacred spear. He was, however, as an eye-witness of the events described, one of the most important historians of this remarkable Crusade. His simple, and somewhat diffuse, narrative style represents the manner of the ecclesiastic of the incipient twelfth century.

The text can be found in Migne's *Patrologia*, Vol. CLV.

THE DISCOVERY OF THE HOLY SPEAR

Itaque, ut diximus, dum nostri conturbarentur, et in desperationem ruerent, divina eis clementia adfuit; et qui lascivientes filios correxerat, nimium tristes tali modo consolatus est. Igitur cum capta esset civitas Antiochiae, usus sua potentia et benignitate Dominus, pauperem 5 quemdam rusticum elegit, Provincialem genere, per quem omnes nos confortavit, et comiti et Podiensi episcopo haec verba mandavit: "Andreas Dei et Domini nostri Iesu Christi apostolus me quater olim admonuit, et iussit ut ad

---

7. **comiti**: Count Raymund of Toulouse (or Agiles). — **Podiensi episcopo**: the Bishop of Le Puy, of which a Latin name was *Podium*. — 8. **mandavit**: sc. *rusticus*.

vos venirem, ac lanceam quae Salvatoris latus aperuit,
capta civitate, vobis redderem. Hodie autem cum ad
pugnam profectus essem extra civitatem cum reliquis,
atque comprehensus a duobus equitibus pene suffocatus in
5 regressu fuissem ; quasi exanimis illic super lapidem quemdam tristis recedi : cumque prae dolore et timore, sicut
tristis titubarem, venit ante me beatus Andreas cum socio
quodam, et multum mihi interminatus est, nisi cito vobis
redderem lanceam.''

10   Cumque ab eo comes et episcopus revelationis et visionis
apostolicae ordinem requirerent, respondit : "In principio
terrae motus, qui apud Antiochiam factus est, cum exercitus Francorum obsideret eam, tantus timor me invasit ut
nihil praeter 'Deus adiuva' dicere possem. Erat enim
15 nox, et ego iacebam; nec in tugurio meo erat aliquis cuius
consortio refoverer. Cum autem, ut dixi, concussio diutius duraret, et timor meus semper excresceret, coram me
duo viri astiterunt in veste clarissima; alter erat senior,
rufo canoque capillo, oculi nigri, et convenientes faciei,
20 barba vero cana, et lata atque prolixa, et statura eius
media; alter vero iunior, et procerior erat, speciosus
forma prae filiis hominum. Et ait mihi senior : 'Quid
agis?' Et ego maxime timui, quia nullum adesse sciebam. Et respondi : 'Quis es tu?' Et ait : 'Surge, et
25 noli timere; et audi quae ego loquar ad te. Ego sum
Andreas apostolus. Congrega episcopum Podiensem,
et comitem Sancti Aegidii, et Petrum Haimundum de
Altopullo, et haec dices ad illos : "Cur negligit episcopus
praedicare, ei commonere, et cum cruce quem praefert
30 signare populum? etenim multum prodesset illis."' Et
addidit : 'Veni, et ostendam tibi Patris nostri Iesu Christi
lanceam, quam comiti donabis, etenim eam Deus concessit

---

6. **recedi** = *recidi;* 2 (1). — 27. **Sancti Aegidii**: St. Giles. —
29. **ei**: sc. *populo.*

illi, ex quo genitus est.' Surrexi itaque, et secutus sum
eum in civitatem nullo circumdatus amictu, praeter camisiam. Et induxit me in ecclesiam beati Petri per Septem-
trionalem portam, quam antea Sarraceni Bafumariam
fecerant. In Ecclesia vero duae lampades erant, quae 5
tantum lumen ibi reddebant ac si meridies illuxisset. Et
dixit mihi, 'Exspecta hic.' Et iussit me assistere colum-
nae, quae proxima erat gradibus, quibus ascendebatur ad
altare a meridie ; et socius eius a longe stetit, ante gradus
altaris. Ingressus autem sub terram sanctus Andreas, 10
produxit lanceam atque in manibus mihi tradidit, et dixit
mihi : 'Ecce lantea quae latus aperuit unde totius mundi
salus emanavit.' Dumque in manibus eam tenerem,
lacrymando prae gaudio, dixi ei : 'Domine, si vis, portabo
eam, et reddam comiti.' Et dixit mihi : 'Sine modo, 15
futurum enim ut civitas capiatur. Et tunc venies cum
duodecim viris, et quaeres eam hic unde ego abstraxi, et
ubi eam recondam.' Et recondidit eam. His ita peractis,
super murum civitatis reduxit me in domum meam, et sic
a me recesserunt. Tunc ego mecum recogitans, et pauper- 20
tatis meae habitum, et vestram magnitudinem, veritus
sum ad vos accedere.

"Post illud tempus cum profectus essem ad quoddam
castrum quod est iuxta Roiam, propter alimoniam, prima
die Quadragesimae in galli cantu, adfuit mihi beatus 25
Andreas in eodem habitu, et cum eo quo prius venerat
socio; et magna claritas domum replevit. Et ait beatus
Andreas : 'Vigilasne?' Sic expergefactus, respondi :
'Non, Domine mi, non dormio'; et ait mihi : 'Dixisti ea
quae dudum tibi dicenda mandavi?' Et respondi : 30
'Domine, nonne precatus sum vos ut alium eis mitteretis?

---

2. **camisiam:** 'undershirt.' — 9. **altare:** post-classical for *altaria*.
— **a longe:** 3D. — 12. **lantea** = *lancea;* 2 (3). — 14. **lacrymando**:
2 (1); 3E (4) (*d*). — 26. **quo:** sc. *cum.*

Etenim metuens paupertati meae, accedere ad illos dubitavi.' Et dixit mihi: 'Nescisne cur Deus huc vos adduxit, et quantum vos diligat, et quomodo vos praecipue elegit. Pro contemptu sui et suorum vindicta, vos huc
5 venire fecit. Diligit vos adeo ut sancti, iam in requie positi, divinae dispositionis gratiam praenoscentes, in carne esse et concertare vobiscum vellent. Elegit vos Deus ex omnibus gentibus, sicut triticeae spicae de avenaria colliguntur. Etenim meritis et gratia praeceditis omnes qui
10 ante et post vos venient, sicut aurum pretio praecedit argentum.'

"Post haec discesserunt, et me tanta aegritudo oppressit ut lumen oculorum perderem; et dispositionem tenuissimae paupertatis meae facerem. Tunc ego coepi mecum
15 cogitare quod, ob negligentiam apostolicae visionis, haec iuste mihi contingerent. Confortatus itaque, ad obsidionem reversus sum. Rursus, paupertatis meae debilitatem recogitans, timere coepi, si ad vos venirem, famelicum me esse, et pro victu talia referre me proclama-
20 retis. Itaque et ea vice conticui. Defluente itaque tempore, cum apud portum Sancti Simeonis essem, atque cum domino meo Willelmo Petri infra tentorium una recubarem, adfuit beatus Andreas cum socio, et habitu eodem quo prius venerat, atque sic mihi locutus est: 'Cur non dixisti
25 comiti et episcopo, et aliis, quae ego praeceperam tibi?' Et respondi: 'Nonne ego precatus sum te, domine, ut alium pro me mitteres qui et sapientior esset et quem vellent audire; praeterea Turcae sunt in itinere, qui venientes et abeuntes interficiunt.' Et ait sanctus Andreas: 'Noli
30 timere, quia nihil tibi nocebunt. Haec quoque dices comiti, cum venerit ad Iordanem fluvium, non intinguatur ibi, sed navigio transeat; cum autem transierit, camisia et

---

5. **venire fecit**: 3E (3) (a). — 7. **concertare**: 'discuss.' — 8. **avenaria**: 'a field of oats.'

braccis lineis indutus, de flumine aspergatur. Et postquam siccata fuerint eius vestimenta, reponat ea et conservet ea cum lancea Domini.'

"Et haec dominus meus Willelmus Petri audivit, licet
non videret apostolum. Confortatus igitur, ad exercitum 5
reversus sum. Cumque vobis haec pariter dicere vellem,
coadunare vos non potui. Itaque profectus sum ad portum de Mamista. Ibi vero cum navigare in Cyprum
insulam pro victualibus vellem, ccmminatus est mihi multum beatus Andreas, nisi cito redirem et vobis iniuncta 10
mihi referrem. Cumque cogitarem mecum quomodo re-
verterer ad castra, aberat enim portus ille ab exercitu
quasi per tres dies, amarissime flere coepi, cum redeundi
facultatem reperire non possem. Tandem a sociis et domino meo commonitus, navigium ingressus in Cyprum 15
remigrare caepimus. Et cum per totum diem remis et
prosperis ventis ageremur, usque ad solis occasum, orta
subito tempestate, in spatio unius horae vel duarum ad
relictum portum reversi sumus. Ibi languorem gravissimum incurri. Capta autem civitate, ad vos veni. Et 20
nunc si vobis placet, experimini quae dico." Episcopus
autem nihil esse praeter verba putavit. Comes vero illico
credidit, et illum qui hoc dixerat capellano suo Rai-
mundo custodiendum tradidit.

Apparuit in ipsa nocte quae secuta est Dominus noster 25
Iesus Christus cuidam sacerdoti, nomine Stephano, lacry-
manti pro interitu suo et sociorum, quem futurum illico
sperabat. Etenim terruerant eum quidam, qui de castello
descenderaǹt, dicentes Turcos iam descendere de monte
in civitatem, atque nostros fugere et victos esse. Prop- 30
terea sacerdos volens habere Deum mortis suae testem,
ingressus ecclesiam beatae semper virginis Mariae, habita

---

7. **coadunare**: 'find you together.' — **portum de Mamista**: 3D. —
16. **caepimus**: 2 (1); instead of *coepi*. — 23. **capellano**: 'chaplain.'

confessione et sumpta venia, cum quibusdam sociis psalmos cantare coepit, dormientibusque aliis cum solus vigilaret, atque cum dixisset: "Domine, quis habitabit in
tabernaculo tuo, aut quis requiescet in monte sancto tuo,"
5 stetit coram eo vir quidam, ultra omnem speciem habens
pulchritudinem, et dixit ei: "Homo, quaenam est haec
gens quae civitatem ingressa est?" Et ait presbyter:
"Christiani." Et ille dixit: "Cuiusmodi Christiani?"
Et sacerdos, "Qui credunt Christum de Virgine natum, et
10 in cruce passum, mortuum, et sepultum, et resurrexisse
tertia die, atque in coelum ascendisse." Et dixit vir ille:
"Et si Christiani sunt, cur paganorum multitudinem
verentur?" Et addidit: "Agnoscisne me?" Et presbyter respondit: "Non agnosco te, domine, nisi quod
15 pulcherrimum omnium video te." Et ait vir: "Diligentissime intuere me." Cumque in eum perspicaciter sacerdos intenderet, de capite eius speciem crucis sole multo
clariorem procedere vidit. Et ait presbyter viro interro-
ganti de se: "Domine, imagines Domini nostri Iesu Christi
20 esse dicimus, quae similem tibi speciem praeferunt." Et
dixit illi Dominus: "Bene dixisti, quia ego sum. Nonne
scriptum est de me quia sum 'Dominus fortis et potens,
Dominus potens in praelio?' Et quis est dominus in
exercitu?" Et respondit presbyter: "Domine, non fuit
25 ibi unus solus dominus unquam, sed magis episcopo credunt." Et dixit Dominus: "Haec dices episcopo: 'Populus iste male agendo me elongavit a se, et ideo dicas eis:
"Haec dicit Dominus, 'Convertimini ad me et ego revertar
ad vos.' '" Et cum pugnam inierint, dicant: 'Congregati
30 sunt inimici nostri; et gloriantur in virtute sua, contere
fortitudinem illorum, Domine, et disperge illos, quia non
est alius qui pugnet pro nobis, nisi tu Deus noster.' Et
haec quoque dices ad eos: 'Si feceritis quae ego praecipio

---

22. **quia sum**: 3E (7).—27. **elongavit**: 'have alienated.'

vobis usque ad quinque dies, vestri miserebor.'" Haec
autem eo dicente, mulier quaedam supra modum in-
flammati vultus accessit. Et intuita Dominum, dixit ei:
"Domine, et quid huic viro dicitis?" et Dominus ad illam:
"Domina, quaere ab eo de hac gente quae in civitatem in- 5
gressa est, quae sit." Et ait Domina: "O Domine mi,
hi sunt pro quibus ego tantum te rogo." Cumque sacerdos suum socium qui prope dormiebat pulsaret, ut tantae
visionis testem habere potuisset, ab oculis eius sublati sunt.

Mane autem facto in montem sacerdos ascendit ubi 10
principes nostri morabantur, contra Turcarum castellum,
praeter ducem; ille enim castellum quod erat in septen-
trionali colle servabat. Convocata itaque sacerdos con-
cione, habuit haec verba ad nostros principes, atque ut
verum esse monstraret, super crucem iuravit. Incredulis 15
autem satisfacere volens, vel transire per ignem, vel prae-
cipitare se de altitudine turris voluit. Tunc iuraverunt
principes quod de Antiochia non fugerent, neque egrede-
rentur, nisi de communi consilio omnium; etenim populus
ea tempestate existimabat quod principes vellent fugere 20
ad portum. Confortati sunt itaque multi. Etenim in
nocte praeterita pauci steterunt in fide, qui fugere non
voluissent. Quod nisi episcopus et Boimundus portas
civitatis reclusissent, admodum pauci remansissent.
Fugit tamen Wilelmus de Granduna, simul et frater eius, 25
et multi alii, laici et clerici. Multis autem contigit ut,
dum de civitate cum maximo periculo evasissent in manus
Turcarum, maius periculum mortis incurrebant. Contigerunt eo tempore nobis plurimae revelationes per fratres
nostros, et signum in coelo mirabile vidimus. Nam stella 30
quaedam maxima per noctem super civitatem stetit, quae

---

23. **Boimundus**: son of Robert Guiscard, and a rival of Raymund. He captured Antioch in 1098. — 26. **laici et clerici**: 'laity
and clergy.' — **ut** . . . **incurrebant**: 3E (6) (*b*).

post paululum in tres partes divisa est, atque in Turcorum partes occidit. Confortati igitur aliquantulum nostri, diem quintum, quem praedixit sacerdos, exspectabant.

Die autem alia, praeparatis necessariis, cum homine illo 5 qui de lancea dixerat, eiectis de ecclesia beati Petri omnibus aliis, fodere coepimus. Fuit autem in illis duodecim veris episcopus Aurasicensis, et Raimundus comitis capellanus, qui haec scripsit, et ipse comes, et Pontius de Baladuno, et Faraldus de Thoart. Cumque mane usque ad ves- 10 perum fodissent, in vespere quidam de inventione lanceae desperare caeperunt. Discesserat enim comes propter castelli custodiam; sed loco illius et aliorum, qui fodiendo fatigabantur, alios recentes inducebamus, qui viriliter operi insisterent. Videns autem iuvenis qui de lancea 15 dixerat nos defatigari, discinctus et discalceatis pedibus, in camisia in foveam descendit: atque obtestatus est nos ut Deum deprecaremur quatenus nobis lanceam suam redderet, in confortationem et victoriam suae plebis. Tandem per gratiam suae pietatis commonitus Dominus lan- 20 ceam suam nobis ostendit. Et ego qui haec scripsi, cum solus mucro adhuc appareret super terram, osculatus sum eum. Quantum gaudium et exsultatio tunc civitatem replevit, non possum dicere. Inventa est autem lancea octavo decimo Kalend. Iulii. — *Chap. XIV.–XV.*

THE VIRTUE OF THE HOLY SPEAR IS ATTESTED

25 Accessit autem et episcopus Athensis, et dixit: "In somnis ego an vigilans ista viderim certum nescio, Deus scit. Vir quidam venit indutus albis, et stetit ante me, et tenebat lanceam Dominicam istam in manibus suis, et dixit mihi: 'Credis hanc lanceam esse Domini?' Et 30 respondi: 'Credo, Domine.' Dubitaveram et ego ali-

---

15. discalceatis pedibus: 'barefooted.' — 17. quatenus . . . redderet: 1B (6). — 25. Athensis: for *Atheniensis*.

quando de ea. Cum id secundo et tertio graviter exegisset, dixi ad eum : 'Credo, Domine, hanc esse lanceam Domini nostri Iesu Christi.' Et post haec dimisit me." Et ego Raimundus, qui haec scripsi coram fratribus et episcopis, haec ibi dixi : "Interfui ego dum effoderetur lancea Domini, 5 et antequam tota super terram apparuisset, mucronem osculatus sum. Et sunt in exercitu plures, qui mecum ista viderunt." Et addidi : "Et est alius quidam sacerdos, Bertramnus nomine, Podiensis, episcopo Podiensi in vita ipsius familiaris. Hic autem sacerdos infirmatus est usque 10 ad mortem, cumque iam de vita sua desperasset, apparuit ei episcopus Podiensis cum Heraclio vexillifero suo ; qui in bello maximo facto apud Antiochiam in faciem percus- sus sagitta, cum intrepidus agmina Turcorum prosterneret, et inde vitam finierat. Et dixit episcopus sacerdoti : 15 'Bertramne, quid agis?' Et dixit Heraclius : 'Domine, infirmus est.' Et respondit episcopus : 'Propter incredu- litatem infirmatur.' Et sacerdos ad haec : 'Domine, nonne ego de lancea Domini credo, sicut et de passione Domini?' Et dixit ei episcopus : 'Et adhuc multa alia 20 credere oportet.' "

Et licet ad hoc negotium non pertineat, tamen quia egregium est, gratia bonorum hominum aliquid adiungam. Cum resedisset sacerdos ad praesentiam episcopi et Hera- clii domini sui, infirmus enim erat nec stare poterat, vidit 25 in facie domini sui vulnus non esse sanatum. Et ait sacer- dos : "Quid est hoc?" Et respondit Heraclius : "Cum ego venissem ante Dominum meum, deprecatus sum eum ut nunquam haec plaga clauderetur, quoniam propter eum vitam finieram. Et hoc mihi concessit Dominus." 30 His atque pluribus auditis, credidit Arnulfus, et confessus est, et promisit episcopo Albariensi quod coram omni mul- titudine populi pro incredulitate sua veniam peteret. Die

---

13. **percussus** : sc. *est.* — 31. **Arnulfus** : Archbishop of Rheims.

autem constituta, cum venisset vocatus ad consilium
Arnulfus, coepit dicere quod bene crederet; sed cum
domino suo volebat loqui, antequam veniam inde peteret.
Cum vero hoc audisset Petrus Bartholomaeus, iratus
5 nimium, dixit sicut homo simplex et qui veritatem bene
noverat : "Volo ac deprecor ut fiat ignis maximus, et cum
lancea Domini transibo per medium, et, si lancea Domini
est, incolumis transeam; sin autem falsum est, comburar
in igne.   Video enim quia nec signis nec testibus creditur."
10 Placuerunt haec omnia nobis, et indicto ei ieiunio, diximus
quod eo die fieret ignis, quo Dominus noster pro salute
nostra plagatus, et in cruce fuit.   Et post diem erat
Parasceve.

Itaque illucescente die constituta, ignis paratus est post
15 meridiem.   Convenerunt eo principes et populus, usque
ad quadraginta millia virorum, fueruntque ibi sacerdotes nudis pedibus, et induti sacerdotalibus vestimentis.
Factus est ignis de oleis siccis, et habuit in longitudine
quatuordecim pedes; et erant duo aggeres, et erat inter
20 utrosque duos aggeres spatium quasi unius pedis, atque in
altitudine aggerum erant quatuor pedes.   Cum vero vehementer ignis accensus asset, dixi ego Raimundus coram
omni multitudine : "Si Deus omnipotens huic homini
locutus est facie ad faciem, et beatus Andreas lanceam
25 dominicam ostendit ei, cum ipse vigilaret, transeat iste
illaesus per ignem.   Sin autem aliter est, et mendacium est,
comburatur iste cum lancea, quam portabit in manibus
suis."   Et omnes flexis genibus responderunt : "Amen."
Exaestuabat ita incendium ut usque ad triginta cubitos
30 aerem occuparet; accedere vero prope nullus poterat.
Tunc Petrus Bartholomaeus, indutus solummodo tunica,
et flexis genibus ante episcopum Albariensem, Deum
testem invocavit : quod facie ad faciem ipsum in cruce

---

13. **Parasceve** : Good Friday.

viderit, et haec, quae supra scripta sunt ab eo audierit et
a beatis apostolis Petro et Andrea, et neque quidquam
eorum, quae ipse sub nomine sancti Andreae vel sancti
Petri vel ipsius Domini dixit se composuisse, et si
quidquam mentitus erat, praesens incendium nunquam 5
transisset. Caetera quae ipse commisisset in Deum et
in proximum dimitteret ei Deus, et pro his oraret episcopus, atque omnes alii sacerdotes, et populus qui ad
hoc spectaculum convenerant. Post haec cum episcopus
posuisset ei lanceam in manus, flexis genibus et facto 10
signo crucis, cum lancea viriliter et inperterritus incendium
ingressus est atque spatio quodam in medio ignis demoratus est, et sic per Dei gratiam transivit. Sunt nonnulli
adhuc, qui signum hoc ibi viderunt : quod antequam
ingrederetur in ignem, quaedam avis desuper volans, 15
lustrato igne, se intus misit. Et hoc vidit Ebrardus sacerdos ille cuius superius mentionem fecimus, qui Hierosolymis postea pro Deo remansit, et Wilhelmus Boni filius,
optimus miles et boni testimonii, patria Arelatensis, hoc
ipsum se vidisse testatur.   20

Alius quidem miles est optimus, genere Niterensis, nomine Willelmus Malus puer, qui antequam Petrus ingrederetur in flammam, quemdam hominem indutum veste
sacerdotali, nisi quod casulam habebat super caput repli-
catam, ingredi in ignem vidit ; et cum videret quod non 25
egrederetur, existimans Petrum Bartholomaeum esse, lac-
rymari coepit, credens eum exstinctum esse in igne. Erat
autem multitudino ibi hominum, nec poterant omnes
omnia videre. Et alia multa nobis relata sunt et facta,
quae nos metuentes legentibus fastidium, scribere nolui- 30
mus, cum ad omnem causam tres idonei testes sufficiunt.
Unum vero non praetereamus. Postquam enim Petrus
per ignem transivit, licet adhuc multum exaestuaret in-

---

24. **casulam** : ' hood.'

cendium, tamen populus ita avide titiones collegit, et carbones cum cinere, ut in brevi spatio nihil inde appareret.
In fide etenim illorum, multas per haec virtutes operatus
est postea Dominus.

5 Ut vero Petrus Bartholomaeus de igne egressus est, ita
ut nec tunica eius combusta fuerit, nec etiam ille subtilis-
simus pannus de quo lancea Domini involuta erat signum
alicuius laesionis habuisset, accepit eum populus, cum sig-
nasset eos cum lancea Domini et clamasset alta voce,
10 "Deus, adiuva"; accepit, inquam, et traxit eum per
terram, et conculcavit eum omnis illa multitudo populi,
dum quisque volebat eum tangere, vel accipere de vesti-
mento eius aliquid, et dum credebat eum esse quisquam
apud alium. Itaque tria vulnera vel quatuor fecerunt ei
15 in cruribus, abscidentes de carne eius et spinam dorsi confringentes, crepuerunt eum. Expirasset autem ibi Petrus,
sicut nos credimus, nisi Raimundus Pelez, nobilissimus
miles et fortis, facto agmine sociorum irrupisset in agmen
turbae turbatae et usque ad mortem pugnando liberasset
20 eum. Sed nos in sollicitudine et angustia modo positi,
amplius de his scribere non possumus.

Cum vero detulisset Raimundus Pelez Petrum ad
domum nostram, colligatis vulneribus eius, coepimus
quaerere ab eo quare moram fecessit in igne. Ad haec
25 ipse respondit: "Occurrit mihi Dominus in medio igne;
et apprehendens me per manum, dixit mihi: 'Quia dubi-
tasti de inventione lanceae, cum beatus Andreas eam
tibi ostendisset, non sic transibis illaesus, sed infernum
non videbis.' Et hoc dicto dimisit me. Videte itaque, si
30 vultis, adustionem meam." Et erat aliqua adustio in
cruribus, verum non multa; sed plagae erant magnae.

---

1. **titiones**: 'firebrands.' — 13. **dum . . . quisquam**: i.e. as long
as there was anybody left who tried to explain the matter in this
way.

Post haec convocavimus omnes qui de lancea Domini dubitaverant, ut venirent et viderent faciem eius, et caput, et reliqua membra, et intelligerent, quod verum est, quidquid ipse dixerat de lancea et de aliis, cum pro testimonio eorum non extimuisset introire tale incendium.   Viderunt 5 itaque multi, et videntes faciem eius atque totum corpus, glorificabant Deum dicentes: "Bene potest nos Dominus custodire inter gladios inimicorum nostrorum, qui hominem istum liberavit de tanto incendio flammarum.   Certe non credebamus quod sagitta aliqua sic transire possit 10 illaesa per ignem, quomodo iste transivit."

— Chap. XXVIII.

FULCHERII CARNOTENSIS HISTORIA
HIEROSOLYMITANA

Fulcher (Foucher) of Chartres, a priest who accompanied
Robert of Normandy to the east in the First Crusade, has left us
one of the most useful documents dealing with this interesting
period of history. As an eye-witness, he writes of what he per-
sonally experienced, and gives a vivid account of the moving
scenes of these wars. The work consists of three books, and
covers a period of some thirty years, beginning with the Council
of Clermont in 1095, and including, of course, the stirring events
of 1099, when the holy city was stormed under the leadership of
the two Roberts, Tancred, Godfrey, and Bohemund.

Fulcher's Latin is sometimes diffuse, sometimes concise, sometimes on the verge of losing its identity as recognized Latin at all.
His fondness for the relative pronoun and his lavish use of the
gerund are noteworthy. But, though telling his narrative from
the standpoint of a good churchman, he never allows the interest
to lag.

The text may be found in Migne's *Patrologia*, Vol. CLV.

THE CRUSADERS CAPTURE JERUSALEM

Mora ibi per quatuor dies facta, cum basilicae Sancti
Georgii episcopum praeposuissent, et in arcibus homines ad
custodiendam urbem locavissent, Hierusalem iter suum
praetenderunt. Ipso die usque ad castellum quod dicitur
5 Emmaus ambulaverunt. Nocte vero illa centum de militibus nostris calliditate moti, probitate prompti, con-
scendunt in equos, qui, albescente aurora, prope Hierusalem transeuntes usque Bethlehem properaverunt; de

quibus unus erat Tancredus, alterque Balduinus de Burgo.
Quod cum Christiani, qui inibi conversabantur, comperis-
sent, Graeci videlicet et Syri, Francos illuc advenisse,
gavisi sunt gaudio magno valde. Ignorantes tamen primitus quae gens essent, rati sunt eos vel Turcos vel Arabes 5
esse. Sed cum aperte eos propius intuerentur, et eos
Francos esse non dubitaverunt; statim gaudentes, crucibus
assumptis et textis, obviam flendo, pie cantando proces-
serunt eis : flendo, quoniam metuebant ne tantillum gentis
a multitudine tanta paganorum, quos in patria sciebant 10
esse, facillime occiderentur ; cantando, quoniam de illis
congratulabantur quos diu desideraverant venturos, quosque Christianismum, a nefandis tandiu pessundatum, in
resumptum honorem relevare sentiebant.

Facta autem statim in basilica beatae Mariae suppli- 15
catione ad Deum devota, cum locum ubi Christus fuit
natus visitassent, dato Syris osculo pacis iocundo, ad urbem sanctam celeriter sunt regressi. Ecce subsequens
exercitus noster civitati tunc appropinquavit, relicta
Gabaon a sinistra parte, quae ab Hierusalem quinqua- 20
ginta distat stadiis. Cumque praecursores signa elevata
civibus monstrassent, protinus contra eos interni hostes
exierunt. Sed qui sic festini exierant, festinantius in
urbem mox repulsi, recesserunt :

> Septenas Iunii Idus dabat annus usus,   25
> Lucis septenae iam Iunius igne calebat,
> Hierusalem Franci cum vallant obsidione.

Est quidem civitas ipsa in montano loco sita, rivis, silvis,
fontibusque carens, excepto fonte Siloe, ubi sufficienter
aqua interdum habetur, interdum vero raro hauritur. 30

---

1. **Balduinus de Burgo** : Baldwin of Burg, who aided Tancred in
the capture of Bethlehem, became his rival for power, later.

Qui fonticulus in vallis fundo, sub monte Sion subter decursionem torrentis Cedron, qui tempore hiemali per vallem Iosaphat fluere solet. Cisternae autem multae, et
aquis satis abundantes in urbe habentur; quae si bene
5 procuratae fuerint, omnibus inhabitantibus, tam hominibus quam iumentis, omni tempore indeficienter haustum praebent, hibernis imbribus reservatis. Constat-
que civitas condecenti magnitudine per circuitum composita, ita ut nec parvitate nec amplitudine fastidiosa
10 cuiquam videatur. Habet quidem ab occasu solis turrim
Davidicam, utroque latere murum civitatis supplentem,
quae usque ad medietatem sui a parte inferiori solide
massata est, et de lapidibus caementata quadratis, et
plumbo fusili sigillatis. Quae si cibariis munita fuerit,
15 si tantum viginti vel quindecim homines defensores
inerint, nunquam per vim ab exercitu quovis compre-
henderetur.

Et est in eadem urbe templum Dominicum, rotundum,
compositum in eodem loco quo Salomon alterum prius
20 instituit mirificum; quod quamvis illi priori schemati
nullatenus sit comparandum, istud tamen opere mirabili
et forma speciosissima factum est. In cuius medio est
rupis nativa et ingens, et qua deturpatur satis et impeditur
ipsum templum. Nescio quare ab aeterno permittitur
25 locum occupare, quin prorsus exciditur. Sed dicunt illum
esse locum, ubi stetit angelus percutiens, cui David intuit
pavidus nimis: "Ego quidem sum qui peccavi; isti, qui
oves sunt, quid fecerunt?" Aiuntque in ipsa rupe arcam
foederis Domini esse, cum virga, et tabulis testamenti,

---

1. **decursionem** = *decursum.* — 6. **indeficienter**: 'continually.'
— 8. **condecenti**: 'seemly.' — 13. **massata**: 'hewn.' — **caementata**: 'built solidly.' — 14. **sigillatis**: 'fastened.' — 20. **schemati**:
'plan.' — 23. **deturpatur**: 'is disfigured.' — 26. **intuit**: i.e. *intuens
ait.* — 27. "**Ego quidem,**" etc.: II. Sam. 24, 17.

bene sigillatam, eo quod Iosias rex Iuda poni iussit eam in
sanctuario templi, dicens: "Nequaquam portabitis eam"
de loco isto. Praevidebat enim futuram captivitatem.
Sed illud, quod in descriptionibus Ieremiae legimus, obest,
quod ipse Ieremias eam in Arabia occultaverat, dicens 5
quod non invenienda esset, donec gentes multae congre-
garentur. Ipse enim contemporaneus huius regis Iosiae
fuit; tamen vivendi finem fecit antequam Ieremias obiret.
Non credimus igitur arcam in templo esse. Non valeo nec
audeo recitare res tam sanctissimas, quae inibi habentur, 10
ne in aliquo auditores fallam. Sed, secundum dicta quo-
rumdam, in honorem et amorem Dei haec tantilla in memoriam collegi. Haec est pro certo domus Dei, de qua scriptum est: "Bene fundata est supra firmam petram." In qua
cum Salomon devote Deo precem suam funderet, et ut 15
oculi eius die ac nocte super eam aperti essent, et qui ad
sanctuarium illud oraret recto corde ab eo exaudiretur,
concessit ei Dominus, respondens prout ab eo postulaverat.
Hanc domum, hoc est Domini templum, in veneratione
magna cuncti Sarraceni habuerant, donec eis illud abstuli- 20
mus, ibique praedicationes suas libentius quam alibi facere
solebant, quamvis idolo, in nomine Mahummeth facto, eas
vastarent, in quod etiam nullum ingredi Christianum per-
mittebant.

Alterum vero templum, Salomonis dictum, magnum est 25
et mirabile, sed non est illud idem quod ipse Salomon fabricavit. Quod nunc satis dolendum est, eo quod inopia
pressi non potuimus tecti eius structuram reformare,
postquam in manus Balduini regis et nostras devenit. Sed
ipse etiam plumbum negotiatoribus vendebat, cum vel de 30
tecto aliquando decidebat, vel deorsum dirui praecipiebat.

---

2. "**Nequaquam portabitis**," etc.: II. Chron. 35, 3. — 4. **descriptionibus Ieremiae**: Jer. 3, 17. — 14. "**Bene fundata**," etc.: Matt.
7, 25. — 23. **vastarent**: ' polluted.'

Inest insuper basilica decens super Dominicum sepulcrum
rotunditate facta, cuius rotunditatis summitas ita artificiose tegmine caret ut foramine illo solis splendori patula
clara semper habeatur. Non desunt etiam civitati per
5 omnes vicos aquae ductus, per quos imbrium tempore
omnes immunditiae diluuntur. Hanc etiam urbem Helius
imperator Adrianus mirifice decoravit, et vicos et plateas
pavimento decenter ornavit, de cuius nomine Hierusalem
Helia vocata est.

10   Ex iis et caeteris multis, civitas ipsa venerabilis est et
gloriosa. Quam cum aspicerent Franci, et viderent eam
ad capiendum gravem, iussum est a principibus nostris
scalas ligneas fieri, quibus muro postea erectis, cum as-
sultu forti per eas in summum muri scandentes, urbem for-
15 sitan iuvante Deo ingrederentur. Quod cum fecissent,
sequenti die septimo, monitu procerum, buccinis sonantibus, mane claro, impetu miro civitatem undique assilie-
runt. Et cum usque ad horam diei sextam assiliissent, et
per scalas quas fixerant, eo quod paucae erant, introire
20 nequissent, assultum tristes dimiserunt. Tunc autem
sumpto consilio, iussum est ab artificibus machinas fieri
cum quibus muro admotis, auxiliante Deo, spei effectum
adipiscerentur. Et sic factum est. Interea nec panis nec
carnis inopiam passi sunt.

25   Sed quia locus, ut superius dictum est, inaquosus et sine
fluminibus est, viri nostri propterea et iumenta eorum in-
digebant aqua vehementer ad potandum. Quapropter,
prout monebat necessitas, longe aquam quaeritabant, et
a quatuor milliariis vel quinque laboriose ad obsidionem
30 in utribus suis apportabant. Machinis autem patratis,
arietibus scilicet et scrophis, ad assiliendum item se para-
verunt. Inter artificia vero caetera, unum turrim de lignis

6. immunditiae: ' filth.' — Helius . . . Adrianus: a curious emer-
gence of the " cockney " aspirate! — 31. scrophis: ' mining engines.'

exiguis, quia magna materies illis deerat, compegerunt;
quam noctu, edicto proinde facto, ad cornu civitatis oppor-
tunius frustratim portaverunt. Et sic mane ipso cum
petrarias et caetera adminicula paravissent, citissime haud
longe a muro compactam erexerunt. Quam erectam, et 5
de coriis deforis bene contextam, paulatim promovendam
muro propius impegerunt. Tum vero rari milites, tamen
audaces, monente cornu, ascenderunt in eam, de qua statim lapides et sagittas iacere caeperunt. Contra quos
similiter Sarraceni defendendo se agebant, et ignem cum 10
oleo et adipe vividum faculis aptatis dictae turri, et militibus qui erant in ea, fundibulis suis iaculabantur. Multis
igitur utrorumque invicem sic certantium mors saepe
aderat praesens.

Ea quidem in parte qua Raymundus comes et homines 15
sui assistebant, scilicet in montem Sion, cum machinis suis
magnum assultum dabant. Ex altera vero parte, qua dux
Godefridus erat, et Robertus Normanniae comes, et Flan-
drensus Robertus, maior erat muro assultus. Illo die sic
fecerunt. Sequenti quoque die, laborem eumdem facto 20
buccinarum concentu, virilius inierunt, ita ut cum arietibus pulsando murum in uno loco perforarent. Pendebant
nempe ante muri propugnacula duo assera funibus illic
alligata, quae Sarraceni sibi praeparaverant, ut irruentibus
et lapides in eos iactantibus obstaculum fierent. Sed quod 25
pro incremento sibi fecerant, idem ad detrimentum suum,
Domino providente, acceperunt. Nam turri praefata
muro admota, rudentibusque quibus ligna pendebant
praedicta fasciculis sectis, de eisdem tignis unum pontem

---

3. **frustratim** = *frustatim*, i.e. ' bit by bit.' — 4. **petrarias** : a mediaeval word for classical *ballistas.* — 6. **deforis** : 3D. — 11. **dictae** :
' before-mentioned.' — 12. **fundibulis** : ' slings.' — 15. **comes** :
' Count.' — 23. **assera** : neut. variant for *asseres.* — 29. **unum pon-**
tem : here we have the Romance indef. article in the making.

Franci tunc sibi coaptaverunt, quem de turri super murum callide extensum iactaverunt.

Iamiamque ardebat arx una in muro lapidea, super quam machinatores nostri torres igneos iniecerant; unde 5 foco paulatim intra materiem lignorum nutrito, fumus flammaque sic prodire coepit ut nec unus custodum civium ibi ulterius morari posset. Mox itaque Francis hora meri-

ANCIENT WALLS AT JERUSALEM

diana urbem intrantibus, die quae Veneris habebatur, cornibus sonantibus, cunctis tumultuantibus, viriliter im- 10 petentibus, "Adiuva, Deus," exclamantibus, vexillo uno in muri fastigio iam sublevato, pagani omnino pudefacti per vicorum civitatis angiportus audaciam suam in fugam celerem mutaverunt omnes. Qui cum velociter fugerent,

---

1. **coaptaverunt**: 'fitted together.' — 8. **die . . . Veneris**: i.e. Friday. — 9. **impetentibus**: 'attacking.'

velocius fugati sunt. Hoc Raymundus comes ex altera parte assiliens, nondum sciebat, nec homines eius, donec Sarracenos per muri apicem ante eos prosilire viderunt. Quo viso, ad urbem laetissimi quantocius accurrerunt, et cum caeteris hostes nefarios fugare et occidere caeperunt. 5

Tum quidem alii Sarracenorum, tam Arabes quam Aethiopes, in arcem Davidicam fugiendo se intromiserunt; alii vero in templum Domini atque Salomonis se incluserunt. In quorum atriis templorum impetus in eos agebatur nimius; locus etiam nusquam erat quo gladiatores nostros 10 evadere possent. Supra Salomonis templum, quod fugiendo ascenderant, multi ex eis ad mortem sagittati sunt, et deorsum de tecto insanabiliter praecipitati; in quo etiam templo decem ferme millia decollati sunt. Quod si inibi essetis, pedes nostri usque ad bases cruore peremp- 15 torum tingueremur. Quid narrabo? Nullus ex eis vitae est reservatus. Sed nec feminis nec parvulis pepercerunt. Mirabile quoddam videretis, cum scutigeri nostri atque pedites pauperiores, calliditate Sarracenorum comperta, ventres eorum iam occisorum findebant, ut de intestinis 20 Bysantios excerperent, quos vivi faucibus transglutiverant. Quapropter post dies aliquot acervo magno facto de cadaveribus, ea igni combusserunt, ut aes illud praedictum in cinere facto facilius reperirent.

Tancredus autem templum Domini cum festino cursu 25 ingressus, multa aurea et argentea (quod erat nefas rapiendum) lapides etiam pretiosos arripuit. Sed hoc postea emendans, eadem cuncta vel eis appretiata loco sacrosancto remandavit.

---

14. **Quod si . . . tingueremur**: an anacoluthon; i.e. *si fuissetis, vidissetis pedes tinctos.* — 15. **bases**: cf. I. Kings, 7, 27 sqq. — 21. **Bysantios**: 'bezants,' gold coins of the Eastern Roman Empire. — **transglutiverant**: 'had gulped down.' — 26. **quod . . . rapiendum** = *quae raptio.* — 28. **appretiata**: 'purchased.' — 29. **remandavit**: 'sent

Ensibus extractis currit gens nostra per urbem.
Nec cuiquam parcunt etiam miserere precanti.
Vulgus erat stratum veluti cum putrida motis
Poma cadunt ramis, agitataque ilice glandes.

5 Et post stragem tantam ingressi sunt domos, et ceperunt
quaecumque in eis invenerunt, ita sane ut quicunque
primus domum intrasset, sive pauper sive dives esset,
nullatenus ab aliquo alio fieret illi iniuria, quin domum
ipsam aut palatium, et quodcumque in ea reperisset, ac si
10 omnino propria, sibi assumeret et possideret. Hoc itaque
ius tenendum invicem stabilierant. Unde multi inopes
facti sunt locupletes.

Tunc autem ad sepulcrum Domini, et templum eius
gloriosum euntes, clerici simul et laici exsultationis voce
15 altisona canticum novum Domino decantando, loca sacrosancta tam diu desiderata, cum oblationibus faciendis
supplicationibusque humillimis, laetabundi omnes visi-
taverunt. O tempus tam desideratum! o tempus inter
caetera tempora memorandum! o factum factis omnibus
20 anteferendum! Vere desideratum, quoniam ab omnibus
fidei catholicae cultoribus interno mentis desiderio semper
desideratum fuerat, ut locus in quo cunctarum creaturarum Creator recreationis salutiferae munus, Deus homo
factus, humano generi pietate sua multiplici, nascendo,
25 moriendo, resurgendoque contulit a paganorum contagione
inhabitantium quandoque mundatus, tandiu superstitione
eorum contaminatus, a credentibus et confidentibus in se
in modum dignitatis suae pristinum reformaretur. Et
vere memoriale et iure memorandum, quia quaecunque
30 Dominus noster Iesus Christus, in terra homo cum homini-

---

back.' — 8. **nullatenus**: 'in no wise'; 1B (6). — 11. **tenendum**:
for *tenendi*. — 17. **laetabundi**: 'joyous.' — 26. **mundatus**: 'puri-
fied.'

bus conversans, egit et docuit, et memoriam famosissimam
revocata et reducta sunt. Et quod idem Dominus per
hunc populum suum tam, ut opinor, dilectum alumnum
familiaremque, et ad hoc negotium praeelectum, expleri
voluit, usque in finem saeculi memoriale linguis tribuum 5
universarum personabit.

> Iulius effervens ter quina luce calebat;
> Undecies centum numero si dempseris unum,
> Dicebant annos Domini tunc esse peractos,
> Cum nos Hierusalem, gens Gallica, cepimus urbem.   10
> Ter quina Iulius splendebat luce micanti,
> Urbem cum Franci capiunt virtute potenti,
> Anno milleno centeno, quominus uno,
> Virginis a partu, genuit quae cuncta regentem.

Idus erat Iulii, anno ab obitu Caroli Magni ducentesimo et 15
octuagesimo quinto, et morte Guillelmi Angliae regis primo
anno duodecimo.   Quippe Godefrido patriae mox principe
facto, quem ob nobilitatis excellentiam, et militiae pro-
bitatem, atque patientiae modestiam, nec non et morum
elegantiam, in urbe sancta regni principem omnis populus 20
Dominici exercitus ad illud conservandum atque regen-
dum elegit.   Tunc etiam locati sunt in ecclesia Dominici
sepulcri canonici, atque in templo eiusdem ipsi servituri.
Patriarcham autem tunc decreverunt nondum ibi fieri,
donec a Romano papa quaesissent quem ipse laudaret 25
praefici.

Interea Turci et Arabes, nigri quoque Aethiopes quin-
genti fere, qui in arcem Davidicam se intromiserant, petie-

---

1. **memoriam**. sc. an introductory *ad*. — 7. **Iulius**: sc. *mensis*. —
17. **Quippe Godefrido**, etc.: this Abl. Abs. serves as principal clause
of the sentence. — 21. **Dominici**: 'of our Lord.' — **illud**: instead
of *eam*. — 23. **canonici**: 'clergy.' — 25. **laudaret praefici**: 'whose
appointment he would approve.'

runt a Raymundo comite, qui prope turrim illam hospitatus
erat, ut pecunia eorum in arce ipsa retenta, vivos tantum
eos abire permitteret. Hoc concessit, et hinc Ascalonem
adierunt. Placuit tunc Deo quod inventa est particula
5 una crucis Dominicae in loco secreto, iam ab antiquo tempore a viris religiosis occultata, nunc autem a quodam
homine Syro, Deo volente, revelata, quam cum patre suo
inde conscio diligenter ibi et absconderat et conservarat.
Quam quidem particulam in modum crucis reformatam,
10 aurea partim et argentea fabrica contectam, ad Dominicum sepulcrum, dehinc etiam ad templum, congratulanter
psallendo, et gratias Deo agendo, qui per tot dies hunc
thesaurum suum et nostrum sibi et nobis servaverat,
omnes una in sublime propalatam detulerunt.

— *Bk. I. Chap. 18.*

---

1. **hospitatus erat**: 'lodged.' — 14. **propalatam**: 'publicly ex-
hibited.'

MATTHAEI PARISIENSIS CHRONICA MAIORA

Matthew Paris was a monk at St. Albans from 1217 till 1259, the date of his death. Though probably born in England, his name has been thought to indicate that at least a part of his education was obtained in Paris. With the exception of one or two important missions to Norway, his life was largely spent in the

St. Albans

monastery, where the writing of history had long been a tradition. Matthew achieved the reputation of being the greatest of all the mediaeval English historians. He is generally regarded as fair, exact, and copious, at the same time that he is loyal, descriptive, and interesting. He is especially important for the trying and turbulent period of Henry III, with whom he was contemporaneous; but he also, building upon the basis of his predecessors,

347

covered a much longer period of time. His Latin is relatively
good, and his sentences usually fairly simple. One of his foibles
is to play on words.

Matthew Paris's greatest work is the *Chronica Maiora*. Of
this, the first part is based on an earlier work of the abbot John
de Cella, extending down to 1188; and the second part on Roger
of Wendover's revision and extension of that earlier work, coming down to 1235. The continuation of the history from this
point till the year of Matthew's own death, 1259, forms the most
valuable portion of the whole.

Besides the *Chronica Maiora* Matthew wrote also *Vitae Abba-
tum, Additamenta* (a sort of appendix to both the previous works),
Historia Minor (or *Historia Anglorum*), an abbreviation of his
larger work, and a life of Edmund Rich.

The *Chronica Maiora* has been ably edited in the *Rolls Series*
by Henry R. Luard, 7 vols., London, etc., 1872–1883.

A translation by J. A. Giles, in three volumes, may be found
in Bohn's Library, London, 1854–1893.

A RIOT AT OXFORD

Tunc vero temporis dominus legatus cum Oxoniam
adventasset, et honore summo, prout decuit, reciperetur,
hospitatus est in domo canonicorum, scilicet abbatia de
Oseneie. Clerici vero scholares eidem xenium honorabile
5 in poculentis et esculentis transmiserunt ante prandii tempus. Et post prandium, ut eum salutarent et reverenter
visitarent, ad hospitium suum venerunt. Quibus advenientibus, ianitor quidam transalpinus, minus quam deceret
aut expediret facetus, et more Romanorum vocem exal-
10 tans, et ianuam aliquantulum patefactam tenens, ait,

---

1. **Tunc . . . temporis**: redundant. — **legatus**: Otto, who had
come in the previous year (1237) to keep an oversight on the young
king and his realm, in the interests of the church of Rome. —
Oxoniam: 'Oxford.' — 3. **abbatia de Oseneie**: the 'Abbey of
Oseney.' — 4. **xenium**: 'a present.' — 5. **poculentis**: 'potables.'

"Quid quaeritis?" Quibus clerici, "Dominum legatum, ut eum salutemus." Credebant enim confidenter ut essent honorem pro honore recepturi. Sed ianitor, convitiando loquens, in superbia et abusione introitum omnibus procaciter denegavit. Quod videntes clerici, impetuose irru- 5 entes intrarunt; quos volentes Romani reprimere, pugnis et virgis caedebant; et dum obiurgantes ictus et convitia geminarent, accidit quod quidam pauper capellanus Hyberniensis ad ostium coquinae staret, et ut quippiam boni pro Deo acciperet, instanter, more pauperis et famelici, 10 postulaverat. Quem cum magister coquorum legati (frater legati erat ille, et ne procuraretur aliquid venenosum, quod nimis timebat legatus, ipsum ipsi officio praefecerat quasi hominum specialissimo) audivit nec exaudivit, iratus in pauperem, proiecit ei scilicet in faciem aquam 15 ferventem haustam de lebete ubi carnes pingues coquebantur. Ad hanc iniuriam exclamavit quidam clericus de confinio Walliae oriundus, "Proh pudor! ut ut quid haec sustinemus?" Et arcum quem portavit tetendit (dum enim tumultus accreverat excitatus, clericorum ali- 20 qui arma quae ad manus venerunt arripuerant), et ipse missa sagitta corpus coci, quem clerici satirice Nabuzardan, id est, principem coquorum, vocabant, transverberavit. Corruente igitur mortuo, clamor excitatur. Ad quem stupefactus legatus et nimis perterritus timore qui posset 25 in constantissimum virum cadere, in turrim ecclesiae indutus capa canonicali se recepit, seratis post terga ostiis.

Ubi cum noctis opacae conticinium tumultum pugnae diremisset, legatus, vestimentis canonicalibus exutis, equum

---

3. **convitiando**: 2 (3).—8. **capellanus**: 'chaplain.'—9. **coquinae**: 'kitchen.'—12. **venenosum**: 'poisonous.'—14. **exaudivit**: 'understood.' — 16. **lehete**: 'stewpot' — 18. **Walliae**: 'of Wales.' — **ut ut quid**: 'Why in the world?' — 27. **capa canonicali**: 'canonical hood.'—28. **conticinium**: 'early evening.'

suum optimum ascendit expeditus, et ducatu eorum qui
vada secretiora noverunt amnem, qui proximus erat, licet
cum periculo, transivit, ut ad protectionem alarum regis
ocius avolaret. Clerici enim furia invecti legatum etiam
5 in abditis secretorum latebris quaerere non cessabant, cla-

THE " MOB QUADRANGLE " AT MERTON COLLEGE, OXFORD
(The name probably does not go back to the incident in the text.)

mantes et dicentes: "Ubi est ille usurarius, simonialis,
raptor reddituum, et sititor pecuniae, qui, regem pervertens
et regnum subvertens, de spoliis nostris ditat alienos?"
Insequentium autem adhuc clamores cum fugiens legatus
10 audiret, dixit intra se,

    " Cum furor in cursu est, currenti cede furori."

1. ducatu: 'guidance.' — 6. usurarius: 'usurer.' — simonialis:
'simoniacal.' — 7. sititor: 'thirster after.' — 11. Cum furor . . .
furori: Ovid. *Rem. Am.* 119.

Et patienter omnia tolerans, factus est sicut homo non audiens, et non habens in ore suo redargutiones.

Cum autem, ut praedictum est, amnem vix pertransisset, paucis, pro difficultate transitus, comitantibus, caeteris in abbatia latitantibus, ad regem anhelus et turbidus usque 5 pervenit ; et lacrimabiliter, singultibus sermones suos interrumpentibus, rei gestae ordinem, gravem super hoc reponens querimoniam, tam regi quam suis collateralibus explicavit. Cuius querulis sermonibus cum rex attonitus nimis conpateretur, misit properanter comitem Waranniae 10 cum armata manu Oxoniam, eos qui latuerant Romanos eripere et scholares arripere. Inter quos captus est truculenter magister Odo legista, et ipse cum aliis triginta vinculis et carceri in castro de Walligeford, quod non multum distat ab Oxonia, ignominiose mancipatus. Legatus vero 15 contrito laqueo liberatus, episcopis convocatis nonnullis, Oxoniam supposuit interdicto, et omnes illi enormi facto consentaneos excommunicavit. Postea in bigis, more latronum, ad arbitrium legati Londonias sunt transvecti, et ibidem carceri et vinculis arctaeque custodiae redditibus 20 spoliati et anathemate innodati mancipantur.

THE AFTERMATH OF THE RIOT

Legatus vero, qui versus partes Angliae aquilonares tetenderat, flexo loro, Londonias reversus est. Et vix auso in regali hospitio episcopi Dunelmensis, ubi solito hospitabatur, commorari, significavit rex civitati Londoni- 25

---

2. **redargutiones** : ' defense.' — 8. **collateralibus** : ' companions.' — 10. **comitem Waranniae** : ' the Earl of Warenne.' — 12. **eripere** . . . **arripere** : 3E (3) (c). — 13. **legista** : 'lawyer.' — 14. **Walligeford** : 'Wallingford.' — 19. **Londonias** : ' London.' — 20. **redditibus** : ' incomes.' — 21. **innodati** : ' placed under.' — 22. **aquilonares** : ' northern.' —24. **auso** : sc. eo. — **Dunelmensis** : ' of Durham.'

arum ut eundem legatum diligentibus excubiis cum armata manu ut pupillam oculi custodiret maior civitatis cum civium universitate.

Legatus igitur archiepiscopum Eboracensem et omnes
5 episcopos Angliae auctoritate qua fungebatur ut Londonias convenirent districte convocavit, de statu ecclesiae et cleri periclitantis decimo sexto kalendas Iunii communiter tracturi. Quo cum die praefixo pervenissent, tractatum est diligenter per episcopos ut salvaretur status clericalis
10 universitatis veluti secundae ecclesiae ; quibus et legatus condescendit, salvo tamen honore ecclesiae Romanae, ne improperando diceretur ut qui venerat clerum cum ecclesia reformare potius deformaret. Tandem suggestum legato ab episcopis et universitate cleri quae ibidem in praesenti
15 fuit, quod certaminis discrimen a familia sua sumpsit exordium, et in fine certaminis clerus deteriorem calculum reportavit ; insuper iam de clero pars magna ad nutum suum carceri mancipatur, et pars reliqua, mandato suo parens, parata fuit humiliter subire, in loco ab Oxonia
20 circiter tribus distante dietis ; ad petitionem tot et tantorum virorum ad misericordiam inclinare debere. Tandem elaboratum est quod hanc faceret legatus misericordiam quod, comitantibus episcopis pedes euntibus, scholares omnes ibidem congregati ab ecclesia Sancti Pauli,
25 quae fere per unum miliare ab hospitio legati distabat, pedes irent ; ita tamen quod, cum venirent ad hospitium episcopi Carleolensis, illinc sine capis et mantellis discincti

---

2. **pupillam** = *pupulam.* — **maior,** ' mayor.'— 4. **Eboracensem :**
' of York.' — 6. **districte :** ' imperatively.' — 9. **clericalis universitatis :** ' the whole body of clericals,' i.e. the Oxford scholars. —
11. **condescendit :** ' condescendingly yielded.' — 12. **improperando :**
' casting reproach.' — 13. **reformare :** 3E (3) (*c*). — 16. **deteriorem calculum reportavit :** i.e. ' got the worst of it.' — 20. **dietis :** ' days'
journey.' — 23. **pedes :** adverb, ' on foot.' — 25. **per unum miliare :**
' a mile.' — 27. **Carleolensis :** ' of Carlisle.'

et discalciati usque ad hospitium legati procederent, humiliter veniam postulantes, misericordiam et veniam consequendo conciliarentur ; quod et factum est. Videns autem dominus legatus hanc humiliationem, recepit eos in gratiam suam, restituens universitatem loco suo ipsius muni- 5 cipii, interdictum cum sententia misericorditer ac benigne relaxando, literasque conficiendo ne illis proinde nota infamiae aliquando procaciter obiceretur.

THE KING SPEAKS HARSHLY TO LEICESTER

Augebat insuper baronum pavorem et sollicitudinem tempus Iulii, cum suo leone pestifero et rapida canicula, 10 quae latratu letifero temperiem consuevit aeris perturbare. Terrueruntque eos plus omnibus aliis regis mutabilitas et investigabilis duplicitas, quam in quodam verbo illius terribili perceperunt. Cum enim una dierum extra palatium suum prandere descendisset per navem in Tamisiam a 15 Westmonasterio, obiter aere denigrato, tonitrus inhorruit cum choruscatione et imbrium inundatione. Rex autem huiusmodi tempestatem plus omnibus formidans, iussit ilico se poni ad terram. Erat autem navicula ante nobile palatium episcopi Dunelmensis, quod tunc erat hospitium 20 comitis Legrecestriae. Quod cum sciret comes, laetus

---

1. **discalciati**: 'shoeless.' — 5. **universitatem**: ' the University.' — 9. **baronum**: ' the barons,' who were increasingly resolved to get the king, Henry III, to hold to the liberties of the English people, banish foreign favorites, and keep his pledges. — 13. **investigabilis**: 'unsearchable.' — 15. **Tamisiam** : 'the Thames.' — 16. **Westmonasterio** : ' Westminster.' — **denigrato** : 'becoming black.' — 17. **choruscatione**: 'flashing lightning '; 2 (4). — 21. **Legrecestriae**: ' Leicester '; the old Roman name was *Legionis castra*. The Earl of Leicester at this time was Simon de Montfort, who had long supported the king, but ultimately threw in his lot with the barons, and was killed at the battle of Evesham. The incident described above occurred in 1258.

occurrit et serenus, salutans eum reverenter, ut decuit;
consolansque ait, "Quid est quod timetis? iam tempestas
pertransiit." Cui rex non iocose sed serio respondit vultuque severo: "Supra modum tonitrum et fulgur formido,
5 sed per caput Dei, plus te quam totius mundi tonitrum
et fulgur contremisco." Cui comes benigne respondit:
"Domine me, iniustum est et incredibile ut me amicum
vestrum stabilem, et semper vobis et vestris et regno Angliae fidelem, paveatis; sed inimicos vestros, destructores
10 et falsidicos, timere debetis." Haec autem verba stu-
penda suspicabantur omnes inde erupisse quod scilicet
comes Legrecestriae virilius persistit et ferventius in prose-
quenda provisione ut scilicet regem et omnes adversantes
suis astare consiliis cogerent, et eius fratres totum regnum
15 corrumpentes funditus exterminarent.

SANCTI BONAVENTURAE HYMNUS DE
PASSIONE DOMINI

Saint Bonaventura (1221–1274), otherwise known as John of
Fidanza, was a prominent member of the Franciscan order of
monks, and is said to have been given his popular appellation by
St. Francis himself after
receiving a wonderful
cure at the hands of the
founder of the order.
Born in Tuscany, he
studied at Paris, and
became one of the great
theologians of the church,
as well as in due time
general of the Franciscan
order. In his character
and that of his writings he
inclined towards a mys-
tical Platonism rather
than the prevalent scho-
lasticism of the age, and
earned the title of "Doc-
tor Seraphicus." He was
an earnest defender of
the value of the monastic
life for spirituality.

FROM AN OLD EDITION OF SOME OF
BONAVENTURA'S WORKS (1499)

His writings are many,
including several volumes of sermons, and others of theological
discussion. The hymns express the spiritual mysticism of his
own religious life.

355

The works of Bonaventura may be found in various complete editions of the sixteenth, seventeenth, eighteenth, and nineteenth centuries, the last of which was published in ten volumes at Rome, 1882–1892. The hymns are found in such collections as those of Mone, Daniel, Trench, and March.

THE PASSION OF THE SAVIOUR

Christum ducem,
Qui per crucem
Redemit nos ab hostibus,
Laudet coetus
5 Noster laetus,
Exultet caelum laudibus.

Poena fortis
Tuae mortis
Et sanguinis effusio,
10 Corda terant,
Ut te quaerant,
Iesu, nostra redemptio.

Per felices
Cicatrices,
15 Sputa, flagella, verbera,

Nobis grata
Sint collata
Aeterna Christi munera.

Nostrum tangat
Cor, ut plangat,   20
Tuorum sanguis vulnerum.

In quo toti
Simus loti,
Conditor alme siderum.

Passionis   25
Tuae donis
Salvator, nos inebria,
Qua fidelis
Dare velis
Beata nobis gaudia.   30

The accentual six-verse stanza has trochaic rhyming monometers in verses 1 and 2 and 4 and 5, and iambic rhyming dimeters in verses 3 and 6. The last verse of each stanza illustrates the common device of quoting the opening verse of some earlier and favorite hymn, verse 30 e.g. being taken from a well-known hymn of the earlier centuries ascribed usually to Hilary.

FRATRIS ROGERI BACON, ORDINIS MINORUM, OPUS MAIUS

The fourscore years of the life of Roger Bacon, though dates can hardly be given with certainty, surely were included within the limits of the interesting thirteenth century. Bacon studied at Oxford, and spent some years at the famous University of Paris. Becoming well learned in Greek and Arabic, as well as in the other current studies of the day, he was deeply impressed with the superficiality of the scholastic teaching commonly accepted in his day and taught eagerly by the leading men of the great religious orders. He therefore pursued a different line of study from that usually followed, specializing in languages, mathematics, and science of a more or less experimental nature. Naturally his strong contempt for the shallowness of much of the professed learning of his contemporaries drew him into serious controversy and sometimes threw him out of harmony with the leaders of the church and the schools. He suffered many hardships, including years of imprisonment. Part of his persecution was doubtless due to jealousy between the great Franciscan and Dominican orders, as Bacon had ultimately joined the Franciscans (*Minores*).

In the course of his long career he was sometimes highly honored and his intellectual greatness was appreciated; and, in spite of tremendous hindrances, he wrote a large body of philosophical and scientific literature. Some of his works deal with mathematics, some with medicine, some even with astrology and alchemy, which he did not entirely remove from the realm of the scientific, while some are linguistic or purely philosophical. But it is by his *Opus Maius* that he is best known, a treatise in seven parts, which deal respectively with the value of science, the relation between philosophy and theology, the usefulness of philological learning, mathematics, perspective, experimental science, and moral philosophy. In it he shows that he could read his authorities in the original intelligently, and could prove himself worthy of his great predecessors in reasoning and investigation, while maintaining an open mind towards all truth.

Bacon's Latin is that of a scholar. The text of the *Opus Maius* may be found well edited by John Bridges, in three volumes, London, 1900.

THE FOUR GROUNDS OF ERROR

Quatuor vero sunt maxima comprehendendae veritatis offendicula, quae omnem quemcumque sapientem impediunt, et vix aliquem permittunt ad verum titulum sapientiae pervenire : videlicet fragilis et indignae auctoritatis
5 exemplum, consuetudinis diuturnitas, vulgi sensus imperiti, et propriae ignorantiae occultatio cum ostentatione sapientiae apparentis. His omnis homo involvitur, omnis status occupatur. Nam quilibet in singulis artibus vitae et studii et omnis negotii tribus pessimis ad eandem conclu-
10 sionem utitur argumentis, scilicet, hoc exemplificatum est per maiores, hoc consuetum est, hoc vulgatum est; ergo tenendum. Sed oppositum conclusionis longe melius sequitur ex praemissis, sicut per auctoritatem et experientiam et rationem multipliciter probabo.
15 Si vero haec tria refellantur aliquando magnifica rationis potentia, quartum semper in promptu est et in ore cuiuslibet, ut quilibet suam ignorantiam excuset; et licet nihil dignum sciat, illud tamen magnificet imprudenter, ut sic saltem suae stultitiae infelici solatio veritatem opprimat
20 et elidat. Ex his autem pestibus mortiferis accidunt omnia mala humano generi ; nam ignorantur utilissima et maxima et pulcherrima sapientiae documenta, et omnium scienti-

---

2. **offendicula** : 'hindrances.'

arum et artium secreta ; sed peius est quod homines horum
quatuor caligine excaecati non percipiunt suam ignorantiam, sed cum omni cautela palliant et defendunt, quatenus
remedium non inveniant ; et quod pessimum est, cum sint
in tenebris errorum densissimis, aestimant se esse in plena 5
luce veritatis ; propter quod verissima reputant esse in
fine falsitatis, optima nullius valoris, maxima nec pondus
nec pretium obtinere et e contrario falsissima celebrant,
pessima laudant, extollunt vilissima, caecutientes, aliud
esse omnem sapientiae fulgorem, fastidientes quae magna 10
facilitate possunt adipisci. Et propter stultitiae magnitudinem ponunt summos labores, consumunt tempora
multa, magnas expensas effundunt in iis, quae nullius utilitatis vel parvae sunt, nec dignitatis alicuius secundum
iudicium sapientis. Et ideo necesse est ut violentia et 15
malitia harum quatuor causarum omnis mali cognoscantur
in principio, et reprobentur, et longe a consideratione sapientiae relegentur. Nam ubi haec tria dominantur, nulla
ratio movet, nullum ius iudicat, nulla lex ligat, fas locum
non habet, naturae dictamen perit, facies rerum mutatur, 20
ordo confunditur, praevalet vitium, virtus extinguitur,
falsitas regnat, veritas exsufflatur. Et ideo nihil magis
necessarium est considerationi, quam certa damnatio istorum quatuor per sententias sapientum electas, quibus non
poterit contradici. — *Op. Mai. I. 1.* 25

THE IMPORTANCE OF LANGUAGE STUDY

Declarato igitur quod una est sapientia perfecta, quae
sacris literis continetur per ius canonicum et philosophiam,
qua mundus habet regi, nec alia requiritur scientia pro

3. **cautela** : 'precaution.' — 9. **caecutientes** : 'in their blindness
asserting.' — 17. **reprobentur** : 'be condemned.' — 20. **dictamen** :
'law.' — 22. **exsufflatur** : 'is blown away.' — 28. **habet regi** : 3E
(3) (*a*).

utilitate generis humani, nunc volo descendere ad ea huius
sapientiae magnifica, quae maxime valent exponi. Et
sunt quinque, sine quibus nec divina nec humana sciri
possunt, quorum certa cognitio reddit nos faciles ad omnia
5 cognoscenda. Et primum est Grammatica in linguis
alienis exposita, ex quibus emanavit sapientia Latinorum.
Impossibile enim est quod Latini perveniant ad ea quae
necessaria sunt in divinis et humanis, nisi notitiam habeant
aliarum linguarum, nec perficietur eis sapientia absolute,
10 nec relate ad ecclesiam Dei et reliqua tria praenominata.
Quod volo nunc declarare, et primo respectu scientiae
absolutae. Nam totus textus sacer a Graeco et Hebraeo
transfusus est, et philosophia ab his et Arabico deducta est;
sed impossibile est quod proprietas unius linguae servetur
15 in alia. Nam et idiomata eiusdem linguae variantur apud
diversos, sicut patet de lingua Gallicana, quae apud Galli-
cos et Picardos et Normannos et Burgundos multiplici
variatur idiomate. Et quod proprie dicitur in idiomate
Picardorum horrescit apud Burgundos, immo apud Gal-
20 licos viciniores; quanto igitur magis accidet hoc apud
linguas diversas? Quapropter, quod bene factum est in
una lingua, non est possibile ut transferatur in aliam
secundum eius proprietatem quam habuerit in priori.

Unde Hieronymus, in epistola de optimo genere interpre-
25 tandi, sic dicit, "Si ad verbum interpretor, absurdum resonat." Quod si cuiquam videatur linguae gratiam inter-
pretatione non mutari, Homerum exprimat in Latinum ad
verbum. Si quis autem eundem in sua lingua per se inter-
pretetur, videbit ordinem ridiculosum, et poetam eloquen-
30 tissimum vix loquentem. Quicunque enim aliquam scientiam, ut logicam vel aliam quamcunque, bene sciat, eam,

---

5. **Grammatica**: ' Philology,' in the broadest sense of the term.
— 6. **Latinorum**: 'those who use Latin.' — 10. **relate**: 'relatively.'
— **reliqua tria**: i.e. *sacrae literae, ius canonicum, et philosophia.*

etsi nitatur in linguam convertere maternam, videbit non solum in sententiis sed in verbis deficere. Et ideo nullus Latinus sapientiam sacrae scripturae et philosophiae poterit ut oportet intelligere, nisi intelligat linguas a quibus sunt translatae. — *Op. Mai. III, 1.*

5

IACOPONI TUDERTINI *STABAT MATER*

Iacopone da Todi, otherwise named Iacobus de Benedictis, or Benedetto, lived in the 13th century, and after the death of his wife became a lay brother in the Franciscan order of monks. Like so many earnest churchmen of his age, he was deeply impressed with the ecclesiastical abuses of the times, and his satires resulted in persecutions, and in imprisonments enforced by Boniface VIII. His epitaph, which states that he, "*stultus propter Christum, nova mundum arte delusit, et coelum rapuit,*" shows how far he was willing to go in the attempt to reform some of the crying evils of his own day, perhaps sometimes even too far. Much of his writing, both satirical and lyrical, was in Italian; but three Latin hymns have come down to us under his name, of which the one here printed has been generally given a place among the seven greatest hymns of the ages, and is considered the most pathetic of them all. Like so many other mediaeval hymns, its authorship is disputed, and it has been ascribed to Innocent III, Bernard of Clairvaux, Bonaventura, and more than one Gregory, as well as various other authors.

Translations of the *Stabat Mater* are very numerous, more than thirty in English having been listed. It has been set to music by several of the great masters, such as Palestrina, Haydn, Rossini, and Dvořák. Rossini's version is doubtless most familiar, though much of it is in style singularly inappropriate to the theme. A familiar English version by J. W. Alexander is in the same meter as the original. For a sample German version in the same meter, see p. 112 of *Die Kirche der Lateiner in ihren Liedern.* by G. M. Dreves, Kempten u. Muenchen, 1908.

The text is found in all collections of Latin hymns.

THE MOTHER OF CHRIST BESIDE THE CROSS

Stabat mater dolorosa
Iuxta crucem lacrimosa,
Dum pendebat filius,
Cuius animam gementem,
Contristantem et dolentem
Pertransivit gladius.

5

STABAT MATER

Mantegna

O quam tristis et afflicta
Fuit illa benedicta
Mater unigeniti,

The accentual rhyming stanza is composed of trochaic dimeters in
verses 1, 2, 4, and 5, and trochaic dimeters catalectic in verses 3 and
6. The accent sometimes is violated, as in v. 15. — 5. **Contristantem**: 2 (9).

10 Quae maerebat et dolebat,
Et tremebat, dum videbat
Nati poenas incliti.

Quis est homo, qui non fleret,
Matrem Christi si videret
15 In tanto supplicio?
Quis non posset contristari,
Piam matrem contemplari
Dolentem cum filio?

Pro peccatis suae gentis
20 Vidit Iesum in tormentis
Et flagellis subditum,
Vidit suum dulcem natum
Morientem, desolatum,
Dum emisit spiritum.

25 Pia mater, fons amoris,
Me sentire vim doloris
Fac ut tecum lugeam,
Fac ut ardeat cor meum
In amando Christum Deum,
30 Ut sibi complaceam.

Sancta mater, istud agas,
Crucifixi fige plagas
Cordi meo valide,
Tui nati vulnerati,
35 Tam dignati pro me pati,
Poenas mecum divide.

---

30. The freedom of popular mediaeval forms and syntax is well
illustrated in such examples as the use of *sibi* for *ei*, and the shifting
constructions used with *fac* in the 8th stanza, etc.

Fac me vere tecum flere,
Crucifixo condolere,
   Donec ego vixero;
Iuxta crucem tecum stare   40
Et me tibi sociare
   In planctu desidero.

Virgo virginum praeclara,
Mihi iam non sis amara,
   Fac me tecum plangere,   45
Fac ut portem Christi mortem,
Passionis fac consortem
   Et plagas recolere.

Fac me plagis vulnerari,
Cruce fac inebriari   50
   Et cruore filii;
Inflammatus et accensus
Per te, virgo, sim defensus
   In die iudicii.

Fac me cruce custodiri,   55
Morte Christi praemuniri,
   Confoveri gratia;
Quando corpus morietur,
Fac ut animae donetur
   Paradisi gloria.   60

---

57. **Confoveri gratia**: grant me Thy 'fostering favor.'

CHOIR PRACTICE IN THE MIDDLE AGES

THOMAE A CELANO *DIES IRAE*

We know almost nothing of the author of what is on the whole the grandest and most sublime hymn which we have inherited from the centuries. Thomas of Celano, a little town near the ancient Lacus Fucinus, was one of the Minorites, an order founded by St. Francis, and is generally believed to have written the hymn, as he wrote certain prose and poetic writings dealing with St. Francis himself. It seems to belong to the thirteenth century.

The solemn character of the theme, the insistence of the double end-rhyme in the three-verse trochaic dimeter accentual stanza, and the sonority of the diction combine with certain other metrical refinements to give an unusually impressive effect to this hymn. Versions in various modern languages are exceedingly common, Merrill in his *Latin Hymns* stating that there are more than a hundred and fifty in English verse, and at least ninety in German. It features in Goethe's *Faust* and Scott's *Lay of the Last Minstrel*. Among its various musical settings, those by Mozart and Brahms are the most famous.

The text is found in all the collections of Latin hymns.

THE DAY OF JUDGMENT

Dies irae, dies illa
Solvet saeclum in favilla
Teste David cum Sibylla.

Quantus tremor est futurus,
Quando iudex est venturus,
Cuncta stricte discussurus !

5

367

Tuba mirum spargens sonum
Per sepulcra regionum
Coget omnes ante thronum.

10 Mors stupebit et natura,
Cum resurget creatura
Iudicanti responsura.

Liber scriptus proferetur,
In quo totum continetur,
15 Unde mundus iudicetur.

Iudex ergo cum censebit,
Quidquid latet apparebit
Nil inultum remanebit.

Quid sum miser tunc dicturus,
20 Quem patronum rogaturus,
Cum vix iustus sit securus?

Rex tremendae maiestatis,
Qui salvandos salvas gratis,
Salva me, fons pietatis.

25 Recordare, Iesu pie,
Quod sum causa tuae viae,
Ne me perdas illa die.

Quaerens me sedisti lassus,
Redemisti crucem passus,
30 Tantus labor non sit cassus.

Iustae iudex ultionis,
Donum fac remissionis
Ante diem rationis.

Ingemisco tamquam reus,
Culpa rubet vultus meus,   35
Supplicanti parce, Deus.

Qui Mariam absolvisti
Et latronem exaudisti,
Mihi quoque spem dedisti.

Preces meae non sunt dignae,   40
Sed tu, bonus, fac benigne,
Ne perenni cremer igne.

Inter oves locum praesta
Et ab haedis me sequestra
Statuens in parte dextra.   45

Confutatis maledictis,
Flammis acribus addictis,
Voca me cum benedictis.

Oro supplex et acclinis,
Cor contritum quasi cinis,   50
Gere curam mei finis.

Lacrimosa dies illa,
Qua resurget ex favilla,
Iudicandus homo reus;
Huic ergo parce, Deus.   55

Pie Iesu Domine,
Dona eis requie.

----

44. **sequestra**: 'separate.'— 52. Originally written as an Advent
hymn, especially for private use, the *Dies Irae* came in very early
times to be used as a Sequence, and the six last verses were doubtless added to the original form to make it suitable for that purpose.
— 57. **requie**: 2 (7).

SONGS OF THE WANDERING STUDENTS

Student life in the Middle Ages was less fixed in locality than under our modern systems. Groups of young men, restless under their immediate surroundings, often migrated from one university center to another, and whether localized for the time-being, or on their rovings, lived a free and often merry life, with a similar hatred of restraint to that usually characteristic of student life. Their songs reflect this mobile temper of youth, sometimes Christian, sometimes pagan, sometimes serious, often more interested in wine, gaming, and fair young women, than in study.

The most important collection of such songs that has come down to us is known as the *Carmina Burana*, a manuscript which came from the Benedictine monastery of Benedictbeuern in Bavaria to Munich, where it is now preserved in the university library. It was written in the 13th century, and its contents may be mostly ascribed to the preceding century.

The wandering students were more apt to be nominally clerical than otherwise. Among other signs of this curious fact may be mentioned their mythical patron saint, "Bishop Golias." Presumably no such person existed save in the imagination of his followers; but the name may be taken to represent a type of high-living self-indulgents, and very probably is connected with the Latin word *gula*. The Goliards naturally have many a ribald fling at the corruptions of the church, which they knew sometimes all too well. This satiric style of poem is especially well represented in the *Poems Attributed to Walter Map*, though plenty of examples occur in the *Carmina Burana*. Similar poems are found also in du Méril's *Poésies populaires latines du moyen âge*.

The students' songs are sometimes crude, sometimes graceful, sometimes risqué, sometimes maccaronic. Their freedom of language and style mirrors that of their authors. The meters are mostly trochaic.

The *Carmina Burana* is edited by J. A. Schmeller, and published in Breslau. A very charming version of many of the songs is found in *Wine, Women, and Song,* by J. A. Symonds (New York and London).

THE GOLIARDS, OR WANDERING STUDENTS

1.

Cum in orbem universum
Decantatur, "Ite,"
Sacerdotes ambulant
Currunt cenobite,
5 Et ab evangelio
Iam surgunt levite,
Sectam nostram subeunt,
Que salus est vite.

2.

In secta nostra scriptum est:
10 "Omnia probate,
Vitam nostram optime
Vos considerate,
Contra pravos clericos
Vos perseverate,
15 Qui non large tribuunt
Vobis in caritate."

3.

Et nos misericordi
Nunc sumus auctores,
Quia nos recipimus
Magnos et minores,   20
Recipimus ' et ' divites
Et pauperiores,
Quos devoti monachi
Dimittunt extra fores.

4.

Nos recipimus monachum   25
Cum rasa corona,
Et si venerit presbyter
Cum sua matrona,
Magistrum cum pueris,
Virum cum persona,   30
Scolarem libentius
Tectum veste bona.

---

4. **cenobite** = *coenobitae;* 'monks.' — 6. **levite**: 'Levites.' — 21. ' **et** ': These single quotes are employed here and there in the *Student Songs* to show that the reading in such cases is the conjectural text of the editor, J. A. Schmeller.

5.

Marchiones, Bawari,
Saxones, Australes,
35 Quotquot estis, nobiles
Vos precor sodales,
Auribus percipite
Novas decretales ;
Quod avari pereant
40 Et non liberales.

6.

Secta nostra recipit
Iustos et iniustos,
Claudos ' atque ' debiles
Senio conbustos,
45 Bellosos, pacificos,
Mites et insanos,
Boemos, Teutonicos,
Sclavos et *Romanos,*
Stature mediocres,
50 Gigantes et gnanos,
In personis humiles,
Et e contra vanos.

7.

De Vagorum ordine
Dico vobis iura,
55 Quorum vita nobilis,
Dulcis est natura,
Quorum delectat animos

Pinguis assatura,
Revera 'plus' quam faciat
Hordei mensura.   60

8.

Ordo noster prohibet
Matutinas plane.
Sunt quedam fantasmata,
Que vagantur mane,
Per que nobis veniunt   65
Visiones vane ;
Sed qui tunc surrexerit,
Non est mentis sane.

9.

Ordo noster prohibet
Semper matutinas ;   70
Sed statim, cum surgimus
Querimus pruinas.
Illuc ferri facimus
Vinum et gallinas,
Nil hic expavescimus   75
Preter *Hashardi* minas.

10.

Ordo procul dubio
Noster secta vocatur,
Quam diversi generis
Populus sectatur :   80
Ergo *hic* et *hec* et *hoc*

---

33. *Marchiones :* ' Marquesses.' — 34. *Australes :* ' Austrians.'
— 38. decretales : ' edicts.' — 50. gnanos : for *nanos.* — 58. assatura : ' roast.' — 62. Matutinas : ' matins.' — 63. fantasmata :
' visions '; 2 (2). — 76. *Hashardi :* ' hazard,' i.e. gaming, a characteristic vice of the order.

Ei preponatur,
Quod sit omnis generis
Qui tot hospitatur.

11.

85 Ordo noster prohibet
Uti dupla veste.
Tunicam qui recipit,
Ut vadat vix honeste,
Pallium mox reicit
90 Decio conteste,
Cingulum huic detrahit
Ludus manifeste.

12.

Quod de summis dicitur,
In imis teneatur:
95 Camisia qui fruitur
Braccis non utatur;
Caliga si sequitur,
Calceus non feratur;
Nam qui hoc transgreditur,
100 Excommunicatur.

13.

Nemo prorsus exeat
Hospitium ieiunus,

Et si pauper fuerit,
Semper petat munus,
Incrementum recipit   105
Sepe nummus unus,
Cum ad ludum sederit
Lusor oportunus.

14.

Nemo in itinere
Contrarius sit ventis,   110
Nec a paupertate
Ferat vultum dolentis,
Sed spem sibi proponat
Semper consulentis,
Nam post grande malum   115
Sors sequitur gaudentis.

15.

Ad quos preveneritis,
Dicatis eis, quare
Singulorum cupitis
Mores exprobrare: 120
"Reprobrare reprobos
Et probos probare,
Et probos ab improbis
Veni segregare."

—*Car. Bur. 193.*

---

82. **Ei**: i.e. *Ordo*, which includes "all sorts and conditions." —
90. **Decio conteste**: 'on the testimony of the dice,' i.e. when the
player, having staked his coat, clearly loses. — 93. **summis**: cf.
our term, 'top-coat.' — 95. **Camisia**: 'shirt.' — 117. **preveneritis** =
proveneritis. — 120. **exprobrare**: 'to reprove,' i.e. 'to judge.' —
124. **segregare**: 3E (3) (*c*).

THE COMING OF SPRING

1.

Ver redit optatum
Cum gaudio,
Flore decoratum
Purpureo,
5 Aves edunt cantus
Quam dulciter,
Revirescit nemus,
Cantus est amenus
Totaliter.

2.

Iuvenes ut flores   10
Accipiant,
Et se per odores
Reficiant,
Virgines assumant
Alacriter,   15
Et eant in prata
Floribus ornata
Communiter.

       —*Car. Bur. 100.*

AN INVITATION

1.

Veni, veni, venias,
'Ne' me mori facias.
Hyrca hyrce nazaza
Trillirivos . . .

2.

5 Pulchra tibi facies,
Oculorum acies,

Capillorum series,
O quam clara species!

3.

Rosa rubicundior,
Lilio candidior,   10
Omnibus formosior,
Semper in te glorior!

       —*Car. Bur. 136.*

AT THE TAVERN

1.

In taberna quando sumus,
Non curamus quid sit humus,
Sed ad ludum properamus,
Cui semper insudamus.
5 Quid agatur in taberna,
Ubi nummus est pincerna,

---

8. **amenus** = *amoenus:* 2 (1).
3. *Hyrca hyrce*, etc.: a burst of ecstasy!

Hoc est opus ut queratur,
Si quid loquar, audiatur.

2.

Quidam ludunt, quidam bibunt,
Quidam indiscrete vivunt.   10
Sed in ludo qui morantur,
Ex his quidam denudantur;
Quidam ibi vestiuntur,
Quidam saccis induuntur.
Ibi nullus timet mortem,   15
Sed pro Bacho mittunt sortem:

3.

Primo pro nummata vini.
Ex hac bibunt libertini:
Semel bibunt pro captivis,
Post hec bibunt ter pro vivis,   20
Quater pro christianis cunctis,
Quinquies pro fidelibus defunctis,
Sexies pro sororibus vanis,
Septies pro militibus silvanis,

4.

Octies pro fratribus perversis,   25
Novies pro monachis dispersis,
Decies pro navigantibus,
Undecies pro discordantibus,
Duodecies pro penitentibus,
Tredecies pro iter agentibus.   30
Tam pro papa quam pro rege
Bibunt omnes sine lege.

---

17. **nummata**: used as a noun equivalent to *pretio*.

5.

Bibit hera, bibit herus,
Bibit miles, bibit clerus,
35   Bibit ille, bibit illa,
Bibit servus cum ancilla,
Bibit velox, bibit piger,
Bibit albus, bibit niger,
Bibit constans, bibit vagus,
40   Bibit rudis, bibit magus,

6.

Bibit pauper et egrotus,
Bibit exul et ignotus,
Bibit puer, bibit canus,
Bibit presul et decanus,
45   Bibit soror, bibit frater,
Bibit anus, bibit mater,
Bibit ista, bibit ille,
Bibunt centum, bibit mille.

7.

'Parum centum sex nummate
50   Durant, ubi inmoderate'
Bibunt omnes sine meta,
Quamvis bibant 'mente' leta.
Sic nos rodunt omnes gentes,
Et sic erimus egentes.
55   Qui nos rodunt confundantur,
Et cum iustis non scribantur.

— Car. Bur. 175.

---

41. **egrotus** = *aegrotus;* 2 (1). — 49. **centum sex nummate**: 'a hundred sixpenny "schooners."'

" Potatores Exquisiti "
(From the thirteenth-century manuscript of the *Carmina Burana*
in Munich)

THE SONG OF THE TOPERS

1.

Potatores exquisiti,
Licet sitis sine siti,
Et bibatis expediti
Et scyphorum inobliti,
5 Scyphi crebro repetiti
Non dormiant,
Et sermones inauditi
Prosiliant.

2.

Qui potare non potestis,
10 Ite procul ab his festis,
Non est locus hic modestis.
Inter letos mos agrestis
Modestie,
Et est sue certus testis
15 Ignavie.

3.

Si quis latitat hic forte,
Qui non curat vinum forte,

Ostendantur illi porte,
Exeat ab hac cohorte;
Plus est nobis gravis morte, 20
Si maneat,
Si recedat a consorte,
Tunc pereat.

4.

Cum contingat te prestare,
Ita bibas absque pare,   25
Ut non possis pede stare,
Neque recta verba dare,
Sed sit tibi salutare
Potissimum
Semper vas evacuare   30
'Quam maximum.'

5.

Dea deo ne iungatur,
Deam deus aspernatur,
Nam qui Liber appellatur
Libertate gloriatur,   35

24. **te prestare**: 'to exhibit your full powers.' — 25. **pare**:
the 'mate' of wine here meant is water. — 32. **Dea**: i.e. the *pare*
above, water.

Virtus eius adnullatur
In poculis,
Et vinum debilitatur
In copulis.

6.

40 Cum regina sit in mari,
Dea potest appellari,

Sed indigna tanto pari,
Quem presumat osculari.
Nunquam Bachus adaquari
Se voluit,   45
Nec se Liber baptizari
Sustinuit.

— *Car. Bur. 179.*

A RIDDLE ILLUSTRATED (*ALEA*)
(From the thirteenth-century manuscript of the *Carmina Burana*)

A RIDDLE

Littera bis bina me dat vel syllaba trina.
Si mihi dematur caput, ex reliquo generatur
Bestia, si venter, pennis ero tecta decenter;
Nil, si vertor, ero, nil sum laico neque clero.

— *Car. Bur. 183 a.*

---

36. **Adnullatur**: 'is annihilated.' — 39. **In copulis**: the wedding of wine and water.

The answer to the riddle is *alea*. — 3. **ero tecta**: 3E (4) (*e*).

THE LAMENT OF THE ROAST SWAN

1.

Olim lacus colueram,
Olim pulcher extiteram,
Dum cignus ego fueram.
Refl. Miser, miser!
5 Modo niger et ustus fortiter.

2.

Girat, regirat ' furcifer,'
Propinat me nunc dapifer,
Me rogus urit fortiter:
Miser, miser!

3.

10 Mallem in aquis vivere
Nudo semper sub aere,

Quam in hoc mergi pipere:
Miser, miser!

4.

Eram nive candidior,
Quavis ave formosior,   15
Modo sum corvo nigrior:
Miser, miser!

5.

Nunc in scutella iaceo,
Et volitare nequeo,
Dentes frendentes video: 20
Miser, miser!
— *Car. Bur. 92.*

FICKLE FORTUNE

1.

O FORTUNA,
Velut luna
Statu variabilis,
Semper crescis
5 Aut decrescis;
Vita detestabilis
Nunc obdurat
Et tunc curat
Ludo mentis aciem,

' Egestatem,'   10
Potestatem
Dissolvit ut glaciem.

2.

Sors inmanis
Et inanis,
Rota tu volubilis,   15
Status malus,
Vana salus

---

4. **Refl.:** Whether this goes back to *reflectere* or *reflare*, it doubtless indicates what we commonly call a ' refrain.' — 6. **Girat,
regirat**: ' turns back and forth.' — **furcifer :** i.e. the cook. —
7. **dapifer**: ' waiter.'
   1. **O FORTUNA**: see frontispiece.

Semper dissolubilis,
Obumbratam
20 Et velatam
Mihi quoque niteris,
Nunc per ludum
Dorsum nudum
Fero tui sceleris.

3.

25 Sors salutis
Et virtutis

Mihi nunc contraria,
Est affectus
Et defectus
Semper in angaria;   30
Hac in hora
Sine mora
Cordis pulsum tangite,
Quod per sortem
Sternit fortem   35
Mecum omnes plangite.
— *Car. Bur. 1.*

THIS VAIN WORLD

1.

Iste mundus
Furibundus
Falsa prestat gaudia,
Que defluunt
5 Et decurrunt
Ceu campi lilia.

2.

Res mundana,
Vita vana
Vera tollit premia,
10 Nam inpellit
Et submergit
Animas in tartara.

3.

Quod videmus
Vel tacemus

In presenti patria,   15
Dimittemus
Vel perdemus
Quasi quercus folia.

4.

Res carnalis,
Lex mortalis   20
Valde transitoria,
Frangit, transit
Velut umbra,
Que non est corporea.

5.

Conteramus,   25
Confringamus
Carnis desideria,
Ut cum iustis

---

19. **Obumbratam Et velatam** : inner obj. with *niteris.* — 28. **affectus Et defectus** : 'gain and loss.' — 30. **angaria** : "strapped." — 35. **Sternit** : sc. *Fortuna.*

Et electis
30 'Celestia nos' gaudia
Gratulari

Mereamur
Per eterna secula.
—*Car. Bur. 6.*

"SUSCIPE FLOS FLOREM"
From the thirteenth-century manuscript of the *Carmina Burana* in Munich

SWEETS TO THE SWEET

Suscipe Flos florem, quia flos designat amorem.
Illo de flore 'nimio' sum captus amore.
Hunc florem, Flora dulcissima, semper odora.
Nam velut aurora fiet tua forma decora.
Florem Flora vide, quem dum videas, mihi ride. 5
'Florem Flora tene,' tua vox cantus philomene.
Oscula des flori, rubeo flos convenit ori.
Flos in pictura non est flos, immo figura;
Qui pingit florem non pingit floris odorem.

—*Car. Bur. 147.*

31. **Gratulari:** 'enjoy.'
1. **Flos:** the fair one's name is evidently Flora ("Flossie"?), and the play on this word is kept up throughout the little poem, the form of the name vacillating between Flos and Flora. The illustration in the manuscript shows the lover handing Flora a handsome spray of flowers. — 2. **de florĕ . . . captus:** cf. Eng. 'enamoured of.' The hexameters vacillate between quantity and accent, but consistently maintain the leonine rhyme. — 3. **Hunc florem:** sc. *suscipe.* — 7. **rubeo:** *rubicundo.*

IN PRAISE OF WINE

Vinum bonum et suäve,
Bonis bonum, pravis prave,
Cunctis dulcis sapor, ave,
    Mundana laetitia!

5 Ave! Felix creatura,
    Quam produxit vitis pura;
    Omnis mensa fit secura
    In tua praesentia.

Ave! Color vini clari;
10 Ave! Sapor sine pari;
    Tua nos inebriari
    Digneris potentia!

Ave! Placens in colore;
Ave! Fragrans in odore;
15 Ave! sapidum in ore,
    Dulcis linguae vinculum!

Ave! Sospes in modestis,
In gulosis mala pestis!
Post amissionem vestis
    Sequitur patibulum.   20

Monachorum grex devotus,
Omnis ordo, mundus totus,
Bibunt ad aequales potus
    Et nunc et in saeculum.

Felix venter quam intrabis! 25
Felix lingua quam rigabis!
Felix os quod tu lavabis,
    Et beata labia!

Supplicamus, hic abunda,
Per te mensa fit fecunda!   30
Et nos cum voce iucunda
    Deducamus gaudia!

— *Poés. pop. lat. du moyen âge, p. 205.*

2. **prave** = *pravum.* — 15. **sapidum:** 'savory.'

THE POEMS ATTRIBUTED TO
WALTER MAP

Walter Map (or Mapes, as he has frequently been called) was probably of Welsh origin. He lived in the last half of the twelfth, and the first few years of the thirteenth, centuries. He was prominent at court and in diplomatic circles. After some years in the Chancellorship of London, he was in 1197 made Archdeacon of Oxford. He died probably about 1210.

As wit and writer Map achieved a great reputation, but it may well be doubted that anything like the mass of poetry that has been ascribed to him was the product of his pen. About this period there was much satirical poetry abroad, especially directed often against the follies of the church and its establishments. The fact that Map was a bitter enemy of the Cistercians may have been responsible for laying much of this poetry at his door. At any rate, a very considerable collection of poems, largely of a satirical nature, have grouped themselves around his name, a number of them claiming to be spoken by the eponymous "Golias," who was the high priest, so to speak, of the rebellious student life of that age. Of course the idea that Map and Golias were really identical is sufficiently absurd; but the utterances of an imaginary hero of the Goliards might not always be far removed from what Map might have thought or written. Many another anonymous poem satirizing the tendencies of the life of those days, and indeed, of all time, has been gathered into the collection.

The meters are accentual and sometimes very crude. Trochaic rhythms are the favorites.

Thomas Wright edited this mass of material in the volume entitled, *The Latin Poems Commonly Attributed to Walter Mapes,* for the Camden Society, published in London in 1841.

THE APOCALYPSE OF BISHOP GOLIAS

A tauro torrida lampade Cynthii
Fundente iacula ferventis radii,
Umbrosas nemoris latebras adii,
Explorans gratiam lenis Favonii.
5 Aestivae medio diei tempore,
Frondosa recubans Iovis sub arbore,
Astantis video formam Pythagorae;
Deus scit, nescio, utrum in corpore.
Ipsam Pythagorae formam aspicio,
10 Inscriptam artium schemate vario.
An extra corpus sit haec revelatio,
Utrum in corpore, Deus scit, nescio.
In fronte micuit ars astrologica;
Dentium seriem regit grammatica;
15 In lingua pulcrius vernat rhetorica;
Concussis aestuat in labiis logica.
Hinc arithmetica digitis socia;
In cava musica ludit arteria;
Pallens in oculis stat geometria;
20 Quaelibet artium vernat in propria.
Est ante ratio totius ethicae;
In tergo scriptae sunt artes mechanicae;
Qui totum explicans corpus pro codice,
Volam exposuit, et dixit "Inspice."
25 Manus exposuit secreta dexterae;
Cumque perspexeram, caepique legere,
Inscriptum repperi fusco charactere:
"Dux ego praevius, et tu me sequere."

---

1. **tauro**: the zodiacal sign for the month of May. — **Cynthii**: Apollo, i.e. the sun. — 6. **Iovis . . . arbore**: the oak. — 7. **Pythagorae**: he is represented as having disclosed the seven arts. — 24. **Volam**: 'palm' of the hand.

Cito praelabitur quem sequi caeperam;
  Et dicto citius in terram alteram   30
  Simul divolvimur, qua multa videram
  Inter prodigia plebem innumeram.
Dum miror, dubius quae sint haec agmina,
  Per frontes singulas traducens lumina,
  Vidi quorumlibet inscripta nomina,   35
  Tanquam in silice vel plumbi lamina.
Hic Priscianus est dans palmis verbera;
  Est Aristotiles verberans aëra;
  Verborum Tullius vi mulcet aspera;
  Fert Ptolomaeus se totum in sidera.   40
Tractat Boëtius innumerabilia;
  Metitur Euclides locorum spacia;
  Frequens Pythagoras circa fabrilia
  Trahit a malleis vocum primordia.
Lucanum video ducem bellantium;   45
  Formantem aereas muscas Virgilium;
  Pascentem fabulis turbas Ovidium;
  Nudantem satyros dicaces Persium.
Incomparabilis est status Statio,
  Cuius delinuit res comparatio;   50
  Saltat Terentius plebeius histrio;
  Agrestes Ypocras potat absinthio.
Dum vulgi censeo gestus innumeri,
  Accessit angelus vultus siderei,

---

38. **verberans aëra**: i.e. in wordy argument. — 44. **Trahit** . . .
primordia: referring to the idea that music was first found from the
strokes of the hammer on an anvil. — 46. **Formantem** . . . **muscas**:
a mediaeval legend represented Vergil as having made a brazen
fly, which, placed on a gate of the city of Naples, long kept real flies
away from the city. — 49. **Incomparabilis** . . . **status Statio** . . .
comparatio: note the double play on words. — 50. **delinuit**: 'deli-
neated.' — 52. **Ypocras**: Hippocrates. — **potat**: 'doses.'

55   Qui dixit, "Suspice, et coelos aperi,
            Et vide cito quae oportet fieri."
        Suspexi celeri coelos intuitu,
            Et fui postea statim in spiritu
            Tractus per aethera miro circuitu,
60   Coelorum positus tandem in aditu.
        Sed fulgor fulguris, quod circumfulserat,
            Primos intuitus inde reverberat ;
            Et dixit angelus qui mecum aderat,
            "Siste, videbis quae Iohannes viderat."
65   Visa conscripserat ille mysteria,
            Septem ecclesiis quae sunt in Asia :
            Tu scribes etiam ; forma sed alia,
            Septem ecclesiis quae sunt in Anglia.
        Dum inter dubia figor immobilis,
70   Quidam intonuit tanquam volubilis
            Rota tonitrui, sive terribilis
            Vox tubae corneae vel tubae ductilis.
        Vidi, post sonitum pulsantem aethera,
            Septem candelabra septemque sidera,
75   Quae vir eximius tenebat dextera ;
            Et dixit Angelus, "Frater, considera.
        Sunt haec candelabra septem ecclesiae,
            Et stellae praesules sunt omnes hodie,
            Debentes aliis instar iustitiae ;
80   Ponunt sub modio lucernam gratiae."
        Post haec apposuit cum septem titulis
            Signatum codicem septem signaculis,
            Dicens, "Aspicias intentis oculis,
            Quae nota facias terrarum circulis."

     *   *   *   *   *   *

---

55. **coelos** : 2 (1) ; 2 (9). — 62. **intuitus** : 'look.' — 72. **ductilis** : 'of hammered metal.' — 78. **praesules** : 'bishops.' — The poem continues with a detailed catalogue of the alleged faults of the clergy.

GOLIAS CURSES THE THIEF OF HIS PURSE

Raptor mei pilei morte moriatur,
    Mors sit subitanea, nec praevideatur,
    Et poena continua post mortem sequatur,
    Nec campis Elysiis post Lethen fruatur.
Raptor mei pilei saeva morte cadat,   5
    Illum febris, rabies, et tabes invadat;
    Hunc de libro Dominus vitae sanctae radat;
    Hunc tormentis Aeacus cruciandum tradat.
Ei vita brevis sit, pessimusque finis!
    Nec vivat foeliciter hic diebus binis;   10
    Laceret hunc Cerberus dentibus caninis,
    Laceratum gravius torqueat Erinnys.
Nunquam diu baiulet illi colum Cloto;
    Cesset filo Lachesis tracto nondum toto;
    Filum rumpat Atropos, nec fruatur voto,   15
    Et miser presbytero corruat remoto.
Excommunicatus sit in agro et tecto!
    Nullus eum videat lumine directo!
    Solus semper sedeat similis deiecto:
    Hunc poenis Tartareis cruciet Alecto.   20
Ille rebus omnibus quas habet emunctus,
    Nec confessus occidat, oleo nec unctus,
    Morte subitanea palleat defunctus,
    Iudae traditori sit inferno coniunctus.
Hoc si quis audierit excommunicamen,   25
    Et non observaverint praesulis examen;
    Nisi resipuerit corrigens peccamen,
    Anathema fuerit! fiat, fiat. AMEN.

---

1. **pilei**: 'purse.' — 16. **presbytero**: 'a priest.' — 25. **excommunicamen**: 'excommunication.' — 27. **peccamen** = *peccatum*.

DIALOGUE BETWEEN WATER AND WINE

Cum tenerent omnia medium tumultum,
  Post diversas epulas et post vinum multum,
  Postquam voluptatibus ventris est indultum,
  Me liquerunt socii vino iam sepultum.
5 At ego in spiritu non in carne gravi,
  Raptus sum et tertium coelum penetravi,
  Ubi sacratissima quaedam auscultavi,
  Quae post in concilio fratrum reseravi.
Dum sederet equidem in excelsis Deus,
10 Et caepisset spiritus trepidare meus,
  Ecce in iudicio Thetis et Lyaeus
  Intrant, et alteruter actor est et reus.
Thetis in exordio multum gloriatur,
  Dicens: "Mihi merito laus et honor datur,
15 Cum sim ex quo machina mundi firmabatur,
  Et super me spiritus Dei ferebatur."
Bacchus ad haec incipit talia referre:
  "Mos est prius vilia, cara post conferre;
  Sic et Deus voluit te prius proferre,
20 Et me post, ut biberent peccatores terrae."
"Meum decus admodum Deus ampliavit,
  Quando me de puteo potum postulavit;
  De torrente siquidem, attestante David,
  Bibit et propterea caput exaltavit."
25 "Cum in vite Dominus fructum dedit istum,
  Uvae nil aquaticum fecit intermixtum;
  Ergo qui potaverint vinum aqua mixtum,
  Sunt adversus Dominum vel adversus Christum."
"Me contentus respuit Nazarenus vina,
30 Cum in me sit posita vitae medicina,

---

11. **Thetis**, as a sea-divinity, is here used by metonymy for 'water.'

Quod ex Euvangelica patet disciplina,
Cum sanaret angelus aegros in piscina."
"Tandem si te iugiter lambat Nazaraeus,
Quam tamen salutifer sit effectus meus
Patet, cum apostolus docet atque Deus,   35
Ut me propter stomachum bibat Timotheus."
"Medecinae Naaman liquerunt humanae,
Nec prodesse poterant cuti male sanae,
Sed voces propheticae non fuerunt vanae,
Postquam fuit septies lotus in Iordane."   40
"Caesus a latronibus Ierosolymita,
Visus a presbytero, visus a levita,
Incuratus forsitan extitisset ita,
Ni fuissent vulnera vino delinita."
"Cum tu causa fueris intemperiei,   45
Ego sum apposita tuae rabiei;
Quia, sicut legitur, aquae non Lyaei
Impetus laetificat civitatem Dei."
"Tu tanquam vilissima funderis in planum,
Ego velut nobile mittor in arcanum;   50
Te potat in montibus pecus rusticanum,
Sed meus laetificat potus cor humanum."
"Fructum temperaneum reddit excolenti
Lignum quod est proximum aquae defluenti;
Profert fructus segetis longe venienti,   55
Prodest aqua frigida viro sitienti."
"Satis contemtibilis et satis egena,
Si qua forte sumitur sine vino coena:
Non exterret homines paupertatis poena,
Cum me promptuaria sint eorum plena."   60
"Primam partem fidei ego reseravi,

---

41. **Ierosolymita**: 'Jerusalemite' (i.e. traveler from Jerusalem).
— 44. **delinita**: 2(1). — 53. **temperaneum**: 'refreshing.' — **excolenti**: 'the husbandman.' — 60. **promptuaria**: 'cellars.'

Quando Dei filium in Iordane lavi;
Et figuras veteris legis consummavi,
Cum de suo latere foras emanavi."

65 "Ad baptismi gratiam venit per me reus;
Per me multos homines iungit sibi Deus;
Nec fuit, ut legitur, aqua, sed lyaeus,
De quo dixit Dominus, 'Hic est sanguis meus.'"

"Ego pulcritudinis, ego claritatis
70 Mater sum, et omnibus offero me gratis;
Ego pratis aufero pestem siccitatis,
Desuper cum intonat Deus maiestatis."

"Quantumcumque sapidus, quantum quoque carus,
Sine vino traditus, cibus est amarus;
75 Tuo gaudet poculo pauper et avarus,
Sed calix inebrians o quam sum praeclarus!"

"Ego flammas tempero solis in pruinis,
Potum do volucribus, opem molendinis,
Et mundum circueo fluctibus marinis,
80 Ubi sunt reptilia quorum non est finis."

"Ego de palmitibus in torcular ivi,
Et exinde vegetans ventrem introivi,
Vasculorum genera multa pertransivi,
Et in potatoribus requiem quaesivi."

85 "Ratio confunditur, oculi caecantur,
Hiis qui tuis potibus nimis immorantur;
Blande dum ingrederis, extra mordicantur,
Et velut a reguli morsu venenantur."

"Potus tuus pestifer, potus est mutatus,
90 Cum fuit ad nuptias Iesus invitatus."

*   *   *   *   *   *   *

---

73. **sapidus**: 'relishing.' — 78. **molendinis**: 'mills.' — 81. **torcular**: 'wine-press.' — 86. **immorantur**: 'linger over.' — 87. **mordicantur**: 'are bitten.' — 88. **reguli**: 'king-snake.'

"Ego sapientiae sum assimilata,
  Cuius alma pectora fonte sum potata,
  Qua quae semel fuerint corda foecundata,
  Non affliget amplius sitis iterata."   110
"Sponsus sponsae numerans singula decora,
  Ut amborum oscula coniugantur ora,
  Vinum super alia bona potiora
  Ponit quae sunt vilia sponsae meliora."
"Ad coelestis speciem ego Trinitatis   115
  Una sum de testibus terrae commendatis,
  Unde fons exprimitur per me charitatis,
  In vitam exiliens sempiternitatis."

*   *   *   *   *

DIALOGUE BETWEEN THE BODY AND THE SOUL

Noctis sub silentio tempore brumali,
  Deditus quodammodo sompno spirituali,
  Corpus carens video spiritu vitali,
  De quo mihi visio fit sub forma tali.
Dormitando paululum, vigilando fessus,   5
  Ecce quidam spiritus noviter egressus
  De praedicto corpore, vitiis oppressus,
  Qui carnis cum gemitu sic plangit excessus.
Iuxta corpus spiritus stetit et ploravit,
  Et his verbis acriter carnem increpavit: 10
  "O caro miserrima, quis te sic prostravit,
  Quam mundus tam subito praediis ditavit?
Nonne tibi pridie mundus subdebatur?
  Nonne te provincia tota verebatur?
  Quo nunc est familia quae te sequebatur?   15
  Cauda tua penitus iam nunc amputatur.

---

112. **oscula coniugantur**: 'meet in kisses.' — 114. **Ponit**: *Sol.*
Song 1, 2. — 118. **In vitam exiliens**: 2 (12); John 4, 14.
2. **sompno**: 2(6).

Non es nunc in turribus de petris quadratis,
  Sed nec in palatio magnae largitatis ;
  Nunc iaces in feretro parvae quantitatis,
20 Reponenda tumulo qui minimo est satis !
Quid valent palatia, pulcrae vel quid aedes?
  Vix nunc tuus tumulus septem capit pedes.
  Quemquam falso iudicans a modo non laedes.
  Per te nobis misera est in inferno sedes.
25 Ego quae tam nobilis fueram creata,
  Ad similitudinem Domini formata,
  Et ab omni crimine baptismo mundata,
  Iterum criminibus sic sum denigrata
  Per te, caro misera, sumque reprobata.
30 Vere possum dicere, heu ! quod fui nata !

  *   *   *   *   *   *   *

Ubi nunc sunt praedia quae tu congregasti?
  Celsaque palatia, turres quas fundasti?
  Gemmae, torques, anuli, quos digito portasti?
45 Et nummorum copia quam nimis amasti?
Quo sunt lectisternia maximi decoris?
  Vestes mutatoriae varii coloris?
  Species aromatum optimi saporis?
  Vasa vel argentea nivei candoris?
50 Non sunt tibi volucres, nec caro ferina ;
  Non cignis nec gruibus redolet coquina ;
  Nec murenae nobiles, nec electa vina ;
  Es nunc esca vermium : haec est vis divina ;
  Talis peccatoribus imminet ruina !
55 Tua domus qualiter tibi modo placet?
  Tibi nonne summitas super nasum iacet?
  Excaecantur oculi, lingua tua tacet ;
  Nullum membrum superest quod nunc lucro vacet.

---

23. **a modo**: 1B (6). — 48. **aromatum** : ' spices.' — 53. **vermium** : ' worms.'

*   *   *   *   *   *   *

Non crede quod mulier tua, sive nati,
   Darent quinque iugera terrae sive prati,
   Ut nos, qui de medio sumus iam sublati,
   A poenis redimerent quas debemus pati.   75
O caro miserrima, esne modo tuta
   Quod mundi sit gloria fallax et versuta?
   Pessimis et variis vitiis polluta,
   Et veneno daemonum nequiter imbuta?
   Pretiosis vestibus non es nunc induta,   80
   Tuum valet pallium vix duo minuta,
   Parvo linteamine iaces involuta;
   Tibi modo pauperes non ferunt tributa,
   Quod meruisti praemium nondum consecuta.
Nam licet non sentias nunc tormenta dura,   85
   Scito quod suppliciis non es caritura;
   Nam testantur omnium scripturarum iura,
   Poenas mecum venies postmodum passura.
Quia pater pauperum non eras, sed praedo,
   Te rodunt in tumulo vermes et putredo.   90
   Hic non possum amplius stare, iam recedo: —
   Nescis ad opposita respondere credo."
Tandem postquam spiritus talia dixisset,
   Corpus caput erigit, quasi revixisset;
   Postquam vero gemitus multos emisisset,   95
   Secum quis interrogat locutus fuisset:
   "Esne meus spiritus, qui sic loquebaris?
   Non sunt vera penitus omnia quae faris;
   Iam probabo plenius argumentis claris
   Quod in parte vera sunt, in parte nugaris.   100
Feci te multociens, fateor, errare,
   A bonis operibus saepe declinare;

---

76. **tuta**: 'sure.'— 82. **linteamine**: 'linen cloth.'— 90. **putredo**:
'decay.' — 101. **multociens**: 'many times.'

Sed si caro faciat animam peccare
Quandoque, non mirum est, audi, dicam quare.
105 Mundus et daemonium legem sanxire mutuam,
Fraudis ad consortium carnem trahentes fatuam,
Eorumque blanditiis caro seducit animam,
Quam a virtutum culmine trahit ad partem infimam,
Quae statim carnem sequitur ut bos ductus ad victimam.
110 Sed, sicut iam dixeras, Deus te creavit
Et bonam et nobilem, sensuque dotavit,
Et ad suam speciem pariter formavit,
Et ut ancilla fierem tibi me donavit.
Ergo si tu domina creata fuisti,
115   Et dabatur ratio, per quam debuisti
Nos in mundo regere, cur mihi favisti
In rebus illicitis, et non restitisti?
Caro non. sed anima tenetur culpari,
Quae se, cum sit domina, facit ancillari;
120   Caro nam per spiritum debet edomari
Fame, siti, verbere, si vult dominari.
Caro sine spiritu nihil operatur,
Cuius adminiculo vivens vegetatur;
Ergo si per spiritum caro non domatur,
125   Per mundi blanditias mox infatuatur.
Caro quae corrumpitur, per se malum nescit;
A te quidquid feceram primitus processit;
Cum carni quod spiritus optat innotescit,
Donec fiat plenius caro non quiescit.
130 Tunc, si velle spiritus in opere ducatur
Per carnem pedissequam suam, quid culpatur?
Culpa tangit animam, quae praemeditatur
Quicquid caro fragilis vivens operatur.

---

119. **ancillari**: 'act the part of a servant.' — 123. **vegetatur**:
'is animated.' — 130. **velle . . . ducatur**: 'induced to yield to evil
desires.'

Peccasti tu gravius, dico, mihi crede,
    Carnis sequens libitum fragilis et foedae ;   135
    Rodunt mea latera vermes in hac aede —
    Iam non loquar amplius, anima, recede !''
Cui dixit anima, "Adhuc volo stare,
    Et, dum tempus habeo, tecum disputare,
    Ut quod mihi loqueris, corpus, tam amare,   140
    Volens mihi penitus culpam imputare.
O caro miserrima, quae vivens fuisti
    Et fallax et fatua, a quo didicisti
    Verba tam acerrima quae iam protulisti?
    Attamen in pluribus recte respondisti.   145
Illud esse consonum scio veritati,
    Obesse debueram tuae voluntati,
    Sed tua fragilitas, prona voluptati,
    Atque mundo dedita, noluit hoc pati ;
    Erimus penitus ergo condemnati.   150
Quando te volueram, caro, castigare
    Fame vel vigiliis, vel verbere domare,
    Mox te mundi vanitas caepit adulare,
    Et illius frivolis coegit vacare.
Et ita dominum de me suscepisti,   155
    Familiaris proditrix tu mihi fuisti ;
    Per mundi blanditias me post te traxisti,
    Et in peccati puteum suaviter mersisti.
Sed scio me culpabilem, nam in hoc erravi,
    Quod, cum essem domina, te non refrenavi ;   160
    Sed, quia me deceperas fraude tam suavi,
    Credo quod deliqueras culpa magis gravi.
Si mundi blanditias et dolos adulantis
    Despexisses, fatua, sed et incantantis
    Daemonis blanditias, et celsi Tonantis   165

---

140. **Ut** . . . **Volens**: ' as one who is willing.' — 165. **Tonantis** :
i.e. *Dei.*

Adhaesisses monitis, essemus cum sanctis.
Sed cum tibi pridie mundi fraus arrisit,
   Et vitam diutinam firmiter promisit,
   Mori non putaveras, sed mors hoc elisit,
170   Quando de palatio tumulo te misit.
Hominum fallacium mundus habet morem,
   Quos magis amplectitur, quibus dat honorem,
   Illos fallit citius per necis rigorem,
   Et dat post delicias vermes et foetorem.
175 Qui tibi dum vixeras amici fuere,
   Iacentem in tumulo nolunt te videre."
Corpus haec intelligens statim caepit flere,
   Et verbis humilibus ita respondere : —
"Qui vivendo potui multis imperare,
180   Aurum, gemmas, praedia, nummos congregare,
   Castella construere, gentes iudicare,
   Putasne quod credidi tumulum intrare?
Non, sed modo video, et est mihi clarum,
   Quod nec auri dominus, nec divitiarum,
185   Nec vis, nec potentia, nec genus praeclarum,
   Mortis possunt fugere tumulum amarum.
Ambo, dico, possumus adeo culpari ;
   Et debemus utique, sed non culpa pari ;
   Tibi culpa gravior debet imputari,
190   Multis rationibus potest hoc probari.
A sensato quolibet hoc non ignoratur,
   Tuque scis peroptime, nam litera testatur,
   Cui maior gratia virtutum donatur,
   Ab eo vult ratio quod plus exigatur.
195 Vitam et memoriam sed et intellectum
   Tibi dedit Dominus sensumque perfectum,
   Quibus tu compescere deberes affectum
   Pravum, et diligere quicquid erat rectum.
Postquam tot virtutibus ditata fuisti,

Et mihi tunc fatuae pronam te dedisti, 200
Meisque blanditiis numquam restitisti,
Satis liquet omnibus quod plus deliquisti."
Corpus dicit iterum corde cum amaro:
"Dic mihi, si noveris, argumento claro,
Exeunte spiritu a carne quid sit caro? 205
Movetne se postea cito, sive raro?
Videtne? vel loquitur? non est ergo clarum,
Quod spiritus vivificat, caro prodest parum?
Si haberet anima Deum suum carum,
Nunquam caro vinceret vires animarum. 210
Si Deum dum vixeras amasses perfecte,
Et si causas pauperum iudicasses recte,
Si pravorum hominum non adhaesisses sectae,
Non me mundi vanitas decepisset, nec te.
Tamen quando fueram vivens tibi ficta, 215
Ea quae nunc respicis sunt mihi relicta,
Putredo cum vermibus, et est domus stricta,
Quibus sum assidue fortiter afflicta.
Et scio praeterea quod sum surrectura
In die novissimo, tecumque passura 220
Poenas in perpetuum: o mors plusquam dura,
Mors interminabilis, fine caritura!"
Ad haec clamat anima voce tam obscura:
"Heu! quod unquam fueram rerum in natura!
Cur permisit Dominus ut essem creatura 225
Sua, cum praenoverat ut essem peritura?
O felix conditio pecorum brutorum!
Cadunt cum corporibus spiritus eorum,
Nec post mortem subeunt locum tormentorum;
Talis esset utinam finis impiorum!" 230

*   *   *   *   *   *   *

"SIR PENNY"

Manus ferens munera
　　Pium facit impium;
　　Nummus iungit foedera,
　　Nummus dat consilium;
5　　Nummus levit aspera,
　　Nummus sedat praelium;
　　Nummus in praelatis
　　Est pro iure satis;
　　Nummo locum datis,
10　　Vos, qui iudicatis.
Nummus ubi loquitur,
　　Fit iuris confusio;
　　Pauper retro pellitur
　　Quem defendit ratio,
15　　Sed dives attrahitur
　　Pretiosus pretio;
　　Hunc iudex adorat,
　　Facit quod implorat,
　　Pro quo nummus orat,
20　　Explet quod laborat.
Nummus ubi praedicat,
　　Labitur iustitia;
　　Et causam quae claudicat
　　Rectam facit curia;
25　　Pauperem diiudicat
　　Veniens pecunia;
　　Sic diiudicatur,
　　A quo nihil datur;
　　Iure sic privatur,
30　　Si nil offeratur.

---

7. **praelatis**: 'prelates.' — 25. **diiudicat**: 'discriminates against.'

Haec est causa curiae
  Quam daturus perficit;
  Defectu pecuniae
  Causa Codri deficit;
  Tale foedus hodie   35
  Defoedat et inficit
  Nostros ablativos,
  Quos absorbent vivos,
  Morti per dativos
  Movent genitivos.   40
Sunt potentum digiti
  Trahentes pecuniam?
  Tali praeda praediti,
  Non dant gratis gratiam;
  Sed licet illiciti,   45
  Censum censent veniam;
  Clericis non morum
  Cura sed nummorum,
  Quorum nescit chorum
  Deus angelorum.   50
Date, vobis dabitur;
  Tale est auctoritas
  Sancti; pie loquitur
  Impiorum pietas;
  Sed adverse premitur   55
  Pauperum adversitas;
  Quo una ducit frena,
  Cuius bursa plena;
  Sancta dat crumena,
  Sancta fit amena.   60

---

36. **Defoedat**: 'defiles.' — 37. **ablativos**: this and the following grammatical terms are used in a figuratively etymological sense: 'those dragged away,' 'those put to death,' 'those of rank.' — 57. **una** . . . **frena**: i.e. *pietas*.

GUALTERI MAPES DE NUGIS CURIALIUM
DISTINCTIONES QUINQUE

However it may have been with regard to the authenticity of the poems attributed to Walter Map, there can be no doubt concerning his authorship of the prose writing on *The Triflings of Courtiers*. It contains considerable autobiographical material, coupled up in a quite inconsequential manner with legends, stories, miracles, and moralizing of various kinds. Probably the most valuable part of this mélange is that dealing with Anglo-Norman history, for with much of this he had personal knowledge, and is able to give us personal memoirs which cannot be duplicated. It was written between 1182 and 1192.

This work has been edited by Thomas Wright and was printed for the Camden Society in 1850. A later edition by M. R. James, Oxford, 1914, was published as Anecd. Oxon. med. and mod. series XIV.

A KNIGHT TEMPLAR FAITHFUL UNTO DEATH

Circa tempus idem, clericus quidam a Sarracenis sagittabatur, ut negaret. Quidam autem qui negaverat astans
inproperabat ei quod stulte crederet, et ad singulos ictus
aiebat, "Estne bonum?" Ille nihil contra. Cumque
5 videret eius constantiam, uno sibi caput amputavit ictu,
dicens, "Estne bonum?" Caput autem resectum cum
proprio ore loquens intulit, "Nunc bonum est." Haec
et his similia primitis contigerunt templaribus, dum
Domini caritas et mundi vilitas inerat. Ut autem caritas
10 viluit, et invaluit opulentia, prorsus alias audivimus,

---

1. **sagittabatur**: 'was being shot with arrows.' — 2. **negaret**: i.e. recant his Christian faith. — 3. **inproperabat**: 'was taunting.' 8. **primitis** = *primitivis.* — 10. **viluit**: 'grew cheap.'

quas et subiiciemus, fabulas; at et prius eorum primos
a paupertate motus audiantur. — *De Nug. Cur. I. 19.*

ROYAL WAYS AND ROYAL SAYINGS

Contigit ut cum rege moram facerem aliquamdiu
Parisius, mecumque tractaret de regum divitiis, inter sermones alios dixit, "Quia sicut diversae sunt regum opes, 5
ita multis distinctae sunt varietatibus. In lapidibus
pretiosis, leonibus et pardis et elephantis, divitiae regis
Indorum; in auro pannisque sericis imperator Bizanciis
et rex Siculus gloriantur; sed homines non habent qui
sciunt aliud quam loqui; rebus enim bellicis inepti sunt. 10
Imperator Romanus, quem dicunt Alemannorum, homines
habet armis aptos et equos bellicos, non aurum, non sericum, non aliam opulentiam. Karolus enim magnus, cum
terram illam a Saracenis conquisisset, omnia praeter
munitiones et castella pro Christo dedit archiepiscopis et 15
episcopis, quos per civitates conversas instituit. Dominus
autem tuus, rex Angliae, cui nihil deest, homines, equos,
aurum et sericum, gemmas et fructus et feras et omnia
possidet. Nos in Francia nihil habemus nisi panem et
vinum et gaudium." Hoc verbum notavi, quia comiter 20
et vere dictum.

Circiter illud tempus cum ad concilium Romae sub
Alexandro papa tertio celebrandum praecepto domini
regis Angliae festinarem, suscepit me hospitio comes
Campaniae, Henricus filius Teobaldi, omnium largissimus, 25

---

1. **primos**: apparently used instead of *primi.* — 4. **Parisius**:
indecl. ; here locative, as it is terminal at the end of the selection.
— 8. **Bizanciis** = *Byzantiis:* 'from Byzantium.' — 11. **Imperator
Romanus**: i.e. of the "Holy Roman Empire." — 22. **Circiter**: 3D.
— 23. **praecepto**: 'at the bidding.' — 24. **regis Angliae**: Henry II.
— **comes Campaniae**: Henry I, Count of Champagne, son of Theo-
bald IV.

ita ut multis prodigus videretur, omni enim petenti tri-
buebat; et inter colloquendum laudabat Reginaldum de
Muzun, nepotem suum, in omnibus excepto quod supra
modum largus erat. Ego vero sciens ipsum comitem tam
5 largum ut prodigus videretur, subridens quaesivi si sciret
ipse terminos largitatis. Respondit, "Ubi deficit quod
dari possit, ibi terminus est; Non est enim largitatis
turpiter quaerere quod dari possit." Mihi certe videtur
hoc facete dictum; nam si male quaeris ut des, avarus es
10 ut sis largus.

Huius praedicti Ludovici patrisque sui multa fuit in
factis sapientia, simplicitas in dictis. Hic tantam Deo
reverentiam habebat, ut quotiens aliquid emersisset
causae, quod ipsum et ecclesiam contigeret, sicut unus
15 canonicorum censura se capituli moderabatur et appellabat
a gravamine. Mos eius erat quod, ubi sensisset somnum
obrepere, quiesceret ibidem aut prope. Dormientem eum
iuxta nemus in umbra, duobus tantum militibus comi-
tatum, nam caeteri venebantur, invenit comes Theobaldus,
20 cuius ipse sororem duxerat, et castigavit ne tam solus
dormiret, non enim decebat regem. Ille respondit,
"Dormio secure solus, quia nemo mihi malum vult."
Responsio simplex, puraeque conscientiae verbum. Quis
hoc rex de se praesumit alius? Hic tam benigno favore
25 clericos promoverat, ut ab omnibus Christianismi finibus
sub ipso Parisius convenirent, et sub alarum eius umbra
tam nutriti quam protecti perduraverunt in scholis in diem
hunc. — *De Nug. Cur. V. 5.*

---

3. **excepto**: sc. *eo.* — 8. **quaerere quod**: sc. *id.* — 11. **Ludo-**
vici: Louis VII. — 15. **capituli**: 'the chapter.' — 16. **gravamine**:
'troubles.' — 25. **Christianismi**: 'the Christian world.'

NIGELLI SPECULUM STULTORUM

The satirists of the Middle Ages directed their shafts especially against ecclesiastical and monastic abuses. These works are often bitter and extravagant, but the large amount of such literature implies that considerable ground for criticism must have existed.

One of the leading ecclesiastical reformers of the twelfth century was William de Longchamp, Bishop of Ely, in England. Under his patronage was a monk named Nigellus Wireker, who composed about 1190 a long and rather rambling satire on the follies of his times, especially in the monastic orders. The monastics in general are personified under the name of Brunellus, or Burnellus, an ass, who is discontented with the length of his tail, and sets forth to improve and increase it, if possible. His adventures take him to Salerno and back to Paris, and lead him to test the educational institutions of his times and the various orders of monks, in all of which experience he finds much to criticize, and after many vicissitudes and associations with various companions, he finds that he has rather lost a part of the despised tail, than added anything to it. There are various allegorical stories, and many interesting pictures of society in that age.

The poem is written in elegiacs, in fairly classical language, but with many cramped constructions.

The text may be found in Vol. I of *The Anglo-Latin Satirical Poets and Epigrammatists of the Twelfth Century*, edited by Thomas Wright (London, 1872).

BURNELLUS ARRIVES IN PARIS AND JOINS THE UNIVERSITY

Talia cum pariter gradientes plura referrent,
Parisius veniunt, hospitiumque petunt.
Corpora fessa quies recreat, tenuisque diaetae
Damna recompensat mensa calixque frequens.

GREAT SEAL OF THE THEOLOGICAL FACULTY OF THE UNIVERSITY OF PARIS

One sees Christ flanked by angels and surrounded by the four Evangelists.

5   Ossa, cutem, nervos, quae vel labor aut via longa
Quassarat, refovent balnea, cura, quies.
Burnellusque sibi minuit crinesque totondit,
Induit et tunica se meliore sua,
Pexus et ablutus, tandem progressus in urbem
10   Intrat in ecclesiam, vota precesque facit.

---

1. **referrent**: i.e. Burnellus and a comrade named Arnoldus whom he had picked up on his way to Paris. — 2. **Parisius**: indeclinable, as usual, though not consistently so; see Löfstedt, *loc. cit.*

Inde scholas adiens, secum deliberat utrum
　Expediant potius ista vel illa sibi.
Et quia subtiles sensu considerat Anglos,
　Pluribus ex causis se sociavit eis.
Moribus egregii, verbo vultuque venusti,　　　　　5
　Ingenio pollent, consilioque vigent.
Dona pluunt populis, et detestantur avaris,
　Fercula multiplicant, et sine lege bibunt.
Wessail et *dringail*, necnon persona secunda,
　Haec tria sunt vitia quae comitantur eos.　　　10
His tribus exceptis, nihil est quod in his reprehendas ;
　Haec tria si tollas, caetera cuncta placent.
Nec tamen haec ita sunt semper reprobanda, quod illis
　Esse locus nequeat tempore sive loco.
Nam duo praecipue sunt exclusiva dolorum,　　　15
　Laetitiaeque vias insinuare solent.
Tertia res cohibet, quo dicitur esse referta
　Gallia fermentum ne nocuisse queat.
Hinc comes Angligenis prudens desiderat esse,
　Possit ut illorum conditione frui.　　　　　　20
Est in eis etiam quiddam, nam publica fama
　Somniat adiungi cur magis optet eos.
Si de convictu mores formantur eisdem,
　Cur nihil accrescat si comes esse queat ?
Si quid eis praeter sortem natura ministrat,　　　25
　Ante retrove bonum cur nihil inde ferat ?
Accelerans igitur studio, studiosis adhaesit,
　Ut discat lepide grammaticeque loqui.

---

7. detestantur : ' are an abomination to.' — 9. **Wessail** . . .
dringail : the old Scandinavian or Northumbrian forms of these
convivial exclamations were *waes hǽel* and *drinc hǽel*, meaning respectively, ' be of good health,' and ' drink, and good luck to you.'
Wassail persisted in English. Cf. p. 300.

Sed quia sensus hebes, cervix praedura, magistri
  Dogmata non recipit, cura laborque perit.
Iam pertransierat Burnellus tempora multa,
  Et prope completus septimus annus erat,
5 Cum nihil ex toto quodcunque, docente magistro
  Aut socio, potuit discere praeter *ya*.
Quod natura dedit, quod secum detulit illuc,
  Hoc habet, hoc illo nemo tulisse potest.
Cura magistrorum multumque diu laborabat,
10 Demum defecit, victa labore gravi.
Dorso se baculus, lateri se virga frequenter
  Applicat, et ferulam sustinuere manus.
Semper *ya* repetit, nihil est quod dicere possit,
  Affectus quovis verbere, praeter *ya*.
15 Vellicat hic aurem, nasum quatit ille recurvum,
  Excutit hic dentes, perforat ille cutem.
Hic secat, hic urit, hinc solvitur, inde ligatur,
  Intonat iste minas, porrigit ille preces.
Sic in eo certant ars et natura vicissim,
20 Ars rogat, illa iubet, haec abit, illa manet.
Quorum principia constant vitiosa fuisse,
  Aut vix aut nunquam convaluisse valent.
A puero didicit Burnellus *ya:* nihil ultra
  Quam quod natura dat retinere potest.
25 Quod fuit innatum servat natura, quod artis
  Sic abit, ut vento pulvis abire solet.
Perdidit expensa, periitque labor, sed et omne
  Quod fuit impensum conditione pari.
Spes quoque deperiit caudae superinstituendae,
30 Sentit et Anglorum carmina falsa fore.

---

8. **illo**: Abl. of separation. — 29. **superinstituendae**: ' of adding to.'

BURNELLUS BEMOANS HIS INCAPACITY FOR LEARNING

Ergo recordatus tandem Burnellus ineptae
    Damna iuventutis, se reprehendit ita :
"Heu mihi! quod vixi ; quis me furor egit, ut istas
    Aggrederer partes Parisiique scholas?
Quid mihi cum studio, cunctoque labore petito?   5
    Nonne satis potuit esse Cremona mihi?
Alpibus emensis et post mea terga relictis,
    Stultus in extremis partibus orbis agor.
Ut quid in has partes patriaque domoque relictis,
    Trans Rodanum veni, regna videre nova?   10
Quae mihi cura fuit per tanta pericula mortis
    Cernere Francigenas Parisiique scholas ;
Nosse vel Angligenas largos, Gallosque tenaces,
    Hos calices, illos multiplicare minas?
Appulus huc veni, sed Gallicus ecce revertor ;   15
    Burnellusque tamen qui fuit ante manet.
Hic nihil addidici, modicumque quod ante sciebam
    Hic ego me totum dedidicisse scio.
Gallica verba duo tantum retinere loquique
    Si possem, certe gratia magna foret.   20
Quod si forte tria, vel multum quatuor, essem
    Par Iovis, aut maior crederer esse Iove ;
Italiam facerem tanto trepidare timore,
    Quod mihi rex ipse certa tributa daret.
Tunc ego Parisius in vanum non adivissem,   25
    Si subiecta foret sic mea terra mihi.
Non modo vadit ita ; longo mea stamina Parcae
    Venerunt aliter quam mea vota forent.
Dura mihi certe multum, sed fata fuerunt,
    Quae mala multa mihi nilque dedere boni.   30

---

5. **petito** : Freq. — 9. **Ut quid** : 'How in the world?' — 27. **mea stamina Parcae** : 'the thread spun by Fate for me.'

Quod satis apparet, quia toto peior in orbe
  Non est conditio conditione mea.
Sensus hebes mens est et saxo durior omni,
  Durius hoc pectus est adamante meum.
5 Cor, caput, et cerebrum sunt ponderis atqui metalli
  Eiusdem, plumbo nam graviora magis.
Ferrea crura mihi, latus est quasi lamina ferri,
  Non est in toto corpore vena meo.
Aenea ceu pelvis cutis est mea, quae tamen ictus
10 Excipit incassum, nam nihil inde dolet.
Non ego verberibus, non per maledicta, perire
  Possum, malleolis vix puto posse mori."

---

8. **vena**: i.e. of more precious metal, 'genius.'

IOHANNIS DE ALTAVILLA ARCHITRENIUS

A distinguished churchman of the end of the twelfth century was Walter of Coutances, Bishop of Lincoln, and then Archbishop of Rouen. To him, as his "Maecenas," a relatively unknown writer about 1184–1190 dedicated a long satirical poem of nine books of hexameters, dealing with the follies and vices of the times. The name of the otherwise unknown poet is hardly certain. The French equivalent of the Latin title seems to indicate that he was called John of Hauteville. He seems to know something of England, but there is not sufficient evidence to prove that he was an English monk, or even that he was educated in England, as is sometimes stated. It would seem that he may be identical with Jean de Hauteseille (Joannes de Alta Silva), the author of the *Dolopathos*.

The poem is entitled *Architrenius* (' *The Arch-Weeper* '), and displays a remarkable amount of learning and imagination. Architrenius, represented as a young man searching for Nature to help him overcome the temptations of this life, visits the palace of Venus, the University of Paris, the mount of Ambition, the hill of Presumption, and finally *Ultima Thule*, where after many philosophical discussions he at length suddenly discovers Nature, who delivers to him a long preachment and then gives him to wife Moderation, with whom presumably he "lives happily ever afterwards."

The Latin is that of a well-read scholar, who is fond of showing off his learning, and its prolixity and his habit of stringing together many highly figurative phrases make the product no easy reading.

The text may be found in *The Anglo-Latin Satirical Poets and Epigrammatists of the Twelfth Century*, edited by Thomas Wright (London, 1872).

409

THE HILL OF AMBITION

Mons surgente iugo Pellaeam despicit urbem
Astra supercilio libans, lunaque minorem
Miratur longe positam decrescere terram.
Sideribus vicinus apex, ut saepe meantem
5 Ocius offendat, cum cursu est infima, lunam
Augis in opposito, cum visu maxima, pessum
Vergit in orbe brevi, mediumque aspectibus offert
Quadratura iubar partem directior omnem.
Vix aliqua vergit, facilemque admittere nescit
10 Arduus ascensum.   Sola hic latus omne pererrans
Ambitio reptat, praedilexitque colendum
Pro laribus montem, Zephyris ubi succuba tellus
Veris alumnat opes, passimque intexit amara
Dulcibus, et fruticum nodis armantur olivae,
15 Et laurus cristata rubis, suspectaque dumis
Quercus, et horrenti crudescit coniuga rusco
Esculus, et rigidis spinae vallatur aristis
Astra comis abies superum concivis inumbrans.

    *   *   *   *   *   *   *

In planum descendit apex, variusque superne
20 Rivulus exultat, conflictantisque susurrat
Ludus aquae, ripasque ioco pulsante lacessit;
Solis unda vacat pretiis, haud ulla profundo
Vilis arena sedet, lapidumque ignobile vulgus.

---

1. **Pellaeam . . . urbem**: birthplace of Alexander the Great, a type of ambition. — 4. **vicinus apex**: sc. *est*. — 6. **Augis in opposito**: i.e. the reverse of apogee, the point when it is nearest to the earth. *Augis* seems to be of uncertain origin in time, but clear in its etymology, as a curtailed form of ἀπό + γῆ. — **pessum**: with *vergit.* — 8. **Quadratura**: 'head-on,' or 'directly.' — 12. **succuba**: 'lying beneath.' — 15. **rubis**: 'berries.' — 17. **Esculus** = *aesculus;* 2 (1). — 18. **concivis**: 'fellow-citizens.' — 22. **haud ulla**: the negative idea belongs to both clauses.

Ditia luxuriant ridentibus ima metallis,
Exundatque iubar, lapidum generosa propago,
Ut gelidus mixtis delectet in ignibus humor.
Illic illimes bysso candentius undas
Liliat argentum, partimque argenteus auro   5
Amnis inauratur, gemmarum turba nitore
Auget aquae radios, hic iaspidis, hic amethysti
Gloria lascivit, hyacinthi caerula plaudunt,
Et pretium praebet nutricibus unio conchis,
Et fruitur viridis aeterno vere smaragdus.   10
    Hic vaga discurrit animi gravis incola nunquam
Cura soporis amans, curaeque annexa parenti
Anxietas, tacitique metus, et nota voluntas
Dissimulans, et spes dubio vicina timori,
Donaque nobilior populis sparsura cupido   15
Et sceptri secretus amor, nimioque vacillans
Credulitas voto, soliique occulta casarum
Laudativa sitis, et honorum sedula plausus
Muneribus pavisse fames, audaxque favores
Alternos emisse favor, famaeque sititor   20
Impetus expensae, donataque gratia gratis,
Sed reditura datis, vultusque modestia raro
Gratior arrisu, gravitasque affabilis, oris
Non animi plausura ioco, mansuetaque linguae
Canities, verbique virum testata venustas.   25
Hic promissa volant, decurrunt dona, fidesque

---

1. **Ditia luxuriant**, etc.: i.e. the bottom of the stream is paved with
precious metals and gems. — 4. **illimes**: 'pure.' — **bysso**: 'cotton.'
— 5. **Liliat**: 'paints like the lily.' — 9. **unio**: 'pearl.' — 17. **casarum
Laudativa**: 'pretending praise of the simple life,' as contrasted with
the real, though secret, *solii sitis*. — 18. The order of words is, *fames
honorum sedula pavisse plausus muneribus.* — 23. **arrisu**: 'a smile.'
— 24. **plausura**: 'the applause'; to be taken with *ioco* (Dat.) closely.
The phenomenon is known in colleges!

Pollicitis proclivis adest, dandique facultas
Libera spargit opes, plenoque pecunia cornu
Fundit amicitias, emiturque in mutua nexus
Foedera, venalique datis succumbitur aulae.

5 Hic fictus virtutis odor, fabricataque vultus
Relligio, clausoque tumens elatio vento,
Et recti mendax species, et simia morum
Hypocrisis neglectura genas, aucepsque favoris
Eloquium, vernusque rudis facundia causae

10 Flosculus, et turpem redimens solertia vitam.
Hic in amicitias hostem complectitur hostis,
Blanditur feritas, odium favet, ira salutat,
Saevities palpat, libertas servit, obedit
Imperium, premitur maiestas, gloria languet,

15 Cedit apex, omnique via reptatur ad aulam,
Omnique ambitio saltu venatur honores.
Hic puer imperii cupidus ludebat, alumnus
Martis, Alexander; sceptrique infudit amorem
Ambitio nutrix, totumque armavit in orbem

20 Praecipites animos, tenerisque induruit annis
Bella pati, votumque duos extendit in ortus.
   Primos ambitio remos, et prima furori
Vela dedit, ventosque rudes, Martique volanti
Cum sole et luna primas innexuit alas.

25 In Magni iugulos animavit Caesaris enses,
Corrupitque fidem soceri, pavitque Philippos
Sanguine civili, pugnavitque hostibus hostis,
Et Romana leves iuverunt praelia Parthos,
Instantesque fuga supplerunt pila sarissas.

30 Hac duce sunt Latii totum diffusa per orbem

---

6. **vento**: cf. Eng. "hot air." — 13. **Saevities** = *saevitia*. —
21. **duos . . . ortus**: i.e. the east and the west, the whole world. —
26. **soceri**: Pompey was the son-in-law of Julius Caesar and was
the *Magnus* of the preceding verse.

Vulnera, Poenorum subsedit gloria Romae
Fulminea pulsante manu, bibuloque cruoris
Hannibal ense furor, mundumque doloribus emit
Caesareumque iugum Romae defossa iuventus
Ambitionis acu, gaudensque laboribus omnes   5
Indolis extorsit titulos, fuditque furore
Martis, et Herculeo nitente sanguine Pyrrhum.

*   *   *   *   *   *   *

Illic ingluvies, illic Venus effluit, illic
Texitur occulto studio dolus, aemula veri
Fabula, praevelat fidei periuria peplo.   10
Pacis habent vultus odii secreta, venenum
Fraudis amicitiam tenui mentitur amictu.
Occulit immanes animos clementia vultus.
Pectoris asperitas risu praetexta sereno
Interius fervens, laqueos innodat, et hamos   15
Curvat in insidias, rabiemque in pectore fixam
Armat in omne nefas, non est quod abhorreat aulae
Incola delictum, facie describit amicum,
Hostem mente premit, linguam dulcedine lactat
Mentis amara tegens, animo blanditur operto   20
Laedit in occulto, praesenti parcat amico,
Vulnerat absentem, quicquid praesentia pacis
Spondeat, a gladio non est absentia tuta.

*   *   *   *   *   *   *

— *Architrenius, Bk. IV.*

---

2. **Fulminea**: the Scipios were called "*fulmina belli*"; Verg. *Aen.*
6, 842. — 4. **defossa**: 'pierced.' — 7. **Herculeo**: 'like that of Hercules.' — 8. **ingluvies**: 'gluttony.' — 10. **praevelat**: 'conceals.' —
15. **innodat**: 'contrives.'

ALANI DE INSULIS LIBER DE PLANCTU NATURAE

Alain de Lille, who was born, probably at Lille, before 1128, lived just over into the following century, dying in 1202 at Citeaux. His learning, though overestimated, gave him the title of *Doctor Universalis*. Inclined towards mysticism rather than scholasticism in philosophy and theology, he was the author of many works. Among these are two remarkable poems, the *Anticlaudianus*, in which the necessity of resorting to faith for the determination of religious truth is maintained in a somewhat controversial form, and the *De Planctu Naturae*, partly in prose and partly in verse, in which the author represents himself as meeting the wondrous virgin Nature, and hearing her complaint of the perversities of mankind, set forth by herself and various other personalities. Different kinds of verse are employed from time to time, and the learning of the author is brought out in many ways. The diction also is learned, as might be expected in so elaborate a satire in such a style.

The text may be found in Migne's *Patrologia*, Vol. CCX, and in Vol. II of Thomas Wright's edition of *The Anglo-Latin Poets and Epigrammatists of the Twelfth Century*, London, 1872. It may be doubted if there is any propriety in calling Alain an "Anglo-Latin" poet, this expression probably being due to confusion between his personality and certain other persons of the same name who were Englishmen.

ADDRESS TO "NATURE"

"O Dei proles, genetrixque rerum,
Vinculum mundi, stabilisque nexus,
Gemma terrenis, speculum caducis,
        Lucifer orbis.

Pax, amor, virtus, regimen, potestas,   5
Ordo, lex, finis, via, lux, origo,
Vita, laus, splendor, species, figura,
        Regula mundi.

Quae tuis mundum moderans habenis,
Cuncta concordi stabilita nodo   10
Nectis, et pacis glutino maritas
        Coelica terris.

Quae noys puras recolens ideas,
Singulas rerum species monetas,
Rem togans forma, chlamidemque formae   15
        Pollice formas.

Cui favet coelum, famulatur aer,
Quam colit tellus, veneratur unda,
Cui velut mundi dominae tributum
        Singula solvunt.   20

Quae diem nocti vicibus catenans,
Cereum solis tribuis diei,
Lucido lunae speculo soporans
        Nubila noctis.

---

1 sqq. The Sapphics are those of a scholar. — 11. **glutino**:
'bond.' — 13. **noys** (*Nous*): the divine 'Mind' of the universe. —
14. **monetas**: 'dost fashion.' — 15. **togans**: 'clothing.' — 21. **catenans**: 'binding.' — 22. **Cereum**: 'taper.' — 23. **soporans**: 'stilling.'

25   Quae polum stellis variis inauras,
            Aetheris nostri solium serenans;
            Siderum gemmis, varioque coelum
                  Milite complens.

            Quae novis coeli faciem figuris
30   Protheans mutas, animumque vulgus
            Aëris nostri regione donans
                  Legeque stringis.

            Cuius ad nutum iuvenescit orbis,
            Silva crispatur folii capillo,
35   Et sua florum tunicata veste
                  Terra superbit.

            Quae minas ponti sepelis, et auges,
            Syncopans cursum pelagi furoris,
            Ne soli tractum tumulare possit
40   Aequoris aestus.

            Tu mihi causam resera petenti,
            Cur petis terras, peregrina coelis?
            Cur tuae nostris deitatis offers
                  Munera terris?

45   Ora cur fletus pluvia rigantur?
            Quid tui vultus lacrimae prophetant?
            Fletus interni satis est doloris
                  Lingua fidelis."

---

    30. **Protheans**: 'in Protean forms.' — 34. **crispatur**: 'is vari-
egated.' — 38. **Syncopans**: 'interrupting.'

PETRI ALPHONSI DISCIPLINA CLERICALIS

Petrus Alphonsus was a Christianized Jew, godson to Alphonsus I, King of Aragon. He lived in the early part of the twelfth century. He collected over thirty tales from the Arab fables, intended especially to illustrate the advice that a father should give a son. A number of them are found also in the *Gesta Romanorum*, and their substance appears in several cases in other collections of stories, such as the *Decameron* of Boccaccio and the stories of the Queen of Navarre. A number of them are included in Ulrich's *Proben der Lateinischen Novellistik des Mittelalters* (Leipzig, 1906), which offers also a convenient source for certain other similar stories.

"A FRIEND IN NEED IS A FRIEND INDEED"

Arabs moriturus, vocato filio suo, dixit ei: "Dic, fili, quot tibi, dum vixisti, acquisieris amicos?" Respondit filius et dixit: "Centum, ut arbitror, acquisivi mihi amicos." Dixit pater: "Philosophus dicit: 'Ne laudes amicum tuum, donec probaveris eum.' Ego quidem prior 5 natus sum, et unius dimidietatem vix mihi acquisivi. Tu autem centum quoniam acquisivisti, fili mi, vade igitur probare omnes, ut cognoscas si quis omnium tibi sit perfectus amicus." Dicit ei filius: "Quomodo probare consulis?" Dixit pater: "Accipe vitulum, et interfice 10

---

2. **acquisieris** = *acquisiveris.* — 6. **dimidietatem**: 'half.' — 8. **probare**: 3E (3) (c). — 9. **probare**: sc. subject *me* and object *eos*; classical Latin would have used an *ut*-clause. — 10. **consulis**: 'advise.'

eum, et frustatim comminutum in sacco repone, ita ut
saccus forinsecus sanguine infectus sit, et quum ad amicum
veneris, dic ei : 'Hominem, care mi frater, forte interfeci,
et domus mea scrutari debet. Oportet igitur ipsum sepe-
5 liri et abscondi. Rogo te ut eum secreto sepelias; nemo
enim te suspectum habebit, sicque me salvare poteris.'"

Filius fecit sicut pater imperavit. Primus amicus ad
quem venit dixit ei : "Fer tecum mortuum tuum super
collum tuum, sicut fecisti malum; patere satisfactionem;
10 in domum meam non introibis." Quum autem per singulos amicos suos ita fecisset, eodem responso omnes ei
responderunt.

Ad patrem igitur rediens nunciavit quod fecerat.
Dixitque pater : "Contigit tibi quod dixit philosophus :
15 'Multi sunt dum numerantur amici, sed in necessitate
pauci.' Vade ad dimidium amicum meum quem habeo, et
vide quit dicat tibi." Venit, et sicut aliis dixerat huic ait,
qui respondit : "Intra domum, non est hoc secretum quod
vicinis debeat propalari." Emissa igitur uxore sua cum
20 omni familia sua, sepulturam fodit. Quum autem omnia
videret parata, rem prout erat disseruit, gratias agens.
Deinde patri retulit quae fecerat. Pater vero ait : "Pro
tali amico philosophus ait : 'Hic est vere amicus qui te adiuvat quum mundus tibi deficit.'" — *Disc. Cler. II. 8–10.*

---

1. **frustatim**: 'into pieces.' — **comminutum**: 'broken.' — 2. **forinsecus**: 'on the outside.' — **infectus**: 'stained.' — 3. **mi**: Voc. of
meus. — **forte**: 'accidentally.' — 4. **scrutari**: here passive. — **debet**:
'will have to be.' — **ipsum**: i.e. *hominem.* — 6. **suspectum habebit**:
3E (4) (*c*) ; 'will suspect.' — 8. **Fer**: 'carry away.' — 9. **satisfactionem**: 'the penalty.' — 13. **nunciavit** = *nuntiavit;* 2 (3). — 15. **necessitate**: 'time of need.' — 17. **quit** = *quid;* 2 (2). — 18. **Intra**:
imperative, 'come into.' — **quod . . . debeat**: Subj. of Characteristic.
— 19. **propalari**: 'to be divulged.' — 20. **sepulturam**: 'grave'; 1B (1).
— 21. **prout**: 'exactly as.' — **disseruit**: 'explained.' — **agens**: sc.
ei. — 22. **retulit** : 'reported.' — 24. **tibi** : instead of *te;* 3A (1).

A STORY-TELLER'S RUSE

Rex quidam habuit fabulatorem suum, qui singulis noctibus quinque sibi narrare fabulas consueverat. Contigit tandem quod rex, curis quibusdam sollicitus, minime posset dormire, pluresque solito quaesivit audire fabulas. Ille autem tres super haec enarravit sed parvas. Quaesi- 5 vit rex etiam plures. Ille vero nullatenus voluit. Dixerat enim iam, sicut iussum fuerat sibi, multas. Ad haec rex : "Plurimas iam narrasti sed brevissimas, vellem vero te aliquam rem narrare, quae multis producatur verbis, et sic te dormire permittam." Concessit fabulator, et sic incepit : 10

"Erat quidam rusticus, qui mille solidos habuit. Hic autem in negotiatione proficiscens comparavit bis mille oves, singulos sex denariis. Accidit, eo redeunte, quod magna inundatio aquarum succresceret. Qui quum neque per vadum neque per pontem transire posset, abiit sol- 15 licitus, quaerens quo cum ovibus suis transvehi posset. Invenit tandem exiguam naviculam, et necessitate coactus duas oves imponens aquam transiit."

His dictis, fabulator obdormivit. Rex siquidem illum excitans, ut fabulam quam inceperat finiret commonuit. 20 Fabulator ad haec :

"Fluctus ille magnus est, navicula autem parva, et grex ovium innumerabilis. Permitte ergo supradictum

---

1. **singulis noctibus** : 'every night.' — 4. **solito** : ' than usual.' — 5. **super haec** : ' beyond this.' — 6. **etiam** : ' even.' — **nullatenus** : ' not at all '; 1B (6). — 7. **iussum fuerat** : impersonal construction. — **rex** : sc. *ait.* — 9. **producatur** : 'can be spun out '; Char. Subj. — **sic** : ' in that case.' — 11. **solidos** : ' soldi,' gold coins, worth about as much as an English "pound." — 12. **negotiatione** : instead of the Acc., ' to trade.' — 13. **singulos** : ' apiece.' — **sex denariis** : about a dollar. — 14. **succresceret** : ' came up.' — 18. **imponens** : sc. *ei.* — 19. **siquidem** : ' accordingly '; 1B (6). — 20. **commonuit** : ' reminded.' — 21. **ad haec** : sc. *ait.* — 23. **supradictum** : ' previously

rusticum suas transferre oves, et quam incepi fabulam ad
finem perducam." — *Disc. Cler. XIII. 1–5.*

A NEW USE FOR THE GOLD-BRICK GAME

Dictum mihi fuit quod quidam Hispanus perrexit
Meccam, et dum iret venit in Aegyptum. Qui deserta
5 terrae intrare volens et transire, cogitavit quod pecuniam
suam in Aegypto dimitteret; et antequam dimittere voluisset, interrogavit si aliquis homo fidelis esset in illa
regione, cui posset pecuniam suam dimittere. Tunc os-
tenderunt ei hominem antiquum notatum probitate fideli-
10 tatis, cui de suo mille talenta commisit. Deinde perrexit.
Factoque itinere, ad illum rediit cui pecuniam commisit,
et quod commiserat ab eo quaesivit. At ille, plenus
nequitia, illum numquam antea se vidisse dicebat. Ille
vero sic deceptus perrexit ad probos homines regionis
15 illius, et quomodo tractasset eum homo ille cui pecuniam
commiserat eis retulit. Vicini vero illius de eo talia audientes credere noluerunt, sed nihil hoc esse dixerunt.
Qui vero pecuniam perdiderat unaquaque die ad domum
illius qui iniuste retinebat pecuniam ibat, blandisque
20 precibus eum deprecabatur ut pecuniam redderet. Quod
deceptor audiens increpavit eum, dicens ne tale quid de
eo amplius diceret, nec ad eum veniret; quod si amplius
faceret, poenas ex merito subiret.
Auditis minis illius qui eum deceperat, tristis coepit

---

mentioned.' — 1. **et**: sc. *tum.* — **quam . . . fabulam** = *eam fabulam
quam.* — 3. **Dictum . . . fuit**: for *dictum est.* — **quod . . . perrexit**:
3E (7). — 4. **dum iret**: 'on his way.' — **deserta**: sc. *loca.* — 6. **dimitteret**: 'he would leave.' — **dimittere**: 'intrust.' — 10. **de suo**:
'out of his wealth.' — 11. **Factoque**: 'Now after the completion of.' —
12. **quod**: sc. antecedent *id.* — 15. **eum**: instead of *se;* 1C. —
17. **nihil hoc esse**: 'there was nothing in the story.' — 21. **ne . . .
diceret**: indirect prohibition. — 23. **subiret**: 'he would suffer.'

abire, et in redeundo obviavit cuidam vetulae eremitalibus
pannis indutae. Haec autem baculo fragiles artus sus-
tentabat, et per viam, laudando Deum, lapides, ne trans-
euntium pedes laederentur, levabat. Quae videns hominem flentem, cognovit eum esse extraneum. Commota 5
pietate, in angiportum vocavit, et quid ei accidisset
interrogavit. At ille ordinate narravit. Femina vero,
auditis illius verbis, inquit: "Amice, si vera sunt qua
retulisti, feram inde tibi auxilium." Et ille: "Quomodo
potes hoc facere, ancilla Dei?" At illa inquit: "Adduc 10
mihi hominem de terra tua, cuius factis et dictis fidem
habere possis." At ille adduxit. Deinde decepti socio
praecepit decem cophinos exterius pretiosis depictos
coloribus atque ferro deargentato ligatos cum bonis seris
emere, et ad domum sui hospitis affere, lapidibusque 15
comminutis implere. At ipse ita egit.

Mulier vero, ut vidit omnia quae praeceperat esse
parata, ait: "Nunc decem homines perquire, qui, euntes
ad domum illius qui deceperat te, mecum et cum socio
tuo deferant scrinios, unus post alium, venientes ordine 20
longo. Et quam cito primus venerit ad domum hominis
qui te decepit et requiescet ibi, veni et tu, et roga pro
pecunia tua, et ego promitto tibi in Domino quod redita
tibi pecunia fuerit." At ipse sicut iusserat vetula fecit.
Quae, non oblita incepti operis, quod praedixerat iter 25
incepit, et venit cum socio decepti ad domum deceptoris,

---

1. **obviavit**: 'met.' — **eremitalibus pannis**: 'the ragged clothing
of a recluse.' — 2. **fragiles**: 'feeble.' — 3. **laudando**: 3E (4) (*d*).
— 4. **levabat**: 'was picking up.' — 5. **extraneum**: 'a foreigner.' —
6. **vocavit**: sc. *eum.* — 7. **ordinate**: 'from beginning to end.' —
12. **decepti**: 3E (4) (*b*). — **socio**: 'friend.' — 13. **cophinos**: 'boxes.'
— **exterius**: 'on the outside.' — 14. **deargentato**: 'silver-plated.' —
seris: 'locks.' — 15. **emere**: with *praecepit;* 3E (3) (*c*). — 16. **ipse**:
for *is;* 1C. — 20. **scrinios** = *cophinos;* 2 (9). — 21. **quam cito**: 'as
soon as.' — 23. **in Domino**: 'in the name of the Lord.'

et inquit: "Quidam homo de Hispania hospitatus est
mecum, et vult Meccam adire, quaeritque a me fidelem
virum, cui tradat pecuniam suam, quae est in decem
scriniis, servandam donec revertatur. Precor itaque ut
5 mei causa in aede tua custodias, et quia audivi et scio
te bonum et fidelem esse hominem, nolo aliquem alium
praeter te solum huius pecuniae commendatorem adesse."

PILGRIMS IN THE DESERT

Et dum ita loqueretur venit primus deferens scrinium,
aliis a longe apparentibus.
10   Interim deceptus, praeceptorum vetulae non oblitus,
post primum scrinium, sicut ei praeceptum fuerat, venit.
Ille vero qui pecuniam celaverat, plenus nequitiae et malae
artis, ut vidit hominem venientem cui pecuniam celaverat,
timens ne, si pecuniam suam requireret, alius qui pecuniam
15 suam adducebat sibi non committeret, statim contra eum

---

4. **servandam**: ‘to keep.’ — 5. **custodias**: sc. *eam.* — 7. **commendatorem**: ‘the person responsible for.’ — 8. **loqueretur**: 3E (5)
(*a*). — 13. **cui**: Dat. of interest instead of the Gen. of possession.

ita dicendo perrexit: "O amice, ubi tam diu fuisti? et ubi moratus es? Veni et accipe pecuniam tuam fidei meae iam diu commendatam, quoniam inveni, et amodo taedet me custodire." At ille laetus effectus recepit pecuniam gratias agens. Vetula autem ut vidit hominem 5 pecuniam suam habere, surrexit et inquit: "Ibimus ego et socius meus contra scrinios nostros, et festinare prae- cipiemus. Tu vero expecta donec redeamus, et bene serva quod iam adduximus." Ille autem laetus animo quod acceperat servavit, adventumque eorum quae restabant 10 adhuc expectabat. Et ita bono ingenio vetulae reddita fuit viro summa pecuniae. — *Disc. Cler. XVI. 1–10.*

---

1. **dicendo**: 3E (4) (*d*). — 3. **inveni**: sc. *eam.* — **amodo**: 'hence- forth,' or 'any longer'; 1B (6). — 11. **adhuc expectabat**: 'kept right on waiting'! (Like other "gold-brick" victims.)

THE *EXEMPLA* OF JACQUES DE VITRY

Jacques de Vitry was born somewhere in France in the latter part of the twelfth century, and advanced in the church till he became Bishop of Acon in Palestine in 1216, where he remained for several years. In 1227 he was made Cardinal Bishop of Tusculum, and died in 1240. He was a celebrated preacher, and has left several volumes of sermons, including the *Sermones Communes sive Cotidiani* and the *Sermones Vulgares*, from both of which interesting *Exempla* have been culled, illustrations to make his preaching more effective. These illustrations are drawn from many sources, including oriental stories. The Latin is thoroughly popular, with all the characteristics of the age.

The *Exempla* from the *Sermones Vulgares* have been published by Crane; those from the *Sermones Communes* are edited by Paul Lehmann (Munich, 1914), from which edition those in this book are taken.

"PENNY WISE AND POUND FOOLISH"

Idem comes, Henricus nomine, cum balivi eius, ipso ignorante, precepissent ianitoribus ut nullum pauperem ad ipsum permitterent intrare, quidam puer circiter novem annorum, de quo non multum ianitores curabant, in-
5 gressus est ad eum et peciit ab eo secundum quod mater eius instruxerat eum, ut aliquid ei daret. Comes vero, videns puerum nudum et quod non habebat ubi pecuniam reponeret, dedit ei denarium unum et dixit ei: "Vade et eme bursam et cito revertere." Puer vero volens

---

1. **comes**: 1B (4); note the anacoluthon. — **balivi**: 'bailiffs,' 'stewards.' — 5. **peciit** = *petiit*: 2 (3). — 6. **ei**: for *sibi;* 1C. — 7. **quod . . . habebat**: 3E (7); sc. *locum.* — 9. **bursam**: 'purse.'

lucrari medietatem denarii obulo uno bursam parvam
emit et alium obulum sibi reservavit. Cum autem ad
comitem reversus fuisset, comes attendens quod bursam
modicam emisset, quesivit a puero : "Pro quanto emisti
bursam istam? Vide, quod michi dicas veritatem." 5
Puer vero perterritus ait : "Domine, uno obulo emi, accipe alium obulum, si voltis." Cui comes ait : "Si
maiorem bursam pro denario emisses, ipsam plenam
denariis reportasses, et quod obulum lucrari voluisti, non
nisi modicam bursam reportabis plenam." — *Exempla, 18.* 10

AN OVERCONFIDENT ASTROLOGER

. . . audivi quod astrologus quidam, cum aliquando
vera divinaret, sicut eciam demones quedam prevident
futura, rex, de cuius familia erat, cepit ei valde credere et
in eius divinacionibus confidere. Quadam autem die
stabat valde tristis coram rege ; cum rex ab eo quereret 15
quare tristaretur et mestus esset, nolebat dicere ei ; tandem
ad multam instanciam lugens et dolens in secreto dixit
regi : "Domine, respexi in astralabio et pro certo ex disposicione stellarum perpendi quod non potestis vivere
nisi dimidio anno." Quo audito, rex credidit et cepit 20
singulis diebus angustiari, macerari et valde tristis esse,
ita quod milites multum mirabantur et dolebant. Nam

---

1. **medietatem** : 'half.' — **obulo** = *obolo;* 2 (1). — 3. **attendens** :
'noticing.' — 4. **quesivit** = *quaesivit;* 1 (2). — 5. **michi** : 2 (3). —
11. **aliquando** : 'at times.' — 12. **eciam** = *etiam;* 2 (3). — **demones** = *daemones;* 2 (1). — **prevident** = *praevident.* — 13. **cepit** =
coepit. — 14. **divinacionibus** = *divinationibus.* — 15. **quereret** =
quaereret. — 16. **tristaretur** : 'was sad.' — **mestus** = *maestus.* —
17. **instanciam** = *instantiam;* 'urgency.' — 18. **astralabio** : 'astro-
labe.' — **disposicione** : *dispositione.* — 19. **perpendi** : 'concluded,
after careful deliberation.' — 20. **nisi** : 'except,' i.e. 'more than.' —
anno : 3A (3). — 21. **angustiari** : 'to be distressed.'— 22. **ita quod**
. . . **mirabantur** : 3E (6) (*b*).

rex more solito nolebat eos hylariter videre vel loqui
eis.

Tandem ad multas preces et instanciam unius qui magis
familiaris erat ei, confessus est quod clericus eius, qui
5 optimus erat astronimus, de morte imminente predixerat
ei. Tunc miles ille metuens ne rex nimia tristicia absor-
beretur et gravem incurrens infirmitatem moreretur (nam
et multi metu moriuntur moriendi), vocato coram omnibus
astronimo, dixit illi: "Quomodo tu certus es de morte
10 regis?" Qui respondit: "Certus sum de morte eius, quam
ex arte mea, que infallibilis est, perpendi." Cui miles:
"Melius debes scire de te ipso quam de alio. Scis quanto
victurus es tempore?" At ille: "Scio quod, utique et
certus sum, quod citra viginti annos non moriar." Cui
15 miles: "Mentitus es in caput tuum." Et, extracto
cultello, coram cunctis occidit eum. Tunc rex attendens
quod divinaciones astronimi mendaces essent, ressumptis
viribus confortatus est et postea diu vixit. — *Exempla, 20.*

WOLFISH LOGIC

. . . de lupo dicitur quod, videns agnum vagabundum,
20 dixit ei: "Ecce a matre tua recessisti nec scires ad domum
tuam reverti, et quanto amplius vagando procedes, tanto
amplius deviabis et amittes matrem tuam. Melius est
ut comedam te quam quod mater tua amittat te." Et
accedens ipsum devoravit. — *Exempla, 22.*

---

1. **hylariter** = *hilariter;* 2 (1). — 4. **clericus**: cf. Eng. 'clerk.' —
5. **astronimus** = *astronomus;* 'astrologer.' — 11. **que** = *quae;* 2
(1). — **infallibilis**: 'infallible.' — 13. **tempore**: 3A (3). — 15. **in**:
'against.' — **caput**: 'life.' — 16. **attendens quod . . . essent**: 3E
(7). — 17. **ressumptis**: 2 (11). — 20. **scires**: sc. *nisi viam monstra-
rem.* — 22. **deviabis**: 'wander astray.'

A SPOILED HORSE

Audivi quod quidam prelatus in Francia optimum equum habebat; frater autem eius miles valde desiderabat ipsum, ut uteretur illo in torneamentis, et nullo modo potuit optinere. Tandem cum multis precibus optinuit quod frater eius tribus diebus equum sibi commodaret. 5 Et accedens ad quendam capellanum dicti prelati, cepit diligenter inquirere cuiusmodi verba frater eius, dum equitaret, diceret frequencius. At ille cepit cogitare et respondit: "Dominus meus equitando dicit horas suas, nec video aliquod verbum quod frequencius dicat, quam illud 10 quod dicit in principio cuiuslibet hore, id est: 'Deus in adiutorium meum intende.'" Tunc miles ille cepit equum sibi accummodatum equitare et frequenter dicens verba predicta, quociens dicebat, fortiter cum calcaribus equum pungebat et ita in triduo illo equum instruxit, ut, quociens- 15 cumque dicebat, "Deus in adiutorium meum intende," equus timens calcaria, licet non pungeretur, magnos saltus dabat et impetuose currens vix poterat retineri.

Postmodum cum prelatus ille equum equitaret, frater eius comitabatur eum, ut videret finem. Cum autem 20 prelatus diceret, "Deus in adiutorium meum intende," equus cepit magnos saltus dare et currere ita quod fere deiecit sessorem. Cum autem pluries hoc fecisset, dixit miles: "Domine, iste equus non competit vobis, vos enim gravis persona estis et, si forte caderetis, multum ledi 25

---

1. **prelatus**: 'prelate.' — 3. **torneamentis**: 'tournaments.' — 4. **optinere** = *obtinere*. — 6. **capellanum**: 'secretary.' — **dicti**: 'before-mentioned.' — **cepit** = *coepit;* 2 (1). — 8. **frequencius** = *frequentius;* 2 (3). — 9. **equitando**: 3E (4) (*d*). — **horas**: 'the set prayers for the canonical hours.' — 11. **hore** = *horae;* 2 (1). — 12. **adiutorium**: 'help.' — 13. **accummodatum** = *accommodatum.* — 18. **dabat . . . poterat**: 3E (6) (*b*). — 23. **pluries**: 'many times.' — 25. **ledi** = *laedi.*

possetis." Tunc prelatus valde tristis effectus ait:
"Equus iste composito gradu valde suaviter me ferre
solebat, nunc autem — nescio quomodo istud accidit illi
— doleo quod equum bonum amisi, sed ex quo ita est,
5 accipe illum; magis autem competit militibus quam pre-
latis." Et ita equum optatum optinuit. — *Exempla, 38.*

AN ANCIENT SAYING ILLUSTRATED (PROVERBS XXI. 19)

Audivi quod quidam demon in specie hominis cuidam
diviti homini serviebat et, cum servicium eius et industria
multum placerent homini, dedit ei filiam suam in uxorem
10 et divicias multas.   Illa autem omni die et nocte litigabat
cum marito suo nec eum quiescere permittebat.   In fine
autem anni dixit patri uxoris sue: "Volo recedere et in
patriam meam redire."   Cui pater uxoris ait: "Nonne
multa tibi dedi, ita quod nichil desit tibi? quare vis
15 recedere?"   Dixit ille: "Modis omnibus volo repatriare."
Cui socer ait: "Ubi est patria tua?"   Ait ille: "Dicam
tibi et veritatem non celabo, patria mea est infernus, ubi
nunquam tantam discordiam vel molestiam sustinui,
quantam hoc anno passus sum a litigiosa uxore mea.
20 Malo esse in inferno, quam amplius cum ipsa commorari."
Et, hoc dicto, ab oculis eorum evanuit. — *Exempla, 60.*

---

4. **ex quo**: 'since.' — 12. **sue** = *suae.* — 14. **nichil**: 2 (3). —
15. **repatriare**: 'go back to my own country.'

ÉTIENNE DE BOURBON

Étienne de Bourbon was a Dominican monk of the thirteenth century, who made a collection of moralizing stories, many of which are found in one or another form in other collections. Such a one is the example here used, a familiar tale, one form of which is noted by Conant (*The Oriental Tale in England*) as found in Thomas Parnell's poem, *The Hermit*, of the eighteenth century. A number of other examples may be found in Ulrich's *Lateinische Novellistik*. A fuller edition was prepared by A. Le Coy de la Marche, Paris, 1877.

PEEPS BEHIND THE VEIL OF PROVIDENCE

Audivi a quodam fratre sacerdote et predicatore, dicto fratre Symone, quod, cum quidam heremita miraretur in corde suo, murmurans de diversis iudiciis Dei, de hoc quod hi qui male vivebant in presenti bene habebant sepe, et econtra frequenter bene viventes multas habebant ad- 5 versitates, et aliquando illi qui bonam vitam duxerant in fine videbantur habere finem abiectum, et mali pulcrum, et boni amittebant frequenter temporalia, malis bene succedebat in istis; cum hoc in oracione revolveret, rogavit Dominum ut ei ostenderet cur hoc faceret. Adfuit 10 angelus, dicens ei quod missus erat ut ei ostenderet que pecierat a Domino, et quod sequeretur se in forma heremite apparentem. Quod cum faceret, venerunt ad domum

---

1. **predicatore**: 'preacher.' — 2. **heremita**: 'hermit'; 2 (4.) — 4. **in presenti**: 'in this world.' — **sepe** = *saepe*. — 5. **econtra**: 3D. — 8. **temporalia**: 'worldly things.' — 9. **oracione**: 2 (3). — 12. **pecierat** = *petierat*. — **quod sequeretur**: jussive. — **heremite** = *eremitae*.

429

cuiusdam heremite, cuius domus supra saxum altissimum
erat sita supra mare, qui predicanti angelo de tempta-
cionibus et contra imperseveranciam, confessus est cum
multis lacrimis quod, cum fuisset ibi in magna afflictione
5 penitencie per quadraginta annos, ad ultimum ita erat
victus a cogitacionibus suis, quod volebat omnia dimittere bona et ad seculum redire; quem cum videret vere
penitentem angelus, precipitavit eum subito in mari, et
mortuus est. Cum autem ad hoc factum terreretur here-
10 mita, socius suus, et fugeret, vocavit eum dicens: "Noli
timere; ostendit tibi Deus unum de iudiciis suis."

Consequenter venerunt ad domum alterius heremite,
qui, cum recepisset eos cum magno gaudio, propinavit
eis potum cum cipho argenteo quem habebat, quem
15 occulte accipiens angelus, in sinu suo occultans, secum
deportavit. Venientes autem in nocte in domo cuiusdam
predonis militis, vix sunt in ea recepti, et valde male
tractati et conviciis affecti. Tamen aliqua pauca sunt
eis data, et lecti parati, licet viliter. In mane noluit
20 angelus recedere nisi prius loqueretur cum hospite, et
extrahens ciphum de sinu, dedit ei; quod videns heremita
miratus est, et murmurans in corde suo de hoc quod
viderat.

Alia nocte venerunt ad domum alterius militis, qui
25 satis vix recepit eos, tamen mediocriter tractavit eos.
In mane cum vellent recedere, rogatus ab angelo, dixit
cuidam filio suo unigenito quod eos conduceret et viam
monstraret. Quod cum puer faceret, subito eum angelus
arripuit et occidit, et in fossatum proiecit. Quod cum
30 vidisset heremita, fugiebat eum, dicens eum non esse

---

3. **imperseveranciam**: 'lack of perseverance.' — 7. **seculum**:
'the world.' — 8. **in mari**: 3A (1). — 12. **Consequenter**: 'after
this.' — 14. **cipho** = *scypho.* — 16. **in domo**: 3A (1). — 17. **predonis**
= *praedonis.* — 29. **fossatum** = *fossam.*

angelum, sed dyabolum. "Ecce," dicit angelus, "ostensa
sunt tibi occulta Dei iudicia quorum causam scire volebas :
salutem illius prioris heremite, quem precipitavimus,
procurabimus, qui, de sua temptacione compunctus, ad
Dominum ivit, non habens aliam penam nisi mortem ab- 5
iectam; qui, si supervixisset, redeunte temptacione,
malum quod conceperat adimplesset. Alius heremita
homo contemplativus est et magnarum oracionum;
dyabolus autem procuravit suis impedimentum oracionibus ; quidam enim dives ciphum argenteum quem sustuli- 10
mus ei dederat, ut pro se oraret. Cum autem orare vellet,
veniebat ei cogitacio quid de cipho illo facere posset, vel
ne furaretur eum aliquis ei, ita quod cor suum et oraciones
ciphus ille ei auferebat; ideo salutem eius procuravimus
ciphum auferendo; rediit enim ad solitas oraciones sine 15
impedimento illo. Alius autem, ad quem post venimus,
malus homo est, nec est dignus celesti remuneracione;
pro hoc quod fecit nobis, ideo temporalem ei dedimus
mercedem. Alius homo fuit hospitalis et multarum
eleemosynarum, et, cum non haberet prolem, rogavit 20
viros religiosos ut rogarent Dominum ut daret ei prolem ;
quod fecerunt, et dedit ei filium, quem vidisti submergi a
nobis. Quo habito, cepit opera misericordie, que facere
consueverat, dimittere, et multa mala facere, quo modo
multa filio acquireret. Puero mortuo in innocencia 25
salutem procuravimus, qui, si supervixisset, multa mala
fecisset; similiter et patri pueri, qui, eo mortuo, ad con-
sueta bona opera revertetur.

---

3. **salutem** : 'salvation.' — 5. **penam** = *poenam*. — 8. **contemplativus** : 'thoughtful.' — **oracionum** = *orationum :* 'given to many
prayers.' — 12. **quid de cipho illo facere posset** : 'what he might real-
ize from that goblet.' — **vel ne** : sc. *metus*. — 20. **eleemosynarum** :
'charities.' — 23. **cepit** = *coepit*.

GESTA ROMANORUM

One of the best known collections of stories in Latin is that passing under the title of *Gesta Romanorum*. The name is misleading, as all sorts of tales are unblushingly fathered upon the Romans, especially the Roman emperors; but a very slight study of them shows their inconsistent character, their anachronistic absurdities, and their various origin, frequently in oriental parts. It has been suggested that many of them may have been brought back from the east by returning crusaders. Who first collected these tales in anything like the group that now passes current can hardly be determined. As there is usually a moralizing appendix to each story (often ridiculous in its far-fetched applications), it seems probable that some monk, perhaps as early as the thirteenth century, compiled them for the purposes of preaching; but there is no certainty to be attached to any of the names connected with their authorship. The stories of the *Gesta* seem to have been a mine for later writers, like Chaucer, Shakespeare and Schiller.

There are many scores of Latin manuscripts of the *Gesta*, and versions in English, Latin and German, some of the manuscripts lacking the concluding morals. The number of the stories (and their numbering) varies widely in these manuscripts.

Among standard editions may be mentioned that of Oesterley (Berlin, 1872), and Dick (Erlangen and Leipzig, 1890). A well-known English translation by Charles Swan was first published in London in 1824. See also Dunlop's *History of Fiction*.

432

A PRESUMPTUOUS EMPEROR LEARNS A BITTER LESSON

Iovinianus imperator regnavit potens valde. Qui cum semel in stratu suo iacuisset, elevatum est cor eius ultra quam credi potest, et dicebat in corde suo : "Estne alter Deus quam sim ego?" Hiis cogitatis dormivit. Mane vero surrexit, vocavit milites suos ac ceteros et ait : "Ka- 5 rissimi, bonum est cibum sumere, quia hodie ad venandum volo pergere." Illi vero parati erant eius voluntatem adimplere. Cibo sumpto ad venandum perrexerunt. Dum vero imperator equitasset, calor intollerabilis arripuit eum, in tantum quod videbatur sibi mori, nisi in aqua 10 frigida posset balneari. Respexit, a longe vidit aquam latam. Dixit militibus suis : "Hic remaneatis quousque ad vos veniam !" Percussit dextrarium cum calcaribus et ad aquam festinanter equitavit. De equo descendit, omnia vestimenta deposuit, aquam intravit et tamdiu 15 ibidem remansit, quousque totaliter refrigeratus fuisset.

Dum vero ibidem exspectasset, venit quidam ei per omnia similis in vultu, in gestu, et induit se vestimentis suis, dextrarium eius ascendit et ad milites equitavit. Ab omnibus sicut persona imperatoris est receptus, quia 20 nullam suspicionem de eo habebant, nisi quod dominus eorum esset, quia in omnibus ei similis erat. Ludebant ; finito ludo, ad palacium cum militibus equitabat.

Post hec Iovinianus de aqua exivit, vestes nec equum invenit. Ammirabatur ; contristatus est valde, quia 25 nudus erat et neminem vidit. Cogitabat intra se : "Quid faciam ego? Miserabiliter sum ministratus."

---

2. **stratu**: 'bed.' — 4. **sim**: instead of *sum*. — **Hiis**: 2 (10). — 5. **Karissimi**: 2 (2). — 10. **mori**: used for the future. — 11. **balneari**: 'bathe.' — **a longe**: 3D. — 13. **dextrarium**: 'war-horse.' — **cum calcaribus**: the superfluous *cum*. — 16. **totaliter**: 'entirely.' — 19. **suis** for *eius*; 1C. — 22. **eorum**: for *suus*. — 24. **hec** = *haec*. — 25. **Ammirabatur**: 2 (8).

Tandem ad se reversus dicebat: "Hic prope manet unus
miles, quem ad miliciam promovi. Pergam ad eum et vestimenta habebo et equum, et sic ad palacium meum ascen-
dam et videbo quomodo et per quem taliter sim confusus."
5 Iovinianus totaliter nudus solus ad castrum militis
perrexit; ad ianuam pulsavit. Ianitor causam pulsacionis
quesivit. At ille: "Ianuam aperi et vide qualis sim ego!"
Ille ianuam aperuit, et cum vidisset eum, ait: "Quis es
tu?" Et ille: "Ego sum Iovinianus imperator. Vadas
10 ad dominum tuum et dic ei ut michi vestes mittat, quia
a casu vestes et equum perdidi!" Qui ait: "Mentiris,
pessime ribalde! Parum ante te dominus meus imperator
Iovinianus ad palacium suum cum militibus equitavit,
et dominus meus secum equitavit et rediit et iam in mensa
15 sedet. Sed quia imperatorem te nominas, domino meo
denunciabo." Ianitor intravit et domino suo verba eius
annunciavit. Ille hec audiens precepit ut introduceretur.
Et sic factum est. Miles cum eum vidisset, in nullo
noticiam eius habebat; sed imperator eum peroptime
20 cognovit. Ait ei miles: "Dic michi, quis es tu, et quod
est tibi nomen?" At ille: "Imperator sum et Iovinianus
dicor et te ad miliciam promovi tali die et tali tempore."
At ille: "O ribalde pessime, qua audacia audes te ipsum
inperatorem nominare? Iam dominus meus, imperator
25 Iovinianus, ante te ad palacium cum militibus equitavit,
et ego per viam eram ei associatus et sum reversus. O
rybalde pessime! Verum est, quod tali die et hora factus
sum miles per dominum meum imperatorem. Quia ad
tantam presumpcionem devenisti, ut te ipsum imperatorem
30 nominares, impune non transibis." Et statim fecit eum
egregie verberari et postea expelli.

---

1. **unus** = the indef. art. — 2. **miliciam**: 'official preferment.'
— 11. **a casu**: 'accidentally.' — 12. **ribalde**: 'obscene wanton!'
— 29. **presumpcionem** = *praesumptionem*: 'presumption.'

Ille vero sic flagellatus et expulsus flevit amare et ait:
"O deus meus, quid hoc esse potest, quod miles, quem ad
miliciam promovi, noticiam mei non habet et cum hoc me
graviter verberavit? Hic prope est quidam dux consiliarius meus. Ad eum pergam et necessitatem meam ei 5
ostendam; per quem potero indui et ad palacium meum
pergere." Cum vero ad ianuam ducis venisset, pulsabat.
Ianitor, audiens pulsacionem, ostium aperuit, et cum hominem nudum vidisset, ammirabatur et ait: "Quis es tu
et quare sic totaliter nudus advenisti?" At ille: "Rogo 10
te, fac negocium meum cum duce! Ego sum imperator
et a casu vestimenta et equum perdidi et ideo ad eum veni,
ut michi in hac necessitate succurrat." Ianitor cum
verba eius audisset, ammirabatur, intravit et domino suo
annunciavit quod quidam homo nudus in porta esset, 15
qui diceret se imperatorem esse et introitum peteret.
Ait dux: "Cito eum introduc, ut videamus quis sit qui
presumit se imperatorem nominare!" Ianitor vero hostium aperuit ac introduxit. Imperator noticiam ducis
peroptime habebat, sed ille eius noticiam in nullo. Ait 20
ei dux: "Quis es tu?" Et ille: "Ego sum imperator et
te ad honores et ad ducatum promovi et consiliarium
meum inter alios constitui." Ait dux: "Insanis miser,
parum ante te perrexi cum domino meo imperatore versus
palacium et reversus sum; et quia talem gradum tibi 25
apropriasti, impune non transibis." Fecit eum incar-
cerari et per aliquos dies pane et aqua sustentari. Deinde
de carcere eum extraxit et usque ad effusionem sanguinis
egregie verberare eum fecit et ab eius terra eum deiecit.

---

4. **dux consiliarius**: 'member of my ducal council.'—18. **hostium**: 2 (4). — 19. **noticiam . . . habebat**: 'recognized.'—20. **peroptime**: 'very easily.'—**in nullo**: 'not at all.'—22. **ducatum**: i.e.
the dukeship. — 26. **apropriasti**: 2 (11). — 29. **verberare** = *verberari;* 2 (1).

Ille sic deiectus ultra quam credi potest, gemitus et
suspiria emittebat et ait intra se: "Heu michi! Quid
faciam? Confusus sum. Sum enim opprobrium hominum et abieccio plebis. Melius est michi ad palacium
5 meum pergere, et mei de curia noticiam mei habebunt.
Si non illi, saltem domina uxor mea noticiam mei habebit
per certa signa." Solus ad pallacium totaliter nudus
accessit, ad ianuam pulsavit. Audita pulsacione, ianitor
ianuam apperuit. Quem cum vidisset, ait: "Dic michi,
10 quis est tu?" Et ille: "Numquid non nostis me?"
Qui ait: "In nullo." At ille: "De hoc ammiror, quia
portas meas vestes." Qui ait: "Mentiris, quia vestes
domini mei imperatoris porto." Et ille: "Ego sum ille.
In signum huius rogo te dei amore, ut ad imperatricem
15 pergas et ei de adventu meo dicas, ut michi celeriter vestes
mittat, quia aulam intrare volo. Si vero dictis tuis non
credat, dic ei quod per ista signa et ista, que nemo novit
nisi nos duo, ut tibi per omnia credat!" Ait ianitor:
"Non dubito quia sis insanus, quia iam dominus meus in
20 mensa sedet et imperatrix iuxta eum. Verumtamen, quia
dicis te imperatorem esse, imperatrici intimabo et certus
sum quia graviter propter hoc punieris."

Ianitor ad imperatricem perrexit, flexis genibus omnia
ei retulit. Illa non modicum contristata ad dominum
25 suum conversa, iuxta quem sedebat, ait: "O domine mi,
audite mirabilia! Signa privata inter nos sepius acta
quidam rybaldus per ianitorem michi recitat et dicit se
imperatorem esse et dominum meum." Ipse cum hoc
audisset, precepit ianitori, ut eum introduceret in conspec-
30 tum omnium. Qui cum introductus fuisset totaliter
nudus, canis quidam, qui ante eum multum dilexit, ad

---

4. **abieccio** = *abiectio:* 'scorn.' — 7. **pallacium** = *palatium.* —
12. **portas**: 'wear.' — 21. **intimabo**: 'I will inform.' — 26. **audite**:
the polite plural.

guttur saltavit, ut eum occideret, sed per homines inpeditus quod eum non lesit. Item quendam falconem habebat in pertica, qui cum eum videret, ligaturam fregit et extra aulam volavit. Ait imperator omnibus in aula, sedentibus in mensa, sive stantibus: "Karissimi," ait, "audite mea 5 verba, que isti dicam! Dic michi, karissime, quis es tu et ob quam causam huc venisti?" At ille: "Domine, imperator sum istius imperii et dominus istius loci; et ideo huc veni ad loquendum cum imperatrice." Ait imperator omnibus circumstantibus: "Dicite michi per iuramentum 10 quod fecistis, quis nostrum est imperator et dominus?" At illi: "O domine, ista est questio mirabilis. Per iuramentum quod fecimus, numquam illum nequam vidimus, quod scimus; sed tu es dominus noster et imperator, quem a iuventute habuimus. Et ideo rogamus ut puniatur, 15 ut omnes exemplum capiant, ut de tali presumpcione se non intromittant." Imperator ille conversus ad imperatricem et ait: "Dic, domina, michi per fidem qua teneris, nosti tu istum hominem, qui dicit se imperatorem et dominum tuum esse?" At illa: "O bone domine, cur 20 talia a me queris? Nonne plus quam XXX annis in societate tua steti et prolem per te habui? Sed unum est quod miror, quomodo rybaldus ille pervenit ad nostra secreta inter nos perpetrata." Imperator ille dixit ei: "Quia tam ausus fuisti quod te imperatorem nominasti, 25 do pro iudicio ut ad caudas equi hodie sis tractus. Et si ammodo talia audes affirmare, turpissima morte te condempnabo!" Vocavit satellites, precepit eis, ut eum ad caudam equi traherent, ita tamen, quod non occideretur. Et sic factum est. 30

---

1. **saltavit**: 'leaped.' — 2. **lesit** = *laesit;* 3E (6) (*b*). — **falconem**: 'falcon.' — 3. **ligaturam**: 'cord.' — 10. **iuramentum**: 'oath.' — 14. **quod scimus**: 'that we know of.' — 27. **ammodo**: 1B (6). — 28. **condempnabo**: 2 (6).

Post hec vero ultra quam credi potest dolebat et quasi desperatus de se ipso ait intra se: "Pereat dies, in qua natus sum! A me amici mei recesserunt; uxor mea nec filii noverunt me." Dum hec dixisset, cogitabat: "Hic
5 prope manet heremita, confessor meus. Vadam ad eum: forte ipse noticiam mei habebit, quia sepius confessionem meam audivit." Perrexit ad heremitam et ad fenestram celle sue pulsavit. At ille: "Quis est, qui ibi pulsat?" Qui dixit: "Ego sum Iovinianus imperator.
10 Aperi michi fenestram, ut loquar tecum!" Ille vero cum vocem eius audisset, aperuit fenestram, et cum eum vidisset, statim cum impetu fenestram clausit et ait: "Discede a me, maledicte! Tu non es imperator, sed dyabolus in specie hominis." Ille hec audiens ad terram
15 pre dolore cecidit, crines capitis traxit et barbe, et lamentaciones usque ad celum dedit et dixit: "Heu michi, quid faciam? Heu ego!" Hoc dicto recordatus est quomodo una nocte in stratu suo elevatum est cor eius et dixit: "Estne alter deus quam ego?" Pulsavit iterum ad fenes-
20 tram heremite et dixit: "Amore illius qui pependit in cruce, audi confessionem meam! Saltem, si nolis fenestram aperire, clausa audias tamen, quousque finiero!" At ille: "Michi bene placet." Tunc de tota vita sua est confessus, et precipue, quomodo se contra Deum erexisset
25 dicens quod non crederet alium deum esse quam se ipsum.

Facta confessione et absolucione, heremita fenestram aperuit et statim noticiam eius habebat et ait: "Benedictus Altissimus! Iam noticiam tui habeo. Paucas vestes hic habeo; cito indue te et ad palacium tuum perge!
30 Ut spero, omnes noticiam tui habebunt." Imperator induit se et ad palacium perrexit. Ad ianuam pulsavit. Ianitor hostium apperuit et eum satis honorifice salutavit.

---

8. **celle sue** = *cellae suae.* — 15. **pre** = *prae.* — 17. **Heu ego**: an interesting variation in syntax. — 27. **Benedictus**: sc. *sit.*

At ille: "Numquid noticiam mei habetis?" Qui ait:
"Eciam domine, peroptime. Sed moror quod tota die
hic steti nec vidi vos exire." Ille vero aulam intravit,
et ecce omnes capita inclinabant. Sed alius imperator
erat cum domina in camera. Quidam autem miles de 5
camera exivit et eum intime respexit, in cameram rediit
et ait: "Domine mi, est quidam homo in aula cui omnes
honorem faciunt, qui tantum assimilatur vobis in omnibus,
quod quis vestrum sit imperator penitus ignoramus."
Imperator hec audiens ait imperatrici: "Karissima 10
domina, exi foras et michi dic si noticiam eius habeas, et
michi renuncia!" Illa vero foras exivit, et cum eum
vidisset ammirabatur. Statim cameram intravit et ait:
"O domine, in periculo anime mee vobis unum dico, quod
quis vestrum sit dominus meus penitus ignoro." At ille: 15
"Ex quo sic est, foris pergam et veritatem discuciam."

Cum aulam intrasset, eum per manum accepit et iuxta
eum stare fecit et vocavit omnes nobiles in aula tunc
existentes cum imperatrice et ait: "Per iuramentum
quod fecistis, dicite quis nostrum est imperator?" Im- 20
peratrix primo respondit: "Domine, michi incumbit
primo respondere. Testis est michi Deus in celis, quis
vestrum sit dominus meus penitus ignoro!" Et sic omnes
dixerunt. Tunc ait ille, qui de camera exivit: "Audite
me! Iste homo est imperator vester et dominus; nam 25
aliquo tempore se contra Deum erexit, unde omnis noticia
hominum ab eo recessit, quousque satisfaccionem Deo
fecit. Ego vero sum angelus eius, custos anime sue, qui
imperium suum custodivi, quamdiu penitenciam sustinuit.
Iam penitencia est completa et pro delictis suis satisfecit, 30
quia, ut vidistis, illum ad caudas equi trahi feci." Hiis

---

2. **Eciam** = *etiam.* — 5. **camera**: 'hall of the palace.' — 16. **Ex
quo**: 'since.' — **discuciam** = *discutiam:* 'investigate.' — 19. **existentes** = *qui erant.*

dictis ait: "Ammodo sitis ei obedientes! Ad Deum vos
recommendo." Statim ab occulis eorum disparuit. Imperator vero gracias Deo reddidit et post hec omni tempore
vite sue in bona pace vixit et spiritum Deo tradidit.

— *Chap. 148, Dick.*

A SHREWD KING

5 Erat quidam rex iustus valde ac prudens, qui habebat
in regno suo duos milites, unus iustus ac misericors, alter
cupidus sive avarus. Miles iustus habebat quandam
terram, quam miro modo cupidus cupiebat. Sepe ei
precium optulit, quantum valuit. Ille vero semper re-
10 spondit: "Hereditas mea a patre est; ideo numquam
eam vendere volo." Miles vero cupidus eum de die in
diem solicitabat, ut ei terram venderet; sed in nullo ei
consensum prebuit. Accidit post hec, quod miles qui
terram habebat infirmabatur usque ad mortem, de qua
15 infirmitate mortuus est. Hec audiens miles cupidus
cartam per se faciebat nomine alterius militis, et in littera
continebatur, quod pro precio certo ei terram vendidisset.
Accessit ad domum defuncti et secum III testes precio
conduxit et sigillum defuncti optinebat. Coram tribus
20 testibus accepit pollicem defuncti et cum pollice eius
et sigillo suo cartam suam sigillavit. Hoc facto dixit
tribus testibus, "Karissimi, ecce videtis quod iste miles
propriis manibus cartam meam sigillavit. Testimonium
huius rei perhibeatis!" At illi: "Eciam, hoc firmiter
25 promittimus."

Cum autem corpus defuncti terre fuisset commendatum,
miles cupidus terram eius occupavit. Filius vero defuncti
ad eum et dixit: "Karissime domine, cur terram meam

---

2. **recommendo**: 'commend.' — **disparuit**: 'vanished.' — 6. **unus
iustus**: the syntax wobbles. — 16. **cartam** = *chartam.* — 19. **sigillum**: 'seal.'

occupas?" Qui ait: "Quomodo est terra tua?" At ille:
"Pater meus est mortuus, et ego sum heres, et ideo terra
est mea iure hereditario." Ait miles: "Numquid pater
tuus in vita sua terram istam potuit dare aut vendere?"
Qui ait: "Immo, utrumque posset." At ille: "Scias 5
ergo, karissime, quod michi certo precio terram istam
vendidit et cartam super hoc fecit et propriis manibus
coram tribus viris fide dignis cartam meam sigillavit."
Ait iuvenis: "Expertus sum quod sepius ei de vendicione
terre loquebaris, sed numquam tibi consensit; immo 10
simpliciter dixit quod numquam hereditatem patris sui
venderet." Ait miles: "Si tibi videtur quod iniuriam
fecerim, vade ergo et queras iusticiam!" Filius vero
perrexit ad regem et flexis genibus cum lacrimis ei totum
processum narravit a principio usque ad finem, quomodo 15
iniuste miles ille eum ab hereditate sua expulisset. Ideo
ait: "Domine mi rex, pro Dei amore tuum adiutorium
cum toto affectu peto." Rex vero cum esset iustus ac
misericors, litteras suas fecit fieri ad militem, ut sine ulteri-
ori dilacione ad eum veniret et secum testes suos duceret. 20
 Miles cum mandatum regis audiret, statim die assignata
cum testibus comparuit. Ait ei rex: "Dic michi, karissime, quo iure hereditatem istius iuvenis occupas?" Qui
ait: "Domine, pater suus michi terram pro peccunia
vendidit et super hoc cartam fecit et propriis manibus 25
cartam meam sigillavit coram tribus hominibus fide
dignis, quos mecum duxi." Ait rex illis tribus: "Karissimi, estne verum quod iste dicit?" At illi: "Eciam,
domine, per omnia. Nam occulis nostris vidimus et ideo
testes huius rei sumus." Rex vero precepit ut miles per 30
se in cameram privatam poneretur. Et sic factum est.
Deinde fecit III testes ab invicem separari et quemlibet in
specialem cameram poni tribus diebus et tribus noctibus.

---

32. **ab invicem**: 3D. — **quemlibet** = *quemque.*

Hoc facto fecit ad se vocari primum testem et ait ei :
"Karissime, numquid nosti oracionem dominicam?"
At ille : "Immo, domine, eciam a iuventute." Cui
respondit : "Tibi non credo, nisi michi dixeris a principio
5 usque ad finem sine aliquo defectu." At ille : "Domine,
paratus sum hoc adimplere." Statim incepit : "Pater
noster, qui es," etc., usque ad finem sine aliquo defectu.
Ait ei rex : "Iam sum securus quod sine defectu dominicam
oracionem scias perfecte." Dixitque servis suis ut eum
10 ducerent ad priorem cameram et secundum testem ei
presentarent. Quod et factum est. Cum autem venisset,
ait rex : "De facto istius militis michi narra, quomodo
sit, quia ante te hic erat senior ex vobis et michi retulit ita
verum sicut ' pater noster,' nec in aliquo verbo mencieba-
15 tur ! Unde rogo te, ut michi veritatem dicas, sicut socius
tuus fecit ; et si possum perpendere quod veritatem non
dixeris, mala morte morieris." Ille hec audiens intra se
cogitabat : "Certus sum, quod socius meus totum secretum facti militis narravit. Nisi ego hoc fecerim, filius
20 mortis sum ego." Statim cepit narrare a principio usque
ad finem quomodo eos precio conduxisset et quomodo
pollicem mortui accepisset et cartam, quam fecerat, per
se sigilasset. Ait ei rex : "Credo quod verum michi
dixisses." Dixitque servis suis ut eum amoverent et III
25 testem producerent. Illi vero sic fecerunt. Cum autem
III testis comparuit coram rege, ait ei rex : "Scias pro
certo quod duo socii tui mecum erant isto die ! Et certus
sum quia primus ita verum michi dixit sicut ' paternoster '
et, ut credo, eciam secundus. Dic ergo tu veritatem de
30 facto istius militis ! Et si non feceris, amen dico tibi,
hodie suspenderis in patibulum." Ille hec audiens ait
in corde suo : "Iam video per dicta regis quod socii me

---

8. **dominicam oracionem**: the ' Lord's prayer.' — 24. **III** = *ter-tium.* — 27. **isto** = *hoc.*

totum secretum militis narraverunt. Si ergo ego non dixero, filius mortis sum ego." Et cepit simili modo narrare, sicut II dixerat, et cum eo in omnibus concordabat. Quod audiens rex ait: "Credo te verum dixisse." Statim fecit militem et alios II testes ante omnium con- 5 spectum vocari. Cum autem venissent, ait rex militi: "O tu pessime, cur tantam falsitatem defuncto fecisti? Ecce testes tui testimonium contra te dicunt!" Et totum factum coram omnibus recitavit. Miles negare non potuit. Statim eum vivum sepeliri precepit et III testes 10 suspendi. Omnes vero regem laudabant, qui tam prudenter iudicium dedit. Terram autem iuveni restituit.

— *Chap. 198, Dick.*

"THE LADY OF COMFORT"

Vespasianus regnavit, qui filiam pulcherrimam habebat cui nomen Aglaes, que erat nimis pulchra et oculis homi- 15 num graciosa, ita quod eius pulchritudo omnes alias mulieres excellebat. Accidit una die quod cum filia eius ante eum staret, eam intime respexit et ait ei: "Carissima, nomen tuum mutabo; propter pulchritudinem corporis tui sit nomen tuum ammodo domina solacii, in signum huius, ut omnes qui ad te venerint tristes cum 20 gaudio recedant." Rex vero iuxta palacium quendam ortum pulcherrimum habebat in quo sepius causa solacii ambulavit. Fecit proclamari per totum imperium quod si quis filiam suam in uxorem habere vellet, ad palacium suum veniret et infra ortum tribus aut quatuor diebus 25 spaciaret, deinde rediret et filiam suam in uxorem haberet. Facta proclamacione, multi ad palacium suum venerunt, ortum intrabant et numquam postea sunt visi, et quotquot venerunt, nullus ex eis evasit.

---

22. **ortum** = *hortum;* 2 (4). — 26. **spaciaret** = *spatiaretur.*

Erat tunc quidam miles in partibus longinquis; cum audisset de clamore quod si quis ad palacium veniret filiam regis in uxorem haberet, venit ad ianuam palacii et pulsavit. Ianitor hostium aperuit et eum introduxit, ad
5 regem accessit et ait: "Domine mi, clamor factus est communis, ut si quis ortum vestrum intraverit, filiam vestram in uxorem habebit, ideo huc veni." Ait rex: "Ortum intrate et, si exieritis, eam habebitis." Qui ait: "Domine mi, unum michi concede; peto instanter,
10 antequam ortum intravero, ut aliqua verba cum puella loqui potero." Ait ille: "Michi bene placet." Accessit ad puellam et ait: "Carissima, nomen vestrum est domina solacii; ad hoc tibi datum est, ut omnes qui tristes ad te veniunt cum gaudio redeant, sed ego nimis tristis et
15 desolatus ad te venio; prebe ergo michi consilium et auxilium quomodo cum gaudio recedere potero. Multi ante me venerunt et ortum intraverunt nec unquam amplius visi sunt; si ergo michi idem casus contingeret, 've michi,' dicere potero, 'quod ego in coniugem te desideravi
20 in matrimonio.'"

At illa: "Tibi veritatem dicam et tuam tristiciam in gaudium convertam. In orto illo est quidam leo ferocissimus qui omnes intrantes interficit, et per eum omnes qui intraverunt racione persone mee sunt interfecti. Arma
25 corpus tuum totum ferro a planta pedis usque ad verticem capitis, et sint omnia arma tua cum gummo linita. Cum vero ortum intraveris, leo statim in te irruet; contra eum viriliter pugna et cum lassus fuerit ab eo te separes. Ille vero per brachium vel pedem te tenebit cum dentibus in
30 tantum, quod per arma gummata dentes eius pleni erunt, quod te non multum poterit ledere; tu vero cum hec

---

2. **clamore** = *rumore;* 'report.' — 4. **hostium:** 2 (4). —
15. **prebe** = *praebe.* — 18. **ve** = *vae.* — 26. **gummo:** 'gum.' —
linita: 'smeared.'

perceperis, gladium evagina, et caput eius amputa. Sed aliud est adhuc periculum in orto illo. Est tantum unus introitus et sunt diversa diverticula, ita quod qui semel intraverit vix exitum invenire poterit, et ideo contra illud periculum dabo tibi tale remedium. Globum fili tibi 5 concedo, et cum ad hostium orti perveneris, filum globi in porta liga, et sic per filum in ortum descende, et sicut vitam tuam diligis, globum fili non perdas."

Miles per omnia adimplevit sicut dixerat puella, armatus ortum intravit. Leo cum eum vidisset, toto conamine 10 in eum irruit, miles viriliter se defendit, et cum lassus erat, saltum ab eo fecit. Leo eum per brachium tenuit in tantum quod dentes eius gummo pleni erant. Miles cum hoc percepisset, gladium extraxit et caput leonis amputavit. Ille vero in tantum gaudebat, quod filum per quem 15 descendit, perdidit. Ille vero tristis ac dolens ortum tribus circuivit diebus et diligenter globum quesivit, de nocte invenit. Cum vero invenisset, non modicum gaudens per filum ascendit, quousque ad portam pervenit, filum solvit, ad regem perrexit et filiam suam dominam 20 solacii in uxorem obtinuit, de quo multum gaudebat.

Carissimi, iste imperator est dominus noster Ihesus Christus, filia tam pulchra domina solacii est regnum eternum. Qui vero voluerit regnum eternum habere, oportet ut primo ortum huius mundi intret et per aliqua 25 tempora, quamdiu Deus voluerit, ibidem exspectet. Psalmista: "Constituisti terminos eius qui preteriri non poterunt." Job: "Unus est introitus hominum et iumentorum." Sed in mundo tot sunt diverticula, scilicet pericula, quia que homo nescit finem suum, nec ubi, 30

---

1. **evagina**: 'unsheath.' — 3. **diverticula**: 'branching paths.' — **quod ... vix ... poterit**: 3E (6) (b). — 8. **globum fili**: the Ariadne motive is evident. — 27. **Psalmista**: sc. *ait.* — 30. **quia que**: 'because.'

nec quomodo mori debet. Leo vero est diabolus; circuit
querens quem devoret, unde quasi infiniti per eum sunt
occisi. Quid ergo est faciendum? Si volumus regnum
celeste obtinere, certe debemus bonis virtutibus armari,
5 ita quod arma nostra sint gummata. Per gummam
elemosinam intelligere debemus, quia sicut gumma duo
adinvicem iungit, sic et elemosina cum Deo, unde propheta
dicit: "Sicut aqua exstinguit ignem, ita elemosina peccatum." Deinde debes accipere globum fili, etc. Globus
10 iste est baptismus; unde in principio vite tue oportet in
baptismo, deinde in confirmacione et sic per cetera sacramenta in mundum istum descendere. Sed leo, i.e. diabolus, est paratus contra te pugnare. Contra eum
viriliter pugnare debes, et caput eius, scilicet potestatem,
15 per bona opera auferre. Sed sepe contingit quod postquam homo de diabolo triumphaverit, sicut multi faciunt
in Quadragesima, post Pascha redeunt ad peccata, et sic
globum fili, i.e. virtutem sacramenti, perdunt. Fac ergo
tu sicut fecit miles. Si per peccatum virtutes perdidisti,
20 multum dolere deberes. Perge viam trium dierum per
contricionem, confessionem et satisfactionem, et invenire
poteris ea que perdidisti, et sic cum veneris ad portum
mortis, quando anima separatur a corpore, poteris ad
dominam solacii pervenire, i.e. ad gaudium eternum. Ad
25 quod etc. — *Chap. 63, Oesterley.*

---

5. **gummam** = *gummum.* — 6. **elemosinam**: 'charity.' — 7. **adinvicem**: 3D. — 17. **Quadragesima**: 'Lent.' — **Pascha**: 'Easter.'

HISTORIA APOLLONII REGIS TYRI

The Latin novelistic tale of Apollonius, King of Tyre, is supposed to go back to anonymous Greek authorship. It became one of the most popular stories in European literatures, being found in versions of different sorts in Greek, Italian, Spanish, German, French, English, Dutch, Scandinavian, and other languages. In England, to mention two famous examples, it appears in John Gower's *Confessio Amantis*, and it is the foundation of Shakespeare's *Pericles*. In its full form the tale is evidently a composite of various elements, some pagan and some Christian, among which, for instance, it is easy to detect reminiscences of the *Odyssey*, the *Aeneid*, of Joseph in Egypt with his fellow prisoners, and of pious monasticism in frequent phrases like *deo favente*, and the like.

According to this version, Apollonius, Prince of Tyre, becomes aware of a guilty secret of a neighboring monarch, and flees to obscurity to escape his wrath. After befriending the people of Tarsus, he sails away across the Mediterranean, but is shipwrecked on the coast of Cyrene, where, effecting a miraculous escape, he gains the favor of King Archistrates, and ultimately marries his daughter. Presently he learns that he has fallen heir to his enemy's kingdom, and sails away with his bride to claim it. On the way his young wife becomes the mother of a daughter, Tarsia or Tharsia, and apparently dies. The body is set adrift in a chest, and is cast upon the shore near Ephesus, where she is resuscitated and becomes high priestess in the temple of Diana. Meanwhile Apollonius arrives at Tarsus in great grief and intrusts the infant daughter to an aged couple to bring up, and sails away again. Jealousy leads the old woman to plan the death of Tarsia, who is, however, opportunely

447

kidnaped by pirates and carried to Mitylene, where she has
various narrow escapes. Her father in great despair arrives in
the port of Mitylene, and they discover each other; then they
sail to Ephesus and find the princess mother in the temple, touch
at Tarsus and revenge the treachery of the woman Dionysias,
sail back to Cyrene and are happily reunited to King Archistrates and that kingdom.

The Latin is simple, with an almost English order of words.

The text has been edited, in the Teubner text edition, by
A. Riese (Leipzig, 1893).

APOLLONIUS ESCAPES SHIPWRECK AND IS BEFRIENDED
BY A FISHERMAN

Tunc unusquisque sibi rapuit tabulas, morsque nuntiatur. In illa vero caligine tempestatis omnes perierunt.
Apollonius vero unius tabulae beneficio in Pentapolitarum
est litore pulsus. Interim stans Apollonius in litore nudus,
5 intuens tranquillum mare ait, "O Neptune, rector pelagi,
hominum deceptor innocentium, propter hoc me re-
servasti egenum et pauperem, quo facilius rex crudelissimus
Antiochus persequatur! Quo itaque ibo? quam partem
petam? vel quis ignoto vitae dabit auxilium?" Et
10 cum sibimet ipsi increparet, subito animadvertens vidit
quendam grandaevum, sago sordido circumdatum. Et
prosternens se illius ad pedes effusis lacrimis ait, "Miserere
mei, quicumque es; succurre naufrago et egeno, non
humilibus natalibus genito! Et ut scias cui miserearis,
15 ego sum Tyrius Apollonius, patriae meae princeps. Audi
nunc tragoediam calamitatis meae, qui modo genibus
tuis provolutus vitae auxilium precor. Praesta mihi ut
vivam."

Itaque piscator, ut vidit primam speciem iuvenis,
20 misericordia motus erigit eum et tenens manum eius duxit
eum intra tecta parietum domus suae, et posuit epulas quas

potuit. Et ut plenius misericordiae suae satisfaceret,
exuens se tribunarium suum, scindit eum in duas partes
aequaliter et dedit unam iuveni dicens, "Tolle hoc quod
habeo et vade in civitatem; forsitan invenies, qui tibi
misereatur. Et si non inveneris, huc revertere et mecum 5
laborabis et piscaberis; paupertas quaecumque est suf-
ficiet nobis. Illud tamen admoneo te, ut si quando Deo
adnuente redditus fueris natalibus tuis, et tu respicias
tribulationem paupertatis meae." Cui Apollonius ait,
"Nisi meminero tui, iterum naufragium patiar nec tui 10
similem inveniam! " — *Chap. 12.*

APOLLONIUS FALLS IN WITH KING ARCHISTRATES
AND WINS HIS FAVOR

Et haec dicens, per demonstratam sibi viam iter carpens,
ingreditur portam civitatis. Et dum secum cogitaret
unde auxilium vitae peteret, vidit puerum per plateam
currentem oleo unctum, sabano praecinctum, ferentem 15
iuvenilem lusum ad gymnasium pertinentem, maxima
voce clamantem et dicentem "Audite cives, peregrini,
ingenui et servi; gymnasium patet." Hoc audito,
Apollonius exuens se tribunarium ingreditur lavacrum,
utitur liquore Palladio, et dum singulos exercentes videret, 20
quaerit sibi parem nec invenit. Tunc rex Archistrates
eiusdem civitatis subito cum magna turba famulorum
ingressus est gymnasium. Qui dum cum suis ad ludum
luderet, Deo favente approximavit se Apollonius in regis
turba et ludente rege sustulit pilam et subtili velocitate 25
remisit remissamque rursum repercussit nec cadere
passus est. Tunc rex Archistrates, cum sibi notasset
iuvenis velocitatem, et quis esset nesciret, et ad pilae

---

2. **tribunarium** : ' soiled garment.' — 4. **civitatem** : 1B (5). —
8. **natalibus** : ' birth-right.' — 15. **sabano** : ' towel.' — 19. **lavacrum** :
'bath.' — 20. **liquore Palladio:** 'olive oil.'

lusum nullum haberet parem, intuens famulos suos
ait, "Recedite, famuli; hic enim iuvenis, ut suspicor,
mihi comparandus est." Et cum recessissent famuli,
Apollonius subtili velocitate manu docta remisit pilam,
5 ut et regi et omnibus, vel pueris qui aderant, miraculum
magnum videretur.   Videns autem Apollonius se a civibus
laudari, constanter appropinquavit ad regem.   Deinde
docta manu ceroma fricavit regem tanta lenitate, ut de
sene iuvenem redderet.   Iterato in solio gratissime fovit,
10 exeunti officiose manum dedit, post haec discessit.
                                                    — *Chap. 13.*

ARCHISTRATES INVITES APOLLONIUS TO DINNER

Rex autem, ut vidit iuvenem discessisse, conversus ad
amicos suos ait : "Iuro vobis, amici, per communem salutem meam, me melius nunquam lavisse nisi hodie, beneficio unius adolescentis quem nescio."   Et intuens unum de
15 famulis suis ait, "Iuvenis ille, qui mihi servitium gratissime fecit, vide quis sit."   Famulus vero secutus est
iuvenem, et ut vidit eum sordido tribunario coopertum,
reversus ad regem ait, "Bone rex optime, iuvenis naufragus
est."   Rex ait, "Et tu unde scis?"   Famulus respondit,
20 "Quia illo tacente habitus indicat."   Rex ait, "Vade
celerius et dic illi : 'Rogat te rex ut ad cenam venias.'"
Et cum dixisset ei, acquievit Apollonius et eum ad domum
regis secutus est.   Famulus prior ingressus dicit regi,
"Adest naufragus, sed abiecto habitu introire confundi-
25 tur."   Statim rex iussit eum dignis vestibus indui et ad
cenam ingredi.   Et ingresso Apollonio triclinium, ait ad
eum rex, "Discumbe, iuvenis, et epulare.   Dabit enim

---

8. **ceroma** : treated here as an Abl. of the 1st Decl. — 9. **Iterato** :
'once again.' — **solio** : 'bathtub.' — **fovit** : used here literally of the
bath processes. — 24. **introire confunditur** : 'he is embarrassed at
the thought of entering'; 3E (3) (*a*).

tibi Dominus quidquid; damna naufragii obliviscaris!"
Statimque assignato illi loco, Apollonius contra regem
discubit. Adfertur gustatio, deinde cena regalis. Cunctis
epulantibus, ipse solus non epulabatur, sed respiciens
aurum, argentum, mensam et ministeria, flens cum dolore 5
omnia intuetur.

Sed quidam de senioribus iuxta regem discumbens, ut
vidit iuvenem singula quaeque curiose conspicere, respexit
ad regem et ait, "Bone rex, vide, ecce, cui tu benignitatem
animi tui ostendis, bonis tuis invidet et fortunae!" Cui 10
ait rex, "Amice, suspicaris male; nam iuvenis iste non
bonis meis aut fortunae meae invidet, sed, ut arbitror,
plura se perdidisse testatur." Et hilari vultu respiciens
iuvenem ait, "Iuvenis, epulare nobiscum; laetare et
gaude et meliora de Deo spera!"   15

Et dum hortaretur iuvenem, subito introivit filia regis
speciosa atque auro fulgens, iam adulta virgo; dedit
osculum patri, post haec discumbentibus omnibus amicis.
Quae dum oscularetur, pervenit ad naufragum. Retrorsum rediit ad patrem et ait, "Bone rex et pater optime, 20
quis est nescio hic iuvenis, qui contra te in honorato loco
discumbit et nescio quid flebili vultu dolet?" Cui rex
ait, "Hic iuvenis naufragus est et in gymnasio mihi
servitium gratissime fecit; propter quod ad cenam illum
invitavi. Quis autem sit aut unde, nescio. Sed si vis, 25
interroga illum; decet enim te, filia sapientissima, omnia
nosse. Et forsitan, dum cognoveris, misereberis illi."
Hortante igitur patre, verecundissimo sermone interroga-
tur a puella Apollonius; et accedens ad eum ait, "Licet
taciturnitas tua sit tristior, generositas autem tuam 30
nobilitatem ostendit. Sed si tibi molestum non est,

---

1. quidquid = *quidque*, i.e. *omnia* (a wish, or prophecy, here). —
3. gustatio: 'antepast.' — 27. illi: Dat. of Advantage for usual
Gen. with *misereri*. — 30. generositas: 'aristocratic bearing.'

indica mihi nomen et casus tuos." Apollonius ait, "Si
nomen quaeris, Apollonius sum vocatus; si de thesauro
quaeris, in mari perdidi." Puella ait, "Apertius indica
mihi, ut intelligam."
5 Apollonius vero universos casus suos exposuit et finito
sermone lacrimas effundere coepit. Quem ut vidit rex
flentem, respiciens filiam suam ait, "Nata dulcis, peccasti,
quod dum eius nomen et casus adolescentis agnosceres,
veteres ei renovasti dolores. Ergo, dulcis et sapiens
10 filia, ex quo agnovisti veritatem, iustum est ut ei libera-
litatem tuam quasi regina ostendas." Puella vero respiciens Apollonium ait, "Iam noster es, iuvenis, depone
maerorem; et quia permittit indulgentia patris mei,
locupletabo te." Apollonius vero cum gemitu egit
15 gratias. Rex vero, videns tantam bonitatem filiae suae,
valde gavisus est et ait ad eam, "Nata dulcis, salvum
habeas. Iube tibi afferre lyram et aufer iuveni lacrimas,
et exhilara ad convivium." Puella uero iussit sibi afferre
lyram. At ubi accepit, cum nimia dulcedine vocis
20 cordarum sonos, melos cum voce miscebat. Omnes con-
vivae coeperunt mirari dicentes, "Non potest esse melius,
non esse dulcius plus isto, quod audivimus!" Inter quos
solus tacebat Apollonius. Ad quem rex ait, "Apolloni,
foedam rem facis. Omnes filiam meam in arte musica
25 laudant, quare tu solus tacendo vituperas?" Apollonius
ait, "Domine rex, si permittis, dicam quod sentio; filia
enim tua in artem musicam incidit, sed non didicit.
Denique iube mihi dari lyram, et statim scies quod ante
nesciebas." Rex Archistrates dixit, "Apolloni, ut intel-
30 ligo, in omnibus es locuples." Et induit statum, et
corona caput coronavit, et accipiens lyram introivit

---

16. **salvum habeas**: 'bless you!' — 17. **Iube**: sc. *aliquem.* —
18. **exhilara**: 'cheer.' — 27. **incidit**: 'stumbled upon.' — 30. **statum**: 'musician's garb.'

triclinium. Et ita fecit ut discumbentes non Apollonium
sed Apollinem existimarent. Atque ita, facto silentio,
 "Arripuit plectrum, animumque accommodat arti."
Miscetur vox cantu modulata cordis. Discumbentes una
cum rege in laude clamare coeperunt et dicere, "Non 5
potest melius, non potest dulcius!" Post haec deponens
lyram ingreditur in comico habitu et mirabili manu et
saltu inauditas actiones expressit, post haec induit tra-
gicum : et nihilominus admirabiliter complacuit, ita ut
omnes amici regis et hoc se numquam audisse testarentur 10
nec vidisse. — *Chaps. 14–16.*

THREE SUITORS AND THE MIND OF A PRINCESS

Rex autem post paucos dies, tenens Apollonium manu,
forum petit et cum eo deambulavit. Iuvenes scolastici
III nobilissimi, qui per longum tempus filiam eius petebant
in matrimonium, pariter omnes una voce salutaverunt 15
eum. Quos videns, rex subridens ait illis, "Quid est hoc
quod una voce me pariter salutastis?" Unus ex ipsis ait,
"Petentibus nobis filiam vestram in matrimonium tu
saepius nos differendo fatigas; propter quod una simul
venimus. Elige ex nobis, quem vis habere generum." 20
Rex ait, "Non apto tempore me interpellastis; filia enim
mea studiis vacat et prae amore studiorum imbecillis iacet.
Sed ne videar vos diutius differre, scribite in codicellos
nomina vestra et dotis quantitatem; et dirigo ipsos
codicellos filiae meae, et illa sibi eligat quem voluerit 25
habere maritum." Illi tres itaque iuvenes scripserunt
nomina sua et dotis quantitatem. Rex accepit codicellos
anuloque suo signavit datque Apollonio dicens, "Tolle,

---

18. **Petentibus nobis**: Abl. Abs. instead of the classical construction *petentes.* — 22. **imbecillis** = *imbecillus*, the classical form ; 2
(9).

magister, praeter tui contumeliam hos codicellos et perfer discipulae tuae ; hic enim locus te desiderat."

Apollonius, acceptis codicellis, pergit domum regiam et introivit cubiculum tradiditque codicellos. Puella patris 5 agnovit signaculum. Quae ad amores suos sic ait, "Quid est, magister, quod sic singularis cubiculum introisti?" Cui Apollonius respondit, "Domina, es nondum mulier et male habes ! Sed potius accipe codicellos patris tui et lege trium nomina petitorum." Puella vero reserato 10 codicello legit, perlectoque, nomen ibidem non legit quem volebat et amabat. Et respiciens Apollonium ait, "Magister Apolloni, ita tibi non dolet, quod ego nubam?" Apollonius dixit, "Immo gratulor, quod habundantia horum studiorum docta et a me patefacta Deo volente et 15 cui animus tuus desiderat nubas." Cui puella ait, "Magister, si amares, utique doleres tuam doctrinam." Et scripsit codicellos et signatos suo anulo iuveni tradidit. Pertulit Apollonius in forum tradiditque regi. Accepto codicello rex resignavit et aperuit illum. In quibus 20 rescripserat filia sua : "Bone rex et pater optime, quoniam clementiae tuae indulgentia permittis mihi, dicam ; illum volo coniugem naufragio patrimonio deceptum. Et si miraris, pater, quod pudica virgo tam impudenter scripserim, per ceram mandavi, quae pudorem non habet." 25 Et perlectis codicellis, rex ignorans quem naufragum diceret, respiciens illos tres iuvenes, qui nomina sua scripserant vel qui dotem in illis codicellis designaverant, ait illis, "Quis vestrum naufragium fecit?" Unus vero ex iis Ardalion nomine dixit, "Ego." Alius ait, "Tace, 30 morbus te consumat nec salvus sis ! cum scio te coaetaneum meum et mecum litteris eruditum, et portam

---

1. **praeter**: 'without.' — 5. **signaculum**: 'seal.' — **amores**: 'beloved.' — 8. **male habes**: 'are offended.' — 15. **cui . . . desiderat**: 3A (1). — 30. **coaetaneum**: 'of my own age.'

civitatis numquam existi! Ubi ergo naufragium fecisti?"
Et cum rex non inveniret quis eorum naufragium fecisset,
respiciens Apollonium ait, "Tolle, magister Apolloni, hos
codicellos et lege. Potest enim fieri ut quod ego non
inveni tu intelligas, quia praesens fuisti." Apollonius 5
accepto codicello legit, et ut sensit se a regina amari,
erubuit. Et rex tenens ei manum paululum secessit ab
eis iuvenibus et ait, "Quid est, magister Apolloni, invenisti naufragum?" Apollonius ait, "Bone rex, si permittis, inveni." Et his dictis, videns rex faciem eius roseo 10
colore perfusam, intellexit dictum et ait gaudens, "Quod
filia mea cupit, hoc est et meum votum; nihil enim in
huiusmodi negotio sine Deo agi potest." Et respiciens
illos tres iuvenes ait, "Certe dixi vobis quia non apto
tempore interpellastis. Ite, et dum tempus fuerit, mittam 15
ad vos." Et dimisit eos a se.

Et tenens manum iam genero, non hospiti, ingreditur
domum regiam. Ipso autem Apollonio relicto, rex solus
intrat ad filiam suam dicens, "Dulcis nata, quem tibi
elegisti coniugem?" Puella vero prostravit se ad pedes 20
patris sui et ait, "Pater carissime, quia cupis audire natae
tuae desiderium, illum volo coniugem et amo patrimonio
deceptum et naufragum, magistrum meum Apollonium;
cui si non me tradideris, a praesenti perdes filiam!" Et
cum rex filiae non posset ferre lacrimas, erexit eam et 25
alloquitur dicens, "Nata dulcis, noli de aliqua re cogitare,
quia talem concupisti quem ego, ex quo eum vidi, tibi
coniungere optavi. Sed ego tibi vere consentio, quia et
ego amando factus sum pater." Et exiens foras, respiciens Apollonium ait, "Magister Apolloni, quia scrutavi 30
filiam meam quid ei in animo resideret nuptiarum causa,
lacrimis fusis multa inter alia mihi narravit dicens, et

---

15. **dum**: used for *cum.* — 24. **a praesenti**: 'immediately.' —
30. **scrutavi**: 2 (9).

adiurans me ait, 'Iuraveras magistro meo Apollonio, ut si
desideriis meis vel doctrinis paruisset, dares illi quidquid
iratum abstulit mare. Modo vero, quia paruit tuis
praeceptis, obsequiis ab ipso tibi factis et meae voluntati
5 in doctrinis, aurum, argentum, vestes, mancipia aut
possessiones non quaerit, nisi solum regnum quod putaverat perdidisse, tuo sacramento per meam iussionem me
ei tradas!' Unde, magister Apolloni, peto, ne nuptias
filiae meae fastidio habeas!" Apollonius ait, "Quod a
10 Deo est, sit, et si tua est voluntas, impleatur."

Rex ait, "Diem nuptiarum sine mora statuam."
Postera vero die vocantur amici, invocantur vicinarum
urbium potestates, viri magni atque nobiles, quibus
convocatis in unum pariter rex ait, "Amici, scitis quare
15 vos in unum congregaverim?" Qui respondentes dixerunt, "Nescimus." Rex ait, "Scitote filiam meam velle
nubere Tyrio Apollonio. Peto, ut omnibus sit laetitia,
quia filia mea sapientissima sociatur viro prudentissimo."
Inter haec diem nuptiarum sine mora indicit, et quando
20 in unum se coniungerent praecepit. Quid multa? Dies
supervenit nuptiarum, omnes laeti atque alacres in unum
conveniunt. Gaudet rex cum filia, gaudet et Tyrius
Apollonius, qui talem meruit habere coniugem. Cele-
brantur nuptiae regio more, decora dignitate : gaudet
25 universa civitas; exultant cives, peregrini et hospites;
fit magnum gaudium in citharis, lyris et canticis et organis
modulatis cum vocibus. Peracta laetitia ingens amor
fit inter coniuges, mirus affectus, incomparabilis dilectio,
inaudita laetitia, quae perpetua caritate complectitur.

— Chaps. 19–23.

---

7. **iussionem**: ' command.'

APOLLONIUS INTRUSTS HIS INFANT DAUGHTER TO
FOSTER-PARENTS

Inter haec Apollonius cum navigat ingenti luctu,
gubernante Deo applicuit Tharsos, descendit ratem et
petivit domum Stranguillionis et Dionysiadis. Qui cum
eos salutavisset, omnes casus suos eis dolenter exposuit
et ait, "Quantum in amissam coniugem flebam, tantum 5
in servatam mihi filiam consolabor. Itaque, sanctissimi
hospites, quoniam ex amissa coniuge regnum, quod mihi
servabatur, nolo accipere, neque reverti ad socerum,
cuius in mari perdidi filiam, sed fungar potius opera
mercatus, commendo vobis filiam meam; cum filia vestra 10
nutriatur, et eam cum bono et simplici animo suscipiatis,
atque patriae nomine eam cognominetis Tharsiam.
Praeterea et nutricem uxoris meae nomine Lycoridem
vobis commendo pariter, et volo ut filiam meam nutriat
atque custodiat." His dictis, tradidit infantem, dedit 15
aurum, argentum nec non et vestes pretiosissimas, et
iuravit fortiter nec barbam nec capillos nec ungues demptu-
rum, nisi prius filiam suam nuptui traderet. At illi
stupentes, quod tam graviter iurasset, cum magna fide se
puellam educaturos promittunt. Apollonius vero, com- 20
mendata filia, navem ascendit altumque pelagus petens,
ignotas et longinquas Aegypti regiones devenit. — *Chap. 28.*

THARSIA NARROWLY ESCAPES BEING MURDERED, BUT IS
KIDNAPED BY PIRATES

Et dum haec aguntur, quodam die feriato Dionysias
cum filia sua nomine Philomusia et Tharsia puella transi-
bat per publicum. Videntes omnes cives speciem Tharsiae 25

---

2. **Tharsos** : i.e. *Tarsum.* — **descendit** : transitive. — 7. **ex
amissa** : 'on account of the loss of.' — 12. **cognominetis** : 'you
may call.' — 18. **nuptui** : 'marriage.'

ornatam, omnibus civibus et honoratis miraculum apparebat, atque omnes dicebant, "Felix pater, cuius filia
est Tharsia, illa vero, quae adhaeret lateri eius, multum
turpis est atque dedecus." Dionysias vero, ut audivit
5 laudare Tharsiam et suam vituperare filiam in insaniae
furorem conversa est. Et sedens sola coepit cogitare
taliter, "Pater eius Apollonius ex quo hinc profectus est
habet annos XIIII, et nunquam venit ad suam recipiendam
filiam, nec nobis misit litteras. Puto quia mortuus est
10 aut in pelago periit. Nutrix vero eius decessit. Neminem
habeo aemulum. Non potest fieri nisi ferro aut veneno
tollam illam de medio; et ornamentis eius filiam meam
ornabo."

Et dum haec secum cogitat, nuntiatur ei villicum
15 venisse nomine Theophilum. Quem ad se convocans ait,
"Si cupis habere libertatem cum praemio, tolle Tharsiam
de medio." Villicus ait, "Quid enim peccavit virgo
innocens?" Scelesta mulier ait, "Iam mihi non pares?
tantum fac quod iubeo. Sin alias, sentias esse contra te
20 iratos dominum et dominam." Villicus ait, "Et qualiter
hoc potest fieri?" Scelesta mulier ait, "Consuetudo
sibi est, ut mox cum de scola venerit, non prius cibum
sumat antequam monumentum suae nutricis intraverit.
Oportet te ibi cum pugione abscondere, et eam venientem
25 interfice et proice corpus eius in mare. Et cum adveneris
et de hoc facto nuntiaveris, cum praemio libertatem
accipies." Villicus tulit pugionem et latere suo celat,
et intuens caelum ait, "Deus, ego non merui libertatem
accipere, nisi per effusionem sanguinis virginis inno-
30 centis?" Et haec dicens suspirans et flens ibat ad
monumentum nutricis Tharsiae et ibi latuit. Puella
autem rediens de scola solito more fudit ampullam vini et

---

12. **de medio**: i.e. 'from the land of the living.' — 22. **sibi**:
for *ei*.

ingressa monumentum posuit coronas supra; et dum invocat manes parentum suorum, villicus impetum fecit et aversae puellae capillos apprehendit et eam iactavit in terram. Et cum eam vellet percutere, ait ad eum puella: "Theophile, quid peccavi, ut manu tua innocens 5 virgo moriar?" Cui villicus ait, "Tu nihil peccasti, sed pater tuus peccavit Apollonius, qui te cum magna pecunia et vestimentis regalibus reliquit Stranguillioni et Dionysiadi." Quod puella audiens eum cum lacrimis deprecata est: "Vitae meae spes aut solatium, permitte me testari 10 Dominum!" Cui villicus ait, "Testare. Et Deus ipse scit voluntate me hoc scelus non facere."

Itaque puella cum Dominum deprecatur, subito advenerunt piratae, et videntes hominem armata manu velle eam percutere, exclamaverunt dicentes, "Parce, barbare, 15 parce et noli occidere! Haec enim nostra praeda est et non tua victima!" Sed ut audivit villicus vocem, eam dimittit et fugit et coepit latere post monumentum. Piratae applicantes ad litus tulerunt virginem et colligantes altum petierunt pelagus. Villicus post moram 20 rediit, et ut vidit puellam raptam a morte, Deo gratias egit, quod non fecit scelus. Et reversus ad dominam suam ait, "Quod praecepisti, factum est; comple, quod mihi promiseras." Scelesta mulier ait, "Homicidium fecisti, insuper et libertatem petis? Revertere ad villam 25 et opus tuum facito, ne iratos dominum et dominam sentias!" Villicus itaque, ut audivit, elevans ad caelum oculos dixit, "Tu scis, Deus, quod non feci scelus. Esto iudex inter nos." Et ad villam suam abiit.

Tunc Dionysias, apud semet ipsam consiliata pro 30 scelere quod excogitaverat, quomodo possit facinus illud celare, ingressa ad maritum suum Stranguillionem sic ait: "Care coniunx, salva coniugem, salva filiam nostram.

---

33. **salva**: 'save.'

Vituperia in grandem me furiam concitaverunt et insaniam, subitoque aput me excogitavi dicens, 'Ecce iam sunt anni plus XIIII, ex quo nobis suus pater commendavit Tharsiam, et numquam salutarias nobis misit litteras; 5 forsitan aut afflictione luctus est mortuus aut certe inter fluctus maris et procellas periit. Nutrix vero eius defuncta est. Nullum habeo aemulum. Tollam Tharsiam de medio et eius ornamentis nostram ornabo filiam. Quod et factum esse scias.' Nunc vero propter civium curio- 10 sitatem ad praesens indue vestes lugubres, sicut ego facio, et falsis lacrimis dicamus eam subito dolore stomachi fuisse defunctam. Hic prope in suburbio faciamus rogum maximum, ubi dicamus eam esse positam."

Stranguillio ut audivit, tremor et stupor in eum irruit, 15 et ita respondit: "Equidem da mihi vestes lugubres, ut lugeam me, qui talem sum sortitus sceleratam coniugem. Heu mihi! pro dolor!" inquit, "quid faciam, quid agam de patre eius, quem primo cum suscepissem, cum civitatem istam a morte et periculo famis liberavit, meo suasu 20 egressus est civitatem; propter hanc civitatem naufragium incidit, mortem vidit, sua perdidit, exitium penuriae perpessus est: a Deo vero in melius restitutus malum pro bono quasi pius non excogitavit neque ante oculos illud habuit, sed omnia oblivioni ducens, insuper adhuc memor 25 nostri in bono, fidem eligens, remunerans nos et pios aestimans, filiam suam nutriendam tradidit, tantam simplicitatem et amorem circa nos gerens, ut civitatis nostrae filiae suae nomen imponeret. Heu mihi, caecatus sum! Lugeam me et innocentem virginem, qui iunctus sum 30 ad pessimam venenosamque serpentem et iniquam coniugem." Et in caelum levans oculos ait, "Deus, tu scis quia purus sum a sanguine Tharsiae, et requiras et vindices illam in Dionysiade!" Et intuens uxorem suam ait, "Quo, ini-

---

1. **Vituperia** = *vituperationes.* — 4. **salutarias** : ' of greeting.'

mica Dei, celare poteris hoc nefandum facinus?" Dionysias
vero induit se et filiam suam vestes lugubres, falsasque
fundit lacrimas et cives ad se convocans, quibus ait, "Carissimi cives, ideo vos clamavimus, quia spem luminum et
labores et exitus annorum nostrorum perdidimus; id est, 5
Tharsia, quam bene nostis, nobis cruciatus et fletus reliquit
amarissimos, quam digne sepelire fecimus." Tunc pergunt
cives, ubi figuratum fuerat sepulcrum a Dionysiade, et
pro meritis ac beneficiis Apollonii patris Tharsiae fabri-
cantes rogum ex aere conlato inscripserunt taliter: 10

"D. M. CIVES THARSI THARSIAE VIRGINI BENE-
FICIIS TYRII APOLLONII" . . . — *Chaps. 31–32.*

APOLLONIUS FINDS HIS WIFE IN THE TEMPLE OF
DIANA AT EPHESUS

Et exinde cum suis omnibus et cum genero atque filia
navigavit, volens per Tharsum proficiscens redire ad
patriam suam. Vidit in somnis quendam angelico habitu 15
sibi dicentem, "Apolloni, dic gubernatori tuo, ad Ephesum
iter dirigat; ubi dum veneris, ingredere templum Dianae
cum filia et genero, et omnes casus tuos, quos a iuvenili
aetate es passus, expone per ordinem. Post haec veniens
Tharsos vindica innocentem filiam tuam." Experge- 20
factus Apollonius excitat filiam et generum et indicat
somnium. At illi dixerunt, "Fac, domine, quod iubet."
Ille vero iubet gubernatorem suum Ephesum petere.
Perveniunt felici cursu. Descendens Apollonius cum suis
templum Dianae petit, in quo templo coniunx eius inter 25
sacerdotes principatum tenebat. Erat enim effigie satis
decora et omni castitatis amore assueta, ut nulla tam

---

3. **convocans**: for *convocavit;* 3E (4) (*a*). — 4. **clamavimus**:
transitive. — 7. **quam . . . sepelire**: instead of the regular con-
secutive clause after *fecit;* 3E (3) (*a*).

grata esset Dianae nisi ipsa. Interveniens Apollonius
in templum Dianae cum suis, rogat sibi aperiri sacrarium,
ut in conspectu Dianae omnes casus suos
exponeret. Nuntiatur hoc illi maiori om-
5 nium sacerdotum, venisse nescio quem
regem cum genero et filia cum magnis
donis, talia volentem in conspectu Dianae
recitare. At illa audiens regem advenisse,
induit se regium habitum, ornavit caput
10 gemmis, et in veste purpurea venit, stipata
catervis famularum. Templum ingreditur.
Quam videns Apollonius cum filia sua et
genero corruerunt ante pedes eius. Tantus enim splendor pulcritudinis eius
15 emanabat, ut ipsam esse putarent deam
Dianam.

Cumque haec et his similia Apollonius
narrans diceret, mittit vocem magnam
clamans uxor eius, dicens, "Ego sum con-
20 iunx tua Archistratis regis filia ! " et
mittens se in amplexus eius coepit dicere:
"Tu es Tyrius Apollonius meus, tu es magister, qui docta manu me docuisti, tu es
qui me a patre meo Archistrate accepisti,
25 tu es quem adamavi non libidinis causa,
sed sapientiae ducem ! Ubi est filia mea?"
Et ostendit ei Tharsiam et dixit ei, "Ecce,
haec est." Sonat in tota Epheso, Tyrium
Apollonium recognovisse suam coniugem,
30 quam ipsi sacerdotem habebant. Et facta
est laetitia omni civitati maxima, coro-
nantur plateae, organa disponuntur, fit a civibus convi-

STATUETTE OF
A PRIESTESS OF
EPHESIAN DIANA

Discovered at
Ephesus (from
the British Mu-
seum publication
of the excava-
tions at Ephesus)

---

1. **nisi**: instead of *quam.* — 7. **talia**: ' such and such things.' —
28. **Sonat**: ' it is rumored.'

vium, laetantur omnes pariter. Et constituit loco suo
ipsa sacerdotem, quae ei secunda erat et cara. Et cum
omnium Ephesiorum gaudio et lacrimis, cum planctu
amarissimo, eo quod eos relinqueret, vale dicens cum
marito et filia et genero navem ascendit. — *Chaps. 48.–49.* 5

APOLLONIUS GOES TO TARSUS AND AVENGES THE WRONG
DONE TO HIS DAUGHTER

Et constituit in loco suo regem Athenagoram generum
suum, et cum eodem et filia et coniuge et cum exercitu
navigans Tharsum civitatem venit. Apollonius statim
iubet comprehendere Stranguillionem et Dionysiadem,
et sedens pro tribunali in foro adduci sibi illos praecepit. 10
Quibus adductis coram omnibus Apollonius ait: "Cives
beatissimi Tharsi, numquid Tyrius Apollonius alicui
vestrum in aliqua re ingratus extitit?" At illi una voce
clamaverunt dicentes, "Te regem, te patrem patriae et
diximus et in perpetuum dicimus; pro te mori optavimus 15
et optamus, cuius ope famis periculum vel mortem tran-
scendimus. Hoc et statua tua a nobis posita in biga
testatur." Apollonius ait ad eos: "Commendavi filiam
meam Stranguillioni et Dionysiadi suae coniugi; hanc
mihi reddere nolunt." Stranguillio ait: "Per regni tui 20
clementiam, quia fati munus implevit." Apollonius ait:
"Videte, cives Tharsi, non sufficit, quantum ad suam
malignitatem quod homicidium perpetratum fecerunt; insuper et per regni mei vires putaverunt periurandum. Ecce
ostendam vobis; et hoc, quod visuri estis, testimoniis vobis 25
ante probabo." Et proferrens filiam Apollonius coram
omnibus populis ait, "Ecce, adest filia mea Tharsia!"

Mulier mala, ut vidit eam, imo corpore contremuit.
Mirantur cives. Tharsia iubet in conspectu suo adduci
Theophilum villicum. Quique cum adductus fuisset, ait 30

---

13. **extitit**: 2 (12). — 20. **Per** ... **clementiam**: sc. *iuro.*

ad eum Tharsia: "Theophile, si debitis tormentis et sanguini tuo cupis esse consultum et a me mereri indulgentiam, clara voce dicito, quis tibi allocutus est ut me interficeres!" Theophilus ait: "Domina mea Dionysias."
5 Tunc omnes cives, sub testificatione confessione facta, et addita vera ratione, confusi rapientes Stranguillionem et Dionysiadem tulerunt, extra civitatem et lapidibus eos occiderunt et ad bestias terrae et volucres caeli in campo iactaverunt, ut etiam corpora eorum terrae sepulturae
10 negarentur. Volentes autem Theophilum occidere, interventu Tharsiae non tangitur. Ait enim Tharsia: "Cives piissimi, nisi ad testandum Dominum horarum mihi spatia tribuisset, modo me vestra felicitas non defendisset." Tum a praesenti Theophilo libertatem cum praemio
15 donavit. — *Chap. 50.*

THE STORY ENDS HAPPILY FOR ALL

Itaque Apollonius pro hac re ad laetitiam populo addens, munera restaurat universa. Thermas publicas, moenia, murorum turres restituens moratur ibi cum suis omnibus diebus XV. Postea vero vale dicens civibus navigat ad
20 Pentapolim Cyrenaeam; pervenit feliciter. Ingreditur ad regem Archistratem, socerum suum. Et vidit Archistrates filiam cum marito et Tharsiam neptem suam cum marito; regis filios venerabatur, et osculo suscipit Apollonium et filiam suam, cum quibus iugiter integro uno anno laetatus
25 est perdurans. Post haec perfecta aetate moritur in eorum manibus, dimittens medietatem regni sui Apollonio et medietatem filiae suae. — *Chap. 51.*

---

2. **consultum:** 'an advocate' (to save you). — 14. **a praesenti:** 'immediately.' — 23. **filios:** doubtless including Athenagoras, as the second *marito.*— **venerabatur:** i.e. he received them with the marked respect due their position. — 24. **iugiter:** 'continually.'

HISTORIA SEPTEM SAPIENTUM

Many of the cycles of tales which have found their way into European literature are evidently of oriental origin. Such a cycle is that of the *Seven Wise Men*, found in various languages and many forms. Two versions from mediaeval Latin literature are here sampled side by side, to show the wide variation in which such stories appear. The first version is found in a recently-discovered manuscript, written in northern Italy in the first part of the fifteenth century. It is severely brief, and recounts in the barest manner the story of the prince, his accusation by the queen, the successive tales of the wise men and the responses of the queen, with a final declaration of the facts by the prince. The second version here given (the *Dolopathos* story) is, on the contrary, very prolix, goes into many irrelevant details, omits the stories of the queen, and winds up with a lengthy account of the conversion of the prince to Christianity. It is understood to be the work of Johannes of Alta Silva, written about the end of the twelfth, or beginning of the thirteenth, century, and found in several manuscripts.

The Latin of the stories is simple and of a thoroughly mediaeval character, and the spelling is even more characteristically mediaeval.

The text may be found in two small volumes, edited by Alfons Hilka, and published at Heidelberg in 1912 and 1913, in the *Sammlung mittellateinischer Texte*.

A very complete account of the origin, dispersion and variations of this story is found in the introduction to *The Seven Sages of Rome*, by Killis Campbell, Boston, 1907.

THE STORY BEGINS

Fuit quidam rex, qui, convocatis septem sapientibus, filium suum coram eis aduxit et erudiendum tradidit. Unus autem ex ipsis, Syndebar nomine, diligenter conditiones et bonas habitationes pueri contemplatus ait:

5 "Vera est iuventus et puritas pueri, et puto quod sapientior erit quam ego, et modo scivi et iam congratulor in sapientia sua, cum creverit, dum video quia non est similis sui." Dixerunt alii sapientes: "Verba Sindebaris sunt ut nubila, tonitrua, fulgura, quando est ymber

10 aque in eis." Dixit Sindebar: "Non cognoscitis quia sapientia est in homine sicut muscus et ambra? Que quanto plus tanguntur, tanto magis dant odorem suum."

ASTROLOGY BRINGS COMPLICATIONS

Post hec direxit rex ad Sindibarem dicens: "Ecce tempus statutum, nunc que est voluntas tua?" Hiis

15 auditis, Sindibar misit ad regem: "Si placet tibi, domine rex, crastino veniet ad te filius tuus sicut est desiderium anime tue." Audiens rex letatus est vehementer et congregavit omnes principes terre et sapientes. Et in illa nocte dixit Sindibar ad filium regis: "Ego misi ad patrem

20 tuum nuncium ut cras pergas ad eum, et non aspexi in astronomia quid patiaris. Nunc ergo in hac nocte videamus in astronomia." Tunc aspexit Sindibar in astronomia et cognovit quod si puer loqueretur usque ad VII dies, quod mori deberet. Hec videns Sindebar

25 manibus se verberans dixit: "Heu me, quid agam?" Respondit ei puer et dixit: "Quid habes, magister, aut quid vidisti?" Et dixit ei magister: "Vide tu in astrono-

---

4. **habitationes**: 'qualities.' — 9. **ymber** = *imber*. — 10. **aque** = *aquae;* 2 (1). — 11. **ambra**: 'ambergris.'—21. **astronomia**: 'astrological lore.'

mia et cognosces cur hoc facio." Tunc prospiciens puer
cognovit ea que magister viderat et ait : "Nolo ut irascaris,
magister, quia, si mihi precipias ut VII mensibus os
meum non sit apertum, tua precepta non erunt repudiata."
Respondit magister et dixit : "Ego misi nuncium ad 5
patrem tuum ut cras ad eum pergas, quia tempus constitutum accessit quod fuit inter nos. Rex autem con-
gregabit principes suos et sapientes. Tu vero cum
nunciis patris tui ibis ante tribunal regis, ego autem ero
absconditus privatim." Tunc fecit magistri precepta et 10
venit ante regis presenciam et adoravit regem. Videns
autem rex quod non esset cum eo magister suus, turbatus
est valde et interrogavit eum, puer vero nihil respondit
minime. Et similiter interrogaverunt eum principes,
quibus nihil respondit. 15

THE QUEEN'S SECOND STORY : THE WITCH AND
THE SPRING

Fuit regi Bocre filius unus, et amabat eum sicut animam
suam et non dimittebat eum exire extra civitatem, ne
forte occurreret sibi langoris occasio. Rogavit autem
puer quendam sapientem consiliarium patris, ut rogaret
patrem suum ut equitaret et iret venatum. Tunc consi- 20
liarius locutus est cum rege, sicut voluit puer. Dixitque
rex consiliario : "Exi tu cum eo." Dixitque consiliarius :
"Libenter." Tunc exivit filius regis cum consiliario et,
videntes cervum in agro, cucurrerunt post eum. Et dixit
consiliarius : "Relinquite filium regis solum, ut sequatur 25
cervum, et hoc causa adiscendi." Et secutus est filius
regis cervum et elongatus est a sociis suis et non potuit
redire ad socios, quoniam erraverat in nemore. At illi
quesierunt eum et non invenientes redierunt ad regem et

18. **langoris** : 'trouble.' — 26. **adiscendi** : 'growing wiser ';
2 (11).

dixerunt: "Venit leo inter nos et comedit filium tuum."
Tunc scidit rex vestes suas et turbatus est pro filio.

At puer erat in silva et vidit puellam formosissimam et
clamavit ad eam et ait: "Que es tu?" Mox illa: "Filia
5 regis sum; sompnus decepit me iacentem super
elephantem, qui eduxit me de via, et cecidi de eo et
remansi hic. Accipe me super caballum tuum et libera
me." Cui dixit puer: "Etiam filius regis sum, et sic
evenit mihi." Dixit puella: "Ego cognosco viam."
10 Et recepit eam in equo post se, et perrexerunt et venerunt
ad quoddam desertum, et dixit puella: "Descendo et
lavabo pedes meos." Descendit et venit ad locum in quo
morabatur.

Videns autem puer quod moram faceret, descendit de
15 equo et speculabatur a foramine parietis. Ecce puella
erat striga, et stabat cum aliis et dicebat: "Ego duxi filium
regis usque huc." Alie autem strige dixerunt: "Duc
eum ad talem locum, et faciemus voluntatem nostram."
Audivit hoc iuvenis et timuit et reversus est in equum
20 suum. Et striga reversa est in puellam et exiit et ascendit
equum. Et ipse teritus tremebat pre nimio pavore et
mutata est facies eius. Et cognovit mulier quod teritus
esset et dixit: "Quid times, puer?" Ille respondit:
"Est mihi amicus fictus et malus et timeo eum." At
25 illa: "Nonne dicis quod pater tuus est rex?" Et ait
ipse: "Pater meus non habet potestatem in eum." Illa
dixit: "Decipe eum in argento et auro." Cui puer:
"Nequeo eum amicum facere argento vel auro." Illa
autem dixit: "Clama ad Deum super ipsum." Puer
30 autem erexit utrasque palmas ad sydera et dixit: "Deus,
libera me de manu istius strige, ut non sim sub eius potestate." Ut autem vidit quod nota erat puero, cecidit de
equo et fregit utrasque cossas.

---

8. **sic**: 'so and so.' — 16. **striga**: 'witch.' — 33. **cossas** = *coxas*.

Ipse vero fugiebat per desertum et siciebat multum.
Et venit ad quendam fontem, de quo quicumque bibebat
si masculus erat vertebatur in feminam, et si femina erat
vertebatur in masculum.   Et ipse nesciebat, sed bibit, et
versus est in feminam et cepit lacrimari et timebat adhuc 5
bibere de aqua.   Et ipse mestus mansit in illa nocte ibi,
et ecce turba puellarum venit et ludebant et cantabant
iuxta fontem.   Surrexit etiam ipse ad ludendum cum eis,
quia credebat se factum esse strigam.   Interrogaverunt
eum puelle et dixerunt :   "Quis es tu et unde venis?" 10
Ipse autem narravit omnia que acciderant sibi.   Cui una
illarum dixit :   "Iura mihi quod ducas me uxorem et
liberabo te et revocabo ad patrem tuum."   Et iuravit
ei.   Et illa :   "Bibe de aqua fontis illius."   Bibit et
mutatus est in masculum.   Illa autem accepit eum et 15
reduxit ad patrem suum.   Ipse vero retulit patri omnia
visa.   Tunc iussit rex dampnari consiliarium.

THE STORY OF THE THIRD WISE MAN : THE DOG

Fuit quidam comes Imperatoris qui sedebat in domo sua
et habebat quendam parvulum natum, et iacebat coram
eo et non erat in domo alius preter eum.   Misit autem 20
Cesar et vocavit eum.   Ille vero surrexit et ivit ad eum
et reliquid cum infante canem, venatorem sagacem, inferius, qui canis iacebat iuxta puerum.   Et ecce serpens
affuit et insurrexit in puerum.   Cucurrit canis et presit
serpentem et obviavit supradicto domino.   Os autem 25
canis plenum erat sanguine.   Comes ille videns hec
timuit propter filium et evaginato gladio interfecit canem.
Et vadens domum reperit puerum iacentem et serpentem
mortuum iuxta eum, et vidit quod sine causa peremit
canem et penituit facti.   30

---

1. **siciebat** = *sitiebat.* — 22. **reliquid** = *reliquit;* 2 (2). — 25. **ob-**
viavit : ' ran to meet.' — 27. **evaginato** : ' unsheathing.'

KING DOLOPATHOS

Cum igitur sub divo Augusto Romanorum fortuna, Hitalie finibus non contenta, latius se per quadrifaria mundi climata porrexisset eorumque imperio reges ac principes cum totius orbis latitudine tam feliciter quam
5 fideliter subiacerent, fuit rex quidam ex nobilium Troianorum sanguine derivatus, qui quodam fatali presagio ex rerum futurarum eventibus nomen Dolopathos, id est dolum vel dolorem patiens, ex Greco Latinoque sermone compositum sortitus est. Hic itaque, patre rege defuncto,
10 regnum illud dives Sicilie iure hereditario ab Augusto Cesare adhuc in annis puerilibus recipiens, cepit ilico regni negotia satis pro etate et viribus strenue ac fortiter amministrare. Etenim sapientum ac seniorum regni sui se totum tradens consiliis, omnibus tam bellis emergentibus
15 quam civilibus causis obviabat, consilio et auxilio premunitus. Sicque crescente etate et viribus corporis simulque virtute animi ac sapiencia, de puericia in adolescentie transivit decorem ac deinde paulatim succrescendo proficiendoque de virtute in virtutem, ad iuventutis
20 robur evadens, fama probitatis eius circumquaque discurrente, regnis maximis circa se prope et longe positis terror maximus effectus est, in tantum ut eciam ipsi reges de se suisque regnis solliciti amiciciam eius magnorum munerum precio mercarentur nec se aliquis in regno posse
25 permanere fateretur, si regem Dolopathos in aliquo vel modicum offendisset.

THE PALACE AND ITS GLORIES AT PALERMO

Rex igitur Dolopathos, exaltatus gloria diviciisque augmentatus, volens sibi perpetuare nomen, palacium

---

2. **quadrifaria**: 'fourfold.' — 6. **presagio**: 'foreboding.' —
13. **amministrare**: 2 (8). — 17. **adolescentie**: 2 (7).

mire structure et inaudite magnitudinis in quadam regni
sui civitate virgultis, pratis et aquis dulcibus amena
fertilisque glebe edificavit, quod usque in presens permanens Palernum vocatur.   In hoc, ut cetera mira et fere
incredibilia pretermittam, tot sunt hostia quot in anno dies 5
computantur.

THE PALACE AT PALERMO

THE BIRTH OF PRINCE LUCINIUS

Interim nascitur regi filius, quem ipse a luce denominavit
Lucinium, eo videlicet quod in ortu filii quedam lux serena,
quedam dies leticie patris animo refulsisset.   Cuius eciam
nativitatis diem pater extunc ac deinceps in omni loco 10
dominationis sue precepit sollempniter celebrari.   Puer
vero traditus est nutricibus ad alendum nutriebaturque
cum magna diligentia per septem annos continuos, usque
ad tempus videlicet quod statutum fuerat nobilium filiis
ab antiquis.   Hic siquidem mos erat regum aut nobilium 15
filios non antea conviviis patrum interesse quam infantiam,
que septennio terminatur, exivissent.

---

10. **extunc**: ' from that time '; 3D.

LUCINIUS IS INTRUSTED TO THE TUTELAGE OF VERGIL

Florebat per idem tempus Rome ille famosissimus poeta Virgilius, qui de Manthua, Sicilie civitate, oriundus optime notus erat regi, quia et sepe fuerat ab eo muneribus honoratus. Huic ergo ob noticiam sui et quia tunc 5 temporis inter philosophos precipuus habebatur, cum muneribus magnis pater transmittit filium, obsecrans eum per deos suos quatinus puerum et sciencia sua instrueret et a malignorum insidiis diligentius custodiret. Timebat enim pater ne aliquid sinistri per invidiam 10 pateretur, quia hoc a divinis et astrorum peritis acceperat. At Virgilius, ob reverenciam et amiciciam regis puerum recipiens, primo quidem ei litterarum tradidit elementa ac deinde blandiendo leniendoque, ut moris est magistrorum, sillabam ex litteris conficere et ex sillabis formare dictionem 15 et ex dictionibus vero perficere orationem eum in angustia temporis perdocuit. Sicque paulatim proficiens, puer iam per se et legere et utramque linguam, Grecam videlicet et Latinam, proferre cepit. Letabatur Virgilius et tantam in puero velocitatem ingenii mirabatur, spemque de 20 eo concipiens meliorem, ampliorem ei curam impendebat.

LUCINIUS TELLS VERGIL HOW ASTROLOGY MADE HIM SWOON AWAY

"Dum," inquit, "tu, O illustrium virorum vertex, hodie hora none, me relicto in cubiculo, ad spaciandum exisses, forte nostrum arripueram libellum, ut regulas illas astronomie memorie firmius commendarem. Et ecce in prima 25 facie pagine ex aeris immutatione heu matrem meam,

---

2. **Manthua, Sicilie civitate**: we are reading romance, not history! — 15. **angustia temporis**: 'short time.' — 21. **O . . . vertex**: cf. 'your highness.' — 22. **hora none**: 'the hour of nine.' — 25. **aeris immutatione**: i.e. the change of position of certain heavenly bodies.

quam unice diligebam, defunctam esse cognovi patremque
Dolopathos aliam sibi in coniugium copulasse. Iamque
eciam legatos a se dimisit, qui me reducant in patriam
regr: dyademate coronandum. Ego autem tum pro
matris morte tum pro nostra separatione in tristiciam 5
versus, animi eciam defectum passus sum, et nisi humana
ars succursum prestasset, forsitan de me iam sentencia
data foret."

LUCINIUS PROMISES NOT TO SPEAK, FOR A SEASON

"Ceterum autem quoniam necesse est et sic oportet
fieri, ut me in urbe relicto in patriam repedes, antea quam 10
id fiat unum quod postulavero volo ut concedas." At
Lucinius: "Et que," ait, "vel quanta potest esse peticio
quam tibi possim vel audeam denegare? Eciam etsi
paternum peteres regnum, ultroneus concederem. Iube
ergo quodlibet et tuam edicito voluntatem." Virgilius: 15
"Prius," inquit, "certe michi iuraveris per patris Cesaris-
que salutem quod quicquid precepero observabis."
Iuravit ille se observaturum quicquid preciperet, quamquam esset ipsum grave et difficile, si tamen ab ullo posset
hominum observari. Virgilius: "Iubeo ergo et auctori- 20
tate magistri tibi precipio, ut ex illa hora qua a me separa-
beris nulli verbum loquaris, non in via, non in patria, non
regi, non regine, non principibus regni tui, sed nulli omnino
hominum, donec iterum tuum videas preceptorem."

LUCINIUS ENTERS PALERMO IN SPLENDOR

Cum audissent qui in civitate remanserant quod iam 25
proximus esset Lucinius civitati, exierunt ei obviam cum
floribus olivarumque ramis clamantes et dicentes: "Gloria,

---

7. **succursum**: 'succor.' — **sentencia . . . foret**: i.e. the decree
of Fate, viz. death. — 10. **repedes**: 'return.' — 14. **ultroneus**: 'of
my own accord.'

laus et honor sit filio Dolopathos regnaturo!" Sicque
cum precedentium subsequentiumque laudibus, cum
cytharis, cymbalis et psalteriis, symphoniis et sambucis
omnique genere musicorum ingreditur civitatem, via illa
5 auro, gemmis sericisque strata pergens ad palatium.
O cum quanta rerum gloria, cum quantis diviciarum
copiis receptus est! Putares ibi confluxisse quicquid
glorie continet orbis, quicquid aureis harenis Pactolus
trahit, quicquid lapidum gemmarumque nutrit India,
10 quicquid habet Alexandria specierum. Sed quid explicare
singula frustra conor?

DOLOPATHOS IN VAIN BEGS LUCINIUS TO BREAK
HIS SILENCE

Hec et hiis similia patre perorante, Lucinius quidem
aures prebebat verbis, linguam vero suam iugi silentio
coartabat. Quod cum cerneret pater, ait: "Quid est,
15 fili, quod taces? Bonane an mala tibi videtur talis
intentio, placet an displicet? Tuam, fili, edicito voluntatem; quid tibi videtur?" Illo autem tacente, cum iam
irasceretur indignareturque pater, Lucinius amplexatus
eum iterum atque iterum osculatus, quibus poterat
20 signis se omnino non posse loqui monstrabat. Pater,
hoc intellecto, conturbatus animo ac stupens ait: "Cum
septem esses annorum, maternam perfecte sonabas
linguam, et modo cum quindecim peregeris, mutus effectus es? Ideo liberalibus studiis imbuendum te tradidi,
25 ut mutus fieres? Tantumne tibi prestitit illa eloquentie
mater, rethorica?"

LUCINIUS, FALSELY CHARGED WITH A HEINOUS
CRIME, CONTINUES TO KEEP SILENCE

At vero ipse, cui mens bene conscia, nichil repondebat
ιd hec omnia patris illorunque verba, nec colorem eciam

---

3. **sambucis**: 'stringed instruments.'

mutavit nec faciem, ita ut ex hoc omnes cogeret ammirari.
Quantus queso, O lector, tunc tumultus conflictusque in
animo regis versabatur, dum illum iusticia ad puniendum
scelus impelleret, paternus vero affectus inflecteret ad
misericordiam? Quid ageret, cum se ipsum patrem 5
regemque cerneret? Alterum enim misericordiam,
alterum iudicium exigit. Sed tandem virtuti cedente
affectu, precipit rex principibus iudicare ferreque senten-
ciam, qua videlicet morte esset filius puniendus. Illi
vero aliquanti temporis dilationem petentes, ex licentia 10
regis in secretum secedunt locum, scrutantur Romanas
per singula capitula leges inveniuntque hunc talem fore
ignibus concremandum.

THE PLAN TO BURN LUCINIUS ALIVE IS INTERRUPTED

Mane igitur facto omnes, parvi et magni, lignorum
vepriumque onerati fasciculis, in designatam congregantur 15
planitiem ibique sua in unum deponunt onera. Facile
advertere quis potest quanta ibi lignorum congeries fuerit,
ubi plus quam ducenta hominum milia onera singula
deposuerunt. Dolopathos autem cum regibus prin-
cipibusque ac regina cum puellis suis omnibus onustis 20
vepribus ad locum pedes veniebat, dextra quidem manu
ignem levaque fasciculum palee portans. Porro Lucinius,
ut agnus innocens ac mansuetus, sine voce, sine reluctatione, nudis pedibus manibusque ad tergum ligatis ac
toto nudatus corpore, ad supplicium ducebatur. Cum 25
igitur pervenissent ad locum, rex propria manu ignem
lignis supposuit. Qui statim vepres illas paleasque ac
ligna humore carentia invadens, hac illacque lambendo
singula queque discurrit. Consurgit in altum flamma,
fumus ipsum obscurat aerem, horribilis omnibus prebetur 30

---

17. **quis** : for *aliquis.* — 22. **leva** = *laeva.* — 23. **reluctatione** :
'resistance.'

aspectus. Precipit rex filium in flammas proici, sed
nullus de tanto populo repertus est qui manum in illum
auderet mittere; omnes enim tale preceptum crudelitatem
magis quam iusticiam existimabant. Sed quantus tunc
5 dolor paterna carpebat viscera, cum hoc preciperet,
quantus eciam meror amicorum animos, cun hoc audirent,
laniabat! Mirabatur populus tantam rerum mutationem,
pavebat casum, stupebat tante glorie tantam miseriam
successisse dolebatque perire quem super se putaverat
10 regnaturum.

Cum igitur instaret rex iubendo omnesque iussionem
declinarent, ecce senex reverendi vultus prolixeque barbe
et cani capitis, ramum olive in signum pacis manu
dextera ferens, mula candida vectus ad regem usque,
15 populis sibi iter prebentibus, pervenit. Qui desiliens
de mula, regem omnesque qui aderant reverenter
salutat. Resalutato eo a rege ut decebat, querit rex
patriam gentemque et casum adventus, unde veniat et
quo vadat. At ille: "Ego," ait, "O rex, et gente et
20 natione Romanus sum unusque de septem sapientibus
dicor. Est autem mos michi circuire orbem et perambu-
lare terras, urbes, castella vicosque pertransire, adire
curias regum nobiliumque personas, iudicia exemplaque
ac causas antiquorum ad vivorum noticiam proferendo;
25 libenter quod nescio disco et doceo quod didici." Dolopathos respondit: "En nunc consilio michi et auxilio
opus esset sapientum, quia hodie prudentes in regno
Sicilie defecere." At sapiens: "Vellem," ait, "nisi
maiestati tue contrarium videretur, ut quis iste elegantis
30 forme sit adolescens, quidve peccaverit, et quid tantum
incendium significet edoceres." Rex vero iuvenem filium
sibi unicum fore testatur enumeratque quomodo mutus

---

6. **cun** = *cum.* — 15. **sibi**: for *ei;* 1C. — 24. **proferendo**: 3E
(4) (*d*). — 32. **fore**: for *esse;* 3E (2).

effectus sit, qua intentione regine commissus, unde et a
quibus accusatus quamque a principibus tulerit sententiam.   At sapiens ait : "Aut nimia crudelitas aut nimia
iusticia videtur, cum pater unicum perimit filium.   Verum
quoniam mei iuris est ut tibi de thesauro cordis mei vetus 5
exemplum proferam — sic enim omnibus regibus et
principibus ad quos venire contigerit soleo facere, — iube
circumstantibus populis ut me patienter auscultent."
Imperante autem rege,

 "Conticuere omnes intentique ora tenebant," 10

oculis tantum et auribus in illum intuentes.   Sapiens vero,
in preeminenti loco se statuens, sic incipit :

THE STORY OF THE FIRST WISE MAN : THE FAITHFUL DOG

"Fuit, O rex, quidam iuvenis secundum mortalium
dignitatem nobilibus ortus natalibus.   Qui avariciam ne
sue derogaret generositati vitare volens, immo potius 15
famam suam latius extendere summisque adequare
cupiens, res a parentibus sibi successione relictas prodige
magis quam large dilapidare cepit.   Ipse enim, ut moris
est iuvenum,

 'Cereus in vitium flecti, monitoribus asper, 20
  Utilium tardus provisor, prodigus eris,
  Sublimis cupidusque et amata relinquere pernix,'

militum servientiumque turbam multiplicare studuit, per
menses quoslibet mutare vestes, 'equis armisque novis
gaudere et aprici gramine campi,' omni petenti, mimis 25
maxime et saltatricibus quarum ars studiumque   in
adulatione versatur, sua absque modo tribuens.   Porro
amici eius et propinqui quibus cure erat, hunc sepius

---

20. **Cereus**, etc.: Hor. *Ep.* **II.** 3, 163 sqq.

obiurgationibus et monitis ab inceptis temptabant retrahere, sed ipse eorum monita et consilia quasi invidentium fame et glorie sue verba omnino respuebat. Sic igitur prodige vivendo in paucis annis rebus mobilibus exhaustis
5 proprium quoque fundum cepit distrahere. Interim autem dum hec ageret, fama eius per mundi partes vecta in ore populi colebatur. Verum quoniam si semper accipias inferasque nichil, 'puteal Libonis' exhaurire possis, hic semper expendendo, acquirendo nichil, in
10 brevi rebus fundoque paterno privatus nichilque amplius quod daret vel acciperet habens, coactus est tandem dolens et contabescens suam quamvis sero recognoscere stulticiam. Sic ergo, O rex, dum supra modulum suum gloriosus et potens videri cupit, et modulum perdidit et
15 gloriam quam supra id quod iustum erat affectaverat; in extrema paupertate deinceps constitutus est. Illa autem omnis adulatorum turba, quorum laudibus antea usque ad celi sidera ferebatur, cessante munere ipsa quoque a laudum vocibus temperavit, nullo iam cum eo ambulante
20 nec quicquam ei reverentie exibente. Amici quoque et propinqui, quorum dudum salutaria contempserat monita, nec eum saltem videre patiebantur. Ipse vero in inferiori rote Fortune cantho videns se positum, et quod non solum alienis, verum et amicis oneri foret et risui, deliberavit
25 patriam relinquere ignotasque adire regiones, melius beatiusque ratus inter extraneos quam cognitos miser esse, quoniam, ut quidam ait, 'Miseros faciunt loca sola beatos.'

" Paratus itaque, O rex, ire quocumque fortuna daret, sub
30 intempeste noctis silentio, nemine sciente domum egressus est, nichil preter coniugem parvulumque in cunis positum,

---

8. **puteal Libonis**: this famous consecrated well-curb in Rome is here used as a type of well. — 20. **exibente** = *exhibente:* 2 (4). —23. **cantho:** 'rim.'

equum, canem accipitremque secum ducens : hoc solum ei
de proprio supererat. Pertranseundo igitur terras, urbes
et vicos ad cuiusdam ignote regionis sibi civitatem devenit.
Hanc sole iam ad vesperam declinante ingressus, cum
nesciret quorsum diverteret, in platea quadam civitatis 5
substitit. Videns eum civium quispiam sciensque quod
peregrinus esset, accessit propius, quesivit quis et unde
esset et ad quid venisset. Ille autem et conditionem
et fortunam narrat, subiungens quod libenter in urbe
maneret, si usquam hospitiolum inveniret. Civis vero 10
super eum misericordia motus : ' Habeo,' ait, ' domum
lapideam, sed iam quinquennio ab homine inhabitata non
est. Hanc, si placet, tibi concedo quam diu volueris
habitare.' Gratias agit ille. Vadunt pariter ad domum,
recipit ille a cive clavem seque et sua intro recipit. Mansit 15
ergo miles in civitate cibos cottidie cane vel accipitre
querens, quia aliud unde viveret non habebat ; neque
enim eum more rusticorum vivere, fodere scilicet aut
mendicare, sua generositas paciebatur. Ibat igitur, ut
dixi, cottidie venari, uxore domi ieiuna manente dum ille 20
rediens leporem aut gruem vel tale aliquid detulisset ; si
vero redisset vacuus, usque ad diei sequentis vesperam
vel dum ille cepisset aliquid ieiunabant.

" Contigit autem ut quadam die nichil venatione caperet
sequentique mane adhuc ab heri ieiunus, cane domi relicto, 25
cum accipitre et equo tantum cibum solitum quesitum iret.
Porro illo diutius remorante, uxor eius, biduanam famem
non sustinens, coacta est domum egredi matroneque
cuiusdam intrare hospicium, ut cibum rogaret. Interim
autem, dum ista in domo matrone, ille vero in venatione 30
esset, serpens immanis de caverna veteris muri prodiens,

---

17. **aliud unde** : ' other source.' — 23. **ieiunabant** : ' went hun-
gry.' — 25. **ab heri** : ' since day before yesterday.' — 27. **biduanam** : ' of two days.'

parvulum, qui domi remanserat, interimere aggressus
est. Quod cum videret canis, cathenam qua ligatus erat
rupit pugnamque iniit cum serpente. Quo victo et
interfecto, dentibus ipsum longius a parvulo traxit. In
5 conflictu autem illorum cunabulum fuerat versum, ita ut
vultus parvuli respiceret pavimentum.

" Ecce autem statim miles, capta preda rediens, intravit
domum viditque versum cunabulum, cruentatum canem
totumque infectum sanguine pavimentum. Arbitrans
10 igitur canem fame coactum parvulum devorasse, fugisse
uxorem, in impetu ire et nimie turbationis equum canemque gladio trucidavit, deinde discerpsit accipitrem. Cum
vero et se ipsum gladio extinguere vellet, venit uxor
erectoque rursum cunabulo filium lactavit. Tunc et
15 serpentem interfectum repererunt fidemque canis intuentur. Penitet commissi militem, sed sero.

" Adverte, O rex, quantum isti ira preceps nocuit, dum
illud unde vivebat impetuosus extinxit. Tu autem, ne
forte sicut et iste penitenda committas, noli precipitare
20 sententiam, sed consilio meo utens retracta et revolve
leges ; forte invenies aliquid latens quo filius tuus liberetur.
Et quia tibi unum de thesauro meo exemplum protuli,
rogo te ut loco beneficii vel muneris vitam tuo quod
superest diei filio concedas. Si interim aliquid consilii
25 intercesserit melioris, ut vivat, tuum erit gaudium et
commodum ; sin autem, ad id exequendum quod ceperas
cras satis adhuc festinus accedes." At rex : "Quoniam,"
ait, "mirum nec a me adhuc quicquam simile auditum
narrasti, non possum tibi quod petisti negare." Sicque
30 rex cum filio omnique populo ad civitatem reversus est
et sapiens propositum carpit iter.

---

1. **interimere** : 3E (3) (c). — 11. **ire** = *irae*. — 18. **illud unde vivebat** : i.e. the dog, horse, and hawk, with which he hunted. —
26. **ceperas** = *coeperas:* 2 (1) ; 3E (6) (e).

Iubente iterum rege retractatur sententia, repetitur consilium, releguntur leges, sed nichil aliud quam quod primo prolatum fuerat invenitur. Tunc mane facto rex, voce preconis totius populi multitudine congregata cum regibus et principibus, regina et filio, oneratis singulis 5 lignis aut vepribus ad locum redit supplicii. Succenso iterum igne, iubetur filius a patre in flammas proici, sed hoc a nullo presumitur.

Et ecce asino magno insidens venerandi habitus senex, per mediam virorum ac mulierum multitudinem recto 10 tramite vectus, regi se cum ramo olive obtulit. Qui, ut decebat, regem cunctosque qui aderant salutans recipiensque salutationem, a rege querit quid populi conventio, quid adolescens nudus, quidve ignis significent. Rex autem ei per ordinem et crimen filii et principum senten- 15 tiam narrans, interrogat et ipse senem quis et unde esset, que eum illuc venire necessitas compulisset. At ille: "Civis," ait, "sum Romanus unusque de septem sapientibus dicor. Soleo incessanter regum principumque curias frequentare, circuire civitates, vicos et castella, iudicia, 20 leges moresque regionum quarumlibet investigans; casus fortunasque hominum audientibus narro, semper discens semperque docens. Sic euntem de loco ad locum fortuna, non necessitas, me tibi obtulit. Sed miror nec satis mirari sufficio quomodo tam elegantem forma animoque 25 prudentem filium unicum, quicquid licet vel quantum peccaverit, flammis exuri tua viscera patiantur. Verum antequam a te recedam, tributum quod ceteris regibus solvere teneor tibi solvam; narrabo quod quondam accidit, si iubeas me audire." Cunctis ergo iussu regis 30 tacentibus, sapiens, in eminenti loco positus, sic incipit:

---

27. **viscera**: cf. Phil. 2, 1.

THE STORY OF THE SECOND WISE MAN: THE TREASURE AND THE THIEF

"Fuit antiquo tempore rex quidam magnus et potens. Qui congregandi thesauros maximam curam habens, magne altitudinis latitudinisque turrim auro, argento preciosisque quibuscumque rebus usque ad summum
5 repleverat. Habebat autem hic militem quem in multis fidelem expertus fuerat, cui et claves sui commisit thesauri. At miles thesaurum servandum suscipiens, cum iam multis annis evolutis labore et senio fractus esset nec posset iam tumultum curamque curie sustinere, regem obnixe rogabat
10 quatenus, sue deinceps debilitati senectutique parcens, claves sui thesauri reciperet eumque sineret ad propriam redire domum liceretque ei inter filios reliquum vite sue tempus quietum ducere et iocundum. Rex vero considerans quod rationabiliter necessarioque peteret, eum
15 magnis donatum muneribus mestus tamen abire permisit. Receptis itaque clavibus et thesauro, ipsum iterum alii commisit servandum.

" Miles autem domum veniens curam sibi sueque familie sollicitus impendebat. Habebat hic multos filios, quorum
20 primogenitus militari iam balteo cingebatur. Quem cum pater nimis tenere diligeret, omnes ei suas exposuit divitias iussitque ut large expendens famam sibi et amicos divitiis compararet. Ipse vero ex licentia paternis fiducialius largiusque utens rebus, equos, arma, vestes
25 ceteraque quibus magis adolescentum etas extolli delectarique solet, studuit comparare, amicos multos muneribus emens facile post munera ab amicicia recessuros. In brevi ergo tempore loculos patris minuit; exhausta pecunia, ad patrem redit dicens sibi pecunias defecisse. Tunc

---

10. **quatenus . . . sineret**: 1B (6). — 15. **mestus** = *maestus;*
2 (1). — 24. **fiducialius**: 'too confidently.'

demum pater recogitans secum penitensque facit:
'Quoniam,' inquit, 'te, fili, nimis et stulte dilexi, quicquid
habebam tue subdideram potestati. At tu cernens
frenum tibi laxatum temperantie immemor ita omnia
consumpsisti, ut nichil michi preter solam domum reli- 5
queris. Quid ergo tibi magis faciam? Doleo quidem
quod fama nomenque tuum in flore iuventutis deperit, sed
unde te sustentem non habeo. Hoc tantum unum
superest consilii, sed periculosum, ut si ea largitate qua
prius vivere vis, turrim in qua regis positi sunt thesauri sub 10
oscure noctis silentio, si audeas, adeamus.' Audito hoc
filius: 'Nullum,' ait, 'pater, grave licet periculum tecum
subire refugio, tantum ne desint divitie, ne, si ille defe-
cerint, nominis quoque mei gloria evanescat.' — Hic
non, O rex, a virtute sperabat gloriam, qui eam pecuniis 15
vel furtis putaverat obtinere. — Consurgunt igitur ambo
nocte, turrim adeunt, perforant malleis ferreis murum;
intrat pater, sublatoque quantum placuit de thesauro,
exiit obstruitque foramen. Revertuntur domum onusti
opibus alienis, et iuvenis iterum sua utitur largitate. 20
Quandocumque iterum opus erat opibus, ad thesaurum
sibi notum revertebantur.

" Contigit autem ut rex thesaurum suum videre vellet,
accersitoque custode intrat turrim videtque magnam
thesauri partem sublatam fore. Furore ergo repletus, 25
dissimulans tamen, egreditur venitque ad decrepitum
quendam senem consilium quesiturus. Fuerat hic senex
aliquando famosissimus latro, quem comprehensum rex
oculis privaverat eique de mensa sua cotidianos con-
stituerat cibos. Hic regi consilium sepe bonum et utile 30
prebebat, utpote qui multa viderat et audierat suoque
experimento didicerat multa. Narrat ei rex dampnum

---

10. **prius**: sc. *vixisti.* — 11. **oscure** = *obscure.* — 13. **ille**: 2 (1).
— 25. **fore**: 3E (2). — 32. **dampnum**: 2 (6).

suum queritque quomodo perdita recuperare possit. Cui
senex tale dat consilium : 'Si,' inquit, 'O rex nosse cupis,
quis hoc, an tuus custos an alius, egerit, iube fasciculum
herbe viridis in turrim inferri supponique ignem. Tu
5 autem serato ostio turrim iterum atque iterum circueas,
considerando si per aliquam muri rimulam fumum egredi
videris. Hoc facto ad me redeas consilium accepturus,
quid post hec tibi agendum sit.' Rex autem dictum
senis festinanter impleri iubens, clausit ostium et cepit
10 tacitus turris ambitum circuire. Ecce autem ex calore
ignis viridisque materie humore fumus permaxime excitatus totam usque ad testudinem replevit turrim. Qui
dum alias spiraculum non haberet, per locum foraminis
illius, eo quod lapide tantum sine cemento obstructum
15 fuerat, egreditur. Quod intuens rex festinus venit ad
senem, quid viderit manifestat. Audiens hoc senex :
'Scias,' ait, ' O rex, fures tibi tuos per locum ubi fumus
egreditur abstulisse thesauros ; quos nisi aliqua arte
capias, quod superest asportabunt. Non enim cessabunt,
20 quippe quibus adhuc prospere cessit res, donec totum
thesaurum exhauriant. Meo igitur utens consilio, dampp-
num dissimula et preme silentio, ne rumore hoc per aures
populi discurrente tuum furibus studium innotescat. Et
tu interim cuppam latam et profundam calenti imple
25 bitumine, resa, pice et glutine, quam foramini introrsus
opponas, ut dum fur more solito securus, nullam decepti-
onem suspicans, ad assuetum thesaurum recurrerit, repente in cuppam corruat captusque et colligatus glutine,
se tibi, velit nolit, in crastinum manifestet.' Admiratus rex
30 astutum senis consilium, cuppam illico ferventi impletam
glutine opponit foramini seratoque ostio abscedit.

---

6. **considerando** : 3E (4) (*d*). — **rimulam** : ' little crack.' — 12. **tes-**
tudinem : ' roof.' — 24. **cuppam** = *cupam*. — 25. **resa** = *resina*. —
29. **velit nolit** : ' willy-nilly.'

"Ecce autem fatalis illa dies, que neminem bonum malumve preterit, miserum patrem cum filio eadem nocte ad turrim adduxit, remotoque a foramine lapide, intrat pater nichil de pretensis laqueis suspicatus, dumque festinat, ut heri et nudius tertius, in pavimentum salire, 5 incautus miser, ut erat vestitus calciatusque, cuppam mentotenus insilit statimque vallatus glutine redditur immobilis, ita ut nec manum nec pedem vel aliquod membrorum movere posset, excepta lingua, que tantum ab hac iniuria libera remanserat. Ingemiscens igitur 10 infelix filium advocat, insinuat quibus laqueis teneatur astrictus, orat ut ei cito, antequam aliquis superveniat, caput amputet et abscedat, ne forte per caput cognitus eternam suo generi maculam inferat et iacturam. At vero filius totis viribus patrem conatus extrahere, cum 15 laborem suum frustrari videret, cepit anxiari et hesitare quid de duobus ageret; hinc etenim horrebat suas in nece patris cruentare manus, hinc vero metuebat per faciem patris deprehendi. Dum ergo eum a nece retraheret amor, timor et necessitas urgeret, nesciens quid 20 utilius ad tempus ageret, caput patris cultro abscisum fugiens asportavit.

"In crastinum autem rex summo mane de lectulo surgens, intravit turrim cucurritque ad cuppam invenitque murum perforatum et totam illam bituminis superficiem 25 infectam sanguine, furem quoque adesse suum, sed truncato capite deprehendit. Festinans ergo ad suum recurrit consiliarium, illum videlicet senem, annuntians captum quidem furem, sed capite mutilatum. Quod cum audisset senex, parumper subridens: 'Miror,' ait, 'huius latronis 30 astutiam. Quia enim nobilis erat nec voluit se vel genus

---

7. **mentotenus** : ' up to his chin.' — 11. **insinuat** : ' tells.' —
16. **anxiari** : ' to be worried.' — 17. **ageret** : for *agere posset.* —
23. **summo mane** : ' very early.'

suum prodere, idcirco a socio sibi caput amputari fecit.
Unde et difficile videtur michi te posse aut thesaurum
recuperare aut cognoscere furem.' Tunc rex vehementer urgebat senem ut daret consilium, minime de
5 thesauro perdito aiens se curare, si tantummodo furem
quis fuerit agnovisset. Cui senex: 'Fac illum,' inquit,
'abstractum de cuppa caude equi fortissimi alligari
trahique per plateas et vicos civitatum regni tui. Porro
milites armati subsequantur, capientes si quos viderint
10 viros vel mulieres ad aspectum cadaveris lacrimari tibique
eos presentent. Et si fuerit ibi socius aut uxor aut
filii, nequaquam poterunt a lacrimis temperare.'

" Bonum rex ratus senis consilium, iubet festinato truncum equo fortissimo pedibus alligatum cum armatis militi-
15 bus trahi per proximam civitatem. Qui dum miser traheretur, contigit eum ante fores domus sue devenire. Stabat
autem ille filius eius maior, qui et ei in furto fuerat socius,
ante ipsas fores. Qui cum videret patrem sic miserabiliter trahi, flere quidem non audens, sed nec valens lacrimas
20 prohibere, occassione reperta cultellum lignumque arripit,
quasi aliquid incisurus, sinistreque manus pollicem ex
industria sibi amputat. Tunc vero sub occasione pol-
licis vocem emittit luctuosam, erumpunt lacrime, accurrit
mater, fratres et sorores dilacerant manibus vestes oraque
25 et capillos, in persona filii patris miseriam lamentantes.
Affuerunt illico milites, qui eos caperent ducerentque ad
regem. At vero rex maximo effluctuans gaudio, sperans
quod perdita recuperare posset, pollicebatur illis vitam et
gratiam suam, si crimen confiterentur redderentque
30 thesauros suos. Iuvenis autem ille ex metu et necessitate audaciam sumens: 'Non ideo,' ait, 'o serenissime
rex, ego aut mei, quia hic miser truncus ad nos aliquod
pertineat, lacrimas effundimụs, sed quia hic dies nefastus

---

20. **occassione**: 2 (11).—27. **effluctuans**: 'in an ecstasy.'

michi sinistre manus pollicem abstulit. Ob hoc ergo
lacrime effuse, exarate facies, capilli evulsi, quia ego
adhuc iuvenis hodie heu uno et potiori membro debilitatus
sum.' Rex vero pollicem adhuc fluentem sanguine certis-
simum veritatis argumentum fore ratus, motus miseri- 5
cordia super fortuna iuvenis: 'Non est,' ait, 'mirum si
dolet cui male contigit. Vade in pace et hunc diem male
ominatum de cetero precaveto.' Sic ergo ille astucia sua
se suosque liberans ad propria remeavit, et rex similitudine
delusus veritatis redit ad senem consilium accepturus. 10

"Senex vero asserebat regem vix posse invenire quod
quereret, suadebat tamen ut cadaver iterum per eandem
traheretur civitatem. Quod et factum est. Cumque ut
prius ventum esset ad domum eius, filius internum animi
dolorem non ferens filium parvulum in puteum qui pro 15
foribus erat clam proiecit, tuncque vultum unguibus
carpens, voce lacrimosa populos quasi ad liberandum
filium convocat. Accurrit iterum mater cum filiis, girant
puteum, lacrimantur, aliique funibus ad extrahendum
puerulum in puteum se demittunt et alii eos iterum sursum 20
trahunt. Quid plura? Capitur iterum ille solus duci-
turque ad regem, et interim cadaver, per alias civitates
in cassum tractum, ad regem vix ossibus et nervis coherens
reducitur. Porro rex videns hunc iterum captum quem
antea dimiserat et nimium admiratus: 'Quid prosunt,' 25
ait, 'tibi callide deceptiones? Dii summi te produnt,
furta tua et crimina te accusant. Redde ergo thesaurum
et iuro tibi per meam magnique Iovis potentiam quod nec
te vita nec aliquo privabo menbrorum, sed sanum et
integrum liberumque dimittam.' Tunc latro, calliditate 30
sua utens, producta primo suspiria ab imo pectoris trahit,
dehinc talem emittit vocem: 'O me,' inquiens, 'omnium
infelicissimum hominum, quem tanto dii odio persecuntur

---

18. **girant** = *gyrant:* 'go around.'

ut nec solum michi diem absque doloribus et cruciatibus
corporis et animi transire permittant! Heri michi dies
infelix pollicem abstulit, hic hodie infelicior filium unicum
demersit in puteum, et ecce de thesauro regis requiror.'
5 Tunc etiam lacrimis falsis, immo verissimis, perfusus:
'Magnum,' ait, 'O rex, beneficium solatiumque prestiteris
misero, si me ab hac vita, que omni tormento, omni morte
michi gravior videtur, subtraxeris.' Rex autem cum
iuvenem crebris perfundi lacrimis mortemque loco benefi-
10 cii querere videret audiretque quod vere ipso die filium
perdidisset hesternoque pollicem, miseratus hominem
abire permisit, centum ei argenti marcas pro solatio
tribuens. Sic iterum rex deceptus consiliarium suum
adiit, aiens quod in vanum operam insumpsisset.
15 "Sed senex ad regem: 'Unum,' ait, 'adhuc superest
agendum, quo nisi furem superstitem capias, iam frustra
ad alia te convertes: elige tibi milites fortissimos quadraginta, quorum viginti nigris armis nigrisque equis muni-
antur aliique viginti albis equis armisque eiusdem coloris
20 sint armati. Hiisque cadaver ligno pedibus suspensum
nocte ad die custodiendum committas, viginti albis hinc,
inde viginti nigris circa ipsum ordinatis. Hii profecto si
vigilanter custodierint, tuum capient furem, quia non
patietur ipse diutius pendere socium, etiam si sciat se
25 mortem protinus subiturum.' Rex autem, prout dixerat
senex, milites nigris albisque munitos armis circa suspensum cadaver ordinavit. At vero fur ille, suum
patrisque obprobrium ferre non valens malensque semel
mori quam diu infeliciter vivere, deliberavit in animo
30 quod aut patrem turpi ludibrio subtraheret aut ipse cum
eo pariter moreretur. Subtili ergo ingenio arma partita
fabricat, tota scilicet ab una parte alba et nigra ab altera.

12. **marcas**: 'marks,' a mediaeval weight of silver and gold, of
about half a pound. — 28. **obprobrium**: 2 (8).

Quibus armatus equum hinc albo, inde nigro panno coopertum ascendit, sicque lucente luna per medios transit milites ut nigra pars armorum eius viginti albos deluderet et alba pars deciperet nigros putarentque nigri unum esse ex albis et albi unum ex nigris fore. Sic ergo 5 pertransiens, venit ad patrem depositumque a ligno asportavit. Facto autem mane, milites videntes furem furtim sublatum sibi, confusi redierunt ad regem, narrantes quomodo eos miles albis nigrisque armis partitis decepisset. Desperans ergo iam rex posse recuperari 10 perdita, et furem et thesaurum cessavit querere.

"Vides, O rex, quotiens et qualiter rex iste deceptus sit. Tantis enim ignorantie tenebris mundus iste obvolvitur, ut sepe que iniquissima et falsissima sunt iustissima et verissima ab hominibus iudicentur. Tu ergo noli nimis 15 properare perdere filium, quia forte latet quedam veritas que te ab obprobrio et filium tuum a morte valeat liberare. Ego etiam rogo te quatinus pro exemplo quod tibi protuli vitam filio hodiernam concedas, crastine die, nisi melior supervenerit fortuna, facturus quod hodie omisisti." At 20 rex: "Certe," ait, "O venerande sapiens, magnis, si hoc petisses, honoribus a me ditandus fueras, sed quoniam vitam tantum hodiernam filio postulasti, nephas duco tibi hoc denegare." Sic ergo rex cum filio cunctisque qui aderant domum rediit, et sapiens salutato rege discessit. 25

---

5. fore: 3E (2). — 19. crastine die: 'tomorrow.' — 23. nephas = *nefas*.

IACOBI A VORAGINE LEGENDA AUREA

Iacobus a (*or* de) Voragine, so called from the little village where he was born, near Genoa, lived from about 1230 to about 1298. A famous and effective preacher, he was given various honors and promotions by higher ecclesiastical authority, until at length he was consecrated Archbishop of Genoa in 1292.

He is best known, however, by his writings, particularly *The Golden Legend*, a collection of the legends dealing with the saints,

ILLUSTRATION OF SCOURGING FROM AN OLD
EDITION OF THE *LEGENDA AUREA*

a work which early became exceedingly popular, and was translated into various other languages and published in many editions.

The legends themselves extend from the early days of Judaism and Christianity down to his own time, and are especially arranged according to the periods of the Christian year. The legend of Barlaam and Josaphat is one of the most generally known of the mediaeval stories, and in reality is a Christianized form of the legend of Buddha. It first appears in Greek in the writings of John of Damascus in the eighth century, but he was probably not the author of even the Greek form, and the oriental character of the romance appears in many ways. It was popular in the secular, as well as the ecclesiastical, literature of the Middle Ages, and traces of it appear in Boccaccio, Shakespeare, and various other well-known writers.

Our text is taken from the third edition of Graesse, published at Wratislaw in 1890. The English translation of *The Golden Legend* by William Caxton was reproduced in London in 1900 in handy form.

BARLAAM AND JOSAPHAT

Barlaam, cuius hystoriam Iohannes Damascenus diligenti studio compilavit, operante in eo divina gratia sanctum Iosaphat regem ad fidem convertit. Etenim cum universa India Christianis et monachis plena esset, surrexit rex quidam praepotens, nomine Avennir, qui 5 Christianos et praecipue monachos plurimum persequebatur. Accidit autem ut quidam regis amicus, et in palatio suo primus, divina commonitus gratia regiam aulam relinqueret et monasticum ordinem introiret. Quod rex audiens, prae ira insaniens eum per quaeque 10 deserta inquiri fecit et vix inventum ad se adduci mandavit, vidensque eum vili tunica coopertum et fame maceratum, qui splendidis vestimentis ornabatur et multis divitiis affluere consueverat, dixit ei: "O stulte et mentis perdite, cur honorem in contumeliam com- 15 mutasti? Ecce, ludum puerorum te fecisti." Cui ille: "Si huius a me rationem audire desideras, inimicos tuos procul a te abiicias." Rege autem qui essent huiusmodi inimici quaerente, ait: "Ira et concupiscentia; haec enim impediunt ne veritas videatur; assideant autem ad 20 audientiam dicendorum prudentia et aequitas." Cui rex: "Fiat, ut loqueris." Et ille: "Insipientes ea quae sunt despiciunt, quasi non sint, ea vero quae non sunt, quasi sint, apprehendere moliuntur. Qui autem non gustaverit eorum quae sunt dulcedinem, non poterit 25

19. **concupiscentia**: 'inordinate desire.'

eorum quae non sunt addiscere veritatem." Multa
autem illo de mysterio incarnationis et fidei prosequente,
rex ait: "Nisi tibi in principio promisissem quod de
medio consilii iram removerem, nunc utique igni carnes
5 tuas traderem; surge igitur et fuge ex oculis meis, ne
ultra te videam et male te perdam." Vir Dei autem
tristis abscessit, eo quod martirium perpessus non esset.

Interea dum rex liberos non haberet, puer ei pulcher-
rimus nascitur et Iosaphat appellatur. Congregante
10 autem rege infinitam multitudinem, ut Diis pro ortu
pueri immolarent, sexaginta astrologos convocavit, a
quibus quid futurum esset filio suo diligenter quaesivit.
Cunctis autem respondentibus eum magnum in potentia
et divitiis futurum, unus sapientior ex ipsis dixit: "Puer
15 iste, qui natus est tibi, O rex, non in tuo erit regno, sed in
alio incomparabiliter meliori; nam illius, quam perse-
queris, Christianae religionis, ut aestimo, futurus est
cultor." Hoc autem non a semet ipso, sed a Deo inspi-
rante dixit. Audiens hoc rex et plurimum expavescens,
20 in civitate seorsum palatium speciosissimum construi
fecit et ibi puerum ad habitandum posuit ibique secum
iuvenes pulcherrimos collocavit, praecipiens illis ut nec
mortem nec senectutem nec infirmitatem vel paupertatem
nec aliquid, quod posset sibi afferre tristitiam, ei nomina-
25 rent, sed omnia iucunda ei proponerent, quatenus mens
eius, laetitiis occupata, nil de futuris cogitare posset.
Si quem vero ministrantium infirmari contingeret, hunc
protinus rex praecipiebat eiici et alium loco eius incolumem
subrogari, praecepitque ne sibi de Christo aliquam
30 facerent mentionem.

Eodem tempore erat cum rege vir quidam Christianissimus, sed occultus, qui inter nobiles regis principes
primus erat. Hic cum aliquando cum rege ad venandum

7. **martirium**: 'martyrdom.'

ivisset, hominem quendam pauperem, pedem laesum a
bestia habentem et in terra iacentem, invenit, a quo
rogatur ut se suscipere debeat, quia sibi in aliquo forsitan
prodesse posset. Cui miles dixit: "Ego quidem te
libenter suscipio, sed in quo utilis inveniaris ignoro." 5
Et ille dixit: "Ego homo medicus sum verborum; si
enim aliquis in verbis laedatur, congruam scio adhibere
medelam." Miles autem quod ille dicebat pro nihilo
computavit, propter Deum tamen ipsum suscipiens eius
curam egit. Viri autem quidam invidi et malitiosi, vi- 10
dentes praedictum principem in tanta gratia esse regis,
ipsum apud regem accusaverunt quod non solum ad
Christianorum fidem declinasset, sed insuper regnum
conabatur sibi surripere turbam sollicitans et sibi con-
cilians. "Sed si hoc," inquiunt, "ita esse, O rex, scire 15
desideras, ipsum secreto advoca et vitam hanc cito
finiendam commemora et idcirco gloriam regni te velle
derelinquere et monachorum habitum assumere asseras,
quos tamen ignoranter hactenus fueras persecutus, et
tunc videbis quid tibi responderit." Quod cum rex omnia, 20
ut illi suaserant, fecisset, ille doli ignarus, perfusus
lacrymis, propositum regis laudavit et vanitatem mundi
rememorans, quantocius hoc adimplendum consuluit.
Quod rex audiens et verum esse quod dixerant credens,
furore repletus est, nihil tamen sibi respondit; vir autem 25
perpendens quod rex graviter verba sua acceperat, tremens
abscessit et medicum verborum se habere recolens, omnia
sibi narravit. Cui ille: "Notum sit tibi quod rex sus-
picatur ut propter hoc dixeris, quod eius regnum velis
invadere; surge igitur et comam tuam tonde et vesti- 30

---

7. **congruam**: 'suitable.' — 8. **medelam**: 'remedy.' — **Miles**:
i.e. the *vir Christianissimus.* — 13. **declinasset**: 'had become an
apostate.' — 23. **rememorans**: 'calling to mind.' — **quantocius**: 'as
soon as possible.' — **adimplendum**: 'fulfilling.'

menta abiiciens cilicium indue et summo diluculo ad
regem ingredere, cumque rex quid sibi hoc velit inter-
rogaverit, respondebis : 'Ecce, rex, paratus sum sequi te,
nam etsi via per quam cupis ire difficilis sit, tecum tamen
5 exsistenti facilis mihi erit ; sicut enim socium me habuisti
in prosperis, sic habebis pariter in adversis ; nunc igitur
praesto sum ; quid moraris?'" Quod cum ille per
ordinem fecisset, rex obstupuit, et falsarios arguens,
virum ampliore honore ditavit.

10 Filius autem eius in palatio educatus ad aetatem
adultam pervenit et in omni sapientia plene edoctus fuit.
Admirans autem cur pater sic eum reclusisset, unum de
servis sibi familiariorem secreto de hac re interrogavit,
dicens se in multa moestitia positum pro eo, quod sibi
15 foras egredi non liceret, adeo ut nec cibus sibi saperet nec
potus. Quod pater audiens et dolens, equos idoneos
parari fecit et choros plaudentes ante eum mittens, ne
quid sibi foedum occurreret diligenter prohibuit. Praedicto igitur iuvene taliter procedente, quadam vice unus
20 leprosus et unus caecus sibi obviaverunt. Quos ille
videns et stupens, qui sint et quidnam habeant inquisivit,
et ministri dixerunt : "Passiones istae sunt quae hominibus
accidunt." Et ille : "Omnibus hominibus hoc contingere
solet?" Negantibus illis respondet : "Noti sunt igitur
25 qui hoc pati debeant, an sic indefinite proveniunt?" Et
illi : "Quis hominum futura scire valet?" Valde igitur
anxius esse coepit pro inconsuetudine rei. Alia autem
vice quendam valde senem, rugosam habentem faciem et
dorsum incurvatum et cadentibus dentibus balbutiendo
30 loquentem, invenit. Stupefactus igitur discere cupit
visionis miraculum, cumque didicisset quod propter

---

8. **falsarios** : 'calumniators.' — 19. **unus** here = the indefinite
article. — 20. **leprosus** : 'leprous.' — 22. **Passiones** : 'sufferings.'
— 27. **inconsuetudine** : 'unusualness.'

annorum multitudinem ad talem statum venisset, ait:
"Et quis est huius finis?" Dicunt ei: "Mors." Et
ille: "Omniumne mors vel aliquorum?" Cumque didicisset omnes mori debere, interrogavit: "Et quot annis
haec superveniunt?" Et ille: "In octoginta vel centum 5
annis senectus inducitur, deinde mors ipsa subsequitur."
   Haec igitur iuvenis frequenter in corde suo recogitans
in multa desolatione erat, sed coram patre laetitiam
pretendebat, plurimum desiderans in rebus huiusmodi di-
rigi et doceri. Igitur quidam monachus, vita et opinione 1c
perfectus, habitans in deserto terrae Sennaar, nomine
Barlaam, hic quae circa filium regis agebantur per spiritum
cognovit et mercatoris habitum sumens ad civitatem
illam devenit accedensque· paedagogo filii regis locutus
est: "Ego, cum negotiator sim, lapidem pretiosum 15
venalem habeo, qui caecis lumen tribuit, surdis aures
aperit, mutos loqui facit, insipientibus sapientiam in-
fundit; nunc igitur duc me ad filium regis et hunc sibi
tradam." Cui ille: "Videris homo maturae prudentiae,
sed verba tua prudentiae non concordant, verumtamen 20
cum lapidum notitiam habeam, ipsum lapidem mihi
ostende et, si talis ut asseris fuerit comprobatus, a filio
regis honores maximos consequeris." Ad quem ille:
"Lapis meus insuper hanc habet virtutem, quia, qui non
habet sanam oculorum aciem et qui non servat integram 25
castitatem, si forte illum adspexerit, ipsam virtutem
quam habet visibilem perdit; ego autem, medicinalis
artis non expers, video te sanos oculos non habere, filium
autem regis audivi pudicum esse et oculos pulcherrimos
habere et sanos." Cui ille: "Sic si est, noli mihi ostendere, 30
quia et oculos sanos non habeo et in peccatis sordesco."

---

8. **desolatione**: 'distress.' — 26. **virtutem . . . visibilem**: 'power
of vision.'

Nuntians igitur filio regis, ipsum ad cum quantocius introduxit.

Cum ergo introductus fuisset et rex eum reverenter suscepisset, ait Barlaam : "In hoc, rex, bene fecisti, quia 5 de foris parvitati apparenti non attendisti, nam rex quidam magnus in curru deaurato procedens, cum quibusdam attritis vestibus indutis et macie attenuatis obviasset, continuo de curru exsiliens ad pedes procidens ipsos adoravit et surgens in oscula eorum ruit, proceres autem 10 eius indigne hoc ferentes, sed regem super hoc arguere formidantes, fratri eius retulerunt quomodo rex magnificentiae regali indigna fecisset, frater autem regem super hoc redarguit. Erat autem regi consuetudo, quod, quando aliquis morti traditus erat, rex·ante eius ianuam praeconem 15 cum tuba ad hoc deputata mittebat. Vespere igitur veniente, ante fratris ianuam tubam sonari fecit. Quod ille audiens et de sua salvatione desperans, totam noctem insomnem duxit et testamentum fecit, mane autem facto indutus nigris vestibus cum uxore et filiis ad fores palatii lugens 20 accessit. Quem rex ad se ingredi faciens dixit : 'O stulte, si praeconem fratris tui, cui nihil te deliquisse cognoscis, adeo timuisti, quomodo praecones Domini mei, in quem adeo peccavi, timere non debeam, qui sonabilius tuba mihi mortem significant et terribilem Iudicis adven-25 tum mihi denuntiant?' Deinde quatuor capsas fieri iussit et duas earum extrinsecus auro undique operiri et ossibus mortuorum putridis impleri, duas vero pice liniri et gemmis et margaritis pretiosis impleri fecit, vocansque illos magnates quos sciebat querimoniam apud fratrem 30 deposuisse, quatuor illas capsas ante eos posuit et quae pretiosiores essent inquisivit. Illi vero duas deauratas magni esse pretii, reliquas vero vilis pretii esse iudicave-

---

5. de foris: ' external,' used here as an attributive adjective. — 29. magnates: ' great men.' — 31. deauratas: ' gilded.'

runt. Praecepit igitur rex deauratas aperiri et continuo inde foetor intolerabilis emanavit. Quibus rex: 'Hae illis similes sunt qui gloriosis vestibus sunt amicti, intus vero immunditia vitiorum pleni.' Deinde alias aperiri fecit et ecce odor mirabilis inde exhalavit. Quibus rex: 5 'Istae illis pauperrimis quos honoravi similes sunt, qui, etsi vilibus vestimentis operiantur, intus tamen omni virtutum odore resplendent; vos autem solum quae de foris sunt attenditis, et quae de intus sunt non consideratis.' Secundum igitur illum regem tu quoque 10 fecisti, bene suscipiens me."

Incipiensque igitur Barlaam coepit et de mundi creatione et hominis praevaricatione ac filii Dei incarnatione, passione et resurrectione longum sermonem contexere, necnon et de die iudicii et de retributione bonorum et 15 malorum multa proferre, et servientes ydolis plurimum exprobrare ac de eorum fatuitate tale exemplum ponere, dicens: "Sagittarius quidam aviculam parvam, nomine philomenam, capiens, cum vellet eam occidere, vox data est philomenae et ait: 'Quid tibi proderit, O homo, si me 20 occideris? Neque enim ventrem tuum de me implere valebis; sed, si me dimittere velles, tria tibi mandata darem, quae si diligentius conservares, magnam inde utilitatem consequi posses.' Ille vero ad eius loquelam stupefactus, promisit quod eam dimitteret, si haec sibi 25 mandata proferret. Et illa: 'Nunquam rem quae apprehendi non potest apprehendere studeas; de re perdita irrecuperabili nunquam doleas; verbum incredibile nunquam credas; haec tria custodi et bene tibi erit.' Ille autem, ut promiserat, eam dimisit, philomena igitur per 30 aera volitans dixit ei: 'Vaeh tibi, homo, quod malum consilium habuisti et quod magnum thesaurum hodie

18. aviculam: 'little bird.' — 19. philomenam: for philomelam. — 28. irrecuperabili: 'irrevocably.' — 29. haec tria: sc. *erunt*.

perdidisti; est enim in meis visceribus margarita, quae
struthionis ovum sua vincit magnitudine.' Quòd ille
audiens, valde contristatus est quod eam dimiserit, et
eam apprehendere conabatur dicens : 'Veni in domum
5 meam et omnem tibi humanitatem exhibebo et honorifice
te dimittam.' Cui philomena : 'Nunc pro certo cognovi
te fatuum esse, nam ex his, quae tibi dixi, nullum profectum habuisti, quia et de me perdita et irrecuperabili
doles et me tentas capere, cum nequeas meo itinere per-
10 gere, et insuper margaritam tam grandem in meis visceribus credidisti esse, cum ego tota ad magnitudinem ovi
struthionis non valeam pertingere.' Sic ergo stulti sunt
illi qui confidunt in ydolis, quia plasmatos a se factos
adorant et custoditos a se custodes suos appellant.''

15 Coepitque contra fallacem mundi delectationem et
vanitatem multa disputare et plura ad hoc exempla
adducere, dicens : ''Qui corporales delectationes deside-
rant et animas suas fame mori permittunt, similes sunt
cuidam homini, qui, dum a facie unicornis, ne ab eo
20 devoraretur, velocius fugeret, in quoddam barathrum
magnum cecidit, dum autem caderet, manibus arbustulam
apprehendit quandam et in base quadam lubrica et
instabili pedes fixit. Respiciens vero vidit duos mures,
unum album et unum nigrum, incessanter radicem arbustu-
25 lae quam apprehenderat corrodentes et iam prope erat ut
ipsam absciderent. In fundo autem barathri vidit
draconem terribilem spirantem ignem et aperto ore ipsum
devorare cupientem, super basem vero, ubi pedes tenebat,
vidit quatuor aspidum capita inde prodeuntia. Elevans
30 autem oculos, vidit exiguum mellis de ramis illius arbus-
tulae stillans oblitusque periculi, in quo undique positus
erat, se ipsum dulcedini illius modici mellis totum dedit.

---

2. **struthionis** : ' ostrich.' — 13. **plasmatos** : instead of *plasmata* :
' creatures.' — 21. **arbustulam** : ' bush.'

Unicornis autem mortis tenet figuram, quae hominem
semper persequitur et apprehendere cupit; barathrum
vero mundus est omnibus malis plenus. Arbustula
uniuscuiusque vita est, quae per horas diei et noctis quasi
per murem album et nigrum incessanter consumitur et 5
incisioni appropinquat. Basis vero aspidum quatuor,
corpus ex quatuor elementis compositum, quibus inordi-
natis corporis compago dissolvitur. Draco terribilis, os
inferni cunctos devorare cupiens; dulcedo ramusculi,
delectatio fallax mundi, per quam homo seducitur, ut 10
periculum suum minime intueatur.''

Addidit quoque dicens: "Similes sunt iterum mundi
amatores homini qui tres amicos habuit, quorum unum
plus quam se, secundum tantum quantum se, tertium
minus quam se et quasi nihil, dilexit. In magno itaque 15
periculo positus et a rege citatus cucurrit ad primum
amicum, eius auxilium quaerens, et qualiter eum dilexerit
semper commemorans. Cui ille: 'Nescio quis sis, o
homo; habeo alios amicos, cum quibus me hodie laetari
oportet, quos et amicos amodo possidebo, praebeo tamen 20
tibi duo ciliciola, ut habeas quibus valeas operiri.' Confusus igitur ad secundum venit et similiter eius auxilium
postulavit. Cui ille: 'Non vacat mihi tecum subire
agonem, curis etenim multis circumdor; modicum tamen
usque ad ostium palatii te sociabo et statim domum 25
revertar propriis vacans negotiis.' Tristis igitur et
desperans ad tertium amicum perrexit sibique facie
demissa dixit: 'Non habeo os loquendi ad te, quoniam
non ut debui amavi te, sed in tribulatione circumdatus
et ab amicis destitutus rogo, ut mihi auxilium feras et 30
mihi veniam praebeas.' Et ille hilari vultu dixit: 'Certe
amicum carissimum fateor te esse et tui, licet modici,

---

6. incisioni: 'the point of being severed,' i.e. its end. — 8. compago: 'structure.' — 21. ciliciola: 'little coats.'

beneficii non immemor, praecedam te et apud regem
interveniam pro te, ne in manibus te tradat inimicorum.'
Primus igitur amicus est divitiarum possessio, pro quibus
homo multis periculis subiacet, veniente vero mortis
5 termino, nihil ex omnibus nisi viles accepit ad sepeliendum
panniculos. Secundus amicus est uxor, filii et parentes,
qui tantum usque ad monumentum secum pergentes
protinus revertuntur suis vacantes curis; tertius amicus
est fides, spes et caritas et elemosina et caetera bona
10 opera, quae nos, cum eximus de corpore, possunt prae-
cedere et pro nobis apud Deum intervenire et ab inimicis
daemonibus nos liberare."

Hoc insuper addidit, dicens: "In quadam magna
civitate consuetudo fuit quod hominem extraneum et
15 ignotum omni anno in principem eligebant, cui, omni
potestate accepta, quidquid volebat facere, licitum erat
et sine omni constitutione terram regebat. Illo igitur
in omnibus deliciis permanente et semper sibi sic esse
existimante, repente cives in eum insurgebant et per totam
20 civitatem nudum trahentes in remotam insulam exsulem
transmittebant, ubi nec cibum nec vestimentum inveniens
fame et frigore urgebatur. Tandem quidam alius sublimatus in regno, cum illorum civium consuetudinem
didicisset, infinitos thesauros ad insulam illam praemisit,
25 ubi post annum in exsilium relegatus, caeteris fame defici-
entibus, ille immensis deliciis abundabat. Civitas haec
mundus iste est; cives tenebrarum principes, qui nos
falsa mundi delectatione alliciunt, nobisque insperantibus
mors supervenit et in locum tenebrarum demergimur;
30 divitiarum vero ad aeternum locum praemissio fit manibus
egenorum."

Igitur cum Barlaam perfecte filium regis docuisset et
ipse eum iam relicto patre sequi vellet, dixit Barlaam:

---

22. **sublimatus**: 'exalted.'

"Si hoc feceris, cuidam iuveni similis eris, qui, cum quandam nobilem nollet desponsare uxorem, ipse renuens aufugit et in quendam locum deveniens virginem quandam, cuiusdam senis pauperis filiam, laborantem et ore Deum laudantem vidit. Ad quam ille: 'Quid est quod agis, 5 mulier? cum enim ita pauper sis, gratiam tamen agis Deo ac si magna recepisses ab eo.' Ad quem illa: 'Sicut parva medicina saepe a magno languore liberat, sic gratiarum actio in parvis donis magnorum efficitur auctrix donorum; haec tamen, quae extrinsecus sunt, nostra non 10 sunt, sed ea, quae in nobis sunt et nostra sunt, a Deo magna accepi, quia me ad suam imaginem fecit, intellectum mihi dedit, ad suam me gloriam vocavit et ianuam regni sui iam mihi aperuit; pro tantis ergo et tam magnis donis ipsum laudare convenit.' Videns iuvenis eius prudentiam, 15 eam a patre suo in uxorem petiit. Cui ille: 'Filiam meam accipere non vales, quia divitum et nobilium filius es, ego autem pauper sum.' Sed cum ille omnino instaret, ait senex: 'Non possum eam tibi dare, ut in domum patris tui ducas eam, cum unica mihi sit.' Et ille: 'Apud vos 20 manebo et vobis me in omnibus conformabo.' Deponens igitur pretiosum ornamentum, habitum senis induit et apud eum manens ipsam in uxorem accepit. Postquam autem senex diutius eum probavit, in thalamum eum duxit et immensum pondus divitiarum, quantum nunquam 25 viderat, sibi ostendit et omnia sibi dedit." Dixit autem Iosaphat: "Convenienter me ista tangit narratio et a te hoc dictum esse de me existimo, sed dic mihi, pater, quot annorum es et ubi conversaris, quia a te nunquam volo separari." Et ille: "Annorum sum XLV in desertis 30 terrae Sennaar degens." Ad quem Iosaphat: "Amplius pater mihi appares LXX annorum." Et ille: "Si a nativitate mea omnes annos meos quaeris discere, bene

---

2. **desponsare**: 'to be betrothed to.' — 9. **auctrix**: 'surety.'

eos existimasti, sed nullo modo a me in mensura vitae
computantur, quotquot in vanitate mundi expensi sunt;
tunc enim in interiori homine mortuus eram et annos
mortis nunquam vitae nominabo."

5 Cum igitur Iosaphat eum in desertum sequi vellet,
dixit Barlaam : "Si hoc feceris, et tuo consortio carebo et
persecutionis fratribus meis auctor exsistam, sed, cum
opportunum tempus videris, ad me venies." Barlaam
igitur filium regis baptizans et in fide optime instruens
10 eum osculatus est et ad locum suum reversus est. Postquam autem rex filium Christianum factum audivit, in
dolore nimio positus est. Quem quidam amicus suus,
nomine Arachis, consolans ait : "Cognosco, rex senex,
quendam eremitam, qui de nostra secta est, qui per omnia
15 Barlaam similis est ; hic igitur Barlaam se simulans primo
Christianorum fidem defendet, deinde se superari permit-
tet et omnia quae docuerat revocabit et sic filius regis ad
nos redibit." Assumto igitur praedicto principe, magno
exercitu ad quaerendum Barlaam ivit et eremitam illum
20 capiens se Barlaam cepisse dixit. Quod filius regis
audiens, captum scilicet magistrum amare flevit, sed
postmodum per Dei revelationem hunc non esse cognovit.
Ingressus igitur pater ad filium ait : "Fili mi, in tristitia
magna me posuisti et meam canitiem inhonorasti et lumen
25 oculorum meorum abstulisti; quare, fili, hoc fecisti et
deorum meorum cultum reliquisti?" Cui ille : "Tenebras, pater, fugi, ad lumen cucurri et errorem deserui et
veritatem agnovi; noli autem frustra laborare, quoniam
nunquam a Christo me poteris revocare, sicut enim tibi
30 impossibile est altitudinem coeli manu tangere aut
maximum siccare pelagus, sic et istud esse cognosce."
Tunc rex ait : "Et quis horum mihi auctor est malorum,
nisi ego, qui tam magnifica tibi feci, quae nunquam
aliquis patrum fecit filio? Quapropter pravitas volunta-

tis tuae et contentio effrenata adversus caput meum te insanire fecit. Merito astrologi in nativitate tua dixerunt te arrogantem et parentibus inobedientem futurum; nunc vero, nisi mihi acquieveris, a mea discedes filiatione et, pro patre inimicus effectus, illa tibi faciam quae nec 5 hostibus adhuc feci." Cui Iosaphat : "Cur, rex, tristaris, quia bonorum particeps effectus sum? Quis unquam pater in filii sui prosperitate tristis apparuit? Non ergo iam patrem te vocabo, sed, si mihi adversaberis, sicut a serpente fugiam a te." Rex igitur ab eo cum ira discedens 10 Arachi amico notam fecit filii duritiam, qui sibi consuluit ut non asperis verbis cum eo uteretur, quia blandis et lenibus puer melius traheretur.

Sequente igitur die rex ad filium venit et circumplectens osculabatur eum dicens : "Fili dulcissime, honora cani- 15 tiem patris tui, verere, fili, patrem tuum ; an nescis quale bonum est patri obedire et eum laetificare, sicut econtra malum est ipsos exacerbare? Quotquot enim fecerunt, male perierunt." Cui Iosaphat : "Tempus amandi et tempus obediendi, tempus pacis et tempus belli ; nullo 20 enim modo avertentibus nos a Deo obedire debemus, sive sit mater, sive sit pater." Videns igitur pater eius constantiam ait : "Ex quo video tuam pertinaciam nec mihi obedire vis, saltem veni et ambo pariter veritati credamus, Barlaam enim, qui te seduxit, a me vinctus 25 tenetur ; nostri igitur et vestri cum Barlaam conveniant et praeconem mittam, ut omnes Galilaei sine timore veniant, et disputatione incepta, si vester Barlaam obtinuerit, vobis credemus, si autem nostri, nobis consentietis." Quod cum regis filio placuisset et illi cum si- 30 mulato Barlaam ordinassent quomodo prius deberet simulare se fidem Christianorum defendere, et postea se

---

4. mea . . . filiatione : 'recognition as my son.' — 6. tristaris : 'are you grieved.' — 11. sibi for *ei* ; 1C. — 18. fecerunt : sc. *id.*

promittere superari, omnes insimul convenerunt. Conversus igitur Iosaphat ad Nachor dixit: "Nosti, o Barlaam, qualiter me docuisti; si igitur fidem quam me
docuisti defenderis, in doctrina tua usque ad finem vitae
5 permanebo; si autem superatus fueris, statim in te meam
contumeliam vindicabo et cor tuum et linguam manibus
extrahens dabo canibus, ne alii amplius praesumant
filios regum in errorem mittere." His auditis, Nachor
tristis et pavidus vehementer factus est, videns se ipsum
10 in foveam quam fecit decidisse et laqueo suo comprehensum esse. Animadvertens igitur, cognovit melius
esse filio sui regis adhaerere, ut periculum mortis evadere
posset. Rex autem sibi palam dixerat ut fidem suam sine
timore defenderet. Unus ergo rhetorum surgens dixit:
15 "Tu es Barlaam, qui filium regis seduxisti?" Et ille:
"Ego sum Barlaam, qui filium regis in errorem non
misi, sed ab errore liberavi." * * * *

Coepit igitur Nachor fidem Christianorum evidenter
defendere et rationibus communire, ita quod rhetores illi
20 muti effecti nihil omnino respondere sciverunt. Iosaphat
igitur vehementer exsultabat, eo quod Dominus per
inimicum veritatis veritatem defendisset, rex autem
furore repletus est. Iussit igitur consilium dissolvi,
quasi de his sequenti die denuo tractaturus, dixitque
25 Iosaphat patri: "Aut magistrum meum permitte mecum
hac nocte manere, ut simul de responsionibus fiendis
crastino conferamus, et tu tuos tecum assumas et cum iis
conferas, aut tuis mecum permissis, accipe meum; alioquin
non iustitiam, sed violentiam exercebis." Quapropter
30 Nachor sibi concessit, spem adhuc habens quod eum
seduceret. Cum igitur filius regis cum Nachor domum
rediisset, dixit ei Iosaphat: "Ne putes me ignorare quis
sis; scio te non esse Barlaam, sed Nachor astrologum";
incipiensque Iosaphat viam salutis ei praedicavit et ad

fidem convertens mane ad eremum misit, ubi baptismum suscipiens eremiticam vitam duxit. Magus autem quidam, nomine Theodas, haec quae gerebantur audiens, ad regem venit et quod filium suum ad leges patris redire faceret promisit. Cui rex: "Si hoc feceris, statuam 5 auream tibi erigam et ipse sicut diis sacrificium offeram." Et ille: "A filio tuo cunctos remove et mulieres decoras et ornatas introduci praecipe, ut semper cum eo sint et ministrent et conversentur et morentur cum eo; ego autem unum de spiritibus meis ad eum dirigam, qui eum 10 ad libidinem inflammabit; nihil enim iuvenes sic potest seducere, sicut facies mulierum. Rex enim quidam cum filium vix habuisset, dixerunt peritissimi medici quod, si infra decem annos solem vel lunam viderit, lumine oculorum privabitur. Rex igitur, in quadam petra spelunca 15 excisa, filium ibi usque ad annos decem manere fecit. Quibus finitis, iussit rex ut omnium rerum genera ante eum adducerentur, ut omnium nomina et notitiam posset habere. Adductis igitur ante eum auro et argento, lapidibus pretiosis, vestibus splendidis, equis regalibus et 20 omnium rerum generibus, cum de uniuscuiusque rei nomine interrogaret, ministri omnium sibi nomina indicabant. Cum autem nomen mulierum discere anxie quaereret, spatharius regis ludendo dixit daemones eas esse quae homines seducant. Rege autem interrogante filium 25 quid de omnibus quae viderat plus amaret: 'Quid,' inquit, 'pater, aliud quam daemones illos qui seducunt homines?'" * * * *

Verum cum maligni spiritus ad Theodam rediissent et ipse eos exprobraret, dixerunt: "Priusquam signo 30 crucis signaretur, super ipsum irruentes fortiter ipsum conturbavimus; ut autem se ipsum signo crucis munivit,

---

1. **eremum**: 'desert.'—2. **eremiticam**: 'in the desert.'—24. **spatharius**: 'armor-bearer,' or 'attendant.'

nos persecutus est cum ira." Tunc Theodas cum rege ad
eum intravit, sperans quod ei persuadere posset. Sed
praedictus magus captus est ab eo quem capere voluit, et
ab eo conversus baptisma suscepit et laudabilem vitam
5 duxit. Rex igitur desperans dimisit ei de consilio amicorum medium regni sui. Ille autem licet desertum tota
mente desideraret, tamen propter fidei dilatationem ad
tempus ipsum regnum suscepit ac in suis civitatibus
templa et cruces erexit et omnes ad Christum convertit.
10 Pater autem tandem filii rationibus et baptismum suscipiens et totum regnum filio suo dimittens, ipse misericordiae operibus vacabat et post hoc laudabiliter vitam
finivit. Iosaphat autem Barachiam regem pronuntians
pluries fugere voluit, sed semper a populo captus vix
15 tandem evasit. Cum ergo per desertum pergeret, cuidam
pauperi regalem habitum dedit et ipse in pauperrima
veste remansit, dyabolus autem multas ei insidias parabat.
Aliquando enim gladio evaginato in eum irruebat et eum
percutere minabatur, nisi desisteret; aliquando in forma
20 ferarum sibi apparebat frendens et dirum mugitum emittens. Ille autem dicebat: "Dominus mihi adiutor est,
non timebo quid faciat mihi homo." Duobus igitur
annis in eremo Iosaphat vagabundus mansit nec Barlaam
invenire potuit, tandem autem speluncam invenit et ante
25 ostium stans dicebat: "Benedic, pater, benedic." Cuius
vocem Barlaam audiens foras exsiliit et osculantes fer-
ventissime sese alterutrum amplexibus constringebant nec
satiari poterant. Retulit autem Iosaphat Barlaam omnia,
quae ei acciderant, et ille immensas gratias egit Deo.
30 Mansit autem Iosaphat ibidem multis annis in abstinentia

---

5. **dimisit . . . medium regni**: 'sent and offered him the half
of his kingdom.' — 7. **dilatationem**: 'the spread.' — **ad tempus
ipsum**: 'at once.' — 13. **pronuntians**: 'proclaiming.' — 14. **pluries**:
'several times.'

mirabili et virtute, tandem completis diebus Barlaam in
pace quievit circa annos Domini CCCLXXX. Iosaphat
igitur in anno XXV regnum deserens triginta quinque
annis eremiticum laborem subiit et sic multis clarus virtutibus in pace quievit et cum corpore Barlaam positus 5
fuit. Quod audiens rex Barachias illuc cum multo exercitu
venit et corpora reverenter assumens in civitatem suam
transtulit, ad quorum tumulum miracula multa fiunt.

— *Leg. Aur. 180.*

OLD BINDING OF A COPY OF THE *LEGENDA AUREA*

4. **eremiticum** : 'of a hermit.'

WRIGHT'S LATIN STORIES

A Selection of Latin Stories from Manuscripts of the thirteenth and fourteenth centuries: a contribution to the history of fiction during the Middle Ages, was edited by Thomas Wright, and printed for The Percy Society in London in 1842. It contains stories in prose and poetry, from many different sources. Most of the tales are short, and many of them of general human interest and popularity, which have made their way from one language to another, and are often still current in one form or another.

The anonymous description of the stupid people of Norfolk, which follows here, is taken from Wright's *Early Mysteries and other Latin Poems of the twelfth and thirteenth centuries* (London, 1844).

THE TWO BLIND MEN

Duo caeci erant in civitate Romana. Unus eorum cotidie clamabat per vicos civitatis, "Bene iuvatur quem Dominus vult iuvare"; alter vero clamabat, "Bene iuvatur quem imperator vult iuvare." Cumque hoc
5 cotidie repeterent et imperator hoc audiret frequenter, praecepit ut panis fieret, et ibi imponerentur talenta multa; et ita panis impletur talentis, et praecepit illud dari caeco. Quo accepto, videns ponderationem panis et obvians alio caeco, sibi vendidit panem ad opus puerorum suorum.
10 Caecus qui panem emerat, domum veniens et fracto pane

CIV is found in various other forms, e.g. Gower's *Confessio Amantis*, the *Gesta Romanorum*, and the *Merchant of Venice* of Shakespeare. — 8. **ponderationem**: ' weight.'

invenit plenum talentorum, et Deo gratias egit, et de caetero permansit sine mendicatione. Alter vero cum adhuc panem quaereret per civitatem, vocatus ab imperatore dixit ei, "Ubi est panis quem ego heri tibi praecepi dare?" Ille dixit, "Vendidi socio meo 5 nudiustertius, quia crudum mihi videbatur." "Vere," ait imperator, "bene iuvatur quem Deus iuvat!" et caecum a se repulit et abiecit. — *CIV.*

"FARMER HAYSEED" GOES TO THE CITY

Rusticus quidam agnum tulit ad forum. Cui intranti in villam obviaverunt sex mercenarii homines astuti, 10 quorum unus aliis dixit: "Bene poterimus agnum istum habere a rustico, si voluerimus." Cumque quaererunt modum, ait, "Separemus nos ab invicem per sex vicos, ita ut nullus nostrum sit cum alio, et quaerat unusquisque nostrum si rusticus velit vendere canem suum." Quod 15 factum est; et accesserunt vicissim ad illum. Cumque iurasset rusticus quod agnus esset, alii vero dixerunt canem, tandem compulsus rubore, quod tociens et a tot dictum esset eum esse canem, sexto ait, "Nolo vendere, sed pro nihilo accipe, et pro Deo noli mihi amplius irridere." 20

— Wright's *Latin Stories XXVII.*

A NOBLEMAN AND HIS THREE SONS

Quidam nobilis in Anglia, habens terras in Anglia et in Wallia, tres habuit filios. Qui cum morti se appropin- quare videret, vocavit tres filios et dixit eis, "Si necesse fieret vos aves fieri, quibus avibus velletis assimilari?" Cui respondit primogenitus, "Ego assimilarer accipitri, 25 quia nobilis ales et de rapina vivit." Medius autem dixit,

1. **de caetero**: 'during the rest of his life.'

XXVII is of Indian origin, and has various versions. — 13. **ab invicem**: 3D.

"Ego sturno, quia socialis est et turmatim volat." Tertius
et iunior aliis ait, "Et ego cigno, quia longum collum
habet, ut si aliquid dictum in corde meo verteretur, bene
possem deliberare antequam veniret ad os." Pater autem
5 hoc audiens, dixit primo, "Tu fili, ut video, vivere cupis
ex raptu ; do tibi terras meas in Anglia, quia terra pacis et
iustitiae, et in ea rapere non poteris impune. Tu autem,
fili, qui societatem amas, habebis terras meas in Wallia,
quae est terra discordiae et guerrae, quia per curialitatem
10 malitiam temperabis incolarum. Tibi autem iuniori
nullam terram assigno, quia sapiens eris et per sapientiam
tuam sufficienter tibi adquires." Mortuo igitur patre
dividentur terrae ut pater praedixerat. Frater autem
iunior, in sapientia proficiens, factus est capitalis iusti-
15 ciarius Angliae. — Wright's *Latin Stories XXXIV*.

A WISE SLAVE

Quidam dominus habens servientem, dixit ei, "Vade
ad forum, eme nobis optimas carnes." Ille vadens emit
omnes linguas quas de pecoribus invenit venales in foro ;
quas cum vidit dominus, iratus est, credens hunc esse
20 fatuum. Et volens experiri utrum fecerit ex stultitia,
post paucos dies iterum dixit, "Vade, eme nobis omnes
peiores carnes quas in foro inveneris venales." Hic
iterum ivit, omnes linguas animalium quas invenit emit,
reportavit, et coxit, et praeposuit domino suo. Dominus
25 iratus, quare fecerit inquaesivit. Respondit, "Nullum
membrum carneum melius esse scio quam bonam linguam,

XXXIV is told, in *Altdeutsche Blaetter*, of William the Conqueror,
and is also found in the French. — 1. **sturno**: 'starling.' — 8. **Wallia**:
'Wales.' — 9. **guerrae**: 'war'; the barbarian word has supplanted
the Latin. — **curialitatem**: 'the culture of the court.' — 14. **capitalis iusticiarius**: 'chief justice.' — 16. **servientem**: 3E (4) (*b*). —
26. **carneum**: 'of flesh.'

et nullum vero peius quam malam linguam." Et probavit
prudenter serviens praedictus.

— Wright's *Latin Stories XLII.*

NORFOLK AND ITS FOLKS

Anonymi Petroburgensis Descriptio Norfolciensium

Exiit edictum quondam a Caesare,
Qui mittens nuncios iussit describere
Omnes provincias, atque summopere
Quae bonae fuerint, quae non, inquirere.
Egressi nuncii mundum perambulant,   5
Omnes provincias scrutantes penetrant,
Post haec ad propria redire properant,
Et coram Caesare tandem pervenerant.
Quidam de nunciis stans dixit talia :
"Audi me, domine, transivi maria,   10
Terrarum omnium lustravi spacia,
Sed tam detestabilis non est provincia,
Ut verum fateor, sicut Norfokia.
Est terra sterilis, et gens vilissima,
Plena versutiis, fallax et invida,   15
Et nationibus cunctis contraria ;
Hoc eius indicant mores et opera.
Quod terra mala sit patet ad oculum,
In qua si seminas electum triticum,
Metes zizania, aut certe lolium ;   20
Haec duo retinent ibi dominium.
Credo quod Sathanas, cum primo corruit,
Terram Norfokiae cadendo polluit,
Et bonis omnibus eam destituit,
Nam semper postea frumento caruit.   25

---

1. **probavit prudenter** : ' demonstrated his wisdom.'
20. **zizania** : ' tares.' — 21. **dominium** : ' rule.'

Panem de lolio rodunt et ruminant,
Spicam frumenti pro daemone reputant,
Quam si percipere per campos valeant,
Illam diabolum esse denunciant.

30   Spicam circumeunt statim cum fustibus,
Et sic grandisonis exclamant vocibus,
'Fuge, diabole, fuge quam citius,
In nostra segete non stabis amplius.'

Pater cum puero ad forum adeat,
35   Et puer parvulus libum respiciat;
'Dic, pater, hoc quid est?' puer interrogat.
'Tace, non indiges, Deus prohibeat!
Infirmis cibus est, nil sanos adiuvat.'

    *   *   *   *   *   *   *

117   Si quis interrogat, 'Dic michi, rustice,
Quo versus oppidum vadam itinere?',
Cachinnans loquitur, respondens temere,
120   'Per crucem ambula, illam existere
Dimitte, postea corvum prosequere.'

Ad forum ambulant diebus singulis,
Saccum de lolio portant in humeris,
Iumentis ne noceant; bene fatuis,
125   Ut praelocutus sum, aequantur bestiis.

    *   *   *   *   *   *   *

143   In domo propria sedent ad prandium,
Et si quis veniens pulsat ad hostium,
145   'Non sumus,' aiunt, 'nunc ad hospitium —
Vade ad daemones! — veni cras iterum.'

Aestivo tempore vir de Norfokia
Mel suum colligit cum diligentia;

---

31. **grandisonis** : ' high-sounding.' — 32. **quam citius** = *quam citissime*. — 121. **Dimitte** : ' forget.' — 123. **portant in humeris** : i.e. while they sit themselves on the beasts they think they are sparing!

In vase positum sine custodia
Mel stare desinit, tendens ad alia.   150
    Sed canis rustici, qui tantum esurit
Quod fere moritur, a longe respicit
Ubi mel ponitur, statumque prosilit;
Absente rustico mel totum comedit.
    Canem continuo appellat rusticus,   155
Quem sic alloquitur dolens et anxius,
'Nonne cotidie manducas saepius
Allecis capita duo vel amplius?
Reddes mel, atque, novit sol splendidus!
Prandebis a modo certe deterius.'   160
    Canem cum baculis duobus deprimit,
Et mel continuo depressus evomit.
In vase terreo mel rursum colligit,
Quod foro proximo portare praecipit.
    Ad forum veniens volens hoc vendere,   165
Accedit aliquis qui mel vult emere,
Faetorem percipit, et dicit propere,
'Totum est putridum mel tuum, rustice.'
    Repletus rusticus dolore nimio,
Per solem splendidum iurat continuo,   170
'Mel est egregium, sed proculdubio
Paulisper fuerat in vase sordido.'"

    *   *   *   *   *   *   *

---

150. **desinit** = *sinit.* — 153. **statum**: sc. *mel.* — **prosilit**: transitive. — 157. **manducas**: 'eat.' — 158. **capita**: 'top,' i.e. off the jars. — 160. **a modo**: 'from now on.'

ODO OF CERINTON (SHERRINGTON)

Odo was an English Cistercian monk, who made a collection
of fables in prose about 1200, based to a considerable extent on
the *Romulus* version of the fables of Phaedrus, and partly on the
beast epics current in Europe, especially *Reynard the Fox*.

The examples culled here are taken from Wright's *Latin
Stories*.

MICE IN COUNCIL

Mures inierunt consilium qualiter a cato se praemuniri
possent, et ait quaedam sapientior caeteris, "Ligetur campana in collo cati, tunc poterimus praecavere ipsum et
audire quocunque perrexerit, et sic eius insidias evitare."
5 Placuit omnibus consilium hoc, et ait una, "Quae igitur
est inter nos tanta armata audacia ut in collo cati liget
campanam?" Respondit una mus, "Certe non ego!"
Respondit alia, "Certe non ego audeo pro toto mundo
ipsum catum appropinquare."

— Wright's *Latin Stories XCII*.

THE STUPID MEN OF WILLEBEG

10 Quidam simplices, ut dicitur, de Wilebege erant, qui ad
terminum debuerunt solvere censum domino suo, et non
habuerunt nuncium qui ita cito posset negotium peragere.
Dixerunt invicem, "Quid faciemus? quia terminum
adest." Dixerunt quidam, "Lepus est animal velox;

---

1. **cato** : ' cat.' — 2. **campana** : ' bell.' — 11. **censum** : ' taxes.'
— 13. **terminum** : used here as the nominative.

suspendamus in collo eius bursam cum censu, et signemus ei quod cito deferat ad curiam domini nostri." Et fecerunt sic, et lepus cum bursa et censu cucurrit ad nemus quantum potuit, et homines nesciebant quo devenit.

— Wright's *Latin Stories XCIII.*

IOHANNIS MONACHI LIBER DE MIRACULIS

The collection of the forty or more remarkable tales that go under the above title doubtless owes its origin to a collection of Greek anecdotes first made in Constantinople about the end of the sixth century by Iohannes Moschos. Translations of these into Latin and additions from various sources ultimately produced the collection as it stands today. The John whose name it bears seems to have been a monk belonging to some one of the famous cloisters in the neighborhood of Amalfi, and to have lived in the latter part of the tenth, and the first part of the eleventh, centuries. He was apparently led to put together this collection when a guest at the monastery of Panagia near Constantinople, and carried it back to his brethren in Campania when he returned.

The oriental character of the stories, the naïve credulity of the narrator, the many reminiscences of Scripture and other narratives, the simple, though barbarous, character of the Latin, and the thoroughly mediaeval spelling, all add elements of interest to these pages.

A convenient edition is that of P. Michael Huber, Heidelberg 1913, in the *Sammlung mittellateinischer Texte*, edited by Alfons Hilka.

THE GLASS BLOWER'S SON

Fuit quidam vir Iudeus in Constantinopoli, arte vitrearius, habens uxorem pudicam et elemosinatricem et unum parvulum filium qui discebat litteras iuxta templum sancte Sophye.

---

1. **vitrearius**: 'glass blower.' — 2. **elemosinatricem**: 'charitable.' — 3. **templum** . . . **Sophye**: the great church of St. Sophia is the

Contigit autem ut superarent fragmenta corporis Domini in scenofilatio, sicut solitum est fieri. Hoc ut vidit custos sanctorum vasorum, accessit ad magistrum qui docebat pueros et dixit ei: "Obsecro, mi domine, dimitte pueros, ut veniant in ecclesiam et sumant que superaverunt frag- 5 menta, ne pereant." Sic enim habebat usum. Precepit autem magister pueris dicens: "Si quis est ieiunus, vadat et sumat." Coniunctus vero Ebreus puer cum Christianis pueris intravit in sacrarium et sumpsit cum illis de sacris muneribus. 10

Hora autem constituta dimisit magister pueros, ut irent in domos suas. Similiter vero dimissus est et Hebreus puer et habiit in officinam, ubi vitrum operabatur pater suus. Erat enim fornax succensa nimis et laborabat quod illi visum erat. Cui dixit pater eius: "Utquid demoratus 15 es, fili, plus solito hodie?" Qui respondit ei: "Certe, domine mi pater, comedi hodie cum pueris in ecclesia multa bona." Dixitque ei pater: "Quid comedisti?" Respondit puer: "Presbiter dedit nobis panes candidos multum nimis; et manducavimus omnes." Et iratus est 20 pater eius et dixit ei: "Cum Christianis communicare presumpsisti?"

Et apprehendens proiecit eum in caminum ignis ardentis et claudens caminum recessit. Discipulus autem qui operabatur cum eo, cum vidisset quod factum fuerat, 25 cucurrit et nunciavit matri pueri quod acciderat. Que cum audisset talia — commota sunt omnia viscera eius pro his que acciderant puero — cucurrit ululans, plorans simul cum discipulo et vicinis et turba multa populorum qui audierant que acciderant puero. Et confringentes 30

---

most famous edifice in Constantinople. — 2. **scenofilatio** = *scenophy-laceo*: the 'sacristy.' — 13. **habiit** = *abiit*. — 19. **candidos multum nimis**: an illiterate superlative. — 27. **viscera**: 'heart.'

ianuas introierunt domum aperientesque caminum invenerunt puerum illesum, Christi gratia favente.

Cui dixit mater: "Karissime fili, quid hic agis?"
Respondit puer: "Pater meus me misit hic, domina mea,
5 pro eo quod abii cum pueris in ecclesiam Christianorum
et communicavi cum eis." Et exiens puer de camino ille-
sus, interrogatus a populo et a propria matɹe quomodo
non esset adustus, respondit: "Femina quedam purpurata
effundebat super me aquam dicens: 'Noli timere.'"

10　Tollens autem mater filium suum, cucurrit ad venera-
bilem Mennam, qui illis diebus tronum regebat Constantinopolitanum, cuncto populo sequente, narravit ei omnia
que acciderat puero. Ut autem audivit patriarcha miraculum quod fuerat factum, studuit narrare imperatori
15 Iustiniano. Et vocantes Hebream, venit et nunciavit
miraculum una cum filio suo, deprecans ut donare sibi
dignaretur sacrum baptismum. Quod et accepit cum filio
suo, faciente gratia Christi.

Advocantes et Iudeum ortabantur eum ut penitentiam
20 ageret de hoc quod egerat et ut baptismum susciperet.
Sed ille perfidus nullatenus consentire voluit. Unde
frequenter admonitus a patriarcha ut crederet, non adquievit. Quod intimatum est imperatori; et iussit ut in
eundem caminum in quem filium suum miserat precipita-
25 retur. Quod ut factum est, statim miser conbustus et ad
nichilum redactus et presentem vitam perdidit et eternam.
Omnes qui viderant et audierant miraculum quod factum
fuerat, dederunt pariter laudem Deo, qui ad salvationem

---

3. Karissime: 2 (2). — 8. Femina . . . purpurata: the Virgin
Mary. — 11. tronum: the patriarchal see. — 15. vocantes: the un-
grammatical nominative absolute, referring to the patriarch and
the emperor, apparently. — 16. sibi = *ei;* 1C. — 19. ortabantur =
hortabantur. — 22. adquievit: 'consent.' — 23. intimatum est: 'was
told.'

nostram facit mirabilia, cui est laus et gloria in secula
seculorum. Amen.

THE ANTIPHONETES

Fuit quidam vir temporibus Eraclii, piissimi imperatoris,
in religiositate precognitus et in diviciis locupletatus,
Theodorus nomine. Hic enim habebat navem grandissi- 5
mam, negocia marina exercens cum ea sepissime, et a
Constantinopoli exiens ibat in partibus orientis. Quodam
autem tempore cum navigasset et bene omnia negocia
exercuisset et ad propriam domum vel patriam reverti
voluisset, devenit in quendam locum bitalassum, atque a 10
vi ventorum coacta navis in eum decidit locum sic ut omnino
periclitaretur. Itaque eiectione enthiciarum facta, vix
quandoque navem suam vacuam inde extrahere potuerunt
et rebus omnibus perditis vix potuerunt evadere naufragium. Deinde vela levantes Constantinopolim devenerunt. 15
In angustia quippe et tribulatione magna cum devenisset
idem Theodorus, consiliatus est vendere navem ipsam et
vitam inmitari monachicam. Cum autem intra semetipsum hec cogitaret, manifestavit continuo sue coniugi.
Illa vero, ut erat pudica et casta femina, ut audivit viri 20
sui consilium, ait : "Festina, domine mi, hoc bonum adin-
plere consilium et non prolongetur hec bona professio.
Scit enim retardacio penitudinem gerere."

Exeunte autem eodem Theodoro a domo sua, ut iret et
venderet navem suam, obviavit ei quidam eius carissimus 25
amicus et videns eum valde afflictum, tristem et angustiatum per omnia, ait ei : "Ecce, domine Theodore, plures
iam sunt dies ex quo te non vidi. Et nunc video te nimis
afflictum et angustiatum. Noli, queso, desperare pro eo

---

3. **Eraclii**: the Emperor Heraclius, A.D. 610–641. — 10. **bitalassum** = *bithalassum:* cf. Acts 27, 41 for a similar sandbar. — 12. **enthiciarum** = *enthecarum :* 'cargo.' — 26. **angustiatum** : 'cast down,'

General View of Constantinople, including "St. Sophia"

quod in periculum incurristi. Valet enim dominus noster
Ihesus Christus restituere tibi ea que perdidisti et eciam
pluriora. Ipse est dator omnium bonorum et spes despe-
rantium." Cui ait Theodorus : "Scio et ego, dilectissime
frater, sed confido quoniam propter nostram salutem hoc 5
fieri permisit Deus."

Tunc Theodorus manifestavit ei consilium suum dicens :
"Ego quidem, carissime, vendere volo navim meam et
abrenunciare huic seculo." Et ait ei amicus eius : "Non
fatias, frater mi, modo hoc quod dicis, sed audi me et perge 10
ad consuetos amicos tuos, cum quibus sepius communis
fuisti in negotiis et epulatus es cum eis; et commoda ab
eis precium et inple navem tuam mercibus et labora, sicut
consuetus es facere. Et Deus omnipotens habet ea restituere tibi que perdidisti et alia pluriora. Tu enim exerci- 15
tatus es in marinis negotiis; scis enim quia mare et dat et
tollit. Tu autem spem tuam in domino nostro Ihesu
Christo pone, et ipse diriget viam tuam. Vade tantum et
fac secundum consilium meum."

Placuerunt autem Theodoro sermones amici. Tunc 20
abiit in templum sancte Dei genitricis et virginis Marie,
quod in Blachernen mirifice constructum est, et proiecit se
in pavimentum ante inmaginem eiusdem Dei genitricis et
eam ipsumque qui ex ea natus est pro nostra salute orans
et deprecans, ut bonum suum consilium utileque auxilium 25
sibi dignaretur tribuere. Completa autem oratione, reversus est in domum suam indicavitque coniugi sue omnia
que ab amico audierat. Illa vero, ut erat religiosa, secuta

---

5. **quoniam** : used like *quia* to introduce *oratio obliqua.* — 9. **seculo** : ' the world,' as contrasted with ' the kingdom of God.' —
10. **fatias** : 2 (3). — 12. **commoda** : ' borrow.' — 21. **templum** . . .
Blachernen : a famous church of St. Mary in the *Blachernae*
(' marsh ') *Quarter* of Constantinople dates from about 450, the time
of the Empress Pulcheria. — 26. **oratione** : ' prayer.'

est eius consilium et ait ad eum : "Quod tibi placet, domine mi, facito. Deus autem omnipotens nos dirigat in
timore suo."

Abiens autem Theodorus ad consuetos amicos suos, cum
5 quibus sepius epulatus fuerat in variis deliciis, cepit eos
supliciter rogare dicens : "Scitis, carissimi fratres et amici,
quid michi in via contigit. Itaque, quando eram dives in
auro et in aliis rebus, sociabamini mecum. Nunc autem,
quando factus sum pauper, facite mecum misericordiam et
10 nolite me, queso, abicere, sed date michi aliquam portionem auri, ut reficiam navem meam ; et spero in Deo
quia salvabit me et restituam vobis aurum vestrum cum
usura. Scitis enim certamen meum in mari quale sit et
exercicium in meis negotiis." At illi respondentes dixe-
15 runt ad eum : "Domine Theodore, scimus enim te et tuam
industriam novimus bene. Accipe a nobis ex quibus
dederit Deus in causa dispendii tui tueque domus. Nos
vero in enthicis marinis non habemus tibi necesse aliquid
dare."

20   Hoc audito Theodorus cum magna tribulatione et angustia reversus est in domum suam. Et ait uxori sue :
"Eamus, domina mea, renunciemus huic seculo nequam,
sicut antea constituimus, et monachicam vitam apre-
hendamus. Etenim homines huius temporis caritatem
25 demonstrant manducandi, bibendi et inebriandi, in necessitate autem longe se faciunt." Respondit ei mulier :
"Ut iussisti, domine."

Rememoratus est autem idem Theodorus quendam
Ebreum, Abramium nomine, quoniam sepius illi dixerat,
30 quando in divitiis erat : "Domine Theodore, accipe aurum
et labora in eo ; et quidquid lucratus fueris, fiat commune."

---

6. **supliciter** : 2 (11). — 14. **exercicium** = *exercitium :* 'experience.' — 16. **ex quibus dederit** : sc. *res* as antecedent. — 17. **in causa
dispendii** : ' to pay your expenses.' — 28. **Rememoratus** : ' recalled.'

Sed abiciebat eum ipse Theodorus quasi allophilum et extra
fidem. Erat autem idem Abramius valde dives. Abiit
autem Theodorus quasi occulte ad domum illius. Erat
autem locus ille pervius eunti ad domum Hebrei, in quo
magnus Constantinus quatuor statuerat columpnas, quas 5
supra iam diximus. Veniens autem Theodorus ad eundem
locum, aspexit inmaginem domini nostri Ihesu Christi et
manus ad celum elevans rogabat eum supliciter ut se
dirigeret in opus suum in quo pergebat.

Et complens oracionem suam, venit in domum Abramii. 10
Convocans autem unum ex pueris eius, requisivit eum ubi
esset dominus suus. Et ait puer: "Intus in domo est."
Cui ait Theodorus: "Nuncia illi, queso, de me. Volo
enim videre illum et cum eo sermocinari." Ingressus
autem puer nuntiavit hec domino suo. Qui statim iussit 15
eum introire ad se. Ingressus autem Theodorus cepit
obnixe eum precari ut sibi daret aurum ad operandum cum
eo in navem suam. Cui Abramius respondit: "Domine
Theodore, quando dives eras, sepius te rogavi ut acciperes
a me aurum ad operandum cum eo, et noluisti. Et nunc, 20
quando factus es pauper, queris a me aurum? Si enim
contigerit ut perdatur aurum quod tibi dedero, quid iam
habeo tenere, cum nichil habeas? Et quid exspectabo a te,
precipue cum sit in mari labor tuus? Tamen si vis ut
dem tibi aurum, da michi antiphonitin, id est mediatorem 25
vel fideiussorem legitimum, ut habeam ex eo quod tibi
dedero, et dabo tibi quantumcumque pecieris aurum."

---

1. allophilum = *allophylum*, ' a foreigner.' — 5. columpnas, quas
supra iam diximus: in the prelude to this anecdote the shrine built
by Constantine is described, consisting of a roof supported by four
columns, in which were a figure of the cross, through which the emperor had won his great victory, and a representation of Christ.
This was the *Antiphonetes* ('Surety,' or 'Mediator') that figures
throughout the story. — 27. pecieris: 2 (3).

Ait ad eum Theodorus: "Domine Abramie, crede michi quia multos, ut puto, habeo amicos et probavi eos, et inveni quia ad devorandum sunt amici, in necessitate autem longe se faciunt. Sed tamen vadam ad eos et deprecabor;
5 forsitan invenietur aliquis qui te certificet in hoc quod queris. Et si audierit quis deprecationem meam, veniemus simul ad te. Si enim non audierint me, vendam navem meam, et Domini voluntas fiat." Ait ad eum Abramius: "Vade confidenter, quia audient te depre-
10 cantem."

Exiens autem Theodorus abiit ad amicum suum illum qui ei obviaverat prius, et narravit ei omnia que supra retulimus et quomodo eum abiecerant omnes amici sui et queque dixerat ei Abramius et quia querit antiphonitin.
15 Respondit ei amicus suus dicens: "Tu scis, domine mi Theodore, quia aurum non habeo neque multum substanciam; et puto quia me non recipiet Hebreus Abramius; scit enim paupertatem meam. Sed tamen veniam et coambulo tecum et cooperator tui ero et rogabo pro te
20 amicos et notos; forsitan etsi aliud non, saltim mediatores tui existant ut fratres et amici."

Venientes autem utrique ad quendam divitem, qui erat amicus Theodori, dicunt ei: "Domine, quesimus a te aurum, et non nobis dedisti; vel nunc facito, precamur,
25 misericordiam tuam. Ecce quidam compunctus ad pietatem vult michi prestare; querit enim a me antiphonitin. Veni, queso, et recipe me in fide tua." Ille autem cum audisset hec, cum exprobratione ait ad eum: "Recede a me, o homo, recede. Ego enim ad infidelem et extra
30 legem Hebreum nullatenus pergam. Vade, o homo, in viam tuam." Similiter autem et alios amicos cum abisset, similiter passus est. Proinde decidit in magnam tristiciam.

---

5. **te certificet**: ' be my surety for you.' — 14. **antiphonitin**: the word seems often practically indeclinable in this story.

Mane autem facto venit ad ecclesiam sancte Dei genitricis in Blachernen. Cum fudisset oracionem, visum est
illi ut iterum iret ad Ebreum Abramium. Cum autem
iret, venit ad iam dictas columpnas — inde enim erat
transitus eunti ad domum Hebrei. Aspexit autem in- 5
maginem Domini nostri Ihesu Christi et manus ad celum
elevans ait : "Domine meus Ihesu Christe, ne derelinquas
me, sed tu ipse esto michi antiphonitin et mitte, queso, in
corde Abramii, ut commodet michi aurum, si tibi placabile
est et michi oportunum." Complens autem orationem 10
suam, venit in domum Abramii et responso accepto
intravit ad eum. Et ait ad eum Abramius : "Domine
Theodore, invenisti antiphonitin?" Respondit ei Theodorus : "Eciam, domine me, inveni antiphonitin magnum
et divitem valde, qui potest tibi restituere pluriora quam 15
michi dederis, eciamsi, quod absit, alicuius mali dampnum
evenerit." Cui Abramius ait : " Ergo adduc eum huc ad
me et tolle quantum volueris." Et ait ad eum Theodorus :
"Domine mi, ille ad aliquem non vadit, sed tu magis
fatigare et veni ad eum. At si tibi placuerit, in illius 20
fiducia da michi; si autem non placuerit tibi, habebis
aurum tuum in domo tua."

Compunctus autem Abramius in his verbis, surgens
ambulavit cum Theodoro. Et venerunt pariter in locum,
ubi iam dicte columpne stabant. Et ait Theodorus ad 25
Abramium : "Si tibi placet, domine, sede et quiescamus
aliquantulum." Et fecit eum sedere recto intuitu ante
conspectum dominice ymaginis. Et ait Theodorus ad
Abramium : "Domine Abramie, multum quesivi et labo-
ravi, sed non inveni tibi antiphonitin maiorem hac sancta 30
inmagine. Ecce enim antiphonitis et Dominus." Cum
multa autem fiducia elevans manum suam Theodorus

---

20. **fatigare** : ' bother yourself.' — 27. **recto intuitu** : ' directly
facing.'

dexteram, demonstravit Abramio illam sanctam inmaginem Domini et dixit: "Recipe hanc pro mea sponsione."
Miratus autem Hebreus in fide et fiducia Theodori, dixit
ad eum: "Nescis quia inimiciciam habemus nos Hebrei
5 vobiscum, qui estis Christiani, propter inmaginem istam?
Numquid non vos dicitis quia patres nostri crucifixerunt
eum? Et quomodo possum eum accipere antiphonitin?
Sed crede michi quia non dimittam te sine effectu consolationis, videndo fidem tuam tam puram et tam fortem.
10 Recipio enim eum pro tua sponsione. Veni nunc et accipe
quantum volueris."

Et reversus in domum suam Abramius ait Theodoro:
"Quantum aurum vis? Et quid habes necesse in nave
tua?" Cui Theodorus respondit: "Quinquaginta libre
15 auri sufficiunt ad omnes enthecas mee navis." Et afferens
Abramius nummatim libras auri quinquaginta et imponens eas in humeros duorum famulorum suorum, venerunt
pariter in locum quatuor columpnarum et tradidit illas in
manibus Theodori. Ipse autem Theodorus cum accepis-
20 set, dedit illi sacram inmaginem Domini nostri Ihesu
Christi antiphonitin; et abierunt unusquisque in sua.

Theodorus autem accepto auro emit diversarum species
enthecarum in navem suam, videlicet choralittis, stiracin,
mastice, gizea et serica indumenta et alias diversas species.
25 Et onerata nave conduxit nautas et ascendens navigavit
contra Siriam. Venientes autem in partes Tyri et Sidonis,
vendidit omnia mercimonia sua et lucratus est alia multa
nimis. Item vero oneravit eandem navem de diversis
speciebus que in Syria inveniuntur: aromata, aloes, piper,

---

9. **videndo**: 3E (4) (*d*). — 16. **nummatim**: 'piece by piece.' —
22. **diversarum species enthecarum** = *diversas species enthecarum.*
— 23. **choralittis**: 'coral.' — **stiracin**: 'storax.' — 24. **mastice**:
'mastic gum.' — **gizea**: gypsum. — 26. **Venientes**: Nom. absolute; 3A (2). — 29. **aromata**: 'spices.'

cynamomum, muschat et balsamo et alia unguenta
preciosa multa valde. Et ascendentes navim navigare
ceperunt.

Insurgentes autem contrarii venti turbaverunt fortiter
mare; et cepit navis periclitari vehementer. Theodorus 5
autem una cum nautis sine intermissione clamabat ad
dominatorem omnium Christum, quem dederat antiphonitin. Attamen periclitacio fortiter imminebat et
conturbabat eos vehementer. Videntes autem naute tam
fortem procellam ventorum et minas fluctuum atque 10
contricionem navis, cogitantes de salute sua ceperunt
iactare universa enthecarum genera in mare, ut allevaretur
navis, si forte possent salvari. Cum autem vidissent
quia nec sic proficerent, descenderunt omnes in carabum,
derelinquentes navim, et ceperunt quantocius navigare ad 15
terram. Venientes autem ad aridam, subito nave versata
perierunt omnia que remanserunt in ea. Dei autem providentia salvati sunt omnes naute simul cum Theodoro,
gratias agentes Deo pro salute animarum suarum.

Theodorus autem cepit lamentari fortiter et plorando 20
dicere: "Heu me, heu michi misero et peccatori! In
periclitationibus constitutus, quo ibo vel quo fugiam
nescio. Factus sum in derisum et Deo et hominibus. Si
ad amicos vadam, obprobrium factus sum eis. Si ad
benefactorem meum reversus fuero, quid illi dicam? 25
Quali voltu eum aspiciam? Perdidi enim thesaurum eius.
Quomodo quoque astabo in illo sacratissimo loco, ubi

---

1. **cynamomum** — *cinnamum:* 'cinnamon.' — **muschat:** 'nutmeg.'
— **balsamo:** for *balsamum.* — 11. **contricionem:** 'grinding'; 2 (3). —
14. **carabum:** 'little boat.' — 21. **Heu me, heu michi:** an interesting
example of the flexible syntax of the times. — 22. **quo ibo vel quo
fugiam:** the identity of the Fut. Ind. and the Pres. Subj. forms makes
it impossible to tell whether the preceding note applies to this case.

Dominatoris mei inmaginem dedi pro mea sponsione?
Quid faciam miser, nescio. Quo vadam omnino michi
deest." Hec et his similia cum plorando diceret Theodorus, etiam naute compatientes ceperunt flere cum eo.
5 Post hec autem tranquillitate facta, omnes unanimiter
decertantes, eduxerunt navem vacuam in siccum. Et
vix quomodocumque eam resarcientes, navigantes venerunt Constantinopolim.

Audiens autem Abramius que contigerant Theodoro,
10 venit ad domum eius et invenit eum nimis afflictum,
vestibus scissis, in terra prostratum, trahentem capillos
capitis sui et humum lacrimis madefacientem et ita omnino angustiatum, ut omnes qui aderant pre nimia com-
passione et ipsi lacrimarentur. Ipse autem Hebreus
15 Abramius, compatiendo lacrimis et fletibus eius, non se
poterat continere a lacrimis. Accessit autem ad eum et
apprehensa manu eius, ait illi: "Surge, frater, et da gloriam Deo tuo. Quid te interficis plorando? Veni itaque
ad domum meam, et Domini voluntas fiat." Consola-
20 bantur autem eum et omnes alii amici eius.

Post paucos vero dies exsurgens Theodorus ibat ad
domum Abramii. Cum autem venisset ad illas iam sepe
dictas columpnas, et oculos non posset pre confusione ad
dominicam inmaginem levare, quam dederat Abramio
25 antiphonitin, cadens in fatiem et lacrimis terram made-
fatiens, ad ipsum Deum et dominum Ihesum Christum
silenter deprecacionem fecit. Qua expleta, surrexit et
utrasque palmas ad celum expandens dixit: "Gratias
tibi ago, dominator meus Ihesu Christe, qui salvasti ani-
30 mam meam; et nunc queso ne derelinquas me usque in
finem et ne avertas fatiem a me."

Hec et his similia cum orasset, venit ad Abramium in
domum eius. Cumque introisset, vultu in terram dimisso,
ait ad eum Abramius: "Domine Theodore, ubi nunc est

navis tua?" Cui Theodorus: "In portu, domine mi,
est, ubi solitum habemus stare." Et Abramius: "Continet se adhuc? Necesse est aliquid renovari in ea?" Ait
Theodorus: "Continet se, domine mi, et nichil deest
in ea; nam quando periclitavimus, tunc eam renovavimus 5
et in ipsa venimus usque huc." Dixit Abramius: "Ecce
habes a me alias libras auri quinquaginta; accipe eas et
eme quod tibi necesse est, et exi in partes Sirie; et spero in
Deo quia ostendet tibi misericordiam suam."

Continuo eduxit Abramius alias quinquaginta libras 10
auri et venerunt ad quatuor columpnas. Et ait Abramius
Theodoro: "Ecce ante conspectum antiphonitis tui do
tibi et hoc aurum. Accipe et vade in pace." Et cum
tradidisset Abramius Theodoro aurum in manibus, reversus est in domum suam. Hoc enim protector et salvator 15
animarum Ihesus Christus ad salutem amborum operatus
est.

Confortatus autem Theodorus, surgens emit mercimonia, sicuti priora fuerunt, conduxitque nautas et oneravit navem. Cum autem exiturus esset, venit ad iam 20
dictas columpnas, ad suum antiphonitin, et procidit in
faciem ante inmaginem salvatoris, rogabat supliciter, ut
custodiret eum ab imminenti periculo et fluctuacione
procellosa atque a vi ventorum. Expleta vero oratione,
abiit ad Abramium salutavitque eum honorifice. Dixit 25
autem Abramius: "Domine Theodore, conserva temetipsum et non naviges hiemali tempore. Si autem cum dei
adiutorio vendideris mercimonia et inveneris fideles
homines qui huc per terram veniant, dirige nobis ex ipso
precio quantum vales. Et si forte, quod absit, evenerit 30
aliquid in mari, invenies partem aliquam servatam in
terra." Cui Theodorus respondit: "Voluntas Domini

---

2. **solitum habemus** = *soliti sumus*.

fiat in celo, in mari et in abyssis." Et hec dicens Theodorus, valefaciens ei exiit et intravit navem suam.

Prospero autem vento flante, venerunt in sinum qui
dicitur Italicum. Exinde ceperunt exsurgere venti con-
5 trarii, nunc a terra et nunc a pelago. Navis vero fluctu-
abat in medio. Deinde vento valido exsurgente, cepit
navis trahi a vi ventorum. Prolongata est autem fortitudo
venti illius per dies plurimos. Devenerunt autem in loca
ignota, ubi nesciebant omnino quid illis contigerat vel
10 ubi essent. Videntes autem quandam insulam a longe,
dixerunt adinvicem: "Confugiamus ad hanc insulam et
discamus ubi simus. Inscii enim sumus horum locorum."
Deo autem cooperante, apprehenderunt illam insulam
absque omni lesione.

15   Cum autem secundum consuetudinem iactatis anchoris
stabilissent navem, venerunt homines loci illius et inter-
rogabant· eos unde essent. Qui respondentes dixerunt:
"Constantinopolitani sumus negociatores; merces enim
portamus et ad Siriam ire volumus cum Dei adiutorio."
20 Illi autem dixerunt: "Nos fratres occidentales sumus et
neque civitatem scimus quam dicitis neque Syriam. Nos
occeano mari sumus convincti. Dicite autem quid est hoc
quod portatis, ut emamus ex eo." Qui dixerunt: "Hee
species sunt quas habemus: stiracin videlicet mastice et
25 gizea et serica ·indumenta de diversis coloribus." Insulani dixerunt: "Accipite a nobis merces quas habemus;
tollemus et nos ex mercibus quas habetis." Et ait Theodorus: "Quid est quod nobis vultis dare?" Qui dixerunt:
"Stagnum et plumbum." Et constituerunt in invicem
30 de stagno libras centum in solido uno, de plumbo vero
libras ducentas. Hoc placitum fecerunt usque dum

---

1. **abyssis**: 'the depths.'—2. **valefaciens**: 'making his adieus.'
—9. **contigerat vel ubi essent**: here the syntactical variation is
conclusive. — 29. **Stagnum**: ' tin.' — 30. **solido**: i.e. *aureo*.

onerarent navem, quod autem superasset de mercibus
tollerent aurum. Hanc convenientiam inter se fecerunt.
Tulerunt autem stagnum et plumbum et impleverunt
navem, quantum potuit sustinere; et adnumerantes que
supererant mercimonia, invenerunt quinquaginta libras 5
auri; plumbum vero et stagnum superaverat in lucrum.

Inter hec autem erat Theodorus cogitans quid agere
deberet de eo quod Abramius ei preceperat. Estuabat
enim infra se, eo quod non poterat aliquem invenire per
quem dirigeret, sicut illi dixerat.   10

Quid multa? Cum non haberet quid faceret, quo se
verteret, conversus ad antiphonitin et salvatorem suum
Christum Ihesum in quo habebat fiduciam, et totam spem
suam, fecit loculum ligneum et studiose liniens eum fide
magis quam pice et bitumine, reposuit intus libras auri 15
quinquaginta et scripsit epistolam continentem ita: "In
nomine Dei et dominatoris nostri Ihesu Christi mei antiphonitis, quasi presens si adessem, ita salutato domino
ac benefactore meo Abramio. Scire te volo quia Deo
nos iuvante sani et salvi sumus omnes. Direxi enim tibi 20
per antiphonitin meum libras auri quinquaginta. Recipe
eas. Vale." Et sigillans epistolam posuit in loculum
super aurum et claudens eum diligenter linivit eum fide
magis quam pice. Et stans supra mare aspiciens in celum
dixit: "Dominator domine Ihesu Christe, tu es meus 25
mediator et antiphonitis; tu redde hoc aurum benefactori
meo Abramio. Tu scis, Domine, quia plena fide et absque
dubitatione pono loculum istum in mari, spem habendo in
te qui es meus mediator, Christe Deus meus."

Et hec dicens proiecit loculum in mare et reversus est 30

---

1. quod . . . de mercibus tollerent aurum: 'for the balance of
the cargo they should receive cash.' — 14. loculum: cf. that used
by Apollonius, king of Tyre, for the body of his fair young wife. —
28. habendo: cf. *videndo*, p. 526.

in domum suam. Vocavit autem gubernatorem domus
sue qui erat primus inter alios, virum religiosum et timen-
tem Deum, narravit ei omnia que fecerat. Admirans
autem ille fidem et spem quam habebat in Christo, egit
5 gratias Deo et erat stupens in facto quod Theodorus fecerat.
Cum autem obdormisset ipse Theodorus, vidit visionem
mirabilem in illa nocte. Exsurgens autem cum tremore
et gaudio magno, prostravit se in oratione. Qua completa,
vocavit ad se nauclerum suum et ait illi : "Vidi hac nocte
10 visionem mirabilem, terribilem atque plenam miraculo.
Certificavit enim me Christus, quem mee miserie mediatorem posui, quia restituit quod mandavi Abramio. Vidi
enim me esse in conspectu Abramii in Constantinopoli in
loco ubi est inmago Domini nostri Ihesu Christi qui est
15 meus antiphonitis, et prope stantem Abramium Hebreum.
Et vidi loculum, quem posui in mari, pendentem in aëre.
Cum autem cognovissem eum, obstupui. Et dum starem
obstupefactus, audivi vocem ab ipsa inmagine dicentem :
'Recipe, Abrami, meam sponsionem.' Et extendens
20 Abramius indumentum quo erat indutus, recepit loculum.
Et statim, ut eum recepit, ego excitatus sum cum magno
pavore. Et confidenter dico tibi, protonauclere, quia
loculus est datus cum auro Abramio Hebreo." Et
tunc fuit certificatus Theodorus quia recepisset aurum
25 Abramius.

Similiter autem et Abramius vidit somnium in ipsa
nocte. Et surgens mane vocavit dispensatorem domus
sue dixitque ei : "Somnium vidi in hac nocte plenum
miraculo. Nam vidi me ipsum stantem ante inmaginem
30 quatuor columpnarum et vidi Christianum illum cui dedi
ipsum aurum, dicentem michi : 'Recipe, domine Abrami,
hoc aurum.' Et visum est michi me recepisse ab eo.

---

9. **nauclerum** : ' skipper.' — 22. **protonauclere** : a refinement for
nauclere. — 24. **certificatus** : ' assured.'

Dico enim tibi quia certissime hodie completur. Sed tamen veni, eamus usque ad litus et videamus si forte applicuit navis a qualicumque parte."

Et surgentes descenderunt pariter usque ad mare et respicientes navem nullam venientem videre potuerunt. 5 Accessit autem Abramius ad aquas maris, ut ablueret pedes suos. Et ecce vidit super undas contra se tetrum quid et obscurum. Vocavit autem ad se dispensatorem suum et ostendit illi quod ipse videbat. Undis vero famulantibus venit illud quod apparuerat usque ad locum ubi 10 ipsi stabant. Accessit itaque dispensator, apprehendit illud quod viderant et traxit ad terram. Et ut cognovit quia loculus esset et gravaret, ait domino suo : "Gaude, domine mi. Bonum est somnium quod vidisti; ecce istud est." Et gavisus est Abramius gaudio magno. 15 Et dixit preposito : "Cuius negociatoris hoc aurum fuit? Quisnam miserrimus periclitavit? Est enim loculus, ut video, signatus. Sed tolle quantocius eum et eamus in domum et aperientes agnoscamus quid sit in eo."

Venientes autem in domum, statim aperientes inve- 20 nerunt epistolam super aurum positam et sigillatam, habentem desuper tres cruces. Et numerantes aurum invenerunt numerum numismatum tria milia quinquaginta. Et ait Abramius ad dispensatorem suum : "Ut michi videtur, hoc aurum cuiuslibet Christiani est. Video enim 25 tres cruces super epistolam secundum fidem illorum. Aperiamus ergo et videamus quid in ea scriptum sit et cuius sit hoc aurum." Aperiens autem Abramius epistolam et legens, continuo cecidit super eum timor et hebetudo mentis et cepit tremere et palpitare quasi per horam unam. Re- 30 versus autem in seipsum proiecit se in faciem super terram, clamans et dicens : "Unus Deus verus et magnus, qui est Deus Christianorum, qui facit mirabilia solus."

---

13. **gravaret**: intransitive.

Et interrogavit eum dispensator suus quod esset hoc miraculum. Ille respondit: "Hoc aurum Christianus ille Theodorus misit ad me." Et legit epistolam coram omnibus qui in domo sua erant, et intimavit illis omnia.
5 Quod audientes omnes glorificaverunt Deum. Tunc Abramius dedit cubiculario suo loculum cum auro et epistolam necnon et sigilla que habuerat et precepit ei ut diligenter servaret ea usque ad adventum Theodori. Erat enim ipse Abramius admirans super admirabile factum et
10 estuabat animo, nesciens quid faceret, utrum converteretur ad veram fidem Christianorum an non; sed tamen exspectabat adventum Theodori.

Pretereunte autem hyemali tempore, vernali vero succedente, oneravit navem Theodorus cum suis plumbo et
15 stagno. Et navigantes prospero vento et gubernante illos divina providentia, infra breve tempus intraverunt Constantinopolim. Cognito autem Abramius adventu Theodori cursu concito descendit ad mare. Exivit autem et Theodorus obviam ei et, videntes se, invicem salutaverunt
20 se honorifice cum gaudio magno valde. Et sedentes insimul ambo, enarravit Theodorus Abramio omnia que illi acciderant, necnon et negotium quod fecerat in stagno et plumbo et qualiter hiemaverat in insula illa et quomodo illi transmiserat loculum cum auro, videlicet quinquaginta
25 libras.

Abramius autem, volens probare Theodorum, nescire se finxit de ipso auro, dicens se nichil recepisse. Theodorus confidens in suo antiphonitin, affirmabat Abramium recepisse loculum cum auro quem miserat. Multum deni-
30 que inter se altercantes sermocinando, ait Theodorus ad Abramium: "Eamus simul ad locum ubi michi aurum dedisti ante dominatorem et antiphonitin meum, et ibi in conspectu eius dic quia non recepisti loculum cum libris auri quinquaginta; et tunc credam tibi." Hec autem

faciebat Abramius, non quia volebat negare illi, sed ut cognosceret finem rei, utrum firma esset fides Christianorum an non. Sed Deus omnipotens per hanc ocasionem direxit utrosque ad salutem animarum suarum.

Venientes autem pariter ad supradictum locum ante 5 dominicam inmaginem, ut vidit eam Theodorus, procidit in fatiem suam super terram, gratias agendo et glorificando qui eum salvum fecerat in marinis fluctibus. Cum autem complesset orationem suam, expandit manus suas ante dominicam inmaginem et dixit: "Antiphonita meus, 10 dedisti Abramio quod tibi conmendavi an non?" Ad hanc vocem statim vidit Abramius quasi fulgur igneum exisse ex illa sacrosancta inmagine Domini et venisse super se. Qui, cadens in terram, iacebat quasi mortuus. Afferens autem Theodorus aquam respersit in faciem eius 15 et tenens manum eius elevavit eum a terra. Cepit autem Abramius voce magna clamare et dicere: "Magnus est Deus Christianorum; tu es Deus qui facis mirabilia. Vivit Dominus et benedictus Deus, qui michi misero dignatus est ostendere tanta mirabilia quia non introibo in 20 domum meam, nisi prius fatiam me Christianum."

Fama autem huius miraculi non potuit latere, sed per totam urbem divulgatum est et usque ad aures piissimi imperatoris Eraclii pervenit. Qui statim accersiri iussit Abramium et Theodorum et diligenter didicit ab eis omnia 25 que dicta queque facta fuerant. Tunc ait imperator: "Magnus Deus Christianorum, qui non vult mortem peccatoris, sed ut convertatur et vivat." Tunc precepit vocari ad se Proculum archiepiscopum Constantinopolitanum et iussit ei ut baptizaret Abramium cum omni domo 30 sua. Qui statim catezizans baptizavit eos in nomine Patris et Filii et Spiritus Sancti. Fuit autem numerus animarum utriusque sexus septuaginta quinque.

---

31. **catezizans** = *catechizans*: 'instructing.'

Post dies vero septem baptismi eorum precepit fieri piissimus imperator letanias per totam urbem et ut irent omnes ad locum quatuor columpnarum, ubi miraculum fuerat factum. Egressus autem per se piissimus imperator 5 una cum Proculo archiepiscopo, cum omni clero et populo, et facte sunt letanie magne valde. Venientes autem ad quatuor columpnas et facta oratione cum precibus multis, precepit imperator adducere loculum illum cum auro et epistola. Quam epistolam fecit ante presentiam tocius 10 populi legere. Qua perlecta, cognoverunt omnes populi miraculi magnitudinem et virtutem Domini nostri Ihesu Christi, necnon fidem firmam Theodori quam in ipso habebat. Tunc precepit imperator donari aurum illud, sicut fuerat, sancte inmagini Domini; loculum autem 15 iussit appendi ante conspectum eius. Et est ibi usque ad presentem diem ad certitudinem fidei omnium audientium atque intuentium.

Post hec autem abiit Theodorus una cum Abramio ad navem, ut viderent stagnum et plumbum quod adduxerat. 20 Quod intuentes diligentissime, et ecce stagnum omne conversum erat in probatissimum argentum, quod dicitur pentasphragitim, plumbum vero argentum, sed non sic purgatum. Admirantes autem Dei magnalia et benedictionem, glorificabant eius mirabilia, signa magna atque 25 prodigia. Et adnumerantes invenerunt centenaria multa nimis. Abramius autem dixit ad Theodorum: "Domine Theodore, decrevi in animo meo partem meam de argento offerre dominatori meo Ihesu Christo, qui me salvum fecit et direxit me ad salutem et ad vitam eternam." Cui

---

2. letanias = *litanias.* — 22. **pentasphragitim**: 'five-sealed'; not a dictionary word, and not in the right case. For the meaning cf. our XXXX as a mark of excellence. — 23. **magnalia** : 'mighty works.'

Theodorus respondit: "Bene considerasti, domine mi
Abrami. Crede michi quia et ego hoc disposui facere."
Convencione facta, utrique obtulerunt argentum ipsum
in sancta Dei Sophya.

Audiens autem imperator bonam illorum affectionem 5
atque propositum, laudem dedit Deo, datori omnium
bonorum. Fecit itaque vocari Zacharium, primum argenta-
rium urbis, et precepit ei ut laboraret ipsum argentum et
sterneret in pavimento ubi stant sacerdotes et tronum
archiepiscopi et ascensum eius et ex omni parte sacri 10
altaris columpnas et pectoralia. Cyborium autem quod
stat super sanctum Dei mensam, et ambonem, quod est
pulpitum, de argento probatissimo fieri iussit. Cum
autem bene perfecissent mirifica opera, que usque hodie
perseverant in sacrosancto templo Sancte Sophie, que est 15
Dei sapientia, reliquum argentum quod de plumbo fuerat
effectum deputaverunt in aliis diversis operibus.

Tunc dominus Theodorus' una cum coniuge sua abre-
nuntiantes seculo, facti sunt monachi, et perseverantes
in operibus bonis ad summa culmina pervenerunt, ita ut 20
virtutes per eos Dominus operaretur et predicerent que
ventura erant. Dominus autem Abramius fabricavit
templum mirificum in loco sancte inmaginis Dei et salvatoris nostri Ihesu Christi, quod diversis coloribus et
diversis ornamentis decoravit.   25

Hoc ut audivit Proculus archiepiscopus quod Abramius
fecerat, valde illi placuit. Et vadens per semetipsum
dedicavit templum in honore Domini et salvatoris nostri
Ihesu Christi, quod et Antiphonitin cognominari constituit. Ipsum vero Abramium presbiterum in eodem templo 30

---

4. **sancta Dei Sophya**: the church of St. Sophia. — 11. **pectoralia**:
'vestments.' — 11, 12. **Cyborium, ambonem**, etc.: ecclesiastical furniture terms.

ordinavit.   Et factum est gaudium et leticia magna in
toto urbe, dantibus autem omnibus laudem et gloriam
Deo, qui facit mirabilia magna solus super omnes qui
sperant in eo.   Quoniam ipsum decet omnis gloria et
5 virtus et potencia et honor et adoratio nunc et semper et
per infinita secula seculorum.   Amen.

VITA ET MIRACULA S. WILLELMI NORDOVICENSIS, A THOMA MONUMETENSI SCRIPTA

In 1144, in a wood near Norwich, was found the dead body of a boy of twelve years, named William. The tradition that he had been murdered by Jews rapidly gained credence. His body was

THE CATHEDRAL OF NORWICH

removed to the monks' cemetery, then to the chapter house of the monastery, and ultimately to the cathedral of Norwich. Meanwhile a mass of legend grew up concerning his birth, child-

hood, death, and the marvels that were connected with his vener-
ation as a saint; and his fame spread far beyond the limits of
Norwich. A certain monk called Thomas of Monmouth was
already before the middle of the twelfth century an inmate of the
great monastery at Norwich, where he claimed to have seen an
important vision regarding the boy saint in the year 1150. It
may have been some twenty years later that he composed the life
and miracles of the saint, thus furnishing a most interesting
glimpse of the social and religious condition of this part of
England in the twelfth century. As a learned man, he writes
somewhat pompous Latin, though not so bad as that of many
of his contemporaries.

An elegant edition with introduction and translation, edited
by A. Jessop and M. R. James, was published by the Cambridge
University Press in 1896.

ST. WILLIAM HEALS A POOR WOMAN'S HOG

Non solum morbis hominum, velut in precedentibus
patet, sed et animalibus brutis sancti Willelmi meritis
divina subvenit benignitas; que, sicut universa condidit,
ita nimirum singula queque moderatur atque disponit.
5 Nullique creaturarum quamquam permodice seu vilissime
bonitatis sue subtrahit manum, que universas intra maiestatis sue concludit sinum. Proinde mulier quedam pau-
percula Norwici porcos alebat, quibus adultis, eorum precio,
victui suo compararet necessaria. Illos vero contigit
10 infirmari atque, mortuo iam uno, mors imminens minabatur et alteri. Cernens ergo mulier his se rebus destitui
quibus maxime sperabat adiuvari, spe recuperandi fere
destituta, vehementer ingemuit, et ad opem beati martiris
tandem confugit. Ad cuius sepulchrum veniens, cum
15 lacrimis oravit, candelam optulit, atque exinde regressa
porcum quem morti proximum tristis reliquerat iam sanatum et incolumem repperiens exultat. — *III. 20.*

---

5. **permodice**: Dat.; 2 (1). — 8. **Norwici**: Loc.

A STRANGE REMEDY AND HOW ITS NEGLECT MEANT
DEATH TO WILLIAM THE SACRIST

Per idem tempus Willelmum Norwicensis ecclesie sacris-
tam, quem superiori libello diutino prelibavimus gravatum
incommodo, contigit ingravescente morbi sui molestia
passionis, quam circa inferiora maxime patiebatur, plus
solito gravari pena. Cuius dolori pius martir Willelmus 5
compatiens primum cuidam Osberto, quem de Monte
Pessulano dicebant, secundo et alteri, cuius nomen memoria excidit, in visu noctis apparuit dicens : "Ite ac sacriste
Willelmo, cuius passioni valde compatior, ex mea parte
dicite quatinus secretarium meum Thomam super salute 10
sua conveniat. Is enim si dentes meos, quos adhuc
privata possidet custodia, aqua benedicta laverit eamque
illi bibendam dederit, infra paucos ille dies plenum procul
dubio salutis remedium recuperabit. Eum tamen antea
mihi vovere volo se nullam ulterius alteram preter huius- 15
modi meam suscepturum medicinam. Quod si per incurie
negligentiam votifrangium incurrerit, confestim ipse sibi
consulat, quoniam ratum habeo quod diem postea quartum
nullatenus excedat." Hec igitur visionis nocturne mandata ubi per prescriptos viros ad sacriste noticiam pre- 20
feruntur, me protinus evocato, que per visum revelata
eique denuntiata fuerant mihi intimavit et subiunxit :
"Ecce, frater, salus mea penes te est. Festina ergo, noli
tempus redimere, noli spem meam more pena mulctare."
His ego auditis, plurimum admiratus, non modicum ex- 25

---

2. **prelibavimus** : 'previously mentioned.' — 4. **circa inferiora** :
i.e. *corporis*. — 5. **pena** = *poena:* 'pain.' — 6. **Monte Pessulano** :
Montpellier. — 10. **quatinus** : 1B (6). — **Thomam** : the author of
this history, who in this narrative confesses that he stole the teeth
of the saint and then lied about it, thus somewhat damaging its
credibility. — 17. **votifrangium** : 'breaking his vow.' — 24. **redimere** : 'prolong.' — **more** = *morae.*

pavi. Nimirum quippe timebam quod, si dentes quos cunctis adhuc nescientibus habueram constaret me habere, constaret fortassis et amittere. Ea propter illos primo negare cepi, quoniam illis nullatenus carere volui.
5 Cum vero mihi diutius neganti eger et qui ei assistebant acrius ac pertinatius insisterent, quod primo tantum negaveram tandem confessus sum et assensum prebui. Quid multa? Dentes attuli, aqua benedicta lavi, eamque egro porrexi. Qui tenens calicem votum quod ei mandatum
10 fuerat vovit, quod erat in calice exhausit, ac de die in diem paulatim convaluit. Quo convalescente, contigit me proficisci et aliquando extra morari. * * *

Dumque nimis, ut ei videbatur, morarer magisque ac magis ventris dolor ingravesceret, crebro illi a medicis
15 suggerebatur ut sibi scilicet consuleret, ac medicine remedium attemptaret. Ipse vero, voto quo astringebatur metuens, illis nequaquam adquiescere voluit, sed rem totam in meum distulit reditum. Verum cum diutius iam tardarem nimiumque passionis vis invalesceret, medicis
20 persuadentibus, tandem heu consensit, et fallacis medicine asylo se contulit. Quo facto, consequenti die domum regressus cum rem gestam cognovissem, vehementissime condolui eumque super voti transgressione redargui. Cuius transgressionis reatum tum mora mea tum passionis
25 sue dum excusaret molestia, nunc increpando nunc quasi consulendo subintuli: "Numquid, karissime, te voto astrictum oblitus fueras? Numquid terribiles ille, si votum infringeres, mine memoria iam excesserant? Iam tu tibi consule, quoniam tibi plurimum timeo. Nempe
30 quoniam dies crastina suscepte medicine tibi tercia erit, quartum suspectam habeo, et ne illa defraudemur per-

---

3. illos: sc. *exsistere.* — 24. reatum: ' guilt.' — 27. ille = *illae:* 2 (1). — 31. illa: sc. *die.* — defraudemur: i.e. ' may lose you.'

timesco." Dumque huiusmodi prosequerer commonitorium, ille monita, ut mihi videbatur, parvipendens nec
multum timuit nec omnino securus fuit. Quid plura?
Iam diem terciam sol occidens terminaverat, et ille surgens
a cena lectoque se reclinans quasi quieti se contulit. Quies 5
vero illa heheu! non dormitionis erat sed mortis. Cum
etenim eum excitare vellemus, iam emortuum invenimus.
Ex his perpendat diligens lector quanta observantie diligentia observanda sint precepta sanctorum, qui quanto
maioris potentie ac dignitatis dinoscuntur tanto amplius 10
cavendum est ne offendantur. — *IV. 9.*

---

1. **commonitorium**: 'warning.'—2. **parvipendens**: 'making light
of.' — 6. **heheu**: strengthened form of *heu*.

FOUNTAINS ABBEY

PASSIO ET MIRACULA BEATI OLAVI

The above is the title of a writing found in a twelfth-century manuscript, now in Oxford, the work of an unknown author. The book once belonged to that Cistercian monastery the picturesque ruins of which are still known as Fountains Abbey, an institution from which an offshoot was founded at Lysa in Norway in 1146. This connection between the Norwegian and the English religious institutions may easily account for the inclusion of this account of the martyrdom and miracles of the Norwegian saint Olaf in this English manuscript.

Olaf indeed was the most famous saint in the Norwegian calendar, and well illustrated the stern Norse temper in forcing Christianity upon all his subjects, willynilly. His reputed miracles have often a distinctly local character and reflect the character of his age and country.

The manuscript has been published by the Clarendon Press, edited by F. Metcalfe. Oxford, 1881.

A CRUEL PUNISHMENT AND A MIRACULOUS HEALING

Pueri cuiusdam falso impetiti crimine, ut sepe fert iustus crimen iniqui, lingua abscisa est. Hic fama miraculorum, que per sancti merita fieri frequenter audierat, excitatus, ad memoriam martiris venit. Sanctum multis efflagitabat lacrimis, altis exorat gemitibus, ut loquendi 5 officium, quod iniuste perdiderat, suo sibi restituat interventu. Cum ergo ad sepulcrum martiris in oratione et

---

1. **Pueri**: said to be Kolbein, whose tongue Thora, mother of King Sigurd, cut out, according to the tradition. — **impetiti**: ' accused.' — 3. **sancti**: Olaf.

lacrimis aliquanto perseverasset tempore, hora quadam
placido sopore resolutus quiescebat, et ecce exeuntem de
scrinio videt hominem statura mediocrem, aspectu
decorum, qui propius accedens, et manu sua os adoles-
5 centis aperiens, lingue truncate partem que remanserat
tanta virtute extraxit et extendit, ut violenciam cona-
minis adolescens ferre non valens, in somnis clamare
cogeretur. A somno itaque sanus exsurgens, in Dei laudes
et martiris exultans prorupit. Sic itaque, qui ad sepul-
10 crum sancti merens et elinguis venerat, libere loquens ad
sua cum gaudio remeavit. — *Metcalfe, p. 79.*

A PERILOUS ADVENTURE AND A MARVELOUS RESCUE

Illud quoque memorandum quod in provintia Europa
trans montes australes nuper evenisse multorum assertione
cognovimus. Pueri in quodam flumine ludentes, navicu-
15 lam forte repertam intrabant, que silenter aquarum
fluentia ad quandam voraginem deducta est, ubi de rupe
horrendo precipitio flumen labitur. Videntes autem pueri
vicinam instare mortem, quantum cum lacrimis poterant
sanctum invocabant Olavum, et statim in ipsa voragine,
20 ubi artiori sinu impetuosius ad labendum aqua colligitur,
ad quendam lapidem ex medio flumine prominentem, Dei
miseratione, applicant. Navicula autem in precipitium
tendente, predicto lapidi pueri pariter conserti adherent.
Pater vero puerorum tota nocte eorum prestolabatur
25 adventum, ignorans filiorum eventum. Mane autem
facto, ad querendum eos cum vicinis et amicis ad ripam
fluminis, ubi eos ludentes dimiserat, proficiscitur. Quos

---

3. **scrinio**: 'casket.' — 10. **merens** = *maerens.* — 12. **Europa**: as
Olaf was mostly venerated by the Norwegians, this may be a wrong
reading for some provincial district in that country. Yet pilgrims
to the shrine of the saint sometimes came from foreign lands. —
16. **fluentia**: ' flow.'

cum videret in petra stantes, et lacrimabiliter patrem
acclamantes, acriori cruciatur dolore, quod per petram
dilata mors videbatur, non amota, quasi in fatum concite
raperentur. Set quoniam loci difficultas et intemptabilis
aquarum vorago opem vetabat humanam, vigiliis et labore 5
fatigati qui convenerant, animas eorum deo commendantes, domos repetunt. Patre vero nocte sequenti
paulisper soporante, apparuit quidam vultu venustus, de
nomine requisitus Olavum se nominans, et brachia in
modum crucis conserta proferens, "Hoc," inquit, "modo 10
figurato ingenio, quos defles filii ad littus ducentur. Ecce
enim cito veniet qui eos liberabit." Pater autem visionem
recolens cuique venienti libenter referebat. Quod cum
quidam adveniens audiret, artificum professus opus
aggreditur; perfectaque machina ad lapidem usque con- 15
cito pulsu, multorum conamine in modum pontis extendi-
tur, in quo repentes pueri ad desideratos parentum per-
tingunt amplexus. Pater vero, et unus puerorum, ad
limina beati martiris Olavi ad gratias referendas continuo
pergunt, ubi hec circa se acta vicinorum attestatione 20
referebant. — *Metcalfe, p. 100.*

---

1. **petra**: 'rock.' — 3. **concite**: 'violently.' — 11. **ingenio**: 'a
contrivance.' — 20. **attestatione**: 'testimony.'

CAESARII HEISTERBACHII LIBRI VIII MIRACULORUM

Caesar of Heisterbach was born, probably at Cologne, about 1180, and died about 1240. Entering the Cistercian order of monks in 1199, he became a member of the monastic establishment at Heisterbach in the *Siebengebirge* near Bonn. Most of his life was spent there, where he later became Prior.

His writings, of varied character, were, in the modesty of the writer, not intended for publication, we are told. They include homilies, histories, commentaries, a *Dialogus Miraculorum* in twelve books, and a subsequently published work in eight books, entitled *Miracula*, only fragments of which are preserved. The last-mentioned work was begun, we are informed, in 1225, but it may never have been entirely completed. It has been edited by Aloys Meister, and published in Rome in 1901.

THE SCHOOLBOY AND THE DEVIL

In ecclesia sancti Simeonis diocesis Treverensis scholaris parvulus erat. Hic cum die quadam, data ei materia a magistro suo, versus ex ea componere nequiret tristisque sederet, soli sic sedenti diabolus in specie hominis apparuit.
5 Cui cum diceret: "Quid doles, puer, quid sic tristis sedes?" respondit puer: "Magistrum meum timeo, quia de themate quod ab eo recepi versus componere nequeo." Et ille: "Vis mihi facere hominium et ego versus tibi componam?" Puero vero non intelligente
10 quod inimicus omnium diabolus tenderet ad malum suum,

---

1. **diocesis** = *dioecesis;* 2 (1). — 8. **hominium**: 'homage.'

respondit : "Etiam, domine, paratus sum facere quidquid iusseris, dummodo versus habeam et non vapulem." Nesciebat enim quis esset. Porrexit ei manum, hominium ei faciens. A quo continuo versus dictatos in tabulis accipiens, dictatorem amplius non vidit.   5

Quos cum tempore congruo magistro suo redderet, ille versuum excellentiam miratus expavit, divinam non hominis in illis considerans scientiam. Qui ait : "Dic mihi, quis tibi dictavit hos versus?" Dicente puero, "Ego, magister," et ille omnino, dum non crederet, immo 10 puerum diligentius instaret interrogationis verbum saepius repetens, confessus est puer omnia secundum ordinem quae gesserat. Tunc ait magister : "Fili, malus ille versificator fuit, scilicet diabolus," et adiecit : "Carissime, poeniteat te seductori illi hominium fecisse?" Respon- 15 dente puero : "Etiam, magister," ait ille : "Modo abrenuntia diabolo et hominio eius et omnibus pompis eius et omnibus eius operibus." Et fecit sic. Magister autem superpellici eius manicas abscidens diabolo iactavit dicens : "Hae manicae tuae sunt, hominum seductor, 20 nil aliud in hac dei creatura possidebis." Statimque raptae sunt manicae coram omnibus et fulminatae sunt, corpore tamen pueri incorrupto. Haec mihi dicta sunt a quodam priore Treverensis ecclesiae. Quam diligenter diabolus vias nostras observet ex hoc quod sequitur 25 facilius perpenditur. — *Lib. Mir. II. 14.*

THE USURIOUS WOMAN

Duae sorores, defuncta matre, dimissam inter se dividebant substantiam, ex quibus una satis modeste vixit, altera vero portionem suam ad usuram mox dedit. Cumque collegisset non modicum pondus pecuniae, fieri sibi arcam 30

---

15. **hominium** : ' homage.' — 19. **superpellici** : an ecclesiastical garment with fur sleeves.

firmissimam iussit, in qua usuras reclusit. Sorori vero
quae pauperem et castam vitam vixit in nullo compatiens,
alienavit se ab illa. Tempore quodam gravissimam incurrens infirmitatem cum mori timeret, pro sorore misit.
5 Illa sperante quod aliquid acceptura esset ab illa, cumque
venisset, ait usuraria: "Soror dilecta, graviter infirmor,
peto ut non deseras nec derelinquas me, sed germanitatis
causa mihi in necessitatibus meis assistas." Assensit illa
propositum sororis ignorans. Sentiens enim miserrima
10 se mortem evadere non posse, nacta occasione, sorore
emissa, ad cistam accessit et duas ex ea tollens crumenas
pecunia plenas, vestibus exutis, ad nudum corpus illas
cingit sicque ad lectum rediens.

Cumque reversa esset soror, ait illi usuraria: "Unam
15 a te petitionem peto, soror carissima, quam mihi negare
non debes." Promittente illa, subiunxit: "Hoc desidero,
hoc deligenter peto, ut corpus meum, cum mortua fuero,
a nullo permittas nudari, sed in eisdem vestibus in quibus
nunc iaceo me in sepulcro ponas et sepelias." Quid plura?
20 Moritur miserrima et, sicut postulaverat, a sorore sepeli-
tur. Dictum est viro potenti, ad quem villa illa cum
corpore pertinebat, quod usuraria talis mortua esset.
Qui mox advocatum suum misit, ut pecunias dimissas
tolleret. Veniens advocatus in domum eius et a sorore
25 pecunias requirens simulque clavem de cista, cum illa
utrumque se habere negaret, arcam securi confregit et
aperuit, sed nihil in ea invenit. Cumque pecunias a sorore
innocenti sublatas crederet et illa negaret, tormentis per
totam noctem illam affecit.
30 Tunc illa, divinitus inspirata, suspicationem habere
coepit de supradicta petitione sororis necnon de pondere
corporis. Quod cum recitasset advocato, mulieri parcens

---

5. **sperante**: 3E (4) (*a*). — 13. **sicque . . . rediens**: 3E (4) (*a*).
— 25. **clavem de cista** = 3D.

accessit ad sacerdotem, petens sibi licere effodere corpus
usurariae. Quod cum ille abnueret, quasi coactus, timens
offensam advocati, concessit. Mira res. Nudato corpore, viderunt ambo, videlicet sacerdos et advocatus,
usurariae corpus cinctum duobus serpentibus maximis, 5
qui frequenter et festinanter caput in crumenas mittentes,
in os mulieris proiecerunt denarios ardentes igneo colore.
Quo viso territi valde clamaverunt: "Reicite terram
velociter, diabolus enim est, qui suum vas punit eique
illudit." Revertentes de sepulcro ad dominum, advo- 10
catus quae viderat illi recitavit. Haec magister abbas
sancti Trudonis in stationibus suis aperte praedicavit,
ante paucos annos factum esse asserens. Si corpus huius
usurariae datum fuit serpentibus, immo diabolo ad illu-
dendum per serpentem, quantam dicam poenam animae 15
revera intollerabilem fuisse. Quam diligenter observet
daemon calcaneum, id est finem nostrum, aliquibus
ostendam exemplis. — *Lib. Mir. II. 22.*

A SON CONVERTS HIS FATHER

Cum unicus adolescens, heres patris sui, factus esset
monachus Cisterciensis ordinis, pater armata manu venit, 20
ut destrueret monasterium, nisi filius ei redderetur. Hoc
audiens filius eius occurrit ei in equo. Cui pater ait:
"Fili mi, veni mecum!" Ait ille: "Si unam consuetudinem terrae tuae volueris mutare." Ac ille fecit libenter.
"Si in terra tua auferre poteris consuetudinem quod non 25
ita cito moriantur iuvenes sicut senes, tecum redibo,
aliter non. Tu enim dixisti quod deberem tibi succedere
in heredem; forte prius moriar quam tu." Quo audito,
pater compunctus est et intravit claustrum, conferens ei
bona sua omnia. — *Lib. Mir. II. 38.*   30

---

17. **calcaneum**: ' heel.' — 20. **Cisterciensis**: an order of monks.
— 24. **fecit**: ' agreed.' — 29. **claustrum**: Eng. ' cloister.'

DANTE ALIGHIERI

Dante (1265–1321), whose *Divina Commedia* has won him a commanding position among the world's great epic poets, like Milton did not confine his writing to the vernacular, but wrote in Latin several well-known works in prose and poetry, including the *De Monarchia*, which sums up his own political opinions. His view that the Roman people were divinely appointed to rule the world is out of harmony with the growing democracy of to-day; but the end which he believes should be sought through this oneness of authority, viz. universal peace, is that towards which a bruised and bleeding human race is steadily approaching.

A brief but interesting Latin correspondence in the form of pastorals, a favorite mode of the day, is extant, in which Giovanni del Virgilio, a professor of poetry at Bologna, urges Dante to abandon the vernacular in which he is composing the *Divina Commedia*, and write something great in the classic Latin, and Dante in reply upholds the worth of the work he is doing. Dante's poetry combines with a more mediaeval Latinity an elaborately figurative rhetoric and a metrical finish almost up to classical standards.

All of Dante's works may be found in E. Moore's Oxford edition of 1894. The *De Monarchia* has been carefully edited by Witte, and published at Vienna in 1874. The *Eclogae Latinae* were published with elaborate introduction and notes, with those of del Virgilio and other matter, in *Dante and del Virgilio*, by Wicksteed and Gardner, Westminster, 1902.

UNIVERSAL PEACE THE IDEAL STATE FOR THE WORLD

Satis igitur declaratum est quod proprium opus humani generis, totaliter accepti, est actuare semper totam poten-

2. **actuare**: ' to exercise.'

DANTE MONUMENT

Piazza S. Croce, Florence   (The shields borne by the lions carry the names
of four of his important works, one of them being the *De Monarchia*.)

tiam intellectus possibilis, per prius ad speculandum, et
secundario propter hoc ad operandum per suam exten-
sionem. Et quia, quemadmodum est in parte, sic est in
toto, et in homine particulari contingit quod sedendo et
5 quiescendo prudentia et sapientia ipse perficitur, patet
quod genus humanum in quiete sive tranquillitate pacis
ad proprium suum opus, quod fere divinum est (iuxta
illud : "Minuisti eum paulo minus ab angelis"), liberrime
atque facillime se habet. Unde manifestum est quod pax
10 universalis est optimum eorum, quae ad nostram beati-
tudinem ordinantur. Hinc est, quod pastoribus de sursum sonuit, non divitiae, non voluptates, non honores,
non longitudo vitae, non sanitas, non robur, non pulchritudo, sed pax. Inquit enim coelestis militia : "Gloria in
15 altissimis Deo, et in terra pax hominibus bonae voluntatis." Hinc etiam "Pax vobis," Salus hominum salutabat.
Decebat enim summum Salvatorem summam salutationem exprimere. Quem quidem morem servare voluerunt discipuli eius, et Paulus in salutationibus suis, ut
20 omnibus manifestum esse potest.

Ex iis ergo quae declarata sunt, patet, per quod melius,
imo per quod optime, genus humanum pertingit ad opus
proprium. Et per consequens visum est propinquissimum
medium per quod itur in illud, ad quod velut in ultimum
25 finem omnia nostra opera ordinantur, quod est pax universalis, quae pro principio rationum subsequentium sup-
ponatur ; quod erat necessarium, ut dictum fuit, velut
signum praefixum, in quod quidquid probandum est re-
solvatur, tanquam in manifestissimam veritatem.

— *De Monarchia IV*.

---

1. **per prius** : 3D. — 11. **de sursum** : 3D. — 16. **Salus** = *Salvator*,
i.e. Christ. — 22. **imo** = *immo*. — 24. **itur** : ' lies the way.'

A PASTORAL:

DANTE DECLINES TO WRITE A GREAT POEM IN LATIN,
BUT COMMENDS ITALIAN

Vidimus in nigris albo patiente lituris
Pierio demulsa sinu modulamina nobis.
    Forte recensentes pastas de more capellas
Tunc ego sub quercu meus et Meliboeus eramus;
Ille quidem (cupiebat enim consciscere cantum)   5
"Tityre, quid Mopsus, quid vult? edissere" dixit.
    Ridebam, Mopse; magis et magis ille premebat.
Victus amore sui, posito vix denique risu,
"Stulte, quid insanis?" inquam; "tua cura capellae
Te potius poscunt, quamquam mala cenula turbet.   10
Pascua sunt ignota tibi, quae Maenalus alto
Vertice declivi celator solis inumbrat,
Herbarum vario florumque impicta colore.
Circuit haec humilis et tectus fronde saligna
Perpetuis undis a summo margine ripas   15
Rorans alveolus, qui quas mons desuper edit
Sponte viam qua mitis erat se fecit aquarum.
Mopsus in his, dum lenta boves per gramina ludunt,

The highly artificial pastoral phraseology is maintained throughout. "Tityrus" stands for Dante himself, "Mopsus" for del Virgilio; "Meliboeus" has been stated to represent a certain Florentine
friend of Dante named Ser Dino Perini.

1. **lituris** = *litteris*. — 2. **demulsa**: 'drawn from.' — **modulamina**: 'melodious strains.' — 6. **quid vult**: i.e. the request of the pastoral to which this is a reply. — 7. **Mopsē**: lengthening at (before)
a caesura is a weakness of Dante, e.g. *facilis* in v. 14 *infra*. — 8. **sui**
= *illius*. — 10. **cenula**: the meager sort that a schoolmaster could
afford! — 11. **Maenalus**: the Arcadian mountain where bucolic
poetry is at home; the meaning of the passage is that that type of
poetry is above the comprehension of "Meliboeus." — 12. **celator**:
'hider.' — 13. **impicta**: 'painted.' — 18. **Mopsus . . . Contemplatur**: Mopsus, however, in his academic retreat at Bologna was a

Contemplatur ovans hominum superumque labores;
20 Inde per inflatos calamos interna recludit
Gaudia, sic ut dulce melos armenta sequantur
Placatique ruant campis de monte leones,
Et refluant undae frondes et Maenala nutent."
    "Tityre," tunc, "si Mopsus," ait, "decantat in herbis
25 Ignotis, ignota tamen sua carmina possum
Te monstrante meis vagulis prodiscere capris."
    Hic ego quid poteram quum sic instaret anhelus?
"Montibus Aoniis Mopsus, Meliboee, quotannis
Dum satagunt alii causarum iura doceri,
30 Se dedit et sacri nemoris perpalluit umbra,
Vatificis prolutus aquis et lacte canoro
Viscera plena ferens et plenus adusque palatum
Me vocat ad frondes versa Peneide cretas."
    "Quid facies?" Meliboeus ait, "tu tempora lauro
35 Semper inornata per pascua pastor habebis?"
    "O Meliboee, decus vatum, quoque nomen, in auras
Fluxit; et insomnem vix Mopsum Musa peregit,"
Retuleram, cum sic dedit indignatio vocem:
"Quantos balatus colles et prata sonabunt,
40 Si viridante coma fidibus paeana ciebo!
— Sed timeam saltus et rura ignara deorum.

---

scholar who appreciated such Latin poetry, and had indeed written
learned comments on various Latin authors. — 23. **Maenala**:
another (plur.) form of the name *Maenalus*. — **nutent**: i.e. the trees
bend to listen. — 29. **causarum iura**: law was the most popular
study at the University of Bologna, and the poor professor of
poetry had a hard time of it! — 33. **versa**: 'metamorphosed,'
i.e. into the laurel. — **Peneide**: Daphne. The leaves of the laurel,
into which she was transformed, would form the wreath of honor for
Dante when he became a poet of classical Latin, as del Virgilio
would fain have him do. — 37. **insomnem**: the professor burns the
midnight oil. — 40. **viridante**: 'trimmed with green.' — 41. **saltus
et rura**: supposed to refer to Bologna, then a hotbed of Guelfism.

Nonne triumphales melius pexare capillos,
Et patrio redeam si quando, abscondere canos
Fronde sub inserta solitum flavescere, Sarno?"
   Ille, "Quis hoc dubitet? propter quod respice tempus,   45
Tityre, quam velox! Nam iam senuere capellae
Quas concepturis dedimus nos matribus hircos."
   Tunc ego, "Cum mundi circumflua corpora cantu
Astricolaeque meo, velut infera regna, patebunt,
Devincire caput hedera lauroque iuvabit,   50
Concedat Mopsus."
               "Mopsus," tunc ille, "quid?" inquit.
   "Comica nonne vides ipsum reprehendere verba,
Tum quia femineo resonant ut trita labello,
Tum quia Castalias pudet acceptare sorores?"
Ipse ego respondi; versus iterumque relegi,   55
Mopse, tuos.
         Tunc ille humeros contraxit, et "Ergo
Quid faciemus," ait, "Mopsum revocare volentes?"
   "Est mecum quam noscis ovis gratissima," dixi,
"Ubera vix quae ferre potest, tam lactis abundans.
Rupe sub ingenti carptas modo ruminat herbas.   60
Nulli iuncta gregi nullis assuetaque caulis
Sponte venire solet, nunquam vi poscere mulctram.
Hanc ego praestolor manibus mulgere paratus;
Hac implebo decem missurus vascula Mopso.

---

42. **melius**: sc. *sit;* also sc. *me* as subject of *pexare* and *abscondere*.
— **pexare**: i.e. *pectere*. — 44. **flavescere**: 'assume the luxuriance of youth'; Dante's hair was really dark. — **Sarno**: apparently Dat. of terminus. — 47. **Quas**: obj. of **concepturis**. — **matribus**: sc. *quarum*.
— 49. **Astricolae**: 'star-dwellers,' the *Paradiso*, as well as the **infera regna** (the *Inferno* and *Purgatorio*), thus completing the *Divina Commedia*. — 51. **Concedat**: sc. *dummodo.* — 54. **acceptare**: sc. *ea.* — 55. **respondi**: i.e. the preceding three verses. — 56. **ille**: Meliboeus.
— 58. **ovis gratissima**: evidently the *Paradiso*. — 64. **decem** . . .

65   Tu tamen interdum capros meditere petulcos
      Et duris crustis discas infigere dentes.''
       Talia sub quercu Meliboeus et ipse canebam
      Parva tabernacula nobis dum farra coquebant.
                  — *Dante to del Virgilio, Ecl. 1.*

---

vascula: ten cantos are to be sent to del Virgilio to show him that vernacular poetry may be worth while.

FRANCESCO PETRARCA

Petrarch, born at Arezzo in 1304, lived in many places in Italy and France, and died among his books at Arquà, near Padua, in 1374. Student of law and letters, churchman, courtier, poet laureate, scholar, idealist, he has been termed "the first modern man," and is generally recognized as having given the impetus to the "revival of learning" in Europe. As J.A.Symonds, the great historian of this movement, expresses it, "The ancient and the modern eras met together on the Capitol at Petrarch's coronation, and a new stadium for the human spirit, that which we are wont to style Renaissance, was opened." As an Italian poet, Petrarch set the pace for succeeding generations, especially in the *Canzoniere* inspired by his idealized love for the lady "Laura," whoever that somewhat shadowy beauty may have been. Moreover, in his appreciation of the charms and the mystic influence of nature, e.g. by the source of the Sorgue at Vaucluse, the poet strikes a new note in literature. On the other hand, he was a passionate admirer of the great Latin classics, and an eager col-

PETRARCH

559

lector of ancient manuscripts, fortunate at length in discovering at Verona the lost letters of Cicero to Atticus, Quintus, and Brutus, upon which event he himself addressed to Cicero the first of a series of letters to classical authors. His own epistolary Latin style, however, had already been modelled rather on the letters of Seneca. Petrarch was as anxious as Horace for the admiration of his contemporaries and of posterity, and hoped to secure it through the Latin epic, *Africa*, to which he devoted much time and care, dealing with the career of Scipio Africanus, in nine books. However, neither the friends of his lifetime nor posterity have been very enthusiastic over this work, in spite of fine passages, such as the episode of Masinissa and Sophonisba.

Biographical material of value will be found in Symonds' *Renaissance in Italy*, in Jerrold's *Francesco Petrarca, Poet and Humanist* (1909), in J. E. Sandys' *Harvard Lectures on the Revival of Learning* (1905), and in the late Professor Potter's essays on Petrarch, published in 1917 as Vol. III in the *Harvard Studies in Romance Languages*. A complete edition of the *Epistolae de rebus familiaribus et Variae* was published in 1859–63 at Florence by Joseph Fracassetti. The *Africa* has been edited by N. Festa, in Vol. I of the Italian *Edizione Nazionale* of Petrarch, 1926.

PETRARCH WRITES A LETTER TO CICERO

Franciscus Petrarca M. Tullio Ciceroni   S. P. D.

Si te superior offendit epistola (verum enim, ut ipse soles dicere, quod ait familiaris tuus in Andria : " Obsequium amicos, veritas odium parit "), accipe quod offensum animum ex parte mulceat, nec semper odiosa sit veritas ; quo-
5 niam veris reprehensionibus irascimur, veris laudibus delectamur.   Tu quidem, Cicero, quod pace tua dixerim, ut homo vixisti, ut orator dixisti, ut philosophus scripsisti. Vitam ego tuam carpsi, non ingenium aut linguam, ut qui illud mirer, hanc stupeam.   Neque tamen in vita tua quid-
10 quam praeter constantiam requiro, et professioni philo-

sophicae debitum quietis studium, et a civilibus bellis fugam, extincta libertate ac sepulta iam et complorata Republica. Vide ut aliter tecum ago ac tu cum Epicuro multis in locis, sed expressius in libro De Finibus agebas. Eius enim ubilibet vitam probas, rides ingenium. Ego 5 nihil in te rideo, vitae tamen compatior, ut dixi, ingenio gratulor eloquiove. O Romani eloquii summe parens, nec solus ego, sed omnes tibi gratias agimus, quicumque Latinae linguae floribus ornamur; tuis enim prata de fontibus irrigamus, tuo ductu directos, tuis suffragiis 10 adiutos, tuo nos lumine illustratos ingenue confitemur: tuis denique, ut ita dicam, auspiciis ad hanc, quantula-cumque est, scribendi facultatem ac propositum pervenisse. Accessit et alter poeticae viae dux; ita enim necessitas poscebat, ut esset et quem solutis et quem fraenatis gressi- 15 bus praeeuntem sequeremur, quem loquentem, quem canentem miraremur, quoniam cum bona venia am-borum neuter ad utrumque satis erat, ille tuis aequoribus, tu illius impar angustiis.

Non ego primus hoc dicerem fortasse, quamvis plane 20 sentirem; dixit hoc ante me, seu ab aliis scriptum dixit, magnus quidem vir Annaeus Seneca Cordubensis, cui te, ut idem ipse conqueritur, non aetas quidem sed bellorum civilium furor eripuit. Videre te potuit, sed non vidit, magnus tamen operum tuorum atque illius alterius lauda- 25 tor. Apud hunc ergo quisque, suis eloquentiae finibus circumscriptus, collegae suo cedere iubetur in reliquis. Verum expectatione te torqueo; quisnam dux ille sit quaeris? nosti hominem, si modo nominis meministi: Publius Virgilius Maro est, Mantuanus civis, de quo 30 egregie vaticinatus es. Cum enim, ut scriptum legimus, iuvenile quoddam eius opusculum miratus, quaesivisses auctorem, eumque iuvenem iam senior vidisses, delectatus es, et de inexhausto eloquentiae tuae fonte, cum propria

quidem laude permixtum verum tamen praeclarumque
ac magnificum illi testimonium reddidisti. Dixisti enim:

Magna spes altera Romae.

Quod dictum ex ore tuo auditum adeo sibi placuit insedit-
5 que memoriae, ut illud post annos viginti, te pridem rebus
humanis exempto, divino operi suo eisdem penitus verbis
insereret; quod opus si videre licuisset, laetatus esses, de
primo flore tam certum te venturi fructus praesagium
concepisse. Nec non et Latinis gratulatus Musis, quod
10 insolentibus Graiis vel reliquissent ambiguam, vel certam
victoriam abstulissent; utriusque enim sententiae auctores
sunt: te, si ex libris animum novi, quem noscere mihi
non aliter quam si tecum vixissem videor, ultimae asserto-
rem futurum, utque in oratoria dedisti, sic in poetica
15 palmam Latio daturum, atque ut Aeneidi cederet Ilias
iussurum fuisse non dubito, quod iam ab initio Virgiliani
laboris Propertius asseverare non timuit. Ubi enim Pierii
operis fundamenta contemplatus est, quid de illis sentiret,
et quid speraret aperte pronunciavit his versibus:

20   Cedite Romani scriptores, cedite Graii;
       Nescio quid maius nascitur Iliade.

Haec de altero Latinae duce facundiae, magnaeque
Romae spe altera. Nunc ad te revertor. Quid de vita,
quid de ingenio tuo sentiam audisti. Expectas audire
25 de libris tuis quaenam illos exceperit fortuna, quam seu
vulgo seu doctioribus probentur. Extant equidem praeclara volumina, quae ne dicam perlegere, sed nec enumerare sufficimus. Fama rerum tuarum celeberrima atque
ingens et sonorum nomen; perrari autem studiosi, seu
30 temporum adversitas, seu ingeniorum hebetudo et segni-
ties, seu quod magis arbitror, alio cogens animos cupiditas

---

4. **sibi**: 1C. — 30. **hebetudo**: 'dullness.'

causa est. Itaque librorum aliqui (nescio an irrepara-
biliter) nobiscum qui nunc vivimus, nisi fallor, procul
dubio periere ; magnus dolor meus, magnus saeculi nostri
pudor, magna posteritatis iniuria. Neque enim satis
infame visum est ingenia nostra negligere, ne quid inde 5
fructuosum perciperet sequens aetas, nisi laboris etiam
vestri fructum crudeli prorsus et intoleranda corrupissemus
incuria. Namque quod in tuis conqueror et in multis
virorum illustrium libris accidit ; tuorum sane, quia de iis
mihi nunc sermo erat, quorum insignior iactura est, haec 10
sunt nomina : *Reipublicae, Rei Familiaris, Res Militaris,
De Laude Philosophiae, De Consolatione, De Gloria,* quamvis de hoc ultimo magis mihi spes dubia, quam desperatio
certa sit. Quin et superstitum librorum magnas partes
amisimus, ita ut, veluti ingenti praelio oblivione et ignavia 15
superatis, duces nostros non extinctos modo sed truncos
quoque vel perditos necesse sit lugere. Hoc enim et in
aliis multis, sed in tuis maxime *Oratoris,* atque *Academi-*
corum, et *Legum* libris patimur, qui ita truncati foedatique
evaserunt, ut proprie melius fuerit periisse. 20

Reliquum est ut urbis Romae ac Romanae Reipublicae
statum audire velis, quae patriae facies, quae civium concordia, ad quos rerum summa pervenerit, quibus manibus
quantoque consilio fraena tractentur imperii? Isterne
et Ganges, Iberus, Nilus et Tanais limites nostri sint? 25
An vero quisquam surrexerit

Imperium Oceano, famam qui terminet astris,
aut

super et Garamantas et Indos
Proferat imperium, 30

ut amicus ille tuus Mantuanus ait. Haec et his similia
cupidissime auditurum te auguror ; id enim pietas tua
suggerit, et amor erga patriam usque in tuam perniciem

notissimus. Verum enim tacere melius fuerit. Crede enim mihi, Cicero, si quo in statu res nostrae sunt audieris, excident tibi lacrimae, quamlibet vel coeli vel erebi partem teneas. Aeternum vale. Apud superos, ad sinistram 5 Rhodani ripam in Transalpina Gallia eodem anno, XIV Kalendas Ianuarii. — *Bk. XXIV, Ep. IV.*

PETRARCH DESCRIBES HIS MANNER OF LIFE AT VAUCLUSE

Franciscus Petrarca Francisco Priori Sanctorum
Apostolorum S. P. D.

Ad fontem Sorgiae aestatem ago: iam quod sequitur, tacito me licet, intelligis; sed si loqui iubes, brevibus expediam. Corpori
10 meo bellum indixi.
Ita me ille adiuvet,
sine cuius ope suc-
cumberem, ut gula,
ut venter, ut lingua,
15 ut aures, oculique mei
saepe mihi non artus
proprii, sed hostes im-
pii videntur. Multa
quidem hinc mihi
20 mala provenisse me-
mini, praesertim ab
oculis, qui ad omne
praecipitium mei fue-
runt duces. Hos ita

THE SORGUE AND ITS SOURCE

25 conclusi, ut praeter coelum, montes ac fontes, fere nihil videant, non aurum, non gemmas, non ebur, non purpuram, non equos, nisi duos, eosque ipsos exiguos, qui cum

---

5. **anno**: 1345. — 6. **Ianuarii**: instead of the classical *Ianuarias.*
— 7. **Sorgiae**: ' the Sorgue.' — 8. **licet**: superfluous here.

unico puero his me vallibus circumvectant. Postremo
nullius usquam mulieris, nisi villicae meae faciem, quam
si videas, solitudinem Libycam aut Aethiopicam putes te
videre; aridam penitus et vere solis ab ardoribus adustam
faciem, cui nihil viroris, nihil succi inest, faciem qualem 5
si Tyndaris habuisset, Troia nunc etiam staret; si Lucre-
tia et Virginia, nec regno Tarquinius pulsus esset, nec
Appius vitam in carcere finivisset. Verum ne sibi post
oris descriptionem dignas morum laudes subtraham, quam
fusca facies tam candidus est animus; magnum et ipsa 10
nihil animo nocentis feminae deformitatis exemplum; de
quo forte aliquid dicerem, nisi quia circa Claranum suum
abunde hunc articulum in epistolis prosecutus est Seneca.

Hoc singularius habet villica mea, quod cum forma corporis femineum potius quam virile bonum sit, haec adeo 15
formae iacturam non sentit ut decere illam putes esse
deformem. Nihil fidelius, nihil humilius, nihil operosius.
Sub ardentissimo sole, vix cicadis aestum tolerantibus,
totos dies agit in campis, et Cancrum et Leonem durata
cute contemnit. Sero domum rediens, anicula sic inde- 20
fessum rebus domesticis adhibet invictumque corpuscu-
lum, ut e thalamo venientem iuvenem dicas; nullum interea murmur, nullae querimoniae, nullum turbatae mentis
indicium, sed viri et natorum et familiae meae venienti-
umque ad me hospitum incredibilis cura, incredibilisque 25
contemptus sui dumtaxat ipsius. Huic saxeae mulierculae
instrata sarmentis terra cubiculum, huic prope terreus
panis cibus, vinumque aceto similius lymphisque perdomi-
tum potus est. Si quid mollius apponas, iam desuetudine
longissima durum putat omne quod mulcet.   30

Sed satis multa de villica, quae nisi in agresti scriptura
locum repertura non fuerat. Hoc modo igitur oculos
castigo. Quid de auribus dicam? Cantus et tibiae et

---

2. faciem: sc. *video.* — 5. viroris: ' freshness.' — 8. sibi: 1C.

fidium dulcedo, quibus extra me ipsum rapi soleo, nulli
sunt mihi; totam suavitatem illam aura dispersit.   Heic
nihil omnino, praeter raros boum mugitus, aut balatus
pecudum, praeter volucrum cantus continuumque murmur
5 aquarum, audio. Quid lingua? qua saepe me ipsum,
interdum forte alios erexi; nunc iacet ipsa et a mane saepe
ad vesperam silet: cui enim loquatur, praeter me, non
habet.   Iam vero gulam ventremque sic institui, ut saepe
bubulci mei panis et mihi sufficiat et saepe etiam delectet,
10 et viveum aliunde mihi allatum famuli, qui tulere, mandu-
cent.   Tam consuetudo mihi pro voluptate est; itaque
villicus meus indulgentissimus familiaris, ipseque vir sax-
eus de nulla re mecum litigat, nisi quod durior mihi sit
victus, quam qui, ut dicit, diutius ferri queat.   Ego contra
15 sentio diutius talem victum tolerari posse quam mollem,
quem magni taedii esse et quinque diebus continuari non
posse Satyricus ait.   Uva, ficus, nuces, et amygdalae de-
liciae meae sunt.   Quibus hic fluvius abundat pisciculis
delector, numquam magis quam dum capiuntur, quod
20 studiose etiam inspicio, iuvatque iam hamos ac retia
tractare.

Quid de vestibus, quid de calceis loquar? mutata sunt
omnia.   Non ille meus habitus; meus, inquam, propter
eximiam vanitatem qua, salva, ni fallor, honcstate et de-
25 core servato, inter pares olim conspici dulce fuit.   Agri-
colam me seu pastorem dixeris, cum tamen adhuc et vestis
exquisitior non desit, et mutati nulla sit causa, nisi quia
quod primum placuit primum sordet.   Soluta sunt quibus ligabar vincula, clausique quibus placere cupiebam
30 oculi; et puto, si aperti essent, hodie solitum in me imperium non haberent: meis autem oculis nullo modo magis
placeo quam solutus ac liber.   Quid de habitaculo dix-

---

10. **viveum**: 'fresh food.' — 17. **Satyricus**: i.e. Juvenal (XI.206).
— **amygdalae**: 'almonds.' — 32. **habitaculo**: 'dwelling.'

erim? Catonis aut Fabritii domum putes, ubi cum cane
unico et duobus habito; caeteros in Italia dimisi omnes.
Utinam in via dimisissem, ad me numquam redituros,
meae quietis unicam procellam. Villicus autem conti-
guam habet domum, mihi semper praesto, dum usui est, 5
et ne unquam obsequium vergat in taedium, parvo mox
ostio secludendus.

Hic mihi duos hortulos quaesivi tam ingenio proposito-
que meo consentaneos, ut nihil magis; quos si describere
aggrediar, longus 10
fiam. In summa vix
simile aliquid reor
habeat orbis terra-
rum; et, si femineam
levitatem fateri opor- 15
tet, tale quidquam
esse extra Italiam
indignor. Hunc Heli-
cona nostrum trans-
alpinum vocitare 20
soleo: est enim alte
umbrosus solique stu-
dio aptus, et nostro
sacer Apollini. Hic

THE SOURCE OF THE SORGUE

nascenti Sorgiae impendet, ultra quem nihil est nisi rupes 25
et avia, prorsus, nisi feris aut volucribus, inaccessa.
Alter domui proximus et aspectu cultior et dilectus est
Bromio; hic, mirum dictu! rapidissimi ac pulcherrimi
amnis in medio est; iuxta quem brevi tantum ponte
disiuncta ultima domus in parte, textudo vivis ex lapidi- 30
bus curvata suspenditur, quae nunc coelo ardente sentiri
vetat aestatem. Locus est qui ad studium accendat, au-
gurorque, non absimilis atriolo illo ubi declamare solitus

---

30. **textudo**: 'structure.'

erat Cicero, nisi quod illud praeter labentem Sorgiam
non habebat. Sub hoc ergo meridies exigitur; mane
in collibus, vesper in pratis vel asperiore in hortulo ad fontem naturam vincentem artificio, ubi locus est alta sub
5 rupe ac mediis in undis, angustus quidem, sed plenus
stimulis ardentibus, quibus piger licet animus in altissimas
curas possit assurgere. Quid vis? possem forsan hic
vivere nisi vel tam procul Italia, vel tam prope esset
Avinio. Quid enim dissimulem geminam animi mollitiem?
10 Illius me amor mulcet ac vellicat, huius me odium pungit
et asperat, odorque gravissimus toti mundo pestifer, quid
mirum si in vicinitate nimia unius parvi ruris innocuam
polluit puritatem? Ille me hinc pellet; sentio enim
statum interim meum. Vide, nihil est quod metuam,
15 nisi reditum ad urbes. Vale. — *Bk. XIII, Ep. VIII.*

ON TRADUCERS AND CALUMNIATORS: THE FABLE
OF THE RUSTICS AND DONKEY

Franciscus Petrarca Francisco Priori Sanctorum
Apostolorum S. P. D.

Quidnamne mortalium in rebus tanto consilio provisum
est, ut non obtrectatorum morsibus pateat? Quem mihi
omnium hac peste liberum dabis? Christus ab iis quos
salvaturus advenerat infamatus, quin etiam interemptus
20 est. Nobiscum bene agitur si securi securium, si immunes
verberum verbis impetimur. Nisi forte mordaciores
suspicamur antiquos, nulla unquam aetas nostra aetate
procacior fuit. Unam tibi e fabellis referam vulgo notis,
et quibus anus ante focum hibernas noctes fallere solitae.
25 Senex cum adolescente filio agebat iter. Erat his unus
parvus asellus ambobus, quo vicissim laborem viae leva-
bant. Hoc dum genitor veheretur, sequente pedibus suis

---

9. **Avinio**: ' Avignon.'

nato, irridere obvii. "En, aiebant, ut moribundus in-
utilisque seniculus dum sibi obsequitur, formosum perdit
adolescentem." Desiluit senex, et invitum natum in
suum locum substulit. Murmurare praetereuntium
turba: "En ut segnis et praevalidus adolescens, dum 5
propriae blanditur ignaviae, decrepitum patrem mactat."
Pudore ille victus, patrem coegit ascendere. Ita uno
quadrupede simul vecti murmur occurrentium indignatio-
que crebrescere, quod una brevis duabus magnis belluis
premeretur. Quid te moror? His moti pariter ambo 10
descendunt, et vacuo asello pedibus incedunt propriis.
Enimvero tunc illusio acrior risusque protervior, duos
asinos uni ut parcant, sibi non parcere. Hic genitor:
"Cernis," inquit, "fili, ut nil quod probetur ab omnibus
fieri potest; repetamus pristinum morem nostrum; hi 15
suum loquendi carpendique omnia morem servent."
Nil amplius dicam, nec necesse est; rudis fabella, sed
efficax. Vale. — *Bk. XVI, Ep. XIII.*

THE VICTORIOUS MASINISSA MEETS THE BEAUTIFUL SOPHONISBA

Moenia magnanimus victor trepidantia Cirthae
Ingreditur, patriosque lares et avita tuetur
Tecta libens, generis cara incunabula primi.
Milite confestim ad portam custode relicto,
Ipse altam cupidus raptim tendebat ad arcem.   5
Sic stimulante fame lupus amplum nactus ovile,
Intima dum penetrat, socium praedae atque laboris
Linquit in ingressu, quo tutior abdita fidis
Corpora diducat latebris mergenda palato.
Ventum erat ad miseri felicia tecta tyranni   10

---

1. **Cirthae** = *Cirtae:* the modern name of this well-nigh impregnable city is Constantine.

Constantine (formerly Cirta), the Almost Impregnable City of Syphax, and later of Masinissa

Quae verso malefida viro regina tenebat.
Haec subitis turbata malis in limine visa est
Obvia victori, si quam fortuna pararet
Tentatura viam duraeque levamina sortis.
Undique sidereum gemmis auroque nitebant   15
Atria; non illo fuerat rex ditior alter
Dum fortuna fidem tenuit, nunc (fidite laetis)
Pauperior non alter erat: tamen omnia longe
Regia praeradians vincebat limina coniux.
Ille nec aethereis unquam superandus ab astris   20
Nec Phoebea foret veritus certamina vultus
Iudice sub iusto. Stabat candore nivali
Frons alto miranda Iovi, multumque sorori
Zelotypae metuenda magis quam pellicis ulla
Forma viro dilecta vago; fulgentior auro   25
Quolibet, et solis radiis factura pudorem.
Caesaries spargenda levi pendebat ab aura
Colla super, recto quae sensim lactea tractu
Surgebant, humerosque agiles effusa regebat.
Tunc olim substricta auro certamine blando   30
Et placidis implexa modis sic candida dulcis
Cum croceis iungebat honos, mixtoque colori
Aurea candentis cessissent vascula lactis,
Nixque iugis radio solis conspecta sereni.
Lumina quid referam praeclarae subdita fronti   35
Invidiam motura deis, divina quod illis
Vis inerat, radiansque decor qui pectora posset
Flectere quo vellet, mentesque auferre tuendo,
Inque Medusaeum praecordia vertere marmor.
Africa ne monstris caruisset terra secundis,   40
Haec planctu confusa novo modo dulce nitebant

---

11. **malefida**: 'faithless'; Sophonisba, queen of the fugitive Syphax, had been earlier betrothed to Masinissa, who had just captured Cirta.

Dulcius ac solito; ceu cum duo lumina iuxta
Scintillant pariter madido rorantia coelo
Imber ubi nocturnus abit. Geminata superne
45 Leniter aerei species inflectitur arcus.
Candida purpureis imitantur floribus almae
Lilia mixta genae, roseis tectumque labellis
Splendet ebur serie mira, tum pectus apertum
Lene tumens blandoque trahens suspiria pulsu
50 Cum quibus instabilem potuit pepulisse precando
Unde nequit revocare virum, tum brachia quali
Iuppiter arctari cupiat per saecula nexu.
Hinc leves longaeque manus, teretesque sequaci
Ordine sunt digiti, propriumque ebur exprimit ungues.
55 Tum laterum convexa decent, et quidquid ad imos
Membrorum iacet usque pedes, illosque moveri
Mortali de more neges; sic terra modeste
Tangitur, ut tenerae pereant vestigia plantae,
Aethereum ceu servet iter. Sic nube corusca
60 Obsita magnanimum Venus est affata Tonantem,
Naufragio nati seu morte impulsa nepotis
Dulcis opem sperare patris, dum Troia per undas,
Dum subterraneo tremuit pia Roma tumultu.
Hac igitur forma nulli cessura dearum
65 Occurrit iuveni mulier, nec cultus in illa
Segnior effigie; variis nam purpura gemmis
Intertexta tegit reginae pectora moestae,
Et dolor ipse decet miseram, nec compta placere
Tempore felici poterat magis. Ilicet ergo
70 Vulnus inardescens totis errare medullis
Coeperat, aestivo glacies ceu lenta sub aestu,
Cera vel ardenti facilis vicina camino
Liquitur. Ille tuens captiva captus ab hoste,
Victaque victorem potuit domuisse superbum.
75 Quid non frangit amor? Quis fulminis impetus illi

Aequandus? Iamque illa gradu provecta trementi
Est affusa ducis genibus, quem vultus et arma
Ediderant comitumque favor plaususque sequentum;
Arreptaque manu submissa voce locuta est:
  "Si mihi victricem fas est attingere dextram   80
Captivae viduaeque tuam, per numina supplex
Cuncta, precor, miserere mei; nec magna rogaris.
Utere iure tuo, captivam mortis acerbae
Carceris aut duri licet hanc absumere sorte.
Est etenim mihi vita mori; lux ne ista placeret   85
Fata coegerunt statui nimis invida nostro.
Tu quodcumque libet iubeas, genus elige dignum
Mortis, et hoc unum prohibe, ne viva maligno
Servitio calcanda ferar. Sunt forte sorores,
Rex, tibi quas referat fortunae iniuria nostrae   90
Ante oculos, invicte, tuos; namque et sua nobis
Fata fuisse vides: succedunt tristia laetis.
Nec tamen ullorum fuerim praesaga malorum
Ipsa tibi; fausto in finem, precor, utere regno,
Et natis transmitte tuis, nullusque nepotum   95
Armet in insidias animum; mihi turbida regni
Ultima fortunae nimiumque adversa priori
Contigerint, damnisque meis lassata quiescat,
Mitior hinc aliis. Mihi sed Romana fuisse
Scis odia, armorumque solent me dicere causam   100
Materiamque unam belli, nec falsa queruntur.
Eripe ludibrio miseram, manibusque superbis
Eripe deque meae specie, rex inclyte, mortis.
Tu cui fata favent, cui mens se devovet ultro
Videris." Haec inter lacrymis perfundere terram   105
Coeperat, auratis suffigens oscula plantis.
    Immemor armorum iuvenis, cui Martius ardor
Exciderat, gravidumque novae dulcedine formae
Pectus, et insolitis ardebant pectora flammis,

110 Suspirans: "Regina, precor, iam luctibus," inquit,
"Pone modum, trepidumque animo seclude pavorem.
Parva petis, sed magna feres; nam forma genusque,
Maiestasque animi dignam cui plura petitis
Largiar insinuant.　Igitur, regina, manebis
115 Et nostri memoranda tori per saecula consors,
Ni renuis, nostroque nocet vetus ardor amori."
Hic humilem complexus heram, multumque diuque
Ora salutiferis referentem tristia plantis
Sublevat illacrymans.　Unde ista potentia caeco
120 Tanta deo?　Tantumne levem valuisse pharetram,
Ut iecur invicti per fera praelia regis
Vulnere traiectum tenui prosterneret intra
Femineum imperium?　　　　　— *Africa*, V. *1–123.*

---

113. **dignam**: sc. *te.* — 120. **deo**: Cupid.

PII SECUNDI PONTIFICIS MAXIMI COMMENTARII RERUM MEMORABILIUM

Aeneas Silvius is the literary name of Enea Silvio de' Piccolomini (1405–1464), who was Pope Pius II for the last six years of his life. His name indicates his claim to have been descended from Romulus himself; but as the eldest of eighteen poor children, born on a farm near Siena, he had to work up from obscurity to the highest position in the gift of the church. Literary aspirations took him to Siena, and he became attached as secretary to one prominent prelate after another, taking part in many movements in the turbid ecclesiastical politics of his age, and ultimately by his wits, without indulging many scruples as to the methods employed, gained the papal throne. As a successful diplomat he traveled extensively, being already in 1435 sent to Scotland on a secret mission; and he was on the way to carry on another crusade against the Turks when smitten with his last illness.

Aeneas Silvius wrote much, some of his works being little to the credit of his morals. His *Commentaries* are an interesting account of his own career and the times in which he lived, written in something of the impersonal style of his famous predecessor, Julius Caesar.

The edition from which our text is taken was published in Frankfort in 1614.

AENEAS TRAVELS IN ENGLAND AND SCOTLAND, WITH MANY ADVENTURES

Per id temporis rex Aragonum Alfonsus, cum fratribus et omni nobilitate regnorum suorum, per Genuenses sub auspiciis Philippi ducis Mediolani, maritimo bello victus

---

1. **Aragonum Alfonsus**: Alphonso V of Aragon.

et captus est. Aeneas, ut Calesium venit, quod est oppidum continentis in Oceani ripa obiectum, Anglis mox
quasi suspectus, apud hospitem commendatus, neque
progredi neque regredi permissus; auxilio fuit cardinalis
5 Vintoniensis, qui ex Atrebato rediens dimitti eum iussit.
At cum venisset Aeneas ad regem Angliae litterasque
peteret quibus in Scotiam tutus iret, retrocedere iussus est,
timentibus Anglicis ne apud regem Scotiae hostem suum
contra se aliquid moliretur, quem constabat cardinalis
10 sanctae Crucis esse secretarium; et illum Anglici singu-
laribus inimicitiis insectabantur, qui ab eis Burgundorum
ducem alienasset, quae res penitus Aeneam latebant;
gravis sibi, sed necessarius reditus fuit, quo frustra se maris
periculo commisisset; placuit tamen, quia populosas
15 ditissimasque Lundonias vidit, et sancti Pauli nobile
templum, regumque mirificas sepulturas, et Themisiam
fluvium non tam velocius euntem quam redeuntem,
pontemque instar urbis, et villam in qua nasci caudatos
homines fama praedicat, et (quod omnibus nomen aufert)
20 aureum divi Thomae Cantuariensis mausoleum ada-
mantibus, unionibus, atque carbunculis tectum, ad quod
materiam argento viliorem nefas offerre ducunt. Remenso
igitur mari ad oppidum quod Bruggis vocant se contulit,
atque inde Clusas petiit, ubi portus est totius Occidentis
25 frequentissimus; ubi navem ingressus, dum Scotiam petit
in Norvegiam propellitur, duabus maximis iactatus tempestatibus, quarum altera quatuordecim horas mortis
metum incussit, altera duabus noctibus et una die navim
concussit, atque in fundo perfregit, adeoque in Oceanum
30 et Septentrionem navis excurrit, ut nulla iam caeli signa
nautae cognoscentes spem omnem salutis amitterent;
sed affuit divina pietas, quae suscitatis aquilonibus navim

---

1. **Calesium**: Calais. — 17. **tam**: instead of *multo*. — 19. **nomen
aufert**: i.e. ' eclipses the glory.' — 21. **unionibus**: ' large pearls.'

ad continentem repulit, ac duodecimo tandem die terram
Scotiam patefecit; ubi apprehenso portu Aeneas ex voto
decem millia passuum ad beatam Virginem, quam de
Alba ecclesia vocitant, nudis pedibus profectus, cum illic
horis duabus quievisset, assurgens moveri loco non po- 5
terat, debilitatis atque obstupefactis hiemali frigore pedibus. Saluti fuit nihil edendum illic invenisse, atque in
aliud rus migrandum fuisse; quo dum famulorum ope
magis portatur quam ducitur, pedetentim terram quatiens calefactis pedibus, ex insperato sanitate recepta, 10
ambulare occepit. Ad regis denique praesentiam intro-
missus, nihil non impetravit ex his quae petitum venerat;
sumptus ei viarum restituti sunt, et in reditum quinquaginta nobilia, ac duo equi quos gradarios appellant, dono
dati.   15
   De Scotia haec relatu digna invenit: insulam esse
Angliae coniunctam, in septentrionem portentam ducenta
millia passuum longitudinis, quinquaginta latitudinis
habentem, terram frigidam, paucarum frugum feracem,
magna ex parte arboribus carentem; subterraneum ibi 20
esse lapidem sulphureum, quem ignis causa defodiunt;
civitates nullos habere muros, domos magna ex parte sine
calce constructas, villarum tecta de cespitibus facta, hostia
rusticana corio boum claudi; vulgus pauper et incultum,
carnes et pisces ad saturitatem, panem pro obsonio come- 25
dere; viros statura parvos et audaces, feminas albas et
venustas atque in venerem proclives; basiationes feminarum minoris illic esse quam manus in Italia tractationes:
vinum non haberi nisi importatum, equos natura gradarios
omnes parvique corporis inveniri, * * * neque fricari equos 30
ferro, aut ligno pecti, neque fraenis regi; ostrea illic mai-

---

6. **obstupefactis**: 'benumbed.' — 14. **nobilia**: 'nobles,' old
English gold coins. — **gradarios**: 'pacers.' — 21. **lapidem sulphureum**: coal. — 23. **hostia**: 2 (4).

ora quam in Anglia reperiri; ex Scotia in Flandriam corium, lanam, pisces salsos, margaritasque ferri; nihil Scotos audire libentius quam vituperationes Anglorum; Scotiam duplicem dici, alteram cultam, alteram silves-
5 trem agro carentem; silvestres Scotos lingua uti diversa, et arborum cortices non nunquam habere pro cibo; in Scotia non inveniri lupos; cornicem novam esse, atque idcirco arborem, in qua nidificaverit, regio fisco cedere; hiemali solstitio (tunc

FIFTEENTH-CENTURY SHIP

10 enim illic fuit) diem non ultra quatuor horas in Scotia protendi.

Peractis rebus cum
15 redeundum esset, e vestigio magister navis qui eum vexerat ad Aeneam accedens, locum redeunti in navi
20 obtulit quem prius habuerat; cui Aeneas non tam futuri praescius quam praeteriti periculi memor: " Si
25 frustra Neptunum," inquit, "accusat qui bis periculum incidit, quid in eum dicere oportet qui tertio naufragium patitur? Hominum ego quam maris experiri misericordiam malo"; dimissoque nauta, iter sibi per Angliam delegit. Nec mora, solvens a portu, navis in conspectu
30 omnium tempestate vexata, collisa et submersa est, magistro, qui rediturus in Flandriam nuptias cum nova sponsa celebraturus erat, et omnibus aliis voragine maris absorptis, praeter quattuor, qui arreptis quibusdam tabulis nantes evasere.

Tunc se divino nutu beneficioque servatum Aeneas intelligens, dissimulato habitu sub specie mercatoris, per Scotiam transivit in Angliam. Fluvius est, qui ex alto monte diffusus utramque terram disterminat; hunc cum navigio transmeasset atque in villam magnam circa 5 solis occasum declinasset, in domum rusticanam descendit, atque ibi coenam cum sacerdote loci et hospite fecit; multa ibi pulmentaria, et gallinae, et anseres afferebantur inesum, sed neque vini neque panis quicquam aderat, et omnes tum feminae utrimque villae, quasi ad rem novam 10 accurrerant; atque ut nostri vel Aethiopes, vel Indos mirari solent, sic Aeneam stupentes intuebantur, quaerentes ex sacerdote cuias esset, quidnam facturus venisset, Christianamne fidem saperet. Edoctus autem Aeneas itineris defectum, apud monasterium quoddam panes 15 aliquot et vini rubei metretam receperat, quibus expositis maior admiratio barbaros tenuit, qui neque vinum neque panem album viderant. * * * Cumque in secundam noctis horam coena protraheretur, sacerdos et hospes cum liberis virisque omnibus, Aenea dimisso, abire festinantes, 20 dixerunt se ad turrim quandam longo spatio remotam metu Scotorum fugere, qui, fluvio maris refluxu decrescente, noctu transire praedarique soleant, neque secum Aeneam multis orantem precibus quoquo pacto adducere voluerunt, neque feminarum quampiam, quamuis adolescentulae 25 et matronae formosae complures essent. * * * *

Mansit ergo illic solus Aeneas cum duobus famulis et uno itineris duce inter centum feminas, quae corona facta medium claudentes ignem cannabumque mundantes, noctem insomnem ducebant plurimaque cum interprete 30 fabulabantur. Postquam autem multum noctis transi-

---

9. **inesum** seems to be used adverbially: ' uneaten.' — 15. **defectum**: ' hardships.' — 29. **cannabum**: ' hemp.' — **mundantes**: ' cleaning.'

erat, latrantibus canibus et anseribus strepentibus, ingens
clamor factus est; tumque omnes feminae in diversum
prolapsae, dux quoque itineris diffugit, et quasi hostes
adessent, omnia tumultu completa. At Aeneae potior
5 sententia visa est in cubiculo, id enim stabulum fuit, rei
eventum expectare, ne si foras curreret ignarus itineris,
cui primum obviasset ei se praedam daret; nec mora,
reversae mulieres cum interprete nihil mali esse nuntiant,
atque amicos, non hostes venisse. Qui, ubi dies illuxit,
10 itineri se commisit atque ad Novum castellum pervenit,
quod Caesaris opus dicunt; ibi primum figuram orbis et
habitabilem terrae faciem visus est revisere; nam terra
Scotia, et Angliae pars vicina Scotis, nihil simile nostrae
habitationis habet, horrida, inculta, atque hiemali soli
15 inaccessa.

Exinde Dunelmiam venit, ubi sepulchrum venerabilis
Bedae presbyteri sancti viri hodie visitur, quod accolae
regionis devota religione colunt. In Eborachum quoque
descendit, magnam et populosam urbem, ubi templum est
20 et opere et magnitudine toto orbe memorandum, et sacel-
lum lucidissimum, cuius parietes vitrei inter columnas ad
medium tenuissimas colligati tenentur. Inter equitan-
dum comes ei unus ex iudicibus Angliae factus est, qui
tunc Lundonias ad iudicium properabat; hic omnia quae
25 apud Atrebatum gesta erant, quasi ignaro, Aeneae referebat; multaque in cardinalem Sanctae Crucis maledicta iactabat, quem lupum ovina pelle vestitum appellabat. Quis non eiusmodi fortunae casus demiretur? Is
Aeneam usque Lundonias securum perduxit, qui si novis-
30 set hominem, mox in carcerem coniecisset. In Lundoniis
autem comperit Aeneas interdictum regis esse, ne quis
peregrinus absque litteris regis insula exiret, neque illas

---

10. **Novum castellum**: ‘ Newcastle.’ — 16. **Dunelmiam**: ‘ Durham.’ — 18. **Eborachum**: ‘ York ’; 2 (4).

petere tutum videbatur. Corrupit igitur pecunia custodes portus, quod apud id genus hominum minime arduum est, quibus nihil est auro dulcius. Ex Dubla igitur Dalesium navigavit, atque inde Basileam petiit, et itinere continuato Mediolanum, ubi certior factus cardinalem sanctae 5 Crucis ex Florentia missum per vallem Athesis et montes quos Arelatenses appellant Basiliense concilium adire, ad eum, superatis Alpibus quas Brigae vocitant, per vallem Seduni profectus est.

MICHAELIS TARCHANIOTAE MARULLI CONSTANTINOPOLITANI HYMNORUM NATURALIUM LIBER PRIMUS

Michael Tarchaniota Marullus, a brilliant Greek, scholar and soldier, was born at Constantinople not long before the middle of the fifteenth century. Taken to Italy in boyhood, when the Turks captured his native city, he was educated in Florence, becoming a member of the noted group of men of letters who flourished there under the patronage of Lorenzo de' Medici, and being a special pupil of Pontano.

He was much interested in Lucretius, whose great poem was in those days going through its early study and first editions, and contributed no little to the correction and elucidation of the text of that poet. His untimely death by drowning in the year 1500 doubtless interrupted what would have been a far larger body of literary production. Besides his *Epigrams* he left four books of *Hymns*, in which the influence of his Lucretian studies is manifest in both the substance and the style.

His poems appeared in various editions before and shortly after his death.

HYMN TO ETERNITY

Ipsa mihi vocem atque adamantina suffice plectra
Dum caneris, propiorque ausis ingentibus adsis
Immensi regina aevi, quae lucida templa
Aeteris, augustosque tenes augusta recessus,
5   Pace tua late pollens, teque ipsa beata.
Quam pariter flavos crines intonsa iuventa

---

4. **Aeteris** = *aetheris.*

Ambit, et indomitum nitens virtus pede aëneo,
Altera divinis epulis assistere mensae,
Purpureaque manu iuvenile infundere nectar,
Haec largas defendere opes, et pectore firmo   10
Tutari melior fixos in saecula fines,
Hostilesque minas regno propellere herili.
Pone tamen, quanvis longo pone intervallo,
Omniferens natura subit, curvaque verendus
Falce senex, spaciisque breves aequalibus horae,   15
Atque idem totiens annus remeansque meansque
Lubrica servato relegens vestigia gressu.
Ipsa autem divum circumstipante caterva,
Regales inclusa sinus auro atque argento
Celsa sedes, solioque alte subnixa perenni   20
Das leges et iura polo ; caelestiaque aegris
Dividis, et certa firmas aeterna quiete,
Erumnis privata malis, privata periclis.
Tum senium totis excludis provida regnis,
Perpetuoque adamante ligas fugientia saecla,   25
Amfractus aevi varios, venturaque lapsis
Intermixta, legens praesenti inclusa fideli,
Diversosque dies obtutu colligis uno.
Ipsa eadem pars, totum eadem, sine fine, sine ortu,
Tota ortus, finisque aeque, discrimine nullo   30
Tota teres, nullaque tui non consona parte.
Salve, magna parens, late radiantis Olympi
Magna deum, precibusque piis non dura rogari,
Aspice nos hoc tantum ; et si haud indigna precamur,
Caelestique olim sancta de stirpe creati,   35
Adsis O propior, cognatoque adiice caelo.

---

7. **aëneo** : synizesis. — 8. **Altera** : ' the former.' — 10. **Haec** : ' the latter.' — 19. **inclusa** : in the active sense. — 23. **Erumnis** : 2 (1).

PETRI BEMBI CARMINA

Of the eminent scholars of that golden age of letters whose glory under the patronage of Leo X almost rivaled that under Augustus and Maecenas, Pietro Bembo (1470–1547) was the most noteworthy. He came of a scholarly family, was born at Florence, studied at Messina and Padua, lived at Ferrara, Urbino, and Rome, knew all the celebrities of the times, became one of the secretaries of Pope Leo, and was recognized as the leading master of Ciceronian prose style in his age. His poetry is likewise modeled on the best elegiac types of the classical days, such as Catullus, Tibullus, and Ovid.

GALATEA

Pana deum Siculi per iniquas littoris undas
    Eludit tarda dum Galatea fuga,
Seque adeo spe profectus, studioque sequendi
    Plus medium infido tingueret ille mari,
5 "Quo fugis o Galatea? mane, mane O Galatea,
    Non ego sum," dixit, "non ego, Nympha, Cyclops,
Qui flavum avulsis iaculatus rupibus Acin
    Saevitiae liquit tristia signa suae.
Pastorum pecorisque deus, cui garrula cera
10   Prima dedit varios fistula iuncta modos,
Quem gelidi frondosa colunt pineta Lycaei,
    Laetaque Maenalio Parrhasis ora iugo,
Unam de cunctis te diligo Neptuninis;
    O Galatea mane, O iam Galatea mane."

---

12. **Parrhasis**: ' Arcadian.'

Ille loquebatur; fundo declive maligno 15
    Littus erat; gressum non tenuere pedes;
Sed pelagi dum caeca urget male cautus, et instat
    Qua refugit pendens subtrahiturque solum,
Labitur, et summas dorso convertit arenas;
    Labentem intortis obruit unda fretis; 20
Utque deam, "Galatea," iterans, "Galatea," vocabat,
    Implerunt tenues ora vocantis aquae;
Tum primum latices epotavisse marinos
    Pana ferunt, ponti nec latuisse deum,
Sed quia Nereidas ibat vexare puellas, 25
    Offensum fluctus non tenuisse suos.
Ergo illum nandi insuetum glauca excipit alto
    Unda sinu, exultant irrequieta vada;
Marmora ter superare manu conatus amara,
    Ter circumfusis est revolutus aquis. 30
Nympha dei lapsum cupidis spectarat ocellis,
    Gratior et pulchro risus in ore fuit;
Spectarant, sparsi ut steterant per littora, Fauni,
    Pan, comites Fauni, grataque turba tua;
Et mixtus Faunis, cordi cui semper amores 35
    Nympharum, et querulo tibia rauca sono,
Incubus; et satyri, et coniferae Sylvanus
    Arboris agresti cinctus honore caput;
Qui simul atque ipsum gentis videre parentem
    Pana sub impuris mergier aequoribus, 40
"Nympha redi, Galatea redi, neu desere amantem,"
    Ingeminant omnes, "candida nympha, redi;
Ah! tantum ne admisse tuis sit dedecus undis,
    Quod taceant nulli post, Galatea, dies,"
Ingeminant divi; clamoribus icta resultat 45
    Arida puniceum quae lavit Aetna pedem.

---

23. **epotavisse**: 'swallowed.' — 37. **Incubus**: 'nightmare.' Note the hiatus in this verse.

Illa metum fallax simulare, et tendere in altum,
Et vanas surda reiicere aure preces:
Quo magis ii tristes, maesti versare querelas,
50 Et pelagi expertes dicere amore Deos.
Pectora pars pulsare manu, pars currere in unda;
Cedit, et argutos tardat arena pedes.
Omnia quae obliquo, lente nans, respicit ore;
Unaque tot gaudet fallere nympha deos.
55 Utque satis lusit, "Certe sat lusimus," inquit,
"Successuque mei non caruere doli."
Atque ita iactatis relegit freta versa lacertis,
Pronaque non longum vincere tendit iter.
Summa secant pulsae fluctu saliente papillae;
60 Spumea sub niveo murmurat unda pede.
Tum summo apprensum cornu sustollit; at illi
Clauserat insolitus lumina victa sopor.
Ut rediit cum luce animus, "Quo percitus oestro
Coniugium affectas, dixit, inepte, meum?
65 Perque ausus vada salsa sequi, regna invia vobis,
Invitam pergis sollicitare deam?
Numen aquae gaudet tumidarum numine aquarum;
Conveniunt votis vota propinqua meis;
Tu pete montivagas, quarum es de gente, capellas
70 Parte tui; et nostros linque, proterve, toros."

---

49. ii: synizesis. — 50. expertes . . . amore: 'are without love.'
— 61. sustollit = *sustulit.*

BALTHASSARIS CASTILLIONII
CARMINUM LIBER

Baldassare Castiglione (1478-1529), educated at Milan, spent most of his life in diplomatic service, traveling widely and being intrusted with important missions between the most eminent princes of his times, such as Duke Malatesta of Urbino, Henry VII of England, Leo X, Clement VII, and Charles V. His more public life left him little time to devote to his scholarly tastes; but what little he wrote, whether in Italian or Latin, is of high excellence.

CLEOPATRA

Marmore quisquis in hoc saevis admorsa colubris
Brachia, et aeterna torpentia lumina nocte
Aspicis, invitam ne crede occumbere letho.
Victores vetuere diu me abrumpere vitam,
Regina ut veherer celebri captiva triumpho,   5
Scilicet et nuribus parerem serva Latinis,
Illa ego progenies tot ducta ab origine regum,
Quam Pharii coluit gens fortunata Canopi,
Deliciis fovitque suis Aegyptia tellus,
Atque oriens omnis divum dignatus honore est.   10
Sedulitas, pulchraeque necis generosa cupido
Vicit vitae ignominiam insidiasque tyranni.
Libertas nam parta nece est, nec vincula sensi,
Umbraque tartareas descendi libera ad undas,

---

1. **Marmore**: the poem is inspired by viewing a statue of Cleopatra.

15 Quod licuisse mihi indignatus perfidus hostis,
   Saevitiae insanis stimulis exarsit et ira,
   Namque triumphali invectus Capitolia curru,
   Insignes inter titulos gentesque subactas
   Extinctae infelix simulachrum duxit et amens
20 Spectaclo explevit crudelia lumina inani ;
   Neu longaeva vetustas facti famam aboleret,

STATUE OF CLEOPATRA IN THE VATICAN MUSEUM AT ROME

   Aut seris mea sors ignota nepotibus esset.
   Effigiem excudi spiranti e marmore iussit,
   Testari et casus fatum miserabile nostri.
25 Quam deinde, ingenium artificis miratus Iulus
   Egregium, celebri visendam sede locavit
   Signa inter veterum heroum, saxoque perennes
   Supposuit lacrimas aegrae solatia mentis ;

27. saxoque . . . Supposuit: 'added to the stone.' — 28. lacrimas:

Optatae non ut deflerem gaudia mortis,
(Nam mihi nec lacrimas lethali vipera morsu   30
Excussit, nec mors ullum intulit ipsa timorem)
Sed charo ut cineri et dilecti coniugis umbrae
Aeternas lacrimas, aeterni pignus amoris
Maesta darem, inferiasque inopes, et tristia dona.
Has etiam tamen infensi rapuere Quirites;   35
At tu, Magne LEO, divum genus, aurea sub quo
Saecula et antiquae redierunt laudis honores,
Si te praesidium miseris mortalibus ipse
Omnipotens Pater aetherio demisit Olympo,
Et tua si immensae virtuti est aequa potestas,   40
Munificaque manu dispensas dona deorum,
Annue supplicibus votis, nec vana precari
Me sine. Parva peto: lacrimas, pater optime, redde,
Redde ore fletum, fletus mihi muneris instar,
Improba quando aliud nil iam Fortuna reliquit.   45
At Niobe ausa Deas scelerata incessere lingua,
Induerit licet in durum praecordia marmor,
Flet tamen, assiduusque liquor de marmore manat.
Vita mihi dispar, vixi sine crimine, si non
Crimen amare vocas; fletus solamen amantum est.   50
Adde quod afflictis nostrae iucunda voluptas
Sunt lacrimae, dulcesque invitant murmure somnos.
Et cum exusta siti Icarius canis arva perurit,
Huc potum veniunt volucres, circumque supraque
Frondibus insultant, tenero tum gramine laeta   55
Terra viret, rutilantque suis poma aurea ramis,
Hic ubi odoratum surgens densa nemus umbra
Hesperidum dites truncos non invidet hortis.

---

the statue is apparently part of a fountain. — 36. **Magne LEO**:
Leo X, the patron of Castiglione and his contemporaries.   43. **lacrimas . . . redde**: i.e. start the water of the fountain flowing
again.

M. ANTONII FLAMINII CARMINUM LIBRI IIII

Marcantonio Flaminio (1498–1550) was another of the brilliant galaxy of scholars and poets who flourished in the age of Leo X. Yet, though well acquainted with the society of the leading cities of Italy, he preferred to live quietly in his villa on the Lago di Garda, studying and writing. His Latin is elegant in style and pure enough for the classical age.

A TEMPTING INVITATION

Ad Franciscum Turrianum

Per tui Ciceronis et Terenti
Scripta te rogo, Turriane docte,
Ut postridie adhuc rubente mane,
Cum faecundat humum decorus almo
5 Rore Lucifer, exiens Giberti
Domo ad me venias equo citato,
Ne tibi igneus antevertat aestus.
Hic fontem prope vitreum sub umbra
Formosi nemoris tibi parabo
10 Prandium Iove dignum; habebis et lac
Dulce, et caseolum recentem, et ova,
Et suaves pepones, novaque cera
Magis lutea pruna, delicatos
Addam pisciculos, nitens salubri
15 Quos alit mihi rivulus sub unda.

The verses are Phalaeceans. — 11. **caseolum**: 'little cheese.' — 12. **pepones**: 'melons.'

Ad mensam vetulus canet colonus
Iocosissima carmina, et coloni
Quinque filiolae simul choreas
Plaudent virgineo pede.   Inde ocellos
Ut primum sopor incubans gravabit,   20
Iucundissime amice, te sub antrum
Ducam, quod croceis tegunt corymbis
Serpentes hederae, imminensque laurus
Suaviter foliis susurrat : at tu
Ne febrim metuas gravedinemve,   25
Est enim locus innocens.   Ubi ergo
Hic satis requieveris, legentur
Lusus Vergilii, et Syracusani
Vatis, quo nihil est magis venustum,
Nihil dulcius, ut mihi videtur.   30
Cum se fregerit aestus, in virenti
Convalle spatiabimur, sequetur
Brevis coena, redibis inde ad urbem.

28. **Syracusani Vatis**: Theocritus. — 33. **coena** = *cena;* 2 (1).

IVLII CAESARIS SCALIGERI POEMATA

Iulius Caesar Scaliger (1484–1558) claimed to belong to the famous Della Scala family of Verona. His own account of his early years has been somewhat discredited. Whatever the truth concerning his military and scholarly career in early life, it cannot be doubted that after he settled in Agen in 1525 he achieved an eminence in science and letters unparalleled by any man of his time. His philosophical writings and his treatises on grammar and metric and on various natural sciences gave him a great reputation, and he was credited by succeeding scholars as having best interpreted Aristotle of any of the men of more modern times. Yet his violence and assumption of perfection injured his work seriously, and scholars of today consider it more brilliant than reliable.

Included in the prodigious amount of his writings is an enormous mass of verse, much of it of little interest to our day, yet exhibiting one side of his genius. Many editions of this poetry were printed. The edition used for these selections was published in 1621 and contains more than a thousand pages. Among the most readable of the poems are some of those included in the division headed, *Manes Catulliani*, two samples of which are here printed, reminiscent of Catullus in various ways, and written in his favorite Phalaeceans.

Iulius Caesar Scaliger was the father of fifteen children, one of whom was the even greater scholar, Ioseph Iustus Scaliger.

TOMBS OF THE SCALIGER FAMILY IN VERONA

TO HIS THRUSH

Dulci turdule docte gutturillo
Asperas animi levare curas,
Cantillans modulos minutiores,
Condito mihi pectoris medullas,
5   Cantiuncula ut inquietiore
Oblitus veterum miser malorum
Mentis improbus acquiescat aestus.
Da mi blandula murmurilla mille,
Mille anfractibus implicata, quod sit
10   Pote eludere vortices Charybdis.
O princeps avium beatiorum,
Quot grato dominum excitant susurro,
Rex nostrae volucelle vocis almae,
Dulci turdule docte gutturillo.

DROWN CARE IN WINE

Quis o quis vigiles, quis obstinatas
Nova mi iugulabit arte curas?
Arma, arma huc date; concitate tela.
O, gradum addite.   Non abistis? ergo
5   Huc scyphos, puer, huc capaciores.
Da mi pocula mille, deinde centum,
Dein centum altera, dein secunda centum,
Dein cum millia multa fecerimus,
Conturbabimur, ut nec hoc sciamus,
10   Nec queri queat impedita lingua.

---

1. **turdule**: 'little thrush'; the first of many diminutives in the Catullian style, not always easily translatable. — 8. **Da . . . mille,** etc.: cf. Cat. 5, 7, sqq. — 9. **quod**: Abl. — 13. **volucelle**: 'birdling.'
5. **scyphos . . . capaciores**: sc. *adfer;* cf. Hor. *Epod.* IX. 33.

BAPTISTAE MANTUANI ECLOGAE

The pastoral form of poetry, alien to our time, flourished with much popularity in the Middle Ages, and served as the vehicle of various types of thought, not necessarily appropriate to the discourse of shepherds among their flocks. One of the most widely read and highly esteemed poets of this sort was Baptista Spagnolo, or, as he was usually known, Baptista Mantuanus, fondly termed "good old Mantuan." His father was a Spanish nobleman captured in war, who chose to remain in Italy permanently thereafter. Baptista was born in 1448, one of many children, others of whom also showed unusual ability. Baptista was educated under distinguished teachers, especially at Mantua and Padua, and became the friend of some of the most noted patrons of letters in his time in the leading cities of Italy. Entering the Carmelite monastery at Mantua about 1466, he was "lector" in the monastery of San Martino at Bologna from 1472 for some years, but by 1479 was back in Mantua as Prior, and beginning in 1483 was several times elected Vicar-general of the Carmelite Congregation of Mantua. In 1513 he became General of the Carmelite Order. After other honors he died at Mantua in 1516.

Mantuan wrote much in prose (theology, philosophy, oratory) and poetry, it being reported that he published not less than 55,000 verses. The most popular of his poetical works was the group of ten *Eclogues*, some satirical, some didactic, in tone, and others more closely patterned after Vergil's own product. Indeed countless imitations not only of Vergil, but also of various other classical poets may be easily discerned in his pages.

Printed before the end of the fifteenth century, Mantuan's *Eclogues* became a schoolbook for generations of boys in various parts of Europe, some teachers being so prejudiced in his favor

that they preferred him to his great original. Many imitations
of his works also may be found in England and elsewhere.

W. P. Mustard has published an excellent edition of the
Eclogues, with introduction and notes (Baltimore, 1911).

ECLOGA I, FAUSTUS,

DE HONESTO AMORE ET FELICI EIUS EXITU

Fortunatus, Faustus

FOR. Fauste, precor, gelida quando pecus omne sub
umbra
Ruminat, antiquos paulum recitemus amores,
Ne, si forte sopor nos occupet, ulla ferarum
Quae modo per segetes tacite insidiantur adultas
5 Saeviat in pecudes; melior vigilantia somno.
FAU. Hic locus, haec eadem sub qua requiescimus arbor
Scit quibus ingemui curis, quibus ignibus arsi
Ante duos vel (ni memini male) quattuor annos;
Sed tibi, quando vacat, quando est iucunda relatu,
10 Historiam prima repetens ab origine pandam.
Hic ego, dum sequerer primis armenta sub annis,
Veste solo strata sedi iacuique supinus
Cum gemitu et lacrimis mea tristia fata revolvens.
Nulla quies mihi dulcis erat, nullus labor; aegro
15 Pectore sensus iners, et mens torpore sepulta
Ut stomachus languentis erat quem nulla ciborum
Blandimenta movent, quem nulla invitat orexis.
Carminis occiderat studium, iam nulla sonabat
Fistula disparibus calamis; odiosus et arcus,
20 Funda odiosa, canes odiosi, odiosa volucrum
Praeda, nucum calyces cultro enucleare molestum;
Texere fiscellam iunco vel vimine, piscem

---

6 sqq. Faustus tells Fortunatus the story of his love, its vicissitudes and its happy outcome. — 21. **calyces**: ' shells.'

Fallere, scrutari nidos, certare palaestra,
Sortiri digitis res iniucunda, voluptas
Magna prius, tanti dum mens erat inscia morbi.　25
Colligere agrestes uvas et fraga perosus
Maerebam ut pastu rediens philomena cibumque
Ore ferens natis, vacuo sua pignora nido
Cum sublata videt : rostro cadit esca remisso,
Cor stupet et contra nidos super arboris altae　30
Fronde sedet plorans infelices hymenaeos ;
Seu veluti amisso partu formosa iuvenca
Quae, postquam latos altis mugitibus agros
Complevit, residens pallenti sola sub umbra
Gramina non carpit nec fluminis attrahit undam.　35
　Sed quid circuitu pario tibi taedia longo,
Dum sequor ambages et verba et tempora perdo?
Summa haec : vitales auras invitus agebam.
Quod si forte volens cognoscere singula dicas,
"Fauste, quis in syrtes Auster te impegerat istas?"　40
Me mea (verum etenim tibi, Fortunate, fatebor)
Me mea Galla suo sic circumvenerat ore
Ut captam pedicis circumdat aranea muscam.
Namque erat ore rubens et pleno turgida vultu
Et, quamvis oculo paene esset inutilis uno,　45
Cum tamen illius faciem mirabar et annos,
Dicebam Triviae formam nihil esse Dianae.
FOR.　Ludit Amor sensus, oculos praestringit et aufert
Libertatem animi et mira nos fascinat arte ;
Credo aliquis daemon subiens praecordia flammam　50
Concitet et raptam tollat de cardine mentem.
Nec deus (ut perhibent) Amor est, sed amaror et error.
FAU.　Adde quod optatis nec spes erat ulla potiri,
Quamvis illa meo miserata faveret amori
Monstraretque suos oculis ac nutibus ignes.　55

---

43. pedicis: 'fetters.'

Nam, quocumque isset, semper comes aspera; semper
Nupta sequebatur soror et durissima mater.
Sicque repugnabant votis contraria vota
Non secus ac muri catus; ille invadere pernam
60 Nititur, hic rimas oculis observat acutis.
   FOR. Qui satur est pleno laudat ieiunia ventre,
Et quem nulla premit sitis est sitientibus asper.
   FAU. Tempus erat curva segetes incidere falce
Et late albebant flaventibus hordea culmis.
65 Affuit (ut mos est) natis comitata duabus
Collectura parens quae praeterit hordea messor,
Ignorabat enim vel dissimulabat amorem;
Dissimulasse puto, quoniam data munera natae
Noverat, exiguum leporem geminasque palumbes.
70 FOR. Pauperies inimica bonis est moribus; omne
Labitur in vitium, culpae scelerumque ministra est.
   FAU. Farra legens ibat mea per vestigia virgo
Nuda pedem, discincta sinum, spoliata lacertos,
Ut decet aestatem quae solibus ardet iniquis,
75 Tecta caput fronde intorta, quia sole perusta
Fusca fit et voto facies non servit amantum.
Iam tergo vicina meo laterique propinqua
Sponte mea delapsa manu frumenta legebat.
Nec celare suas nec vincere femina curas
80 Nec differre potest; tantum levitatis in illa est.
   FOR. Quisquis amat levis est, nec femina sola sed ipsi
Quos sapere et praestare aliis mortalibus aiunt,
Quos operit latus fulgenti murice clavus,
Quos vidi elatos regali incedere passu.
85 Tu quoque sic affectus eras dementior illa
Forsitan et levior. Virgo data farra legebat,
At tu farra dabas; dic, quae dementia maior?

---

61. **Qui satur est**, etc.: referring to the mother, who no longer
cares for lovers.

Perge ; opus est verbis aliquando arcere soporem.

FAU. Continuo aspiciens aegre tulit aspera mater
Et clamans "Quo," dixit, "abis? cur deseris agmen? 90
Galla, veni, namque hic alnos prope mitior umbra,
Hic tremulas inter frondes immurmurat aura."
O invisa meis vox auribus ! "Ite," precabar,
"Ite, malam venti celeres dispergite vocem."
Si quis pastor oves ad pinguia pascua ducat 95
Et vetet adductas praesens decerpere gramen,
Vel si iam pastas potum compellat ad amnem
Et sitibundo ori salientem deneget undam,
Nonne importunus, naturae inimicus et excors?
Illa mihi vox visa Iovis violentior ira, 100
Cum tonat et pluvius terris irascitur aer.
Non potui (et volui) frontem non flectere ; virgo
Demissi in cilium de sub velaminis ora
Me aspiciens motis blande subrisit ocellis.
Id cernens iterum natam vocat improba mater ; 105
Galla operi magis intendens audire recusat.
Ut pede, sic animo sequitur. Tum providus ipse
(Namque dolos inspirat Amor fraudesque ministrat)
Nunc cantu, nunc sollicitans clamore metentes
Velamenta dabam sceleri, quo credere possent 110
Et soror et mater non audivisse puellam.
Falce repellebam sentes, ne crura sequentis
Levia, ne teneras ausint offendere plantas.

FOR. Quisquis amat servit ; sequitur captivus amantem,
Fert domita cervice iugum, fert verbera tergo 115
Dulcia, fert stimulos, trahit et bovis instar aratrum.

FAU. Tu quoque, ut hinc video, non es ignarus amorum.

FOR. Id commune malum, semel insanivimus omnes.

FAU. Hoc animi tam triste bonum, tam dulce venenum,

___

103. **cilium**: 'eyelid.' — **de sub . . . ora**: 'from under the edge '; 3D. — 110. **Velamenta**: 'covering.'

120 Cottidie crudele magis crescebat in horas,
Ut calor, in nonam dum lux attollitur horam.
Pallebam attonito similis, lymphaticus, amens,
Immemor, insomnis. Nec erat res ardua morbi
Nosse genus; frons est animi mutabilis index.
125 Ut pater advertit, mitem se praebuit ultra
Consuetum, quod et ipse suos expertus amorum
Sciret onus, blandoque loquens humaniter ore,
"Dic," inquit, "dic, Fauste, quid hoc quod pectore
volvis?
Infelix puer, haec facies testatur amorem.
130 Dic mihi; ne pudeat curas aperire parenti."
FOR.   Sit licet in natos facies austera parentum,
Aequa tamen semper mens est, et amica voluntas.
FAU.   Ut facilem pater affectum prae se tulit, ultro
Rem confessus opem petii. Promisit; et ante
135 Quam brumale gelu Borealibus arva pruinis
Spargeret, agnati unanimes cum patre puellam
Despondere mihi. Nec adhuc sine testibus illi
Congrediebar; eram medio sitibundus in amne
Tantalus. O quotiens misso cum bobus aratro,
140 Ut vacuis aliquando esset sola aedibus, ibam!
Omnia causabar, stivam, dentale iugumque,
Lora iugi, rullam; deerant quaecumque, petebam
E soceri lare. Sola tamen deerat mihi virgo.
Non deeram mihi; piscator, venator et auceps
145 Factus eram, et sollers studia intermissa resumpsi.
Quidquid erat praedae, quidquid fortuna tulisset,
Ad soceros ibat; gener officiosus habebar.
Nocte semel media subeuntem limina furtim
(Sic etenim pactus fueram cum virgine) furem
150 Esse rati invasere canes; ego protinus altam
Transiliens saepem vix ora latrantia fugi.

_____

142. **rullam**: ' plow-cleaner.'

His tandem studiis hiemem transegimus illam.
Ver rediit, iam silva viret, iam vinea frondet,
Iam spicata Ceres, iam cogitat hordea messor,
Splendidulis iam nocte volant lampyrides alis; 155
Ecce dies genialis adest, mihi ducitur uxor.
Sed quid opus multis? Nox exspectata duobus
Venit, et in portum vento ratis acta secundo est.
Tum bove mactato gemina convivia luce
Sub patula instructis celebravimus arbore mensis. 160
Affuit Oenophilus multoque solutus Iaccho
Tempestiva dedit toti spectacula vico.
Et cum multifori Tonius cui tibia buxo
Tandem post epulas et pocula multicolorem
Ventriculum sumpsit, buccasque inflare rubentes 165
Incipiens oculos aperit ciliisque levatis
Multotiensque altis flatu a pulmonibus hausto
Utrem implet, cubito vocem dat tibia presso.
Nunc huc, nunc illuc digito saliente vocavit
Pinguibus a mensis iuvenes ad compita cantu 170
Saltidico dulcique diem certamine clausit.
Et iam tres hiemes abiere et proximat aestas
Quarta; dies rapidis, si qua est bona, praeterit horis.
Si qua placent, abeunt; inimica tenacius haerent.
FOR. Fauste, viden? Vicina pecus vineta subintrat; 175
Iam (ne forte gravi multa taxemur) eundum est.

---

155. **lampyrides**: 'fireflies.' — 163. **multifori**: 2 (9). — 165. **Ventriculum**: a skin inflated for a wind-chest, as for a bagpipe. — 171. **Saltidico**: 'calling to the dance.' — 175. **subintrat**: 'is stealing into.' — 176. **taxemur**: 'be charged.'

ACTII SYNCERI SANNAZARII PISCATORIA

Jacopo Sannazaro (1458–1530), whose rather complimentary Latin name was Actius Syncerus, was a native of Naples, and spent most of his life there in high favor with both the political and literary magnates, a member of the Academy founded by Pontano, and its central figure after the death of the founder.

JACOPO SANNAZARO

He lived in a villa on the beautiful hill of Posillipo, which had been presented to him by Duke Federico.

The peculiar beauties and inspirations of this region led him to transfer the scene and character of the eclogue to the coast where he lived, and under his touch the pastoral of Vergil became the piscatory of Sannazaro. Fishermen and sea divinities under the proper setting hold forth, or carry on dialogues, in these poems, with all the sighs of lovers transferred into this field, while the pictures are those of the sea and shore.

These interesting variations on the usual bucolic type aroused much interest throughout Europe, some criticism, more praise. They were imitated in French, Italian, Portuguese, English, and Spanish, as well as Latin, and lauded in Germany.

The *Eclogues* have been edited with full introduction and notes, including a valuable list of imitations, by Professor Wilfred P. Mustard, and published by the Johns Hopkins Press (Baltimore, 1914).

ECLOGA II, GALATEA

Forte Lycon vacuo fessus consederat antro
Piscator qua se scopuli de vertice lato
Ostentat pelago pulcherrima Mergilline.
Dumque alii notosque sinus piscosaque circum
Aequora collustrant flammis aut linea longe   5
Retia captivosque trahunt ad litora pisces,
Ipse per obscuram meditatur carmina noctem :
    "Immitis Galatea, nihil te munera tandem,
Nil nostrae movere preces?   Verba irrita ventis
Fudimus et vanas scopulis impegimus undas.   10
Aspice, cuncta silent, orcas et maxima cete
Somnus habet, tacitae recubant per litora phocae,
Non Zephyri strepit aura, sopor suus umida mulcet
Aequora, sopito conivent sidera caelo ;
Solus ego (ei misero !) dum tristi pectore questus   15
Nocte itero, somnum tota de mente fugavi,
Nec tamen ulla meae tangit te cura salutis.
At non Praxinoe me quondam, non Polybotae
Filia despexit, non divitis uxor Amyntae,
Quamvis culta sinu, quamvis foret alba papillis.   20
Quin etiam Aenaria (si quicquam credis) ab alta
Saepe vocor ; solet ipsa meas laudare Camenas
In primis formosa Hyale cui sanguis Iberis
Clarus avis, cui tot terrae, tot litora parent
Quaeque vel in mediis Neptunum torreat undis.   25

---

1. **Lycon** complains to Galatea as in Vergil's Eclogue II Corydon
does to Alexis. — 3. **Mergilline** : on the height of Posilipo, near
Naples, where the author had a villa. — 5. **collustrant** : 'illumine.'
— **flammis** : the scene is by night. — 11. **orcas** : ' whales.' —
18. **Praxinoe** : this and other proper names are borrowed from
Theocritus. — 21. **Aenaria** : the island of Ischia. — 23. **Hyale** : refers
to Costanza d'Avalos, duchess of Francavilla, whose fame was connected with Ischia.

Sed mihi quid prosunt haec omnia, si tibi tantum
(Quis credat, Galatea?) tibi si denique tantum
Displiceo? si tu nostram crudelis avenam
Sola fugis, sola et nostros contemnis amores?
30 　Ostrea Miseni pendentibus eruta saxis
Mille tibi misi, totidem sub gurgite vasto
Pausilypus, totidem vitreis Euploca sub undis

NAPLES AND VESUVIUS FROM THE HILL, POSILLIPO

Servat adhuc; plures Nesis mihi servat echinos
Quos nec vere novo foliis lentiscus amaris
35 　Inficit aut vacuae tenuant dispendia Lunae.
Praeterea mihi sub pelago manus apta legendis
Muricibus; didici Tyrios cognoscere sucos

---

32. **Pausilypus**: instead of the classical neuter form. — **Euploea**:
at the southwestern end of the same promontory. — **33. Nesis**: the
modern 'Nisida.' — **35. tenuant**: the common mediaeval belief that
the size of oysters and other creatures of the sea varied with the
moon went back to antiquity; cf. Horace (*Sat.* 2, 4, 30), who borrowed the idea from Lucilius.

Quoque modo plena durent conchylia testa.
Quid refugis? Tingenda tibi iam lana paratur
Qua niteas superesque alias, Galatea, puellas, 40
Lana maris spumis quae mollior. Hanc mihi pastor
Ipse olim dedit, hanc pastor Melisaeus, ab alta
Cum me forte senex audisset rupe canentem,
Et dixit, 'Puer, ista tuae sint praemia Musae,
Quandoquidem nostra cecinisti primus in acta.' 45
Ex illo in calathis servavi, ut mittere possem.
Sed tu (ne qua mihi superet spes, ne qua futuri
Condicio, Galatea) manum mihi dura negasti.
Hoc est, hoc, miserum quod perdidit. Ite Camenae,
Ite procul; sprevit nostras Galatea querelas. 50
Scilicet (exiguae videor quod navita cymbae,
Quodque leves hamos nodosaque retia tracto)
Despicis. An patrio non hoc quoque litore Glaucus
Fecerat, aequoreae Glaucus scrutator harenae?
Et nunc ille quidem tumidarum numen aquarum. 55
Sed nec (quae nimium vel me sic falsa fatigat)
Fabula te moveat Lydae, licet illa puellis
Iactet nescio quas mihi se misisse corollas;
Non me Lyda tamen, non impulit, aequora testor
Nereidasque omnes. Si fallo, naufragus illas 60
Experiar salsosque bibam sub gurgite fluctus.
Heu quid agam? Externas trans pontum quaerere terras
Iam pridem est animus, quo numquam navita, numquam
Piscator veniat; fors illic nostra licebit
Fata queri. Boreae extremo damnata sub axe 65
Stagna petam et rigidis numquam non cana pruinis
An Libyae rapidas Austrique tepentis harenas,
Et videam nigros populos Solemque propinquum?
Quid loquor infelix? An non per saxa, per ignes,

---

42. **Melisaeus**: Gioviano Pontano. — 54. **scrutator**: 'searcher.'

70 Quo me cumque pedes ducent, mens aegra sequetur?
    Vitantur venti, pluviae vitantur et aestus,
    Non vitatur amor; mecum tumuletur oportet.
    Iam saxo meme ex illo demittere in undas
    Praecipitem iubet ipse furor. Vos O mihi Nymphae,
75 Vos maris undisoni Nymphae, praestate cadenti
    Non duros obitus saevasque exstinguite flammas.
    Scilicet haec olim, veniens seu litore curvo
    Caietae, seu Cumarum navalibus altis,
    Dum loca transibit, raucus de puppe magister
80 Hortatus socios, 'Dextrum deflectite,' dicet,
    'In latus, o socii, dextras deflectite in undas;
    Vitemus scopulos infames morte Lyconis.'"
      Talia nequiquam surdas iactabat ad auras
    Infelix piscator et irrita vota fovebat,
85 Cum tandem extremo veniens effulsit ab ortu
    Lucifer et roseo perfudit lumine pontum.

---

73. **meme**: the reflexive doubled for emphasis.

ERASMUS

Desiderius Erasmus Rotterodamus was the most eminent humanist of western Europe, Dutch by birth (in 1466), but closely identified also with the scholarship and scholars of Germany, England, Italy, and Switzerland. He studied at Deventer, entered a monastery in 1487, and became a priest in 1492. Traveling, somewhat later, after he had spent much leisure time in study, he made the acquaintance of the scholars of the time in Paris and London. As early as 1500 he had produced his great collection of *Adagia*. In Italy he studied more Greek than he had hitherto learned, having been a much better Latinist than Grecian in his earlier days. Back in England by 1509, after a period of foreign travel, he published his *Moriae Encomium (Praise of Folly)*, one of the most remarkable of satires. Succeeding years saw the publication of textbooks on grammar and Latin composition, translations from the Greek, and especially the Greek Testament, which he went to Basel to bring out, with other works, and which appeared in 1516, the same year in which the *Colloquia* were published. For years he lived at Basel, publishing various learned works. Many interesting *Letters* had been

ERASMUS

written to his friends; these he was editing when he died at
Freiburg in 1536.

The thorough scholarship of Erasmus found expression especially in books on grammar and related subjects, editions of several Latin authors, especially Terence, various Greek texts, and
the first edition of the Greek Testament.   But his purely literary
works appeal most to the reader of today, and their elegant style
and inherent interest serve to attract all sorts of readers.   Many
editions of his works have been published, and there is a large
literature upon himself and his work.   *The Age of Erasmus*, by
P. C. Allen, was published at Oxford in 1914.   Mr. Allen has
also edited a convenient selection from the letters of Erasmus.
Among translations of the *Colloquies* should be mentioned that
by Nathan Bailey, London, 1877.   *The Praise of Folly* was
translated into English by John Wilson in 1668, and edited by
Mrs. Allen in 1913 (Oxford).

FOLLY IS UNIVERSAL AND HAS MANY TYPES

Atque si cui videor haec audacius quam verius dicere,
agedum paulisper ipsas hominum vitas inspiciamus, quo
palam fiat et quantum mihi debeant et quanti me faciant
maximi pariter ac minimi.   At non quorumlibet vitam
5 recensebimus, nam id quidem perlongum, verum insignium
tantum, unde reliquos facile sit aestimare.   Quid enim
attinet de vulgo plebeculaque commemorare, quae citra
controversiam tota mea est?   Tot enim undique stultitiae
formis abundat, tot in dies novas comminiscitur, ut nec
10 mille Democriti ad tantos risus suffecerint; quamquam
illis ipsis Democritis rursum alio Democrito foret opus.
Quin etiam incredibile sit dictu quos ludos, quas delitias,
homunculi quotidie praebeant superis.   Nam hi quidem
horas illas sobrias, et antemeridianas iurgiosis consulta-

---

1. **videor**: Folly speaks in the first person. — 11. **Democrito**:
who laughed at the follies of mankind. — 14. **iurgiosis**: ' controversial.' — **consultationibus**: cf. Lucian's *Icaromenippus*.

tionibus, ac votis audiendis impartiunt. Caeterum ubi
iam nectare madent, neque lubet quicquam serium agere,
tum qua parte coelum quam maxime prominet, ibi con-
sident ac pronis frontibus, quid agitent homines speculantur. Nec est aliud spectaculum illis suavius. Deum 5
immortalem, quod theatrum est illud, quam varius
stultorum tumultus! Nam ipsa nonnunquam in deorum
poeticorum ordinibus considere soleo. Hic deperit in
mulierculam, et quo minus adamatur, hoc amat impo-
tentius. Ille dotem ducit, non uxorem. * * * Alius 10
zelotypus velut Argus observat. Hic in luctu, papae!
quam stulta dicit facitque? conductis etiam velut his-
trionibus qui luctus fabulam peragant. Ille flet ad
novercae tumulum. Hic quicquid undecunque potest
corradere, id totum ventriculo donat, paulo post fortiter 15
esuriturus. Hic somno et otio nihil putat felicius. Sunt
qui alienis obeundis negotiis sedulo tumultuantur, sua
negligunt. Est qui versuris, atque aere alieno divitem se
esse putat, mox decocturus. Alius nihil arbitratur
felicius, quam si ipse pauper haeredem locupletet. Hic 20
ob exiguum, idque incertum lucellum, per omnia maria
volitat, undis ac ventis vitam committens, nulla pecunia
reparabilem. Ille mavult bello divitias quaerere, quam
tutum otium exigere domi. Sunt qui captandis orbis
senibus putant quam commodissime ad opes perveniri. 25
Neque desunt qui idem malint deamandis beatis aniculis
aucupari. Quorum utrique tum demum egregiam de
se voluptatem Diis spectatoribus praebent, cum ab
iis ipsis quos captant arte deluduntur. Est omnium
stultissimum ac sordidissimum negotiatorum genus, 30
quippe qui rem omnium sordidissimam tractent, idque
sordidissimis rationibus, qui cum passim mentiantur,
peierent, furentur, fraudent, imponant, tamen omnium

---

13. **flet ad novercae tumulum**: a Greek proverb.

primos sese faciunt, propterea quod digitos habeant auro
revinctos. Nec desunt adulatores fraterculi, qui mirentur
istos, ac *venerabiles* palam appellent, nimirum, ut ad ipsos
aliqua male partorum portiuncula redeat.

EVEN THOSE WHO PROFESS WISDOM HAVE THEIR FOLLIES

5 Sed ipsa stultissima sim planeque digna quam multis
cachinnis rideat Democritus, si pergam popularium stulti-
tiarum, et insaniarum formas enumerare. Ad eos accin-
gar, qui sapientiae speciem inter mortales tenent, et
aureum illum ramum, ut aiunt, aucupantur, inter quos
10 Grammatici primas tenent, genus hominum profecto quo
nihil calamitosius, nihil afflictius, nihil aeque diis invisum
foret, nisi ego miserrimae professionis incommoda dulci
quodam insaniae genere mitigarem. Neque enim πέντε
κατάραις, id est, quinque tantum diris obnoxii sunt isti,
15 quemadmodum indicat epigramma Graecum, verum sex-
centis, ut qui semper famelici, sordidique in ludis illis
suis, — in ludis dixi, imo in φροντιστηρίοις, — vel pistri-
nis potius, ac carnificinis inter puerorum greges, con-
senescant laboribus, obsurdescant clamoribus, foetore
20 paedoreque contabescant, tamen meo beneficio fit, ut sibi
primi mortalium esse videantur. Adeo sibi placent, dum
pavidam turbam, minaci vultu voceque territant; dum
ferulis, virgis, lorisque conscindunt miseros, dumque
modis omnibus suo arbitratu saeviunt, asinum illum
25 Cumanum imitantes. Interim sordes illae merae mundi-
tiae videntur, paedor amaracinum olet, miserrima illa
servitus regnum esse putatur, ut tyrannidem suam nolint

---

14. **quinque . . . diris**: the epigram refers to the five curses at
the beginning of the Iliad, e.g. *ira*, etc. — 17. **φροντιστηρίοις**:
'thinking-shops'; an Aristophanic word. — 24. **asinum . . . Cumanum**: i.e. the one in the lion's skin. — 26. **amaracinum**: 'like fragrant
marjoram.'

cum Phalaridis aut Dionysii imperio commutare. Sed
longe etiam feliciores sunt, nova quadam doctrinae per-
suasione. Siquidem cum mera deliramenta pueris incul-
cent, tamen, Dii boni! quem non illi Palaemonem, quem
non Donatum prae sese contemnunt? Idque nescio qui- 5
bus praestigiis mire efficiunt, ut stultis materculis et idiotis
patribus tales videantur quales ipsi se faciunt.

Iam adde et hoc voluptatis genus, quoties istorum aliquis Anchisae matrem, aut voculam vulgo incognitam, in
putri quapiam charta deprehenderit, puta *bubsequam*, 10
bovinatorem aut *manticulatorem*, aut si quis vetusti saxi
fragmentum, mutilis notatum litteris, alicubi effoderit:
O Iupiter, quae tum exultatio, qui triumphi, quae encomia,
perinde quasi vel Africam devicerint, vel Babylonas
ceperint. Quid autem? cum frigidissimos et insulsissimos 15
versiculos suos passim ostentant, neque desunt qui mirentur, iam plane Maronis animam in suum pectus demigrasse
credunt. At nihil omnium suavius quam cum ipsi inter
sese mutua talione laudant ac mirantur, vicissimque
scabunt. Quod si quis alius verbulo lapsus sit, idque 20
forte-fortuna hic oculatior deprehenderit, Ἡράκλεις!
quae protinus tragoediae, quae digladiationes, quae
convitia, quae invectivae? Male propitios habeam
omneis grammaticos, si quid mentior. Novi quendam
πολυτεχνότατον, Graecum, Latinum, mathematicum, philo- 25
sophum, medicum, καὶ ταῦτα βασιλικόν, iam sexagenarium,
qui caeteris rebus omissis, annis plus viginti se torquet
ac discrutiat in grammatica, prorsus felicem se fore

---

10. *bubsequam*, etc. : rare words, nuts for philologists. —
13. **encomia**: ' praises.'—19. **mutua talione**: ' reciprocally.' —
21. **forte-fortuna**: a strengthened *forte*. — **oculatior**: ' more keen.'
— 22. **digladiationes**: ' fierce contentions.' — 24. **omneis**: 2 (1). —
25. **πολυτεχνότατον**: ' very skilful in many arts.'— 26. **καὶ ταῦτα βασιλικόν**: ' a real prince at these arts.'—28. **discrutiat** = *discruciat;* 2 (3).

ratus, si tam diu liceat vivere, donec certo statuat quo
modo distinguendae sint octo partes orationis, quod
hactenus nemo Graecorum aut Latinorum ad plenum
praestare valuit. Perinde quasi res sit bello quoque
5 vindicanda, siquis coniunctionem facit dictionem ad
adverbiorum ius pertinentem. Et hac gratia, cum totidem
sint grammaticae quot grammatici, imo plures, quandoquidem Aldus meus unus plus quinquies grammaticam
dedit, hic nullam omnino quantumvis barbare aut moleste
10 scriptam praetermittit quam non evolvat excutiatque,
nemini non invidens, si quid quantumlibet inepte moliatur
in hoc genere, misere timens ne quis forte gloriam hanc
praeripiat, et pereant tot annorum labores. Utrum
insaniam hanc vocare mavultis, an stultitiam? Nam
15 mea quidem haud magni refert, modo fateamini meo
beneficio fieri ut animal omnium alioqui longe miserrimum
eo felicitatis evehatur, ut sortem suam neque cum Persarum regibus cupiat permutare. — *Stultitiae Laus.*

A DIALOGUE ON EARLY RISING

A. Hodie volebam te conventum sed negabaris esse
20 domi.

B. Non mentiti sunt omnino. Non eram quidem tibi,
sed eram tum mihi maxime.

A. Quid aenigmatis est istud quod refers?

B. Nosti illud vetus proverbium, "non dormio omnibus."
25 Nec iocus Nasicae fugit te, cui volenti invisere familiarem
Ennium, cum ancilla iussu heri negasset esse domi, Nasica
sensit, et discessit. Caeterum ubi Ennius vicissim ingressus
domum Nasicae rogaret puerum num esset intus, Nasica
clamavit de conclavi, inquiens, "Non sum domi." Quum-

---

4. **Perinde**: sc. *agit.* — 8. **Aldus**: the famous publisher of *incunabula.*

que Ennius, agnita voce, dixisset, "Impudens, non agnosco te loquentem?" "Imo," inquit Nasica, "tu impudentior, qui non habes fidem mihi, cum ego crediderim tuae ancillae."

A. Eras fortassis occupatior. 5

B. Imo suaviter otiosus.

A. Rursum torques aenigmate.

B. Dicam igitur explanate. Nec dicam ficum aliud quam ficum.

A. Dic. 10

B. Altum dormiebam.

A. Quid ais? Atqui octava hora praeterierat iam, cum sol surgat hoc mense ante quartam.

B. Liberum est soli per me quidem surgere vel media nocte, modo liceat mihi dormire usque ad satietatem. 15

A. Verum utrum istuc accidit casu, an est consuetudo?

B. Consuetudo prorsus.

A. Atqui consuetudo rei non bonae est pessima.

B. Imo nullus somnus est suavior quam post exortum solem. 20

A. Qua hora tandem soles relinquere lectum?

B. Inter quartam et nonam.

A. Spatium satis amplum. Reginae vix tot horis comuntur; sed unde venisti in istam consuetudinem?

B. Quia solemus proferre convivia, lusus, et iocos in 25 multam noctem. Pensamus id dispendii matutino somno.

A. Vix unquam vidi hominem perditius prodigum te.

B. Videtur mihi parsimonia magis quam profusio. Interim nec absumo candelas, nec detero vestes.

A. Praepostera frugalitas quidem servare vitrum ut 30 perdas gemmas. Ille philosophus sapuit aliter, qui rogatus quid esset pretiosissimum, respondit, "tempus." Porro cum constet diluculum esse optimam partem totius

24. **comuntur**: 'have their hair dressed.'

diei, tu gaudes perdere quod est pretiosissimum in pre-
tiosissima re.

B. An hoc perit quod datur corpusculo?

A. Imo detrahitur corpusculo, quod tum suavissime
5 afficitur, maximeque vegetatur, cum reficitur tempestivo
moderatoque somno, et corroboratur matutina vigilia.

B. Sed est dulce dormire.

A. Quid potest esse dulce sentienti nihil?

B. Hoc ipsum est dulce sentire nihil molestiae.

10 A. Atqui sunt feliciores isto nomine, qui dormiunt in
sepulchris, nam nonnunquam insomnia sunt molesta
dormienti.

B. Aiunt corpus saginari maxime eo somno.

A. Ista est sagina glirium, non hominum. Animalia
15 quae parantur epulis recte saginantur. Quorsum attinet
homini accersere obesitatem, nisi ut incedat onustus gravi-
ore sarcina? Dic mihi, si haberes famulum, utrum malles
obesum, an vegetum et habilem ad omnia munia?

B. Atqui non sum famulus.

20 A. Sat est mihi quod malles ministrum aptum officiis,
quam bene saginatum.

B. Plane, mallem.

A. At Plato dixit animum hominis esse hominem,
corpus esse nihil aliud quam domicilium aut instrumen-
25 tum. Tu certe fateberis, opinor, animam esse principalem
portionem hominis, corpus ministrum animi.

B. Esto, si vis.

A. Cum tibi nolles ministrum tardum abdomini, sed
malles agilem et alacrem, cur paras ignavum et obesum
30 ministrum animo?

B. Vincor veris.

A. Iam accipe aliud dispendium. Ut animus longe

---

5. **vegetatur**: ' is invigorated.' — 14. **glirium**: ' dormice.'

praestat corpori, ita fateris opes animi longe praecellere bona corporis.

B. Dicis probabile.

A. Sed inter bona animi sapientia tenet primas.

B. Fateor. 5

A. Nulla pars diei est utilior ad parandam hanc, quam diluculum, cum sol exoriens novus adfert vigorem et alacritatem omnibus, discutitque nebulas consuetas exhalari e ventriculo, quae solent obnubilare domicilium mentis. 10

B. Non repugno.

A. Nunc supputa mihi quantum eruditionis possis parare tibi illis quatuor horis quas perdis intempestivo somno.

B. Multum profecto. 15

A. Expertus sum plus effici in studiis una hora matutina, quam tribus pomeridianis, idque nullo detrimento corporis.

B. Audivi.

A. Deinde reputa illud ; si conferas in summam iactu- 20 ram singulorum dierum, quantus cumulus sit futurus.

B. Ingens profecto.

A. Qui profundit gemmas et aurum temere, habetur prodigus et accipit tutorem ; qui perdit haec bona tanto pretiosiora, nonne est multo turpius prodigus ? 25

B. Sic apparet, si perpendamus rem recta ratione.

A. Iam expende illud quod Plato scripsit, nihil esse pulchrius, nihil amabilius sapientia, quae, si posset cerni corporeis oculis, excitaret incredibiles amores sui.

B. Atqui illa non potest cerni. 30

A. Fateor, corporeis oculis ; verum cernitur oculis animi, quae est potior pars hominis ; et ubi est incredibilis amor, ibi oportet adsit summa voluptas, quoties animus congreditur cum tali amica.

B. Narras veri simile.

A. Ito nunc et commuta somnum, imaginem mortis, cum hac voluptate, si videtur.

B. Verum interim nocturni lusus pereunt.

5 A. Perdit plumbum bene qui vertit in aurum. Natura tribuit noctem somno. Exoriens sol cum revocat omne genus animantium, tum praecipue hominem, ad munia vitae. "Qui dormiunt," inquit Paulus, "dormiunt nocte; et qui sunt ebrii, sunt ebrii nocte." Proinde quid est 10 turpius quam, cum omnia animantia expergiscantur cum sole, etiam quaedam salutent eum nondum apparentem, sed adventantem cantu, cum elephantus adoret orientem solem, hominem stertere diu post exortum solis? Quoties ille aureus splendor illustrat tuum cubiculum, nonne vide-15 tur exprobrare dormienti, "Stulte, quid gaudes perdere optimam partem vitae tuae? Non luceo in hoc ut dormia-tis abditi, sed ut invigiletis honestissimis rebus. Nemo accendit lucernam, ut dormiat, sed ut agat aliquid operis; et nihil aliud quam stertis ad hanc lucernam, pulcherrimam 20 omnium?"

B. Declamas belle.

A. Non belle sed vere. Age, non dubito quin audiveris frequenter illud Hesiodeum, "Parsimonia est sera in fundo."

25 B. Frequentissime, nam vinum est optimum in medio dolio.

A. Atqui prima pars in vita, nimirum, adolescentia est optima.

B. Profecto est sic.

30 A. At diluculum est hoc diei, quod adolescentia vitae. An non faciunt igitur stulte, qui perdunt adolescentiam nugis, matutinas horas somno?

B. Apparet sic.

---

19. **nihil aliud** : sc. *agis.*

A. An est ulla possessio, quae sit conferenda cum vita hominis?

B. Ne universa gaza quidem Persarum.

A. An non odisses hominem vehementer, qui posset ac vellet decurtare vitam tibi malis artibus ad aliquot annos? 5

B. Ipse mallem eripere vitam illi.

A. Verum arbitror peiores et nocentiores, qui volentes reddunt vitam breviorem sibi.

B. Fateor, si quis tales reperiuntur.

A. Reperiuntur! Imo omnes similes tui faciunt id. 10

B. Bona verba!

A. Optima. Reputa sic cum tuo animo, nonne Plinius videtur dixisse rectissime vitam esse vigiliam et hominem vivere hoc pluribus horis, quo maiorem partem temporis impenderit studiis? Somnus enim est quaedam mors. 15 Unde et fingitur venire ab inferis, et dicitur germanus mortis ab Homero. Itaque quos somnus occupat nec censentur inter vivos, nec inter mortuos, sed tamen potius inter mortuos.

B. Ita videtur omnino. 20

A. Nunc subducito rationem mihi, quantam portionem vitae resecent sibi qui singulis diebus perdunt tres aut quatuor horas somno.

B. Video immensam summam.

A. Nonne haberes alcumistam pro Deo, qui posset 25 adiicere decem annos summae vitae, et revocare provectiorem aetatem ad vigorem adolescentiae?

B Quid ni haberem?

A. Sed potes praestare hoc tam divinum beneficium tibi.

B. Qui sic? 30

A. Quia mane est adolescentia diei, iuventus fervet usque ad meridiem. Mox virilis aetas, cui succedit vespera pro senecta; occasus excipit vesperam, velut mors

---

5. **decurtare**: 'shorten.'—25. **alcumistam**: 'alchemist.'

diei. Parsimonia autem est magnum vectigal, sed nusquam maius quam heic. An non igitur adiunxit sibi ingens lucrum, qui desiit perdere magnam partem vitae,
eamque optimam?

5 B. Praedicas vera.

A. Proinde eorum querimonia videtur admodum impudens, qui accusant naturam quod finierit vitam hominis
tam angustis spatiis, cum ipsi sponte amputent sibi tantum ex eo quod datum est. Vita est longa satis cuique,
10 si dispensetur parce. Nec est mediocris profectus, si quis
gerat quaeque suo tempore. A prandio vix sumus semi-
homines, cum corpus onustum cibis aggravat mentem.
Nec est tutum evocare spiritus ab officina stomachi, pera-
gentes officium concoctionis, ad superiora, multo minus
15 a caena. At homo est totus homo matutinis horis, dum
corpus est habile ad omne ministerium, dum alacer animus
viget, dum omnia organa mentis sunt tranquilla et serena,
dum particula divinae aurae spirat, ut ille ait, ac sapit
suam originem, et rapitur ad honesta.

20 B. Tu concionaris quidem eleganter.

A. Faber aerarius ob vile lucellum surgit ante lucem, et
amor sapientiae non potest expergefacere nos, ut audiamus
saltem solem evocantem ad inaestimabile lucrum. Medici
fere non dant pharmacum nisi diluculo; illi norunt aureas
25 horas, ut subveniant corpori; nos non novimus eas, ut
locupletemus et sanemus animum? Quod si haec habent
leve pondus apud te, audi quid illa coelestis sapientia apud
Solomonem loquatur. "Qui vigilaverint ad me," inquit,
"mane invenient me." In mysticis psalmis, quanta
30 commendatio matutini temporis? Mane propheta ex-
tollit misericordiam Domini, mane eius vox auditur, mane
eius deprecatio praevenit Dominum. Et apud Lucam

---

11. **A prandio**: 'after lunch.' — 14. **concoctionis**: 'digestion.'
— 24. **pharmacum**: 'drugs.'

evangelistam, populus expetens sanitatem et doctrinam
a Domino, confluit ad illum mane.   Quid suspiras?

B. Vix teneo lachrymas, cum subit quantam iacturam
vitae fecerim.

A. Est supervacaneum discruciari ob ea quae non 5
possunt revocari, sed tamen possunt sarciri posterioribus
curis.   Incumbe huc igitur potius quam facias iacturam
futuri temporis quoque inani deploratione praeteritorum.

B. Mones bene; sed diutina consuetudo iam fecit
me sui iuris.   10

A. Phy! clavus pellitur clavo, consuetudo vincitur
consuetudine.

B. At durum est relinquere ea quibus diu assueveris.

A. Initio quidem, sed diversa consuetudo primum lenit
eam molestiam, mox vertit in summam voluptatem, ut 15
non oporteat te poenitere brevis molestiae.

B. Vereor ut non succedat.

A. Si esses septuagenarius, non retraherem te a solitis,
nunc vix egressus es decimum septimum annum, opinor.
Quid autem est quod ista aetas non possit vincere, si 20
adsit modo promptus animus?

B. Quidem aggrediar, conaborque ut fiam philologus ex
philypno.

A. Si feceris id, scio satis, post paucos dies et gratula-
beris serio tibi, et ages mihi gratias, qui monuerim.   25

THE STATE OF LEARNING IN ENGLAND

Erasmus Roberto Piscatori agenti in Italia Anglo S. D.

Subverebar nonnihil ad te scribere, Roberte carissime,
non quod metuerem ne quid de tuo in nos amore tanta
temporum locorumque disiunctio detrivisset; sed quod in

---

17. **Vereor ut non**: note the non-classical usage. — 23. **philypno**:
'lover of sleep.'

ea sis regione, ubi vel parietes sint tum eruditiores tum
disertiores quam nostrates sunt homines; ut quod hic
pulchre expolitum, elegans, venustum habetur, istic non
rude, non sordidum, non insulsum videri non possit.
5 Quare tua te exspectat prorsus Anglia non modo iurecon-
sultissimum, verum etiam Latine Graeceque pariter lo-
quacem. Me quoque iampridem istic videres, nisi Comes
Montioius iam ad iter accinctum in Angliam suam ab-
duxisset. Quo enim ego iuvenem tam humanum, tam
10 benignum, tam amabilem non sequar? Sequar, ita me
deus amet, vel ad inferos usque. Amplissime tu quidem
mihi eum praedicaras graphiceque prorsus descripseras;
at vincit cotidie, mihi crede, et tuam praedicationem et
meam de se existimationem.
15 "Sed quid Anglia nostra te delectat," inquis? Si quid
mihi est apud te fidei, mi Roberte, hanc mihi fidem habeas
velim, nihil adhuc aeque placuisse. Coelum tum amoe-
nissimum tum saluberrimum hic offendi; tantum autem
humanitatis atque eruditionis, non illius protritae ac
20 trivialis, sed reconditae, exactae, antiquae, Latinae
Graecaeque, ut iam Italiam nisi visendi gratia haud
multum desiderem. Coletum meum cum audio, Platonem ipsum mihi videor audire. In Grocino quis illum
absolutum disciplinarum orbem non miretur? Linacri
25 iudicio quid acutius, quid altius, quid emunctius?
Thomae Mori ingenio quid unquam finxit natura vel
mollius vel dulcius vel felicius? Iam quid ego reliquum
catalogum recenseam? Mirum est dictu quam hic
passim, quam dense veterum literarum seges efflorescat;
30 quo magis debes reditum maturare. Comes ita te amat,

---

3. istic: Italy, where Robert Fisher was sojourning. — 8. Montioius: Lord Mountjoy, an English friend of Erasmus. — 19. protritae: 'trite.' — 22. Coletum: Colet, with Linacre and Grocyn
and Thomas More, made a rare group of humanists. — 30. Comes:

ita meminit, ut de nullo loquatur saepius, de nullo libentius. Vale.

Londini tumultuarie. Nonis Decembr.

CROESO, CRASSO DITIOR

Apud Graecos opulentia Croesi Lydorum regis in proverbium abiit, praesertim nobilitata dicto Solonis. Apud 5
Romanos item M. Crassi, cui cognomentum etiam Divitis
additum est. Hic negabat divitem esse, nisi qui reditu
annuo legionem tueri posset. In agris suis sestertium
vicies mille possedit. Commemorantur et alii nonnulli
apud Plinium libro XXXIII cap. X, et item III, qui 10
immodicas opes possederunt: atque in his est Aristoteles,
sanctus ille philosophus, ac nostratium theologorum pene
deus, cuius haeredes in auctione septuaginta patinas
venum produxisse leguntur. Verum non itidem in vulgi
cessere sermonem. Proinde nihil attinet hoc loco referre. 15
Festivior erit adagii figura, si numerum etiam commute-
mus, ut divus Hieronymus: "Croesos licet spires, et
Darios, literae marsupium non sequuntur." Horatius et
Arabum gazas dixit, pro cumulatissimis opibus, non sine
specie proverbiali; quemadmodum et "Persicos appara- 20
tus," pro nimis exquisitis ac sumptuosis.

— *Adagia*, sub voce *Divitiae*.

---

i.e. ' Count ' Mountjoy. — 7. **reditu**: ' income.' — 12. **pene**: 2(1).—
18. **marsupium**: ' purse.'

MORE'S *UTOPIA*

Sir Thomas More, scholar, statesman, martyr, belonged to that celebrated group of English humanists which included Colet, Grocyn, Linacre, and Erasmus, though the last-mentioned spent but a limited part of his life in England. More was born in 1478, educated at St. Anthony's school and at Oxford, became a successful lawyer, for a time underwent the discipline of the Carthusian monks, through the study of Greek became very much devoted to literature, was raised from one public office to another till he became Lord Chancellor, resigned this office because he was out of sympathy with Henry V'II in the matter of his divorce to marry Anne Boleyn, and was executed ultimately, as the result of this attitude, in 1535.

THOMAS MORVS: QVONDAM SVPREMVS
TOTIVS ANGLLÆ CANCELLARIVS DIGNISS.
Anton. Wierd feci et excud.

SIR THOMAS MORE

Of progressive tendencies, he was nevertheless a staunch

churchman, and did not himself refrain from the persecution of heretics. His numerous works include historical, biographical, and purely literary subjects. The most famous of all is his *Utopia*, which describes life and ideals in a fabulous republic, an invention of More's brain, but based in part on suggestions obtained from St. Augustine's *De Civitate Dei*, and Plato's *Republic*. In it he shows up the faults of power, and of society in general, and describes an existence recognized as so nearly ideal and so far removed from what frail human nature can easily achieve, that the very word "Utopian" has come to be used for something theoretically desirable, but practically impossible of attainment.

More's Latin is that of a scholar. The first edition of the *Utopia* was published in 1516, and succeeding editions at short intervals. The title read, *De Optimo Reipublicae Statu deque Nova Insula Utopia Libellus*, etc. The first translation into English was made by Ralph Robynson, and published in 1551. A convenient edition of both the Latin and the English has been published under the name of J. H. Lupton (Oxford, 1895).

THE UTOPIANS SCORN GREAT WEALTH, DICE-PLAYING, AND HUNTING

Quid hii qui superfluas opes adservant, ut nullo acervi usu sed sola contemplatione delectentur; num veram percipiunt, an falsa potius voluptate luduntur? aut hi qui diverso vitio aurum quo nunquam sint usuri, fortasse nec visuri amplius, abscondunt, et solliciti ne perdant, 5 perdunt. Quid enim aliud est, usibus demptum tuis et omnium fortasse mortalium telluri reddere? Et tu tamen abstruso thesauro, velut animi iam securus, laetitia gestis. Quem si quis furto abstulerit, cuius tu ignarus furti decem post annis obieris, toto illo decennio, quo subtractae pe- 10 cuniae superfuisti, quid tua retulit surreptum an salvum

1. **Quid hii** : ' What shall I say of those? ' — 6. **perdunt**: ' actually do waste it.' Cf. Matt. 16, 25.

fuisset? Utroque certe modo tantundem usus ad te
pervenit.

Ad has tam ineptas laetitias aleatores (quorum insaniam
auditu non usu cognovere) venatores praeterea atque
5 aucupes adiungunt. "Nam quid habet," inquiunt, "voluptatis talos in alveum proiicere, quod toties fecisti ut si
quid voluptatis inesset, oriri tamen potuisset ex frequenti
usu satietas? aut quae suavitas esse potest, ac non fastidium potius, in audiendo latratu atque ululatu canum? aut
10 qui maior voluptatis sensus est, cum leporem canis insequitur, quam quum canis canem? Nempe idem utrobi-
que agitur; accurritur enim, si te cursus oblectet. At si
te caedis spes, laniatus expectatio sub oculis peragendi
retinet, misericordiam potius movere debet, spectare
15 lepusculum a cane, imbecillum a validiore, fugacem ac
timidum a feroce, innoxium denique a crudeli discerptum."
Itaque Utopienses totum hoc venandi exercitium, ut rem
liberis indignam in lanios (quam artem per servos obire
eos supra diximus) reicerunt, infimam enim eius partem
20 esse venationem statuunt, reliquas eius partes et utiliores
et honestiores, ut quae et multo magis conferant, et animalia necessitatis duntaxat gratia perimant, quum venator
ab miseri animalculi caede ac laniatu nihil nisi voluptatem
petat. Quam spectandae necis libidinem in ipsis etiam
25 bestiis aut ab animi crudelis affectu censent exoriri, aut in
crudelitatem denique assiduo tam efferae voluptatis usu
defluere. Haec igitur, et quicquid est huiusmodi (sunt
enim innumera) quanquam pro voluptatibus mortalium
vulgus habeat, illi tamen, quum natura nihil insit suave,
30 plane statuunt cum vera voluptate nihil habere commercii.

— *VI. 108–109.*

---

6. **alveum**: ' a hollow gaming board.'

IOANNIS SECUNDI BASIORUM
LIBER UNUS

Jan Everaerts, known in letters as Ioannes Secundus, was a Dutch scholar, born at the Hague in 1511. He became a jurist, and in 1533 was Secretary to the Archbishop of Toledo, where his elegant Latin style served him in good stead. It was at this time that he composed his famous collection of little poems, the *Basia*, obviously based on the lyrics of Catullus, which is his chief claim to glory. After accompanying Charles V to Tunis in 1534, he became somewhat later secretary to the Emperor, and was on his way to assume his duties, when he died of fever in 1536.

IOANNES SECUNDUS
From an old edition of his poems

Besides the *Basia*, Secundus composed *Amores, Sylvae, Odes,* and other poems. Petrus Scriverius, of Haarlem, edited several editions of the collected works of Secundus.

A LOVER WHO CANNOT "EAT HIS CAKE AND HAVE IT TOO"

Centum basia centies,
Centum basia millies,
Mille basia millies,
Et tot millia millies,
5 Quot guttae Siculo mari
  Quot sunt sidera coelo,
Istis purpureis genis,
Istis turgidulis labris,
Ocellisque loquaculis,
10 Ferrem continuo impetu,
  O formosa Neaera:
Sed dum totus inhaereo
Conchatim roseis genis,
Conchatim rutilis labris,
15 Ocellisque loquaculis,
Non datur tua cernere
Labra, non roseas genas,
Ocellosque loquaculos,

Molleis nec mihi risus:
Qui, velut nigra discutit   20
Coelo nubila Cynthius,
Pacatumque per aethera
Gemmatis in equis micat,
  Flavo lucidus orbe,
Sic nutu eminus aureo   25
Et meis lachrymas genis,
Et curas animo meo,
Et suspiria pellunt.
Heu, quae sunt oculis meis
  Nata praelia cum la- 30
  bris?
Ergo ego mihi vel Iovem
Rivalem potero pati?
Rivales oculi mei
  Non ferunt mea labra.
          — *Bas. VII.*

The verses are glyconics. — 13. **Conchatim**: 'as tightly as a mussel shell.' — 20. **Qui**: referring to *risus*, and the subject of *vellunt* in v. 28.

SIXTEENTH–CENTURY LATIN LYRISTS
IN GERMANY

A huge mass of Latin poetry was written by German scholars
in the sixteenth century, largely classical in its style, and frequently directly reminiscent of the great Roman poets. It is
both sacred and secular, written in many of the best classical
lyric meters, and adapted to all sorts of subjects and occasions.
Not less than half a hundred of such writers are represented in the
convenient book of selections, *Deutsche Lyriker des Sechzehnten
Jahrhunderts*, edited by George Ellinger for the series, *Lateinische Litteraturendenkmaeler des XV und XVI Jahrhunderts*,
Berlin, 1893. A few of the most interesting have been culled for
this book. Some of them are rendered into English verse in an
article by K. P. Harrington in the *Methodist Review*, September,
1910, pp. 706–725, on *Sample Latin Lyrics by Sixteenth-Century
Germans*.

THE LARK IN THE OPENING SPRING

Ut rediens ramumque ferens frondentis olivae
    Nuntia laetitiae prima columba fuit,
Cum servata vehens humanae semina gentis
    Noias Armeniis constitit arca iugis,
Sic mihi principium nunc primum audita sub anni   5
    Laetius O utinam tempus, alauda, feras.
Obvia tu coetus Christum venerantis imago
    Vere, Deo gratum, iam redeunte canis;
Blanda operum inspectrix spatiosa per arva vagaris
    Atque operis gaudes ruris adesse comes.   10

---

4. **Noias** . . . **arca**: 'Noah's ark.'

Mane sonans homines mandati ad coepta laboris
    Munia iucunde continuanda vocas
Et studia et curas cantu solaris amico,
    Donec abit sparso lumine longa dies.
15 Occiduus repetit vada cum Maurusia Phoebus,
    Tu fessis etiam vota quieta canis,
Nec prius in latebras agri te sera recondis,
    Munificum celebret quam tua lingua Deum.
Ergo laboriferi rediens ut nuntia veris
20   Grata Deo laudes dicere corda doces,
Sic ut grata Deo laudes ecclesia cantet
    Perpetuo patriae faxit amore Deus.
                — Ioannes Stigelius, 1515–1562.

A PARADOX EXPLAINED

Iuppiter horrendo contristans frigore caelum
    Sarmatico largas fundit ab axe nives,
Nostra tamen rapidis uruntur pectora flammis,
    Nec minuunt ignes frigora tanta meos;
5 Quin magis accendunt etiam (quis credere possit!),
    Et gelida flagrans de nive crescit amor.
Nunc etenim recolo mecum, ut mea saepe puella
    De nive compactis luserit ante pilis.
Nix, fateor, primos mihi conciliavit amores:
10   Hinc eadem flammas auget alitque meas.
                — Ioannes Posthius, 1537–1597.

WHY A MAIDEN LOOKS AT A YOUTH (THE RETORT COURTEOUS)

In iuvenis vultu teneros figebat ocellos
    Virgo verecundas tincta rubore genas.
Ille: "Puellarum non sic agitata vagentur
    Lumina; quin herbas intuearis?" ait.

---

22. **patriae**: i.e. the heavenly country.

"Immo," nympha refert, "terram tua pupula spectet, 5
Vestra rudis primum nam caro terra fuit.
Corpora luminibus iuvenilia quaerere nostrum est,
Nam Deus e iuvenis corpore traxit Evam."

— Sebastianus Schefferus, c. 1570.

TO ROSINA

Donavi tibi flosculos rosarum,
Uno quas mea tertias in anno
Horti spina decus bene educavit;
Ardentis mihi tu, Rosina, flores
Urticae ioculariter redonans, 5
Per risumque dolumque mordicante
Tactas caule manus meas aduris.
Non mi (sentio, sentio, Rosina!)
Non extrinsecus has manus, sed ipsum
Urenti folio cor attigisti. 10
Haud solas igitur, Rosina, posthac
Rosas Idalio vocabo flores,
Urticam Veneris vocabo florem
Et spinae Cythereia sororem.

— Paulus Melissus, 1539–1602.

A COMPLAINT TO SOPHY'S TURTLEDOVE

Turturille, sonore mollicello
In dies tua fata qui gemebas
Rostelloque decente murmurillans
E manu Sophies dapem petebas,

To Rosina and the following poem are in Phalaeceans. — 6. **mordicante . . . caule**: 'stinging stem.' — 14. **spinae . . . sororem**: i.e. the nettle. — **Cythereia**: 'one of Cytherea's darlings'; predicate (Acc. Plur.) with *sororem*.

3. **Rostello**: 'little bill.' — 4. **manu Sophies**: in this expression and many others this poem shows its dependence on Catullus's poem about Lesbia's sparrow.

5   Quondam dum dominae mihi favores,
       Obliviscere nunc tui doloris
       Et nostri memor usque nunc querelas
       Maiores solito cie ac frequenter
       Imo pectore prorsus ingemisce
10   Mecum una. Mea vita fors doloris
       Recordabitur hinc, mei miserta.
       Fors suspiria quid tua impetrabunt,
       Fors quaedam hinc requies meo labori.
                    — Tobias Scultetus (c. 1595).

AN INVITATION TO A BANQUET IN A SUBURBAN GARDEN

Severa cura regnat
Dolorque iam resedit
Sub intimis medullis.
Quid, o mei sodales,
5 Levaminis petemus?
Amiculi venusti,
Graves et eruditi
Bonique, rura vernis
Colemus in rosetis,
10 Ubi Rosella nobis
Leget rosas et herbas
Et implicabit illas
Recentibus corollis.
Amaracùmque iunget
15 Marisque virgo rorem,
Odoribus refertis
Sodalibus quietis.
Ubi sed alta laurus

Virente fronde raram
Procul ministret umbram   20
Et aura mollis edat
Per herbulas susurros
Strepatque rivus, unde
Sedebimus rosarum
Coloribus revincti   25
Comas caputque totum.
Odor bonus rosarum:
Rosas gerant amantes,
Rosas amant poetae
Iocos, sales colentes;   30
Rosas gerant puellae.
Odoribus repleti
Merum bibamus illud,
Quod optimum putetur.
Quid haud merum bibamus? 35
Merum fugat dolores,

---

5. **favores:** sc. *petebas.* — 10. **Mea vita**: i.e. Sophy. — 11. **miserta** = *miserita.* — 12. **quid** = *aliquid.*

1 sqq. The meter is Iambic dimeter catalectic. — 23. **unde** = *qua.*

Merum facit colorem,
Merum iuvat poetas,
Merum facit disertos.
40 Resolvit ora vinum,
Premit Thalia curas
Meraciore poclo.
Sat hoc! In orbe toto
Laboris et doloris
45 Satis superque restat.

In orbe quidquid usquam
Laboris et doloris
Videtur esse, vino
Levemus et corollis
Sub hortulis amoenis.   50
Dolor mero fugatur,
Meroque corda crescunt,
Meroque somnus intrat
Idemque pascit artus.

— Michael Haslobius, 1540–1589.

SUITABLE REQUESTS FOR PRAYER

Quid arva sunt Calabriae feracis,
   Quid Hybla quidve Hymettus,
Quid est Eoa concha, quid Sabaei
   Odora virga turis,
Quid aureas agens Hiberus undas,   5
   Quid est Phraatis aula,
Ut a Deo ista flagitem rogando
   Et impleam astra votis?
Agrum metas, cui Deus metendum
   Dedit, legasque mella,   10
Ad Herculis lucrum petens columnas
   Solo marique curras,
Ut ambules decorus ostro et auro,
   Manu ut potente sceptrum
Geras bibasque gemmeis Falernum,   15
   Age inquietus aevum!
Sit innocens mihi latensque vita,
   Doli inscia et timoris,

---

1 sqq. Iambic trimeter catalectic alternates with Iambic dimeter catalectic.

1. **Quid arva sunt**, etc.: with the thought of this poem cf. Tib. I. 1, and Horace's poems, *passim*.

Beata copiis suis honeste
20   Et absque fraude partis;
Et ut laboribus queam datisque
    Negotiis praeesse,
Lues molesta corporisque longi
    Eant procul dolores.
25 Quies meae modusque sit senectae
    Laris domus paterni.
Amicus inde sit fidelis unus
    Et alter in secunda
Malaque re status levamen omnis.
30   Nive albicante fronte
Fruar laboribus meis iuventam
    Videns bene institutam.
Serena stella fulgeat supremum
    Diem vehente fato,
35 Ut expeditus hinc eam inque Christo
    Necis severa vincam.
Hoc in fideque speque supplicanti,
    Pater benigne, praebe,
Et imperita mens vetante carne
40   Nequit quod intueri,
Hoc adde sponte, nam tui quod usquam est
    Favoris omne munus.
        — Georgius Fabricius (1516–1571).

A CLEAR CONSCIENCE IS THE BEST PROTECTION

Mens sibi foedae
Conscia culpae
Angitur usque,
Usque tremescit.

Si coma forsan   5
Arbore vulsa
Turbine venti
Quassa gemiscat,

---

1 sqq. A poem in Adonics! — **Mens . . . Conscia culpae**, etc.: cf. Hor. *Car*. I. 22.

Horret et hostem
10 Credit adesse,
Qui temerato
Auferat ipsam
Corpore vitam.
Mens sibi vero
15 Conscia recti
Dulcia secum
Gaudia versat.
Non timet hostis
Verba minacis;
20 Non timet atrae
Spicula mortis;
Non timet horrens
Turbida saevi

Fulmina Martis;
Non timet atri 25
Tecta colentem
Infera regni;
Non timet, alto
Vertice quamvis
Corruat horrens 30
Murmure vasto
Quassus Olympus.
Nam sibi certo
Credit adesse,
Qui regit alti 35
Sidera caeli,
Qui regit amplae
Climata terrae.

— Henricus Decimator (c. 1585).

---

38. **Climata**: ' regions.'

IACOBI BALDE E SOCIETATE IESU LYRICORUM LIBRI IV

Jakob Balde (1604–1668), though born in Alsace, spent most of his life in Bavaria and the Tyrol. Turning from the study of law in early life to the church, he became a member of the Society of Jesus before he was twenty-one, and after his ordination in 1633 his fame as scholar and poet led to his appointment as Court Chaplain to the elector Maximilian I at Munich in 1638. In later life he was preacher and confessor to the Count Palatine at Neuberg on the Danube. Previously he had been a professor of rhetoric at Innsbruck and then at Ingolstadt.

Although a voluminous poet, he attained so high a degree of perfection in imitating the classical Latin style, that his admirers coupled his name with the greatest masters of the Augustan age. Four books of *Odes* and one of *Epodes* were published in 1643, and other poems include seven books of *Sylvae*, a long *Batracho-myomachia*, a group *De Vanitate Mundi*, and others, making at least a thousand pages of his verse. His skill is hardly surpassed among German-Latin poets.

GAUDIUM BONAE MENTIS

Carmen geniale, decantatum VVarenbergae

Nullo notari crimine, nil sibi
Conscire, diis est ante diem frui,
    Potare totis plena ripis
        Gaudia, non modica phaselo.

The ode is written in the Horatian Alcaic strophe, and may reveal something of his own feelings as an exile from boyhood. — 2. **diis** . . . **frui**: i.e. to reach heaven.

Illum Syene torrida frigidis 5
Obnubit umbris, et Meroë tegit
   Luco; migraturumque vernus
     Trans Scythiam comitatur aër.
Frons laeta semper, puraque nubium,
Gratique risus, et decor, et sales 10
   Docto verecundi Falerno,
     Et facili lyra tacta nervo,
Suadent amicum dicere Cynthium.
Seu fracta caeli porta tonet super
   Cervice, seu subsidat orbis, 15
     Stat tamen in media ruina.
Mandante Sulla, qui subit innocens
Curvi volanteis aequoris insulas,
   Mutabit Aegaeum Lucrino,
     Iam patriae melioris hospes. 20
De pane furvo scinditur attagen.
Manant lutosis vina paludibus.
   Civis sui, sorbebit exul
     Socraticas hilaris cicutas.

---

5. **Illum**: 'a man like that.' — 21. **attagen**, etc.: i.e. the coarsest food becomes for him the richest dainty. — 23. **Civis sui**: i.e. a citizen of his own little world, and content in his own clear conscience.

GULIELMI GNAPHEI ACOLASTUS

Willem de Volder, or van de Voldersgraft, corresponding to the English name Fuller, born at the Hague in 1493, translated his name into both Greek and Latin, calling himself sometimes Gulielmus Gnaphĕus, and sometimes Fullonius. After passing his baccalaureate examination at the University of Cologne in 1512, he became a teacher in his fatherland, holding various positions both in Holland and in Germany. As an adherent of the Lutheran reformation he was twice incarcerated in the prisons of the Inquisition. Recognized everywhere as a learned scholar, he also had a wide reputation as a talented writer. But none of his maturer works was able to achieve such a reputation and such wide use as the drama of *Acolastus* (" The Prodigal Son "), which he wrote in his earlier years for his school at the Hague. Revised, translated into at least three different German versions, into French, and into English, it is considered to have had a very important influence upon all modern drama, especially English drama. The English version was made by John Palgrave in 1540, and was dedicated to King Henry VIII.

The effort of the author was unusually successful, to combine dramatic form and interest with the moral and Christian teaching of the familiar parable, without either making the story dull or sacrificing the simplicity and dignity of the Bible story. It follows the traditional forms of the classical drama, and is based so thoroughly on classical literary models that a modern edition of the play, edited by Johannes Bolte (Berlin, 1891), enumerates eight pages of parallels in classical writers. The very names of the characters, Acolastus ('the unbridled one'), Pamphagus ('all-devourer'), Pantolabus ('grasp-all'), etc., give a classical atmosphere to the play. The dialogue is often very lively, and the scenes admirably adapted to actual representation. Authors

636

upon whom Gnapheus was especially fond of drawing are, besides Plautus and Terence, Varro, Cicero, Erasmus, Horace,
Vergil, and Juvenal.

THE PRODIGAL SON RECEIVES HIS PORTION AND SAYS FAREWELL

ACOLASTUS

Pater, foras
Me animus vocat.

PELARGUS

Pravus sane.   Quid si sinas
Te exorari, ut maneas domi meis bonis   280
Fruiturus perpetuo?   Certe patrem foris
Tu nusquam invenias gentium.

ACOLASTUS

Credo, pater,
Sed proficiscendum est, decretum stat; me feras!

PELARGUS

Non possum tam blande, mi fili, dicere,
Ut animum mutes?   285

ACOLASTUS

Operam omnem ludis, pater.
Potius tentabo quid possim vel legibus,
Ut istuc cum tua dicam pace interim,
Si, quod rogo, non impetrem cum gratia.

PELARGUS

Quando obstinate operam video dare, meum
Ut tibi iugum excutias, alioqui amabile,   290
Age, non libet tecum pugnare, sed habe
Hanc zonam tibi; decem talentum rem tenet.

Ea est substantiae tuae aequa portio.
Quid gestis, gnate mi? Ah nescis quid gaudeas.
295 Crede hoc mihi, si quid umquam monui bene:
Acerbius flebis, quod temere niteris.
Ego saeculum novi, quibus sit moribus,
Tum te pernovi, quo sis ingenio; tuum
Si animum vicisti potius quam animus te, sino
300 Ut gaudeas. Verum quoniam video secus
Te esse habitum, non possum quin deplorem tuam
Stultitiam pariterque doleam te abscedere.

ACOLASTUS

Pater, obsecro, ne quid te excrucies mea
Causa; nullam peperero tibi aegritudinem.

PELARGUS

305 Utinam!

ACOLASTUS

Certe, pater. Nunquid me vis?

PELARGUS

Puer,
Hem aegre propter me consistis, video; pedes
Tibi pruriunt ardentque fugam. Sed haec prius
A me si imperia capesses, multa in pectore
Tuo bona considebunt. Principio tuam
310 Mentem fac nullis artibus imbuas, nisi
Quarum in me exemplar advertis, meis item
Fac vivas moribus, ut qui paenitendum habent
Nihil. Volo tuo animo haudquaquam servias,
Quem praestat semper habere suspectum. Cave
315 Devertas ad nequiora a praeceptis meis.
Postremo habe hoc tibi monumentum ut regulam,
Ad quam mores, vitam et mentem instituas tuam.

Haec sedulo verses, haec mente tractites,
Haec pro Cynosura quapiam limet oculus.
Haec sint tibi ceu lapis Lydius, ad quem probe   320
Tete explores, ut qui sis noscas intime.
Ab iis enim si quid vel vita vel animus
Deliret, peccatum id quidem esse memineris.

ACOLASTUS

Est praeterea quod vis?

PELARGUS

Ut perpetuo bene
Valeas.   325

ACOLASTUS

Valebis igitur, mi parens.

PELARGUS

Vale,
Vale, inquam, gnate mi, gnate, aeternum vale!
Quae haec est miseria! Pro deum atque hominum fidem,
Itan divelli a me quod erat carissimum!
Oh, quem luctum paras, quas curas inicis
Patri, ipse securus nimis! Pulchre quidem   330
Tuam rem abiens stabilivisti. Sed nescis, ah
Nescis, serus quos exitus vesper vehat.
Sane illud demiror qui fiat ut, mihi
Cum maxime peccet gnatus, nequeam tamen
Acerbiore in eum esse animo. Ut nunc res ferunt,   335
Utinam tam possem filii obliviscier,
Quam ille, O dementiam, me aversatur libens!
Huc, huc calamitatis scilicet tuo,
Philaute, consilio inferor. O dolor gravis! — *I. 3, 278–339.*

---

339. **Philaute**: Philautus ('self-lover') was the boon companion and evil counselor of Acolastus.

THE PRODIGAL MEETS 'SPENDTHRIFT' AND 'GLUTTON,'
AND BECOMES THEIR VICTIM

ACOLASTUS

   Sane auspicato, ut audio, huc detuli pedem,
540 Ubi frontem exporrigam.   Vobis nomen dabo.

PAMPHAGUS

          Nomen tuum
Quod est?

ACOLASTUS

  Nomen?   Acolastus.

PAMPHAGUS

    Acolastus?   Vah, nomen convenit!

PANTOLABUS

Hem, noster es.

ACOLASTUS

    Certe, quod vester sim repertus, gaudeo
Sed nullane spes est potiundi hic principatus?

PAMPHAGUS

          Maxime.
In primis ista corporis tui forma heroica placet,
545 Tum mores, indoles, cultus et disserendi gratia
Magno te ortum loco arguunt.

PANTOLABUS

    A capite ad talos pulcher es.

PAMPHAGUS

Immo, dum te contemplamur fixius, divina elucet in
Te quaedam maiestas.

ACOLASTUS

Nihil est in me quin omnes plurimum
Id ament; vivo et regno.

PANTOLABUS

Non sentit caudex palpum obtrudier.

PAMPHAGUS

Hem, regem hunc esse oportet.   550

PANTOLABUS

Scilicet, tot clarum dotibus.

ACOLASTUS

Si nosceretis quid mecum portem boni, tum istuc magis,
Scio, diceretis.

PAMPHAGUS

Quid id est?

PANTOLABUS

Virtutes omnes narra tuas,
Ut hinc orneris.

ACOLASTUS

Agedum, appendite zonam auro multo gravem.

PAMPHAGUS

Hui, tam graves auro loculos?

PANTOLABUS

Quid audio?   Aurumne habet?

PAMPHAGUS

Habet.

---

549. **palpum**: 'the soft palm of the hand.'

PANTOLABUS

555 Ego te, si nescis, auri encomion possim docere.

ACOLASTUS

Dic.

PANTOLABUS

Pulcherrima aurum faustitas mortalibus. Hoc te diis parem

Facit; hoc qui habet, repente honoratus, clarus, sapiens, item

Rex splendidus fit.

ACOLASTUS

Per Iovem, haec dogmata Philauti dogmatis Consentiunt. Quid prohibet quin patiar me nomine regio

560 Salutari?

PANTOLABUS

Ter maxime rex, quin in clientelam tuam Nos suscipis?

ACOLASTUS

Suscipio. En vobis auctoramenta haec mea.

PAMPHAGUS

Nunc me totum regi dedo.

PANTOLABUS

Et ego, quantus sum, illi mancipor. Sic inter luscos regnabit strabus. Pulchrum spectaculum!

ACOLASTUS

Quid hic stamus? Quid hic haeremus ieiuni? Quin tendimus

565 Comissatum?

PANTOLABUS

Iam dudum est in patinis meus animus.

PAMPHAGUS

Ubi vis,

Nihil moror.

ACOLASTUS

Quo devertemus?

PAMPHAGUS

Hospitem probum dabo.

PANTOLABUS

Dabit dignum patella operculum.

PAMPHAGUS

Unde autem obsonabitur,

Quaeso, patrone optime?

PANTOLABUS

Recte.

ACOLASTUS

Cape hoc argentum et appara
Cenam quae cum pontificali certet.

PAMPHAGUS

Curabo, here.

ACOLASTUS

Tum Venus,

Bacchus, Ceres nostris volo intersint epulationibus.   570

PAMPHAGUS

Fiet.   Tibicines num nam cupis deducier e foro?

ACOLASTUS

Etiam.

Propero ad macellum.　Heus Pantolabe, regem deducito
Cliens ad Sannionem nostrum, sed sublata sarcina.
Tenes?

　　Sic.

Ubi manet ille vester?

　　　　　　　　Ad Veneris fanum.

　　　　　　　　　　　　　Bene est.
575 Sustolle haec.

Quam pulchre procedo hodie !　O fortunatum hunc diem !
　　　　　　　　　　　　— II. 3, 539–575.

AFTER HIS "RIOTOUS LIVING" THE PRODIGAL SOLILOQUIZES

975　Quid nunc agam, quid clamem aut unde exordiar
　　　Telam querendi?　O caelum, o terra!　Iuppiter,
　　　Adspicis haec et patere, quem dicunt hospiti
　　　Dare iura?　Tam multae res circumsident,
　　　Quae me adflictent male, ut, ubi sim, quo eam, rei
980　Quid coeptem, nesciam.　Perii, interii miser.
　　　Ex rege nummato ampliter repente inops
　　　Mendicus.　Quis ferat?　Mirum ni lumina
　　　Mihi exsculpam.　Vestitus ubi?　Periit.　Meus
　　　Ubi torques aureus?　Periit.　Pecuniae
985　Ubi tanta vis?　Periit.　Valetudo nihil
　　　Ne attrita est?　Haud libet meminisse?　Pauperem
　　　Quis me tecto dignabitur?　Hem, tandem mihi

---

985. **nihil Ne** = *nihilne.*

PRODIGAL SON WITH THE SWINE (Albrecht Dürer)

Tellus fodienda aut stips mendicanda est? Negant
Illud vires exhaustae et hoc prohibet pudor.
990 Accedit et malis meis quod durior
Fames totam regionem occupet, ut nesciam
Si quis me admissurus sit ad cenae suae
Micas. Fame interceam oportet. Sed cui malum hoc
Feram acceptum? Illis qui me inlexerunt nimis
995 Dolose in fraudes, an mihi, qui auscultaverim,
An irato meo genio, qui me his malis
Conclusit? Quam novercaris, Rhamnusia!
Quam me deorum ira adflictat male! Hei mihi!
Sed frustra quiritor hic, ubi nemo audiat.
1000 Id solum restat, fata ut quo me cumque agant
Eo nunc errans subsequar. O dolor, dolor!

—*IV. 6, 975–1001.*

THE PRODIGAL RETURNS HOME TO HIS FATHER

PELARGUS

Quando tamen videbo te, fili; nihil
Ne te miseret huius patris?

EUBULUS

                              Quid tam gemis,
1230 Pelarge? Noli te macerare!

PELARGUS

                              Eubule mi,
Quid, quaeso, est quod mea commoventur viscera
Ad istius occursum, quem prospicio procul?

EUBULUS
Pelarge, filius est.

---

997. **novercaris**: ' play the stepmother.' — **Rhamnusia**: ' goddess
of Rhamnus,' i e. Nemesis.

PELARGUS

Est? Certe est; proruam

In illius amplexus.

EUBULUS

Sum verus.

ACOLASTUS

Sed patrem

Video. Quid porro agam? Adeon ad eum? Scilicet.   1235
Pater, peccavi in caelum et coram te, neque
Posthac sum dignus dici filius tuus.

PELARGUS

Hem, mi fili, O fili mi!

ACOLASTUS

Au, mi pater, fuge has

Meas sordes!

PELARGUS

Nihil quicquam offendunt, quia

Te amo, gnate mi.   1240

ACOLASTUS

Obsecro, pater.

PELARGUS

Donata sunt

Tibi omnia; bono animo es! Places, nunquam ut magis.

ACOLASTUS

O pietas patris!

PELARGUS

Nunc tollare humo!

ACOLASTUS

Hocine

Est esse patrem? Hocine esse filium?

PELARGUS

Heus, cito

Proferte stolam primam et induite filium!

1245   Deinde anulum date ei in manum, tum calceos
Pedibus illius submittite!   Subinde vitulum
Illum bene saginatum adducite atque item
Mactate, quo sumptis epulis laetemur et
Uno omnes imbuamur gaudio, quia
1250   Hic filius meus iamdudum mortuus
Erat et revixit, perierat et inventus est.
His, his, mi fili, vestibus induere!

ACOLASTUS

Sed O

Quid ego nunc te laudem, pater, qui laudibus
Es omnibus superior!   Hoc certo scio:
1255   Nunquam tam magnifice quicquam dicam, tua
Quin pietas longe superet.   Itan
Ex inferis et morte ad vitam et gaudia
Revocasti me?   Prae gaudio ubi sim nescio.
Res nulla potest mihi tanta intervenire iam,
1260   Ut aegritudinem adferat; tam gaudeo
Me patrem habere te.   Tibi me dedo libens,
Tibi me totum permitto; tu mihi pater,
Tu patronus, tu servator, tu —

PELARGUS

Gnate mi,

Exhinc eris mihi multo coiunctissimus,
1265   Una salute felix convives mihi.
Age, age, intro epulatum concedamus!

—V. 5, 1228–1266.

1264. Exhinc: ' henceforth.'

M. ANTONII MURETI ORATIONES

Muretus (Marc-Antoine Muret, 1526–1585) was a notable figure in the classical scholarship of his age, in France during the first part of his life, and in Italy during its last thirty years. Born near Limoges, at the age of twenty he began his scholarly lectures at Poitiers; and at Paris, a little later, he was writing, lecturing, and publishing, on Cicero, Aristotle, on the works of the famous Pleiad (with whom he had an intimate acquaintance), and in original verse. He was a friend of the elder Scaliger, and a teacher of Montaigne. Mysterious charges, whether true or false, against his moral and religious character, drove him in 1554 to Italy, where he was from 1555 to 1558 a professor of "humanity" at Venice. After private teaching for a few years, he became a professor in Rome in 1563, holding the position till 1584. Meanwhile he had taken holy orders in 1576.

MARCUS ANTONIUS MURETUS

A friend of leading scholars of his day, such as Lambinus, Lipsius, Manutius, and the younger Scaliger, he took a prominent part in the critical study and editing of Greek and Latin classics, and came sooner or later into serious controversies with some of these other scholars as to who should be given the credit for certain textual emendations. His publications include *Variae Lectiones, Epistolae, Orationes,* editions of a number of Latin authors, translations of certain Greek authors, and commentaries, as well as original poetry.

Muretus was acknowledged by competent critics in his own time to be the leading Latin stylist of his day. His Latin is so Ciceronian that it was considered a model suitable for use in education, and his orations were read with those of Cicero in schools up to the eighteenth century. Indeed an amusing anecdote is told, how he fairly out-Cicero-ed Cicero, so to speak, on one occasion in Rome, by using rare Ciceronian words which his critics did not know were used by his great master, and thus putting them to confusion when they caviled at him.

Complete editions of his works were edited by Ruhnken (1789), and Frotscher (1834–41) ; *Scripta Selecta,* by Frey (1871–73).

MURETUS DELIVERS AN ENCOMIUM ON LITERATURE

Quae singula hominibus ad dicendum accedentibus timorem facere consueverunt, patres amplissimi vosque ceteri cives ornatissimi, ea mihi sese hodierno die obiiciunt universa. Sive enim loci amplitudo afferre perturbationis
5 aliquid potest, Venetiis dicimus ; sive audientium dignitas, magna lectissimorum hominum adstante frequentia dicimus ; sive ipsa orationis materia dicendique conditio, ita dicimus, ut sit nobis eodem tempore de ingenio, de doctrina, de gloria, ornamentisque omnibus in hoc litterarum cer-
10 tamine periclitandum. Venetiis dicere si quisquam est qui parum putet, eum necesse est in maximarum earundemque toto orbe notissimarum rerum ignoratione versari. Ecquis enim est hodie tam inaccessus, tam ab omni hominum consortio remotus in terris locus, quo non huius

praestantissimae civitatis fama pervaserit? Quis populus,
quae gens, quae hominum natio vel tam immanis atque
barbara, vel tam exculta disciplinis atque artibus, quam
non iam pridem florentissima Venetorum respublica non
gloria modo et splendore nominis sui, verum etiam ad- 5
miratione compleverit? Haec vero firmamenta reipublicae, haec ornamenta Italiae, haec virtutum omnium
laudandarumque artium praeclarissima lumina intuentem
non commoveri, tantum id quidem est, ut, non dicam in
meam hanc mediocritatem ingenii, sed vix in quemquam 10
hominem, qui ceterorum de se iudicia extimescat, cadere
posse videatur. Etenim si eloquentissimos olim viros
accepimus, cum ad dicendum venissent, unius principis
adspectu ita conturbatos fuisse, ut obmutescerent: quid
mihi tandem animi esse oportet, qui neque comparandus 15
cum illis omnino sum, et apud vos dico, Senatores amplissimi, ad quos cum oculorum converto aciem, totidem
mihi consessum principum videor intueri? Ac ceteri
quidem saepe ad eam excusationem confugiunt, ut se,
cum tenuitatis suae conscii essent, tamen vel necessitate 20
vel officio impulsos, vel amicorum sive precibus sive
tempore aliquo adductos, dicendi munus non tam appeti-
visse quam detrectare non potuisse dicant; quam totam
rationem nobis hodierno die ipsa rei natura conditioque
praecludit. Non enim detrectantes, sed ultro nobis 25
deposcentes hanc dicendi provinciam, ad eam non alienis
precibus impulsi, sed vestra incredibili benignitate ad-
missi sumus, ut, si minus ex aliqua parte nostra vobis
approbata fuerit industria, caussa nulla sit quin omnes
accusandam potius nostram temeritatem quam imbecillita- 30
tem sublevandam putent. Equidem cum et ab ineunte
aetate, tum domesticis excitatus exemplis, tum ipsa
hortante natura, honestarum artium studia coluerim et,
ubi primum per aetatem licuit, quae mihi meo ipse labore

pepereram, aliis tradere ingressus, novem prope iam annos
in hac dicendi et docendi exercitatione comsumpserim,
tamen superiora illa considerans ita commovebar animo,
facile ut hoc potuerim abstinere consilio, nisi me huc
5 summa de vestra singulari humanitate concepta spes et
magna quaedam approbandae vobis, si minus eruditionis,
at certe voluntatis meae cupiditas impulisset.

Ac mihi quidem et cuius rei caussa in hunc locum as-
cenderim, et ad quos verba facturus sim, cogitanti, prorsus
10 ita videtur: nullo in argumento meam commodius
orationem posse versari, quam si, litterarum disciplina
quantum non ornamenti solum, verum etiam praesidii
bene temperatis civitatibus afferat, tum adhibitis rationibus, tum etiam exemplis atque ex veteribus saeculis
15 repetita memoria exponam: minime id quidem, quo vos,
tales viros, commonefaciam, excellentibus a natura ingeniis praeditos, eruditos a studiis liberalium doctrinarum,
a diuturno assiduoque magnarum rerum usu peritos, sed
quia libenter facio, ut, quarum artium percepta scientia
20 unumquemque vestrum vehementer affici constat, earum
animos vestros iucunda commemoratione delectem. Quae
cum ita se habeant, mihique ipsa per se delectae ad dicendum materiae dignitas satis magnam audientiam factura
videatur, tamen magis consuetudine, quam quod ita
25 necessarium iudicem, petam a vobis, ut mihi, res pulcerri-
mas brevi oratione comprehendere meditanti, exigui
temporis attentionem ne denegetis.

Magna omnino vis magnumque momentum positum est
in litteris, viri amplissimi, ad conservandas bonisque
30 cumulandas omnibus civitates. Nam cum felicitas publica,
ad quam humana omnia referenda sunt, e singulorum
civium felicitate constet, singulorum autem felicitas in
excolenda exercendaque virtute praecipue sita sit, et ad
perfectam virtutem consequendam necessariam quandam

praecursionem adhibeant litterae, illud profecto conse-
quitur, ut, nisi in qua litterarum cultura vigeat, florere
absolute civitas nulla possit. Ponite vobis ante oculos
omnes aetatis humanae partes, omnem publicorum temporum varietatem, omnes instituendae vitae rationes et 5
vias animo et cogitatione percurrite; nullam omnino
reperietis quae non ita litterarum auxilio indigeat ut, eas
si quis sustulerit, solem ipsum de mundo sustulisse videatur. Eae nos, ubi primum firmius incedere atque articu-
latius loqui coepimus, de ipso prope nutricum acceptos 10
sinu, titillatione quadam honestissimae voluptatis alliciunt,
allectos praeceptis saluberrimis complent; non tantum
bene dicendi, verum etiam bene vivendi commonstrant
vias; excitant in animis nostris igniculos gloriae; quantus
sit in virtute splendor, quanta in vitiis deformitas, edocent: 15
quae qui semel bene penitus imbiberint, ii nunquam non
postea et vitii turpitudinem omni studio refugient, et
officii honestatisque rationem rebus aliis omnibus ante-
ponent. Ut autem in semente posita spes messis est, ita
totius reliquae vitae exspectatio ab educatione pueritiae 20
pendet. Ut vero infirmam illam ineuntis aetatulae
teneritatem robur adolescentiae excepit, quae tandem
alia res aut animum praeclararum rerum studio accendere,
aut efferentibus sese cupiditatibus, quibus ea pars insigniter agitari solet, frenos iniicere, praeter litterarum 25
tractationem, potest? Themistoclem olim, cum somnum
capere adolescens non posset, dicere solitum tradunt, se
Miltiadis tropaeo quiescere volentem excitari. Quanto
eos acrius incendi atque inflammari necesse est, qui
quotidie non unius, sed innumerabilium hominum virtute 30
praestantium tropaea non e marmore constituta ad exigui
praedicationem temporis, sed ad omnem aeternitatem
commendata litteris intuentur?
   Neque vero pertimescendum est, ne aut labore frangan-

tur, aut voluptatis irretiantur illecebris ii, qui aetatis
suae florem litterarum studiis dedicandum esse statuerunt;
tanta si quidem est oblectatio paullatim acquirenda
cognitione rerum sese pascentis animi, ut, ea qui fruuntur,
5 ab iis neque laboris taedium neque avocantium voluptatum blanditiae sentiantur. Itaque sapienter poëtae,
cum ceteros omnes deos Veneris imperio subdidissent,
in Minervam modo et in studiorum praesides Musas
nihil ei, nihil Cupidini iuris esse voluerunt. Quin etiam
10 illud ab iisdem memoriae proditum est, Iasonem olim
ceterosque Argonautas, cum eam insulam quae ab amoeni-
tate florumque copia nomen invenerat praeternavigarent
periculumque esset ne molli ac delicato Sirenum cantu,
quae eam insulam incolebant, ad exitium perducerentur,
15 unum in Orpheo perfugium habuisse. Qui cum assedisset
in puppi, simulque fides blandis impellere digitis, simul
vocem illam, qua rupes nemoraque traxerat, explicare
coepisset, tanta simul aures animosque audientium
voluptate complevit ut iam Sirenum vocibus nemo
20 navigantium moveretur. Hoc figmento quid tandem aliud,
doctissimi homines, nisi id quod nos volumus indicarunt?
Florida videlicet illa insula iuventus est. Eam qui
quasi praetervehuntur, magno in periculo sunt, ne Sirenum,
id est voluptatum, blanditiis decepti et a recto itinere
25 abducti, in vada et scopulos deferantur. Quodnam igitur
huic tanto periculo comparatum remedium est? Quod,
nisi Orphei, optimi ac sapientissimi vatis, lyra? cuius
suavitatem qui percipiunt, ii et Acheloidum cantus pro
nihilo putant et tandem institutum illud iter emensi vellus
30 aureum, id est, virtutem, cum immortali coniunctam
gloria consequuntur. Nimirum ut maior lux minorem,
ita minoris voluptatis sensum perceptio maioris extinguit.
Quanto autem voluptas ea, quae discendo sentitur, ceteris
omnibus maior sinceriorque sit, vel illud indicio est, quod

aliarum, etiam qui eis plurimum tribuunt, satietatem tamen quandam esse ac taedium confitentur : huius ut quisque percepit plurimum, ita eam acrius a⁺que avidius concupiscit.

Quod si cui forte dubium est, prodeat in medium Chry- 5 sippus, qui saepe studio intentus tanta voluptate perfrue- batur ut eum tanquam extra se positum cibi potionisque caperet oblivio. Prodeat sollertissimus ille coelestium orbium non perscrutator tantum, sed etiam imitator, Syracusanus Archimedes, qui non modo earum rerum quas 10 natura fert, prae ea quam capiebat e studiis, oblectatione memor non erat, sed in illa ipsa Syracusanae urbis direp- tione ita defixus erat in studio, ut prius hostilis gladii cuspidem corpore exceperit, quam urbem in hostium potes- tatem venisse sentiret. O rem omnium saeculorum 15 admiratione dignissimam ! Diripiebatur urbs ea tem- pestate omnium opulentissima ; effusi per vias milites, ut in quemque inciderant, sine ullo sexus, aetatis, ordinis discrimine obvios contrucidabant ; undique gladiorum fulgor praestringebat oculos ; undique armorum sonitus, 20 undique cadentium tectorum fragor audiebatur ; puer- orum eiulatibus, mulierum lamentis, morientium gemiti- bus, militum clamoribus privata publicaque omnia cir- cumsonabant ; ipsa urbs, paene dimota et convulsa sedibus suis, suorum civium in caede ac sanguine natabat ; cum 25 unius hominis mens in media civitate civitatis ipsius casum ac ruinam non sentiebat. Solonem vero accepimus, cum in lectulo morti proximus decumberet, inaudissetque assidentes amicos de re quapiam summisse, ne ipsi mo- lestiam parerent, disputantes, erecto, ut potuit, iam 30 semimortuo capite rogasse eos, ut aliquanto loquerentur elatius ; sibi, si etiam moriens aliquid discere potuisset,

---

9. **perscrutator** : ' searcher.' —29. **summisse** : ' lower their voices.' — 32. **elatius** : ' louder.'

discessum e vita iucundiorem fore. O discendi cupiditas,
quid non efficis, ubi semel generosa ingenia occupasti?
Tenebatur homo sapientissimus gravissima vi morbi
defixus in lecto; vicinitate iam mortis ab omnibus paene
5 corporis partibus sensus abscesserat; egregius ille animus,
mox liber ac solutus futurus, e corporeis vinculis exsilire
cupiebat, cum quidquid supererat virium eo contulit,
ut deficiente lingua vocibusque interruptis ac morientibus
suum doctrinae cognitionisque desiderium indicaret.
10 Quid hunc verisimile est firmum ac valentem fecisse, qui
ne mori quidem nisi discendo voluerit? Merito igitur
tam diu floruit Atheniensium respublica, quam diu tam
praeclari viri tenuit disciplinam.

Sed ut eo redeamus unde nos facta praeclarissimorum
15 hominum mentio paullisper abduxit, dici profecto non
potest, adolescentes nobilissimi, — vos enim, vos mea iam
compellabit oratio, — dici, inquam, non potest, ea studia,
in quae nunc toto pectore incumbitis, quanto olim vobis
et ornamento et auxilio futura sint, cum vos et generis
20 vestri nobilitas et vestra virtus ad reipublicae gubernacula
admoverit. Etenim quibus artibus civitates praecipue
conservantur, pietate, iustitia, fortitudine, inprimisque
prudentia, earum sunt omnium artium quasi semina
litterarum prodita monumentis. Neque vero haec a me
25 ita disputantur, ut contendam, nisi litteris eruditum,
civem patriae utilem esse neminem posse; sed hoc dico:
nisi litteris exculti sint ii qui velut in reipublicae puppi
sedentes clavum tenent, multis eos muneris sui, iisque
praecipuis, partibus necessario defuturos. Nam cum duo
30 publicorum temporum genera sint, unum pacis, alterum
belli, quorum alterum semper optabile est, alterum nunquam optabile, nonnunquam necessarium; quomodo, ut
hanc partem priore loco attingamus, in pace civibus iura
describere, quantum cuique tribuendum sit intelligere,

civium inter se dissidia componere, verba publice facere,
legationes cum laude gerere, praeterita tenere, futura
prospicere, quid in omnibus rebus factu optimum sit videre
et ex aliis alia colligere poterit, nisi cui haec sibi de litterarum fontibus haurienda omnia existimaverit? Nisi vero 5
eorum recipienda sententia est, qui fieri putant posse, ut
qui reipublicae praeest, quamvis litterarum sit expers,
tamen ad eas res, quas modo enumeravimus, aliena opera
non incommode utatur. An vero T. Manlium Torquatum
memoriae proditum est, cum consul declaratus fuisset, 10
excusasse valetudinem oculorum et summum imperium
detrectasse, quod indignum duceret ei capita ac fortunas
ceterorum committi, qui alienis oculis omnia gerere cogeretur: qui alieno ingenio alienaque lingua ad omnia uti
necesse habebunt, ii satis ad gubernandos ceteros idonei 15
videbuntur? At oculorum quidem lumine carentes nihil
prohibet acie ingenii etiam futura cernere optimeque con-
sulere, quales in fabulis Tiresiam, in historiis Appium
legimus; cuius vero doctrinarum luce careat animus, quid
is tandem gerere, quid suscipere, quid cogitare praeclarum 20
potest?

Sed sunt quidam homines, qui cum litterarum tractationem tranquillis pacatisque temporibus et honestam
inprimis et utilem esse fateantur, iidem tamen, cum
occupata bello aliquo civitas est, latere eas quasi per- 25
territas metu et inter tubarum lituorumque clangorem
nullum sui amplius praebere usum arbitrantur. Quorum
nobis hac in parte coarguendus error est, et quantum vel
in medio bellorum tumultu litterae valeant aperiendum.
Etenim si corporis tantum, non etiam animi viribus bella 30
gererentur, tum isti fortasse aliquid dicerent; nunc quis
est qui, cum mihi et maximum esse in bellis consilio ac
prudentiae locum, et eas virtutes bona ex parte litterarum
studio comparari, certe quidem insigniter augeri con-

firmarique concesserit, idem tamen earum scientiam in
bello inutilem esse contendat? An ignoramus celebre
illud regum regis Agamemnonis votum, qui ut Troia
facilius potiretur, non Achillis aut Aiacis, sed Nestoris
5 decem similes optabat sibi? Neque temporis nobis ad
vivendum a natura praescripti ea longitudo est, neque
ita fert humanarum rerum ratio, ut multis admodum bellis
interfuisse unus idemque possit. Itaque qui unum alte-
rumve spectarunt, multum sibi militaris prudentiae col-
10 legisse existimantur. Quid eos iudicabimus, qui hoc sibi
diuturna librorum evolutione pepererunt, ut omnibus,
quotquot post hominum memoriam gesta sunt, bellis
interfuisse videantur? Quod si quis ita bella aliquot
spectare posset, ut utriusque partis consilia teneret, rerum
15 administrandarum viam rationemque cognosceret, eventus
animo cerneret, quid non ei postea in rebus bellicis omnium
consensu tribueretur? At haec omnia, qui versantur in
litteris, aliaque plurima ac pulcerrima otiosi ac sedentes
consequuntur.

20 Taceo quam multa expressa sint eruditissimorum hominum scriptis de virtute, de gloria, de caritate patriae, de
animorum aeternitate, de praemiis quae post mortem
manent eos qui se pro patria animose ac fortiter gesserint ;
quae tantam vim habent, ut neque qui ea ignorent, verae
25 laudis habere gustum, neque qui tractent, verae ac solidae
gloriae ullam omnino rem anteferre possint. Quid illud?
an non quantivis est, quod saepe labantes iam ac deficientes
exercitus eloquentium hominum voce legimus fuisse
revocatos? Citetur testis Lacedaemoniorum civitas, cuius
30 exercitus Tyrtaei poëtae versibus inflammatus pulcerri-
mam illam de Messeniis victoriam reportavit. Dies me
deficiet, si aut eruditos homines, qui bellicis laudibus
praestiterunt, aut fortissimos imperatores, qui eruditionis
et doctrinae gloria excelluerunt, enumerare instituam.

Nam et Archytam Tarentinum sexies exercitum duxisse comperimus, et Melissum navalibus aliquot victoriis insignem fuisse, et ter stipendia fecisse Socratem, et Platonem et Xenophontem egregiam in bello civibus suis operam praestitisse. 5

Quid illa propugnacula Graeciae, Periclem, Themisto-clem, Epaminondam loquar? Quid illa Romani imperii columina, Scipiones, Lucullos, Fabios, Marcellos, aliosque innumerabiles proferam? Quos omnes cum bellicis laudi-bus claros, tum praestantes doctrinae studiis fuisse his- 10 toriae loquuntur. Nam Iulium Caesarem quis nescit, utra laude praestaret ambiguum posteris reliquisse? Brutus autem quanto litterarum ardore flagraverit, vel ex eo colligi potest, quod ea ipsa nocte, quae mortem ipsius antecessit, Platonis dialogum de animorum im- 15 mortalitate legisse aliquoties dicitur. Atque hoc prae-clare olim intellexisse videntur Mitylenaei, praecipuam esse in republica vim litterarum, qui, quos populos bello devicerant, nullam eis aliam poenam irrogabant, nisi ut ne liberos suos litteras edocerent. Sciebant videlicet, eas 20 tantum civitates florere posse in quibus litterarum studia colerentur. Cuius rei cur tandem aliunde exempla repetamus? An vero, cives, quod viget hodie vestra respublica, quod floret, quod beata est, quod, cum ceterae orbis universi partes gravissimis bellorum tempestatibus 25 agitentur, una haec (quod ei Deus opt. max. proprium ac perpetuum faxit) in pace atque in otio conquiescit, aliunde id fieri creditis quam quod ei et praesunt homines cum ceteris omnibus, tum hac eruditionis et sapientiae laude clarissimi, et semper eorum simillimi praefuerunt? O 30 divine Plato, tua sunt omnia et dicta et cogitata praeclare. Tu dicere solebas tunc demum respublicas beatas fore, cum eas aut philosophi coepissent regere, aut qui regerent, philosophari. Tuum hoc sapientissimum

oraculum perpetua iam mille amplius annorum felicitate
Venetorum respublica comprobavit.

Equidem quo longius in altum evehor, Patres amplissimi, eo mihi amplior et patentior orationis quasi cursus
5 ostenditur. Sed et temporis me ratio, et vestra singularis
sapientia, ut vela contraham portumque tandem aliquando
respiciam monet. Neque enim credibile est posse aut
me aut quemquam de litterarum praestantia, fructibusque
qui ex earum tractione capiuntur, vobiscum melius aut
10 copiosius quam unumquemque vestrum secum loqui;
et mihi non tam orationis conquirenda copia est, quam
vestra satietas refugienda. Itaque finem dicendi faciam,
si vos prius etiam rogavero ut, si forte minus a me ornate
ac copiose dictum est, quam et huius loci amplitudo et
15 summa audientium dignitas postulabat, meum tamen
idcirco placendi vobis studium ne improbetis. Ego quidem si non indignus a vobis qui saepius audiar iudicer,
erit quod mihi magnopere gratuler; sin forte — sed
reprimam me, neque committam ut meis ipse votis videar
20 male ominari; qui tamen a tot, tam praeclaris viris,
tanta benignitate auditus fuerim, magnum mihi non
huius modo laboris, sed totius anteactae vitae fructum
hodierno die vestro singulari beneficio videor consecutus.
DIXI. — *Oratio I.* — Venice, 1554.

A DEFENSE OF LITERATURE AGAINST ITS DETRACTORS

25 Sed quoniam cum iis qui auctoritate non moventur,
rationibus agendum est, adeste animis, mihique breviter
ostendenti quam varia quamque multiplex eruditio re-
quiratur in iis qui litteras humaniores docent, eademque
opera, quantos ex eorum navitate atque industria res-
30 publica percipiat fructus, non aures modo, sed mentes
quoque attentas, quaeso, paullisper adhibete.

Atque adeo, ut haec tota controversia melius diiudice-

tur, operae pretium est, initio, quaenam sit istorum con-
temptorum humanitatis oratio cognoscere. Qui quoniam
eos, qui hasce litteras tractant, ad nullum fere maioris
momenti negotium adhiberi vident, non ad iudicandas
lites, non ad agendas caussas, non ad dicendam de rebus 5
gravioribus sententiam, facile in eam opinionem prola-
buntur, ut ab eis praeter poëticas quasdam fabulas ad
pueriles animos hilarandos compositas, et aliquot levia
comendae ac poliendae orationis praecepta, nihil omnino
teneri putent. "Quid autem magni negotii est," inquiunt, 10
"in puerorum consessu de eiusmodi figmentis commemorare, ac modo de Thebano, modo de Troiano bello, modo
de Ulixis aut Aeneae erroribus molli et ad inanem oblec-
tationem composito sermonis genere disserere, identi-
demque velut e quibusdam arculis accommodata colo- 15
randae orationi pigmenta depromere? Ecquae autem
magna eruditio est scire quot navibus Graeci ad oppug-
nandum Ilium accesserint, quot filios habuerit Priamus;
Helenam rapuerit Alexander, ut Homerus, an Helenae
simulacrum, ut Euripides prodidit? Quod emolumentum 20
ex istorum omnium scientia, quod detrimentum ex ignoratione percipi potest? Nam ceterarum quidem artium
professores quantum utilitatis afferant, perfacile est ad
intelligendum. Sive enim dialecticos spectes: ab iis
certa quaedam veri falsique in rebus omnibus cognoscendi 25
ratio traditur; ii se quid cuique consentaneum sit, quid
repugnans, quid ex quoque efficiatur, quae sit dividendi,
quae finiendi, quae argumentandi ratio, et tenere et alios
docere prae se ferunt. Quid physici? Qui rerum principia caussasque tractant, qui quomodo quidque gignatur, 30
quoque modo intereat, edisserunt, qui nimborum, fulminum
tempestatumque caussas, qui corporum coelestium magni-
tudines, intervalla, cursus, progressiones, institutiones, qui
animi naturam, qui rationem sensuum, qui animantium

omnium ortus, victus, figuras, qui stirpium, qui omnium
ferme rerum, quae gignuntur e terra, naturas ita perse-
quuntur, nulla ut pars ab eis coelo, mari, terra, ut poëtae
loquuntur, praetermissa sit; haec cum tractant, medio-
5 criterne reipublicae prosunt? Nam si ad eos te convertas,
qui eam susceperunt philosophiae partem, in qua de rebus
expetendis fugiendisque disseritur, ii vero sunt, quorum
industriae nulla unquam poterunt praemia satis ampla
reperiri. Quibus enim quamque praeclaris in rebus eorum
10 disputationes consumi videmus? Qui hoc primum docent,
qui sit finis, quid extremum, quid ultimum bonorum
omnium, quod unum intueri, quo omnes actiones, omnes
cogitationes, omnia consilia referri oporteat, quot sint
virtutum quotque vitiorum genera, quibusque modis
15 illas assequi, ab his declinare possimus, quo modo exsul-
tanti iactantique se et detrectanti rationis imperium frenos
iniicere oporteat cupiditati, tum quo modo quisque se in
re familiari gubernanda gerere debeat, postremo, quo
nihil pulcrius, nihil praeclarius, nihil denique divinius ne
20 votis quidem conceptis optari potest, quibus moribus,
institutis, legibus temperandae sint civitates, quibus illae
modis fundari atque institui, quibus augeri atque ampli-
ficari, quibus denique copiosissimae, locupletissimae, uno
verbo, beatissimae effici possint.

25 " O res praeclaras et ardentissimo studio summaque
corporis atque animi contentione dignissimas! O vitae
philosophia gubernatrix, O virtutum omnium parens,
vitiorum omnium expultrix. Tuum est falsarum opinio-
num temeritatem deripere ; tuum est omnem inanitatem
30 et errorem amputare ac circumcidere ; tuum est vitiorum
fibras evellere, stirpes elidere, semina exstinguere. Merito
divinus Plato nihil te praestantius hominum generi a diis
immortalibus dari potuisse dicebat. Eant nunc isti verborum magistri, fabularum interpretes, nugarum architecti;

perfricent frontem, si quam habent et se ulla ex parte cum philosophiae doctoribus conferendos esse praedicent. Qui si aliquod forte paulo abstrusius loquendi genus, aut aliquam voculam non ita pervulgatam, aut quampiam paullo recconditiorem fabulam reperire potuerunt, dignos 5 se inaurata statua putant; nonnunquam etiam de eiusmodi tricis ita inter se digladiantur, ut pro aris et focis certamen suscepisse videantur." Haec fere est, Patres amplissimi, eorum qui studia laboresque nostros deprimere conantur oratio. Qui quod philosophiam laudant, 10 libentibus id nobis atque approbantibus faciunt; nunquam enim cuiquam concedemus, ut eam plus amet plurisve faciat; quod autem nullum censent studiis atque artibus nostris cum ea esse commercium, in eo quantopere fallantur facile ex iis quae dicturus sum intelligetur.   15

Nam primum omnium, si hoc ipsis concederemus, nihil aliud a nobis, quam poëticas fabulas et exornandae orationis praecepta tradi, non ex eo tamen efficeretur, quod isti volunt, inanem quandam et ludicram nostram omnem esse doctrinam, neque alio quam ad puerorum animos 20 vana quadam oblectatione demulcendos referri. Etenim poëtarum fabulae, quas isti tantopere exagitant et insectantur, non levia quaedam et frugis expertia otiosorum hominum commenta sunt; immo vero sub iis, velut involucris atque integumentis, omnis doctrina elegans, omnis 25 ingenuo homine digna cognitio, omnis denique sapientia continetur.

Eratosthenem quendam fuisse aiunt, qui poëticen ita contemneret, ut Homerum ineptae loquacitatis magistrum nominaret. At certe Plato, at Aristoteles, quorum 30 non paullo maior est quam nescio cuius Eratosthenis auctoritas, ita saepe repetitis ex eo testimoniis utuntur ad confirmanda ea quae tradunt, ut eum non tantum studiosissime legisse, sed vix unquam de manibus deposuisse

videantur. Itaque mirari soleo, cum quidam qui se
philosophos videri cupiunt, et quidem eiusmodi philosophos, ut, tanquam Atlante coelum, ita philosophiam
supercilio suo niti putent, ita despicatui ducunt poëtas,
5 ut eorum scripta adspicere se dignari negent. Qui quidem
cuiusmodi philosophi sint ipsi viderint, cum eos con-
temnant quos philosophorum coryphaeus Plato modo
sapientiae patres ac duces, modo deorum interpretes,
modo deorum filios vocat. Aristoteles autem, cuius isti
10 se germanos esse interpretes gloriantur, non tantum, ut
ante dixi, in omnibus scriptis suis identidem poëtarum
testimoniis utitur, verum etiam libro primo de sapientia
philosophum omnem fabularum amatorem esse confirmat.
Quod igitur Aristoteleos esse se aiunt, fortasse verius, sine
15 dubio quidem verisimilius dicerent, si se ab Epicuro esse
affirmarent. Hunc enim ex omni memoria unum fuisse
philosophum accepimus, qui cum omnem elegantiam
doctrinae, tum poëtarum praecipue scripta contemneret.
Quod quidem se negligendis poëtis ex Aristotelis disciplina
20 ac familia censeri volunt, in eo, meo quidem iudicio, faciunt et impudenter et imperite.

At enim id mihi hoc tempore propositum non est, ut de
poëtarum laude dicam; quod si esset, facile ostenderem
omnia praecepta vitae, omnia virtutum officia nihilo ab
25 eis deterius quam a philosophis ipsis doceri. Non igitur,
cum poëtarum libros interpretamur, inanibus fabellis
nutricum more animos ducimus, sed sementem quandam
virtutis atque doctrinae facimus; non in levibus, mini-
meque frugiferis rebus operam sumimus, sed praecepta
30 sapientiae, quo facilius in animos influant, insatiabili
quadam admirabilium rerum varietate condimus. Quid,
cum ornate ac copiose loquendi praecepta tradimus, ludere

---

14. **Aristoteleos:** 'followers of Aristotle.' — 15. **ab:** 'on the side of.'

videmur, an ea docere quae semper principem locum in
omni bene instituta civitate tenuerunt? An nescimus
eloquentiam a gravissimis auctoribus rerum omnium
reginam vocari? Haec enim est illa virtus, quae quamlibet in partem arbitratu suo flectit audientium animos 5
eosque, pulcritudinis suae splendore obstupefactos, quibusdam velut habenis numerosae orationis regit. Haec
illa est quae consolatur moerentes, afflictos excitat, iacentes
erigit, quae sceleratis exitio est, innocentibus praesidio,
improbis terrori, probis ornamento. Hac Cicero fretus 10
Catilinae furores et nefarie in patriam inita consilia
dissipavit; hac togatus superavit armatos, ut vel inimicorum confessione omnibus triumphis maiorem adeptus
lauream diceretur. Hac instructi qui sunt, maius omnibus
tyrannis imperium in homines obtinent; si quidem 15
tyranni possunt illi quidem corpora constringere, animis
nullam adhibere vim possunt, hi vero dominantur in
animis, quaeque ipsis honesta atque utilia videntur, ea
non facere modo alios, sed etiam velle cogunt; illi invitis
imperant, hi volentibus; illi et oderunt omnes et odiosi 20
sunt omnibus, hos in omne hominum genus beneficos
perpetua omnium benevolentia comitatur. Neque vero
non qui eloquentiam contemnere se simulant illius prae-
stantiam intelligunt, sed quod assequi non queunt, in-
vidiose vituperare malunt quam ingenue de imbecillitate 25
suarum virium confiteri. — *Oratio II.* — Venice, 1555.

THE POWER OF POETRY

Mulcet autem animos et incredibili suavitate perfundit
poësis, ut uno verbo dicam, propter admirabilitatem.
"Delectat enim," ait Cicero, "quicquid est admirabile."
Poëtae autem et mira quaedam narrant, et ea miro modo 30
eloquuntur. Iam omnes homines natura cupidi sunt
scientiae, et admiratio stimulus quidam est ad sapientiam

ac scientiam; impellit enim ad quaerendam caussam, in cuius cognitione ac perceptione posita scientia est. Itaque Aristoteles, cuius haec ex fontibus libamus, et admiratione ductos esse homines ait ad philosophandum, et ut quisque 5 sapientiae amantissimus sit, ita esse amantissimum fabularum.

Delectant poëtae numero quoque ipso et sono, qui naturae nostrae ita consentaneus est, ut veterum quidam animum ipsum numerum esse atque harmoniam puta-10 verint. Delectant etiam, quia in rebus nihil ad nos attinentibus pertentant animos nostros omni genere affec-tuum, ita ut vel legentes poëmata vel audientes interdum angamur ac premamur metu, interdum ad spem erigamur, nonnunquam exhilaremur, nonnunquam etiam iis quae 15 ficta esse scimus illacrymemur. Vir sanctissimus et eruditissimus, Aurelius Augustinus, saepe ubertim flevisse se, cum Didonis mortem apud Virgilium legeret, confitetur. Sed hoc in eo propter singularem ipsius bonitatem minus fortasse mirum videri potest. Vere enim hoc Graeci 20 proverbio dicunt, bonos viros faciles esse ad lacrymandum. Quid quod feris quoque ac barbaris hominibus et caede ac sanguine gaudentibus poëmata tamen misericordiam interdum et lacrymas commovent? Alexandrum Pheraeo-rum tyrannum accepimus aspero supra modum et immiti 25 atque efferato ingenio fuisse, ita ut homines alios vivos defoderet, alios aprorum ursorumque pellibus tectos cani-bus venatricibus laniandos obiiceret, idque sibi pro ludo atque oblectamento haberet; quasdam etiam civitates amicas ac socias, immissis sine caussa spiculatoribus, 30 repente universas contrucidaret. Coram hoc agebantur aliquando Euripidis Troades, qua in fabula dolenter admodum deplorantur Troianorum calamitates. Homo

---

29. spiculatoribus: 2(1)

quamvis asper et indomitus, quemque nulla unquam res
ad misericordiam flectere potuisset, sensit tamen se
poëtices cantibus commoveri. Itaque statim se proripuit
e theatro, indignum esse dicens, se, cui tot strages, tot
urbium direptiones, tot civium exquisita tormenta nun-5
quam lacrymam unam exprimere potuissent, Hecubae et
Andromachae malis illacrymari. Quam vim poëtarum
Horatius merito cum funambulorum et magorum operibus
comparavit. — *Orat. XIV.* — Rome, 1579.

*   *   *   *   *   *   *

A qua opinione quoniam ita dissentio, ut avocandis a 10
Graecae ac Latinae linguae studio adolescentibus ipsa
fundamenta disciplinarum convelli ac labefactari putem,
neque ullam pestem praesentiorem aut ullum certius
exitium omnibus ingenuis artibus adferri posse arbitrer,
quam si linguae illae, quae quasi sacraria quaedam earum 15
sunt, negligantur, exponam hoc loco breviter caussas
iudicii mei, efficiamque, si potero, ut linguas quidem illas
omni studio dignissimas esse, sed multa hoc tempore in
earum tractatione peccari liquido intelligatis.

Duae praecipue mihi quidem caussae esse videntur, 20
adolescentes, cur et Graecam et Latinam linguam amare
et in earum utraque praecipuum studium ponere debea-
mus. Una, quod Graece et Latine, Graece quidem et
plures et praestantiores, sed tamen Latine quoque sat
multi eiusmodi viri scripserunt, ut propter admirabilem 25
quandam sapientiam, qua illi tanto supra ceteros mortales
floruerunt, ut aliarum gentium homines cum eis collati
idiotae quidam et agrestes fuisse videantur, dignissimi
sint ad quos intelligendos omnis ab omnibus elegantioris

---

9. **comparavit**: Hor. *Ep.* II. 1, 210–213.

ingenii hominibus opera conferatur. Nam si Platones,
Xenophontes, Aristoteles, Theophrastos, addo huc etiam
Plutarchos, Galenos, — sed quo plures nomino, eo plures
occurrunt digni qui nominentur, — si tales etiam viros
5 Italia extulisset, qui cogitationes suas perscripsissent eo
sermone quo vulgo Italia utitur; non ego quidem propterea ne sic quidem veteres illos sapientes patres ac duces
negligendos dicerem, sed tamen aequiore animo ferrem, si
quis Graeco sermone accuratius discendo supersedere
10 vellet. Nunc cum domi nata et vernacula omnia tanto
iaceant infra illorum dignitatem, quanto imae maximeque
depressae convalles infra editissimorum coeloque, ut poëtae
loquuntur, minantium montium cacumina; quis iste tam
mollis ac delicatus, quis tam ab omni vera pulchritudine
15 aversus est, qui laborem, non maximum neque fortasse
tantum quantus vulgo putatur, ad illos maximos viros
intelligendos capiendum neget? Quod et ipsum de vetere
Latina lingua dictum accipi volo. Nam ita me ille amet
omnium praepotens Deus, auditores, ut ego vobis de meo
20 sensu libere atque ingenue loquar. Si ex Latinis scriptoribus neminem haberemus praeter Ciceronem, Virgilium, Senecam, Livium, Plinium, Tacitum — et constat
multos esse alios, qui in idem album referri queant — sed
si eos solos haberemus, iusta tamen mihi caussa videretur
25 cur ad eos intelligendos linguam Latinam avide discere-
mus. Nunc accedit alia longe gravissima, quae nos in-
cendere utriusque studio debeat.

Nam cum earum linguarum quarum usus eruditis cum
vulgo communis est unaquaeque et certis et angustis
30 limitibus circumscripta teneatur, harum de quibus agimus
usus toto propemodum terrarum orbe diffusus est. Italice
loquentem soli Itali intelligent; qui tantum Hispanice
loquatur, inter Germanos pro muto habebitur; Germanus
inter Italos nutu ac manibus pro lingua uti cogetur; qui

Gallico sermone peritissime ac scientissime utatur, ubi e
Gallia exierit, saepe ultro irridebitur; qui Graece Latineque sciat, is, quocunque terrarum venerit, non intelligetur
tantum, sed apud plerosque admirationi erit. Atque
haec caussa vel maxima est, cur Graece aut Latine potius 5
quam Italice aut Gallice scribere quicunque id egregie
praestare possunt debeant. Nam qui scribunt, aut
utilitatem publicam aut gloriam suam sequuntur. Si
utilitatem publicam, certe multo pluribus proderunt, si ea
lingua scribant quae apud omnes gentes quibuscum modo 10
aliquid nobis usus aut commercii est intelligatur. Gloriam quoque suam longius latiusque diffundent, si ea
scribant quorum pulcritudo ab omnibus populis ac gentibus
percipi queat. Ut igitur peregrinantibus optabile esset
reperire genus aliquod nummorum cuius eadem apud 15
omnes aestimatio esset, multoque libentius uterentur iis
quam illis qui tertio aut quarto quoque die cum detrimento
et cum molestia mutandi sunt, cum ibi tantum utiles
sint, ubi imperat is princeps cuius in ditione cuduntur;
ita nemo non videt quanto commodius sit uti ea lingua 20
quae in omni gente ac natione reperit aliquos, et quidem
non ex fece vulgi, sed ex quaque honoratissimos quosque,
a quibus sine interprete intelligatur, quam iis quae, simul
atque pedem ex hac aut illa provincia extuleris, alios
atque alios interpretes requirunt. Quomodo ex hac floren- 25
tissima et nobilissima urbe in omnes terrarum partes,
quomodo ex omnibus terrarum partibus in hanc urbem
legationes mitterentur, si aliam linguam quam eam cuius
apud suos publicus usus est nemo didicisset? Quomodo in
illo augusto ac sacrosancto Cardinalium collegio de gra- 30
vissimis rebus, et quas saepe iis solis notas esse expedit
qui sententiae dicendae ius habent, deliberaretur, si quot
ex nationibus consessus ille constat, totidem interpretes
adhibendi forent? Qua in re maiorem Latinae quam

Graecae linguae utilitatem esse fateor; intelligitur enim
a pluribus. Itaque ad usum Latina potior est, ad doctrinae copiam Graeca.

Argumenta quibus nituntur qui contrariam sententiam
5 tuentur, infirma prorsus et imbecilla sunt. Aiunt veteres
illos, qui tanta in admiratione sunt, sua quemque lingua
philosophatos. Ego autem ita respondeo : "Si illis quoque temporibus lingua aliqua fuisset communis omnium
qui ubicunque essent eruditorum, ignota ceteris, quales
10 hoc tempore Graecam et Latinam esse constat, non est
dubium quin ea potius cogitationes suas explicaturi
fuerint quam ea quae vulgo quoque communis esset."
Nam ut poëtae vulgus sibi invisum esse profitentur, ita
ipsi quoque ad mysteria philosophiae turbam admittendam
15 non putabant, ideoque obscurabant ea de industria, alii
numeris, alii allegoriis, alii tenebroso quodam dicendi
genere, ut ostenderent se sapientiae tantum studiosis
scribere. Quae caussa fuit Aristoteli cur libros quosdam
suos et editos esse et non editos diceret.

20   Aiunt Graecam Latinamque linguam iam pridem mor-
tuas esse. Ego vero eas nunc demum non tantum vivere
et vigere contendo, sed, si in tralatione perstandum est,
firma valetudine uti, postquam esse in potestate plebis
desierunt. Quam diu enim populari imperio regebantur,
25 id est, quam diu penes populum erat, ut ait Horatius,
"arbitrium et ius et norma loquendi," assidue agitabantur,
fluctuabant, nihil habebant certum, nihil stabile, unum
saeculum eodem vultu durare non poterant; nunc, ex
quo ad optimates, ut ita dicam, redactae sunt, et certis a
30 scriptoribus petuntur, certis regulis ac praeceptionibus
continentur, multis iam saeculis fixae atque immutabiles
permanent. Si in vulgi potestate mansissent, hodie
Ciceronem non intelligeremus, quemadmodum ne Ciceronis quidem temporibus intelligebantur ea quae regnante

Romulo aut Numa scripta erant; immo vero ipsas XII
tabularum leges pauci qui intelligerent reperiebantur.   Et
videmus quae vulgari lingua abhinc quadringentos annos
scripta sunt hodie non intelligi.

"Ut sylvae foliis," ait Horatius, "pronos mutantur in 5
   annos,
  Prima cadunt; ita verborum vetus interit aetas,
  Et iuvenum ritu florent modo nata vigentque."

Illae igitur linguae quotidie moriuntur, quotidie nascuntur, quae pendent ex libidine imperitae multitudinis; quas
autem ex populi servitute eruditorum usus vindicavit, 10
illae non vivunt tantum, sed immortalitatem quodammodo
et immutabilitatem adeptae sunt.

At quod temporis in linguis discendis consumitur,
melius rebus ipsis cognoscendis impenderetur. Hoc
argumentum ita demum aliquid valeret, si ab aliis scrip- 15
toribus verborum elegantia, ab aliis rerum cognitio
peteretur. Nunc ita nobis a Deo consultum ac pro-
spectum est, ut qui Graece Latineque politissime scripserunt, iidem etiam sapientissime scripserint; ut non ab
aliis verba, ab aliis rerum cognitionem petere oporteat, 20
sed utraque ex iisdem fontibus eodem tempore haurire
liceat.   At omnia aut e Graeco sermone in Latinum, aut
etiam ex utroque in eum qui laniis quoque et salsamentariis notus est, conversa sunt, ita ut aut neutro illorum
opus sit aut certe altero tantum.   Heu me miserum! 25
Cur non huius loci consuetudo fert ut possim quantum
cuperem arbitratu meo dicere? Quomodo ego istos
acciperem, qui interpretibus fidunt? Sed quando id
facere temporis angustiae prohibent, polliceor vobis me,
quae dabitur dicendi occasio, in hoc argumento versatu- 30
rum esse et ostensurum quam necesse sit in crassissima

---

23. **salsamentariis**: ' dealers in salt fish.'

rerum ignoratione perpetuo versari eos qui, praesidio
interpretum freti, Graecae ac Latinae linguae studia
negligunt; simulque indicaturum quibus in rebus a plerisque in studiorum caussa peccetur, quaequae verae caussae
5 sint cur aetas nostra tantopere veteribus cedat.

— *Orat. XVIII.* — Rome, 1583.

IUSTI LIPSI EPISTOLARUM
SELECTARUM CENTURIAE VIII

A contemporary of the younger Scaliger was Joest Lips (Latin form, Iustus Lipsius), who was born in 1547 near Brussels, and died at Louvain in 1606. In religion he had a rather checkered career, living part of the time as a distinguished Catholic, and part of the time as a noted Protestant scholar, and teaching in the universities of Leyden, Jena, and Louvain at different periods. His specialties were Latin literature and Roman history, his familiarity with Tacitus being so great that he offered to repeat anything in that author word for word with a drawn dagger at his breast, to be plunged into him if he faltered. His knowledge of Greek was less thorough than that of Latin.

IUSTUS LIPSIUS
(Used by courtesy of the Cambridge University Press)

He published critical *Variae Lectiones*, and editions of Tacitus, Seneca, Ausonius, Velleius Paterculus, and other authors, as well as treatises on Roman military science, on politics, etc.

His letters are full of interest of a wide range, as they shed light on many tendencies of the times and deal with many well-known persons. They are published in 'centuries,' or books of one hundred letters. They combine learning, colloquialism, and humor, and sometimes break out into verse.

The complete works of Lipsius appeared in eight volumes at first, and of these and individual works there are various editions. The edition of the letters used in making these selections was published at Avignon in 1603.

THE PRAISE AND PRAYER OF A HAPPY LIFE

Ille est par superis deis
Et mortalibus altior,
Qui fati ambiguum diem
Non optat levis, aut timet.
5   Quem non ambitio impotens,
Non spes sollicitat lucri;
Quem non concutiunt metu
Regum praecipites minae,
Non telum implacidi Iovis;
10   Uno sed stabilis loco,
Vulgi ridet inania.
Securoque oritur dies,
Securo cadit et dies.
    Vitam si liceat mihi
15   Formare arbitriis meis,
Non fasces cupiam aut opes,
Non clarus niveis equis
Captiva agmina traxerim;
    In solis habitem locis,
20   Hortos possideam atque agros,
Illic ad strepitus aquae
Musarum studiis fruar.
    Sic cum fata mihi ultima
Pernerit Lachesis mea,
25   Non ulli gravis aut malus,

A poetic appendix in Glyconics to a long prose letter of similar import addressed to Gulielmus Breugelius at Brussels. — 24. **Pernerit**: for *perneverit*: 'has spun to the end.'

Qualis Langius hic meus,
Tranquillus moriar senex.

—I. 8.

LITERARY AND POLITICAL GOSSIP

Antverpiam

Hieron. Berchemio I C.

Nimium urges, mi Berchemi, de imitatione nuper omnibus sermonibus; nunc epistolis hoc agis. Quid censes?
aliquos thesauros mihi esse doctrinae reconditae? Erras; 5
siquid in hoc genere posse tibi videmur, magis a casu
sive natura est, quam ab arte. Et tamen quidquid
illud est quod sequor, quod teneo, non ultra celabitur et
proxima epistola precepta aperiam, ad quae stilum meum
fingo et conformo. Tu Minerval, sis, para doctori novo. 10
Scaligeri ad Ausonium en tibi. O virum, O filium a patre
magno magnum!

"merito cui doctior orbis
Submissis defert fascibus imperium."

Enimvero ille unus est quem miramur, quem aemulamur, 15
imo ne mentiar, cui invidemus. Felicem Galliam hoc
sole! cuius claritas non ad eos solum qui nunc sunt, sed
ad posteros diffundetur, quamdiu quidem erit in terris
nomen litterarum. De rep. quid scribam? Manus mihi
labat, et ingemisco. Carcer ille novus tot Lentulorum 20
quo erumpet? De quibus ambigua hic fama, alii emissos
dicere, alii artius teneri; hi culpam affingere, illi demere.

---

26. **Langius**: a friend of the writer.
2. **Berchemio**: Berchem, at first a suburb of Antwerp, was later
included within its walls. — **I C.**: *in Capitolio.* — 10. **Minerval**: 'a
gift in return for instruction.' — 11. **Scaligeri . . . Ausonium**: the
younger Scaliger's edition of Ausonius had been recently published;
sc. *Commentarii*, or something of the kind. — 20. **Lentulorum**: political criminals were plenty in this age.

Omnia incerta mihi preter illud, quod omnino futurum video, ut plebecula illa aliquid plus faciat. Habet hoc semper nova libertas, ut ad licentiam facile deflectat; quid censes de urbe, cui insitum et fatale, turbare? Ut
5 fistulae diu interclusae aut interceptae turbidiores aquas emittunt, sic isti actiones, aliquamdiu pressi. Sed nos quoque hic in metu. Quidam inter optimates partium non optimatium : qui, ut cum Pindaro dicam,

οὐ δίκαις τεῖχος ὕψιον, αλλὰ σκολιαῖς ἀναβαίνουσι ἀπάταις.

10 Plebs ista mollicula. Quid augurer? Hostis tantum adveniat; ego tibi spondeo, non fore hic Numantiam aut Saguntum. Cometam et nos per hos dies vidimus, immanem dirum, et facie haud saepe visitata. Quid portendat quaeris? Chaldaeus non sum, nec caeli signa
15 cognovi; tamen hoc vetus novi,

Οὐδεὶς κομήτης ὅστις οὐ κακὸν φέρει,

cui versui magis quam Aristoteli credo, qui haec talia ad caussas fortuitas refert et infernas. Quid tamen aut quibus minetur, distincte novit ille " Prudens futuri tem-
20 poris arbiter "; ego communiter, non referre eum aureum saeculum. Vale et illustri Comiti tuo a me salutem. Lovanii III Id. Octobris, MDLXXVI. — *I. 21.*

LIPSIUS AT HOME, IN HIS GARDEN

*   *   *   *   *   *   *

Politica dogmata pango, selecta ex antiquis. Minus gloriae ea scriptio habebit, scio, sed et minus invidiae, et

---

8. **cum Pindaro**: the quotation is altered from Frag. 213 (Bergk): ' Not by justice do men mount the higher, but by crooked wiles.' — 15. **hoc vetus**: ' every comet presages some evil' is the meaning of the saw.

fidei plusculum apud eos, quibus homines magni (ut poëta ait) "propter mille annos." Valetudo vacillat; sustentamus eam quantum potest, remissionibus, peregrinatiunculis, et praesertim hortuli deliciis in quo leges ecce meas vide. Nam inserui, ut rideas. Vale. XIII Kal. 5 Iul. MDLXXXVII.

LIPSIANI HORTI

LEX

IN IPSO ADITV, SUB PERSONA

BIFRONTIS IANI   10

B. F.

Quisquis es, STA, LEGE, PARE.
IANUS ad hoc limen sic EDICO:

K.   I. H O R T O *et* H E R O *fruendi tibi ius esto*
       (*Sed illo ad* A S P E C T V M, *isto ad* 15
       S E R M O N E M):
       Nisi O C V L I S, *quidquid heic satum aut natum,*
       ne L I B A T O.
       T I R O *esto,* M A N V M *apud te habeto.*
       Si effers ad T A C T V M *aut ad* R A P T V M, 20
       Verbo dicam, te E F F E R T O.

K. II. *Sed nec* H E R O *usquequaque* F R V I T O R.
       Ante S E X T A M *vespertinam ne* A D I T O;
       Post S E P T I M A M *ne* M A N E T O.
       Horae aliae ad alias illi curas;   25
       Heic cogitat, heic pangit:
       S T I L V S *heic est; abi* M V S C A.
       Quid sit et C A E N A? *Abi* M V S C A.

---

2. **propter mille annos**: i.e. as having the authority of antiquity. — 11. **B. F.**: *Bona Fortuna.* — 14. **K.**: *Caput.* — **HERO** = *ero.* — 20. *effers:* sc. *manum.* — 27. *abi* **MVSCA**: "Shoo fly!" — 28. *Quid* . . . **CAENA**: 'Why need he also furnish a feast?'

K. III.   S E R M O N E S *etiam ne exleges.*
       I O C A R I *licet;*
       N A R R A R E *licet;*
       R O G A R E *licet;*
5   *Sed nihil* S E R I V M.
       G R A T I A R V M *hic locus est.*

K. IV.   *Siquid* A M O E N I V S *tamen in* S T V D I I S,
       Inter A M B V L A N D V M
       Dissere, doce, disce.
10   *Et* M V S A R V M *hic locus est.*

K.   V.   *Tu qui* S E R I O S V S,
       Tu qui R I X O S V S,
       E X E S T E;
       C L V S I V S *ego sum vobis.*

15 K. VI.   C A N I S, *praeter unam,* E M A N E T O.
       H E C V B A, *praeter unam,* E M A N E T O.
       Habes?   *Hoc etiam:*
       Q V O Q V O   T E   A G I S,   T E   V I D E O.
                    — *II. 15.*

---

*1. *ne exleges:* sc. *sint.* — 12. **RIXOSVS**: 'quarrelsome.' —
14. **CLVSIVS**: 'the god of Closing.' — 16. **HECVBA** = *ancilla.*

IOANNIS BODINI COLLOQUIUM HEPTAPLOMERES DE RERUM SUBLIMIUM ARCANIS ABDITIS

Jean Bodin (Bodinus), the celebrated French statesman and economist of the sixteenth century, was born at Angers in 1530, and died at Laon of the plague in 1596. His most famous work is the *République* in six books, written originally in French, but later translated by himself into Latin for international use, after he found a miserable translation of his masterpiece in use as a textbook in England, when in 1581 he happened to be in that country as secretary to the duc d'Alençon, who was a suitor for the hand of Queen Elizabeth. This treatise has been described as "perhaps the most important work of its kind between Aristotle and modern writers." But Bodin did not confine himself to the field of political science, his philosophic mind finding utterance in various other works in prose and verse, and either in Latin or French.

One of the latest of his productions is the famous dialogue on religion carried on by seven speakers, Coronaeus a Roman Catholic, Fridericus a Lutheran, Curtius a Calvinist, Senamus an Epicurean, Salomo a Jew, Octavius a Mohammedan, and Toralba a theist of the naturalistic school. The argument, of which the conclusion is that it seems best to live in mutual respect and toleration each for the others' religious beliefs, was considered to have an infidel tendency in those times, and its publication was forbidden. Not until 1857 was it published in complete form, edited then by Ludwig Noack, of the University of Giessen, where the manuscript long lay unused. The excellent scholastic Latin is embellished by quotations from Greek and Hebrew, and many references to sacred and profane history and philosophy, with occasional anecdotes from more modern sources.

The edition by Noack, mentioned above, was published in Mecklenburg-Schwerin.

A JONAH OF THE SIXTEENTH CENTURY

* * * multas de natura questiones, multas etiam de mathematicis, de legum praestantia, de optime genere civitatis, de medicina, de fide historiarum collegi. Nulla tamen disputatio uberior aut argumenti praestantia dig-
5 nior mihi visa est, quam quae ab Octavii navigatione initium duxit.

Cum enim Coronaeus ad coenam una cum iis quos diximus consedisset et ego *Phaedonem* Platonis, quem antea legere coeperam, persequi iussus, eum locum attigissem
10 quo Socrates Aegyptiorum cadavera tanto artificio condita fuisse diceret ut incredibile tempus a putredine vindicarentur, Octavius petiit a Coronaeo, ut locum relegerem, quod a me factum est. Nam consequentia aeque ac praecedentia pertinent ad immortalium animorum vim ac
15 potestatem, de quibus copiose ab illis superioribus diebus disputatum erat. Hic igitur CORONAEUS: "Non satis," inquit, "de animorum immortalitate nobis disseruisse videmur?"

"Plus," inquit SALOMO, "quam satis est inter nos ipsos,
20 quibus etiamsi nullae demonstrationes exstarent, persuasa iam pridem est immortalitas animorum et sempiterna bonis praemia, supplicia sceleratis decreta."

*   *   *   *   *   *   *

Tum OCTAVIUS: "Meminisse iuvat periculorum praeteritorum, ac, 'Neptunum procul a terra spectare furentem,'

---

11. **putredine**: 'decay.' — 24. **Neptunum . . . furentem**': Hor. *Epist.* I. 11, 10.

ut ab hominis istius teterrimi cogitatione quam longissime discedamus, nam

'Me tabula sacer
Votiva paries indicat humida
Suspendisse potenti   5
Vestimenta maris Deo,'

ut lyricus ille scribit. Quae enim ex *Phaedone* Platonis
mox legit anagnostes, recordationem mihi excitarunt peri-
culosissimae navigationis, quam nisi molestum esset, libenter vobis enarrarem."   10

CORONAEUS: "Quis non libenter Octavium audiret?"

OCTAVIUS: "Cum in Aegypto urbem Cairam, quam
incolae a civium multitudine et urbis magnitudine galli-
nam incubantem interpretantur, et circa urbem pyramides
antiquas lustrarem, Genevensis quidam empiricus, quem 15
mihi socium adiunxeram, persuasit, ut Amomiam legere-
mus; sic enim appellabat Aegypti cadavera, quae antiquitus amomo, cardamomo, sale, aceto, melle, myrrha,
aloë, nardo, cassia, resina caeterisque id genus venenis a
putredine vindicantibus condita et macerata diu fuissent, 20
quorum cadaverum tantam vim subesse affirmabat, ut
morbis fere omnibus mederentur. Ego tametsi hominibus
empiricis dubia fide assentior, ei tamen acquievi et uterque
utriusque ope inter pyramides, quam plurimis erutis sepulcris, cadaver obvolutum corio bubulo detraximus. Sub 25
corium innumerabiles fasciolae densissimisque lini repli-
cationibus singulae singulis adiunctae, nec ulla sui parte
detritae, inauratam cutim contegebant; aurum enim, ut
minime ignoratis, a corruptione non modo cadavera, sed
etiam ligna, metalla caeteraque diutissime tuetur. Caro 30
ipsa cum cute flavescens ac fusca e duritie ac hypostasi vide-

---

1. **cogitatione**: in the passage omitted. — 3. **Me tabula**, etc.: Hor.
Car. I. 5, 13 sqq. — 31. **hypostasi**: ' consistency.'

batur qua saccharum vetus Creticum : interiora visceribus exenteratis siccissima et in cordis sede imago lapidea
insculpta, nomine Isidis, Aegypti quondam reginae, cuius
sepulcrum est in urbe Nysa superioris Arabiae et in mar-
5 morea columna hoc epitaphium insculptum :

'Ego Isis sum Aegypti regina
   A Mercurio erudita ;
Quae ego legibus statui,
   Nemo solvet ;
10   Ego sum mater Osiridis,
Ego sum prima frugum inventrix,
Ego sum Hori regis mater ;
Ego sum in astris canis refulgens ;
Mihi Bubastis urbs condita est.
15   Gaude, gaude Aegypte,
   Quae nutristi !'

Sacra Isidis abrogata sunt, ni fallor, Constantini Magni
dominatu, ex quo constat cadaver illud ante MCCC condi-
tum fuisse, et fieri potest ut ante annorum duo triave millia
20 sepultum fuerit.   Erat autem virile cadaver et plane ino-
dorum ob nimiam siccitatem.''

     *   *   *   *   *   *   *

   CORONAEUS : ''Audiamus igitur Octavium caetera perse-
quentem.''

   OCTAVIUS : ''Vobis cadaver ipsum ex istis sepulcris eru-
25 tum obtulissem, si mihi per Tritonios daemones licuisset.
Cum enim domum cadaver importari curavissem et in
arcam quasi palladium surreptum condidissem, Pistacus
mercator, qui onusta nave ventorum opportunitatem in
Alexandriae portu exspectabat, quo quidem me receperam,
30 ut in Italiam post diuturnas peregrinationes redirem,
vectores acciri iussit, ut vela facerent spirante Vulturno.

---

1. **saccharum** : ' sugar.'

Ego repente arcam in navim; et quia navigium erat capacissimum, magnam nautarum et vectorum multitudinem admisit. Est enim, ut scitis, Alexandriae civitas populosissima et mercatorum peregrinorum multitudine abundantissima. Cum portu solveremus, flabat Vulturnus, 5 quem Graeci Euronotum, ni fallor, Aegyptii Syrochum a

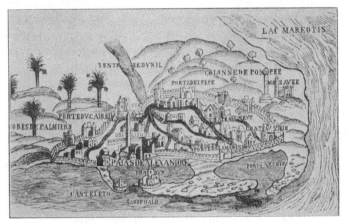

OLD CUT OF ALEXANDRIA IN THE SIXTEENTH CENTURY

Syria, unde spirat, Horatius album Notum vocat, illamque serenitatem nobis invexit, quam ille describit hoc versu:

'Albus ut obscuro detergit nubila coelo
Saepe Notus,'   10

qui ab Homero eodem sensu 'αργέστης vocatur."

CURTIUS: "Idem tamen Argestes nostras Galliae Narbonensis regiones tanta vi quatit, ut saxa volvere, silvas et domos eruere consueverit, quem incolae etiamnum Albanum vocant, eodem quo a maioribus nostris nomine appel- 15 latum fuisse scribit Plinius."

---

6. **Syrochum**: cf. *Sirocco.* — 7. **Horatius**: *Car.* I. 7, 15.

OCTAVIUS: "At vim eius venti principio leniorem ita progressu temporis percipimus vehementiorem, sed cum longius ab omnibus littoribus abessemus, Circius inter Coros omnes rapidissimus, qui ob id ab Homero 'αργέστης
5 δυσαὴς appellatur, Vulturno plane contrarius tempestatem excitavit, unde commoti fluctus tanto impetu latera navis quatere inceperunt, ut contractis velis iacturam facere cogeremur mercium graviorum. Iam procella diem noctemque afflixerat, cum desituram nautae sperarent, quia
10 tempestatem validiorem eo spatio finiri, rarissime biduum, nunquam triduum excedere affirmabant; multo violentius tamen quam antea fluctus intumuerant, contrario flatu conspirantibus."

SENAMUS: "Didiceram ab Aristotele ventos impetu con-
15 trario simul nunquam spirare."

OCTAVIUS: "Hoc forsitan Aristoteles scripsit in umbra Lycei, non in scholis nautarum, qui gravissimas procellas non aliter quam contrario ventorum flatu cieri tradunt. Hinc illa Maronis:

20   'Una Eurus Notusque ruunt creberque procellis
       Africus';

Item Horatii:

      'Nec timuit praecipitem Africum
       Decertantem Aquilonibus';

25 Item Virgilii:

      'Luctantes ventos tempestatesque sonoras';

Nec aliter Homerus Africum et Aquilonem conspirantes facit:

---

3. **Circius**: a violent northwest wind prevalent in Gaul. —
4. **Coros** = *Cauros:* northwest winds. — 19. **Maronis**: *Aen.* I. 85.
— 22. **Horatii**: *Car.* I. 3, 12. — 25. **Virgilii**: *Aen.* I.·53. — 27. **Homerus**: *Il.* IX. 4.

ὡς δ' ἄνεμοι δύο πόντον ὀρίνετον ἰχθυόεντα,
Βορέης καὶ Ζέφυρος.

Quae cum satis intelligeret nauclerus, qui nos antea forti
animo meliora sperare iusserat, attonitus et, ut ait ille,

'Victus violento navita Coro,' 5

omnes ad vacuandam navim compulit, quae continuis
fluctibus complebatur. Cum autem vehementi iactatione
fracta corpora laborem refugerent, iactis anchoris, unumquemque ad preces divinas gemebunda oratione excitavit.
Qua voce exaudita, quidam Florentinus Catharinam 10
Senensem, alius virginem Lauretanam, huic civitati notis-
simam, plerique Nicolaum, alii Clementem appellare, nonnulli vero lugubri voce canere : 'Ave maris stella,' etc.,
Graeci mercatores vulgari sermone, σῶσον ἡμᾶς κύριε, ἐλέησον
ἡμᾶς, εἰσάκουσον δέσποτα, Iudaei suum *Shimron Adonai* 15
saepius ingeminabant, Ismaëlitae Alexandrini : *Ejuche*
nahbudu, alla, alla, alla, malah, ressulala. Venetus quidam
sacrificus in cista vitrea circulari hostiam consecratam
flexis genibus e sinu extollens, inquit :

'O salutaris hostia, 20
Quae coeli pandis ostia.'

Caetera nostis. Calaber nescio quis clara voce erum-
pens : '*A te solo*'; * * * Massiliensis mercator :

L'esprit, si Dieu le mande,

* * * * * * *

et caetera, quae non memini. Ego cum vota in periculis 25
adeundis semper efficacissima fuisse intellexeram, in ora
procumbens ab immortali Deo veniam flagitiorum precatus, votum feci, si periculis ereptus in portum incolumis
invaderem, diem illum annua festivitate me consecratu-

---

29. **festivitate :** ' feast.'

rum. At Hispanus miles ingenti fluctu madefactus Deum consuetis Hispanorum contumeliis nefarie execrabatur: *In despecho,* etc. Non dicam caetera, * * * insanum carmen illud cogitans:

5   'Flectere si nequeo superos, Acheronta movebo.'

Quae scelera cum audisset mercator, ira motus nauclerum compellavit ut tantám impietatem maledici supplicio ac iactu vindicaret, alioqui futurum ut omnes ob unius flagitia perirent."

10   SALOMO: "Veteres, oborta tempestate, si precibus sedari non posset, sorte iacta demergebant eum in quem sors cecidisset. Sic enim vate Iona demerso, cui sors obtigerat, tempestates repente conquieverunt; idem futurum fuisse de Hispano opinor tot ac tantas contumelias in Deum
15 evomente, atque utinam mos ille in usum revocaretur; sed quoniam sors in potentissimum saepius, nunquam tamen nisi in meritum cadebat, qui suorum satellitio stipatus sacrarum sortium fidem eluderet, ideo sortes nauticae desierunt. Sic tamen confirmo nisi suo scelere
20 periturum neminem, quin etiam saepe fit ut unius integritas reliquos a praestantibus periculis eripiat, aut solus a naufragiis, ab incendio, a popularibus morbis eripiatur."

OCTAVIUS: "Cum frustra preces fudisse videremur, bonus genius nauclerum inpulit ut Aegyptia cadavera, si
25 quae in navim invecta essent, demergi iuberet, capitis indicta poena. Hoc ego indicto perterritus et ipsa noctis caligine tectus cadaver de arca detractum in mare deieci, sed ita ut nemo senserit. Derepente ventorum vis conquievit ac secundis ventis salvi in Cretam pervenimus.
30 Hic venerabili canitie senex, expansis ad coelum manibus, immortali Deo gratias agens, caeteros suo exemplo impulit

---

5. **Flectere,** etc.: *Aen.* VII. 312. — 6. **nauclerum**: 'skipper.' — 17. **satellitio**: 'guard.'

ad laudes divinas. Nos vero voti memores hoc dithyrambo lusimus:

> 'Nunc effunde Deo carmina suavibus
> Linguis O sacra, qui littora fluctibus
> Ereptus gracili succutiens pede,   5
> Miraris fremitus aequoris ardui.
> Vos impura procul numina cedite
> Praestanti maris ac terribili Deo
> Qui suprema ferit sidera vertice,
> Qui moles aqueas sustinet in globum   10
> Suspensas liquida materia . . .
> Constringente sinu pondera terrea
> Conspirant Zephyri, Corus et Africus
> Vulturnique leves et gravis imbribus
> Auster, qui rabidis flatibus undique   15
> Tempestatis ab imo rapidae vado
> Tetram colluviem crebrius excitant.
> Tunc immane strepens et gemitu gravi
> Auras verberat et fervida confluit
> In naves aqua nautis trepidantibus.   20
> Sed si quis metuens Te precibus sacris,
> O ter magne Parens aequoris, invocet,
> Extemplo revocans Halcyonum quiem
> Nautas incolumes littore collocat,
> Qui claris geminant cantica laudibus.'"   25

SALOMO: "O si periculis erepti omnes in hunc modum
immortali Deo gratias agerent! Sed ingratorum spes tabe-
scet, ut divinissime scriptum est a sapientiae magistro."

OCTAVIUS: "Ego senem illum, qui diuturno navigandi
usu caeteris prudentia mihi praestare videbatur, rogavi cur 30
nauclerus Aegyptia cadavera, si qua illa fuissent, immergi

---

1. dithyrambo: in Lesser Asclepiads. — 17. colluviem: 'dregs.'
— 23. quiem: for *quietem*.

iussisset? Illud mihi reposuit cadaverum Aegyptiorum
vectura tempestates semper cieri, cuius rei fidem toties
exploratam asseverabat, ut nauticis Aegyptiorum legibus
cadavera transvehi sanctissime prohiberentur; eum enim
5 qui contra faceret mercium iacturam et omnia detrimenta
mercatoribus dependere solitum. Qua re intellecta flagitii
conscius, tacendum mihi putavi, ne quis a me reposceret
detrimenta accepta."

CORONAEUS: "Huius navigationis historia non modo
10 grata, sed etiam perutulis mihi videtur, et quae dicendi
materiam nobis, si nullam haberemus, abunde suppeditaret.
Primum, cur ab Aegyptiis cadaveribus procellae oriantur,
cum aliis alio transvectis cadaveribus nihil tale contingat?
Haud tamen scio an, sepulcro violato, in alienis cadaveri-
15 bus idem futurum sit. Deinde, an daemonum ope maria
commoveantur? an vero ab exspirationibus, ut physici
tradunt. Postremo, cuius precibus in tanta religionum
varietate navim incolumem Deus in portu collocavit?"

Sic omnes conticuere, et cum caeteri Toralbam intue-
20 rentur, quod esset in physicis accuratissime versatus, nihil
tamen ausus est in rebus tam arduis. — *Bk. I.*

AN ARTIFICIAL APPLE SERVES AS A TEXT FOR PHILOSOPH-
ICAL DISCUSSION

Cum ad coenam singuli rediissent, ego tragoediam
Octavii persequi iussus, cum ad eum locum pervenissem,
quo Soliman, Turcarum rex, primogenitum Mustapham,
25 fracta gula in interiore cubiculo coram ingenti exercitu
ad Prusiam coacto, proiici mandavit, praeconis voce ad
tubae sonitum altissime exclamante hoc carmen:

"Sit unus coeli Imperator maximus,
Sit unus terrae imperator praepotens,"

30 consistere me iussit Coronaeus, qui quidem secundis mensis affabre ficta poma veris ita miscuerat, ut acutissimus
quisque posset falli.

FRIDERICUS, homo minime malus, specie deceptus, cum pomum fictum dentibus admovisset : "Haud scio," inquit, "an quisquam vestrum non falleretur." Quum caeteri propius intuentes admirati sunt tam artificiose ficta poma ut de arbore decerpta viderentur, CORONAEUS : "Si oculo- 5 rum sensus, omnium acutissimus, tam absurde fallitur in rebus levissimis, qui fieri potest, ut mens, quae nihil nisi a sensibus habeat, rerum arduarum ac sublimium scientiam certam nanciscatur?"

SENAMUS : "Didiceram ab Aristotele, sensus nunquam, 10 sed mentem saepe, falli."

TORALBA : "Et ab Academicis, opinor, peccatur, sensus semper falli ac nihil scire posse, et ab Aristotele, quod sensus nunquam falli putat ; gravius tamen ab hoc quam ab illis, quod mentibus nihil inesse affirmant quam quod a 15 sensibus hauserint ; sed quoniam haec a nobis fusius disputata sunt in quaestione de anima, nihil repetitione opus esse videtur."

CURTIUS : "Ars in huius pomi fabrica" (quod intentis oculis intuebatur) "naturam aut vicisse aut certe exae- 20 quasse videtur."

SALOMO : "Ars quidem hominis, natura vero Dei radius est, ac tantum abest ut ars naturam vincere et exaequare, ut ne vix quidem imitari possit ; ac tametsi opificia, signa, picturae, hominum oculos saepe fallunt, mirabilius tamen 25 est, in eo genere bestias falli nunquam posse. Itaque cum regem Salomonem regina Sabae fallere conaretur, vero ac ficto flore simul compositis, rogavit, uter verus esset? Princeps sapientissimus apes importare iussit, quae ad verum florem repente advolarunt, arte neglecta." 30
— *Bk. V. init.*

7. **nihil**: sc. *aliud.* — 22. **radius**: 'standard of measurement.' — 23. **vincere et exaequare**: sc. *possit.* — 24. **opificia**: 'works of art.'

DANIELIS HEINSII LAUS PEDICULI

Daniel Heinsius of Ghent lived in the end of the sixteenth, and the first half of the seventeenth centuries. He gave a large part of his life to the study of Aristotle, and his work on this great author made Heinsius famous far and wide in Europe. He edited other classical texts, and wrote Latin prose and poetry himself, of some merit. To him is attributed the skit, *Laudation of the Louse*, which is found among other humorous pieces in the *Dissertationum Ludicrarum et Amoenitatum* by various authors, published at Leyden in 1644.

THE SHREWDNESS AND OTHER VIRTUES OF THE LOUSE

Quamquam sane reus noster nihil ad se pertinere quo dicatur nomine existimavit unquam. Quam praeclaram ἀλταφορίαν sine dubio e Stoicorum barbis superciliisque, in quibus olim vixit, idem traxit. Porro cum a patria
5 plerumque fontem laudis ac originem et oratores et philosophi deducant (quod Platoni quoque in *Menexeno* probatur), noster neque Athenis neque Romae natus est, quarum civitatum laudes saepe ad fastidium iam usque magni oratores celebrarunt.

10 Patria pediculi est Homo. Cuius merita ac laudes praedicare velle putidi sit et inepti. Sicut autem solus ratione praeditus est homo, ita ratio in summa eius editaque parte domicilium ac sedem habet, capite nimirum. Quam profecto sibi, tanquam arcem quandam, minime, ut reor, con-
15 temnendam, merito delegit. In hac nascitur ac educatur; in hac opes stabilitas ac fundatas habet. Huius incola et

690

civis est, non inferiora, Hercule, secutus. Cum vero, quod antiquus vates eleganter cecinit, vicino bono nulla res sit melior, ille mentem, ille intellectum, ille prudentiam ac sapientiam vicinas ac propemodum domesticas hic habet. A quibus cum longissime absit asinus, obtusum animal ac 5 hebes, solus pediculos, ut vulgo creditur, non novit. Contra autem prudentissimi mortales, praeter hominem, divinum animal ac vere primum, canem quoque ac philomelam ardentissime sectantur, quos ingenio praestare norunt. Ne non verum sit quod primum ab Homero, mox ab Aristotele 10 est dictum, "Cum similibus plerumque similes coniungi." Soli ex felicitate ingenii divinitatis vocabulum Platoni imposuit antiquitas, cuius pediculi proverbio circumferuntur.

*   *   *   *   *   *   *

Antiquitatem si spectes, supra Erichteum ac Cecropem, 15 ad Deucalionis tempora continuabis. Simul enim spiritu humano incalescere coeperunt saxa, hunc calorem reus noster est secutus. Qui ut quam longissime ab omni frigore versetur sua semper interesse existimavit. Homo igitur e saxis, ex homine prognatus est pediculus, tanto nobilior 20 origine, quanto saxis ac lapidibus nobilior est homo. E carne nasci Aristoteles, e sanguine autem Theophrastus voluit. Utramque nobilissimam ac primam esse corporis humani partem nemo nescit. Aiunt vero e corruptione nasci, et hoc telum contra innocentiam valere crudelissimi 25 actores arbitrantur.

*   *   *   *   *   *   *

Quid formosius pavone? E corruptione ovi nascitur. Quid apibus prudentius, quod foedum minus, magis autem necessarium in terris? E corruptione bovis nascuntur. Nihil enim generat ex alio Natura, nisi ista lege, ut aliquid 30 corrumpat. Et hac lege omnia conservat. Unde omnia mutari, nihil interire, a Pythagora praeclare dictum.

Contra vero, ita me Dii ament, mira ratione factum dicas,
ut eodem modo duo celeberrima nascantur animalia,
Pediculus et Phoenix. Alter e parentis sui cinere; e
lende alter. Ut non sine causa utriusque originem scrip-
5 tores nobilissimi coniungant.

* * * * * * *

Iam vivendi genus placidum delegit ac tranquillum.
Non volatile, ut aves, neque desultorium, ut pulex, sed pro
dignitate vitae suae, stabile ac quietum. Passu tardo ac
composito incedit, neque quicquam e philosophia tam am-
10 plecti quam silentium Pythagorae videtur. Intentionem
enim mentis nihil aeque ac strepitus offendit. Quae si est
continua, felicitatem quidem certe humanam excedit.
Neque ab actione tamen prorsus abstinere solet, semper
enim epulatur. Sociale animal esse hominem, ideoque
15 civitatis fundamentum esse ac reipublicae, praeclare dixit
Aristoteles. Quod inprimis nostro convenire nemo ignorare
potest, nisi qui non vidit. Nam et inter se et cum homine
libenter sociantur. De forma reipublicae qua vulgo utuntur, haud perinde pronum iudicare est, nisi quod a populari
20 minimum recedat. Nam et numero censentur, et iudicio
a plebe ac dignitate non vincuntur. In bello, non tam
cuneatim quam globatim incedunt; neque inter sese, quod
et furiosum est in homine ac dirum, sed cum ipso homine
confligunt. De quo et saepissime triumphant. Neque
25 minus cum eodem amicitiam constanter colunt, fide vero
ipsum vincunt. Siquidem

" diffugiunt cadis
Cum faece siccatis amici,
     Ferre iugum pariter dolosi,"

---

4. **lende**: ' nit.' — 7. **pulex**: ' flea.' — 22. **globatim**: ' in mass
formation.' — 26. **Siquidem**: 1B (6). — 27. **diffugiunt cadis**, etc.:
Hor. *Car.* 1, 35, 26, sqq.

at Pediculus constanter manet; nec fortunam venientem sequitur, aut fugit recedentem, nisi quod adversa, hoc est, vestra, (ea est praeclarae mentis generositas) inprimis delectatur. Paupertatis enim comes est et assecla,

"Forumque vitat et superba civium   5
    Potentiorum limina."

Quare, ut olim Scipio, de quo antiqui, nunquam minus ociosus erat quam cum ociosus esset, ita vos, Conscripti Patres, nunquam minus esse solos reor, quam cum soli in compedibus ac carcere versamini. Adsunt enim vobis 10 comites perpetui ac fidi, qui in crucem usque vos sequuntur.

---

5. **Forumque vitat,** etc.: Hor. *Epod.* 2, 7–8.

IOANNIS MILTONI LONDINENSIS POEMATA

John Milton, universally recognized as one of the greatest of English poets, like other well-educated youths of his day wrote some of his first poems in the language of the learned world into which he was then being introduced at the University of Cambridge. They were first published at London in 1645. These poems, in various meters, show a mastery of the forms and diction of the classical Latin poets, and also exhibit a tendency to display mythological and linguistic learning, not unlike that which appears in some of the Roman poets of antiquity, a delight in "fine writing" which astonishes the ordinary university student of today. All well-educated young men in Milton's day could sing Latin lays, but seldom do we find one singing them with the sure note and splendor found in these poems. The greatness of the poet appears here before it transferred itself to the field of his native tongue.

The example chosen to represent Milton's Latin verse is an elegy addressed to his intimate friend, Charles Diodati, who while spending the Christmas holidays in the country had sent some verses to Milton, with apologies for their mediocrity, due to the distractions of his surroundings at that time. In his reply Milton approves of the festivities of the season as calculated to inspire poetry. His reference in the latter part of the poem to his composition of the *Hymn on the Nativity* shows that this elegy was written in 1629, when Milton was twenty-one years of age.

The text may be found in complete editions of Milton's works, e.g. the *Cambridge Edition* (Boston, 1899).

694

THE ATMOSPHERE FOR POESY

Mitto tibi sanam non pleno ventre salutem,
　Qua tu distento forte carere potes.
At tua quid nostram prolectat Musa camoenam,
　Nec sinit optatas posse sequi tenebras?
Carmine scire velis quam te redamemque colamque; 5
　Crede mihi vix hoc carmine scire queas.
Nam neque noster amor modulis includitur arctis,
　Nec venit ad claudos integer ipse pedes.
Quam bene solennes epulas, hilaremque Decembrim,
　Festaque caelifugam quae coluere Deum, 10
Deliciasque refers, hiberni gaudia ruris,
　Haustaque per lepidos Gallica musta focos!
Quid quereris refugam vino dapibusque poesin?
　Carmen amat Bacchum, carmina Bacchus amat.
Nec puduit Phoebum virides gestasse corymbos, 15
　Atque hederam lauro praeposuisse suae.
Saepius Aoniis clamavit collibus "Evoe"
　Mista Thyoneo turba novena choro.
Naso Corallaeis mala carmina misit ab agris;
　Non illic epulae, non sata vitis erat. 20
Quid nisi vina, rosasque, racemiferumque Lyaeum,
　Cantavit brevibus Tëia Musa modis?
Pindaricosque inflat numeros Teumesius Euan,
　Et redolet sumptum pagina quaeque merum;
Dum gravis everso currus crepat axe supinus, 25
　Et volat Eleo pulvere fuscus eques.

---

10. **caelifugam**: 'heaven-forsaking'; a noun used as an adjective. — 18. **Mista** = *mixta.* — **turba novena**: the Muses. — 19. **Corallaeis** = *Corallicis,* i.e. on the shores of the Black Sea. — 22. **Tëia**: i.e. that of Anacreon. — 23. **Teumesius**: 'Boeotian.' — **Euan**: Bacchus.

Quadrimoque madens lyricen Romanus Iaccho
    Dulce canit Glyceran, flavicomamque Chloen.
Iam quoque lauta tibi generoso mensa paratu
30   Mentis alit vires, ingeniumque fovet.
Massica foecundam despumant pocula venam,
    Fundis et ex ipso condita metra cado.
Addimus his artes, fusumque per intima Phoebum
    Corda; favent uni Bacchus, Apollo, Ceres.
35 Scilicet haud mirum tam dulcia carmina per te,
    Numine composito, tres peperisse Deos.
Nunc quoque Thressa tibi caelato barbitos auro
    Insonat arguta molliter icta manu;
Auditurque chelys suspensa tapetia circum,
40   Virgineos tremula quae regat arte pedes.
Illa tuas saltem teneant spectacula Musas,
    Et revocent quantum crapula pellit iners.
Crede mihi, dum psallit ebur, comitataque plectrum
    Implet odoratos festa chorea tholos,
45 Percipies tacitum per pectora serpere Phoebum,
    Quale repentinus permeat ossa calor;
Perque puellares oculos digitumque sonantem
    Irruet in totos lapsa Thalia sinus.
Namque Elegia levis multorum cura deorum est,
50   Et vocat ad numeros quemlibet illa suos;
Liber adest elegis, Eratoque, Ceresque, Venusque,
    Et cum purpurea matre tenellus Amor.
Talibus inde licent convivia larga poetis,
    Saepius et veteri commaduisse mero.
55 At qui bella refert, et adulto sub Iove caelum,
    Heroasque pios, semideosque duces,
Et nunc sancta canit superum consulta deorum,
    Nunc latrata fero regna profunda cane,

---

34. **uni**: 'with one accord.' — 39. **tapetia**: 'curtains.' — 54. **commaduisse**: 'to become right mellow.' — 58. **cane**: Cerberus.

Ille quidem parce, Samii pro more magistri,
 Vivat, et innocuos praebeat herba cibos;   60
Stet prope fagineo pellucida lympha catillo,
 Sobriaque e puro pocula fonte bibat.
Additur huic scelerisque vacans et casta iuventus,
 Et rigidi mores, et sine labe manus;
Qualis veste nitens sacra, et lustralibus undis,   65
 Surgis ad infensos augur iture deos.
Hoc ritu vixisse ferunt post rapta sagacem
 Lumina Tiresian, Ogygiumque Linon,
Et lare devoto profugum Calchanta, senemque
 Orpheon edomitis sola per antra feris;   70
Sic dapis exiguus, sic rivi potor Homerus
 Dulichium vexit per freta longa virum,
Et per monstrificam Perseiae Phoebados aulam,
 Et vada foemineis insidiosa sonis,
Perque tuas, rex ime, domos, ubi sanguine nigro   75
 Dicitur umbrarum detinuisse greges:
Diis etenim sacer est vates, divumque sacerdos,
 Spirat et occultum pectus et ora Iovem.
At tu si quid agam scitabere (si modo saltem
 Esse putas tanti noscere siquid agam),   80
Paciferum canimus caelesti semine regem,
 Faustaque sacratis saecula pacta libris;
Vagitumque Dei, et stabulantem paupere tecto
 Qui suprema suo cum Patre regna colit;
Stelliparumque polum, modulantesque aethere turmas, 85
 Et subito elisos ad sua fana Deos.

---

59. **Samii . . . magistri**: Pythagoras. — 72. **Dulichium . . . virum**: Odysseus. — 73. **Perseiae Phoebados**: Circe. — 81. **Paciferum canimus**: this passage refers to the composition of the *Hymn on the Nativity* by Milton at this time. — 85. **Stelliparum**: 'which brought forth the star,' of course the " star of Bethlehem."

Dona quidem dedimus Christi natalibus illa;
Illa sub auroram lux mihi prima tulit.
Te quoque pressa manent patriis meditata cicutis;
90   Tu mihi, cui recitem, iudicis instar eris.

---

88. **lux** . . . **prima**: i.e. of Christmas day. — 89. **pressa**:
'humble.' — **meditata**: 'verses which I have practiced.'